中城科数（北京）智慧城市规划设计研究中心
中国城市科学研究会数字城市专业委员会轨道交通学组 编

智慧城市与轨道交通 2023

中国城市出版社

图书在版编目（CIP）数据

智慧城市与轨道交通 . 2023 / 中城科数（北京）智慧城市规划设计研究中心，中国城市科学研究会数字城市专业委员会轨道交通学组编 . —北京：中国城市出版社，2023.8

ISBN 978-7-5074-3631-0

Ⅰ. ①智… Ⅱ. ①中… ②中… Ⅲ. ①现代化城市–城市铁路–轨道交通–研究 Ⅳ. ①U239.5

中国国家版本馆 CIP 数据核字（2023）第 152759 号

责任编辑：陈夕涛　陈小娟
责任校对：张　颖

智慧城市与轨道交通 2023

中城科数（北京）智慧城市规划设计研究中心
中国城市科学研究会数字城市专业委员会轨道交通学组　编

*

中国城市出版社出版、发行（北京海淀三里河路 9 号）
各地新华书店、建筑书店经销
华之逸品书装设计制版
建工社（河北）印刷有限公司印刷

*

开本：880 毫米 × 1230 毫米　1/16　印张：20¾　字数：472 千字
2023 年 8 月第一版　2023 年 8 月第一次印刷
定价：**128.00** 元
ISBN 978-7-5074-3631-0
（904651）

《智慧城市与轨道交通2023》编委会

前 言

在这个数字时代，智慧城市与轨道交通的发展已经成为推动社会进步和经济发展的重要引擎，为加强业内的学习交流、合作共赢，推动我国智慧城市与城市轨道交通可持续发展，中城科数（北京）智慧城市规划设计研究中心、中国城市科学研究会数字城市专业委员会轨道交通学组确定 2023 年继续编辑出版《智慧城市与轨道交通》，共同探讨智慧城市与轨道交通领域的最新发展动态，提供有关智慧城市建设、轨道交通规划设计和智慧运维的宝贵信息。通过将信息技术与城市交通相结合，我们可以实现城市交通的高效、智能、环保和安全运营。

全国智慧城市与轨道交通学术会议自 2014 年以来已成功举办了七届，《智慧城市与轨道交通》为政府与企业、企业与企业、专家与企业之间搭建了项目合作、技术理论和实践交流的平台，同时还邀请了国际国内的著名专家学者分享技术创新成果和规划建设经验，为促进智慧城市和轨道交通协同发展作出了贡献。

最后，衷心感谢所有为本书付出努力的作者和编辑团队，以及全国智慧城市与轨道交通学术会议的组委会和支持单位。感谢您的支持和关注。我们希望本书能给您带来有价值的知识和启示，并为您在智慧城市与轨道交通领域的学术研究和实践工作中提供帮助。

中城科数（北京）智慧城市规划设计研究中心
中国城市科学研究会数字城市专业委员会轨道交通学组
2023 年 7 月

目 录

第一部分　智慧城市建设与运维

第二部分　轨道交通智慧规划设计与工程建设

第三部分　轨道交通智慧运维

第四部分　其他

1

第一部分

智慧城市建设与运维

浅谈人口老龄化、高度城镇化对智能轨道交通的影响

李清颖
（铁科金化科技有限公司，天津 120114）

摘　要：人口老龄化、高度城镇化对我国的每一个行业都有着巨大的影响。本文从综合技术、服务、管理三个方面，浅谈智能轨道交通作为国家交通行业的支柱行业对国家经济发展、人民生活水平、城市发展等的重要影响。

关键词：人口老龄化；高度城镇化；智能轨道交通；影响

1　我国目前人口结构以及城镇化情况

1.1　人口结构情况

根据第七次全国人口普查结果显示，我国共 14.1178 亿人，与第六次全国人口普查相比，增加了 7206 万人，增长 5.38%。普查结果的公布，对各行各业未来的布局和战略都有指导意义。

第一，我国出现了零增长、负增长的情况。60 岁以上的老人，预计到 2025 年突破 3.21 亿人，占总人口的 22.9%；到 2032 年预计突破 4 亿，占总人口的 28.6%。第二，到 2035 年，预计有 10.23 亿人生活在城镇，人口会在空间上形成聚集现象。第三，根据国际人口学会编著的《人口学词典》定义：65 岁以上的老年人口比例达到 7% 或 60 岁以上人口比例达到 10% 的人口结构称为“老龄化社会”，65 岁以上人口比例超过 14% 或 60 岁以上人口比例达到 20%，成为“老龄社会”。

1.2　城镇情况

根据《中国统计年鉴》数据显示，2012 年末，中国大陆总人口数 135404 万人，城镇人口 71182 万人，城镇人口率达到 52.57%，城镇化总体上有了大幅度提升。我国城镇化水平稳步提升。国家统计局 2022 年发布数据显示，2021 年末，我国常住人口城镇化率为 64.72%，比 2020 年末提高 0.83 个百分点。

2　智能轨道交通是生活质量提升的最佳选择

面对人口结构的新挑战，如何能够提升未来人民的生活质量，与其他交通方式比较，轨道交通有着绝对的优势。随着我国对轨道交通的政策扶持、人才培养等方面的支持力度不断加强，轨道交通的发展有了更高的平台，迎来了更好的发展形势。

轨道交通兼具安全、便捷、客流量影响可控、服务提升快等优势，随着科技加持、管理提升、服务大力发展的优势，越来越成为各大城市提升发展实力的基础配套设施。

参考发达国家，人口密集的城市，轨道交通基本满足了 90% 以上人群的通勤和生活需要等。作为快速发展的国家，我们要有更长远的布局，不仅要满足目前经济快速发展的需要，而且要更多地考虑在 30～50 年内人们对于轨道交通的依赖。

3　对智能轨道交通的影响

习近平总书记指出：城市轨道交通是现代大城市交通的发展方向。发展轨道交通是解决大城市病的有效途径，也是建设绿色城市、智能城市的有效途径；要继续大力发展轨道交

通，构建综合、绿色、安全、智能的立体化现代化城市交通系统。习近平总书记的重要讲话指明了城轨交通的发展方向，是发展城轨交通的根本遵循。

陆铭教授在《大国大城》（*Great Nation needs Bigger City*）一书中提到“15分钟生活圈”。这个过程中把最大的压力给到轨道交通，越来越多的人涌入核心区域，那么轨道交通需要从各个领域提升才能实现相关的挑战。

截至2020年末，我国铁路营业里程已达到14.63万km，高铁营业总里程达3.8万km，是世界上唯一高铁成网运行的国家。京沪、京广、京九三条南北铁路干线构成了京津冀连通长三角、珠三角的主要铁路骨架，使得我国南北紧密相连。但是综合老龄化、城镇化的影响，对智能轨道交通的发展提出了新的要求。国家提出开展智慧城市试点工作以来，智慧城市建设如火如荼开展，迄今在建城市已达500多个，占全球在建城市一半左右。随着建设项目的不断开展、完善，国务院对城市建设提出了新的要求，到2020年建成一批特色鲜明的智慧城市。智慧城市建设中，智慧交通要先行，不仅成为智慧城市的重要组成部分，并且起着主导作用。强力推进智慧城市建设的态势，对建设智慧城轨提出了迫切要求，使智慧城轨建设成为一项具有紧迫性的重点工程项目。

第一，全面规划，聚焦目标。由于轨道交通投入大、工期长，在建设前期、中期、后期都需要耗费极大的人力物力，必须结合地质的勘探，高铁建成的技术、成本、未来的经济收益等因素综合考量，全面规划。一旦建成之后拆了重建的可能性几乎没有。要保证建立的合理性，就需要结合我国未来几十年的人口情况、使用率、使用要求等各种大数据反映的问题进行综合规划。实现轨道交通真正给生活带来的便利，不断扩大“15分钟生活圈”的范围，让更多人可以享受城镇化的便利。

考虑使用和实用性之外，还要加入能耗、标准化、可靠性、服役周期等考虑因素。通过大数据将传输数据、牵引、制动等关键数据实时进行传输、储存、记录以及分析。结合通信平台、人脸识别、智能分析，与购票、出行、到站、换乘等，实现更高级的工作模式。

第二，数字赋能，深化管理。我国人口结构的改变对于轨道交通可以提供的服务有了新的要求。创建智慧乘客服务体系，提高乘客服务的便捷化、舒适化、智能化水平。一是提升票务服务的智能化水平，比如提供紧急的医疗救助；乘车高峰期之后是否可以提供更舒适的乘车感受等。二是增加对公共卫生设施的投入、完善公共卫生系统，准备一支队伍应对公共危机感。

在管理的过程中，要综合应用先进的数据抓取、信号传输、图像处理等工具，如云计算、大数据、物联网、人工智能、5G、卫星通信，全面感知、深度互联和智能融合乘客、设施、设备、环境等实体信息，经自主进化，创新服务、运营、建设管理模式，构建安全、便捷、高效、绿色、经济的新一代中国式智慧型城市轨道交通。

创建智慧乘客服务体系，提高乘客服务的便捷化、舒适化、智能化水平。一是提升票务服务的智能化水平。引导推进基于实名制、个人信用体系的跨平台、跨场景乘车票务服务，利用生物识别、无感支付等多形式，提高售检票、乘车智能化水平。扩大基于可信乘车凭证互联互通范围，提高城市间乘车便捷度，丰富智慧城轨移动APP应用功能，提供多种出行、信息及生活服务。二是提供智慧出行咨询，聚合多平台出行服务内容，按乘客出行需求订制化提供多种出行解决方案。同时重点在交通枢纽、出行热点方面提供更细致的服务。实时显示本站、邻站和换乘站客流动态、列车运行时刻，为乘客提供出行路径咨询及建议。三是研发智慧客流管理系统，对日常峰谷、节假日、重大活动预测及动态监测，及时发布疏导信息，为智慧运输提供可知、可调、可控的大数据管理应急处置解决方案。四是建立智能安检（防）系统。研究与城轨交通客流相适应的智慧安检，探索票检、安检合一的新模式，采用视频监视、生物识别、人工智能等技术，实现“人”“票”“物”以及异常行为四合一核验，提高安全效率和服务品质。五是研发智慧车站系统。实时提供车站全场景动态信息服务、显示列车到发时刻、乘客诱导、车厢拥挤度、前方换乘站客流等动态信息。提供车站出入口、服务设施位置及地面建筑物等信息。实现车站的全息感知、自动运行、全景监控、自主服务及其与周边商业、公共服务设施的一体化信息共享及联动的应用。建立车站智能公共突发事件应急响应管控体系，完善公共突发事件（含卫生安全等）应急预案，在线网应急指挥中心的组织协调下妥善应急处置。六是智能环境动态调控，根据季节、温湿度、客流等变化自动调节温湿度，为乘客提供舒适环境。七是提升列车智能服务水平，实时显示列车运行区间、前方站到发时刻，基于乘客用户画像，为乘客提供可感知、有温度、个性化、推送式服务。

第三，创新技术，长久发展。随着人口老龄化的不断加剧，对轨道交通的技术提出了新要求：如何实现乘车舒适感的提升、便捷性的实现等，甚至要求走路不便的老人可以实现搭乘轨道交通出门；视力不好的老年人是否可以找到入口、出口、卫生间、公共服务区域等；是否实现轮椅可以换乘、自主上车等功能。

通过技术的手段，实现不同交通方式换乘的最佳方案，达到更智能地出行。通过技术手段，减少列车服务人员的数量与工作强度，更大程度地实现自动化程度，更好地提升服务的准确性、及时性以及科技性。通过数据传输，适当调控列车的频次，使得满座率以及运行程度更加高效、灵活。实现列车控制系统的完善与优化。

围绕智慧城轨建设体系，建立具有中国自主知识产权的技术规范。一是以需求为导向，加强政策研究，实行顶层规划，构建技术规范体系，形成系统全面、协调一致、经济合理、开放融合的标准体系，全面支撑和引领智慧城轨建设；二是着力研究编制一批关键核心技术规范，针对共享关键领域，形成从顶层管理、监督评估、运行应用、平台建设、数据融合到底层感知的系列化标准，指导智慧城轨建设项目的有序和高质量开展；三是指导智慧城轨各个专业信息化应用系统的研究、完善和迭代发展；四是主动对接国家主管部门和国际化标准组织，参与国际性标准研编，逐步实现智慧城轨技术标准的国际化。

4 结语

智能轨道交通是提升国家经济发展水平、人民生活水平的重要交通媒介。通过轨道交通可以实现经济水平的提升、人民生活水平的提升、居住舒适度的提升，以及城市服务水平的提升。轨道交通的发展，要综合乘车需要、能源节约、国家经济的长期发展、通信技术的发展等更多的影响因素，用长期发展的眼光去规划、去发展。

参考文献

[1] 郭巍 . 城市轨道交通运营管理信息化建设探讨 [J]. 现代制造，2015，18（33）：128-129.

[2] 邵瑞，苏婷，白忠杰，等 . 城市轨道交通工程安全风险信息化管理研究 [J]. 中国房地产业，2017，19（4）：125-126.

[3] 陆铭 . 大国大城 [M]. 上海：上海人民出版社，2017.

[4] 谭复兴，高伟君 . 城市轨道交通系统概论 [M]. 北京：中国水利水电出版社，2007.

[5] 董焰，单连龙 . 中国城市轨道交通未来十年发展趋势及政策导向 [J]. 城市轨道交通研究，2004：6-9.

建筑企业推进数字经济建设的实践研究

江文化　谢学文　许　悦

（中铁云网信息科技有限公司，北京 100039）

摘　要：我国数字经济进入高速发展期，国内建筑企业数字化转型缺乏统一的架构设计，难以满足企业数字化应用需求。为了进一步推进信息化服务数字中国建设战略研究，本文首先对数字经济的发展现状进行研究；其次以建筑企业数字化建设为例，研究其在推进数字经济建设的具体实现方法，包含数字化转型架构模型、发展阶段、总体规划、实现路径和具体措施；全面阐述了建筑企业在数字经济建设中的具体实践；最后论述数字化进程中存在的问题，并提出了相应的措施建议。

关键词：建筑企业；数字化；技术路径；实践研究；措施建议

1　引言

当今世界，正经历一场大规模、广范围的科技革新和产业革命，数字孪生、人工智能、大数据、物联网等现代信息技术正不断取得突破，数字经济正蓬勃发展，世界各国正围绕着抢占数字经济的制高点进行着激烈的竞赛，加速推进了人类社会进入数字经济时代。

我国数字经济进入高速发展期。BIM、物联网、人工智能、5G、大数据、云计算等新型数字基础设施加快建设。“十四五数字经济发展规划”对我国数字经济进行了全面、深刻的论述和部署，认为数字经济是继农业经济、工业经济之后的主要经济形态。同时，数字经济发展伴生的数据治理和数据价值化等难题凸显，城市间数字经济优势资源争夺愈演愈烈。

根据麦肯锡调查报告，企业数字化转型成功率仅为 20%，即使是如高科技、媒体和电信等精通数字技术的行业，成功率不超过 26%。石油、天然气、汽车、基础设施和制药等传统行业成功率仅在 4% ～ 11% 之间。建筑业作为历史悠久的传统行业，数字化转型成功概率，尤为低之。为加快数字技术与建筑行业深度融合，促进数据要素有序流动并提高数据资源价值，需要充分发挥央企数字产业化和产业数字化优势基础，进一步提升央企数字经济发展水平和治理能力。

2　数字经济发展现状

2.1　国外数字经济发展现状

全球围绕数字经济关键领域加快部署、推动发展。面对经济恢复、国际格局重塑等挑战，各主要国家纷纷加快政策调整，更加聚焦科技创新、数字基础设施建设、数字产业链重塑、中小企业数字化转型、数字化促进绿色化发展等，全球数字经济正向全面化、智能化、绿色化的方向加速前进。各经济体依托自身优势形成特色数字经济发展道路。美国依托持续领先的技术创新，巩固数字经济全球竞争力；欧盟以数字治理规则的领先探索，打造统一的数字化生态；德国依托强大制造优势，打造全球制造业数字化转型标杆；英国完善数字经济整体布局，以数字政府建设引领数字化发展。在技术赋能方面，以 5G 和人工智能为代表的技术进步和产品创新快速演进，并加速与垂直行业深度融合，应用场景迸发。在数字化转型方面，制造业数字化转型步伐加快，金融科技等服务业数字化快速成长，推动传统产业新兴裂变和升级演进。在数据与安全方面，各国加快推动数据开发利用及市场化流通，同时，全球网络安全部署升级，带动网络安全产业发展进入快车道。

2.2 国内数字经济发展现状

在党中央、国务院的高度重视和统一部署下，我国立足产业基础并发挥市场优势，有效市场和有为政府相互促进，各地方高度重视数字经济与大数据发展，全力推动以体制机制改革带动引领数字中国建设可持续发展。我国数字经济取得了举世瞩目的发展成就，总体规模连续多年位居世界第二，对经济社会发展的引领支撑作用日益凸显。据不完全统计，2022年的“十四五”开局之年，我国数字经济顶住了来自国际复杂局势、疫情多点散发、经济恢复发展等多方面的压力，实现了平稳较快发展，整体呈现出以下几方面特征：

（1）数字经济作为国民经济的“稳定器”“加速器”作用更加凸显。2022年，我国数字经济规模已经达到119.8万亿元，占全国GDP比重达到38.6%。2023年，中国数字经济市场将继续保持高速增长，预计规模将达到140万亿元。中国数字经济在国民经济中的地位更加稳固、支撑作用更加明显。

（2）数字基础设施实现跨越式发展。截至2022年7月，我国已许可的5G中低频段频谱资源共计770MHz，许可的中低频段频率资源总量位居世界前列，累计建成开通5G基站达196.8万个。网络基础设施全面向IPv6演进升级，IPv6活跃用户数达6.97亿。我国上网人数达10.32亿，移动电话用户总数达16.43亿户，其中5G移动电话用户达3.55亿户，约占全球的3/4。我国数据中心机架总规模超过590万标准机架，建成153家国家绿色数据中心，行业内先进绿色中心电能使用效率降至1.1左右，达到世界领先水平。

（3）数字产业化发展快速提升。2021年我国数字经济核心产业发明专利授权量达27.6万件，占同期全社会发明专利授权量的39.6%。全国软件业务收入从2012年的2.5万亿元增长到2021年的9.6万亿元，年均增速达16.1%。截至2021年，我国工业互联网核心产业规模超过1万亿元，大数据产业规模达1.3万亿元，并成为全球增速最快的云计算市场之一，2012年以来年均增速超过30%。

（4）产业数字化转型提档加速。截至2022年6月底，我国工业企业关键工序数控化率、数字化研发设计工具普及率分别达55.7%、75.1%，截至2022年7月底，“5G+工业互联网”建设项目超过3100个，形成一系列新场景、新模式、新业态。全国具备行业、区域影响力的工业互联网平台超过150个，重点平台工业设备连接数超过7900万台/套，服务工业企业超过160万家，助力制造业降本增效。智能制造工程深入实施，通过智能化改造，110家智能制造示范工厂的生产效率平均提升32%，资源综合利用率平均提升22%，产品研发周期平均缩短28%，运营成本平均下降19%，产品不良率平均下降24%。

（5）网络安全保障和数字经济治理水平持续提升。我国正在加快健全法律法规体系，强化网络安全机制、手段、能力建设，完善数字经济治理体系，提升网络风险防范能力，推动数字经济健康发展。基于数据采集、存储、整合、呈现与使用、分析与应用、归档和销毁等全生命周期价值管理链的数据资源化进程不断深化，数据资产化探索逐步深化，数据确权在顶层规划中有序推进，数据定价、交易流通等重启探索，迎来新一轮建设热潮。

3 建筑企业推进数字经济建设的实践研究

3.1 数字化转型架构模型

价值体系优化、创新和重构是数字化转型

的根本任务，参考《数字化转型：参考架构》T/AIITRE 10001-2020，信息化企业应从发展战略、新型能力、解决方案、治理体系和业务创新五个视角出发，构建系统化、体系化的关联关系，系统有序地推进数字化转型，创新价值创造、传递、支持、获取的路径和模式（图 1、图 2）。

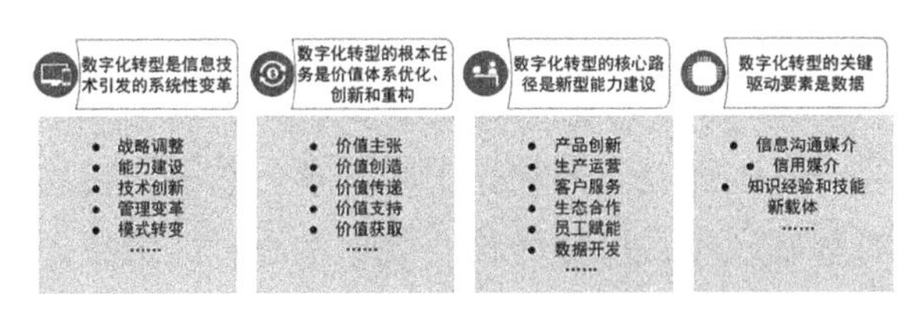

图 1　数字化转型路径和模式

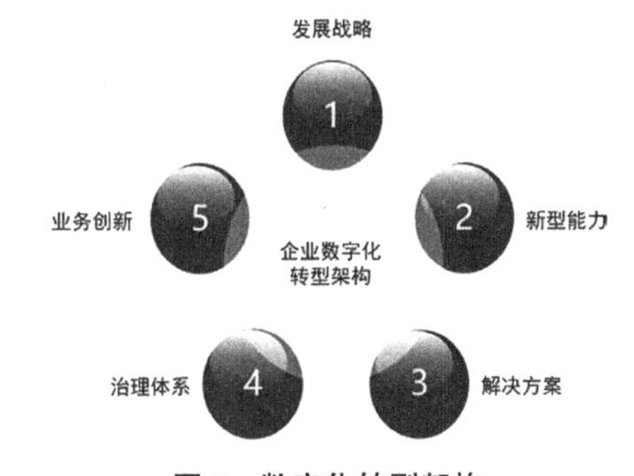

图 2　数字化转型架构

3.2　数字化转型发展阶段

企业数字化转型经历三个阶段（图 3）。

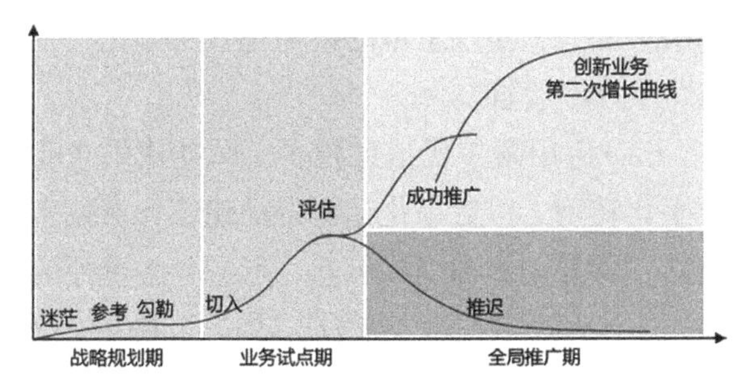

图 3　企业数字化转型发展阶段示意图

（1）战略规划阶段

战略规划阶段是企业从初期到形成全面认知的过程，具体可分为迷茫期、参考期以及勾勒期。该阶段企业一般通过自身调研以及和第三方研究机构合作，形成适应自身的数字化转型战略以及转型路径规划。

（2）业务试点阶段

业务试点阶段是企业数字化转型的关键阶段，该阶段的成功与否将直接影响企业数字化转型的进程。通过战略规划阶段输出的数字化转型的路径规划，谨慎选择业务转型试点，采用敏捷的方法，小步快走。

（3）全局推广阶段

在业务试点成功后，企业将形成自身的数字化转型经验，并进行全局推广。

3.3　数字化建设总体规划

以投资项目为例，应用新一代信息技术，通过对投资项目从项目储备、立项可研、实施决策、融资管理、建设管理及运营管理等业务流程控制，构建投建营一体化数字管控模式，有效打通投资项目全生命期的数据脉络，牵引价值链上游产业变革，实现投资业务实现由单一业务形态向全面服务转型，推动投建营一体化数字管控取得新突破（图 4）。

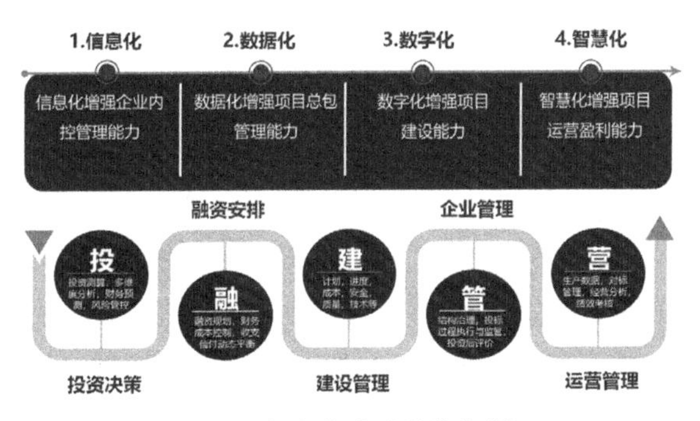

图 4　数字化建设总体规划

3.4　数字化建设实施路径

我国建筑企业根据自身优势和实际情况，启动了数字化转型升级工作，全面开展了“信息贯通”和“数智升级”两大工程。“信息贯通”工程，面向管理信息化、数字化，在打通信息孤岛、提升管理效能、整合企业治理数据方面开展了一系列的工作。“数智升级”工程，旨在对传统的施工和管理推进数字化设计、智能化施工与智慧化运营等再提升，进一步促进生产方式变革创新，推动“数字企业”迈向“智慧企业”（图 5）。

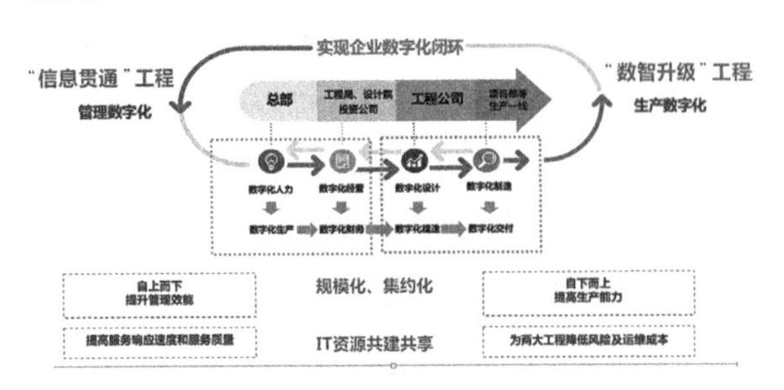

图 5　数字化建设实施路径图

3.5　数字化建设具体措施

建筑企业数字经济建设可以根据企业的自身特点，围绕四个方面开展相关工作：一是打造建筑业数据资产，夯实建筑业数字经济基座；二是优化升级企业网络设施，统筹推进数字经济基础设施建设；三是应用新一代信息技术，赋能建筑企业数字化转型；四是开展建筑企业数据治理，加速数据价值释放。

（1）应用数字孪生技术建设工程数据资产。BIM 技术是建筑业数字模型的技术代表，是建筑业数字化转型的基础关键技术。BIM 作为建筑数据资产的载体，在推进数字化转型进程中包含三个方面：一是将 BIM 作为工具提升设计效率和质量，以 BIM 赋能拓展工程项目全生命期的数字化业务；从打造工程项目数据资产，变身工程项目数据资产管家，在规划设计和工程建设的基础上，向工程前期策划和运营两端拓展更多的数智化技术服务。二是依托以 BIM 为核心的数字技术平台，通过大数据、IoT 和 AI 技术搭建工程大数据平台，推动建筑工程从物理资产到数字资产的转变。围绕工程项目进行数据的采集、存储、集成、分析和共享，使工程建造由“经验驱动”到“数据驱动”再到“智慧驱动”转变，支撑未来业务发展各类场景，从而创造数据资产价值和工程业务价值。三是打造开放设计协同和管理平台，将平台中的技术能力及数据服务能力赋能产业链全参与方，进而构建工程数字化生态圈。

通过“平台 + 生态”的模式，重构产业全要素、全过程和全参与方，把传统工程管理、传统基建融入信息化、数字化平台。形成新设计、新建造和新运维，打造规模化数字创新体系，带动关联建筑产业发展，成为发展建筑业数字经济的引擎。

（2）推进企业大数据中心建设，筑牢数字经济基础设施。大数据中心是企业数字化转型的基础底座，可分为核心数据中心、区域数据中心和边缘数据中心。核心数据中心是企业大规模数字化系统的数据存储中心和全公司数据资产统一管理的物理载体；区域数据中心是区域内各单位和工程项目部的 IT 支撑中心，用于保障各类业务应用系统正常运转、稳定运营，支撑区域未来 IT 应用系统增长需求；边缘数据中心主要依托企业所属各单位现有机房，用于支持本单位网络通信和本地化应用需求，配合企业总部 IT 应用部署架构发展，就近提供端服务。依托数据中心算力，聚焦施工现场，实现对人员、机械、材料、环境的全方位实时可视化智能监控管理，提高工地现场的生产效率、改善工地施工环境、提升管理水平和决策能力，实现工地的数字化、精细化、智慧化生产和管理。

（3）应用新一代信息技术，赋能建筑企业数字化转型。以数字化创新带动建筑行业技术创新、管理创新和模式创新，形成自主可控的“建筑企业数字技术”能力。建设自主可控的统建系统平台，加大基于技术的数字建造应用力度，推动基于 BIM 的数字孪生设计、建造与交付，实现“BIM+ 设计、施工、运维”的全生命期建设模式。结合产业数字化升级的痛点、堵点和数字化特征，分类制定数字化转型路线图、案例集和工具集，加强服务商对接，全面激活产业数字化转型需求。将数字化转型作为企业谋求生存发展的必由之路，加快推进设计、加工、制造、建造、运营等数字化转型，通过数字化手段开展建筑领域“人、机、料、法、环”等资源的整合。

（4）深耕建筑企业数字化优势产业，加快数字产业集聚发展。抢抓全球数字产业链重构机遇，聚焦建筑央企优势产业，深入推进产业基础再造与产业链提升，持续强化数字制造、智能建造等“长板”产业，补强智能计算、智慧运维等“短板”领域。围绕算力、算法、数据、安全等数字技术新赛道，大力发展数字孪生、大数据、云计算、人工智能、5G、物联网、区块链、虚拟现实、北斗等新兴数字产业，培育“新星”产业群。推进 BIM、云计算、人工智能、建筑工业互联网、区块链等领域开源开放平台建设，加强云原生架构、关键算法资源、低代码工具和环境等供给能力，探索打造我国开源社区，培育具有国际竞争力的开源生态。顺应新技术交叉融合趋势，强化应用场景拓展，围绕智慧城市、智慧铁路、智慧城轨、智慧公路、智慧矿山、新智造等典型应用场景，组织开展重点领域示范应用，推进 BIM+GIS+ 工业互联网、BIM+VR/AR、人工智能物联网（AIoT）、区块链 + 物联网、北斗 + 物联网等融合创新技术产品商业化进程，加快构建“硬件 + 软件 + 平台 + 服务”产业生态，培育数字经济新增长点。

（5）开展建筑企业数据治理，推动数字经济创新发展。一致性的数据环境让系统应用集成、数据清理变得更加自动化，减少过程中的人工成本；标准化的数据定义让业务部门之间的沟通保持顺畅，降低由于数据不标准、定义不明确引发的各种潜在成本；有效的数据治理有利于建立基于知识图谱的数据分析服务，例如 360° 客户画像、全息数据地图、企业关系图谱等，帮助建筑业实现供应链、投融资的风险控制。建筑业大数据正在重塑传统经济形态，以准确实时数据基础为关键要素的数字经济将成为未来经济发展新模式，而数据治理是保障数字中国建设顺利推进的重要措施；良好的数据治理推动了建筑企业参与社会治理模式创新，提高了建筑企业宏观调控、企业管理和建设监管能力；高效的数据治理能助推数字经济发展，构建蓬勃繁荣、创新活跃、富有竞争活力的新经济形态。

通过数据治理对企业数据收集、融合、清洗、处理等过程进行管理和控制，持续输出高质量数据，有利于提升数据分析和预测的准确性。例如为了有效打通投资项目全生命周期管理的数据脉络，实现投资业务由单一业务形态向全面服务转型，以产业链上游业务为抓手，围绕项目客户、投资、建设的共性需求特征，构建了“投建营”一体化数字管控模式；开展企业全方位数据治理及数据库建设，构建企业级保障机制，提升面向大数据和云环境的数据服务能实现企业全量、全业务、全生命周期数据的资产化管理，支撑“数据 + 平台 + 应用”的信息化建设新模式，助力企业数字化转型。

4　措施建议

4.1　提高数字核心技术自主研发力度

数字技术中，三维图形引擎、大数据、人工智能、区块链等前沿领域关键技术目前大多掌握在外企手中，这需要我国在数字经济关键领域建设一批建筑业创新中心、产业创新中心、技术创新中心。支持软件供应商、智能制造装备供应商协同创新，加大创新研究力度，不断提供平台化、组件化的行业系统解决方案，培育一批数字赋能解决方案和一批数字化赋能服务标杆。

4.2　培育一批数字应用场景示范工程

重点面向智慧城市（园区）、智慧城轨、智慧公路、智慧水务、先进制造等领域，建设一批示范应用场景，聚焦数字孪生、5G、工业互联网、人工智能、区块链、北斗等技术在建筑业数字经济应用场景中的解决方案，着力形成最佳应用实践。支持多主体参与应用场景开发建设，让应用场景成为打造创新产品的体验场、试验场。发掘培育一批掌握关键核心技术、具备较强创新能力的优势团队，突破一批技术创新优、应用效果好、复制推广性强的数字经济标志性场景。

4.3 加强数字安全防护构筑工程建设

数据安全存在隐患，核心软件大多掌握在外部厂商手里，安全不可控，缺少自主可控的软硬件平台和产品，采用的产品大多来源于国外和外部开发单位，核心数据存在外泄风险。围绕下一代云计算安全、数据安全、人工智能安全、漏洞智能治理、隐私计算及保护、零信任机制等领域，开展网络安全核心技术攻关，强化与人工智能、区块链、量子安全联动发展，筑牢建筑数字安全基础。提升网络安全态势感知、威胁发现、应急指挥、协同处置和攻击溯源能力，深化建筑、交通、工业等重点领域自主可控解决方案的先行先试及应用推广，促进与网络安全生态产业链体系贯通。

4.4 加快数字经济复合型人才培养

建筑企业数字化业务基础条件差，现阶段建筑企业内部各单位均以传统工程管理人员和施工人员为主，信息化、智能化人才底子弱，企业数字化人才少、复合型人才更少。建筑企业要加快数字技能人才培训体系建设，进一步加强与高校院所开展数字经济产学研合作的体制机制，建设数字技能人才技能培训班。加快推进数字技能人才评价，加大数字技能人才选拔力度，组织开展数字技能职业技能竞赛。加强数字技能人才使用激励，对数字经济领域战略科技人才、产业领军人才、优秀青年人才分别给予资金支持，建立顶尖人才“一事一议”制度，落实数字经济人才的保障待遇，培养一批既懂业务，又懂技术的复合型人才。

4.5 全面推进新一代信息技术应用

建筑数字产业化是新一代信息技术、先进制造理念和建筑业深度融合的产物，建立完整的数字建筑关键技术体系，探索建设数字孪生城市，数字化模拟城市要素资源，提高城市运行态势精准预判和科学决策水平。加快优化数字经济空间布局，结合企业自身资源禀赋和产业发展基础，突出差异化、特色化发展，促进数字经济发展百花齐放。聚焦数字经济产业，重点打造一批产业特色明显、创新能力突出、配套服务完善、集聚水平较高的数字经济创新研究中心，发挥数字经济载体的集聚和带动作用，加快形成“产业＋配套、平台＋生态、技术＋赋能”的数字产业生态，促进数字经济产业向集群化发展升级，为建筑数字产业一体化提供关键支撑。

4.6 探索建筑业数据资产的共享与交易

随着我国数字经济顶层规划文件《“十四五”数字经济发展规划》以及数据基础制度文件《关于构建数据基础制度更好发挥数据要素作用的意见》的发布，我国数字经济势必将迎来更大的发展机遇。建筑企业应紧密围绕行业发展特色聚焦数字经济发展方向，深刻洞察建筑产业数字化发展态势，把握数字经济发展机遇，加强数字经济领域的战略研究、对策研究，提出更多有深度、有分量、有重大决策影响的行业研究成果。同时，要完善数据要素治理体系，构建以建筑产业数据资产为核心的数据基础设施，探索建筑业数据制度体系创新，围绕数据开放、共享、交换、交易、应用、安全、监管等数据要素全周期，推动数据要素内部市场建设，开展建筑产业数据资产的共享与交易。

5 结论

数字经济是以数字化的知识和信息作为关

键生产要素，以数字技术为核心驱动力量，以现代信息网络为重要载体，通过数字技术与实体经济深度融合，不断提高经济社会的数字化、网络化、智能化水平，加速重构经济发展与治理模式的新型经济形态。数字经济建设协同企业数字化转型升级，已成为企业经济增长的助力器。

企业数字化转型不是简单地应用新的IT技术，而是随着技术的深入应用，企业的组织架构、管理制度、人才结构、技术装配、企业文化都需要随之调整。在数字经济建设中，需要将新一代信息技术进行深度融合，打造数字基础设施一体化平台，构建企业的数字基座，整合数据资源，实现数字化基础设施能力的组件化、模块化封装，为企业业务创新提供高效、低成本、安全可靠的一体化服务支撑。

企业数字化转型不是简单的“建平台、上系统”，而是需要将业务层面的数字化转型围绕企业的价值链开展，将业务人员和技术人员形成合力，把业务运营管理经验和数字化技术充分结合起来，让技术在具体业务中得到落地应用。通过架构思维，整体、全面、结构化梳理业务场景，深化应用新IT技术，通过业务贯通、技术贯通和数据贯通，优化企业业务链，信息链、价值链等，最终实现业务和技术的融合。建筑业在推进数字经济建设时，要加强软硬协同的数字化供给，加快推动实体经济向数字经济推进，构筑数字化、信息化、绿色化协同发展的建筑企业数字化转型“新底座”。

参考文献

[1] 毛基业 . 央企数字化转型及路径参考 [J]. 企业管理，2021（12）：23-26.

[2] 张鸿霞，周婷婷 . 大数据时代强化央企数据安全合规管理的新思考 [J]. 国有资产管理，2021（10）：48-52.

[3] 吴张建 . 建筑企业数字化转型的重点内容 [J]. 施工企业管理，2022（12）：46.

[4] 景万，李思琦 . 建筑企业数字化转型的途径 [J]. 施工技术（中英文），2022，51（17）：22-28.

[5] 腾讯网 . “十四五”多家央企晒出数字化转型路线图 [EB/OL].https://new.qq.com/rain/a/20210328A07UDE00，2021-03-28.

[6] 亿欧网 . 建立数字化央企，领跑数字中国新征程 [EB/OL]. https://view.inews.qq.com/k/20210427A02LGV00?web_channel=wap&openApp=false，2021-04-27.

[7] 李民，颜紫莹，张森森 . 企业数字化转型成熟度评价研究：基于文献综述视角 [J]. 海峡科技与产业，2021，34（9）：24-28.

[8] 刘国宏 . 企业数据安全及风险隐患应对措施 [J]. 中国高新科技，2019（20）：41-44.

[9] 刘展 . 我国高技术产业技术引进与自主研发技术创新优化策略研究 [D]. 上海：上海交通大学，2008.

城市轨道交通路网中线路长度和线路覆盖强度的计算与分析

周晓军*

（西南交通大学土木工程学院，成都 610031）

摘　要： 城市轨道交通路网的客运量受路网规模和线路对乘客换乘便利性等因素的影响，合理确定和分析路网规模以及线路中乘客换乘的便利性是城市轨道交通路网规划与设计中的主要内容。本文结合成都轨道交通路网的规模和客运量，就路网中线路的总长度和线路覆盖强度进行分析，给出了城市轨道交通路网中线路总长度和线路与路网覆盖强度的计算方法，以此分析了路网中乘客换乘的便利性，并探讨了路网中线路覆盖强度低的原因，以便对以地铁为代表的城市轨道交通路网的规划和线路设计提供借鉴。

关键词： 城市轨道交通；地铁；路网规模；线路总长度；线路覆盖强度

1　引言

以地铁为代表的城市轨道交通是衡量一个城市发展是否进入现代化的重要标志。城市轨道交通作为城市公共交通的重要组成部分，其建成后应逐步担负起城市公共交通的骨干运输作用，进而缓解城市因人口过快增长而带来的交通拥堵、环境污染和城市生活效率低等突出问题。此外，大力发展以地铁为代表的城市轨道交通可作为缓解城市公共交通压力的有效途径，也对实现国家制定的“碳达峰”和“碳中和”战略目标具有积极意义，因此国内各大城市均积极将地铁和轻轨等城市轨道交通的发展纳入城市公共交通的规划和建设当中。但由于城市轨道交通属于城市的公共基础设施，其缺点就是工程造价高且建设周期长，因而城市轨道交通的建设投资主要由地方政府财政承担。为降低各大中心城市因修建轨道交通而带来的财政负担和风险，国家对地方政府建设地铁和轻轨等城市轨道交通的审批从城市人口、客流量以及财政经济等方面进行了相应的规定。就发展城市轨道交通而言，由于其具有社会公益性，可以带动沿城市轨道交通线路的土地开发和地下空间利用，有利于节省城市居民的出行时间，促进城市社会与经济的健康、可持续发展。因此，如何合理规划和建设城市轨道交通、降低建设成本就成为城市轨道交通在规划和建设中需要考虑的主要问题。

目前，我国城市轨道交通无论在建设规模还是在客运量方面均位于世界首位。截至2023年3月31日，我国已有55个城市开通运营有不同制式的轨道交通，轨道交通运营里程达到9585km，其中地铁的运营里程已达到8000km，占全国城市轨道交通运营总里程的83.5%。而且城市轨道交通客运量占城市公共交通客运量的比例也在不断增高，如北京、上海、广州、成都、深圳等城市轨道交通客运量占城市公共交通客运量的比例已超过60%。由此表明，我国城市轨道交通在缓解日益增长

* 周晓军（1969—），男，博士，教授，主要从事隧道与地下结构设计方法、计算理论和建造技术的教学、科研与设计工作。E-mail:768977446@qq.com

的城市公共交通客流压力方面发挥了积极作用。由于其投资大且建设期长，因此在规划城市轨道交通路网时，需要考虑线路的路由及线路中车站对乘客的吸引力。从乘客使用和出行的角度而言，其所考虑的问题主要是出行中乘车和换乘的便利性以及出行时间和经济成本上的节约。因此城市轨道交通路网的规划和建设既需要考虑建设和运营管理的成本，同时也要考虑乘客使用的便利性，即体现"量力而行，有序发展"和"以人为本"的设计理念。一个合理规划的城市轨道交通路网可为城市居民的出行提供优质而公平的服务，可使轨道交通成为城市居民出行的首选交通方式。本文结合成都轨道交通路网和客运状况，就城市轨道交通路网中的线路总长度和线路覆盖强度的计算方法进行分析，并对路网中乘客换乘的便利性分析方法进行探讨。

2　路网中线路总长度的计算

目前，国内外在衡量城市轨道交通路网规模时通常采用线路总长度和线路数量两个技术指标。结合国内外的研究，城市轨道交通路网中线路的总长度可以根据城市公共交通客运量和城市用地面积分别进行计算。

2.1　以城市公共交通客运量计算

以城市公共交通客运量计算时，规划路网中需要的城市轨道交通线路总长 L_t 为：

$$L_t = \frac{\alpha Q}{q} \tag{1}$$

式（1）中 α 为轨道交通客运量占全市公共交通客运量的比例系数，通常为 30%～70%；Q 为预测的城市公共交通客运量，万人次 /a；q 为市内轨道交通线路的负荷强度，万人次 /（km·a），其主要受人口数量和线路数量的影响，不同的城市其数值不同。

以上为衡量城市轨道交通路网中线路总长度时的主要定量指标。现以成都市为例，分别按照成都市公共交通客运量和路网密度来分别分析成都市近期、中期和远期需要规划的轨道交通路网的规模，即路网中线路的总长度。截至 2022 年 12 月 31 日，经统计成都市公共交通客运量达到 478734 万人次 /a，轨道交通的线网负荷强度为 620 万人次 /（km·a）。

如果取城市轨道交通的客运比例系数 α=30%，将其与公共交通客运量 Q 和线路的负荷强度 q 代入式（1）即可计算得到路网中的线路总长度为 L_t=231km，即表示 2022 年成都市轨道交通客运量仅取公共交通客运量的 30% 时，路网中线路的总长度至少要达到 231km。而实际上 2022 年底成都市已投入运营的轨道交通线路包括地铁和有轨电车的里程已达到 518.5km，其值已超过 231km。如果按照实际运营的线路总长度 518.5km 计算，2022 年成都城市轨道交通客运量占公共交通客运量的比例系数为 α=67.2%。

随着成都市以地铁为代表的轨道交通路网的不断完善，城市轨道交通的客运量也在逐步增大，预计到 2030 年，成都市公共交通客运量将达到 718101 万人次 /a，若线网的负荷强度仍以 2022 年的 620 万人次 /（km·a）计算，且城市轨道交通客运比例系数提升到 70%，将三者数值带入式（1）可计算得到的路网线路总长度为 L_t=810.8km。由此可见，为满足成都城市发展和缓解不断增长的公共交通客流压力，成都市在 2030 年时的轨道交通路网中线路的总长度 L_t 不宜小于 810km。

2.2　以城市路网密度计算

除了以城市公共交通客运量来计算轨道交通路网中线路的总长度以外，还可以按照城市路网密度来计算路网中线路的总长度。由于路网密度可以按照城市用地面积和人口数量分别考虑，因此城市轨道交通路网中线路的总长 L_t 则需要分别根据城市用地面积和城市人口所占有的轨道交通线路路网密度来分别进行计算。

（1）当以城市用地面积计算时，规划的城市轨道交通路网中线路总长度 L_t 为：

$$L_t=A_1\delta_1+A_2\delta_2 \quad (2)$$

式（2）中 A_1 为轨道交通覆盖的市中心区域内用地面积，km^2；δ_1 为以城市中心区用地面积计算的路网密度，km/km^2，其数值宜为 0.8～1.3km/km^2；A_2 为轨道交通覆盖的市郊区域内的用地面积，km^2；δ_2 为以城市市郊区域用地面积计算的路网密度，其数值宜为 0.25～0.50km/km^2。

现以 2022 年成都市的用地面积计算。2022 年成都市全市的土地面积为 14335km^2，其中中心城区的土地面积为 3639.81km^2，市郊的土地面积为 10695.19km^2。根据成都市城市轨道交通发展的状况，上述路网密度仅选取其下限值，然后将上述面积代入式（2）即可计算得到成都市轨道交通路网中按照用地面积计算的线路总长度应为 L_t=5585.6km。

（2）当以城市人口数量来计算时，城市轨道交通路网中线路的总长度 L_t 为：

$$L_t=M\delta_3 \quad (3)$$

式（3）中 M 为轨道交通覆盖区域全市的人口数量，百万人；δ_3 为以城市人口数量来计算的路网密度，km/ 百万人，其数值 δ_3=25～35km/ 百万人。

当以城市人口数量来计算时，2022 年成都市中心城区的人口数量为 1514.94 万人，且以人口数量计算的路网密度指标为 25km/ 百万人，将其代入式（3）即可计算得到路网中的线路总长度为 L_t=378.8km。预计到 2030 年，成都市中心城区的人口数量达到 1700 万人，而此时以人口数量计算的路网密度指标为 35km/ 百万人，则路网中线路的总长度为 L_t=595km。

从以上的计算结果分析，成都市城市轨道交通路网中的线路总长度以土地面积计算不小于 5585km，从公共交通客运量的增长来计算得到路网中线路的总长为 810km，而以中心城区的人口计算所得到的路网中线路总长度为 595km。三者相比，显然以城市土地面积计算的线路总长度规模最大，以公共交通客运量计算的轨道交通线路的长度为次之，而以中心城区人口来计算的线路总长度为最小。由此可见，三种计算方法所得的路网线路的总长度各不相同。相比而言，以中心城区人口和城市公交客运量来计算的线路长度较小，可将其计算的结果分别作为城市轨道交通路网近期和中期的线路总长度，而以城市土地面积计算的结果作为远期发展和规划的轨道交通路网中线路的总长度。对成都市 2023 年的轨道交通运营里程和客运量分析，截至 2023 年 3 月底，成都轨道交通运营里程已达到 558km，年客运量累计达到 2600 万人次，现阶段路网中运营线路的总长度与前文中按照城市人口数量计算的结果相近。

因此，在分析和规划城市轨道交通路网中的线路总长度时，可采用城市中心人口数量和公共交通客运量来确定轨道交通路网近期和中期的线路总长度，而以城市用地面积来计算远期轨道交通路网的线路总长度。

3 路网和线路覆盖强度的计算

修建以地铁和轻轨为代表的城市轨道交通，其目的在于缓解日益增长的城市公共交通客流压力，促进城市社会和经济的和谐、健康与可持续发展。而要发挥城市轨道交通作为城市公共交通中的骨干运输作用，在规划和设计轨道交通路网时首先应考虑路网中各线路对乘客的吸引力，其主要体现在乘客出行中乘车和换乘的便利性、乘客达到目的地所花费的时间和经济成本等方面。也就是轨道交通路网在规划和设计中应当体现“以人为本”的理念。前文对衡量城市轨道交通路网规模即总长度的分析方法进行了实例计算，实际上路网规模中的线路总长度和线路的数量也可以用于评价城市轨道交通在城市公共交通中的骨干运输作用。从国内外城市轨道交通的发展历程和运营状况分析，只有当城市轨道交通形成一定规模的路网后才有可能起到缓解城市公共交通压力的作用。就目前国内外城市轨道交通路网的类型而言，地铁以分离式路网为主，即地铁路网中各条线路在交汇处均采用立体交叉的方式，而部分城市的轻轨和现代有轨电车则采用联合式路网，即线路交汇处采用与地面道路交通相类似的平面交叉模式。由于地铁属于专用路权的城市轨道交通，因此在规划其路网时应当采用分离式的路网，便于提升路网的运输效率。对于分离式的路网而言，在各条线路中必定存在交汇点，即换乘点。从便于乘客出行和换乘的角度分析，路网中乘客的换乘次数不宜超过 2 次，尽可能使乘客仅换乘 1 次就可以达到目的地。在进行线路和车站设计中宜采用同站台换乘或通道换乘，而且乘客换乘的时间不宜超过 3min，换乘距离宜控制在 200m 以内。

路网中各条线路之间的换乘便利性可以从路网中线路之间相互换乘次数和覆盖强度来分析。为便于分析，本文将路网中线路之间的换乘次数用 T 表示，线路的覆盖强度用 C 表示，路网中的线路总数量为 n。

此外，假设路网中乘客从某一条线路 i 的起点到该线路 i 上的终点时，即可认为该线路对其本身的覆盖强度为 C_{ii}=1。当乘客在路网中从某一条线路 i 的起点用最少的换乘时间需要换乘 1 次就可以达到另一条线路 j 的终点时，则此条线路 i 对另一条线路 j 的覆盖强度为 C_{ij}=1/2；当乘客在路网中从某一条线路 i 的起点用最少的时间需要换乘 2 次才能达到另一条线路 j 的终点时，则线路 i 对线路 j 的覆盖强度为 C_{ij}=1/3；当乘客在路网中从某一条线路 i 的起点用最少的时间需要换乘 3 次才能达到另一条线路 j 的终点时，则此条线路 i 对线路 j 的覆盖强度为 C_{ij}=1/4。以此类推，然后将线路 i 对其本身的覆盖强度 C_{ii} 以及线路 i 对其余线路 j 的覆盖强度 C_{ij} 求和便得到路网中线路 i 对其余线路 j 的覆盖强度 C_{ij}。当计算得到路网中各个线路对其余线路的覆盖强度 C_{ij} 后，即可用式（4）计算得到整个路网的覆盖强度 C_t。

$$C_t = \frac{\sum_{i=1}^{n}\left(\sum_{j=1}^{n} C_{ij}\right)}{n} \tag{4}$$

式（4）中 C_{ij} 为线路 i 对线路 j 的覆盖强度，n 为路网中线路的总数量。

为阐明计算的原理和方法，现以成都市 2017 年轨道交通运行线路图为例，按照上述的方法计算线路的覆盖强度。2017 年 12 月底成都市已投入运营的地铁线路仅有 1 号线、2 号线、3 号线、4 号线和 7 号线，地铁的路网和线路图见图 1。

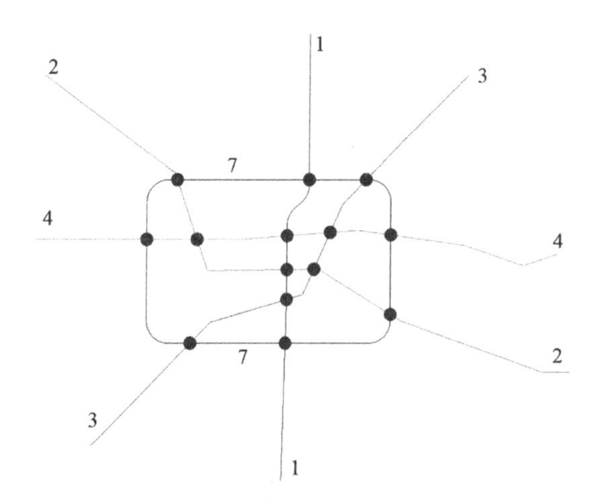

图 1　成都地铁 2017 年运营线路图

对于图 1 所示的路网和线路而言，分别可以根据上述的计算方法计算出路网中某一条线路对其余线路的覆盖强度，计算结果见表 1。

从表 1 中的计算结果可见，图 1 所示的成都地铁路网中每个线路对其余线路的覆盖强度均相等，线路的覆盖强度均为 C_{ij}=3.0，且路网的覆盖强度 C_t=15/5=3.0，即路网的覆盖强

表 1 地铁路网的线路覆盖强度

线路名称	线路的覆盖强度 C_{ij}					
	1 号线	2 号线	3 号线	4 号线	7 号线	小计
1 号线	1	0.5	0.5	0.5	0.5	3
2 号线	0.5	1	0.5	0.5	0.5	3
3 号线	0.5	0.5	1	0.5	0.5	3
4 号线	0.5	0.5	0.5	1	0.5	3
7 号线	0.5	0.5	0.5	0.5	1	3
合计	3	3	3	3	3	15

度与线路的覆盖强度一致，可见该路网中各线路对乘客换乘的次数均相等，且路网中的换乘次数 T=1。由此反映出线路中乘客换乘次数较低，有利于乘客的换乘。对图 1 和表 1 中线路的覆盖强度分析，其数值均未超过 3.0，即线路的覆盖强度较低，其主要原因在于图 1 所示的地铁路网中线路的数量 n=5，线路总长度为 159.2km，尚未形成一定的规模，而且路网的密度也较低，因此路网的覆盖强度较小。

再以 2023 年成都轨道交通路网为例，对路网的换乘次数和覆盖强度进行分析。截至 2023 年 3 月 31 日，成都轨道交通路网由 13 条运营线路组成，线路总长达到 558km。

根据本文中所提出的计算方法，分别计算路网中 13 条运营线路即 1 号、2 号、18 号等和蓉 2 号有轨电车线路对其余线路的覆盖强度，计算结果见表 2。

从表 2 可以看出，每行和每列均代表对应线路对其余线路的覆盖强度。例如，1 号线对其余 12 条线路的覆盖强度为 6.32，2 号线对其余线路的覆盖强度为 6.15，以此类推。线路的覆盖强度越大，说明路网中乘客从该线路到其余线路之间的换乘较便利，更有利于乘客的换乘。

从表 2 中所示的覆盖强度计算值分析，覆盖强度值最大的线路为 4 号线、6 号线和 9 号线，路网中这三条线路对其余线路的覆盖强度

表 2 成都轨道交通运营路网中各个线路的覆盖强度

线路	线路的覆盖强度值 C_{ij}													
	1 号线	2 号线	3 号线	4 号线	5 号线	6 号线	7 号线	8 号线	9 号线	10 号线	17 号线	18 号线	2 号有轨电车	小计
1 号线	1	0.5	0.5	0.5	0.33	0.5	0.5	0.5	0.5	0.33	0.33	0.5	0.33	6.32
2 号线	0.5	1	0.5	0.5	0.5	0.5	0.5	0.5	0.33	0.33	0.33	0.33	0.33	6.15
3 号线	0.5	0.5	1	0.5	0.5	0.5	0.5	0.33	0.5	0.5	0.33	0.33	0.33	6.32
4 号线	0.5	0.5	0.5	1	0.5	0.5	0.5	0.5	0.5	0.33	0.5	0.33	0.5	6.66
5 号线	0.33	0.5	0.5	0.5	1	0.5	0.5	0.5	0.5	0.33	0.33	0.33	0.33	6.15
6 号线	0.5	0.5	0.5	0.5	0.5	1	0.5	0.5	0.5	0.33	0.33	0.5	0.5	6.66
7 号线	0.5	0.5	0.5	0.5	0.5	0.5	1	0.5	0.33	0.5	0.33	0.5	0.33	6.49
8 号线	0.5	0.5	0.33	0.5	0.5	0.5	0.5	1	0.5	0.33	0.33	0.33	0.33	6.15
9 号线	0.5	0.33	0.5	0.5	0.5	0.5	0.33	0.5	1	0.5	0.5	0.5	0.5	6.66
10 号线	0.33	0.33	0.5	0.33	0.33	0.33	0.5	0.33	0.5	1	0.33	0.33	0.33	5.47
17 号线	0.33	0.33	0.33	0.5	0.33	0.33	0.33	0.33	0.5	0.33	1	0.33	0.33	5.3
18 号线	0.5	0.33	0.33	0.33	0.33	0.5	0.5	0.33	0.5	0.33	0.33	1	0.33	5.64
2 号有轨电车	0.33	0.33	0.33	0.5	0.33	0.5	0.33	0.33	0.5	0.33	0.33	0.33	1	5.47
合计	6.32	6.15	6.32	6.66	6.15	6.66	6.49	6.15	6.66	5.47	5.3	5.64	5.47	79.44

达到6.66；其次为7号线，由于7号线为环线，其在路网中对其余12条线路的覆盖强度值为6.49；再次为1号线和3号线，路网中这两条线路对其余线路的覆盖强度均为6.32；路网中2号线、5号线和8号线对其余线路的覆盖强度均为6.15。根据式（4）和表2计算得到的路网中各线路对其余线路的覆盖强度，即可计算得到当前成都轨道交通运营路网的覆盖强度为C_t=79.44/13=6.11，路网的覆盖强度稍低于4号线、6号线和9号线的最大覆盖强度值。此外，从表2的覆盖强度可知，路网中的换乘次数T=2，表明路网中还有线路需要乘客换乘2次。

对以上路网中的线路覆盖强度分析，在成都轨道交通目前运营的13条线路中，各线路对其余线路覆盖强度从大到小的排列顺序为4号线=6号线=9号线＞7号线＞1号线=3号线＞2号线=5号线=8号线＞18号线＞10号线=蓉2号有轨电车＞17号线。全路网的覆盖强度达到6.11。

通过对表2和表1中路网覆盖强度的对比可知，表2中的路网和各个线路的覆盖强度均大于表1中路网和线路的覆盖强度，且表2中路网的覆盖强度是表1中路网覆盖强度的2倍，很明显，表2中对应的路网总长度和数量要大于表1所对应的路网总长度和数量。由此表明随着城市轨道交通路网规模和线路数量的增加，其覆盖强度也逐步增大，线路中乘客换乘的便利性也得到提升，对乘客的出行更具有吸引力。

与图1中路网的覆盖强度相比，2023年成都轨道交通的路网覆盖强度明显提高。但乘客换乘的次数T=2却大于图1所示的路网中乘客的换乘次数T=1，由此表明2023年成都轨道交通路网中尚有线路之间乘客换乘不便。从表2中各个线路的覆盖强度值分析，13条线路中覆盖强度为0.33的线路出现次数最多的是17号线，其次为10号线和8号线。由此表明乘客在17号线、10号线和8号线中不便于与路网中其余线路之间的换乘，影响路网的覆盖强度和乘客换乘便利性，因而需要进一步提升乘客在上述三条线路与其余线路之间换乘的便利性。

此外，从表2中的线路覆盖强度值分析，路网中线路覆盖强度最低的是轨道交通17号线，其主要原因在于截至2023年3月3日，路网中仅运营17号线的一期工程，其全长为26.15km，仅有9座车站，其中地下7座，地面2座。而17号线的二期工程全长24.8km，全部为地下线，设有18座地下车站，换乘站有12座，二期工程目前正处于施工阶段，尚未达到规划的运营线路长度，因此17号线尚未实现与其他线路之间的换乘和覆盖，因而其对路网中其余运营线路的覆盖强度较低。当17号线二期工程投入运营后，线路的覆盖强度则会得到提升，整个路网的覆盖强度自然也会提高。

根据成都轨道交通集团有限公司的统计，截至2023年3月31日，成都轨道交通运营的13条线路中工作日客运量达到600万人次，累计客运量已突破95亿人次，成都轨道交通的客运量占城市公共交通客运量比例已超过60%。依据本文对成都轨道交通路网中线路覆盖强度的计算结果，并结合上述成都轨道交通路网实际客运量的数据可得，目前成都轨道交通路网中各条运营线路的路由设计是合理的，便于吸引客流。此外，从上述成都轨道交通不同时期路网的覆盖强度分析，以路网覆盖强度来分析城市轨道交通规划路网的合理性和线路中乘客换乘的便利性是可行的。

4 结论

城市轨道交通路网规模中的线路长度和路网中线路规划与设置的合理性会直接影响其担

负城市公共交通客流运输的骨干作用。国内外对衡量路网规模的技术指标和评价路网吸引乘客的方法开展了相应的研究，但并未针对路网近期、中期、远期规划给出相应长度的计算方法，也未对现有路网合理性提出相应的评价方法。本文结合成都市公共交通客流和城市用地面积，分析给出了预测近期、中期和远期轨道交通路网中线路长度的方法，并提出了评价路网中线路设置合理性和乘客换乘便利性的分析方法。城市轨道交通作为城市公共交通的重要组成部分，其路网规模和线路的设置需要考虑城市的总体规划与发展远景。城市的公共交通客流以及城市土地面积可作为规划城市轨道交通线路和长度的依据，城市轨道交通近期和中期的路网规模可依据城市人口和公共交通客运量估算，而远期的路网规模可依据城市用地面积进行估算。此外，可采用线路的覆盖强度来衡量和评价路网中线路设置的合理性及其对乘客的吸引力，并且根据线路覆盖强度的计算值对路网中各线路进行排序，进而可改进和提升路网的覆盖强度，便于提升城市轨道交通的运输效率和服务质量。

参考文献

[1] 周晓军，周佳媚 . 城市地下铁道与轻轨交通 [M]. 2 版 . 成都：西南交通大学出版社，2016.

[2] 地铁设计规范：GB 50157—2013[S]. 北京：中国建筑工业出版社，2013.

[3] 城市轨道交通线网规划标准：GB/T 50546—2018[S]. 北京：中国建筑工业出版社，2018.

[4] 成都市地铁设计规范：BDJ/T 074—2017[S]. 成都：西南交通大学出版社，2017.

[5] 周晓军 . 成都地铁地下无柱车站结构形式设计及工程应用 [M]// 智慧城市与轨道交通 2022. 北京：中国城市出版社，2022.

[6] 王镇波，李昱澄，叶霞飞 . 国内各城市的轨道交通线网负荷强度比较分析 [J]. 城市轨道交通研究，2019，22（5）：1-6.

2

第二部分

轨道交通智慧规划设计与工程建设

顶管施工对邻近既有地铁的影响分析

曹守坤[1*]　赵　歆[2]　兰　亮[2]

（1. 中国铁路设计集团有限公司，天津 300142；2. 天津市政工程设计研究总院有限公司，天津 300380）

摘　要：本文通过有限元模拟某地铁出入口的顶管施工过程，分析其对邻近既有地铁车站主体结构及附属结构的影响，为施工的可行性及安全性提供依据，同时也为相关类型的工程提供参考。通过有限元分析结果表明，采用HS硬化土本构模型进行三维数值分析能够较好地反映顶管施工对既有地铁结构的影响，整个施工过程中最不利工况为顶管完成顶进破除既有结构侧墙工况。

关键词：顶管法；地铁；有限元

1　引言

随着城市建设的快速发展，顶管施工技术的成熟，越来越多的施工需要在既有结构的邻近范围内实施。在顶管施工过程中，掌子面开挖扰动、地层损失、固结沉降等因素会引起地层产生移动和变形，导致基本埋于地下的地铁结构随之发生移动和变形。因此，有必要采用有限元预测新建顶管全过程施工对既有地铁结构的影响程度及可能带来的危害，从而对工程的施工方案、设计、加固提出指导性的意见，对危险部位事先采取防范措施，回避风险，并提出科学、合理、可行的安全对策措施，确保施工对既有地铁结构和运营的影响在允许范围内。

2　工程背景

2.1　工程概况

某地铁D2出入口下穿津滨大道段采用顶管法施工；D2出入口兼作顶管始发井，目前D2出入口尚未施作；D1出入口兼作顶管接收井，D1出入口已实施完成并运营。始发井和接收井全部采用明挖法施工。顶管通道结构全部采用预制矩形钢筋混凝土管节，管节外形尺寸为4.3m×7.0m，壁厚为5m，管节长度为1.5m，顶管总用量为60节。接收井到始发井方向下坡，坡度为2%，顶管上方覆土8.505～10.305m。

2.2　工程及水文地质

车站范围内的土层主要为人工填土层（Qm1）、粉质黏土（Q43al）、粉土（Q42m）、粉质黏土（Q41h）、粉砂（Q41al）等。

地下水主要包含潜水含水层和承压含水层两类。潜水含水层埋深1.5～2.3m，一般年变幅在0.50～1.00m。承压含水层受季节影响不大，水位变化幅度较小，变化幅度多年平均值约为0.5m，该承压力水水头埋深在4.6m左右。

3　三维有限元模拟

基于大型有限元计算平台PLAXIS 3D，通过建立土体—地铁车站—顶管段工程三维数值模型[1]，模拟顶管施工对既有地铁车站主体

* 曹守坤（1991—），男，硕士，工程师，中国铁路设计集团有限公司，主要从事地下结构方面的工作。E-mail：montecarlo3@163.com

结构及附属结构变形的影响。

3.1　模型概况

考虑到施工过程中的空间效应，专项保护模型根据出入口顶管段对邻近既有地铁车站及附属结构的有效影响范围，计算范围取3倍基坑深度[2]。本次模型大小取长350m、宽230m，自地表向下60m土体作为考察范围，模型共计152573单元，如图1所示。土体单元以四面体单元（扫掠网格）为主，在计算过程中考虑顶管接收端土体加固的作用。

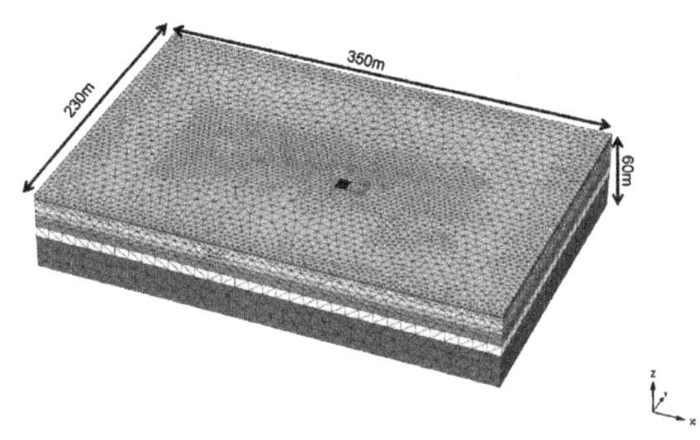

图1　三维有限元计算模型

3.2　计算假定及边界条件

（1）有限元数值模拟分析基于一定的假设和模型简化进行，假定如下：

①各土层为各向同性材料，呈匀质水平层状分布；结构体的变形、受力均在弹性范围内[3]。

②假定结构与土体之前接触良好，无脱离现象，满足变形协调条件。

③地下水位计算中不考虑降水影响，仅考虑水头压力影响。

④本专项保护分析的前提是施工处于正常良好控制的条件下。

（2）三维空间分析模型的边界条件如下：

模型顶面为自由面，无约束；模型底面每个方向均约束；模型四个侧面均只约束法向，其余方向无约束。

3.3　计算参数及输入荷载

（1）有限元计算中土体本构采用HS硬化土模型[4]。土体相关参数来自该工程地质详勘报告，计算中将不同的土层选取对应的地层参数，为节约计算成本，对上下为同一种土质进行归并并进行系数的加权平均。

地铁车站结构、顶管管节等结构参数见表1。混凝土结构重度均为25kN/m^3，表中不再赘述。

表1　模型计算结构参数

编号	结构名称	单元类型	弹性模量/GPa	泊松比
1	车站、出入口和风道顶底板及侧墙C35	板单元	31.5	0.2
2	顶管管节C50	板单元	34.5	0.2
3	车站、风道内结构柱	梁单元	34.5	0.2

（2）在本次的安全专项保护模型中，输入荷载主要考虑了以下几种：

①土体自重。

②既有地铁车站结构与顶管相关材料自重。

③顶管过程中掌子面压力250kPa，减摩注浆压力300kPa（管节推进后保留100kPa代替管节四周土体改良），顶管侧壁顶力16670kN（将该顶力平均到每一个管节侧壁上）[5]。

4　计算及结果分析

采用有限元模拟顶管的实际施工步序，提取了顶管施工对既有地铁车站主体结构的变形、内力及轨道的变形三个方面的数值，本文主要从这三个方面分析顶管施工对邻近地铁结构的影响规律。

4.1　计算步序

根据顶管施工工筹，采用动态模拟施工过程的计算方法，共设置32个计算步骤，如表2所示。

4.2　既有车站变形及内力计算分析

（1）顶管施工完成时既有地铁车站结构的预测变形如图2所示（该工序位移为最大位移值）。

表 2　施工三维模型计算步序设置表

序号	模拟施工步序说明
CS1	平衡初始地应力
CS2	地铁车站、出入口和风道结构完成，位移清零
CS3	加固出入口前方（顶管接收端）土体
CS4 ～ CS32	以 3m 为计算单位完成顶管顶进
CS33	完成最后一节顶管顶进，破除 D1 出入口接口处侧墙

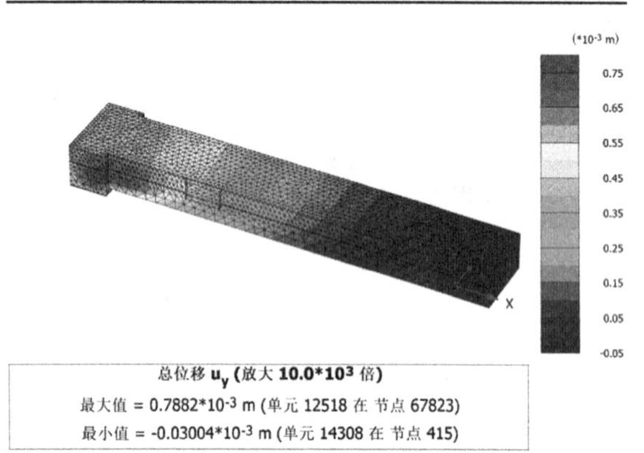

横向变形云图（Y 向）

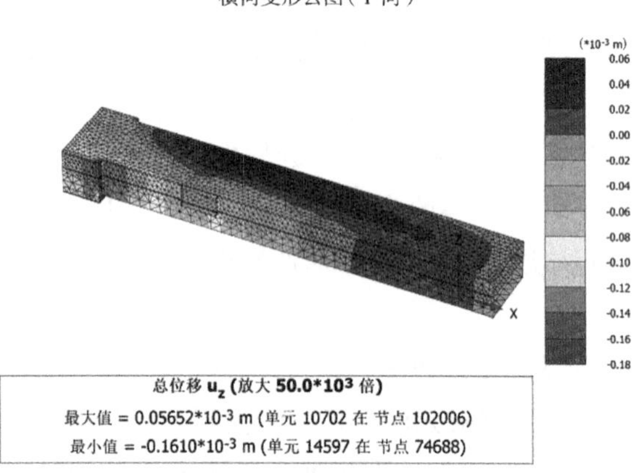

竖向变形云图（Z 向）

图 2　既有地铁车站变形云图

由图 2 可知，在新建出入口顶管段整个施工过程中，既有地铁车站结构最大水平变形值为 0.79mm，最大隆起变形值为 0.06mm，最大沉降变形值为 0.16mm。位移最大值基本位于盾构段与标准段交界负二层侧墙处。

（2）顶管施工前（出入口完成后）以及顶管施工完成时既有地铁车站的内力值如图 3 所示。从以上工况可以看出，剪力最大值由顶管施工前 1793kN/m 变化为 1749kN/m，弯矩最

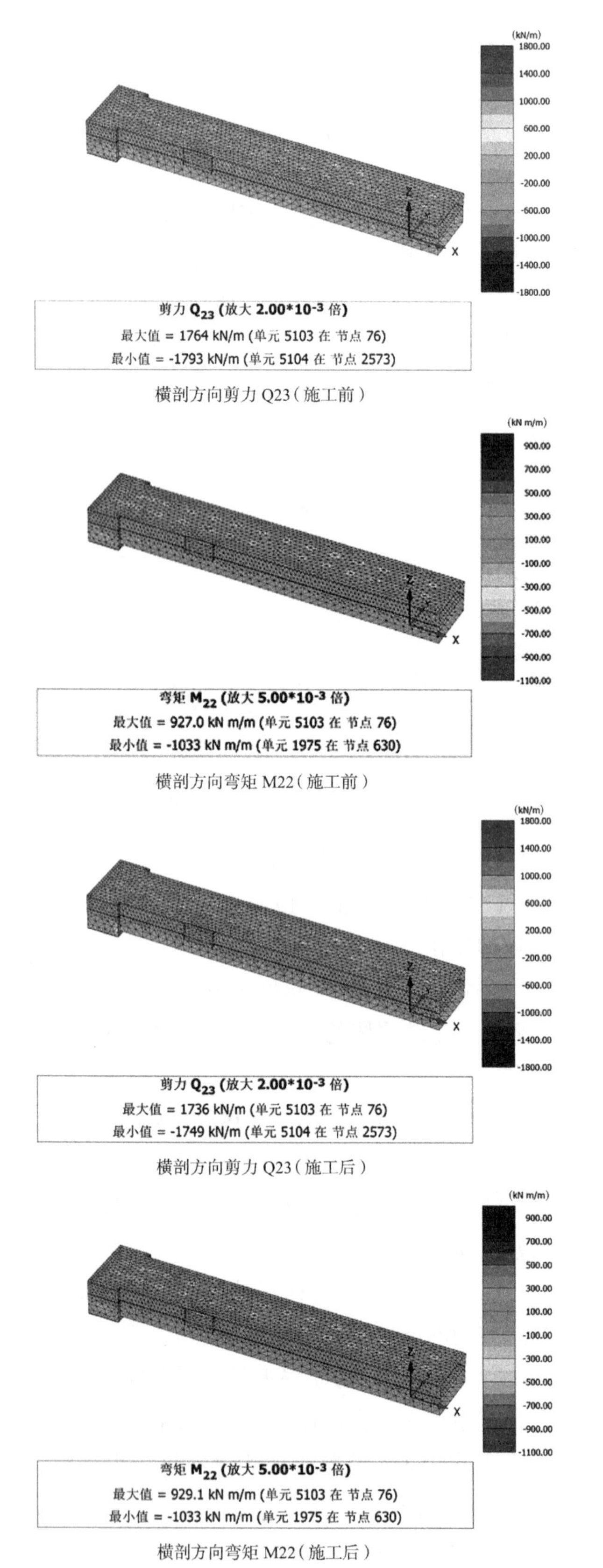

横剖方向剪力 Q23（施工前）

横剖方向弯矩 M22（施工前）

横剖方向剪力 Q23（施工后）

横剖方向弯矩 M22（施工后）

图 3　既有地铁车站变形云图

大值 1033kN/m 不变，内力变化可忽略不计。

4.3 既有车站轨道变形结果及分析

（1）轨道竖向及水平变形分析

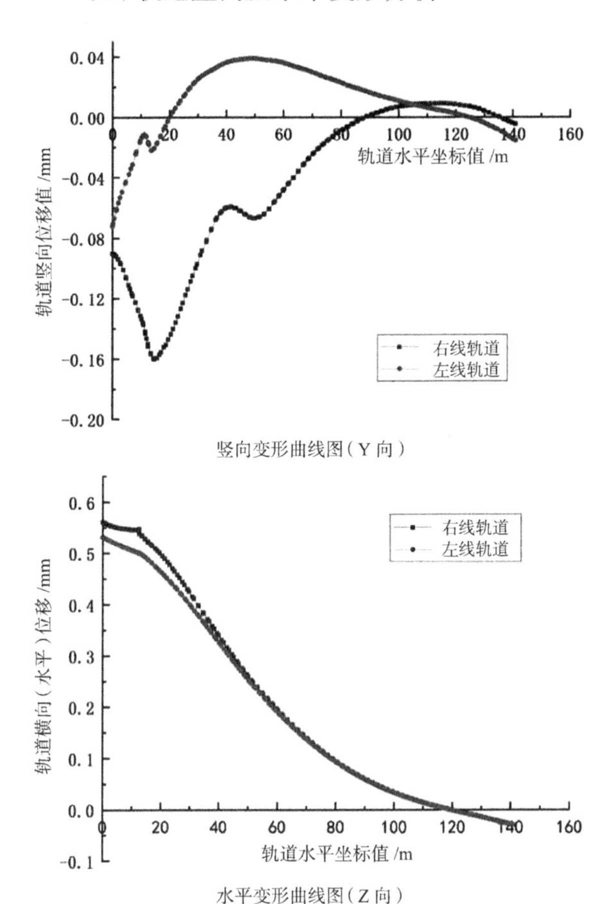

图 4 顶管顶进完成时轨道竖向及水平变形曲线

从图 4 可以看出，顶管施工对既有地铁车站右线轨道竖向变形影响大于左线轨道变形影响。右线轨道因靠近顶管段整体轨道产生沉降变形，最大变形值为 -0.16mm，最大变形位置距离小里程端端墙约 20m 处；左线整体轨道靠近顶管段施工范围为沉降变形，最大沉降为 -0.07mm，位于小里程端端墙处；远离顶管段施工范围为隆起变形，最大隆起为 0.04mm，最大变形位置距离小里程端端墙约 120m 位置处。

右线轨道由于靠近顶管段，最大水平变形值为 0.56mm，最大变形位置位于小里程端端墙处；左线轨道最大水平变形为 0.53mm，位于小里程端端墙处。

（2）轨道横向高差分析

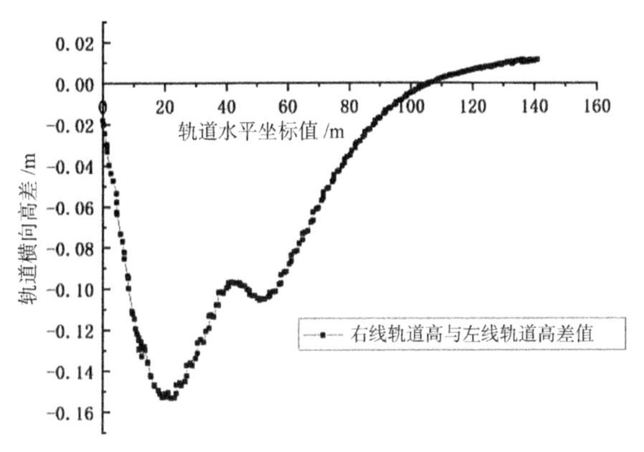

图 5 顶管顶进完成时左右线轨道横向高差值

从图 5 可以看出横向高差基本为右线变形大于左线的趋势，最大高差值为 0.152mm，最大变形位置距离小里程端端墙约 20m 处。

5 结论

通过建立三维地层—结构模型，对既有地铁车站以及附属结构变形计算预测分析，既有结构最大变形发生位置见表 3。各项变形指标均满足控制指标要求。整个施工过程中最不利工况为顶管完成顶进破除 D1 出入口侧墙工况。

表 3 顶管施工对既有地铁车站及轨道影响统计表

类型 \ 差值		变形最大值 /mm	允许变形最大值 /mm
地铁车站	竖向沉降	0.16	5
	竖向隆起	0.06	5
	水平变形	0.79	5
	差异沉降	0.22	4
车站轨道	竖向沉降	0.16	2
	竖向隆起	0.04	2
	水平变形	0.56	2

（1）既有地铁车站主体结构及附属结构受顶管顶力和顶管机掌子面平衡土压力作用会产生一定的变形，对附属结构变形影响较大，对既有地铁车站主体结构影响最小。整体变形值较小，满足既有结构变形控制要求。

（2）既有地铁车站主体结构及附属结构内力增量均在10%以下，其中车站主体结构和附属1号风道内力值基本不变。核实既有结构内力及配筋，施工对结构基本无影响，满足既有结构受力要求。

（3）既有地铁车站轨道右线因靠近顶管施工段变形影响大于左线，根据变形曲线显示，最大影响范围基本上在小里程盾构井以外50m范围。整体变形值较小，满足轨道变形控制要求。

（4）本次有限元模拟计算采用HS硬化土本构模型进行三维数值分析，能够较好地反映顶管施工对既有地铁结构的影响，其计算结果能够与实际工程经验较好吻合。考虑到土质条件的变化、土体参数的空间差异、实际施工过程与数值模拟的差异等原因，应最终遵循以信息化施工、适时修正为指导施工的原则。

参考文献

[1] 陈聪，郑新定，陈扬勋，等．武汉首例矩形顶管地铁出入口施工监测及数值模拟分析 [J]. 隧道建设，2013，33（5）：8.

[2] 牛宏荣．矩形顶管在地铁出入口施工中的应用 [J]. 技术与市场，2016，23（8）：3.

[3] 孙宽，刘罡．矩形顶管在地铁过街通道设计中的应用 [J]. 居舍，2020（14）.

[4] 王赛．矩形顶管近接施工对地铁运营的影响 [D]. 石家庄：石家庄铁道大学，2015.

[5] 李泽辉．大断面矩形顶管在地铁出入口施工中的应用 [J]. 大众标准化，2022（11）：99-101.

城市轨道交通暗挖区间预埋尼龙套管技术研究

富　涛

（绍兴市轨道交通集团有限公司，杭州 312000）

摘　要：通过分析总结尼龙套管的各项特点，结合各设备专业需求，提出在城市轨道交通暗挖区间预埋尼龙套管布置方案，解决了尼龙套管在模板台车的固定问题，提高了施工效率，具有较高的经济价值，可为今后城市轨道交通工程预埋尼龙套管提供借鉴和参考价值。

关键词：暗挖区间；尼龙套管；预埋技术

1　引言

城市轨道交通区间隧道施工完成之后，紧接着进行设备支吊架的安装作业，常规做法采用机械打孔后锚固的方式，虽然设计上相对简单，但局限性较大，在既有结构上打孔会对受力钢筋产生一定损伤，降低结构使用耐久性，且后锚固膨胀螺栓自身寿命有限，在工程建设过程产生的地铁隧道结构损伤将成为地铁后期运营的重大安全隐患，地铁工程作为百年大计工程，随着时间的推移这种隐患会越来越多地暴露出来。目前地铁工程预留预埋技术大致可分为两种：预埋滑槽和预埋尼龙套管，预埋滑槽技术已在轨道交通行业广泛应用，但相关尼龙套管的预留预埋技术仅在轨道上有所应用，对于盾构、暗挖、明挖区间预埋尼龙套管研究较少，在暗挖区间二衬施作时使用模板台车能够极大地提高施工效率，因此预埋尼龙套管与模板台车的有机结合显得十分重要，但现浇混凝土的冲击、振捣对尼龙套管的固定效果影响极大，会大大折损尼龙套管的定位精度要求，同时安装尼龙套管的功效较低，本文结合乌鲁木齐市轨道交通 2 号线一期工程对暗挖区间预埋尼龙套管技术进行了应用研究。

2　尼龙套管与区间隧道设备的适应性研究

预埋尼龙套管是将尼龙高分子材料制成的套管浇筑在混凝土构件内，通过螺栓连接构件与混凝土结构相连。尼龙套管作为此预埋系统的关键材料，具有机械强度好，耐热、耐磨，高刚性，抗拔性能好等优点。尼龙套管材质为尼龙，一般采用玻纤增强（PA66+GF），即在尼龙中加入 30% 的玻璃纤维。玻纤增强后，尼龙强度提高 2.5 倍。尼龙套管在高铁、地铁轨道中的应用充分体现了其高强度、高刚性、极好的耐久性和耐候性。铁路中常用规格的尼龙套管极限抗拔力能达到 100kN 以上。由此可见，尼龙套管各项性能指标优异，完全能满足地铁区间设备固定的需求。因此，在地铁结构中预埋尼龙套管用于固定设备是一个很好的技术方向。

轨道交通区间隧道的管线、设备种类繁多，各种线缆、设备安装螺栓主要分为以下几类：通号线缆支架（M10）、消防水管（M12）、人行疏散平台（M16 或 M20）、接触网（M20）等。经分析，人行疏散平台和接触网的自身恒荷载和活荷载较大，对尼龙套管的尺寸和力学性能起控制作用。

结合乌鲁木齐市轨道交通 2 号线一期工程的土建预埋尼龙套管科研项目中预埋拉拔实

验结果：M20的尼龙套管在素混凝土块中的极限拉力值均达到52kN以上，若在钢筋混凝土中的极限拉力将会更大，满足接触网和人行疏散平台的受力要求，且耐热、耐磨、强度高，满足耐久性的要求，垂直燃烧级别符合V-1级要求。

3 地铁暗挖区间尼龙套管预埋技术

3.1 尼龙套管预埋断面

乌鲁木齐市轨道交通2号线一期工程暗挖区间采用马蹄形隧道断面，结合各设备专业需求共预埋15个尼龙套管，如图1所示。

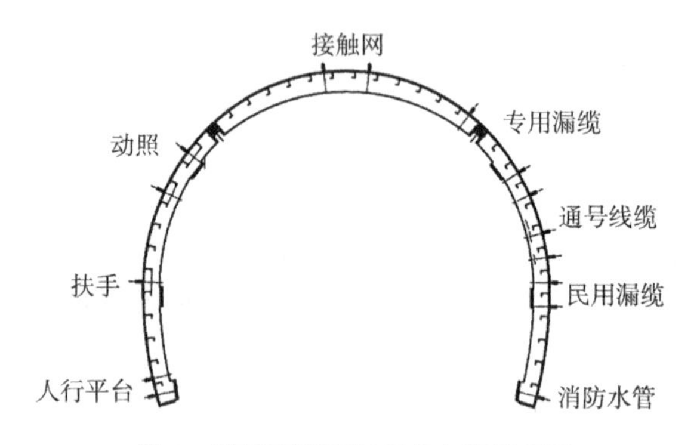

图1 暗挖区间预埋尼龙套管示意图

3.2 模板台车开孔方案

暗挖区间模板台车长8.3m，每次浇筑段长度为8m，如图2所示。

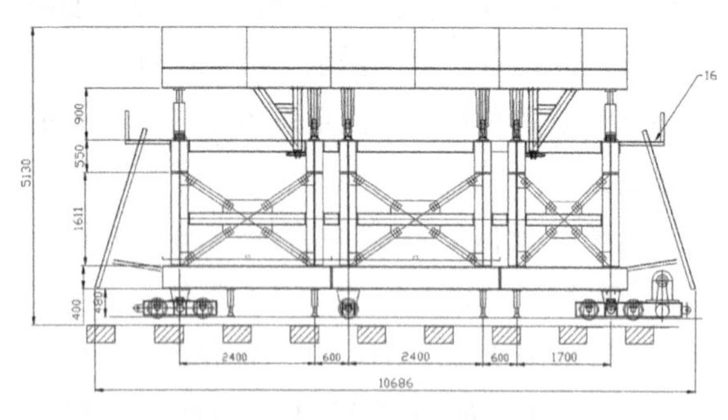

图2 模板台车立面示意图

结合模板台车尺寸和各设备支架间距要求，尼龙套管（除接触网部位）纵向布置间距为1m，接触网套管间距为2m。人行疏散平台预埋套管位置不得调整，其他套管位置可结合模板台车布置、钢筋定位做适当调整，尼龙套管布置原则如下：

（1）保持纵向预埋套管等间距布置；

（2）尼龙套管安装位置需要避开观察孔、模板纵肋、振捣器等；

（3）尼龙套管与模板垂直布置。

最终模板台车开孔图如图3所示。

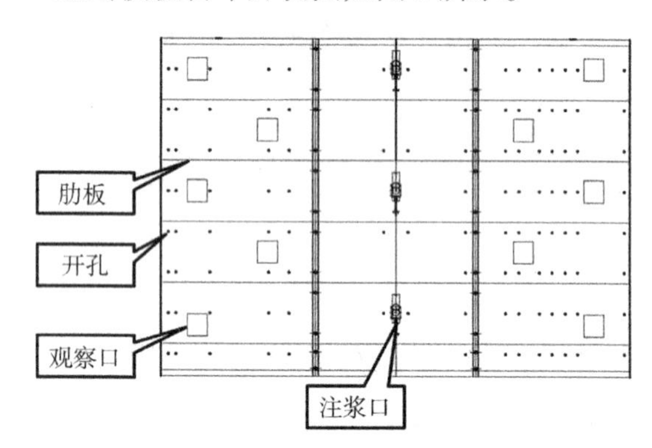

图3 模板台车展开示意图

3.3 尼龙套管固定方案

尼龙套管与模板台车之间采用螺栓固定连接，在模板外侧设置一个固定螺栓和一个压紧螺栓，其中固定螺栓将尼龙套管与模板相连，压紧螺栓防止浆液外漏并保证尼龙套管预埋后与隧道表面垂直，如图4所示，模板台车收起时，先将尼龙套管与固定螺栓相连，放入模板台车开孔处，用压紧螺栓压紧，随后模板台车撑起，浇筑混凝土，待混凝土凝固后，将压紧螺栓和固定螺栓先后卸下，压紧螺栓和固定螺栓均可循环使用，如图5所示。

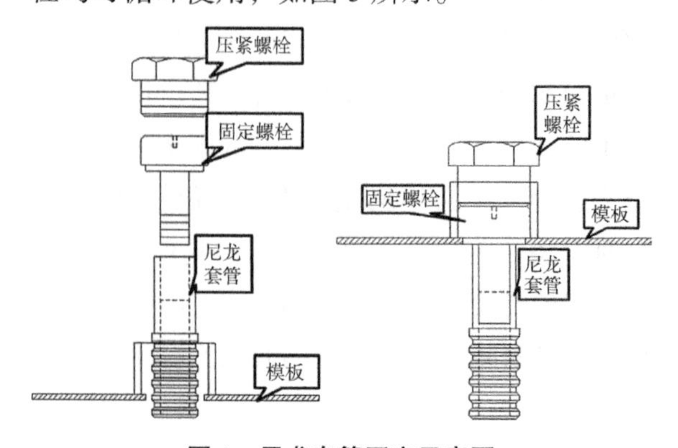

图4 尼龙套管固定示意图

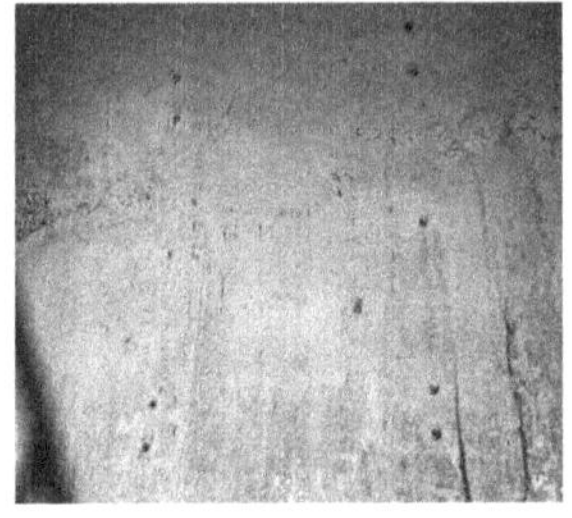

图 5　暗挖区间尼龙套管安装照片

4　经济性与工效分析

乌鲁木齐市轨道交通 2 号线一期工程暗挖区间采用的尼龙套管（M20）为无锡龙马生产，采购价约 3.2 元 / 个，市场询价镀锌螺栓约 5 元 / 个，结合增加部分人工费用和转换托架，暗挖段尼龙套管方案综合单价约 1000 元 /m，相比于传统后锚固（1500 元 /m）和预埋槽道（3000 ～ 4000 元 /m）的综合单价，经济效益明显提高。经调研，采用预埋尼龙套管工艺的二衬施工周期为 2 天 / 板，相比于传统的二衬施工周期（3 天 /2 板）效率降低有限，且后期设备施工安装周期减少，综合施工效率提高。

5　结语

经过适用性、可行性、经济性和工效分析，尼龙套管在轨道交通区间的预埋将成为今后地铁预留预埋技术的新方向，暗挖区间预埋尼龙套管对于减少后期设备安装施工现场的环境污染、降低施工造价、减少运营期间隐患都有重要意义，本文结合前期尼龙套管技术研究的相关成果，提出尼龙套管在暗挖区间模板台车预留预埋的具体实施方案，并在乌鲁木齐市轨道交通 2 号线一期工程中实践，为今后类似工程提供了借鉴。今后应在尼龙套管固定方式上继续深化研究，进一步降低预埋尼龙套管对暗挖二衬施工效率的影响。

参考文献

[1] 郭桃明，陈成阳 . 城市轨道交通盾构区间预埋尼龙套管技术研究 [J]. 山西建筑，2014（18）：160-161.

[2] 时洪宝，孟庆利 . 刍议建筑预埋件施工方法 [J]. 科技创新导报，2009（11）：38.

[3] 刘永祥 . 预留预埋技术在城轨工程中的探索与应用 [J]. 铁路技术创新，2018（2）：26-29.

[4] 乌鲁木齐市轨道交通 2 号线一期工程土建预埋尼龙套管科研项目 [R].

西安地铁控制中心建设方案研究

何鹏飞*
（西安市轨道交通集团有限公司，西安 710018）

摘　要：西安地铁目前已初步进入网络化运营阶段，对于线网管控能力提出更高的要求，国内多个城市进入网络化运营以后均对其控制中心建设方案进行研究调整。本文通过调研国内主要城市控制中心建设使用情况，结合西安地铁线网发展实际及运营生产模式，研究确定西安地铁采用区域化控制中心模式是适宜的，而且有利于生产组织管理及全自动运行业务支撑，同时对原规划过于分散的控制中心布局适当集中，总体形成 1 个线网应急指挥协调中心（NCC）+4 个区域线路控制中心（OCC），共同支撑西安地铁网络化运营管理。

关键词：西安地铁；控制中心；线网应急指挥协调中心；区域线路控制中心

1　引言

西安地铁前期建设过程中采用区域式控制中心建设模式很好地支撑了线网建设及运营管理，且与既有运维一体的生产组织模式相契合，目前已初步进入网络化运营阶段。对于线网管控能力提出更高的要求，国内多个城市进入网络化运营以后均对其控制中心建设方案进行研究调整，因此有必要结合网络化运营的要求对西安地铁控制中心建设模式重新审视研究。

2　西安城市轨道交通发展概况

2.1　城市轨道交通发展规划情况

西安城市轨道交通已迈入网络化运营时代，目前开通运营 1 ～ 6 号线、9 号和 14 号线共 8 条线，运营里程 279km，线网基本形成“棋盘 + 放射型”结构，整体呈“2 纵 2 横 2L 形骨架和 2 放射”形态，线网覆盖了中心城区包括各级城市中心、重要公共活动中心等重要城市节点，城区网络架构形成基本实现了对城市重要客运枢纽的服务覆盖。线网运营服务水平与运行效率位居全国前列，线网最小行车间隔为 2 分 15 秒，历史单日最高客流 448 万人次 / 日。目前三期建设规划项目正在全力推进，将于 2025 年全部开通运营，届时线网共 12 条线路，运营里程将达到 422km。

目前正在开展《关中城市群核心区城市轨道交通线网规划》编制工作，线网规划覆盖整个大西安都市圈，在进一步加密主城区线网的同时，也加强了与外围区域的轨道交通联系共规划24条城市轨道交通线路，总体线网呈“棋盘 + 环 + 放射”结构。

2.2　控制中心建设情况

西安目前已开通的线路共 8 条，承载上述线路调度指挥的线路控制中心（OCC）均已经投入使用。

（1）渭河运营控制中心位于 2 号线渭河车辆段内，是已开通的 1、2、3 号线的区域控制中心，目前是线网清分中心的所在地。

（2）航天城控制中心位于 4 号线航天城车辆段内，是 4、5、6、9 号线以及两条预留线

*　何鹏飞，男，36 岁，西安市轨道交通集团有限公司高级技术主管，研究方向：轨道交通运营管理。邮箱：644841399@qq.com

路的区域控制中心，并在上一轮的线网规划中定义为清分灾备中心、区域制票中心所在地。

（3）14号线在渭河南站独立建设了专为承载本线的控制中心大楼。

另外，西安地铁于2019年建成线网（应急）指挥中心（NCC），NCC大楼位于2号线渭河车辆段运用库南侧地块内，NCC大楼除了设置NCC平台外，还具备其他线网级业务如线网门禁授权、线网编播中心、线网AFC测试中心、客服中心的用房条件。同期在西安市轨道交通集团有限公司办公大楼内设置应急复示系统（ECC）实现NCC远端复示，承担应急情况下领导决策和NCC系统灾备功能。

3 建设模式适应性研究

控制中心建设模式按照物理位置布局方式可划分为分散式、集中式和区域式三种。为深入分析在线网条件下不同控制中心建设模式下的适应性，本次重点调研分析国内线网成型较早、发展较有代表性的北京、上海、广州、深圳等城市控制中心建设使用情况，同时结合市域线路特点分析控制中心建设模式的适应性，具体情况如下：

控制中心布局形态发展方面，北京、上海、广州、深圳地铁建设初期，均形成了较为分散的控制中心建设布局，随着线网发展，分散式控制中心不利于线网生产协调和资源共享的弊端逐渐凸显，均考虑采取措施规划整合。

调度业务管理层级方面，集中式控制中心与区域式控制中心均可满足线网运营管控的需求，同时从目前运行情况来看，由于行车指挥工作的实际需要，业务管理均按照“路网指挥—线路调度—车站／列车”三级调度指挥模式运转，线网控制中心层面仍然处于“只监不控”的监管层面，主要负责跨线路控制中心的事务协调和应急指挥。

运营主体协调管理方面，北京、深圳地铁线网控制中心建设之初，就面临着多个运营单位主体之间协调管理的问题，因此采用集中式控制中心有效地打破了各个运营主体之间的信息壁垒，很好地支持了线网运营管理，但是为保证效果落实，实际建设过程中均有政府层面的强力推动。

维修模式适应性方面，北京、深圳地铁集中式控制中心对其专业化维修模式下各个运营单位和专业设备维修单位之间的协调联动提供了很好的支撑机制。上海申通地铁经历了从区域化控制中心向集中式控制中心的转变，其采用集中式控制中心模式主要原因也是为与其专业化运营管理模式相契合，这种模式契合关系更有利于从线网层面协调和处理运营日常工作事项，因而对于采用运维一体化管理模式的10号线并未纳入集中管理规划。而广州地铁目前采用的区域化控制中心很好地支撑了其区域化管理的需求，避免了交叉管理的矛盾，具有较好的适应性和使用效果。总体而言，集中式控制中心更加适宜于存在多个运营主体或者运营管理模式为运—维分离的专业化组织模式，区域控制中心建设模式则与运—维一体的区域化管理模式更加适宜。

全自动运行线路的适应性方面，上海申通地铁对采用运维一体化管理模式的10号线并未纳入集中控制规划，同时结合其对全自动运行线路探索，全自动运行条件下线路控制中心需要更多业务面向车站（现场）级协调处理，所以正在研究将全自动运行线路的线路级控制中心人员管理权限移交至运营子公司管理。

市域线路的适应性方面，由于市域线路潮汐客流特征明显，实际行车组织中将更多地应用快慢车混跑、灵活编组、多交路运行等多种行车组织模式，同时也可根据运输需要实现互联互通与跨线运营，与市区线路行车组织有较大的不同，为满足线路之间互联互通与跨线运营行车组织管理需要，宜将市域线路控制中心集中设置。

结合对国内主要城市控制中心建设使用情况研究及市域线路特点分析，整体总结如下：

（1）控制中心设置过于分散，不利于资源共享，生产作业协调难度大，因此，应结合线网建设发展适时对过于分散式控制中心进行适度集中。

（2）根据行车指挥工作的实际需求，无论是区域式控制中心还是集中式控制中心，路网调度指挥工作仍然实行“路网指挥—线路调度—车站/列车”三级调度指挥模式。其中线路调度负责各线路的行车指挥，路网指挥从线网层面实现协调管理和应急指挥。

（3）控制中心的建设模式选择应充分考虑与运营管理模式的适应性，整体而言，集中式控制中心更加适宜于存在多个运营主体或者运营管理模式为运—维分离的专业化组织模式，区域控制中心建设模式则与运—维一体的区域化管理模式更加适宜。

（4）全自动运行条件下线路控制中心需要更多业务面向车站（现场）级协调处理，因此更加适宜运—维一体的区域化生产管理模式。

（5）为便于市域线路之间互联互通、跨线运营的行车组织管理，同时适应市域线路灵活编组、多交路运行的行车组织特点，宜将市域线路控制中心集中设置。

4 西安地铁控制中心建设方案研究

结合线网条件下调度管理需求变化，为确定与之相适应的控制中心建设方案，本文共研究三种建设方案（集中式控制中心、区域式控制中心、半集中式控制中心）。

4.1 集中式控制中心方案

4.1.1 方案概述

参照北京、上海、深圳建设模式，在长鸣路车辆段建设一处集中式控制中心（图1），将线网所有线路控制中心（OCC）进行整合集中设置，一并设置线网运营协调与应急指挥中心（COCC），同时将COCC信息远端复视至ECC（集团公司应急复示系统）。方案新增建筑面积约为22000m^2，总定员编制660人。

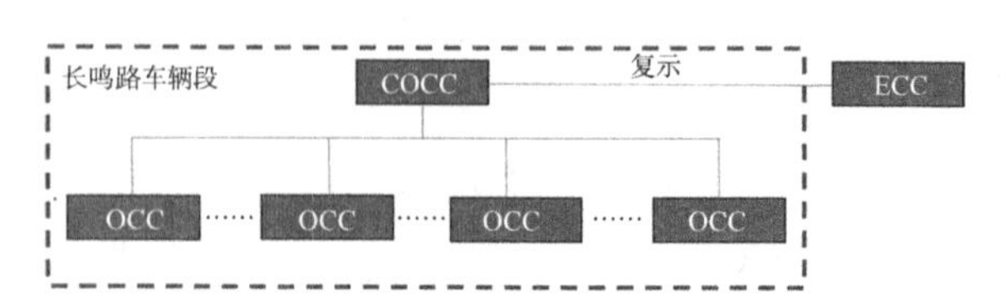

图1 集中式控制中心整体架构示意图

4.1.2 工程难点及解决措施

（1）NCC功能调整：结合集中式控制中心规划和功能定位，新建COCC将接管NCC系统既有功能，将既有NCC调整如下：集中式控制中心建成后，现有NCC机构调度人员、运输策划人员和办公位置整体搬迁，为避免分批、设备调试对现场工作影响，一次性全部迁入COCC大楼内，实现人员集中，采用异地复视办公（KVM）。设备大修之前，NCC数据仓库持续保存1、2、3、4、5、6、9、14、16号线中心数据，COCC抽取NCC数仓数据，同时，从大数据平台共享8、10、15号线数据。设备大修期，将现有NCC承担的线路数据仓库直接接入COCC实现功能迁移。

（2）既有OCC搬迁：为避免分批搬迁、设备调试对现场工作的影响，将已运营8条线首先统一完成人员办公位置搬迁，一次性全部迁入长鸣路COCC大楼内，先期采用异地复视办公（KVM），设备迁移工作结合各条线设备大修期分批逐步完成。

4.2 区域式控制中心方案

4.2.1 方案概述

保持现有控制中心总体架构不变，对原规划过于分散的线路控制中心（OCC）综合考虑各线路特点、建设时序、驾驶模式等将不同线路控制中心进行整合，全线网整体形成4个区域控制中心（OCC）+1个线网应急指挥协调中心（NCC）共同承担线网行车指挥和应急协调，同时将NCC信息实时复示至ECC（图2）。该方案新增建筑面积约为24000m²，总定员编制684人。

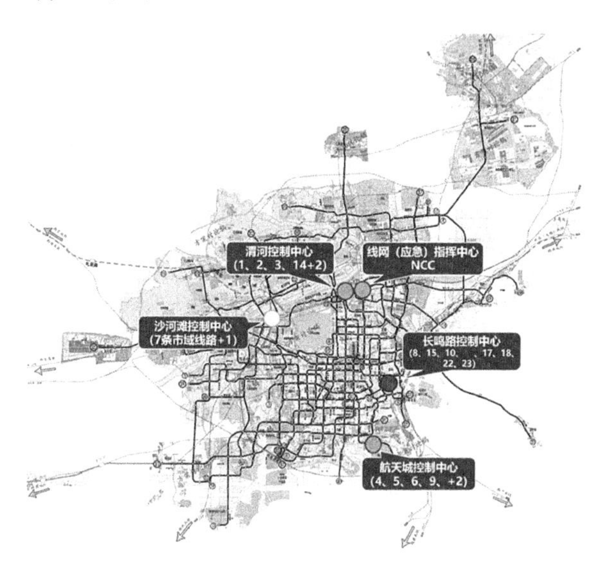

图2　区域式控制中心方案规划布局示意图

4.2.2　工程难点及解决措施

（1）NCC承载容量：NCC系统按照两期规划，其中一期按照14条线规模考虑，目前共完成8条线接入，根据实际使用情况分析，机房空间、动力、制冷方面均有较大富裕，同时后续还可将NCC系统所需算力由云平台直接提供。根据设计单位评估，NCC可以满足线网整体承载需求。

（2）NCC与大数据平台数据共享方案：NCC系统可考虑分三个步骤逐步迁移至云平台，建立起西安地铁企业级唯一的运营生产数据中心。迁移步骤如下：

近期：长鸣路大数据平台采集8、10、15号线数据，NCC数仓保存1、2、3、4、5、6、9、14、16号线线路中心数据。长鸣路大数据平台抽取NCC数仓内既有线数据，共享8、10、15号线数据。

中期：云平台大数据平台正式上线后，大修改造线路及后续新建线路均接入长鸣路大数据平台，NCC数仓规模逐步缩减，云平台为NCC部分业务应用提供IaaS服务。

远期：线网数据均接入长鸣路数据平台，NCC业务应用迁移至云平台，分析处理结果传至NCC进行展示。

（3）渭河OCC扩容方案：根据现场调研渭河OCC在动力、设备用房方面整体满足3条线路的扩容条件，中央控制大厅也可利用目前控制中心大楼601、602房间改造满足新增3条线的扩容需求，且可避免工程实施对运营线路的影响，因此渭河控制中心扩容是可行的。

（4）14号线OCC迁移方案：为避免分批搬迁、设备调试对现场工作的影响，首先完成人员办公位置搬迁，先期采用异地复视办公（KVM），设备迁移利用设备大修期实施完成。

（5）长鸣路控制中心优化方案：长鸣路控制中心目前按6条线规模进行设计，通过按专业划分调度区域并结合座席管理系统，长鸣路控制大厅优化扩容后可满足承载8条线路规模需求，同时设备用房和管理用房均可优化解决。

（6）16号线控制中心调整方案：16号线在沙河滩车辆段单独规划建设控制中心，按照6条线规模设计，当前正在开展土建桩基承台部分施工，根据设计文件评估设备用房比较充裕，控制大厅可参照长鸣路优化布置方案，按专业划分调度区域并结合座席管理系统，也可满足承载8条线路规模需求。

4.3　半集中式控制中心方案

4.3.1　方案概述

结合集中式控制中心和区域式控制中心方案特点，在保持既有渭河、航天城控制中心的基础上，将线网后续其余线路纳入第三轮建设规划的长鸣路控制中心统一管理，形成3个区域控制中心（OCC）+1个线网应急指挥协调中心（NCC），将NCC信息远端实时复示至ECC（图3）。该方案新增建筑面积约16000m²，总定员编制670人。

图 3　半集中式控制中心方案规划布局示意图

4.3.2　16 号线控制中心调整方案

考虑先期完成人员办公位置搬迁，一次性全部迁入长鸣路 OCC 大楼内，采用异地复视办公，后期利用设备大修期完成设备迁移。

5　方案比选研究

本文研究三个方案与原规划方案相比新增建筑面积与人员配备均有较大优化，但是三种方案之间整体差别不大。集中式控制中心方案理论上可以通过调度集中管理解决多个运营主体之间协调的问题，但是实际落实需要政府层面的强力推动，因此具有较大的不确定性，而且结合国内地铁运营的经验，全自动运行条件下，调度管理需更多面向现场的业务协调需求，与集中式管理流程并不相符，西安地铁后期建设线路必将以全自动运行线路为主，因此，本次不予推荐。半集中式控制中心方案管理机构集中设置，新增建筑规模和人员配备总体较低，但是考虑长鸣路控制中心与市域线路较远，管理机构远离实际所属线路，不利于市域线路运营生产管理，因此，本次不推荐。区域式控制中心方案可以满足全自动运行线路管理需求，且与目前生产管理模式相适宜，因此本次推荐采用区域式控制中心方案（表 1）。

表 1　方案比选表

项点＼方案名称	原规划方案	集中式控制中心	半集中式控制中心	区域式控制中心
工程可行性	可行	可行	可行	可行
调度层级	三级	三级	三级	三级
新增建筑面积 /m^2	60000	22000	16000	24000
人员配置 / 人	910	660	670	684
经济性	差	较好	较好	较好
工程干扰性	较小	大	较大	较小
全自动运行适应性	较好	差	较好	较好
运营管理模式的影响	小	大	小	小
推荐方案	不推荐	不推荐	不推荐	推荐

注：原规划方案按照 5 个区域 OCC+4 个单线 OCC 估算。

6　研究结论

（1）西安地铁线网化运营初步成型，通过调研国内主要城市控制中心建设使用情况，结合西安地铁线网发展实际及运营生产模式，总体认为，西安地铁采用区域化控制中心模式是适宜的，而且有利于生产组织管理及全自动运行业务支撑。

（2）为提高资源共享效率，降低生产协调难度，对原规划过于分散的控制中心布局适当集中，总体形成 1 个线网应急指挥协调中心（NCC）+4 个区域线路控制中心（渭河 OCC、航天城 OCC、长鸣路 OCC、沙河滩 OCC），共同支撑西安地铁网络化运营管理。

关于城市轨道交通车辆基地标准化、模块化的设计与应用

富　涛[1*]　张永明[2]

（1. 绍兴轨道交通集团，绍兴 312099；2. 中国电建华东勘测设计研究院，杭州 330002）

摘　要：本文通过分析标准化与模块化在车辆基地的重要性，进而论述了如何运用标准化与模块化设计理念，实现轨道交通车辆基地适应新形势下的城市轨道交通建设需要。

关键词：轨道交通；标准化；模块化；车辆基地

1　引言

车辆是城市轨道交通设备的核心，是确保轨道交通安全、高效运营的关键。根据资料显示，截至 2022 年底，我国共有 49 座城市开通运营 283 条城市轨道交通线路，配属车辆高达 9713 列，合计 58063 辆。每个城市的轨道交通车辆都需要有一个车辆基地以保证轨道交通的正常运维。

轨道交通工程是复杂的系统工程，一个车辆基地一般不少于 24 个专业的密切配合与协作设计，没有统一的功能设计模块，各单位均需要在设计前期工作中耗费大量时间，而且往往不能统一，造成时间滞后、进度缓慢，且还存在设计质量参差不齐等问题。众所周知，设计是轨道交通工程建设质量保证的前提，如何能高效地建设一个车辆基地，能更好地为轨道交通服务，如何实现车辆基地的标准化、模块化设计与建设成为我国轨道交通当前的重要课题与任务。

2　轨道交通车辆基地标准化、模块化设计的重要性

根据中国城市轨道交通协会的数据，2016—2022 年，城轨交通运营线路长度逐年增长，截至 2022 年 12 月，中国城市轨道交通运营线路长度为 10199.5km，已超过 1 万 km。

据不完全统计，累计投运车辆基地和停车场共计 384 座，这一体量远远高于国家铁路 61 个客、货车辆段总和。

国内已有近 50 个城市规划并建设了轨道交通，而且未来的车辆基地与停车场也将会越来越多，随着城市土地的稀缺与高利用率，车辆基地的功能与开发越来越强，这就对车辆段的设计与效率提出了更高的要求。高效的标准化、模块化工作，对提高轨道交通建设进度与节约资金将起到重要作用。

但目前由于不同设计院的设计人员其经验与技术水平不同，其设计理念则受到企业文化与个人能力的影响，那么对车辆基地工艺设计就存在不同的理解，甚至有很多设计人员是从图纸到图纸、从书本上到图纸，没有过多的现场实际经验，这样设计出来的产品参差不齐，或多或少与现场实际情况存在一定的差距。

此外，现在的设计审图工作强度比较大，对于工程审核来说，设计工作和审图工作强度与难度大则会极大地加剧图审人员的工作压

* 富涛（1984—），硕士，高级工程师，绍兴轨道交通集团，主要从事轨道交通建设管理工作。E-mail：4627717@qq.com

力，同时也会对工作进度产生一定影响。然而，对于轨道交通公司的运维人员来说，没有标准化的图纸，对运维的需求就不能完全地充分理解与满足，当有缺漏项等问题时，则会给运维工作带来很大的麻烦。

其实，模块化设计已广泛应用于工程各个行业内。如桥梁工程设计、国铁工程设计、车辆设计等，我国很早就实现了标准化、模块化设计，比如铁路32m、40m跨桥梁标准通用图、铁路排水沟通用图、工业中大众汽车的MQB平台等都是典型的模块化设计应用，通过通用模块复用及不同模块的互换组合，大大节省了工程的设计与建成成本。

由此可见，工程设计标准化与模块化的应用是非常重要的，也是高效的。

3 轨道交通车辆基地标准化、模块化设计

3.1 车辆基地检修工艺的标准化设计

我们知道，轨道交通车辆检修设施场所主要有车辆基地、车辆段、停车场三种设施。主要的检修功能在车辆基地与车辆段。无论哪种类型车辆，其检修功能与工艺要求对于车辆运维工艺与设施基本是一样的。

车辆基地工艺设计的主要内容为车辆的车体和转向架两大部件的分解以及其他设备、部件的清洗、检测、检修、试验、组装和调试等工作。

但是轨道交通规范及规程，对车辆基地架修、大修等工艺流程没有明确的标准与规范，对车体、转向架、电机、制动、空调等零部件检修工艺更没有明确的标准化制定。

因此，非常有必要对车辆基地的检修工艺进行标准化和模块化。只有工艺流程的标准化了，检修工艺设备布置图及相关的水电暖等专业的设计则也会实现标准化、模块化，这样有利于我国日益发展的城市轨道交通车辆基地设计效率与设计质量的提升。举例说明，如车辆检修作业标准化工艺流程（图1）；

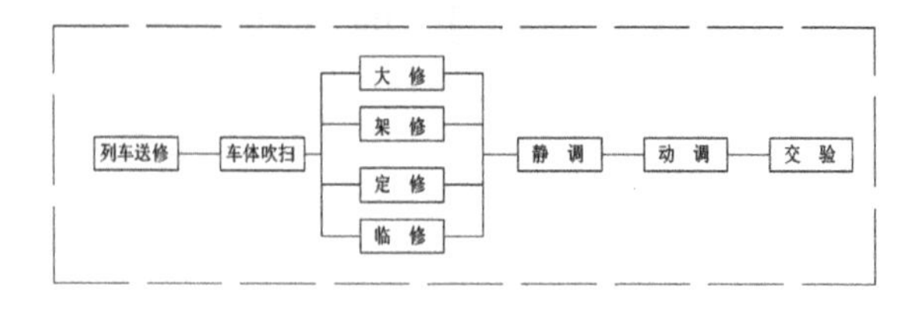

图1 车辆检修工艺流程图

如制动检修间标准化工艺流程（图2）；

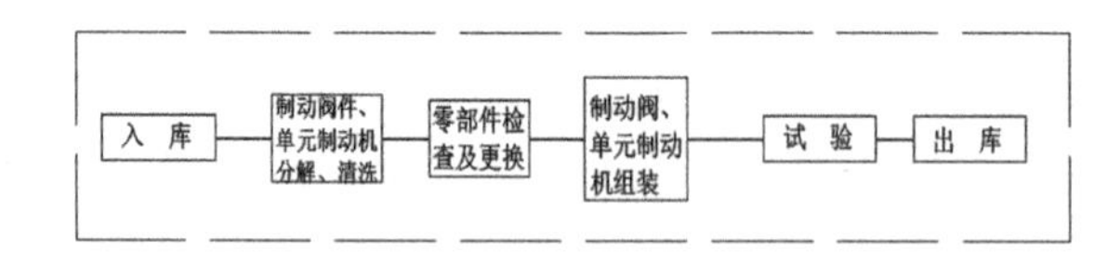

图2 制动检修间工艺流程图

如电子检修间的标准化工艺流程（图3）。

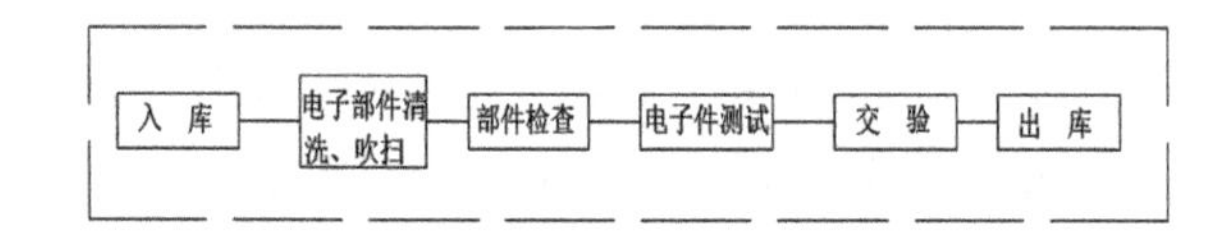

图3 电子检修间工艺流程图

有了这些检修工艺的标准化，工艺设备布置图的模块化工作则可以规范地固定下来，这样会让设计工作、建设进度大大提高，同时也减少设计工作中的不必要错误。

3.2 车辆基地构（建）筑物标准化、模块化设计

城市轨道交通车辆基地有很多构（建）筑物是必须设置的，如运用库、联合检修库、物资中心、培训中心、办公楼、蓄电池库等，这些大的建筑设施有些可以实现标准化与模块化设计，如物资中心、蓄电池间、材料库等。

此外，其库内的检修运用设施同样可以实现标准化与模块化设计，例如壁式检修地沟、柱式检修地沟、三层检修作业平台、受电弓检修作业平台、滤尘网清洗池等，这些构、建筑均可根据A、B、C等不同车型实现标准化与模块化。

2018年，上海申通地铁集团有限公司技

术中心发布对上海城市轨道交通网络建设标准化，根据不同车型对车辆基地运用和检修地沟及三层检修平台标准通用图进行了规范（图4）。

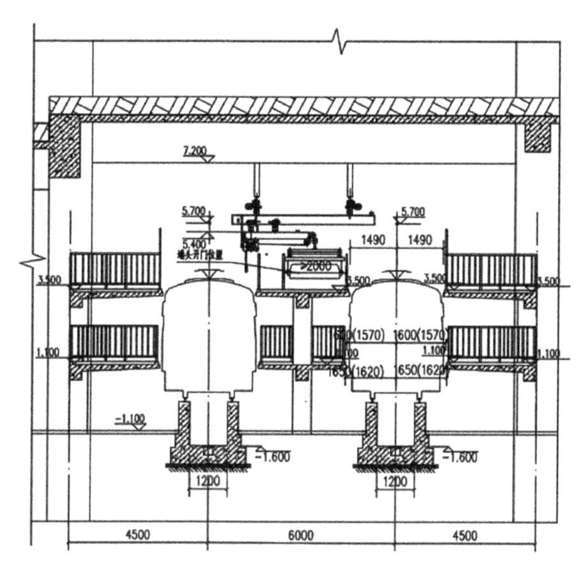

图4　检修平台标准图

标准图的制定应与时俱进，例如早期的国铁客车壁式检修地沟深为1.4m，两侧设置0.4m高的踏步，以前轨道交通的设计也同步参照其标准进行，但随着社会的进步与人民平均身高的提升，本次上海申通轨道集团将检修地沟标准通用图的深度修订为1.7m，非常符合现在轨道交通车辆基地职工的自身条件，避免列检作业时人员头部与转向架底部的碰撞（图5）。

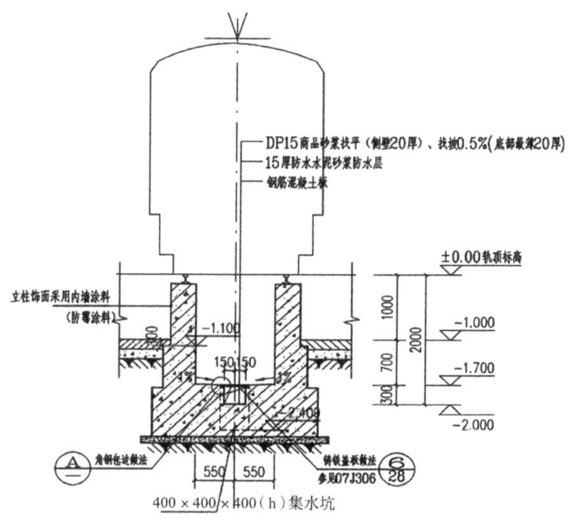

图5　列检检查坑标准图

如果没有这样的标准化与规范化制定，则不同的设计单位将设计出不同的产品，增加了审核的重复工作量，同时也会对轨道交通建设的进度有影响。

4　模块化设计方法

4.1　模块划分

将完整的车辆基地可按检修与运用两部分进行拆分，检修按照车体与走行部等重新二次分解。二次分解后，再从相近相关联的角度出发，对不同工艺流程、不同工序、不同检修工艺布置图的标准化、模块需求进行划分。

4.2　模块设计的原则

根据每个工艺模块所需要实现检修内容分别进行设计。在这个过程中，需要注意模块设计的一些基本规则。

复用性：模块的复用性是提高工程设计效率最重要的特性。复用模块可减少设计人员在相似车辆基地下的学习成本，快速使用上手；可在快速出图的同时，保证轨交运维需求的一致性和高效性。因此在设计时需要尽可能提高关键工艺流程模块化设计的可复用度。

扩容性：在通常情况下，对于同一工艺模块，由于需求的差异或提升，需要在设计时考虑到一定的可扩容能力，这样对新工艺新装备可以更好地包容。这个扩容性包括了对工艺装备的参数、运维使用便捷性等方面的容量，这个容量应当是基于对轨道交通运用维修工作的前瞻性。

互换性：在标准化设计中有可复用的模块，就有不可复用的模块。即使都是大架修，但因为空间与检修能力的差异，无法通过简单复用已有模块，或者增加模块的延展性来满足。这些模块则会采用完全不同的合并方式或是替代方式进行。

4.3　模块组合

如果说模块的划分和设计是车辆基地设计

的基础，那么模块的组合则是车辆基地设计的融会贯通。通过通用模块，我们可以组合设计出不同的运维需求的图纸。这可以保证每个轨道交通运维部分使用的一致性。在这个基础上，通过可选模块间的互换，可以从容应对需求中差异化的部分，快速变化出各种检修工艺的需求以及变化。

模块化的意义在于最大化的设计通用性与重用，以最少的模块、零部件检修工艺，更快速地满足更多的个性化需求。模块化不单单是设计的模块化，还包括工艺流程与工序的模块化技术，交付、服务的模块化技术。对于企业的意义在于减少变更与重复修改设计，提升企业的核心竞争力。

对于工程设计而言，模块化设计可以将工艺流程、专业接口、交互方式等多维度组成要素进行模块化。

一个功能可以称为一个模块，一个系统也可以称为一个模块。通过模块的通用与复用，可最大限度地减少再设计成本；而通过模块间的组合及互换，可以满足差异化的需求。在保障良好的通用性与延续性的同时，缩短轨道交通车辆基地设计周期，提高设计效率。

5 车辆基地标准化、模块化设计运用的优势与可行性

在我国的铁路长期发展中，标准化设计这一理念长期占据主要地位，这一标准渗透到国家铁路建设的多个行业和领域，不管是图纸设计还是项目发展，都在不断完善铁路建设标准化体系。

轨道交通车辆基地设计是一个相对独立的总体项目，它实现了列车运营后的停放与列检、各级修程及清洗、静调、动调等功能需求的实现。

虽然因地形与城市环境的影响存在一定差异，但总体工艺设计与构（建）筑物基本是相同的，所以可充分应用标准化、模块化设计要求，在国铁车辆段机务段设计中，有明确的并列式、倒装式平面布置图，但轨道交通没有把这些规范、标准化起来。

随着城市进程的发展，对车辆段、车辆基地的要求越来越高，综合利用越来越宽泛，比如 TOD、NOD 等的出现与加载，对车辆基地设计提出了更多的设计理念。无论千变万变，核心的内容与要求是不变的，这点与标准化要求是一致的。

与国外的一些轨道交通相比，我国的轨道交通车辆基地建设规模是比较大的，为了控制规模与成本，需进行规范与统一，这就要从各个角度出发进行综合考虑。通过模块化设计理念可以进一步节约资源，还能满足正常的运用与检修，也可使轨道交通工程设计与城市可持续发展进行融合。

6 车辆基地标准化、模块化设计的建议

（1）标准化与模块化的设计不是一成不变的，需要与车辆检修的模式相适应。现在的轨道交通检修以计划修为主，但未来发展将会被均衡修替代，因此原来的标准与模块也将会适应其变化。

（2）标准化与模块化的设计需要与轨道交通技术发展相适应，现在的轨道交通运营基本是以 GoA2、3（ATO 驾驶）有人驾驶或有人值守模式为主，但未来越来越多的轨道交通运维模式采用 GoA4（UTO 驾驶）无人驾驶为主，因此未来的标准化与模块化需要不断进行自我修定。

（3）国铁要求“以工装保工艺、以工艺保质量、以质量保安全”，同样轨道交通车辆基地也应如此。但工艺装备是不断更新变化的，且会越来越先进，越来越智能化，因此，车辆基地的工艺设计标准化与模块化应与时俱进，才能更好地为轨道交通建设服务。

7 结语

对于轨道交通车辆段基地设计来说，其标准化、模块化设计是科学高效的必然趋势和要求。在进行轨道交通设计时，要充分了解车辆基地设计的理念和运维需求，通过对标准化和模块化科学的运用与分析，进一步发挥标准化、模块化设计对轨道交通工程建设与发展的作用。

参考文献

[1] 倪吉栋.地铁车站标准化设计探讨[J].现代城市轨道交通，2012(5)：48-49.

[2] 苏清.地铁一般车站标准化设计研究[J].现代城市轨道交通，2017(12)：11-12.

利用邻近既有围护桩基坑支护设计案例分析

胡奇凡* 张继清 贺焕楠

（中国铁路设计集团有限公司，天津 300142）

摘 要：北京地铁 8 号线天桥站风道所处位置地下空间狭窄，风道基坑支护利用并接长了部分邻近的既有天桥艺术中心基坑围护桩，基坑实施全过程中，基坑及周边环境敏感建（构）筑物的变形均在安全可控范围。该方案具有如下优势：①避免拔除既有邻近围护桩，降低施工难度，减少对周边环境的影响；②在既有围护桩不拔除的前提下，避免在邻近既有围护桩附近重复打桩，减少地下空间占用，有限地下空间得到充分开发利用；③有效利用了既有围护桩，节约工程造价 15% ~ 20%。

关键词：基坑支护；接桩；非对称基坑；地下空间开发

1 前言

我国城市轨道交通设施的规划和建设在城市发展进程中起步较晚，在很多城市的建成区、核心区域，地铁的规划和建设都滞后于周边工程，导致后续轨道交通建设的限制因素多，特别是车站出入口、风道、安全出口等附属设施，需要在密集的建筑和道路等既有市政设施的夹缝中寻找空间，如何把有限空间最大化利用以满足轨道交通的空间需求，同时又减少施工对周边环境的影响以降低工程风险，是轨道交通建设者共同努力的方向，基坑工程的设计实施是一个典型方面。

2 工程概况

北京地铁 8 号线天桥站位于北京市北纬路与南纬路之间，沿北京市中轴线西侧布置，为地下双层岛式站台车站，采用明挖法施工，该车站 2 号风亭设在车站主体结构南端的西侧，受场地条件限制，风道结构北侧紧邻天桥艺术中心，南侧紧邻南纬路，整体呈窄长条状东西向布置，采用明挖法施工，风道基坑总宽 6.1 ~ 14.6m，深度 17.5 ~ 17.8m，基坑支护采用直径 1m、间距 1.6m 钻孔灌注桩 +ϕ609 钢管内支撑方案（图 1）。

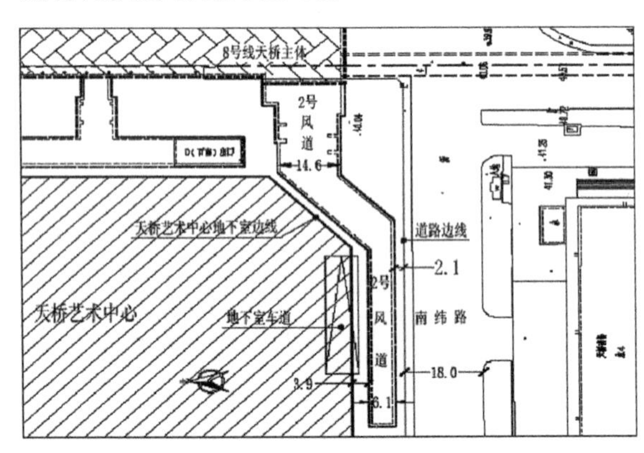

图 1 天桥站 2 号风道场址环境平面示意图

2.1 基坑周边环境概况

风道北侧紧邻天桥艺术中心，艺术中心为地上三层、地下三层建筑，紧靠风道部分为天桥艺术中心地下车库车道，该车道结构南侧超出地下室边线约 1.35m，车道施工时在地下室基坑围护桩外另打设一排 ϕ800@1200 钻孔桩进行开挖支护，围护桩长 6m，桩底标高 33.0m，冠梁高 1.0m，据现场实测，围护

* 胡奇凡（1984—），男，高级工程师，主要从事城市轨道交通工程地下结构的设计和研究工作。Email：huqifan@crdc.com

桩距风道结构净距约 320mm；天桥艺术中心地下室基坑支护方案为 ϕ800@1600mm 钻孔桩 + 预应力锚索支护，桩长 19.6m，桩底标高 20.9m，据现场实测，艺术中心地下室基坑围护桩距风道结构净距约 2040mm（图 2）。

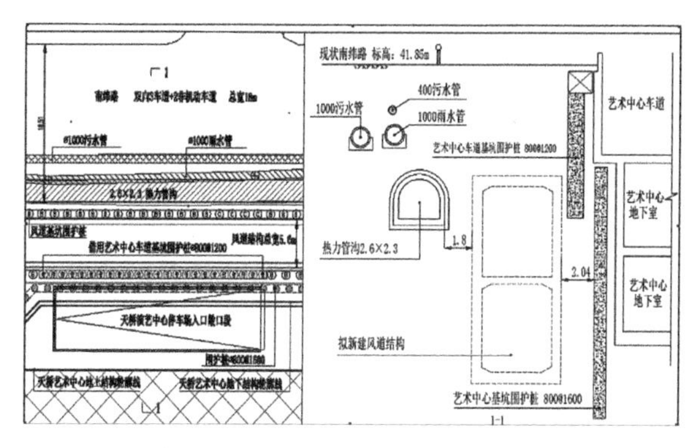

图 2　天桥站 2 号风道周边建（构）筑物位置关系示意图

天桥站 2 号风道基坑南侧为城市次干路南纬路，现状道路标高约 41.6m，道路为双向 3 车道和 2 个非机动车道，2 号风道基坑内缘与南纬路北侧人行道边缘最近距离约 2.1m。

基坑南侧顺行 ϕ1000mm 雨污水管，埋深约 2.63m，距离风道基坑围护桩约 2.92m；南侧顺行暗挖施工的 2.6m × 2.3m 的热力管沟，埋深约 6.6m，距离风道基坑围护桩约 0.73m。

2.2　工程地质、水文地质概况

2.2.1　工程地质

天桥站场区地形基本平坦，地面高程约 42.18 ~ 39.72m，依据勘探所揭露的地层，工程影响范围内土层自上而下依次为：

杂填土①层：杂色，松～稍密，稍湿，含砖块、灰渣、水泥块、碎石等，局部夹粉土薄层，路上钻孔约有 20cm 沥青路面；

粉土填土①2 层：褐黄色，松～稍密，稍湿～湿，含云母、氧化铁、砖块、灰渣和植物根等；

粉质黏土③层：褐黄色，湿～很湿，软塑～可塑，压缩模量平均值 $\overline{Es}_1$ =4.34MPa，$\overline{Es}_2$ =5.05MPa，含云母、氧化铁，局部夹粉土薄层；

粉细砂③ 3 层：褐黄色，中密～密实，湿～饱和，标贯击数平均值为 32，局部夹粉质黏土、粉土薄层；

粉质黏土④层：褐黄色，湿～很湿，可塑，压缩模量平均值 $\overline{Es}_1$ =8.97MPa，$\overline{Es}_2$ = 9.73MPa，含云母、氧化铁，局部夹粉土薄层；

粉细砂⑤ 3 层：褐黄色，中密～密实，湿～饱和，标贯击数平均值为 46，局部夹黏性土、粉土薄层；

卵石⑤层：杂色，密实，湿～饱和，重型动力触探数平均值为 80，中粗砂填充约 35%。

2.2.2　水文地质条件

场区附近无地表水体，地质钻孔未揭示明显的地下水存在，地下水情况简单，基本不对基坑工程的设计、施工造成影响（图 3）。

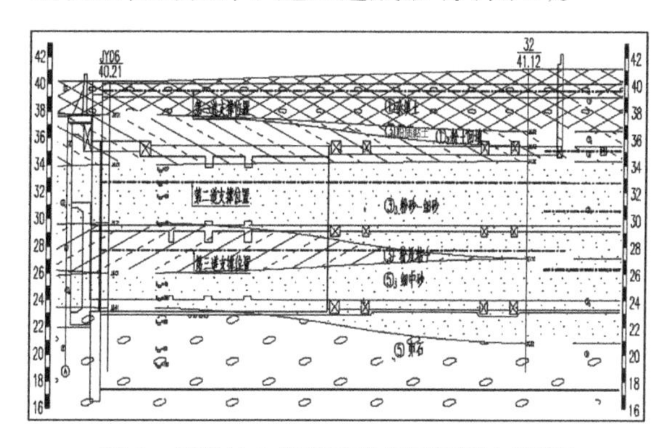

图 3　天桥站 2 号风道地质纵断面（局部）

3　基坑支护方案设计

3.1　基坑支护体系

为保证风道结构净空需要、解决既有车道基坑围护桩的影响，同时避免拔桩带来的造价、工期和安全方面风险，风道基坑在车道范围借用车道基坑既有围护桩进行支护，借桩范围平面总长约 29m，共计围护桩 25 根，单根借用围护桩长 6m（不含冠梁），既有围护桩正下方基坑侧壁采用接桩结构 + 内支撑进行支护（图 4）。

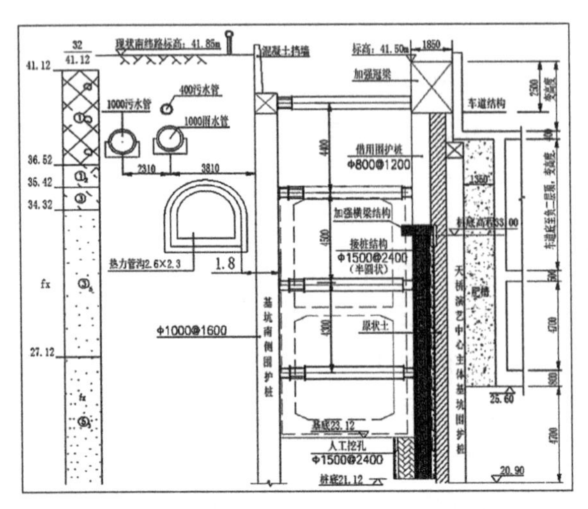

图 4　借桩、接桩段基坑支护设计横断面图

3.2　接桩工艺及结构设计

风道基坑所处场地地质条件相对较好，类比工程实例，满足人工挖桩设计条件，采用人工挖孔桩方案进行接桩：在距离既有围护桩桩底 1.0m 处停止基坑开挖，进行借桩范围的人工挖孔作业，人工挖孔内径为 1.5m，200mm 钢筋混凝土模筑护壁，满足人工作业的安全和接桩空间的需要。接桩结构断面为基坑内侧平面和挖孔护壁外弧围成的半圆形，内设钢筋笼。既有围护桩间距 1.2m，人工挖孔护壁直径 1.9m，采用间隔接桩，接桩间土体以护壁破除后的环向钢筋搭接 + 挂网锚喷支护（图 5）。

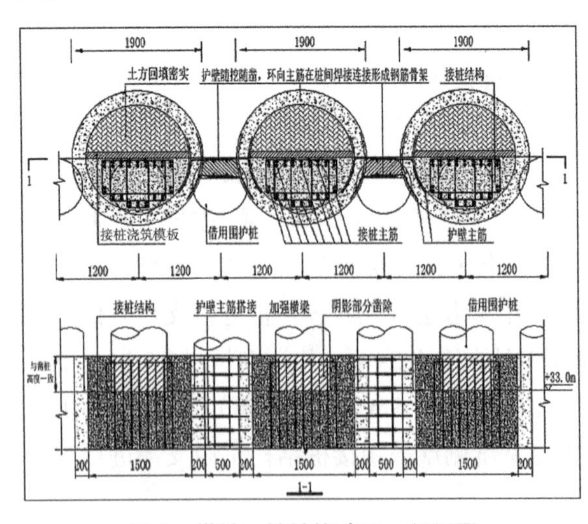

图 5　借桩、接桩构造平、剖面图

为保证接桩结构与既有围护桩的稳固连接和整体协调受力，既有围护桩端头凿除长度不小于 1.0m，凿除范围的围护桩主筋与接桩主筋尽量多地焊接，其余未实现焊接的主筋弯折后锚入接驳部位横向设置的加强梁结构，使新建接长桩体与原桩在该处实现牢固接驳，同时，未接长的既有围护桩，通过该横梁与两侧新建接长桩连成整体，实现上部既有桩与下部新建接长桩的整体衔接和过渡，实现协同整体工作。

3.3　借桩基坑的计算

3.3.1　模型及边界假定

风道基坑呈长条状，借桩范围位于基坑长边的靠中部位置，地层变形受空间三维约束的特征不明显，近似按平面应变问题分析。

基坑南侧地势平坦，土层水平分层明显，基坑开挖影响范围内为道路，基坑开挖后的地层可近似按半无限体考虑，地表建筑、车辆等以超载代替。

基坑北侧上部 3.8m 范围紧贴地库车道结构，将车道结构和既有围护桩作为整体近似为钢支撑北端的纵向弹性支承；中部 12.1m 距离天桥艺术中心地下室围护桩 0.55m，桩后为 1.35m 宽地下室基坑肥槽回填土，将地下室结构、肥槽回填土、既有围护、既有围护桩与接桩结构间夹土层作为整体近似为支撑北端的纵向弹性支承；底部 2.48m 位于艺术中心地下室以下，地层近似为半无限体，地下室结构以超载代替。

3.3.2　支护结构计算

根据上节所述基坑模型及边界假定，南侧围护桩按弹性地基梁等效，北侧上部围护桩贴近既有结构的，按与既有结构压杆传力的构件等效，地下室以下部分按弹性地基梁等效，构建基坑支护结构力学计算的荷载结构模型如图 6 所示，以增量法模拟基坑挖土、架撑及施加预应力等工况。

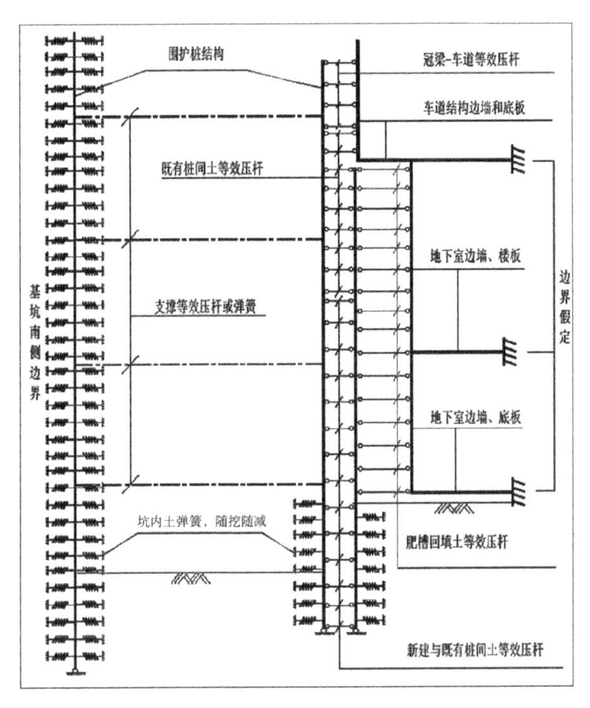

图 6　借桩、接桩支护结构力学模型示意图

3.3.3　基坑稳定性检算

基坑南侧壁为多点支撑的桩—撑支护体系下的直立边坡，基坑北侧上部以既有结构为主，不存在明显的向南侧的土压，支撑在南侧土压的作用下，整体变形趋势向北，因此，钢支撑对基坑南侧壁提供的支撑刚度为：

$$E=1/(1/E_1+1/E_2) \tag{1}$$

式中：E——支撑向南侧基坑壁提供的支撑刚度；

E_1——支撑自身纵向刚度；

E_2——基坑北侧壁支点位置的支承刚度。

基坑北侧壁支点位置的支承刚度可通过图 6 模型在相应支承点施加假定荷载，根据计算所得支承点变形分析得到，获得支承刚度后，即可采用平面杆系弹性支点法依据规范要求进行基坑南侧壁围护结构及侧壁稳定性的各项计算。

基坑北侧壁，对地下室及车道范围既有结构进行结构强度及变形检算，地下室以下部分，考虑结构超载及基坑破坏形式，仅需进行坑底隆起验算，坑底以下为软土时，增加以最下道支撑支点为圆心的滑弧稳定性验算即可。

4　工程实施效果分析

4.1　施工便利性

接桩过程为本基坑设计实施的关键环节，结合地层条件，采用内径 1.5m 人工挖孔桩方案，方案成熟、实施便利、安全可控；凿桩头时邻近围护桩嵌固于坑底以下不小于 1m，隔桩施工，凿除过程对周边影响小，安全可控；借桩范围基坑开挖时，护壁结构随挖随凿，环向主筋凿出后弯折与邻近护壁凿出主筋搭接，配合竖向钢筋形成桩间土体—喷射混凝土支护结构的钢筋网，充分利用，效果良好，锚喷支护后，基坑内壁平整美观，有利于防水层及主体侧墙结构的施工及质量控制（图 7、图 8）。

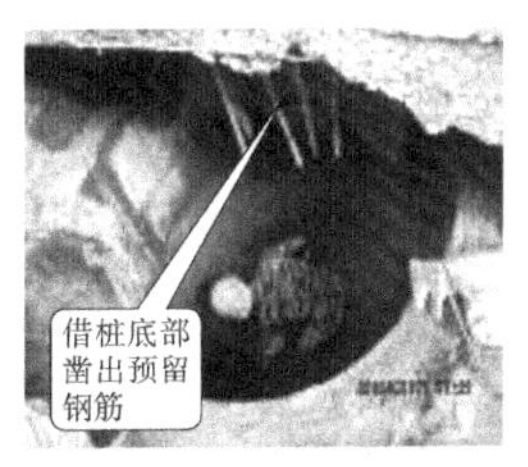

图 7　接桩施工及构建说明示意图

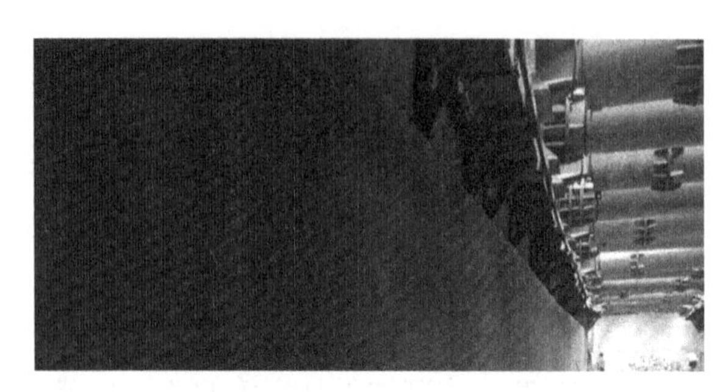

图 8　接桩施工基坑侧壁开挖效果

4.2　基坑安全性

基坑自 2015 年 7 月上旬开始开挖，至 2015 年 9 月中旬覆土回填完成，接桩范围对应的南侧地表最具代表性监测点 RGXC-04-10、DB-33-05 的全程监测结果，地表沉降发展符合常规，最大沉降 4.8mm，远小于 25mm 的基坑地表沉降控制标准（图 9），基坑侧壁水平位移 7mm，远小于 35mm 的控制标准，支撑体系内力监测结果满足控制要求，整体上，基坑支护结构安全，基坑变控制效果良好；基坑北侧天桥艺术中心车道及地下室结构未见可观测的开裂、沉降、水平位移等变化，施工影响小，结构全程安全可控。

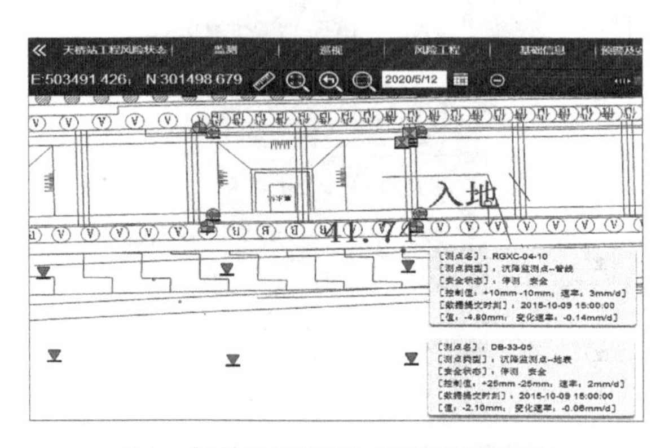

图 9　接桩区域典型位置变形监测结果

基于上述基坑实施情况：借桩 + 借桩基坑支护体系设计合理、可实施性强、施工质量可控、效果良好，设计理念和方案安全、可靠。

5　结论及展望

5.1　结论

（1）借桩 + 接桩工艺在本次基坑工程中得到了安全顺利实施，基坑变形约为控制标准的 1/5，整体控制良好，施工便利、安全质量可控，满足基坑工程要求；工程实施效果表明借桩 + 接桩方案设计合理、安全可靠。

（2）本工程采用的借桩、借桩设计，属于具有明显边界限制条件和既有可利用条件之下的特殊设计案例，既有围护桩的情况对设计方案影响较大，需要充分调查清楚。

（3）本次借桩 + 接桩设计施工的基坑属于典型的地层、荷载非对称型基坑，在计算过程中要以基坑整体为分析对象，根据每段基坑侧壁围护桩的实际支承情况开展构件强度和侧壁整体稳定性等指标计算。

（4）借桩设计充分利用了既有围护结构，具有一定的经济性，同时也能一定程度上实现有限空间最大化利用，对诸如城市建成区等类似条件下地下工程的建造具有较高的参考价值和指导意义，实用性较广。

（5）基于本次接桩和借桩基坑支护结构检算研究而提出的非对称基坑检算模型，其构建及边界假定较好地模拟了基坑开挖过程，变形预测与基坑开挖实际较为符合，对地层、荷载非对称基坑的稳定性检算和设计具有普遍适用性和指导意义。

5.2　展望

本工程案例接桩采用人工挖孔工艺，对地层自稳能力、地下水情况以及施工安全性保障方面均有较高的要求，在不满足人工挖孔的地层条件和安全条件下的接桩方案则有待进一步研究。

BIM技术在城市基础建设施工项目中的管理应用分析

霍婷婷 杨 光

（北京城建集团有限责任公司，北京 100088）

摘　要：在国内城市基础建设工程项目中，BIM技术在全生命周期的应用已经得到较好的普及，尤其是在机电安装施工过程中，通过结合BIM技术在场地布置、可视化交底、方案优化、施工指导、施工控制、装配式施工等应用，可有效地减少专业间冲突、提高空间利用效率、节约资源提升效益，实现精细化管理。

关键词：城市基础建设；机电安装；BIM；管理应用

1　引言

城市基础建设工程普遍具有体量大、系统多、工期紧、任务重等特点，工程整体涉及20多个专业，包含子系统数量40多项，设施设备布置集中，子系统之间接口多而复杂，给枢纽工程的施工带来不小的挑战。

由于传统的设计及施工过程带来的限制，不同专业间在设计过程普遍存在设计提资遗漏、互相侵占安装或检修空间等现象，施工过程中则存在审图疏漏、争抢作业面、信息传递滞后等现象，上述情况在机电安装工程中表现得较为明显。由于BIM技术具有可视化特性、联动性、模拟性、共享性，本文通过BIM技术应用解决上述问题，以实现精细化管理。

2　项目背景

本文基于北京通州城市副中心综合交通枢纽工程对BIM技术在城市基础建设工程机电安装施工中的管理应用进行分析，主要分析的应用阶段为施工阶段全程。

北京城市副中心站综合交通枢纽，位于城市副中心"一带一轴"空间结构交汇处，是亚洲最大的地下综合交通枢纽、首都北京新门户、副中心的活力核心。项目建成后，可实现15分钟直达北京首都国际机场、35分钟直达北京大兴国际机场和河北唐山市、1小时内直达河北雄安新区和天津滨海新区。

项目定位为"四网融合"的现代化综合交通枢纽、"轨道上的京津冀"的重要支点，它由三条铁路（京唐、城际联络线、远期京哈线）、三条轨道交通线路（平谷线、M101线、M6线）和15条公交线路组成东部地区大型全地下、多层次综合交通枢纽。

项目实施范围约61hm^2，地下总建筑规模约128万m^2，地上总建筑规模约139万m^2。

3　BIM技术在机电安装工程中的应用

3.1　场地布置

场地布置是指在场地移交前，在设计模型的基础上编制场地布置方案，依照方案建模，参考设计模型进行调整以减少对正式工程的影响，减少后期拆改，最终形成场地布置模型。

场地布置包括临时出入口、围挡、茶水间、休息室等枢纽工程施工设施布置；临时供水、临时用电、安全防护、通风照明、加工区、废料区、样板区等临时设施布置（图1）。

通过搭建场地布局模型，可对有限的施工场地进行合理规划，有效避免因临时设施占用

图 1 枢纽工程设施布置模型效果图

正式工程安装空间带来的拆改影响后续正式工程施工。同时，结合场地布局模型进行场地布局方案预审，可清楚地发现原布局方案中不合理之处，便于方案的横向对比，且调整直观便捷。通过制作场地布局模型的漫游动画及图纸，能对施工及管理人员进行可视化交底，交底内容更加通俗易懂。

3.2 图模核对

图模核对是指通过对设计模型和设计图纸的对比审查，发现并处理模型与图纸不符问题的过程，图模核对的主要目的是处理模型存在的变动、遗漏、冗余、碰撞、设计不合理等问题。

由于设计模型通常是在设计图纸的基础上翻模搭建，建模过程图纸可能存在一定的改动，设计模型并不能完全反映真实蓝图，进行图模核对有助于保持设计模型和图纸的一致性，为 BIM 模型指导施工奠定基础。

图模核对可以有效减少模型与图纸不一致的情况，使设计模型与图纸保持统一，在施工准备阶段完成此项工作可避免将大量冲突带入施工阶段，减少因整改带来的工期损失和资源浪费。

3.3 结构核查

在完成图模核对后设计模型的基础上，结合三维扫描技术开展结构核查，通过此项工作检查前置专业工程实体与模型的偏差，避免因施工或建模有误导致模型与实体不一致，影响后续 BIM 应用。

三维扫描是指使用扫描设备及配套程序，利用电磁波扫描记录周围环境的空间位置信息，在软件中生成点云模型的技术。

在软件中将三维扫描形成的点云模型与设计模型以一个既定基准点为参照进行重合对比，软件会针对点云模型与设计模型的偏差程度，用不同颜色表示，将各个部位的对比结果记录导出，便形成图 2 点云数据模型。

图 2 点云数据模型

3.4 设计方案深化

模型深化设计是施工阶段 BIM 技术落地应用的首要任务，由于施工阶段的 BIM 技术应用都是建立在对已深化后的模型的使用，对设计模型进行深化设计也是一个重要步骤。

设计方案深化一是对模型精细度的深化，设计模型精细度通常不会达到 LOD400 标准（普遍在 LOD100～LOD200），所以 BIM 模型在外观细节上除了尺寸大小，其他信息通常与实际设备不完全吻合，模型附带属性也达不到最终竣工模型交付标准。对模型精细度进行深化，修改外观并添加属性参数，可以让模型贴合现场实际，达到 BIM 模型即工程成果数字化展示的目的。

二是对多个专业之间的设备及管线布置进

行深化处理，针对结构核查问题调整模型，解决空间布局不当、检修空间不足、发生碰撞等情况，如图3所示，风管位于机柜上方，存在滴水烧毁设备的可能，此时将风管向墙面偏移1m避开机柜。

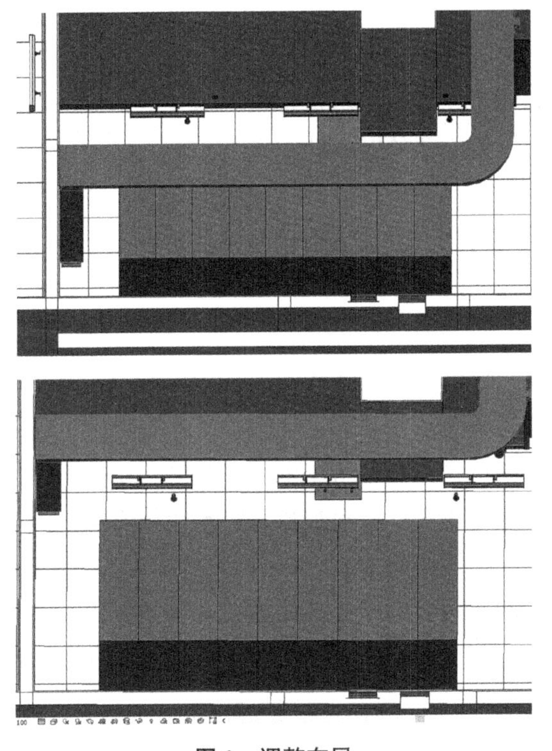

图3　调整布局

三是对公共区、机房、设备区走廊等复杂部位的管线排布优化，以降低施工难度、节省资源消耗，提升整体质量，如图4所示，将较为杂乱的线缆径路进行优化整理，在保证功能前提下形成平直美观的新方案。

四是模型拆分，设计提供的桥架、风管、水管等管线模型通常是从起点到终点连续绘制，而实际施工过程中此类设备通常是有固定长度的标准件，通过附件对每个标准件进行连接，最终形成整个管线系统。在施工单位接收到设计模型之后，按照施工标准对模型进行拆分，并添加连接件，才可作为指导现场施工的模型使用。

五是对局部复杂节点进行深化完对模型拆

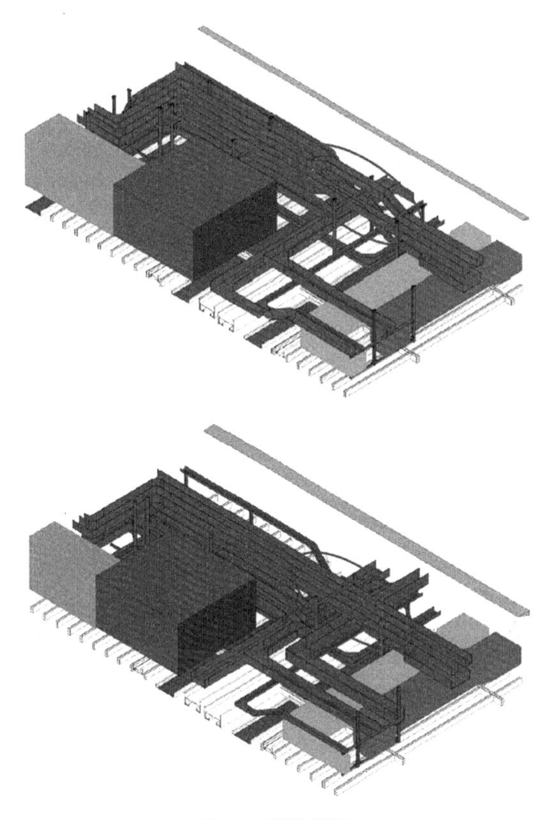

图4　调整径路

分后进行编号，依次按编号进行安装，达到应用BIM技术出图指导现场施工。

3.5　模型信息完善

BIM最重要的便是模型中携带的设备属性信息，各项技术应用都基于模型信息开展，信息越齐全，施工和管理过程便能做得越细致，可控性也更强。

信息完善过程是在模型原有的基础信息上，添加设备的专业、子专业、二级子专业、分部工程、子分部工程、分项工程、构件类别、类型、图元ID、编码楼层等信息属性（图5）。

完善设备信息后，有助于施工方结合BIM模型进行施工过程管理，在模型竣工交付后也有助于运营维保进行资产管理。

3.6　剖面出图

由于目前城市基础建设施工过程中，不同人员对BIM技术的理解有所不同，适应新技术的速度也有所不同，再加上现场施工环境复

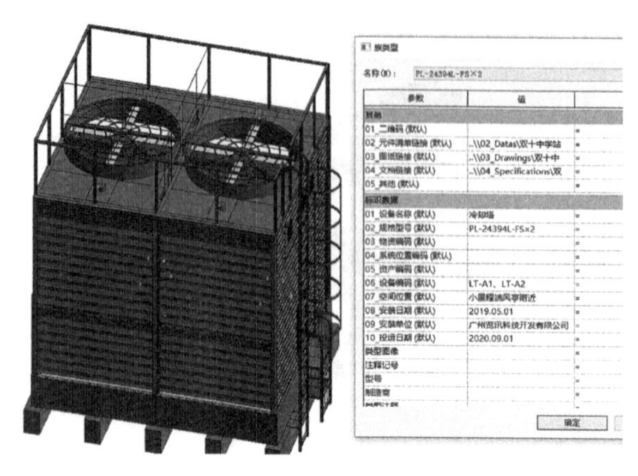

图5 设备信息

杂，电子设备不便于施工过程中携带，所以目前国内施工人员几乎所有使用BIM技术的城市轨道交通工程都在使用以二维图纸为主，以BIM模型为辅的方式进行施工。

为此，待优化方案经监理、设计审核批准，形成深化模型后，在模型中设定剖面，标注出剖面中管线的专业、规格型号、标高等信息，打印制成图纸，向现场管理人员及作业队发放并交底，同时在现场同一部位张贴或者悬挂，在施工时作为指导（图6）。

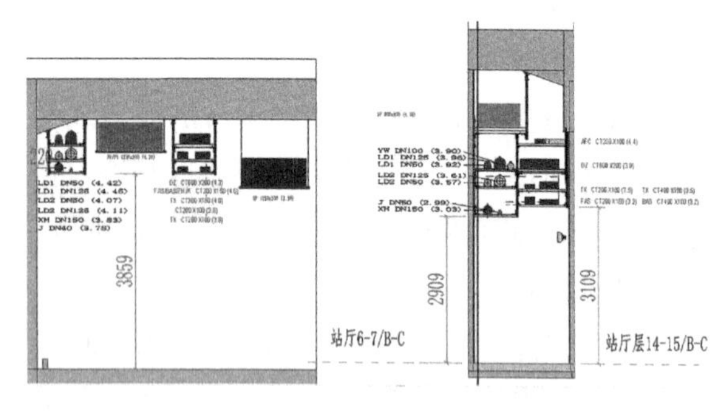

图6 剖面图

3.7 二次砌筑孔洞预留

传统的二次结构施工模式是先将整面墙体砌筑施工到一定高度后预留一部分墙体，待管线安装完成后再砌筑这一部分预留墙体，或者将整面墙体砌筑完成，后再在墙体上开洞，待管线安装完成后再封堵洞口。这样会浪费材料并产生大量的建筑垃圾，增加项目施工成本，阻碍施工进度，并且后期各分包之间的封堵责任难以确定。

通过BIM技术，在施工前合理优化机电综合管线，调整构造柱、圈梁布置，在墙体砌筑的同时预留洞口。以此加快二次结构和其他专业的施工进度，避免产生不必要的经济损失。

结合深化模型，在进行二次砌筑施工前，对动照、暖通、给水排水、通信、信号、综合监控等专业的穿墙孔洞进行预留，通过预留孔洞的形式，可有效减少后续专业施工现开孔的时间消耗，也极大地减少了二次砌筑专业施工资源的消耗。

3.8 预制化加工

轨道交通工程体量大、构件数量多且相似度高，利用BIM仿真和精度高的特性，先对预制构件精准排布、优化，运用BIM工程量统计功能统计材料数量，再导出精密的三维材料加工图，然后由材料加工厂按图加工制作。实现材料的工厂化、批量化、预制化生产。

其预制化加工总流程为：首先对施工阶段的模型进行深化，对模型构件进行制定编码原则后，在后台加工编码，导出预制加工模型的信息数据，提炼成加工单，依据加工单进行构件加工生产，生产出来的构件几何数据，达到要求后再依据编号进行安装。

应用总结：应用BIM技术对钢结构进行预制化加工安装，有效地提升了施工现场安装质量，提高了现场施工功效、保障了施工进度。

施工现场无须切割、没有味道、没有粉尘减少了施工对现场造成的环境污染，降低了临时用电的安全风险，节省了大量人力、物力，提升了项目建设水平，降低噪声与环境的污染，减少能源的消耗，为北京城市副中心项目质量创优提供了技术、效益保障。

3.9 基于BIM的在线管理平台

基于BIM的平台应用是指将模型信息上传至在线平台，利用在线平台提供的相关管理功能，对工程项目进行管理应用，主要分为质量管理、安全管理、进度管理三个方面。

将 BIM 模型上传至在线管理平台，模型附带所有施工安装信息，可在线浏览、查看项目整体情况，平台上其他管理与应用均基于此模型进行。在任务列表中，可以实现派工单流转、施工问题处理等功能，可从列表一键跳转至问题地点，可在详细问题中完成责任提醒、整改期限指定、整改结果上传、整改结果审核、问题关闭等处理流程，实现快速处理问题。同时平台上还会上传项目视频、图片等资料，记录项目施工过程，根据项目进度，实时在平台上更新项目信息、工程进度、相关文件等情况，实现实时共享项目动态。

4 结语

随着 BIM 技术在行业中的普及，越来越多的人会接触到 BIM，但是随之而来出现的缺乏政策支持、部分人员 BIM 意识薄弱等现象，对 BIM 应用的顺利开展带来不小压力。总体来说，随着国家政策的引导，在 BIM 上相关的标准规章会越来越健全，正如 CAD 代替图纸，不难预料以后 BIM 将代替 CAD，随着十九届五中全会的召开和“十四五”规划之年，我们可以始终保持信心，做好迎接新时代背景下机遇与挑战的准备。

参考文献

[1] 杨科，范占军，顾黎泉 . 基于 BIM 的建筑多专业协同设计流程探析与实践 [J]. 江苏建筑，2015（5）：23-27.

[2] 黄晶晶 . 基于 BIM 技术的城市轨道交通工程的设计与工程管理 [J]. 自动化与仪器仪表，2018（2）：126-129.

邻河地铁基坑监测分析与加固措施研究

李凤涛*

（中国铁路设计集团有限公司，天津 300143）

摘　要：邻河基坑由于河道的卸载作用导致基坑两侧的土压力差异，难以平衡偏压作用，容易造成基坑向邻河侧倾斜。本文以紧邻河道与主干道的地铁基坑为依托，根据对基坑变形监测数据的分析，分析出偏压基坑侧向变形模式。采用数值模拟计算，分析了河道深度、地连墙厚度及护坡桩桩径大小对基坑的变形影响规律，为后续类似工程设计提供指导。

关键词：地铁车站建造；偏压基坑；监测数据分析；数值计算

1　引言

随着我国地铁发展不断提高，地下空间的建设环境越来越复杂。由于各种建设条件的限制（临近河道、建 / 构筑物、不对称开挖、两侧基坑开挖深度不等造成卸载不对称等），常常造成两侧基坑不对称变形。张杰等对邻河基坑分步开挖进行了数值模拟，发现邻河引起的偏压荷载效应显著，设计施工应考虑响应问题。研究表明：使用传统的对称平面（半宽）方法进行非对称荷载下的围护结构设计，计算值与监测结果存在较大差异。熊楚炎等探讨了邻河基坑设计方法及施工注意事项，建议基坑外侧需要采用加固措施才能保证基坑安全。同时支护结构需进入力学性质较好的一定深度的土层才能有效控制地层变形。刘兴旺对杭州某北侧部分进入运河范围的客运码头基坑进行研究，提出需采用坑底加固等措施，才能较好地消减基坑南北两侧土压力严重不平衡的影响。以上研究均指出邻河偏压基坑存在偏压现象，未对监测数据进行系统的分析。本文针对目前城市地铁基坑建设中较常出现的近河与临主干道的情况，选取徐州地铁基坑，研究其监控量测数据和数值计算，重点探讨邻河偏压条件下地铁基坑围护结构的变形规律及设计参数变化对基坑的影响，本研究成果可为类似工程的设计施工提供参考。

2　工程概况

如图 1 所示，徐州某邻河地铁基坑，北侧邻近城市主干道，南侧邻近市内主要河流。车站主体结构外包尺寸为：长 262.2m，宽 26.5m；车站顶板覆土约 2.1m。如图 2 所示，基坑所在地层：1-1 杂填土，2-5 粉质黏土，5-3-4 黏土，10-2-1 全风化砂岩，10-2-2 强风化砂岩。

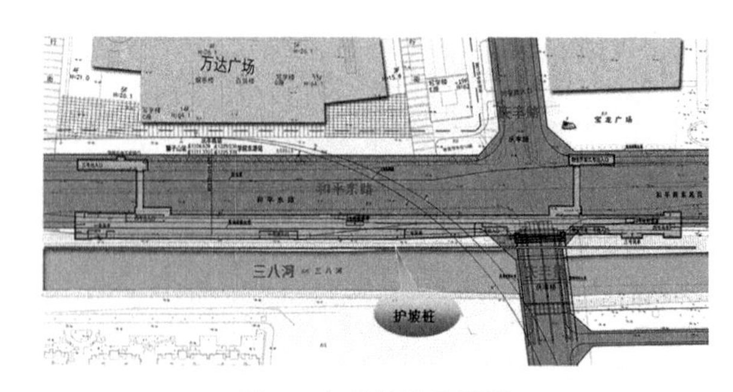

图 1　车站基坑平面图

* 李凤涛（1989—），男，硕士，中国铁路设计集团有限公司。主要从事地下工程的设计研究工作。E-mail：lifengtao @crdc.com

车站标准段基坑深度约 15.7～16.4 m，河床深 5.5m。采用地连墙（800mm），地连墙深 19m，采用一道混凝土支撑（800mm × 800 mm）+ 二道钢支撑（Φ609 mm，t=16 mm）形式，连系梁采用 600mm × 600mm 混凝土连梁；基坑设置一排 Φ850mm（格构柱尺寸 460mm）立柱桩，护坡桩桩径为 800mm。

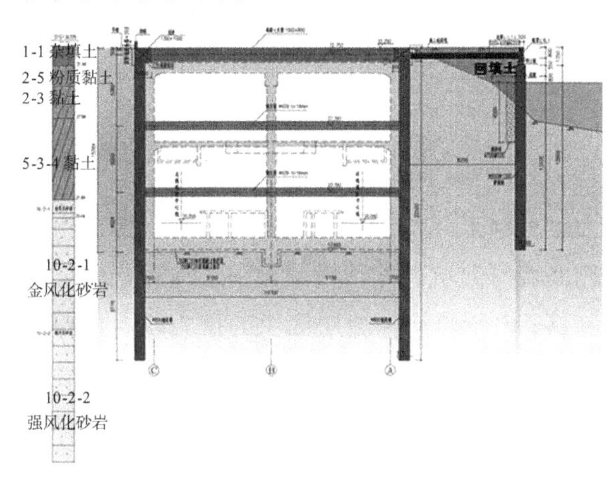

图 2　车站基坑围护结构及河岸处理剖面图

3　围护结构变形特征与分析

车站全长 262.2m，每隔 20m 设置地连墙侧向变形监测点，共有 14 处监测点。通过对 14 对监测点进行分析，发现共有 3 种地连墙变形特征，如图 3～图 5 所示。

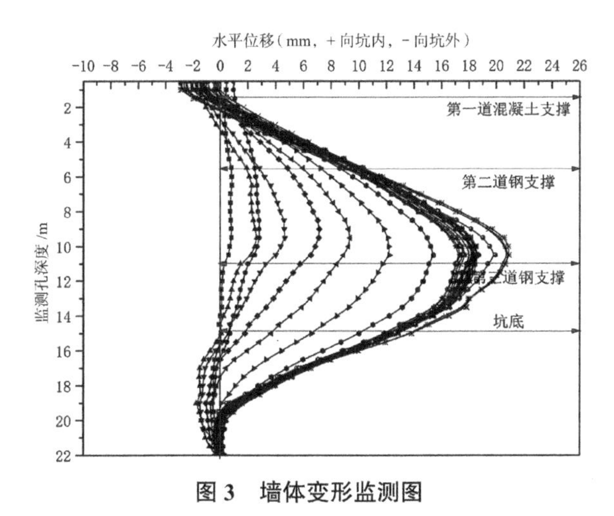

图 3　墙体变形监测图

图 3 为基坑开挖过程中监测数据，监测点位于小里程端盾构井处。随着开挖深度的增加，地连墙侧向位移随着深度的增大逐渐增大；其最大值均发生在第三道支撑处，最大值为 20.5mm，此处监测点位于非偏压底层处，其变形与常规基坑监测数据相吻合。

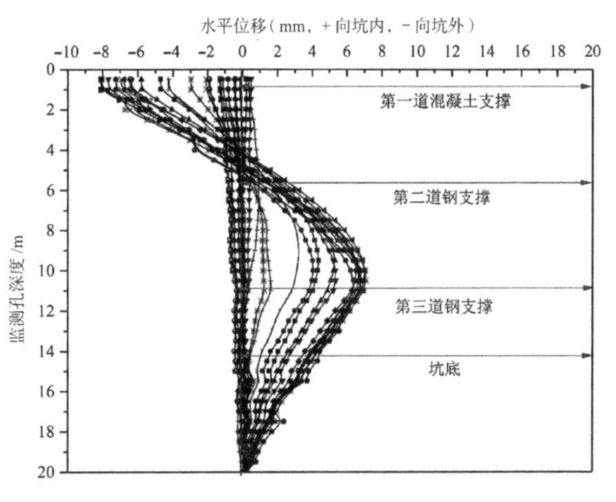

图 4　墙体变形监测图

图 4 为基坑开挖过程中监测数据，监测点位于车中部。随着基坑开挖深度增加，地连墙变形上部向着邻河方向变形越来越大，底部向坑内变形逐渐增大。邻河侧地连墙上端向坑外偏移，下端向坑内凸起。邻河侧墙顶向坑外侧移最大为 8 mm，墙身向坑内侧移最大为 6.3 mm。邻河侧地连墙变形零点位于地墙 -5m 处，约为坑深的 0.35H。

图 5 为基坑开挖过程中监测数据，监测点

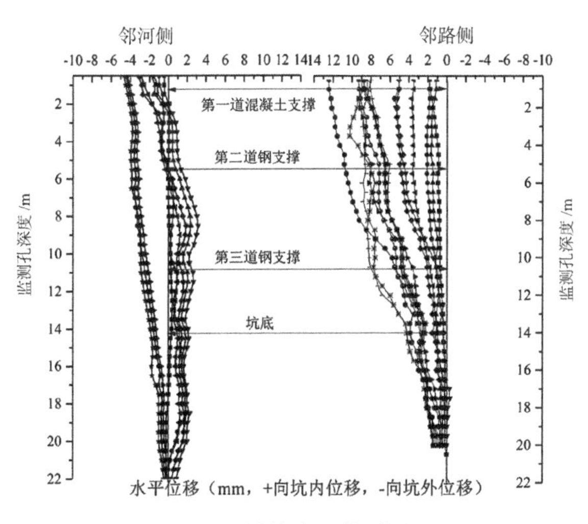

图 5　墙体变形监测图

位于车中部。随着基坑开挖深度增加，两侧地连墙侧移量均有增大，且非对性愈加明显：邻路侧地连墙侧移大于邻河侧；邻路侧最大水平位移位于坑顶处，邻河侧最大水平位移位于坑顶处；邻路侧地连墙墙身向坑内倾斜始位移，邻河侧地连墙上端向坑外倾斜始位移；邻路侧地连墙墙顶向坑内侧移最大为 12 mm，邻河侧墙顶向坑外侧移最大为 5 mm。

通过 14 处监测点分析得知：对于车站端部监测点，由于有横向地连墙及空间效应的影响，基坑变形与非偏压基坑变形类似。而对于车站中部监测点，由于偏压作用，基坑两侧地连墙墙身变形模式存在差异，主要体现在邻河侧地连墙上部向坑外侧移，下部向坑内凸起。对于偏压更严重的情况，会出现邻河侧和邻路侧地连墙均倾斜式向河边侧移。

4 数值计算模拟结果分析

4.1 模拟工况

本文模拟采用硬化弹塑性模型如 Hardening Soil（HS），其考虑了土体的塑性和应变硬化，能区分加载和卸载，刚度依赖于应力水平的变化，可以很好地反映基坑大体积卸载后的变形特征问题，为变形敏感地层基坑开挖提供了更好的结果。根据车站基坑设计方案建立三维模型模拟地连墙施工，护坡桩施工，架设内支撑，分层降水、开挖等施工过程。考虑到基坑工程影响范围在 3 He（He 为基坑开挖深度）范围内，模型尺寸设置为 420m × 210m × 60m。采用 plate 单元模拟地连墙，beam 单元模拟钢支撑、混凝土支撑以及护坡桩。

4.2 河床深度变化对基坑侧向变形影响分析

图 6 为 6 种不同厚度地连墙厚度工况下基坑侧向变形位移图。由图可知，当河床深度为 0m 时即基坑两侧处于对称状态，两侧地连墙墙身变形为内凸形态，最大变形量为 6.8 mm，位于第二道与第三道钢支撑之间。当河床深度

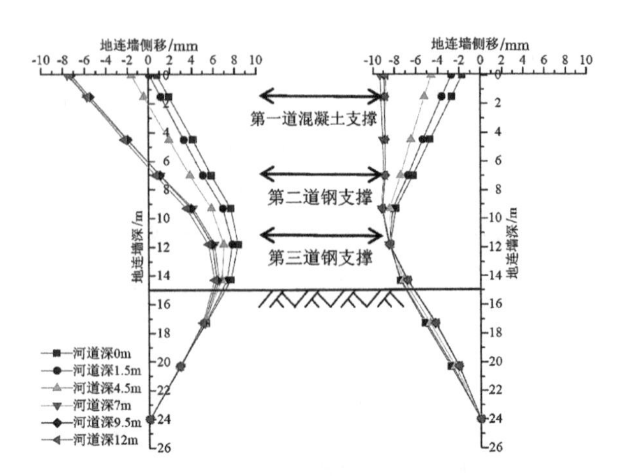

图 6 河床深度变化对基坑侧向变形影响

为 1.5m 时，基坑两侧出现压力差，邻路侧地连墙墙身向坑内侧移量增大，墙顶开始向坑内侧移；由于邻河侧地层提供的抗力减弱，相应的邻河侧地连墙上部出现向坑外侧移，墙身向坑内侧移量减小。随着河床深度的不断增加，邻路侧地连墙墙身向坑内侧移量整体增大，墙顶侧移量逐渐接近墙身最大侧移量；邻河侧地连墙墙顶向坑外侧移量逐渐增大至 7.9 mm，向坑外侧移部分扩大至第二道与第三道钢支撑之间，两侧地连墙向邻河侧偏转状态加重。

4.3 地连墙厚度变化对基坑侧向变形影响分析

图 7 为 5 种不同厚度地连墙厚度工况下基坑侧向变形位移图。由图可知，当基坑地连墙厚度为 400mm 时，邻河侧地连墙出现明显地向坑外侧移，基坑两侧明显地向邻河侧偏

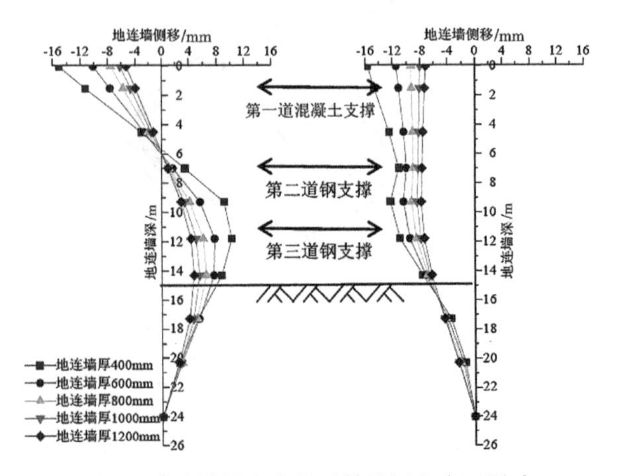

图 7 地连墙厚度变化对基坑侧向变形影响

转。随着地连墙厚度的增加，两侧地连墙偏转状态逐渐得到缓解，最大变形量由墙顶下移至第二道与第三道钢支撑之间。随着地连墙厚度的增加，邻路侧地连墙墙身最大侧移量由12.33mm 减至 7.79mm，邻河侧墙身最大侧移量由 10.19mm 减至 4.75mm，可见加厚地连墙可直接改善地连墙侧移。

4.4 护坡桩桩径变化对基坑侧向变形影响分析

考虑到基坑离河岸较近，出于保护河岸与基坑的目的，在河岸侧施作护坡桩来隔断基坑与河道之间的影响。分别计算了 5 种不同桩径护坡桩加固工况下，基坑两侧地连墙墙身侧移变化规律，如图 8 所示。

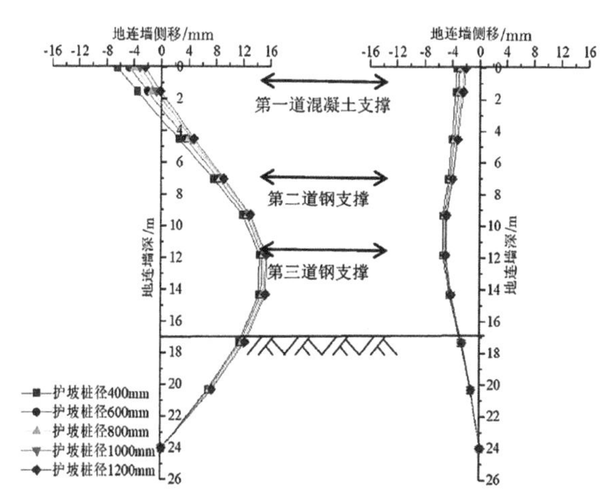

图 8 护坡桩桩径变化对基坑侧向变形影响

随着护坡桩桩径的增加，基坑两侧地连墙的侧移量基本保持不变，邻河侧墙顶最大侧移量由 6.54mm 减至 2.42mm，邻路侧墙顶最大侧移量由 3.40mm 减至 2.09mm。护坡桩对所在邻河侧地连墙改善明显大于邻路侧，护坡桩通过限制邻河侧地层位移，进而增加基坑抗力，以改善整个基坑的偏转效应。

5 结论

邻河基坑由于河道的卸载作用导致基坑两侧的土压力差异，造成基坑向邻河侧倾斜。通过基坑变形监测数据与计算分析，形成的主要结论如下：

（1）通过分析基坑变形数据，发现由于偏压作用，基坑两侧地连墙墙身变形模式存在较大差异，邻河侧地连墙上部向坑外侧移，下部向坑内凸起；邻路侧地连墙整体向坑内凸起。

（2）增加地连墙厚度，可直接提供更大的刚度与抗力，能改善基坑所受的偏压影响。

（3）为了改善基坑所受的偏压作用，可采用增设护坡桩进行基坑加固，保护偏压基坑安全。

参考文献

[1] 刘波，章定文，席培胜 . 偏压基坑工程设计、施工与受力变形特性研究进展 [J]. 中国矿业大学学报，2018，47（4）：791-804.

[2] 徐长节，殷铭，胡文韬 . 非对称开挖基坑支撑式围护结构解析解 [J]. 岩土力学，2017，38（8）：2306-2312.

[3] 石钰锋 ，阳军生 ，白伟，等 . 紧邻铁路偏压基坑围护结构变形与内力测试分析 [J]. 岩石力学与工程学报，2011，30（4）：826-833.

[4] 刘波，席培胜，章定文 . 偏压作用下非等深基坑开挖效应数值分析 [J]. 东南大学学报（自然科学版），2016，46（4）：853-859.

[5] 张杰，张礼仁，张绍华 . 徐州地铁 1 号线邻河车站基坑的变形特性研究 [J]. 土木工程学报，2015，48（S2）：113-117.

[6] 林刚，徐长节，蔡袁强 . 不平衡堆载作用下深基坑开挖支护结构性状研究 [J]. 岩土力学，2010，31（8）：2592-2598.

[7] 徐长节，成守泽，蔡袁强，等 . 非对称开挖条件下基坑变形性状分析 [J]. 岩土力学，2014，35（7）：1929-1934.

[8] 熊楚炎，杨晓波 . 某市区邻河深基坑支护设计实例 [J]. 岩土工程学报，2006（S1）：1638-1640.

[9] 刘兴旺，李冰河，施祖元 . 杭州某客运码头主楼基坑的设计与施工 [J]. 岩土工程学报，2006（S1）：1586-1589.

白居寺长江大桥无砟轨道关键技术研究

李建斌*

（中国铁路设计集团有限公司，天津 300142）

摘　要：调研国内大跨度桥轨道结构形式，分析结构特点，研究适合大跨度斜拉桥变形的轨道方案。本文以重庆白居寺大跨度公轨两用斜拉桥为例，结合白居寺大桥的结构特点及大桥周边的减振降噪要求，对大桥范围内的无砟轨道方案、限位结构、梁端轨道方案、无缝线路设计等轨道结构关键技术分别做了深入研究和优化设计；利用车辆—轨道耦合振动模型对减振垫浮置板板厚进行分析，从减振角度确定了合理的板厚；对白居寺大桥的轨面线形进行平滑拟合，保证轨面线形的平顺性。

关键词：无砟轨道；大跨度斜拉桥；减振垫浮置板；平滑拟合

1　引言

近年来，随着经济快速发展，国内沿江城市对城市景观规划的要求越来越高，轨道交通与市政道路相融合设计逐渐成为一种趋势，大跨度公轨两用桥在城市桥梁中所占比例在日益增加。

公轨两用桥主跨较大，在公路荷载、列车活载、温度荷载、风荷载的共同作用下，桥梁的竖向挠度、梁端伸缩量、梁端转角等指标较大。大桥轨道结构设计既要适应桥梁变形，又要保证列车行车安全，同时要满足大桥周边减振降噪要求。

本文以重庆白居寺大跨度公轨两用斜拉桥为例，对大桥段铺设无砟道床的几个关键技术进行研究，对后续大跨度斜拉桥无砟道床设计具有一定参考意义。

2　轨道结构设计

目前国内外公路与铁路及公路与轨道交通合建的大跨度桥梁主要有武汉天兴洲长江大桥、重庆东水门、朝天门、鹅公岩长江大桥、上海崇明长江大桥、石济客专黄河公铁两用桥、南京大胜关长江大桥、沪苏通长江大桥等多座大桥。

经统计，关于大跨度公轨两用桥的轨道结构主要有两种：有砟道床和无砟道床。由于无砟道床二期恒载小、结构寿命长、整体性好、可大幅降低养护维修工作量和维修成本，故新建铁路及城市轨道交通线路多采用无砟道床。

考虑到重庆城市的快速发展，根据环评报告要求，并结合既有线路振动噪声反馈情况，本项目大桥范围采取减振垫无砟轨道方案，并对轨道结构方案进行优化和改进。在大跨度斜拉桥上采用减振垫，可有效降低桥面的振动以及桥梁的二次结构噪声，大大减小对周边环境的噪声污染，满足城市轨道交通绿色化的要求。

2.1　大桥项目概况

白居寺大桥为市政道路与轨道交通的合建工程，主桥设计为双塔双索面双层公轨两用斜

基金项目：中国铁路设计集团有限公司科技开发课题（2019YY320314）。

*　李建斌（1982—），男，硕士，高级工程师，中国铁路设计集团有限公司。主要从事轨道、站场设计研究工作。E-mail：179763469@qq.com

拉桥，正交异性板钢桁梁结构，上层为双向八车道的市政道路（设计速度为60km/h），下层为轨道交通线路（设计速度为100km/h）。该桥主桥长度为1384m，主跨为660m，桥跨布置为107+255+660+ 255+107m，梁端伸缩量为 ±800mm，桥上轨道结构设置伸缩调节器，是重庆地区主跨及伸缩量最大的公轨两用斜拉桥，目前基本完工（图1～图3）。

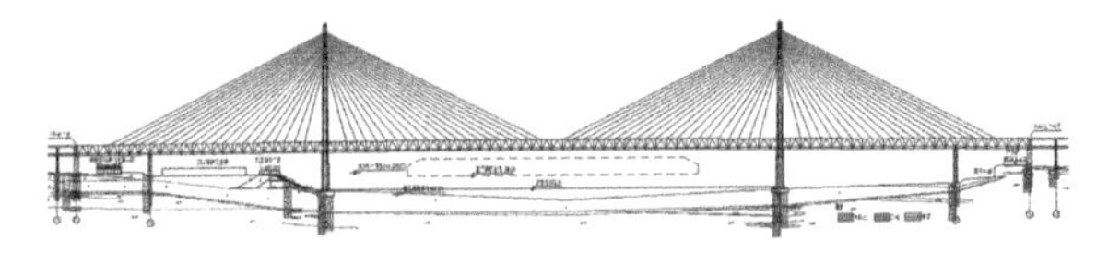

图1 大跨度斜拉桥桥型布置

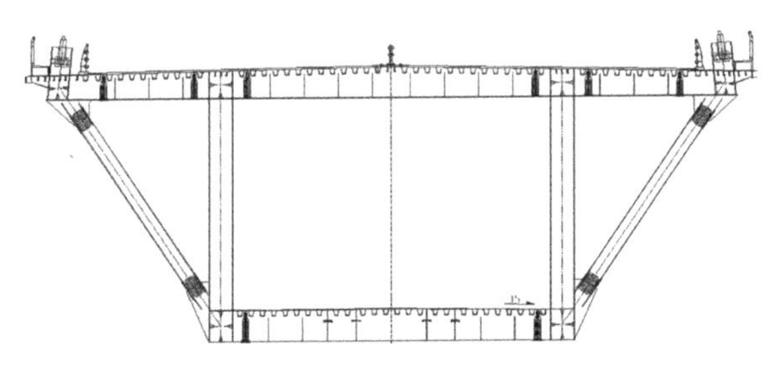

图2 大跨度斜拉桥横剖面

图3 白居寺大桥

2.2 无砟轨道结构形式比选

无砟轨道结构主要分为有底座和无底座两种道床形式，具体结构形式详见图4。

有底座式无砟道床施工工艺复杂，需要二次浇筑和预埋钢筋。综合道床结构的整体性、

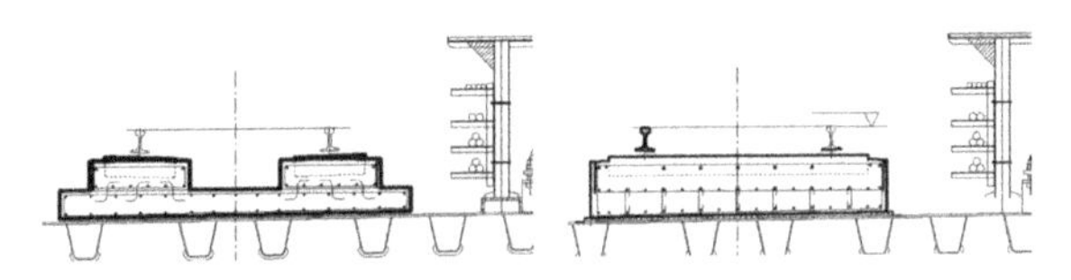

图4 有底座式与无底座式无砟道床断面

稳定性、耐久性、减振效果及施工工艺等角度，采用无底座式无砟道床优势明显，适合铺设在大跨度斜拉桥。

2.3 大桥段轨道方案

大桥段轨道方案采用减振垫 + 无砟道床。道床块的尺寸为4.66m × 2.40m，轨枕间距为0.595m，道床板间设置0.1m宽横向排水沟。

道床与钢梁面之间采用减振垫连接，不做刚性连接，以降低因大桥变形导致道床开裂的风险，同时起到绝缘和减振的作用。减振垫采用目前地铁常用的刚度：0.019N/mm^3。

轨道方案布置见图5。

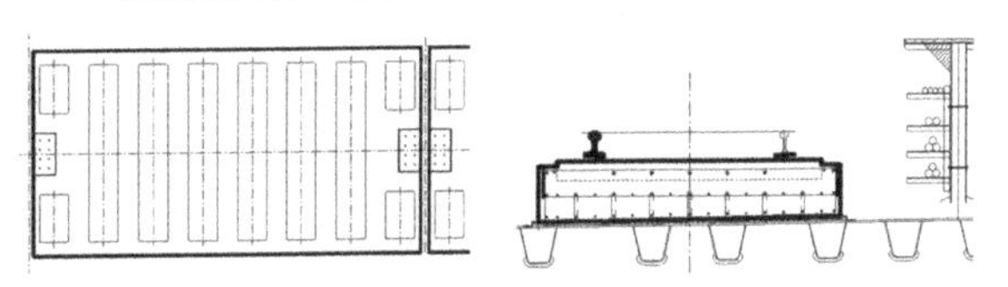

图5 无砟轨道减振垫道床方案

3 限位结构设计及检算

3.1 限位结构设计

由于减振垫浮置板道床与钢梁面之间采用非刚性连接，需要特殊设计的限位装置进行道床结构的纵向和横向限位，以满足列车行驶的平稳性。

轨道结构限位装置位于道床板的两端，在线路中心线上。限位装置为钢筋混凝土结构，通过梁面预埋的剪力钉与钢梁面固定，固定方式为剪力钉与钢梁面采用等强焊接，如图6所示。

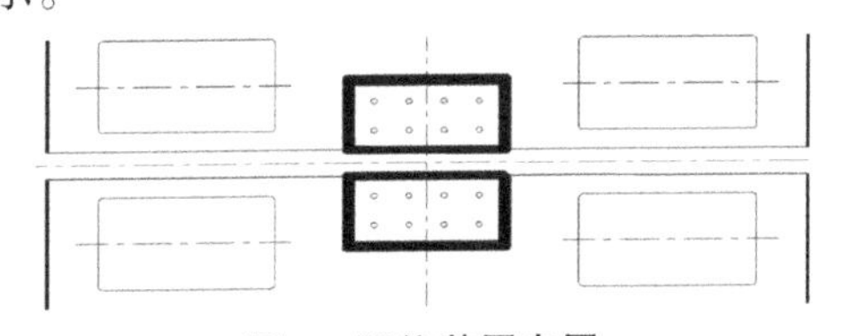

图6 限位装置布置

3.2　限位结构强度检算

限位装置的薄弱结构是剪力钉。根据《机车车辆动力学性能评定及试验鉴定规范》GB/T 5599—2019，本工程As车对应的轮轴横向力H ≤ 15+P/3=65kN。按最不利情况分析，考虑轮轴横向力、温度力、制动力等共同作用，最大剪切应力为68.13MPa ≤ [τ]=128MPa。经检验，剪力钉强度满足要求。

4　梁端轨道结构及过渡段设计

由于本座大桥主跨为660m，梁端伸缩量为±800mm，是重庆地区主跨及伸缩量最大的公轨两用斜拉桥，因此，做好梁端的轨道结构设计以适应主梁的大位移伸缩是轨道设计重点。

4.1　梁端伸缩装置设计

根据大桥相关参数和实际工况，需在本座大桥主桥端部设置伸缩装置，并一体化布置钢轨伸缩调节器，以适应桥梁的大位移伸缩。

伸缩装置有下承式和上承式两种，如图7所示。

图7　下承式与上承式伸缩装置

下承式梁端伸缩装置的伸缩机构位于梁端道床下部，其质量大、造价较高、刚度较大、占用空间大，需要在主梁及引桥的端部做特殊下沉设计。据运营部门反馈，下承式结构易出现问题，不便于运营检修。

上承式梁端伸缩装置的伸缩机构位于梁端道床上部，其质量小、造价较低、刚度适中、占用空间小，不需要桥梁特殊设计。剪刀叉和扁担梁位于道床上部，方便了运营维护。故本座大桥采用上承式伸缩装置，如图8所示。

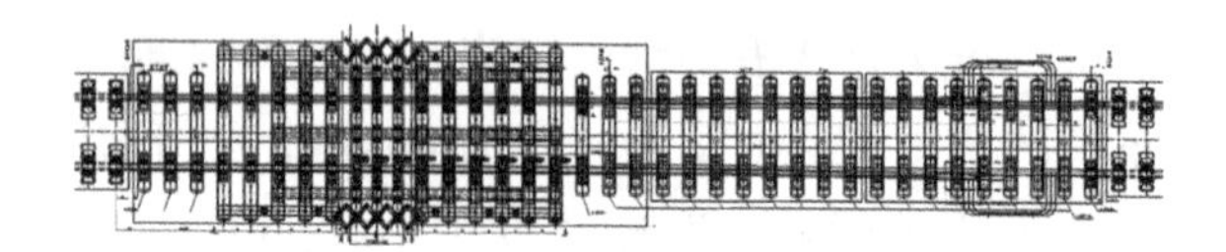

图8　白居寺大桥伸缩装置与调节器一体化布置

梁端伸缩装置设置了3根活动钢枕，连接了主桥与引桥的大位移梁缝，将梁端转角减小为原来的1/4～1/3之间，有效地降低了梁端转角对扣件的不利影响，满足规范要求。

4.2　梁端轨道结构及过渡段设计

受行车安全及其使用工况的影响，梁端伸缩装置及钢轨伸缩调节器范围故无法设置减振。

为保障列车安全、平稳地通过大位移伸缩缝，需在引桥与主桥之间设置长度约20m一般无砟道床+20m高刚度减振垫无砟道床进行过渡。

5　无缝线路设计

本工程在大桥范围铺设无缝线路，以降低轮轨接头噪声及振动；并根据工程需要，在梁端设伸缩装置和钢轨伸缩调节器。

根据重庆的气象资料，结合本工程主要技术参数，从钢轨强度、稳定性、断缝等指标对大桥段无缝线路进行检算。（检算过程不赘述）

（1）钢轨强度检算

经计算可知钢轨强度检算没问题。

$\sigma_{底d}+\sigma_t+\sigma_f+\sigma_z=194.94\text{MPa} \leq [\sigma]=363\text{MPa}$

（2）稳定性检算

钢轨强度条件允许温降为：

$[\Delta T_d]=([\sigma]-\sigma_d-\sigma_f-\sigma_z)/(E\cdot\alpha)=97.3℃$

最大温降$\Delta T_{d\max}=37.8℃ \leq [\Delta T_d]$，因此轨道稳定性满足规范要求。

（3）钢轨断缝检算

$\lambda=\dfrac{E\cdot F\cdot(\alpha\cdot\Delta T_{d\max})^2}{r}=27.4\text{mm} \leq [\lambda]=70\text{mm}$

断缝检算满足规范要求。

经过以上检算，钢轨强度和断缝等指标规

范要求，铺设无缝线路是安全的。

6 减振垫轨道板板厚对桥面振动加速度的影响分析

利用车辆—轨道耦合振动模型进行分析。提取桥梁梁面顶板 15 个位置的垂向振动加速度，分析 20 ～ 800Hz 范围内的加速度级的频谱和总加速度级，对比轨道板厚度对加速度的影响。

通过对 200 ～ 600mm 不同轨道板厚度对应的桥面振动平均加速度进行分析，桥面平均加速度级幅值见图 9，加速度频谱见图 10。

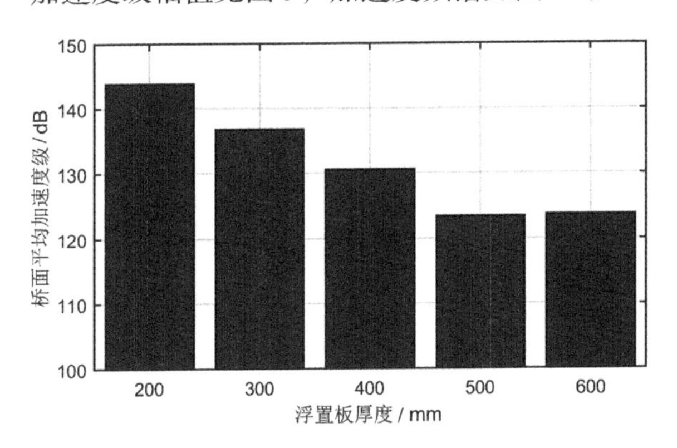

图 9 桥面平均加速度级幅值

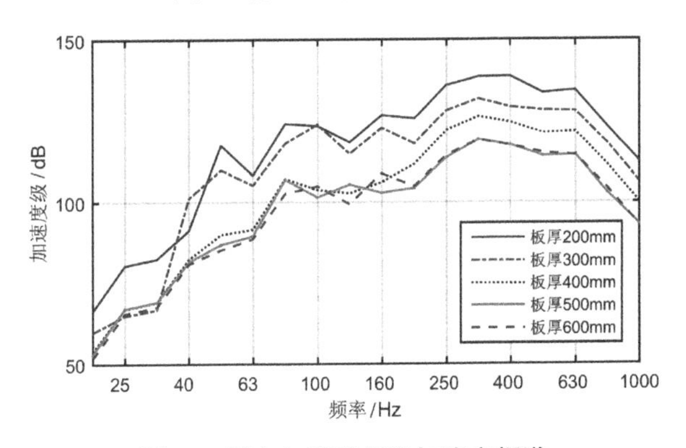

图 10 垂向加速度级和加速度频谱

由图可知，总体趋势为加速度随板厚的增加而下降，板厚由 200mm 增加至 500mm，桥面振动加速度级的幅值持续下降，但厚度进一步增加时，振动加速度级不再降低，从减振角度分析，验证了板厚设计为 400 ～ 500mm 是合理可行的。

7 铺轨线形控制与平滑拟合

白居寺大桥为大跨度公轨两用斜拉桥，钢桥面结构，主桥长度为 1384m，主跨为 660m，桥跨布置为 107+255+660+255+107m，不同桥跨在公路恒载、轨道恒载、汽车及列车活载等共同作用下挠度差异很大，跨中最大挠度接近 380mm，不能按常规线路设计轨面标高进行铺轨施工。大桥的梁面高程在列车活载、温度、铺轨的施工荷载等因素的影响下时刻在变，如何确定铺轨时的轨面线形及标高是白居寺大桥铺轨的重点和难点。

通过深入研究白居寺大桥的成桥线形，计算铺轨前的轨面线形，然后对铺轨前的轨面线形进行平滑拟合，采用相对高差的方法进行轨道精调和铺设，较好地实现了对铺轨线形的控制，攻克了大跨度斜拉桥的轨道铺设难题。

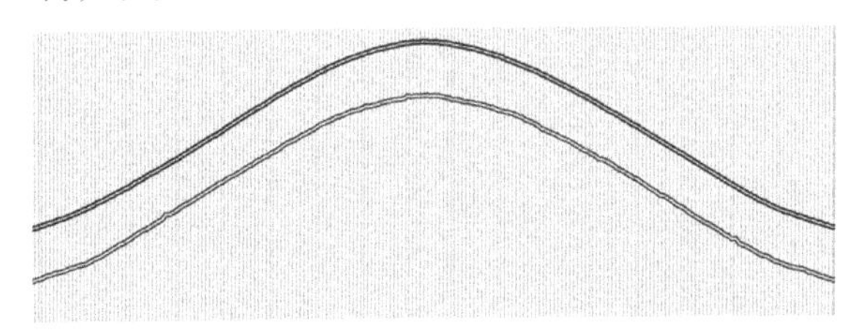

图 11 白居寺大桥主跨范围的成桥线形与拟合后的轨面线形对比

图 11 中上方的线形为平滑拟合后的轨面线形，下方线形为成桥线形，带“毛刺”（梁面的不平顺数据）。对铺轨线形进行平滑拟合，保证了大桥轨面线形的平滑和列车平稳的运行。

8 结论

本文对白居寺大桥无砟轨道关键技术进行深入研究，得出如下结论：

（1）综合道床整体性、施工工艺以及减振效果等方面，无底座式减振垫无砟道床优势明显，适合铺设在白居寺大桥。

（2）白居寺大桥无砟轨道采用的 ±800mm 调节器和上承式梁端伸缩装置，属世界首次。与铁科院共同设计研发了该调节器及伸缩装置，有效解决了钢轨强度无法满足规范要求的问题以及主梁的大位移伸缩的难题。

（3）对无砟轨道限位结构进行深入研究和检算，剪力钉及钢筋的强度均满足规范要求，保证了减振垫无砟轨道方案的可行性。

（4）从钢轨强度、稳定性、断缝等方面验证了大桥范围铺设无缝线路的安全性。

（5）利用车辆—轨道耦合振动模型对减振垫轨道板板厚进行分析，从减振角度确定 400 ～ 500 mm 的板厚是经济合理的。大桥段采用减振垫可有效降低桥面的振动及桥梁的二次结构噪声，满足城市轨道交通绿色化的要求。

（6）深入研究大跨度斜拉桥铺轨轨面线形，在线路设计标高基础上合理考虑预拱值，对桥面线形进行平滑拟合，保证大桥在恒载及活载共同作用下轨面线形的平滑和列车平稳的运行。

参考文献

[1] 地铁设计规范：GB 50157—2013[S]. 北京：中国建筑工业出版社，2013.

[2] 铁路无缝线路设计规范：TB 10015—2012[S]. 北京：中国铁道出版社，2013.

[3] 宋子康，蔡文安 . 材料力学 [M]. 上海：同济大学出版社，1998.

[4] 林红松，杨吉忠，颜华 . 高速铁路大跨度钢桁梁斜拉桥轨道型式研究 [J]. 铁道工程学报，2014（4）：75-80.

[5] 吴亮秦，吴定俊，李奇 . 大跨度公轨两用斜拉桥梁端轨道结构适用性研究 [J]. 铁道学报，2019，11（11）：108-114.

[6] 周虎利 . 公路城轨两用大跨度钢桁梁斜拉桥铺设无砟轨道关键技术 [J]. 城市轨道交通研究，2012（3）：71-76.

[7] 李晶晶 . 大跨度钢桥无砟轨道结构设计方案研究 [J]. 隧道与轨道交通，2020（4）：56-59.

全断面富水砂层中的盾构施工技术

乔　龙

（中铁十六局集团有限公司，北京 100018）

摘　要：本文根据全断面富水砂层的地质特点，参考西安地铁 1 号线二期工程的盾构施工情况，有针对性地对土压平衡盾构在富水砂层中的施工进行分析和总结，并为以后类似地层工程的施工提供技术参考和指导。

关键词：全断面富水砂层；土压平衡

1　引言

随着国内经济的发展，为满足城市居民出行的便利需求，我国城市地铁隧道建设发展迅猛，地铁施工几乎覆盖国内每个省份。区域盾构施工面临的地层各有不同，对盾构在不同地质条件下的施工适应性提出了全面的要求。土压平衡式盾构机在富水砂层中的施工即为一典型案例。

2　工程概况

2.1　工程简介

西安地铁 1 号线某区间位于世纪大道扶苏路至沣东路段，线路沿世纪大道地下敷设，在世纪大道与扶苏路交汇处设置森林公园站，线路向东延伸到沣东路站（图 1）。区间起点里程 YDK0+851.001，终点里程 YDK1+570.967，右线长度 719.967m，左线长链 5.294m，长 725.261m，盾构区间埋深 10 ～ 13m。

图 1　区间线路平面图

2.2　地质情况描述

区间场地地形总体东高西低，呈缓坡状，高差 0.87m。现状为世纪大道道路，双向 8 车道，路中心线及两侧快慢车道均设置绿化带，车流量大，为连接西安和咸阳两地的枢纽，交通繁忙。

隧道主要穿越地层为 2-4 细砂和 2-5 中砂层，局部夹杂粉质黏土。该地区地下水水位埋深 10.9～12.6m，水位高程 372.29～372.47m，基本呈西高东低的趋势（图 2）。

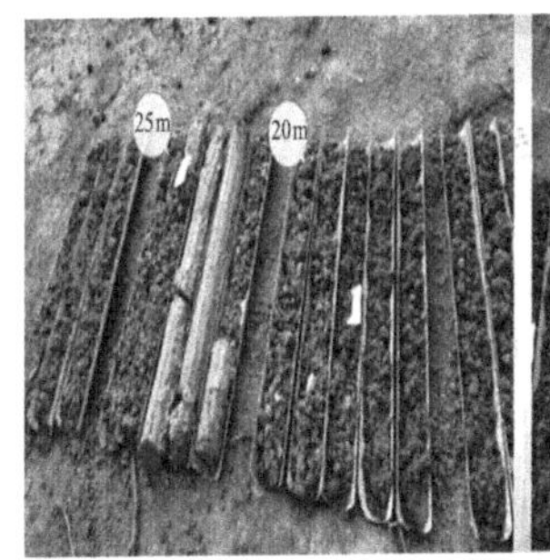

图 2　区间地质钻孔取芯

3　富水砂层中的盾构施工

3.1　区间施工概况

本区间左右线隧道总长 1445.228m，采用一台铁建重工盾构机施工，刀盘最大开挖直径为 6280mm；管片为标准管片，分左转环、右转环和直线环三种类型；每环管片包括3块标准块、2块邻接块和1块封顶块；管片外径6000mm，内径5400mm，厚度300mm，管片混凝土等级为C50P10。

3.2 区间盾构施工分析

3.2.1 左线区间施工情况分析

盾构机原刀盘为复合面板式结构，左线施工前对刀盘进行了有针对性的改造。重点是增大刀盘整体开口率，将刀盘开口率由原来的37%增加到42%，尤其中心的开口由22%增加到40%；还加强了刀盘的耐磨保护，以满足该地层中盾构掘进对刀盘的磨损。

左线在进入联络通道加固区前，能保证渣土改良的良好效果，推进参数及施工功效也相对较好。刀盘进入加固区后推进参数急剧恶化，施工功效骤减，随之而来的就是出渣较稀、出渣不畅、渣温升高等一系列问题。通过施工表象可判定为渣土流塑性不佳，刀盘开口被糊住，导致渣土无法顺畅地排除，从而形成积仓。施工功效的降低造成掘进时间增长，进一步恶化仓内的渣土流塑性，导致渣温急剧升高，更易产生泥饼糊住刀盘开口。

改造后的刀盘开口率虽有所增大，但对于本地层中的掘进施工来说仍相对较小，而地层中夹杂的少量粉质黏土在地下水的作用下更易产生泥饼糊住开口。停机期间，地层中的粗颗粒极易产生离析，沉淀堆积在土仓底部，地下水浮在沙子上部。粗颗粒长时间的堆积形成积仓，久而久之在土仓牛腿及螺旋机底部起拱，导致渣土排出更为不畅。起拱后造成只有少量的粗颗粒通过螺旋机排出，复推时出渣基本为地下水和改良用的泡沫和膨润土浆，从而产生喷涌。

刀盘进加固区后，加固区内土体强度大，掘进速度骤降，刀盘贯入度骤减；素混凝土被磨成细微颗粒后，在地下水的作用下产生大量热量，导致渣温急剧升高，细颗粒在高温的作用下结饼糊住刀盘，从而造成出渣困难。

面对施工中遇到的上述诸多问题，公司积极采取有针对性的措施加以调整，以优化施工参数，提高施工功效：

（1）召开专题会议，邀请资深专家对渣土改良效果进行现场试验，优化渣土改良配比参数。

（2）推进过程中部分泡沫管路堵塞，泡沫剂不能对掌子面及土仓内渣土进行有效的改良。针对此问题，通过高压的液压油对堵塞的泡沫管路进行疏通，保证管路通畅。

（3）通过连接桥位置泡沫管路设置的球阀观察每环的发泡效果，根据实际效果动态地调整泡沫注入配比和参数，从而保证注入的泡沫发泡效果。

（4）保证膨润土浆的质量和注入方量，通过膨润土浆对渣土进行包裹，改善渣土的和易性和流塑性，并降低仓内渣土温度。

（5）针对结饼情况，多次向仓内注入分散剂进行泡仓，期间每隔一到两个小时低速转动刀盘；分散泥饼从而改良推进参数，提高施工功效。

3.2.2 右线区间施工情况分析

针对左线施工过程中遇到的问题，右线始发前对盾构机进行了如下改造：

（1）加工新刀盘，新刀盘开口提高至56%，尤其增大了中心位置的开口率，减小渣土进入土仓的阻力，保证渣土更为顺畅地通过螺旋机排出。

（2）刀盘外缘面板、刀座和大圆环外周加焊耐磨网格。尤其重点加强大圆环外周（耐磨环）的耐磨保护，保证盾构开挖直径，减小推进阻力和油缸推力。

（3）通过仓壁上的预留球阀，引两路管路至易发生堵塞的牛腿位置进行冲刷，冲刷管口做成鸭嘴形以提高冲刷压力和防止管路堵塞；管路通过槽钢反扣焊接保护。

通过一系列的改造工作，右线渣土改良效果良好，出渣顺畅，施工功效也得到大幅度的提高。但从出洞后的盾构机状况看，富水砂层对刀盘及刀具的磨损严重，尤其是刀盘外缘的磨损最为严重。所以在后续类似地层中的施工需对刀盘外缘及刀具（尤其保径刀）重点加强耐磨保护。

3.3 地表沉降控制分析

在富水砂层中的盾构施工所面临的另一大难题就是地表沉降的控制。

本区间盾构穿越地层为全断面富水砂层，其中夹杂少量粉质黏土。盾构施工过程中，土体在施工扰动的影响下，极易产生变形和塌落。由于砂层的孔隙率较大、土体不密实，相邻土体无法形成紧密的固结并产生足够的约束；在施工扰动的影响下，土体颗粒摆脱不牢靠的约束和固结产生变形和塌落，而变形则会迅速地传导至地面引起地表沉降。

针对该地层土体不密实、易变形和塌落、地表沉降迅速的特点，施工过程中重点对以下工序进行严格控制，从而保证地表沉降在可控范围内。

3.3.1 严格控制同步注浆过程

同步注浆理论方量计算：

$Q=\pi[(D/2)2-(D1/2)2]L$

$=4.05m^3$/ 环

Q ——每环理论注浆量；

D ——刀盘开挖直径，取 6.28m；

$D1$——管片外径，取 6m；

L ——管片环宽，取 1.5m；

考虑到同步注浆浆液在砂层中的扩散系数（取 1.5～1.8），实际注浆量设定为 6～7m^3/环。施工中严格按照同步注浆浆液配合比拌制浆液，保证浆液质量，确保浆液快速凝固，从而保证土体与管片的空隙填充密实。

3.3.2 严格控制二次注浆

在保证同步注浆质量和方量的前提下，为进一步填充土体与管片间的孔隙，保证填充密实，管片在脱出盾尾 5 环后及时进行二次注浆。浆液采用水泥 – 水玻璃双液浆，水泥浆：水玻璃为 1:1，水灰比控制在 1:0.8 左右。

3.4 管片上浮控制分析

盾构穿越地层为 2-4 细砂和 2-5 中砂层，隧道断面绝大部分处于中砂层，隧道断面上部为细砂层和中砂层的交界面，以上为细砂层。

从图 3 可知，隧道穿越地层中的水位线较高，整个地层断面几乎均为富水砂层。同步注浆浆液注入后，在地下水的作用下，浆液得到稀释，无法按照配合比设定的初凝时间得到凝固，管片从而无法在短时间内得到浆液的箍紧和约束。掘进过程中，占开挖断面绝大多数比例的中砂通过螺旋机排出后，顶部的细砂比中砂层更为不稳定，对管片的约束能力更弱；成型隧道管片在底部地下水的作用下产生上浮。

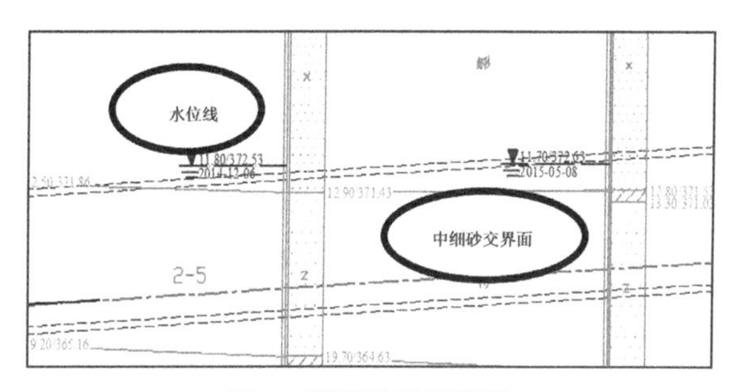

图 3 隧道地质剖面图

针对成型隧道管片易产生上浮的情况，施工过程中采取有针对性的措施加以控制。

3.4.1 调整同步注浆配比及注浆比例

调整同步注浆浆液配合比。水泥用量由 165kg/m^3 增加至 200kg/m^3，以缩短浆液初凝时间，从而加速浆液凝固，保证管片尽快得以约束。

调整注浆比例。增大顶部两路管路的浆液注入量，底部两路浆液注入量适当减小，通过浆液注入量及压力的控制，对脱出盾尾后的管片上浮趋势进行控制和约束。

3.4.2 控制盾构姿态

管片在地下水的作用下产生一定的上浮，所以在推进过程中，根据管片上浮量的测量数据，将盾构机的垂直姿态控制在隧道中心以下，姿态控制具体数值以管片上浮测量数据为依据进行调整。本项目盾构姿态控制在 -30mm 左右，保证上浮后管片姿态控制在 +50mm 以内，满足设计要求。

参考文献

[1] 张亚彬 . 富水砂层盾构隧道变形监测与控制研究 [D]. 郑州：郑州大学，2017.

[2] 常心毅 . 富水砂层盾构施工技术探讨 [J]. 现代城市轨道交通，2016（6）：49-52.

[3] 夏志刚 . 浅埋富水全断面砂层盾构施工渣土改良初步研究 [J]. 四川建材，2016，42（3）：130-132.

[4] 唐卓华，徐前卫，杨新安，等 . 富水砂层盾构掘进碴土改良技术 [J]. 现代隧道技术，2016，53（1）：153-158.

[5] 申会宇 . 砂层盾构机刀盘刀具磨耗分析及措施 [J]. 山西建筑，2015，41（26）：218-219.

超大深基坑施工对邻近既有地铁结构安全影响分析

信磊磊*
（中国铁路设计集团有限公司，天津 300142）

摘　要：天津市某超大深基坑工程邻近既有地铁结构，根据地铁保护要求，在施工前应完成安全影响评估工作。本文以此为背景，借助有限元数值模拟手段，分析了基坑分期施工对地铁结构变形的影响，并提出加强措施以降低对地铁的影响，为地铁保护工作提供参考。

关键词：超大深基坑；既有地铁结构；数值模拟；地铁保护

1　引言

随着TOD开发模式的发展和完善，地块与地铁的联系愈发紧密，深基坑工程邻近既有地铁线路的情况越发普遍。基坑开挖引起周围土体的应力场和位移场发生很大改变，导致地铁结构产生一定的变形。根据地铁结构变形控制要求，若控制不力，将对地铁运营安全造成极大威胁。因此，在控制好地铁结构变形的前提下，安全经济地完成施工成为深基坑工程的重难点。

近些年，部分学者对上述问题进行了研究。陈涛等以邻近运营地铁线路的深基坑工程为例，借助Plaxis 3D有限元软件建立三维数值模型，模拟邻近运营地铁结构基坑Ⅰ、Ⅱ的施工过程，计算分析了既有车站和区间结构的位移。于升才建立包含基坑工程和既有运营地铁的三维有限元模型，模拟基坑的全过程施工，研究了在施工过程中地下连续墙位移的发展规律和对运营地铁结构位移的影响。胡鑫等以邻近长沙地铁4号线圭塘站的某基坑工程为背景，根据工程地质和水文地质，通过地层—结构有限元模型，分析了复杂地质条件下基坑开挖对运营地铁线路的影响。

本文以天津市某超大深基坑工程为例，利用数值分析手段，预测基坑施工对既有地铁结构的影响，用以指导基坑工程的施工组织方案、支护设计方案及加强措施等，可为类似工程提供参考。

2　工程概况

本基坑工程地处华北平原，场区地层主要为粉质黏土和粉砂，地层分布情况如图1和表1所示。基坑最大开挖深度为15.5m，紧贴已运营地铁车站，被分成东西两个部分，即A部分和B部分。为降低影响，基坑分期对称施工，包含1期、2期（2A期和2B期）、3期（3A期和3B期）、4期。既有地铁车站为地下三层两柱三跨现浇钢筋混凝土框架结构，车站底板埋深为24.6m，南侧地铁区间结构上方为既有的2层地下室，地下室底板埋深为12.15m。地铁区间为圆形装配式结构，外径为6.2m，内径为5.5m，结构顶埋深为16.16m，线间距为15m。基坑与地铁车站及区间的位置关系详见图2和图3。

* 信磊磊（1990—），男，硕士研究生，主要从事地铁基坑及地下工程方面的研究。E-mail：xllbest@qq.com

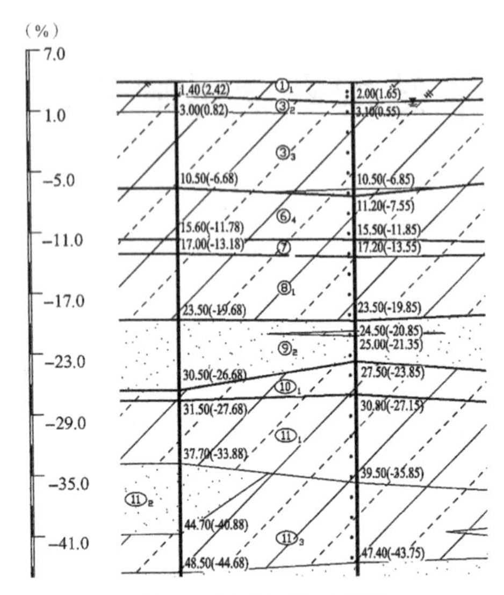

图 1　典型地质剖面图

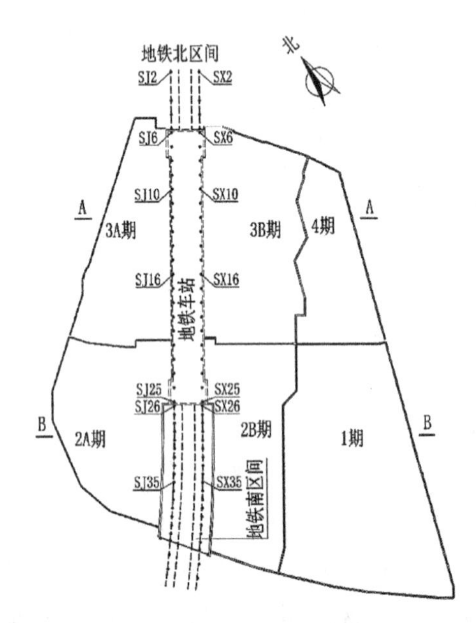

图 2　平面图和监测点布置图

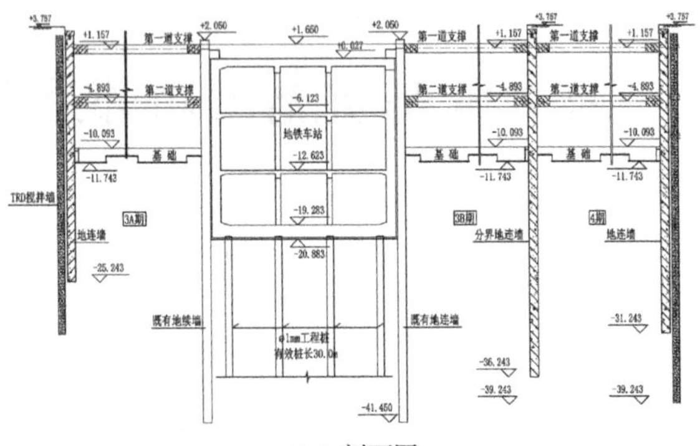

A-A 剖面图

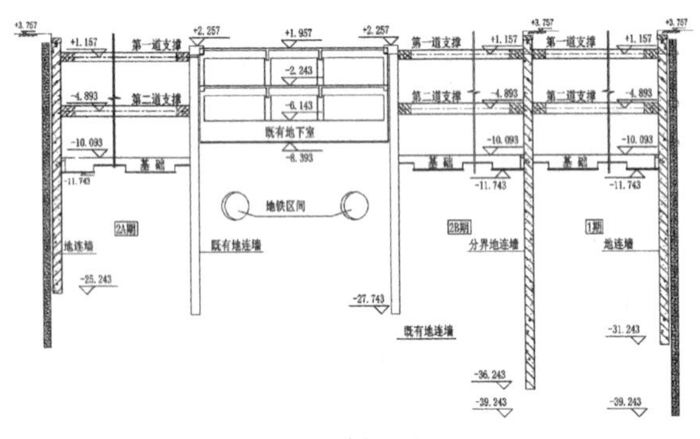

B-B 剖面图

图 3　剖面图

3　变形控制标准

既有地铁结构的控制指标和标准应从结构变形、强度、稳定性、建筑限界四个方面来确定，一般采用便于监测和度量的结构变形作为主要控制指标。

根据《城市轨道交通工程监测技术规范》GB 50911—2013、《城市轨道交通结构安全保护技术规范》CJJ/T 202—2013 和《天津市城市

表 1　土体物理力学参数

土层编号	土性	γ kN/m^3	e	c' kPa	ϕ' °	E_{50}^{ref} MPa	E_{oed}^{ref} MPa	E_{ur}^{ref} MPa	G_0^{ref} MPa	$\gamma_{0.7}$
1	杂填土	18.5	0.94	12.4	25.0	8.8	8.8	43.8	170.3	0.2e-3
2	粉质黏土	18.8	0.89	8.5	28.0	8.1	8.1	40.3	169.3	0.2e-3
3	粉质黏土	19.6	0.73	19.0	27.0	10.6	10.6	53.0	222.6	0.2e-3
4	粉砂	20.0	0.61	4.7	33.5	26.6	26.6	79.4	398.4	0.2e-3
5	粉质黏土	20.3	0.73	20.8	27.0	20.0	20.0	100.0	324.0	0.2e-3
6	粉砂	18.0	0.67	5.2	32.5	35.9	32.1	96.4	446.9	0.2e-3
7	粉质黏土	19.2	0.80	20.8	28.0	30.0	30.0	150.0	486.0	0.2e-3

轨道交通结构安全保护技术规程》DB/T 29—279—2020，结合已运营地铁结构现状，确定本工程结构变形控制指标及标准如下：

（1）车站结构和区间结构破坏以裂缝控制为标准，结构裂缝宽度应不大于 0.2mm。

（2）地铁结构变形控制指标详见表 2。

表 2　地铁结构变形控制指标

控制项目	控制值/mm	报警值/mm	预警值/mm	变化速率/（mm/d）
车站和区间结构竖向位移	10.0	8.0	6.0	0.5
车站和区间结构水平位移	10.0	8.0	6.0	0.5

4　安全评估

4.1　数值模型及参数介绍

采用 Plaxis 3D 有限元软件建立整体三维数值模型进行计算分析。整体模型分为以下三个模块：深基坑；地铁车站和南北区间结构；周围地层。

4.1.1　模型尺寸及边界条件

为消除模型边界效应的影响，计算模型的边界取 3 ~ 5 倍基坑深度，基本可以消除模型边界对数值模拟结果的影响，最终，模型 X 轴方向取 480m，Y 轴方向取 510m，Z 轴方向取 60m。有限元模型如图 4 所示。

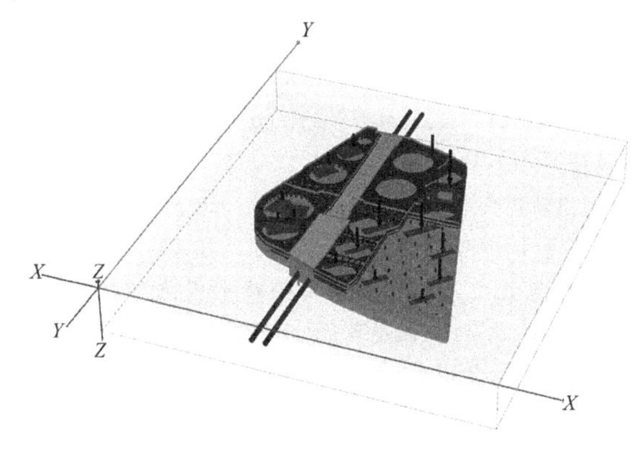

图 4　有限元模型图

基坑外地表考虑 20kPa 的超载。

模型的顶面自由，限制侧立面边界水平方向位移和底面边界任意方向的位移为零。

4.1.2　模型参数

为了真实反映基坑施工过程对运营地铁结构变形和内力的影响分析，数值模型中土体采用小应变硬化模型（HSS）。土体参数取自详勘报告，部分参数根据地区工程实测数据反演来确定。

模型中地连墙、混凝土支撑、地铁结构等混凝土结构均采用线弹性材料模拟，泊松比均为 0.2，其中地连墙和混凝土支撑的弹性模量取为 30.0GPa，地铁结构弹性模量取为 31.5GPa，区间结构弹性模量取为 34.5GPa。地连墙、地铁的板和墙结构等采用板单元模拟，柱和混凝土支撑采用梁单元模拟。区间结构为预制装配式衬砌结构，考虑到拼接效应，依前人研究成果，模拟中将区间结构横向刚度折减为 75%，即弹性模量取为 25.9GPa。

4.1.3　施工过程

采用动态模拟施工过程的计算模式。依据模型划分，按明挖顺作法施工方法，共分为以下主要步骤：

（1）初始地应力平衡；

（2）施作既有地铁结构，清零位移；

（3）一期基坑施工；

（4）二期基坑施工；

（5）三期基坑施工；

（6）四期基坑施工。

基坑施工主要步骤为降水→施作支撑→土方开挖过程的循环，至底板结构施作完成并向上回筑地下结构。

4.2　模拟结果分析

选取每期基坑完成阶段，绘制地铁结构水平和竖向位移最大值随施工阶段变化的折线图，详见图 5 和图 6。由图可知：（1）地铁结构最大竖向位移为 4.9mm，最大水平位移为 5.6mm，最大位移未超过预警值，满足变形控制要求。（2）2 期基坑施工是影响地铁结构变形

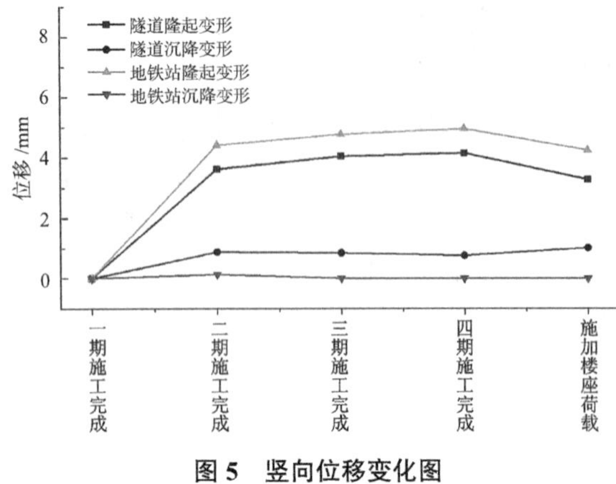

图 5　竖向位移变化图

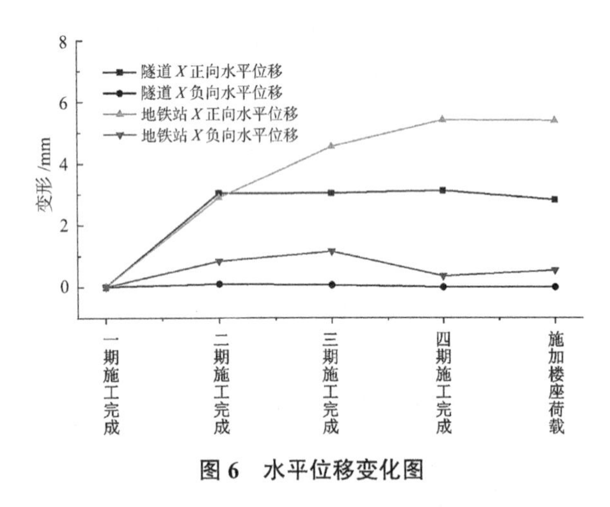

图 6　水平位移变化图

的主要施工阶段，之后的 3 期、4 期施工对地铁结构变形影响较小，在 4 期施工结束达到最大值，地上结构的施工会减小地铁结构变形。

5　结论

本文借助 Plaxis 3D 有限元软件分析了超大深基坑分期施工对邻近运营地铁结构安全性影响，预测了基坑施工对地铁的影响程度及可能带来的危害，取得以下结论：

（1）深基坑紧邻地铁结构，且开挖面积超大，卸荷效应显著，引起既有地铁结构产生一定的竖向位移和水平位移，但未超过预警值，结构是安全的。

（2）2 期基坑施工为本工程控制性施工阶段，此阶段应细化施工方案，加强监控量测，必要时可采取地铁结构上方进行压重等措施减小影响。

（3）考虑土体小应变影响的三维数值分析能够较好反映基坑开挖对既有结构位移的影响，计算结果能够与实际工程经验更好地吻合，但由于有限元模型及土体本构关系的特点，数值模拟结果及影响范围可能会与实际值有一定差异，应通过信息化施工和实时监测手段指导现场施工，确保地铁结构的安全。

参考文献

[1] 陈涛，翟超，范鹏程，等. 基坑开挖对邻近既有地铁结构变形影响的数值分析与研究 [J]. 勘察科学技术，2018，216（3）：1-6，31.

[2] 于升才. 基于 PLAXIS 3D 技术的深基坑开挖对既有地铁结构影响分析 [J]. 路基工程，2018，198（3）：224-228.

[3] 胡鑫，刘健. 复杂条件下基坑开挖对邻近地铁结构的影响分析 [J]. 天津建设科技，2020，30（3）：25-27.

[4] 郑刚，杜一鸣，刁钰. 隔离桩对基坑外既有隧道变形控制的优化分析 [J]. 岩石力学与工程学报，2015，34（S1）：3499-3509.

[5] LEE K M，HOU X Y，GE X W，et al. An Analytical Solution for a Jointed Shield-Driven Tunnel Lining [J]. International Journal for Numerical and Analytical Methods in Geomechanics，2001，25（4）：365-390.

[6] LEE K M，GE X W. The Equivalence of a Jointed Shielddriven Tunnel Lining to a Continuous Ring Structure [J]. Journal of Canadian Geotechnical Engineering，2001（38）：461-483.

[7] 城市轨道交通工程监测技术规范：GB 50911—2013[S]. 北京：中国建筑工业出版社，2013.

[8] 城市轨道交通结构安全保护技术规范：CJJ/T 202—2013[S]. 北京：中国建筑工业出版社，2013.

[9] 天津市城市轨道交通结构安全保护技术规程：DB/T 29—279—2020[S]. 天津，2013.

矿山法地铁隧道施工对既有铁路结构变形影响分析

许耘赫*

（中国铁路设计集团有限公司，天津 300142）

摘　要：暗挖隧道施工过程中易造成扰动、渗漏水、超挖等引起地层的沉降或隆起，从而引起既有铁路范围土体的变形，进而导致铁路路基的沉降或隆起，变形过大时，将严重影响铁路正常运营和安全。本文通过三维数值模拟分析了某矿山法地铁隧道施工对既有铁路结构变形影响，可为类似工程提供经验和借鉴，达到保护既有铁路结构的目的。

关键词：矿山法；铁路；地铁结构；变形

1　引言

城市建设的节奏越来越快，越来越多的地铁工程邻近或下穿既有铁路进行施工[1]。地铁作为大运量的交通工具，成为市区人口出行的主要方式，城市地铁车站一般修建于交通要道位置，周围环境复杂，地铁车站的修建对邻近建（构）筑物的影响越来越受到重视。

城市地铁车站基坑周边环境复杂，而目前针对矿山法施工对既有铁路隧道影响大多出于经验总结阶段，其结果常常难以满足使用要求。因此，准确评估基坑工程对周边结构的安全性影响具有重大意义。

为最大限度地考虑岩土工程对周边复杂环境的影响，对项目安全性进行整体把控，本文运用岩土工程通用仿真分析软件 Midas GTS NX 建立了包含地铁、铁路、岩土体的三维有限元模型，分析了隧道施工对既有铁路结构的影响规律，以指导类似工程施工。

2　工程概况

拟建区间下穿沧口货场走行线 2 股道（路基段）、金属集团专用线 1 股道（路基段），与既有铁路平面夹角约 60°，隧道结构与金属集团专用线道岔岔尖最小水平距离约 3.09m；下穿左线隧道覆土约 21.7m，下穿铁路处同时下穿地铁既有 3 号线，与既有 3 号线隧道的最小垂直距离约 2.6m；右线隧道下穿沧口货场走行线 2 股道（路基段）、金属集团专用线 2 股道，与既有铁路平面夹角约 58°，下穿处隧道右线覆土约 18.3 ～ 18.9m。位置关系详见图 1 和图 2。

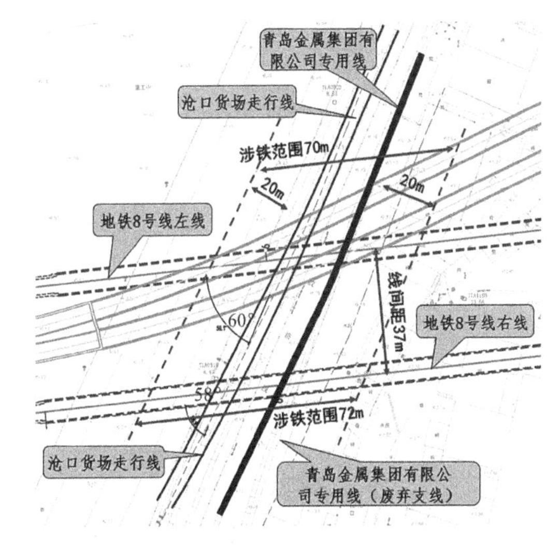

图 1　新建 8 号线区间与既有地铁、铁路平面位置关系图

* 许耘赫（1990—），男，硕士研究生，主要从事隧道及地下工程方面的研究。E-mail：541179376@qq.com

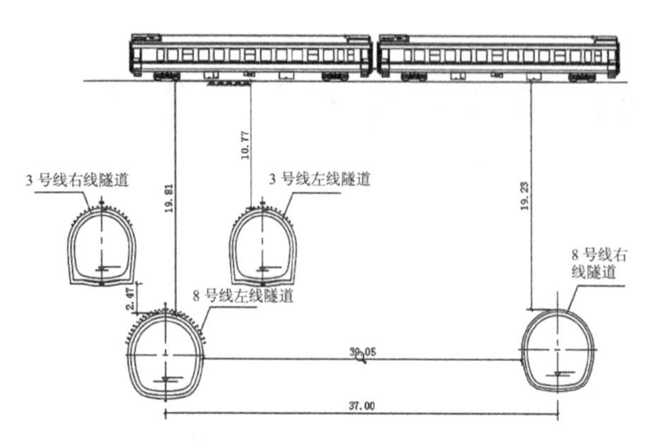

图 2　新建 8 号线区间与既有地铁、铁路竖向位置关系图

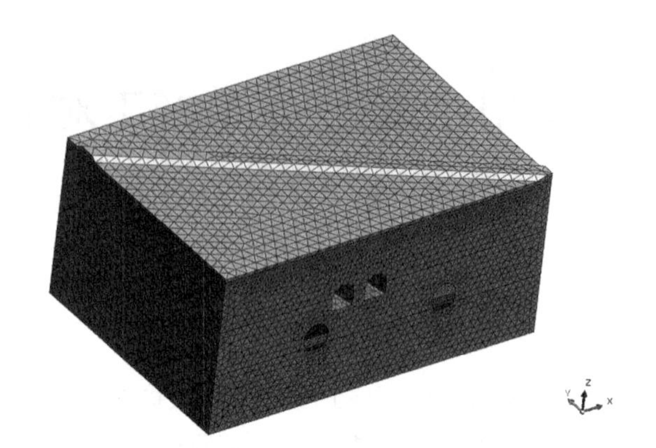

图 3　整体模型图

场区地层主要为杂填土、强风化及中等风化岩层。地层分布概况详见表 1。

3　有限元模型

采用 Midas GTS NX 建立整体三维有限元模型进行计算分析。总体模型划分为以下四个部分：①既有铁路路基；②既有地铁 3 号线区间；③新建地铁 8 号线区间；④周围土体。

3.1　模型尺寸及边界条件

为消除模型边界效应，X 轴方向取 120m，Y 轴方向取 80m，Z 轴（深度）方向取 60m。模型计算采用 4 节点四面体单元和 8 节点六面体单元，共划分单元 356267 个，节点 77247 个。有限元整体模型详见图 3。

模型的顶面自由，侧立面边界水平方向位移为零，竖直方向允许发生位移，底面边界任意方向的位移为零 [2]。

3.2　模型参数

为了更好地反映隧道开挖过程对既有铁路结构变形和内力的影响，计算中土体采用修正摩尔－库伦本构模型。土体相关参数来自工程地质勘查报告和工程经验取值。

3.3　荷载

模型中除自重外，考虑列车荷载及地面行车荷载，列车活载采用标准“中—活载”图式进行检算。

地面行车荷载按照 20kPa 考虑。列车荷载按照“ZK 标准活荷载”，详见图 4。

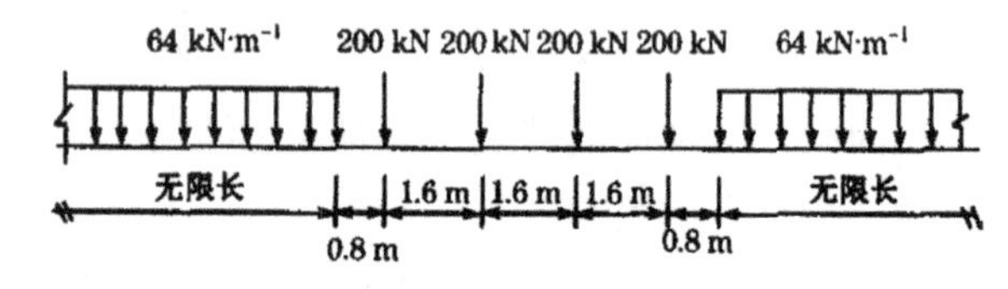

图 4　列车竖向活载图示

表 1　岩土体物理力学参数

土层编号	土层	重度 γ/kN·m^{-3}	侧压力系数 K	泊松比 v	变形模量 E_0/MPa	黏聚力 c/kPa	摩擦角 φ /°
1	杂填土	20.0	—	—	10	2	15
2	强风化上亚带	22.5	0.33	0.25	45	80	35
3	强风化下亚带	23.0	0.30	0.23	48	90	40
4	中等风化带节理发育带	25.8	0.22	0.18	—	—	—
5	碎裂状花岗岩	24.8	0.20	0.23	—	—	—
6	微风化带节理发育带	24.7	0.15	0.16	—	—	—

3.4 模拟步骤

计算中按照先进行右线掘进，后进行左线掘进的原则。开挖顺序依次为右线上断面开挖—右线上断面衬砌—右线下断面开挖—右线下断面衬砌—左线上断面开挖—左线上断面衬砌—左线下断面开挖—左线下断面衬砌。

4 结果分析

本次计算针对地表沉降、既有铁路路基的沉降进行分析。当左、右线隧道开挖完成后，周围土体的扰动最大。

4.1 地表沉降变化分析

右线开挖掌子面接近路基时，地表最大竖向位移为 1.3mm；右线开挖掌子面在路基正下方时，地表最大竖向位移为 1.33mm；右线下穿完成时，地表最大竖向位移为 1.50mm；左线开挖掌子面接近路基时，地表最大竖向位移为 1.51mm；左线开挖掌子面在路基正下方时，地表最大竖向位移为 1.52mm；左线下穿施工完成时，地表最大竖向位移为 1.52mm。

以上分析可知，地表竖向位移在左、右线隧道开挖施工完成后达到最大。最大竖向位移发生在左线隧道上方，最大竖向位移为 1.52mm。

4.2 路基沉降变形分析

右线开挖掌子面接近路基时，路基最大竖向位移为 0.48mm；右线开挖掌子面在路基正下方时，路基最大竖向位移为 0.84mm；右线下穿施工完成时，路基最大竖向位移为 1.00mm；左线开挖掌子面接近路基时，路基最大竖向位移为 1.01mm；左线开挖掌子面在路基正下方时，路基最大竖向位移为 1.02mm；左线下穿施工完成时，路基最大竖向位移为 1.03mm。

以上分析可知，路基竖向位移在左、右线隧道开挖施工完成后达到最大。最大竖向位移发生在左线隧道上方，最大竖向位移为 1.03mm。

4.3 结论

经计算分析，新建地铁 8 号线区间左、右线隧道正常施工条件下，会对既有铁路路基、轨道结构产生一定的影响，左、右线隧道开挖完成后既有铁路路基最大沉降值为 1.03mm，路基变形小于路基沉降控制值（10mm）[3-5]（图 5 ～图 8）。

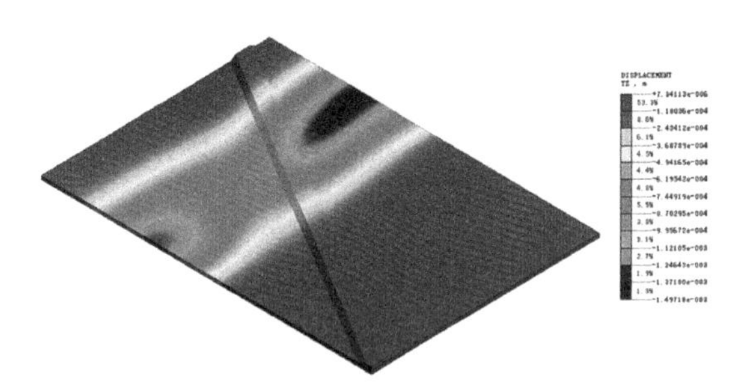

图 5　右线下穿完成时地表竖向位移云图

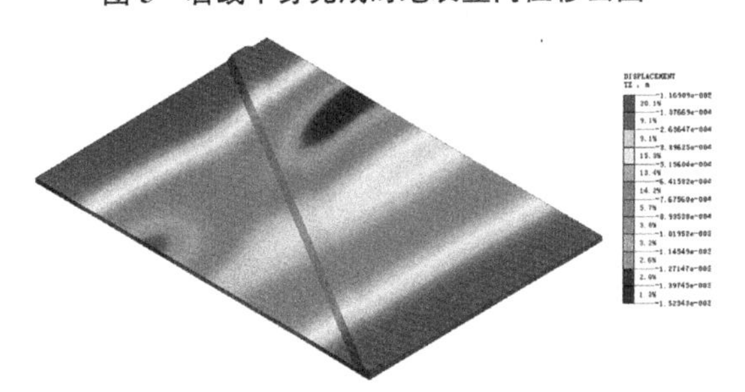

图 6　左线下穿完成时地表竖向位移云图

图 7　右线下穿完成时路基竖向位移云图

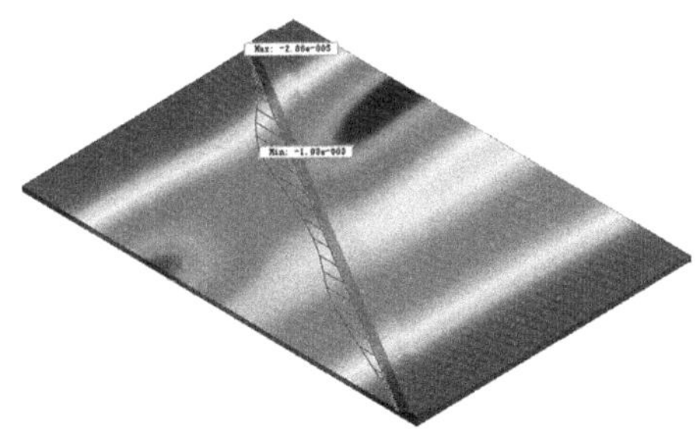

图 8　左线下穿完成时路基竖向位移云图

5 结语

本文以某施工的矿山法隧道为背景，采用修正摩尔—库伦土体本构的有限元方法，研究矿山法隧道施工对邻近运营铁路结构的影响，得出以下结论：

（1）矿山法隧道在施工过程中，会对邻近的既有铁路结构产生一定的影响，在施工前应制定应急方案。

（2）新建矿山法区间左、右线隧道施工对既有铁路的影响主要表现为沉降。在采取加强超前地质预报、加强超前支护及支护参数、严格施工工序、加强监控量测等措施前提下，左、右线隧道开挖完成后既有铁路路基最大沉降值为1.03mm，满足控制要求。同时，通过以上措施，能够较大限度降低隧道坍塌、涌水风险至可接受程度。

（3）考虑到隧道施工过程中的地质复杂性及其他不可预见因素，为确保铁路运营安全，选择非运营时段进行下穿施工是合适的。下穿施工期间，若有紧急情况需要行车时，应根据监测数据，必要时对既有线路轨道采用扣轨加固、调整道砟等措施。

（4）三维数值分析能够较好反映隧道开挖对既有结构体位移、变形和内力的影响，但由于有限元模型及土体本构关系的特点，计算值及影响范围可能会与实际值有一定差异，施工时应加强监控量测，进行信息化设计和施工。

参考文献

[1] 黄润秋，戚国庆．地铁隧道盾构法施工对环境的影响研究[J]. 岩石力学与工程学报，2003（23）：2464-2468.

[2] 郑刚，杜一鸣，刁钰．隔离桩对基坑外既有隧道变形控制的优化分析[J]. 岩石力学与工程学报，2015，34（S1）：3499-3509.

[3] 城市轨道交通工程监测技术规范：GB 50911—2013[S]. 北京：中国建筑工业出版社，2013.

[4] 城市轨道交通结构安全保护技术规范：CJJ/T 202—2013[S]. 北京：中国建筑工业出版社，2013.

[5] 天津市城市轨道交通结构安全保护技术规程：DB/T 29—279—2020[S]. 天津，2013.

BIM技术在城市轨道交通建设全生命周期应用

杨大鹏

（北京城建智控科技股份有限公司，北京 101300）

摘　要：通过从事工程的实际经验，总结BIM技术在城市轨道交通全生命周期中的基础应用、应用现状，分析工程BIM技术应用本身存在的问题以及其他方面的阻力，提出发展的建议与措施，展望BIM技术在城市轨道交通行业未来应用发展的方向。

关键词：BIM技术应用；城市轨道交通建设；应用分析；发展展望

1　引言

改革开放以来，随着我国经济与科技的快速发展，各行业都迎来产业升级巨变，作为中国速度的体现，轨道交通行业几十年间取得显著的发展成效，规模、体量以及对核心技术的掌握都位于世界前列。根据交通运输部门数据统计，截至2022年12月31日共有53个城市开通运营城市轨道交通线路290条，运营里程9584km，车站5609座。

伴随发展规模的不断壮大，建设逐渐深入，城市轨道交通行业逐渐凸显出建设过程中的复杂性和各系统协调的必要性，城市轨道交通建设周期长，涉及专业众多，各专业团队入场时间不同，相互协调配合是一个很大的挑战。技术性工艺复杂，互相联动，一个环节出问题，其他环节也会受到影响，如果沟通协调不及时会影响工程的整体质量和进度，不仅带来极大的经济损失，还会造成工期延误。

数字化转型是时代的趋势，BIM技术目前在工程行业得到广泛的应用，有效解决了建设过程中遇见的问题。本文通过解析BIM技术在城市轨道交通建设各阶段的应用，探讨BIM技术应用本身存在的问题及其他方面的阻力，提出建议及措施，为行业发展提供参考。

2　BIM技术在城市轨道交通各阶段应用现状

2.1　BIM技术在规划阶段应用现状

项目开展前期，各方面数据收集不完全，项目各参与方人员对项目实际情况知之甚少，通过勘察测绘得到的数据往往都是以文档及图纸的形式体现，非本专业人员在参与技术探讨时会有技术门槛，对方案的制定有局限性。应用BIM技术将勘察数据进行数字化处理，得出可视化成果，大大提升了前期规划方案制定的效率，通过信息化云存档技术，将每阶段数据进行归档总结，减少了项目建设过程中资料丢失和纸质文件存储混乱的问题。

2.1.1　反映地质情况

轨道交通项目一般都位于地下，且需要达到一定的深度，每个地区的地表土质情况都不相同，其稳固性、抗压性、可塑性都有区别，这要求在项目初期规划阶段进行勘测，勘察研究地质土层结构，进行受力分析。传统方式为现场勘测，记录测量数据，后根据测量点信息形成二维图纸，工程师根据以往经验和专业知识进行处理和设计，整个过程不太直观，对设计师的经验、专业知识和三维思考能力要求极高，且二维图纸并不能清晰客观反映地质层的面貌，对方案的制定有局限性。

利用BIM技术创建三维地质模型，可以

将二维图纸的点位信息转为清晰的三维模型，客观展现地质层全貌。BIM 技术可以将信息转变为模型参数，在具有可见性的同时，模型中还集成了参数信息。

2.1.2 周边交通疏解及地下改迁

城市地下存在密集的市政管线网络，轨道交通项目在规划阶段要详细了解交通及市政管线详情，制定交通疏解和管线改迁方案，以免项目施工对周边居民生活造成影响。

运用 BIM 技术搭建车站所在位置模型，对建成的模型进行深化模拟应用，模拟交通运行路线；对疏解前后路线进行对比，模拟管线改迁前后市政管线位置变化，变动方案不理想时 BIM 先行，及时进行变更，直到形成最优解决方案，为轨道交通规划阶段提供了数字化技术的支撑。

2.2 BIM 技术在设计阶段应用现状

设计阶段 BIM 主要应用在多方协同、提高设计精度和效率等方面。

2.2.1 灵活调整，提高设计品质

传统二维设计过程中，不能做到即时沟通，一旦出现设计变更，就要进行大量的图纸修改或重绘，消耗大量的人力和时间。BIM 模型具有一致性和关联性，可进行局部修改，并反馈到整体的工程模型，有效减少人力消耗，降低设计错误，提高设计品质。

2.2.2 协同办公，优化设计方案

设计工作现存一个很大的问题，即图纸设计完成后各专业对接时易出现互相推卸、消极怠工现象，其中很重要的一个原因就是若发现一个问题，后面所有的设计都要进行更改。利用 BIM 技术的协同性，设计师在同一平台同步工作，在发现问题的第一时间提出并进行修改，沟通及时，可以有效提升工作效率，优化设计方案。

2.3 BIM 技术在施工阶段应用现状

目前 BIM 技术在施工阶段的应用是最成熟、应用最深的一个阶段，主要有以下内容。

2.3.1 模型创建与深化模拟应用

施工单位进入现场，往往不能立刻施工，二维图纸因本身特性没有一个具象的体现，部分非技术专业人员识图能力有限，对项目没有清晰的认识。通过 BIM 技术建模，对模型进行深化模拟应用，全面客观地还原项目实际建设情况，完成项目前期数字化建造工作。

2.3.2 管线综合

管线综合是 BIM 技术在施工阶段应用的一个重点。机电管线系统是典型的多专业协同办公，不同专业分别设计，然后进行合并综合，在有限的空间内将众多专业的设计成果全部承载，并且不能出现碰撞与冲突，而在这个过程中出现问题几乎是必然的。轨道交通项目通常都是地下结构，相较市政建筑工程，返工成本更加高昂，对项目造成的影响十分重大。

BIM 技术在管线综合方面的应用卓有成效地解决了机电安装施工的痛点。在项目开展前期，建筑结构主体施工之前就开始进行管线综合工作，以建筑结构模型为基础，将设计蓝图中各系统机电管线模型统一排布，过程中记录图纸中发现的问题，形成碰撞报告，与设计及时沟通，协助发起图纸会审，优化施工方案，对现场施工起到指导作用。

2.3.3 数字化交付

轨道交通项目施工周期长，过程中会产生大量的数据和资料，传统建造方式以纸质资料为主，图纸以设计院提供的周期性蓝图为主，项目施工结束，竣工验收阶段提交资料时往往会有以下问题：

（1）资料数量大，审阅周期长，查找不方便。

（2）过程中有缺失不易发现，发现遗失时不易修补。

（3）随着时间的推移纸质材料容易变质损坏，尤其是保存资料的环境不稳定时，资料发生损坏的可能性更大。

（4）施工阶段产生的数据资料在运维阶段不能有效利用。

施工阶段BIM应用配合智慧工地管控平台，让整个施工阶段实现数字化管控，数据实现数字化存档，主要有以下应用：

（1）模型上传至平台，定期进行更新维护，平台留存所有过程性更新成果，图纸变更文件同步上传，作为模型更新依据。

（2）资料文件首先上传至平台，各方在平台审核通过后打印纸质文件走线下流程。

（3）做好平台账号权限分类，最终移交数据资料时同步提交平台使用权限以及施工阶段整体数字化数据，同步实现数字化交付，为项目运维阶段提供有效的数据支撑。

2.4 BIM技术在运维阶段应用现状

在城市轨道交通全生命周期中，不仅要求完成规划和建设，还需要对其进行维修和保养。我国当前城市轨道交通建设取得极大的进展，运维阶段基本满足安全标准，但是由于技术限制，有些没有及时发现的安全问题最终可能会造成安全事故。

2.4.1 列车运行安全隐患排查及应急预案

基于BIM技术搭建轨道交通运维管理平台，搭设硬件设备，全方位监控地铁运营期间各系统数据，经过数据分析整合，于运维平台实时显示，包括客流信息、列车运行情况、基础设施损耗情况等。

配合IoT传感技术，及时排查轨道交通存在的安全隐患，出现隐患平台及时预警，系统算法推荐应急预案，小问题可以直接解决，严重问题及时发现及时处理，避免重大安全事故的发生。同时为列车规划更好的运行路线，保证发生各种危险时都可以从容应对。

2.4.2 智能管控

利用BIM技术可以综合分析轨道交通车站的能耗情况，结合云计算、物联网等高新技术，实现对车站照明、电梯、空调等能耗设备的节能控制，配合智能感温技术、AI算法，实现温湿度智能调控。

2.4.3 隧道运维检测

利用BIM技术对隧道进行三维激光扫描，将收集到的数据进行算法分析，形成激光点云隧道模型，清晰反映隧道的形变、渗水、裂缝、轨道变动，可以有效排查隧道出现的安全隐患，防止安全事故的发生。

3 城市轨道交通BIM技术应用存在的问题

BIM技术在城市轨道交通的建设中发挥了巨大的作用，但是由于技术本身的缺陷和时代发展的局限性，BIM技术仍然存在着许多需要解决的问题。

3.1 建模标准不完善

BIM行业推行以来，国家和地区发行了众多标准，主要包括建模标准、交付标准、设计标准、编码标准等，这些标准的深度、广度各有特点，无法通用。这些标准基本都是起指导作用，真正在项目上应用时，则很难落地。因此，如何综合考量BIM应用的深度、广度，各阶段对BIM成果的需求和侧重点从方案制定、模型创建，到数字化交付，建立一套覆盖BIM技术全周期应用的标准体系，成为BIM技术在城市轨道交通工程应用的首要问题。

3.2 没有统一的信息管理体系

城市轨道交通工程规模大，涉及专业广，建设周期一般较长，在建设过程中随着工程进展，BIM技术应用随之产生海量数据。由于缺乏高效统一的信息管理体系，这些数据无法进行有序的排序归档，时间稍长，数据容易发生缺少和遗失，这给城市轨道交通工程的管理造成极大困难。

从各阶段协同来讲，没有统一的信息管理体系，阶段交付只是提交一些数据，在新阶段开展工作时需要花费精力去熟悉这些数据，有时不如直接开展工作更便利，造成资源浪费。制定统一的管理体系，高效管理工程建设各阶段的模型和信息，实现BIM信息的全过程可共享、可追溯，是BIM技术应用发展的一个方向。

3.3 缺乏责任监管机制

当前轨道交通工程BIM技术应用缺乏明确的责任监管机制，正向设计要求从设计阶段开始使用BIM，以三维模型代替二维图纸进行设计。通过BIM技术进行完整的设计后出具二维施工蓝图，由于最终是以二维施工蓝图作为提交审核依据，最后的正向设计对于设计院而言更像是在传统工作的基础上新加了一个出模型的任务，设计院提供给施工单位的模型通常不能使用，需要施工单位根据施工图纸重新创建模型。同样，施工阶段完成，提供给运维单位的数据也需要重新梳理。

落实责任监管机制，以审核施工蓝图的标准来审核BIM模型数据，提升整体BIM应用质量，把各阶段协同落到实处很有必要。

4 城市轨道交通BIM技术应用建议

4.1 制定统一的BIM技术应用标准

制定轨道交通全生命周期BIM行业标准是BIM技术发展应用的基础。设计师设计图纸，工程师进行建造都要以满足国家标准为最低要求。BIM技术并没有真正意义上的国标来进行约束和指导，BIM行业标准应涉及全面，包含轨道交通工程各个阶段应用，对行业真正起到指导作用。

4.2 创建统一的信息管理体系

当前BIM技术的重心主要集中在应用阶段，对应用过程中产生的海量数据却没有相应的重视。通常来讲，这些模型和数据都会一直放在工程师的电脑中，占据大量的空间，工程结束或者数据进行更新之后，工程前期的数据可能会被删除或者遗失，造成信息的不完整。通过创建统一的管理体系，将BIM应用产生的数据定期进行上传和存档，留存过程性数据，对于实现数字建造及项目的运维管理都有很大的价值。

4.3 建立监督机制，落实责任制度

标准和管理体系制定完成，应有对应的责任监管机制来加以监督和审核。对于成果不满足行业标准和操作不满足管理机制的项目落实责任制度，把BIM成果和成果上传情况纳入项目考核，定期检查，规划行业发展。

4.4 明确人员晋升渠道

BIM人员没有明确的晋升渠道。BIM行业目前已知的协会发布的证书，在各方面的认可度上极为有限。项目上的BIM人员一般都是技术人员代理BIM工作，技术人员在完成职责内工作的同时很难兼顾，往往积极性不高。制定从业资格证书，推出职称制度，明确BIM人员晋升通道，可以有效提升从业人员的积极性，从企业和项目角度来看，将BIM从业资格证书和BIM专业职称纳入企业资质评审体系，可以吸引更多人从事BIM工作，从而推动BIM行业的整体发展。

5 结论

BIM技术在城市轨道交通建设中应用以来，产生了极大的价值，提升了工程建设的整体效率，在安全性和便利性上都有突出的应用。但是技术的应用具有局限性，BIM技术的规范化、协同性、数据成果应用的深度，都决定了BIM技术在工程建设中最终能够实现的价值。

新技术的出现都需要有一个逐渐发展的过程，BIM技术产生的价值显然要高于其局限性。随着国家政策逐渐完善，行业标准日渐规范，BIM技术的价值也会越来越大。希望随着数字化转型的推进，BIM技术能为城市轨道交通建设提供更大的价值。

参考文献

[1] 荀帅 .BIM 技术在城市轨道交通建设中的应用现状与发展建议 [J]. 四川建筑，2022，42（4）：1-3.
[2] 孙剑光 . 城市轨道交通的 BIM 技术应用分析 [J]. 低碳世界，2022，12（5）：1-3.
[3] 王惠晨 .BIM 技术在城市轨道交通施工阶段的应用研究 [J]. 黑龙江交通科技，2022，45（10）：1-3.
[4] 杨建勇 . 三维激光扫描技术在城市轨道交通隧道断面测量中的研究 [J]. 南方农机，2022，53（6）：1-3.
[5] 城市轨道交通建筑信息模型（BIM）建模与交付标准：DBJ/T 15—160—2019[S]. 广州：广东省住房和城乡建设厅，2019.

浅谈地下轨道与地面桥梁过渡段的噪声分析与治理

于　瞳[1*]　樊德玉[1*]　陈　彪[2*]

（1. 宝都国际工程技术有限公司，北京 100162；2. 沈阳工业大学，沈阳 110870）

摘　要：本文通过对地下铁路列车运行时产生的噪声进行声环境影响的预测分析，简单剖析轨道交通系统的噪声源和轨道交通系统的主要振动源，根据噪声传播控制技术相关要求，安装全封闭声屏障的隔声降噪设施，并结合声屏障的降噪原理与实际工程应用，在简单介绍轨道交通系统全封闭声屏障的原理、声屏障材料选用、声屏障结构形式和声屏障施工过程的基础上，重点介绍地下轨道与地面桥梁过渡段的全封闭声屏障施工技术和施工方法，以及关键部位施工的技术重点及技术难点。最后对轨道交通全封闭声屏障的发展趋势做出分析和展望。

关键词：声屏障；全封闭声屏障；轨道交通噪声

1　引言

环境噪声是现代的全球性问题，随着工业和交通运输的不断发展，环境噪声污染也越来越受到重视。目前，随着我国经济和城市人口的急剧增长，城市的交通拥堵情况越发严峻，轨道交通工具受到人们的青睐并且得到快速发展。但在解决城市交通运输问题的同时，其对政府行政区、商务办公区、居民区、学校、医院、疗养区域等建筑环境的噪声污染也造成严重影响。

城市轨道交通按走行方式分为地下隧道、地面轨道和高架轨道三种。其中以地下轨道到高架轨道之间过渡段的噪声最大，技术和施工也最难。这是由于地下轨道到高架轨道之间的过渡段是从地下隧道出来向地面及高架桥梁继续行驶，在隧道出口处轨道车辆在隧道内行驶的噪声随着空气动力向外极速扩散，同时，因轨道由地下向地面及高架桥梁的这段区间轨道面存在一定坡度，车辆行驶过程中动力逐步加大，从而导致车辆设备噪声和机械结构噪声增大。因此在此区间设置全封闭声屏障能够大幅降低轨道交通噪声。

2　运营期对声环境影响的预测分析

地铁列车运行时的噪声源主要由列车运行时产生的轮轨噪声、列车组牵引电机噪声及桥梁结构噪声构成。噪声源强与列车类型、桥梁结构等密切相关。

轨道交通高架段、敞开段、地面段列车运行产生噪声将对周围声环境产生影响，其中城市轨道交通由地下向地面、高架桥过渡区间的噪声还包括空气动力噪声，因此声源情况复杂，治理难度较大。

---

*　于瞳（1985—），男，黑龙江人，工程师，主要从事环境噪声研究与治理工作。

*　樊德玉（1981—），男，河北人，工程师，主要从事环境噪声研究与治理工作。

*　陈彪（1998—），男，河北人，声学研究生在读。

3 轨道交通系统的噪声源

3.1 轮轨噪声

（1）滚动噪声

由于地铁列车的车轮和铁路钢轨表面凹凸不平，钢轨表面伤痕及接触面粗糙等原因，车辆在钢轨上运行时会在极小范围内产生跳动而非单纯的滚动，车轮与轨道之间会产生一定的冲击，使钢轨产生强迫振动而发出振动传导噪声。

（2）冲击噪声

冲击噪声是指地铁列车的车轮通过钢轨道岔、接头部分以及车轮踏面擦伤、剥离后在钢轨上运行时由于冲击而产生的噪声。从噪声源进行分析，分为车轮振动噪声和轨道振动噪声两种情况。冲击噪声与滚动噪声不同的是其为瞬时冲击，而非连续的。

3.2 摩擦噪声

摩擦噪声是地铁列车通过钢轨道岔和小半径弯道时产生的较高频率的刺耳的尖啸声。在弯道区段，虽然车轮踏面有一定锥度，但车辆仍以非纯滚动方式通过曲线，这是产生刺耳尖啸声的根本原因。

3.3 结构噪声

由于轮轨表面相互作用产生的振动通过轨道、地基等传递，导致地下结构、附近建筑墙壁、楼板振动形成二次辐射噪声。结构噪声主要与道床结构类型、线路曲线半径等诸多因素有关。

3.4 动力设备噪声

牵引设备、辅助设备的噪声主要是由通风机、压缩机、发电机等设备工作时产生的。列车的牵引系统设备运转所产生的噪声是城市轨道交通主要的噪声，其主要由牵引电机及其冷却风扇、空气压缩机以及齿轮箱运行时产生。牵引系统的噪声是可变的，它会随列车运行速度的提高，电机冷却风扇运行功率的增长而增加，其产生的噪声往往大于轮轨噪声。

3.5 制动噪声

车辆运行时，城市轨道车辆为适应站间距短、制动频繁的运行特点，要求制动可靠、停车平稳、反应迅速。本工程采用微机控制的模拟式电空联合制动，通过电阻制动和空气制动，组成制动系统。制动系统中在实施制动时，闸片与制动盘之间摩擦振动，激发制动闸片、闸片托架以及制动盘等产生自激振动形成制动噪声。

3.6 空气动力噪声

随着列车速度的提高，列车车头以及在列车上各个凸出和凹入的部分，车顶的受电弓等，在空气中高速移动时，压力空气在非恒定的气流中发生变化，从而产生空气动力噪声。

3.7 结构物激振噪声

结构物激振噪声可根据产生机理分为两类：

（1）高速铁路的站台、高架桥、隧道等结构物在列车经过时，由于列车的动力效应而随之产生的结构物振动辐射噪声。

（2）列车运动引起隧道、山谷中的气流振动，例如当列车高速行驶入或驶出隧道时，瞬时的微气压波会引发高能量的冲击噪声。

相对而言，结构物激振噪声的危害较小，上述第 1 类情况需注意在设计时避开结构共振频率；第 2 类由于噪声瞬时产生并随之消失，设计时需额外考虑隧道口的加固（图 1）。

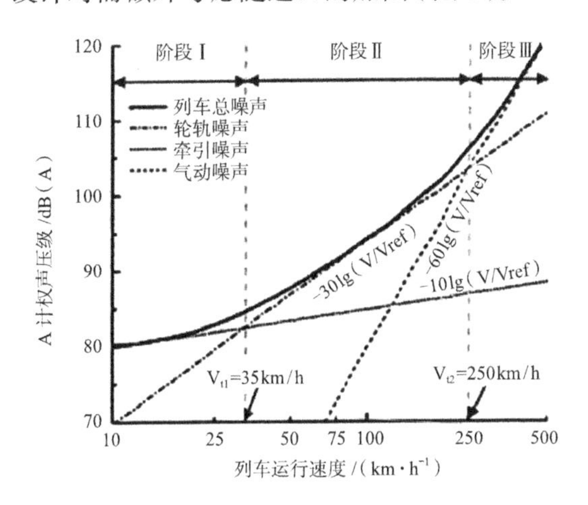

图 1 速度与声压级之间的关系

总之，高架轨道交通噪声源种类繁多，其噪声具有宽频带特征，为 0～6kHz，因此对其传播控制是一个比较复杂的问题。

4 轨道交通主要振动源

4.1 列车速度对结构的竖向动力影响

列车速度对结构的竖向动力影响按车速 80km/h（22m/s）来考虑，根据桥梁结构振动学，可不计列车速度对结构动力的影响。

4.2 技术参数

主要与车辆动力机械运转及技术参数有关，如弹簧刚度、簧上质量、簧下质量等。

4.3 轨道结构振动

主要与轨道结构参数有关，如质量、刚度、阻尼等。

4.4 轮轨不平顺

大量研究表明，轮轨不平顺是引起轮轨振动的主要原因，主要包括车轮的不平顺和轨道的不平顺。

5 噪声传播控制技术

5.1 根据轨道坡度设置全封闭声屏障

5.1.1 结构设计

沿轨面坡度设置全封闭声屏障。

全封闭式声屏障主钢构采用轻型门式刚架，主体钢架根据轨道线路可分为单跨整体式钢架、双跨整体式钢架以及多跨整体式钢架。

轨面坡度两侧的混凝土承台，按阶梯状布置，使型钢立柱与之垂直。声屏障立柱标准间距为 2m，立柱通过与预埋螺栓连接方式固定于两侧混凝土承台上。声屏障基本组成由下到上依次为：金属吸声板、透明隔声窗、金属吸声板、透视隔声聚碳酸酯板，详细布置见图 2。

5.1.2 材料选择

声屏障应采用 1.0mm 彩涂镀铝锌孔板，穿孔板护面采用防火无纺布内部填充 48kg/m^3 以上的超细离心玻璃丝棉板，背部采用 1.0mm

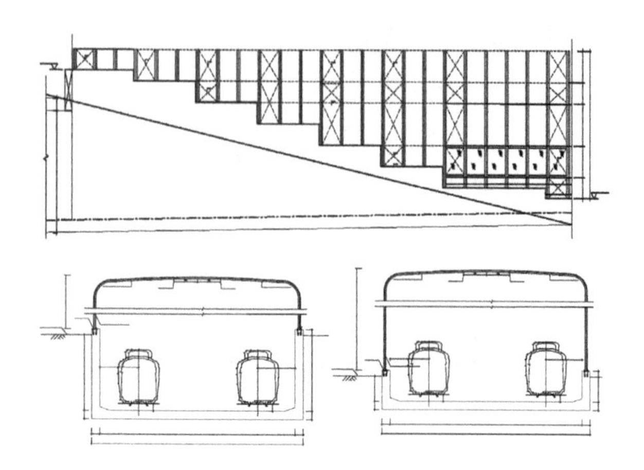

图 2　全封闭声屏障布局及结构形式

彩涂镀铝锌板，内部增加 1～3mm 阻尼胶层及 5～10mm 水泥板以提升板材的吸隔声性能；各连接处均采用三元乙丙橡胶进行密封，减少声波从缝隙处透射。

5.1.3 消防排烟

全封闭声屏障采用自然排烟，其排烟口应设置在上部，其有效排烟面积不应小于顶部投影面积的 5%，排烟口的位置与最远排烟点的水平距离不应超过 30m。

5.1.4 排水

声屏障拱形顶部可采用有组织排水，拱形顶的两侧设置雨水收集装置，用排水管把收集的雨水排至高架桥梁的轨道内部面，由高架桥梁设置的排水口排出。天沟采用 1.2mm 厚不锈钢板焊接而成，不得用螺栓连接。落水管采用 Φ100 的 U-PVC 管，具体位置根据现场实际情况而定。声屏障的两侧侧面采用自然排水的方法。

5.1.5 防雷接地

声屏障的主体结构主钢立柱将与高架道路的桥墩主钢筋接通，需按照高架道路防雷设计另行实施。

5.2 坡度内壁吸声结构

泡沫铝是近年来广泛应用于环境噪声领域的一种新型材料，它具有力学强度高、防腐性能好、结构吸声系数良好等特性，通过通孔孔径流阻的控制，使其穿孔方向随机，穿孔孔径在一定范围内随机，这与声音覆盖全频率及声音入射、反射方向随机是一致的，因此泡沫铝产品在模拟环境声源更易获得较高的吸声效果。

在坡道混凝土内壁安装多孔泡沫金属泡沫铝，通孔率50%，孔径4mm、厚度10mm，预留不低于50mm吸声空腔，使直立面墙壁获得良好的吸声效果。同时泡沫铝与直立面混凝土墙壁产生的共振吸声器可吸收中低频段噪声。

6 施工技术和施工方法

6.1 声屏障与轨面坡度的设计

可根据两侧的混凝土承台，按阶梯状布置，使声屏障钢结构立柱与地表水平面相垂直；也可根据混凝土承台坡度，安装钢结构立柱，使钢结构立柱与混凝土承台坡度垂直（表1、表2）

表1 钢柱安装的允许偏差

名称	要求
立柱标高	允许偏差 ±5mm
垂直度偏差	≤2‰
相邻立柱中心间距	允许偏差 ±10mm

表2 立柱安装质量要求

序号	项 目	允许偏差/mm
1	柱脚底座中心线对定位轴线的偏移	5.0
2	柱子基准标高	+5.0 −8.0
3	柱的挠曲矢高	H/1000 15.0
4	柱轴线垂直度： 单层柱 H≤10m H＞10m	10.0 H/1000 25.0

6.2 声屏障安装

安装流程：下层吸声板安装—亚格力板安装—阳光板安装—中层吸声板安装（图3、表3）。

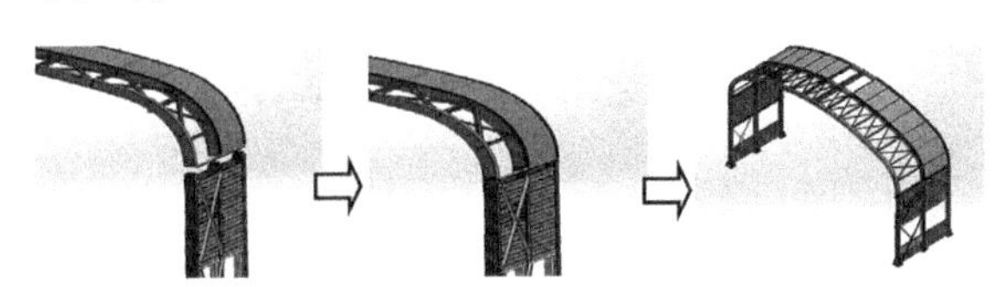

图3 封闭式声屏障安装示意图

表3 单元板安装质量要求

名称	要求/mm
吸声板左右偏差	≤2
吸声板上下板侧差	≤1
相邻吸声板高程偏差	≤2

6.3 坡度内壁吸声结构

在坡度内壁用轻钢龙骨与内壁固定，利用轻钢龙骨骨架安装泡沫铝或建筑声学板材，在制定位置预留电缆桥架安装空间，并在连接处做好密封。

随着我国轨道交通事业的快速发展，轨道交通噪声问题越发严重，其中地下向地面过渡区间成为噪声控制的重点，因此，在该区间设置全封闭声屏障及内壁吸声墙体成为治理该区间噪声问题的重要环境噪声治理技术之一。

参考文献

[1] 游庆国.浅谈铁路预制梁场的现场管理[J].山西建筑，2010，36(18)：213.
[2] 徐安宁，陆振波，袁华，等.浅析城市轨道交通中的噪声污染及环境影响的评价方法[J].城市公共交通，2004(5)：22-24.
[3] 李洪强，吴小萍.城市轨道交通噪声及其控制研究[J].噪声与振动控制，2007，27(5)：5.
[4] 刘岩，张晓排.声屏障：降低城市轨道交通噪声的重要途径[J].建筑学报，2002(11)：2.
[5] 朱妍妍，段传波，柳至和，等.城市轨道交通噪声试验研究[C]//中国环境科学学会学术年会论文集.2010.
[6] 林常明，陈光冶.轨道交通噪声机理研究与控制[J].噪声与振动控制，2004，24(2)：5.
[7] 沈彬.某轨道交通声屏障工程深化设计方案[J].城市道桥与防洪，2019(4)：214-216.
[8] 刘磊.宁波轨道交通1号线声屏障设计中的若干问题研究[J].声学技术，2020(39)：342-348.

暗挖隧道施工对路基及轨道结构的影响研究

袁正辉[1*]　刘　飞[2]　靳天睿[2]　王祐菁[2]　李　哲[2]　李月阳[3]

（1. 天津智能轨道交通研究院有限公司，天津 301700；2. 北京建筑大学土木与交通工程学院，北京 100044；
3. 北京市轨道交通设计研究院有限公司，北京 102300）

摘　要：结合北京清河站综合交通枢纽南侧区间隧道下穿京张高铁路基段施工，采用数值模拟计算的方法研究施工过程中地铁路基及轨道结构的变形，分别从埋深、地层加固措施方面对铁路路基沉降的影响规律进行分析。研究结果表明，北京清河站综合交通枢纽南侧区间结构下穿京张高铁路基段对铁路路基及轨道结构造成一定程度的影响：清河站南侧横通道两侧区间隧道施作完初支跑车后，高铁路基结构水平位移最大值为 0.02mm，竖向位移最大值为 0.43mm；横通道南侧昌南左线区间隧道板凳梁下盾构掘进后，高铁路基结构水平位移最大值为 0.53mm，竖向位移最大值为 1.26mm，既有路基已产生明显的沉降，且先行隧道施工对路基产生的扰动尤为显著；在此地层条件下，隧道埋深增大到一定程度后路基沉降仍超过了限定值；对隧道周围土体采取注浆加固措施能够有效控制地层的沉降，保证列车安全正常运行。

关键词：暗挖隧道；地铁路基；沉降；埋深；土层加固；数值模拟

1　引言

随着我国城市化进程不断加快，城市地下空间建设规模显著增长，新建隧道暗挖穿越地基引发的问题也越来越突出。截至 2019 年底，仅北京地区已建及在建的穿越工程案例就达 20 余个。新建隧道下穿既有隧道，必然会导致既有隧道周边地层及隧道本身的原有状态发生变化，轻则诱发结构裂损、渗漏水，重则导致结构整体失稳垮塌。由此，下穿隧道引发的各类问题受到国内外学者的关注。目前，国内外关于新建隧道下穿既有隧道的研究主要集中在以下几个方面：理论解析法、模型试验法、数值模拟分析法、现场实测分析法等。其中，在现场实测方面，李倩倩等通过统计现场实测数据，分析浅埋暗挖法下穿既有盾构隧道的变形特征；张琼芳等通过对施工过程进行监测，研究新建隧道与既有隧道不同位置关系时既有隧道的变形规律。在数值模拟分析方面，孙钧等针对上海轨道交通明珠线上、下行近距离交叠区间隧道施工，采用数值软件分析在不同开挖方法下地层位移以及地表沉降随掘进进度的变化规律；汪洋等采用三维数值模拟与模型试验相结合的方式，对盾构隧道正交下穿既有隧道所引起的纵向变形等问题进行深入研究，得到既有隧道的变形和附加内力分布变化规律；张亳亳等应用多尺度建模技术，重点分析在隧道正交施工扰动下，既有隧道管片的受力变形规律。

不难看出，下穿施工会导致既有隧道产生一定的变形，可能导致隧道在下穿过程中发生破坏。随着城市地铁、城际高铁、市政项目的快速建设，会有越来越多的隧道下穿既有隧

* 袁正辉（1981—），硕士研究生，天津智能轨道交通研究院有限公司。E-mail：yzh207@126.com

道，各种工法下穿隧道的施工研究相继涌现，但有关暗挖隧道下穿大直径盾构隧道的研究相对较少。本文以北京清河站综合交通枢纽南侧区间隧道下穿京张高铁路基段施工为背景，针对暗挖施工的特点，引入三维精细化建模技术，采用现场实测与有限元数值计算相结合的手段，对暗挖隧道施工下穿既有大直径隧道引起的变形等问题进行深入研究。

2 工程背景

2.1 工程概况

2.1.1 昌平线南延及19号线支线概况

地铁27号线二期（昌平线南延）是中心城的加密线，与9号线共同构成中心城西部南北方向轨道交通骨干线。本标段昌平线南延工程自西二旗站接轨，之后沿京新高速公路与地铁13号线之间的狭长地带向南敷设，斜向下穿地铁13号线后继续向南敷设接入清河站综合交通枢纽。向南出清河站综合交通枢纽后沿小营西路下方敷设，接入小营西路站。沿线多为公路、地铁及铁路用地，场地狭窄，地势有起伏。19号线支线清河站两端区间为预留，与昌南线工程同期实施，建成后可与昌南线及13号线在清河站换乘。

2.1.2 昌南线清河站南侧区间

新建清河站南侧区间位于小营西路与地铁13号线交汇处东南象限，西侧为既有地铁13号线路基段，东侧为映月台小区。区间周边无重要建（构）筑物及地下管线。清河站南侧新建暗挖区间左线里程为K5+410.000～K5+617.867，右线暗挖段里程为K5+445.000～K5+617.867，设置1座施工竖井及横通道。横通道南侧昌南新增暗挖段右线65m，左线35m，昌南新增暗挖左线与京张垃圾楼结构冲突，昌南左线里程K33+369.890为区间高度控制点，该处地铁轨面标高为33.97m，原盾构方案该处结构顶标高为38.78m，与垃圾楼结构底净距为1m。原方案按照昌南盾构接收扩大段断面，施作完初支及二衬结构后，盾构空推过该段区间，该断面进入垃圾楼结构0.89m。

2.1.3 穿越京张高铁概况

京张高铁线路自清河引出，经沙河至昌平，经南口北侧折向西北，经居庸关隧道（3044m）、九仙庙中桥（71m）、新八达岭隧道（12010m）穿越军都山，沿既有京包铁路并行过官厅水库，西北行经沙城、下花园、宣化、张家口，支线起于下花园北站，终至崇礼太子城奥运村。新建线路全长174km，其中北京境内61.633km，河北境内107.013km。全线设北京北站、清河站、沙河站、昌平站、八达岭站、东花园北站、怀来站、下花园北站、宣化北站、张家口南站等10座车站。昌平线南延及19支区间下穿京张高铁路基正线路基段分别为：①清河站南侧19号线支线区间径向注浆措施分别盾构下穿京张高铁里程K21+550及K22+850附近范围，共2处；②清河站南侧昌南线及19号线支线区间初支加强措施暗挖下穿京张高铁里程K23+180附近范围；京张高铁于2019年5月进行铺轨施工，2019年9月进行联调，2019年12月进行试运营。

2.1.4 京张高铁路基概况

正线路基基床厚度、填料及压实标准：正线路基基床厚度为1.2m，其中基床表层为0.6m，中粗砂0.1m，基床底层0.5m。基床表层应采用级配碎石。基床底层应采用A、B组填料，A、B组填料粒径级配应符合压实性能要求，严寒地区冻结影响范围填料应符合防冻胀要求。道床厚度为0.35m，轨面标高为47.47m，其中南侧道床为聚氨酯固化道床（图1）。正线路基基床填料及压实标准见表1。

路堤基床以下部位填料，宜选用A、B、C组填料，当选用D组填料时，应采取加固或土质改良措施。填料最大粒径不宜大于

表 1　正线路基基床厚度、填料及压实标准

层位	厚度/m	填料	压实标准		
			地基系数 K30/（MPa/m）	压实系数 K	孔隙率 n/%
基床表层	0.6	级配碎石	≥ 150	—	< 28
基床底层	0.5	化学改良土	≥ 100	0.93	—
		砾石类	≥ 120	—	< 31
		碎石类	≥ 130	—	< 31

300mm 或摊铺厚度的 2/3，其填料及压实应符合表 2 的规定。

表 2　正线路基基床以下部位填料及压实标准

压实标准	化学改良土	砾石类	碎石类
地基系数 K30/（MPa/m）	≥ 80	≥ 110	≥ 120
孔隙率 n/%	—	< 32	< 32
压实系数 K	≥ 0.90	—	—

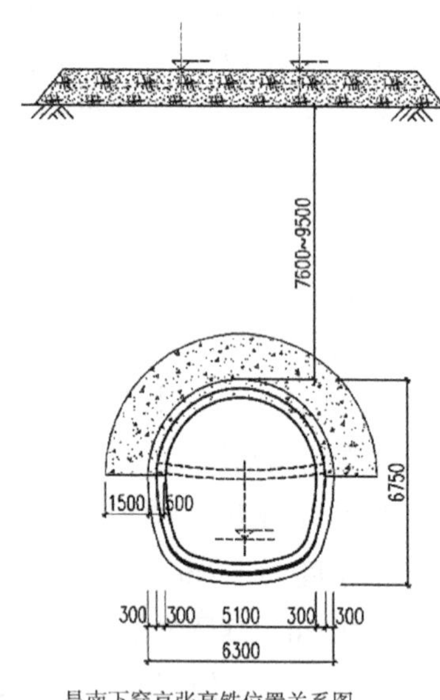

图 1　昌南线清河站南侧区间标准段结构横剖面图

2.2　工程地质

19 号线支线区间工程位于古清河故道，属于平原地貌。沿线地形整体趋势北高南低，局部受人工填挖影响的部位，地形有起伏，地面标高在 41.14～48.92m 之间。沿线附近可能分布有沟、塘等，经过多年的人工整治和城市建设，以前的沟、塘等已被填埋，地表已被建筑物、道路、绿地等覆盖，无明显的地形特征。

本工程沿线勘探范围内的土层划分为人工堆积层、第四纪冲洪积层共两大层。

本段线路赋存二层地下水，地下水类型分别为潜水（二）、承压水（三）。根据区域地质资料分析，观测深度范围以下的砂土层、粉土层、碎石土层普遍呈饱和状态，均应视为含水层。抗浮设防水位标高按 42.0m 考虑。地下水详细情况见表 3。

表 3　地下水特征一览表

地下水性质	稳定水位（承压水测压水位）		观测时间	含水层及其特征	备注
	埋深 /m	高程 /m			
潜水（二）	17.05～17.12	28.74～28.78	2018 年 1 月	黏质粉土砂质粉土③层、粉细砂$③_3$层、黏质粉土砂质粉土$④_2$层	—
承压水（三）	22.31～22.45	23.41～23.52	2018 年 1 月	卵石圆砾⑤层、中粗砂$⑤_1$层、粉细砂$⑤_2$层	具有承压性，水头高 3～9m

3　数值模拟及计算结果分析

结合专家评议法和工程类比法，对计算模型建立、地层参数取值、评估结果的合理性进行比较和验证。数值模拟计算中，用于地下结构理论计算的力学模型可归纳为两种：①连续介质模型，即地层—结构模型，用于地层及结构的应力和变形分析；②作用—反作用模型，即荷载—结构模型，用于结构内力分析。考虑到内力及变形，要求本项目采用地层—结构模型进行分析，数值模拟计算采用 MIDAS GTS NX 建立三维地层—结构模型，分析各步序内力及变形情况。

3.1　计算模型

三维计算的初始条件是新建线尚未施工，

并且认为高铁结构、地层处于变形稳定状态。考虑到施工过程中的空间效应，三维计算分析对新建区间开挖区域和高铁路基和轨道进行实体建模，三维地层—结构模型见图2、图3。清河站北侧模型长度方向取700m，宽度方向取150m；垂直方向上从地表以下取80m；清河站北侧模型长度方向取180m，宽度方向取130m；垂直方向上从地表以下取50m；南侧盾构区间穿越模型Ⅰ与南侧盾构区间穿越模型Ⅱ长度方向取300m，宽度方向取150m；垂直方向上从地表以下取40m；地面超载取20kPa，高铁列车荷载取50kN/m。

图2 清河站南侧横通道两侧暗挖穿越施工模拟步序Ⅰ（CS1～CS16）

图3 清河站南侧横通道两侧暗挖穿越施工模拟步序Ⅱ（CT1～CT13）

板、墙结构采用二维板单元模拟，围护结构采用板单元模拟，本构关系为弹性。路基段、土层采用实体单元，本构关系为摩尔库伦（M-C）。南侧三维模型共划分202095个单元，98277个节点；南侧盾构穿越模型Ⅰ共划分71340个单元，128070个节点。采用固定位移边界，上边界取至地面，为自由面；四个侧面地层边界限制水平位移；下部边界限制竖向位移。

3.2 计算工况

区间穿越模型计算模拟工况见表4、表5。

表4 区间穿越模型计算模拟工况Ⅰ

施工步骤	模拟施工阶段说明
CS1	初始地应力平衡
CS2	竖井施工
CS3	横通道施工
CS4	横通道北侧大断面施工
CS5	横通道北侧区间初支施工
CS6	横通道南侧区间初支施工
CS7	竖井回填
CS8	板凳梁施工
CS9	垃圾楼施工
CS10	国铁施工，位移清零
CS11	国铁跑车
CS12	横通道北侧昌南二衬施工
CS13	横通道北侧19支二衬施工
CS14	横通道南侧右线暗挖区间二衬施工
CS15	横通道南侧左线盾构区间施工
CS16	横通道南侧右线盾构区间空推

表5 区间穿越模型计算模拟工况Ⅱ

施工步骤	模拟施工阶段说明
CT1	初始地应力平衡
CT2	竖井施工
CT3	横通道施工

续表

施工步骤	模拟施工阶段说明
CT4	横通道北侧大断面施工
CT5	横通道北侧区间初支及二衬施工
CT6	横通道南侧区间初支及二衬施工
CT7	竖井回填
CT8	板凳梁施工
CT9	垃圾楼施工
CT10	国铁施工，位移清零
CT11	国铁跑车
CT12	横通道南侧左线盾构区间施工
CT13	横通道南侧右线盾构区间空推

4 高铁路基变形分析

4.1 工况一位移

选取CS11、CS15、CS16工况下的计算结果对清河站南侧横通道两侧区间隧道施作完初支跑车、昌南左线区间隧道板凳梁下盾构掘进及昌南右线区间隧道二衬完成盾构空推对高铁路基结构的影响加以分析。图4、图5给出了施工阶段CS11、CS15及CS16下高铁路基结构附加变形云图，垃圾楼的附加变形云图见图6。

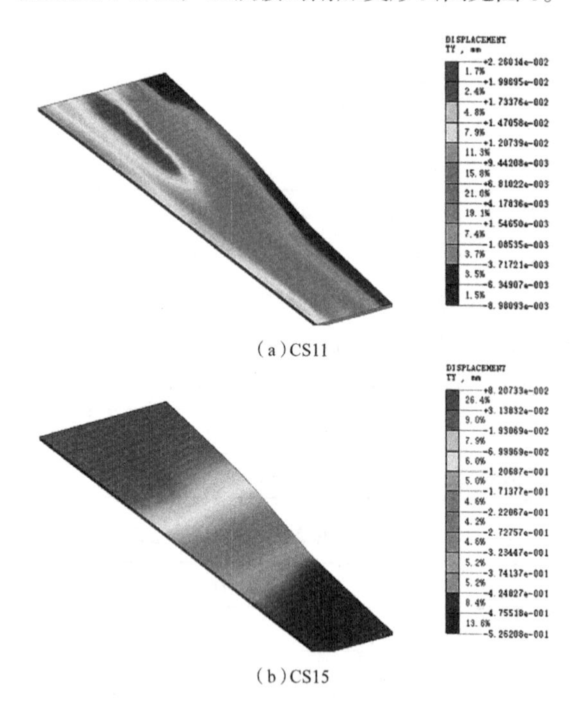

（a）CS11

（b）CS15

图4 高铁路基结构 *Y* 方向位移云图

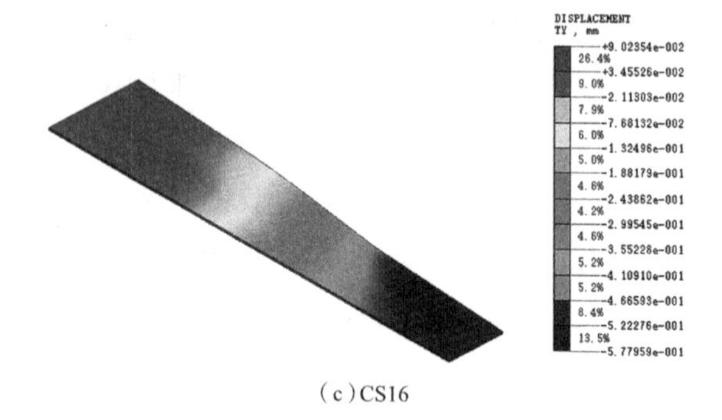

（c）CS16

图4 高铁路基结构 *Y* 方向位移云图（续）

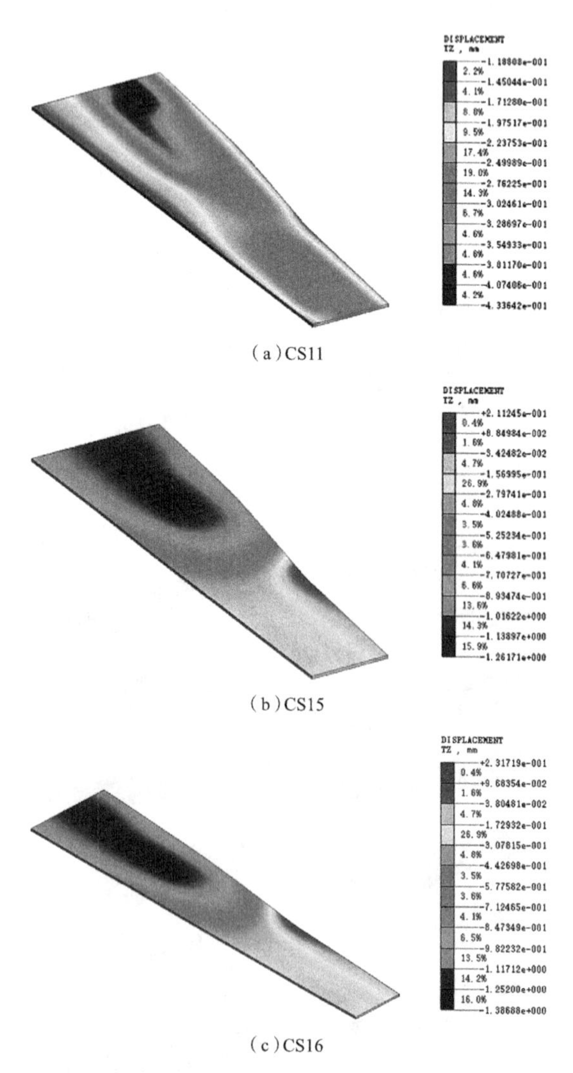

（a）CS11

（b）CS15

（c）CS16

图5 高铁路基结构 *Z* 方向位移云图

4.2 工况二位移

选取CT11、CT12、CT13工况下的计算结果对清河站南侧横通道两侧区间隧道施作完初支、二衬后跑车，昌南左线区间隧道板凳梁

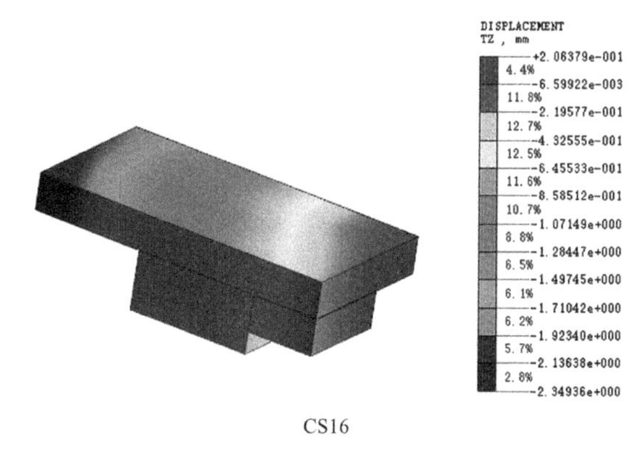

CS16

图 6　高铁垃圾楼结构 *Z* 方向位移云图

下盾构掘进及昌南右线区间隧道盾构空推对高铁路基结构的影响加以分析。图 7、图 8 给出了施工阶段 CT11 及 CT12 下高铁路基结构附加变形云图，图 9 给出了最后阶段垃圾楼的附加变形云图。

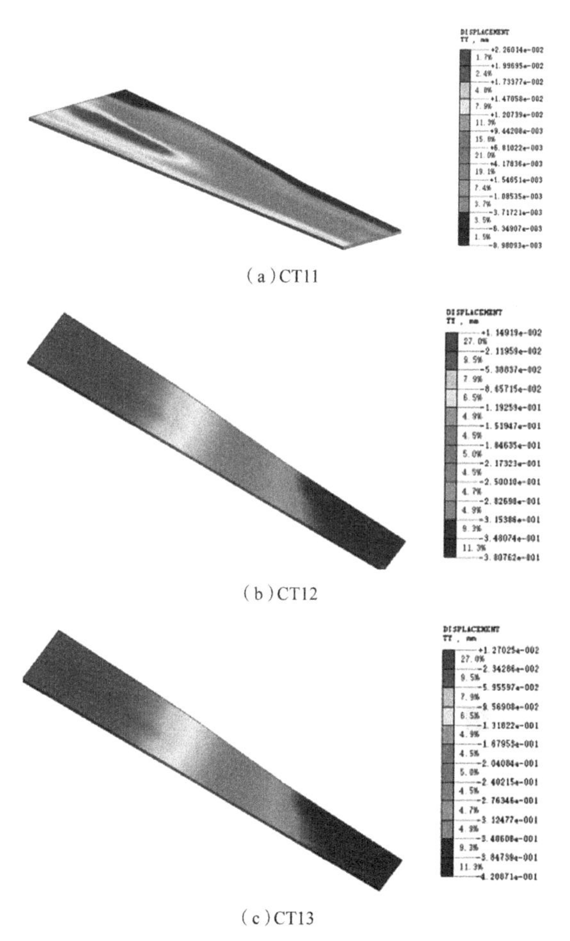

(a)CT11

(b)CT12

(c)CT13

图 7　高铁路基结构 *Y* 方向位移云图

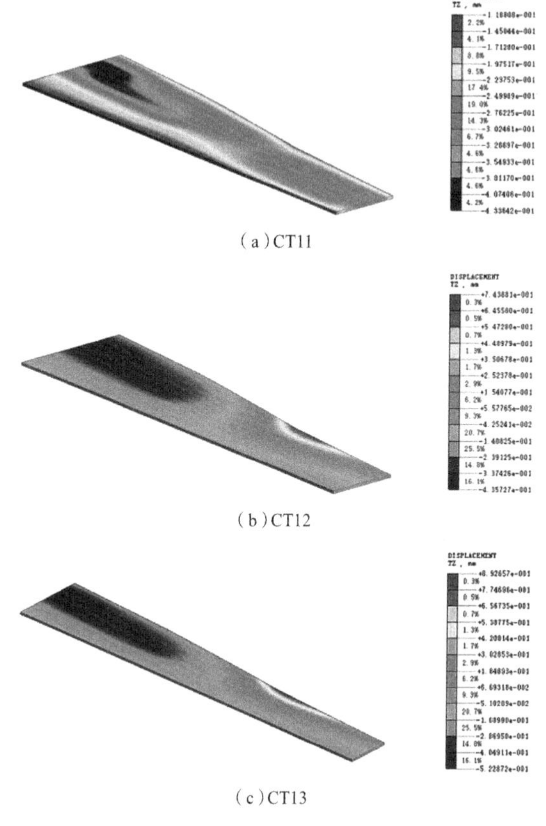

(a)CT11

(b)CT12

(c)CT13

图 8　高铁路基结构 *Z* 方向位移云图

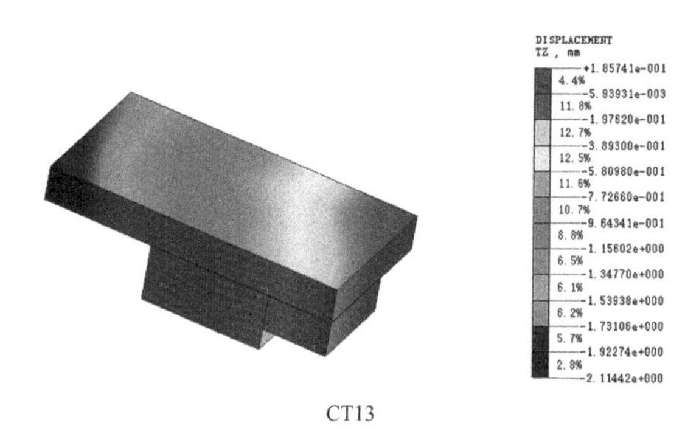

CT13

图 9　高铁垃圾楼结构 *Z* 方向位移云图

4.3　对比分析

清河站南北两侧区间穿越施工引起京张高铁路基结构产生附加变形。通过三维地层荷载模型分析，计算得到新建工程施工完成后高铁路基变形（最大值）汇总如表 6 所示。

两种工况下，清河站南侧横通道两侧区间隧道施作完成初支、二衬跑车后，高铁路基结构水平位移最大值均为 0.02mm，竖向位移最

表 6　京张高铁路基结构附加变形（最大值）

	Y 方向位移 /mm	Z 方向位移 /mm
清河站南侧暗挖穿越Ⅰ	0.58	1.39
清河站南侧暗挖穿越Ⅱ	0.42	0.52

大值均为 0.43mm。

工况一下，清河站南侧横通道南侧昌南左线区间隧道板凳梁下盾构掘进后，高铁路基结构水平位移最大值为 0.53mm，竖向位移最大值为 1.26mm。工况二下，清河站南侧横通道南侧昌南左线区间隧道板凳梁下盾构掘进后，高铁路基结构水平位移最大值为 0.38mm，竖向位移最大值为 0.44mm。可以发现采用工况二施工时的高铁路基水平位移和竖直位移都比采用工况一施工时的小。

在清河站南侧横通道南侧昌南右线区间隧道盾构空推后，即整个工程施工全部完成后，采用工况一施工的高铁路基结构水平位移最大值为 0.58mm，竖向位移最大值为 1.39mm，垃圾楼最大沉降 2.3mm。采用工况二施工的高铁路基结构水平位移最大值为 0.42mm，竖向位移最大值为 0.52mm，垃圾楼最大沉降 2.11mm。可以发现采用工况二施工时的高铁路基水平位移和竖直位移都比采用工况一施工时的小，且竖向位移的差值最明显。

清河站南侧高铁路基结构采用工况一和工况二施工的根本区别在于：工况一在高铁路基施工、通车完成后，才进行下部暗挖结构的二衬施工，而工况二在这之前就完成了下部暗挖结构的二衬施工，说明下部结构的强度会影响上部结构的竖向位移发生程度。

5　结论

在北京清河站综合交通枢纽南侧区间结构下穿京张高铁路基段的施工过程中得到以下结论：①各工况下的位移均满足规范要求。②采用工况二施工时的高铁路基水平位移和竖直位移都比采用工况一施工时的小，且竖向位移的差值最明显。③地下结构的强度会影响上部路基的沉降程度，下部结构的强度越大，上部路基受扰动的程度就越小。

参考文献

[1] 李倩倩，张顶立，房倩，等 . 浅埋暗挖法下穿既有盾构隧道的变形特性分析 [J]. 岩石力学与工程学报，2014，33（S2）：3911-3918.

[2] 孙钧，易宏伟 . 地铁隧道盾构掘进施工市区环境土工安全的地基变形与沉降控制 [J]. 地下工程与隧道，2001（2）：10-13，33，48.

[3] 汪洋 . 公路隧道变形规律分析 [J]. 西部交通科技，2022（11）：137-139.

[4] 张毫毫，雷明锋，刘凌晖，等 . 新建隧道下穿施工对既有上卧盾构隧道扰动影响规律研究 [J]. 铁道科学与工程学报，2020，17（2）：396-404.

浅谈紧贴轨道交通车站基坑施工对既有附属结构影响的风险分析

赵真真

（广东城际铁路运营有限公司，广州 511400）

摘　要：受邻近的深基坑施工影响，地铁结构会出现不同程度的变形沉降。在分析过程中，我们会忽视地铁车站附属结构的变形。但是邻近的基坑过程桩基础、溶洞处理、基坑开挖、基坑降水等工程施工时，均可造成地铁附属结构沉降。随着越来越多的工程邻近地铁车站附属结构或与地铁车站结构接驳，本文通过对在建工程的风险评估和分析，为后续邻近地铁车站附属结构地铁的保护工作提供一定参考。

关键词：地下水；基坑施工；出入口变形缝

1　引言

随着国家城市化进程的飞速发展，城市人口迅速增加，大型城市的交通拥堵问题愈发凸显，而城市轨道交通作为一种安全、快捷、环保的大运量交通制式便得以快速发展。与此同时，近接工程引起的既有地铁结构的变形、应力集中对地铁的运营安全造成了严重的影响。鉴于在外部工程对地铁结构影响的分析中，我们往往会忽视地铁车站附属结构的变形，思维方式上认为车站及附属结构属于整体结构，即使产生变形沉降也是整体均匀沉降。本文通过收集、分析紧贴地铁车站附属结构的工程案例，结合日常地铁保护工作经验，提出相应的管控措施，为以后地铁保护工作提供一定的经验。

2　工程概况

2.1　工程信息

A 项目由 30 幅地块以及地块之间的公共空间组成。地下环路为单层结构，地块内为 2～4 层地下室。以地下室大空间建设、联合开发的原则，共享与私密结合使用的理念进行联合基坑建设模式开发地下空间。联合基坑长约 460m、宽约 370m，周长约 1769m，基坑深度约 10.5m，面积约 17 万 m^2。

该项目采用联合基坑建设模式，即在用地外围做统一基坑支护，统一开挖联合基坑底，地下空间所有地块和公共空间共用一个大基坑，各地块根据建设面积分摊基坑投资的模式。本次联合基坑设计仅考虑开挖至地下 2 层，局部地块基坑比联合基坑深时，由地块方独立开挖支护。初步设计阶段，靠近地铁侧的基坑 F 区、G 区、H 区开挖深度分别为 16.6m、6.6m、14m。

基坑 F 区采用 0.8m 厚地连墙 + 三道钢筋混凝土桁架撑的支护形式，基坑深度约 16.6m；基坑 G 区采用 0.8m 厚格栅式地连墙进行支护，基坑开挖深度约 6.6m；H 区基坑采用 0.8m 厚地连墙 + 三道钢筋混凝土桁架撑的支护形式，基坑开挖深度约 14m。

2.2　工程水文地质

根据勘察资料，拟建场地地层按地质成因及力学性质依次分为：

（1）人工填土（Qml）<1>，层面标高 13.24～16.91m（广州城建标高，下同），层厚 0.50～5.90m，平均层厚 3.01m。

（2）冲积－洪积层（Qal+pl）<2>。

①淤泥质土 <2-1>，层面标高 6.46～9.28m，层面埋深 5.10～7.50m，层厚 1.80～5.90m，平均层厚 3.23m。

②可塑状粉质黏土 <2-3>，场地均匀分布，部分钻孔二层或多层分布；揭露到的层面标高 −8.93～14.24m，层面埋深 5.26～22.70m，层厚 0.50～16.30m，平均层厚 4.85m。

③硬塑状粉质黏土 <2-4>，场地零星分布，揭露到的层面标高 7.36～12.93m，层面埋深 1.30～9.30m，层厚 1.80～8.10m，平均层厚 3.88m。

④粉细砂 <2-5>，场地零星有分布，揭露到的层面标高 1.56～11.91m，层面埋深 3.20～12.40m，层厚 0.80～5.80m，平均层厚 2.50m。

⑤中粗砂层 <2-6>，场地部分有分布；揭露到的层面标高 −8.53～12.40m，层面埋深 2.0～22.30m，层厚 0.50～11.90m，平均层厚 2.57m。

（3）残积相地层（Qel）<3>。

①软塑粉质黏土 <3-1>，以粉黏粒为主，含较多粉细砂，很湿，软塑为主，局部呈流塑状，以泥岩风化残积土为主，遇水易软化。场地部分有分布，揭露到的层面标高 −17.04～6.02m，层面埋深 8.80～31.00m，层厚 0.90～13.30m，平均层厚 4.28m。

②可塑状粉质黏土 <3-2>，以粉黏粒为主，含较多粉细砂夹较多风化岩屑，局部夹较多燧石结核，湿，可塑，以泥岩、砂岩风化残积土为主，遇水易软化、崩解。场地大部分分布；揭露到的层面标高 −22.73～13.46m，层面埋深 3.30～37.00m，层厚 0.90～22.10m，平均层厚 6.54m。因此，基坑降水会对周边地层造成较大沉降。

③硬塑状粉质黏土 <3-3>，以粉黏粒为主，含较多粉细砂夹较多风化岩屑，局部夹较多燧石结核，稍湿，硬塑，以泥岩、砂岩风化残积土为主，遇水易软化、崩解。场地部分有分布；揭露到的层面标高 −20.98～10.30m，层面埋深 5.0～36.5m，层厚 1.20～23.80m，平均层厚 8.37m。

④下基岩二叠系（P）的泥岩、炭质灰岩。

⑤地下水位。拟建场地位于冲洪积平原上，水位标高位于 +9.94～+14.91m，地下水埋藏整体不深，并随着季节变化水位随之发生变化，地下水位变化幅度约为 2～5m。

⑥溶土洞。根据对初勘完成的 100 个钻孔分析，100 个钻孔中揭露炭质灰岩的钻孔 80 个孔，揭露溶洞的钻孔有 54 个，见洞率约为 67.5%，线岩溶率为 43.02%，为岩溶强烈发育场地。溶洞以无充填及半充填为主，充填物主要以软塑状粉质黏土、砂土及风化岩屑为主，溶洞顶板以中风化及微风化灰岩为主，部分溶洞顶板较薄，厚度约为 0.1～0.2m，其中 2 个钻孔揭露土洞。溶洞揭露层顶标高 −28.66～−0.48m，层顶埋深 14.30～43.00m，洞高 0.40～9.00m，平均洞高为 2.48m，部分为串珠状溶洞。溶洞大多为无充填，部分以半充填风化岩屑、黏土及砂土为主，个别为全充填。

3 工程与地铁结构关系

3.1 基坑 F 区与地铁关系

地铁车站Ⅳ号出入口及 F6、F7 号风亭与 F 区基坑地连墙的最小水平净距为 10m，其中地连墙距离Ⅳ号出入口原土钉的最小水平距离约 3m，基坑底标高约 −1.60m，地铁车站底板标高约 4.80m，基坑深地铁车站约 6.40m；区间隧道与基坑 F 区地连墙的最小水平净距为 18m。

3.2 基坑 G 区与地铁关系

基坑 G 区地连墙结构外边线与区间隧道的最小水平净距为 14.1m，基坑底标高约

7.90m，地铁隧道底标高约 3.40～4.28m，基坑浅于地铁隧道约 3.62～4.50m。

3.3 基坑 H 区与地铁关系

基坑 H 区地连墙结构外边线与区间隧道的最小水平净距为 20.6m，基坑底标高约 -0.50m，地铁隧道底标高约 2.90～3.40m，基坑深地铁隧道约 3.40～3.90m。

4 地铁结构情况

4.1 地铁车站及其附属结构

与本工程相邻的地铁车站Ⅳ号（D）出入口为有盖出入口，宽度为 4.5m，该出入口基坑采用有限放坡开挖 + 围护桩 + 钢内支撑的支护方式。其中围护桩为桩径 1m 的钻孔桩，桩底位于出入口结构以下 5m，止水帷幕为长度 6.5m 的搅拌桩；放坡按照 1:1 放一级坡，护坡采用喷混 + 土钉墙的方式，其中土钉为两层，水平间距为 1.5m，竖向间距为 1.4m，第一层土钉长 4m，第二层土钉长 3m。F6 号风亭为活塞风亭，其敞口高 1m。车站主体结构下方设置抗拔桩。

4.2 明挖区间隧道

项目影响范围内的地铁区间隧道（DK29+144～DK29+527.7）原设计采用明挖现浇矩形隧道结构。隧道埋深为 2.5～4m，隧道与车站连接处（DK29+527.7）设置变形缝连接，变形缝沿隧道里程每 60m 设置一道。区间隧道穿过的地层为冲洪积相粉质黏土，局部分布含水粉细砂、中粗砂，结构底板主要坐落于冲洪积相粉质黏土、残积相可塑状粉质黏土、残积相硬塑状粉质黏土上。隧道下方存在较为发育的岩溶区域。

（1）里程 DK29+115～DK29+198、DK29+480～DK29+527 区段隧道采用有限放坡 + 围护桩 + 内支撑支护方式开挖，围护桩采用桩径 0.8m 的钻孔灌注桩。

（2）里程 DK29+198～DK29+306、DK29+335～DK29+404、DK29+431～DK29+480 区段隧道采用围护桩 + 分级放坡的支护方式，其中围护桩采用双排 ϕ550@400 搅拌桩。放坡按照 1:1.25 分三级放坡，护坡采用喷混 + 插筋。

（3）里程 DK29+306～DK29+335、DK29+404～DK29+430 区段隧道左线基坑采用土钉墙 + 有限放坡的支护方式，土钉长 12m；放坡按照 1:1.25 放一级坡，护坡采用喷混 + 土钉墙，土钉长 8m。

4.3 溶洞处理过程及方式

（1）不作处理的溶洞：溶洞位于地下连续墙底以下且洞顶岩土层大于 3m（地铁侧按 5m）时，可不作处理。

（2）需作处理的溶洞：溶洞位于地下连续墙底以下且洞顶岩土层小于 3m（地铁侧按 5m）或者地下连续墙底需穿透溶洞时，需对溶洞进行处理。当溶洞洞高小于 2m 时，采用抛填石和黏性土混合物处理方式进行处理。当溶洞洞高大于 2m 时，采用双液浆 + 单液浆对溶洞进行预处理。

5 对地铁影响的风险评估

5.1 风险预测与识别

为避免或降低基坑工程对邻近地铁结构造成不利影响，在以往的案例总结中，大部分风险识别及预测都是针对邻近地铁隧道或车站结构的影响。然而现阶段，对基坑施工地铁出入口结构影响的研究十分鲜见，这可能与出入口结构属于地铁车站的附属结构，认为其刚度较大不容易出现问题，或即使发生病害也不会带来太恶劣的后果的传统思维模式有关。下面针对此类情况，将着重对出入口通道结构附近风险进行预测和评估。

（1）该工程及地铁结构周边地质条件差，软塑、可塑性粉质黏土层较厚，砂层级配不良。

（2）该区域为岩溶强烈发育场地，以无充

填或充填少为主，受广从断裂带影响，基岩张性裂隙发育，坑底溶洞可能与地铁结构下方溶洞通过岩层裂隙带、破碎带连通，与上面砂层连通，地下水量丰富。

（3）车站主体及附属结构均采用明挖现浇施工，存在大量施工缝和变形缝。

（4）连续墙质量缺陷，基坑侧壁渗漏水；大量抽排地下水。

（5）围护结构失稳，顶部产生较大位移，导致对出入口通道结构产生较大的侧向水平推力。

（6）基坑施工过程中，地铁结构周边回灌地下水过多，造成出入口通道结构周边软塑黏土软化发生崩塌。

（7）出入口通道结构附近水土流失造成一定程度的沉降。

（8）邻近出入口附近的塔吊吊装施工，吊臂悬吊物升入出入口通道上方，对地铁运营及行人出行都产生一定的风险。

5.2 风险评估与分析

（1）该工程及地铁结构周边地质条件差，软塑、可塑性粉质黏土层较厚，砂层级配不良，基坑支护、开挖、降水以及桩基础施工等稍有不慎会引起地铁结构周边土层发生变化，从而导致地铁结构变形。

（2）地铁附属通道结构自身属于悬臂结构，经过长期运营，结构本身存在缓慢沉降。基坑开挖、降水势必会打破地层与地铁结构之间的应力平衡，对地铁结构的损害可能会产生叠加效应。

（3）基坑周边卸载、堆载，都将会造成基坑支护超限，并导致地铁结构侧的土层压缩固结，容易导致地铁结构变形。

（4）该区域为岩溶强烈发育场地，以无充填或充填少为主，受广从断裂带影响，基岩张性裂隙发育，坑底溶洞可能与地铁结构下方溶洞通过岩层裂隙带、破碎带连通，连续墙、基础桩及支撑立柱施工过程中未采取相关防止塌孔措施，大量抽排地下水或岩溶水将会导致地铁结构下方溶洞压缩或坍塌，地铁结构变形缝将会出现不均匀沉降。

5.3 风险管控措施

针对以上风险分析和评估，结合以往的工作案例和工作经验，在现场施工过程中，须有针对性对施工各阶段进行地保管控。

（1）由于此基坑属于联合基坑，基坑体量大、深度不一，且组织施工不充分。所以控制邻近地铁侧区域开挖深度是关键，避免开挖过深对通道结构造成威胁。

（2）设计单位须重新核算基坑支护结构布置体系，邻近通道结构侧连续墙和支撑保持足够的刚度和稳定性，保证支撑的侧向压力对通道结构产生水平推力。

（3）邻近通道结构侧基坑施工工程中严格控制地下水位，严禁采取深层降水措施，确保地下水位下降幅度控制在指标范围内。施工前在地铁侧布置水位回灌井，控制回灌速度，避免砂层中出现水土流失现象及软塑、可塑性粉质黏土层遇水软化、坍塌。

（4）靠近通道侧基坑开挖施工前须做好溶洞处理专项方案，现场施工须有针对性地采取措施。

（5）靠近通道侧连续墙及基础桩施工禁止采用干作业成孔，严禁冲孔作业；须采用泥浆护壁施工，并采取有针对性措施防止塌孔；工程桩应从地面施工，减少基坑暴露时间。

（6）地下工程实施须遵循先监测后施工的原则，加强对基坑及地下水位监测，重点监测地铁车站主体与附属结构及相关变形缝的差异沉降。

（7）地铁车站及附属结构布点不应布置在车站及通道装饰层上，须布置在主体结构上。且在日常数据观察时，须检查布置点是否有被碰撞或移动，导致数据失真。

5.4 风险管控过程中出现的问题及应急响应措施

目前，该项目中部基坑已开挖，在地铁控制保护区内进行超前钻、旋挖桩及基坑连续墙施工。但近期地铁结构检测数据显示，邻近项目的地铁车站D出入口结构出现了较大沉降。累计变形最大点的沉降值达到-7.48mm，已超出报警值6mm，车站出入口及风亭部分监测点数据也呈缓慢沉降趋势，反映该项目施工对地铁通道结构造成一定影响。

经专家分析，出入口沉降是由于相邻地下连续墙施工对出入口周边土体扰动以及地下水位下降所致，建设单位须采取以下应急措施控制既有地铁结构的变形。

（1）建设单位须尽快制定有效的注浆加固方案，做好注浆准备工作。

（2）地铁出入口注浆加固实施前，建设单位须提前与运营总部相关人员沟通，制定合理乘客导流方案，避免注浆施工对出入口客流产生影响。同时注浆期间也要与地铁监测单位密切配合，加密监测，及时反映地铁结构状态。

（3）设计单位制定地铁结构边线80m范围内的溶洞处理方案，明确施工工序，发现溶洞要及时预处理，不宜采取过程处理方式。

（4）地铁监测单位须适时校核基准点，保证地铁结构监测数据的准确性；且建设单位须重视地铁控制保护区范围外的施工，施工现场钻探孔须及时回填密实。

经过建设单位现场采取一系列的应急措施，并调整出入口通道监测控制指标，现出入口通道累计最大沉降值为-10.88mm，数据较稳定；通道与站厅最大差异沉降为0.18mm。

6 案例后的深思

鉴于地铁出入口结构属于车站附属结构，浅埋出入口结构的安全问题一直未能引起足够的重视。通过以上案例也给我们敲响了警钟，以后再遇到类似情况时，必须加强出入口的日常检查，同时还应要求建设单位工前制定相关的专项保护措施和应急预案，以确保地铁出入口结构的安全。

在今后的审查过程中，尤其是邻近地铁出入口结构附近的施工，需要注意以下几点：

（1）施工前，建设单位和设计单位应对地铁车站出入口结构的支护方式及周边地质情况展开仔细摸查。设计方案须考虑开挖基坑围护结构对原有基坑支护结构及土体的扰动，可优先考虑对地铁出入口结构进行地基加固处理。

（2）基坑开挖时，尽量避免大量土体卸载，且在基坑施工过程中严禁抽排地下水。

（3）针对岩溶发育区域，须事先做好溶洞处理方案、地铁保护专项方案和安全应急预案，同时还应在施工过程做好相应的监测和工前、工后普查工作。

（4）政府相关部门针对地铁设施周围的场地进行规划定位时，应结合地铁设施的施工情况和地层特点，充分考虑对地铁设施的安全保护，并保证外部作业退让足够的水平距离。

7 结语

鉴于即将开通的运营线路，该段线路及车站均处于岩溶发育区，邻近地铁侧存在大量的民房及待建空场地，以后大量房地产开发及市政工程会与地铁结构息息相关，我们应该总结此类案例的经验。针对地铁出入口附近的基坑工程，须提前介入管控，从立项、规划、建筑、基坑设计过程保证基坑工程的可实施性，并保证地铁出入口的结构安全。充分做好专项方案和应急预案，并和运营相关部门建立良好的联络机制，避免对地铁结构造成影响。加强过程管控，最大限度地规避风险。

参考文献

[1] 苏伟．基坑开挖对既有地铁车站结构的影响[J].城市建设

理论研究，2015.
[2] 信磊磊，杜一鸣，郑刚．两侧深基坑开挖对邻近地铁车站及隧道变形影响的优化分析 [J]. 铁道标准设计，2016，60（5）：84-90.
[3] 吴林东．风险预警机制在地铁施工安全管理的应用 [J]. 山东工业技术，2016.
[4] 城市轨道交通既有结构保护技术规范：DBJ/T 15—120—2017[S]. 广州：广东省住房和城乡建设厅，2017.

铁路工程全过程信息化管理体系研究

李　超[1*]　胡梦超[2]　朱宏伟[1]　葛辉凯[3]

（1. 中国铁道科学研究院集团有限公司，北京 100081；2. 天津智能轨道交通研究院有限公司，天津 300000；
3. 武汉铁四院工程咨询有限公司，武汉 430000）

摘　要：为贯彻“十四五”规划智能铁路要求及工程管理需求，以铁路工程全过程信息化管理为抓手，通过各参建单位要素互联互通、信息共享，解决“碎片化”信息化管理等现状。本文从铁路信息化工程管理现状及意义、项目决策、项目实施、运营维护管理的维度，阐述了铁路工程全过程信息化管理内涵及管理体系。通过本文的阐述，可以更深入地理解铁路工程全过程信息化管理的重要性和作用，并为相关部门和企业提供一些借鉴和参考，助力铁路工程全过程信息化应用和推广，从而促进铁路建设的高质量、安全、可持续发展。

关键词：铁路工程全过程信息化管理；项目决策；项目实施；运营维护

1　引言

随着国家铁路建设的不断扩大，铁路建设项目的数量和规模不断增加，对项目管理提出了更高的要求。传统的手工管理模式已经不能满足日益增长的项目需求，需要借助信息化技术进行管理。

“十三五”时期，人工智能、大数据、物联网、云计算、5G、BIM、GIS、北斗、自动化等新一代信息技术发展和铁路业务融合发展，促进了铁路工程管理手段的革新，并在郑万、京张、京雄、京沈等铁路建设项目中落地应用。因此，铁路工程全过程信息化管理变动越来越重要。

《“十四五”铁路标准化发展规划》提出我国铁路标准体系谱系化、一体化水平显著提升，铁路标准体系进一步优化整合，更加系统完备、协调完善[1]，推动铁路标准化与科技创新发展。《“十四五”铁路科技创新规划》提出工程建造、智能铁路科技创新方面，要求强化工程建造技术攻关，重点推动前沿技术与铁路领域深度融合，加强智能铁路技术研发应用，推进交通运输大数据协同共享[2]。

为满足铁路建设需求和贯彻铁路标准化发展规划、铁路科技创新规划，从铁路工程全过程出发，即决策阶段、实施阶段、运营维护阶段，提出以铁路工程全过程管理信息化为抓手，适合铁路建设自身特点的铁路工程全过程信息化管理[3]。

2　现状及意义

信息是铁路工程全过程信息化管理的重要资源，由于铁路工程建设不同阶段的目标不同，导致产生和需求的信息也不同。随着工程建设推进，信息资源（包括地质信息、地理信息、勘察设计、施工、运营数据等）会不断累积并传递到下一阶段，数据的积累与传递会出

基金项目：国铁集团科技研究开发计划 K2021G025。

* 李超（1990—），男，本科，工程师，中国铁道科学研究院集团有限公司铁道建筑研究所。主要从事高铁智能施工方面的研究工作。

现海量的数据，而且数据类型复杂，同时铁路工程全过程信息化管理涉及界面多、交叉广，管理困难，导致出现信息存在分散及动态变化的情况。

信息在铁路工程全过程信息化管理传递过程中出现信息数据丢失或错误造成“信息断层”，使铁路工程信息化不能相互关联、有效衔接，给管理造成困难无法实现铁路工程全过程信息化管理的协调运作。目前，铁路工程全过程信息化管理主要是各要素简单叠加、整合，过于“碎片化”，没有从建设全过程出发将各要素进行有机结合，建设工程所涉及各方面信息也没有进行集中管理，缺乏总协调性，无法发挥信息化管理优势。

铁路工程全过程信息化管理从管理需求出发，以一体化数据服务为核心，实现信息和数据资源充分共享，支撑铁路工程全过程可视、可控、可追溯，解决项目参建单位协同工作难题，推进铁路工程管理领域信息化建设，提升铁路信息化建设管理水平，实现各要素互联互通、数据共享、资源整合、数据价值体现、业务深度融合，提升铁路工程安全、质量、进度、投资管理水平。降低铁路工程信息化的投入、管理成本、提高决策效率，为铁路工程建设提供科学依据。最终实现以铁路工程数据为支撑的制度管权、管事、管人的铁路工程全过程信息化管理模式。

3 体系构建

铁路工程全过程信息化管理以 EBS 为前提，以铁路工程建设流程为依据，以标准体系（技术标准、管理标准、作业标准）为原则，以铁路工程全过程信息化管理系统为依托，利用新一代信息技术，按铁路工程各参与单位工作性质、任务等，完成集内部管理、外部资源、生产运营、管理决策的所有业务的线上化，实现铁路工程全过程信息高效、透明、互联、互通的一体化管理。铁路工程全过程信息化管理如图 1 所示。

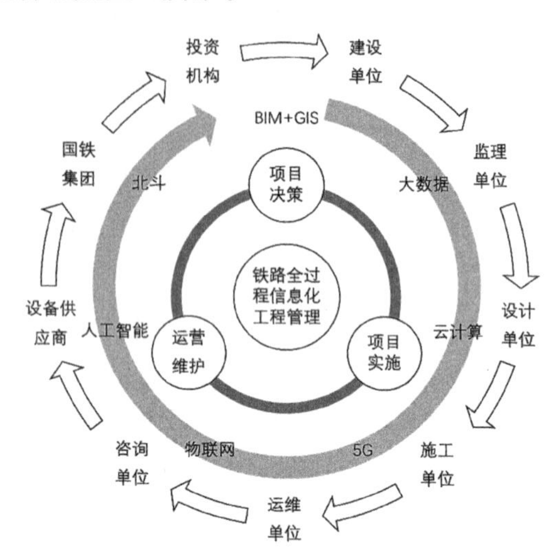

图 1 铁路工程全过程信息化管理

铁路工程全过程信息化管理系统“从流程入手”通过标准化业务场景，围绕项目全过程管理和进度、安全、质量、物资设备等方面，采用 C/S 架构，客户端主要项目决策、项目实施、项目运营维护三个主要模块（图 2），服务器端包括数据库服务器和应用服务器。采集各阶段结构化数据与非结构化数据或半结构化数据，并将信息上传至数据仓库，对数据进行分析、存储、查询等，实现全过程科学化、系统化、数字化管理（图 3）。

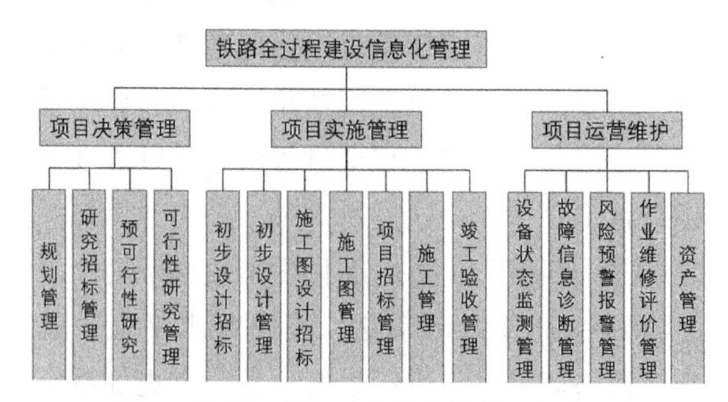

图 2 铁路工程全过程信息化管理架构图

3.1 项目决策管理

项目决策是项目建设的基础，具有战略性意义，主要任务是论证项目技术、经济、效益等多方面的可行性，确定项目实施的组织、

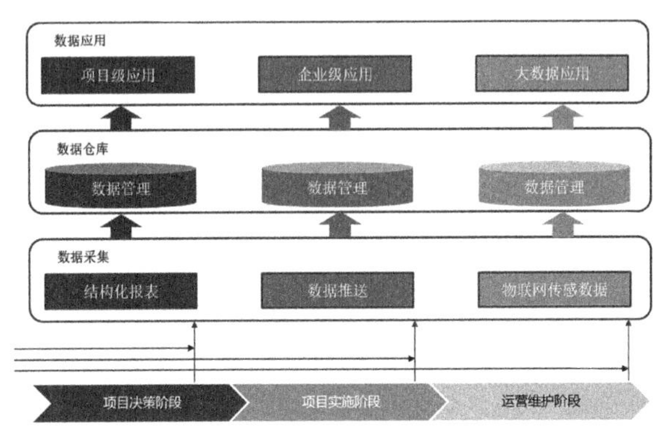

图 3　数据处理架构图

资金、任务等，是对项目影响最大的环节。正确的决策可保障实施，提高项目管理效率，保证项目投资效益。项目决策管理主要包括规划管理、研究招标管理、预可研性研究管理、可行性研究管理阶段业务流程及文件管理（图 4），涉及国土、环保部门、省 / 市地方政府相关部门、设计院、建设管理部、运输部等部门业务。即发展规划、资金计划、勘察设计计划、预可审、建议书编制、建议书上报、咨询评估、项目建议书批复流程、报告、意见、批复等文件进行采集、存储、传递等，实现查询、检索、业务提醒等功能。达到数据驱动制度、事、人的目标，为项目构建效益最大化提供支持。

可行性研究管理模块主要对项目涉及的职能部门组织、协调、管理活动进行相互衔接关联。涉及项目地质、环境、规划选址、工程投资估算经济合理性、工程技术适用性等咨询、评估、批复程序。通过电子地图、高程数据、BIM、倾斜摄影、遥感影像等数据，使数据本地化形成三维地形影像数据，并具有三维漫游、动态展示、缩放显示等功能。铁路项目周边的地形地貌、地质勘探、建设情况真实地显示出来，使线路勘察设计、线路规划选址（图 5）方案汇报等项目更直观具体，让设计效率更高、精准，减少决策的风险和成本，为项目论证投资决策、技术可行性、项目合理性、环境影响研究提供支持。

3.2　项目实施管理

项目实施管理是铁路工程建设全过程的核心，在该阶段，项目管理团队需要将项目计划转化为实际可操作的项目实施方案，全面落实

图 5　线路规划选址

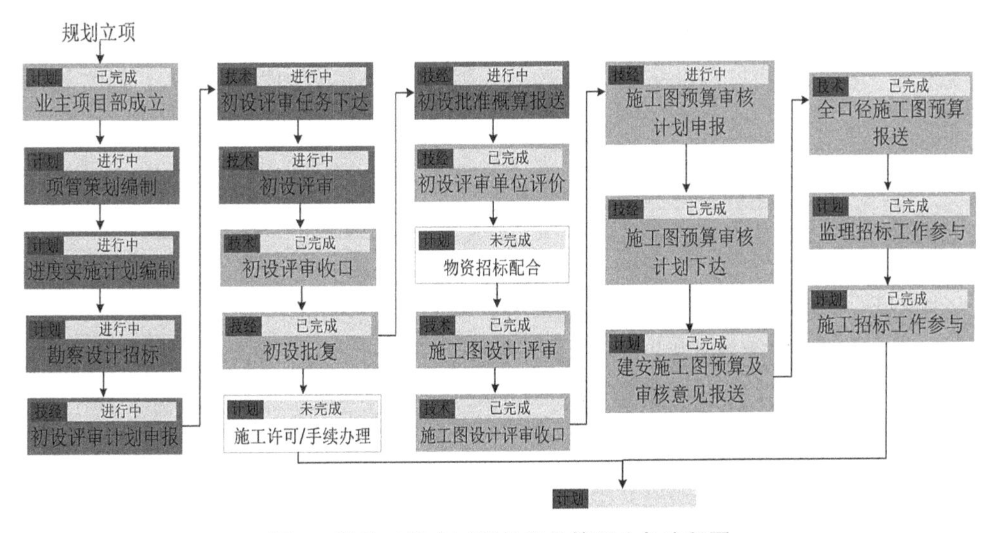

图 4　铁路工程全过程信息化管理业务流程图

项目管理计划，确保项目在时间、质量、成本等方面的达成目标[4]。项目实施主要包括初步设计招标、初步设计管理、施工图设计招标、施工图管理、项目招标管理、施工管理、竣工验收管理。通过一体化数据服务的实现，可以提高铁路工程施工管理水平，降低成本和提高效率[5]。

在初步设计阶段，对初步设计的招标过程进行全面管理，包括招标公告发布、投标人资格审查、评标、中标等环节。通过招标文件在线发布、投标人信息自动采集、投标文件在线提交、评标专家在线评审、中标公告在线发布等功能，实现招标流程的数字化和线上化。该阶段对设计过程进行全程监管和管理，包括设计计划、设计进度、设计内容、设计修改、设计审批等环节。系统通过设计文件的在线协作、设计进度的实时追踪、设计方案的多方评审、设计变更的在线管理等功能，实现初步设计流程的数字化和线上化。在施工图管理阶段，对施工图的制作、审核、修改等过程进行全面监管和管理，系统通过施工图的在线协作、施工图审核的实时追踪、施工图修改的在线管理等功能，实现施工图设计流程的数字化和线上化。在项目招标阶段，对项目相关的招标过程进行全面管理，包括施工招标、监理招标、咨询招标、物资招标等环节。系统通过招标文件在线发布、投标人信息自动采集、投标文件在线提交、评标专家在线评审、中标公告在线发布等功能，实现招标流程的数字化和线上化。在施工图管理阶段，对施工图的制作、审核、修改等过程进行全面监管和管理。系统通过施工图的在线协作、施工图审核的实时追踪、施工图修改的在线管理等功能，以减少后期调整和改进的成本及风险，提高设计效率和准确性。

在施工阶段，对施工建设过程进度、成本、质量、安全进行全面管理，进度管理是项目实施管理的重要内容之一，进度管理包括制定项目进度计划、跟踪项目进度、识别和处理项目延迟等。制定项目进度计划时，充分考虑项目的时间限制、任务之间的依赖关系等因素，确保项目进度计划合理可行。跟踪项目进度时更新项目进度，并识别项目延迟的原因，及时采取措施加以处理。成本管理是项目实施管理的另一个重要内容，包括制定项目预算、跟踪项目成本、识别和处理成本超支等。制定项目预算时，考虑项目的各项成本，包括人力成本、物资成本（图 6）、设备成本等，确保项目预算合理可行。质量管理是项目实施管理的另一个重要内容，包括制定项目质量计划、实施项目质量控制和质量保证等。竣工验收管理模块主要管理铁路工程竣工验收过程中的所有信息，包括验收计划、验收报告、验收资料等，用于存储和管理铁路工程的相关资料等，

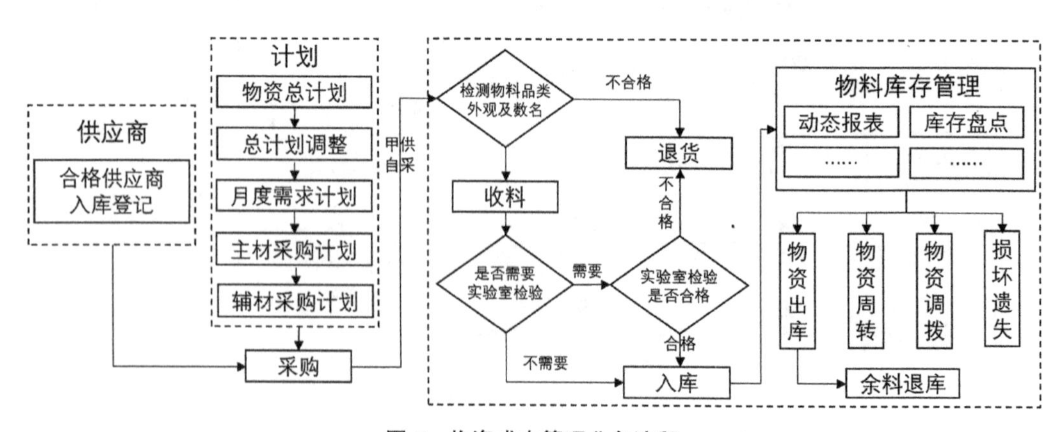

图 6 物资成本管理业务流程

实现对铁路工程竣工验收过程中的各项数据进行统计和分析，以便于决策和管理[6]。

3.3 运营维护管理

项目运营维护基于PHM（预测与健康管理）、预测性维修、状态修、全生命周期修理决策优化等技术，实现铁路基础设施设备的自感知、自诊断、自决策，精准、精细、精确地掌握设施设备状态劣化机理和演变规律，优化养修策略和资产管理，实现运营养护维修策略与资产管理的最优化，通过感知智能、分析智能、管理智能三方面打造设施状态监测、故障信息诊断、风险预警报警、作业维修评价、资产智能管理的项目运营维护管理闭环（图7）[7]，保持项目运营管理阶段工作的高稳定性、高可靠性，降低运维成本，形成运维新模式。该阶段主要包括多元化感知技术、智能化数据处理及智能运维管理，涉及路局集团、工务段、维修车间及工区班组部门业务，实现运营维护工作一体化开展，构建出检监测感知—设备状态掌握—维修计划制定—作业质量评价的业务流程体系[8]。

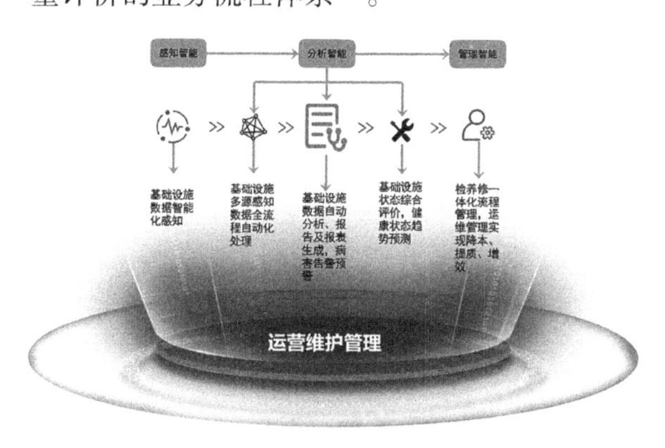

图7　项目运营维护管理示意流程

感知智能通过图像数据识别、传感器、物联网、5G、边缘计算等技术对基础设施设备服役数据进行实时感知，包含运行安全健康状态、身份、位置、运行环境等感知，并以此为基础对设施的健康状态进行初步识别和对设施设备的故障病害进行初步诊断，并通过可视化技术进行数据可视化管理及查看，便于工务段管理人员实时掌握设备设施健康状态，为进一步开展数据分析奠定了数据基础。

分析智能以深度挖掘状态感知和诊断数据的方式从故障发生的次数、地点和频率三个维度剖析状态演化的机制和规律，并对智能化感知数据和基础设施状态数据做出关联分析，分析劣化变形趋势，评价健康状态，对安全风险进行识别和报警。通过掌握基础设施服役性能劣化机理与规律，分析故障原因，为维修车间养护维修管理人员提供养护维修建议及技术决策支持，提高运营保障水平。

管理智能基于基础设施履历数据、健康状态分析预警数据以及维修决策数据，通过数据驱动实现设施状态感知、设施养护维修、设施状态更新的运维业务闭环，在工区班组实现计划—排班—工单—评价的运维作业流程业务，来提升养护维修作业质量与作业效率，有效降低运营维护综合成本，为科学化管理、均衡化维修改造提供有力支持，从而保障运营安全，实现提质降本增效效果和运营维护工作的综合效益最优化。

4 结语

铁路工程全过程信息化是铁路建设实现高质量、安全、可持续发展的必要条件和重要手段。在铁路工程建设中，应用信息化技术可以大幅提升铁路规划和设计效率以及精度，减少规划决策的风险和成本；可以实现工程进度管理、质量安全管理、物资设备管理等方面的信息系统化和数字化，提高铁路施工管理水平，从而降低成本和提高效率；可以实现设施设备的远程自动化监控，提高线路、车辆、行车安全的可靠性、稳定性和安全性。通过研究铁路工程全过程信息化管理从而促进铁路建设的高质量、安全、可持续发展。

参考文献

[1] 王同军 . 中国智能高速铁路 2.0 的内涵特征、体系架构与实施路径 [J]. 铁路计算机应用，2022，31（7）：1-9.

[2] 王同军 . 中国智能高速铁路体系架构研究及应用 [J]. 铁道学报，2019，41（11）：1-9.

[3] 胡所亭，梁家健，方兴，等 . 超大型复杂铁路工程建设全过程管理研究 [J]. 铁道建筑，2020，60（12）：141-146.

[4] 蔡德钩，朱宏伟，叶阳升，等 . 铁路路基工程信息化技术 [J]. 铁道建筑，2020，60（4）：28-33.

[5] 王同军，叶阳升，朱宏伟，等 . 铁路路基工程智能建造体系及关键技术 [J]. 中国铁路，2023（1）：1-9.

[6] 张恒，贾丰品，范登科，等 . 一种面向铁路竣工文件管理的电子沙盘系统研发 [J]. 铁道勘察，2022，48（6）：1-6.

[7] 宋小鹏 . 城市轨道交通信号系统智能运维 [J]. 通信电源技术，2021，38（20）：183-185.

[8] 王同军 . 京张高铁智能化服务总体架构、关键技术与应用示范 [J]. 铁路计算机应用，2021，30（7）：1-8.

城轨轨道状态车载式自动化巡检装置系统研究

李 达

（天津一号线轨道交通运营有限公司，天津 300350）

摘　要：城轨轨道车载式自动化巡检装置系统是一套安装在轨道列车上的自动化巡检设备，通过机器视觉和AI技术，在列车行驶过程中完成对轨道道床空间的全断面高清晰成像，同时综合多种方式对列车当前运行位置进行精准定位，并且利用高性能AI算法实时对轨道缺陷进行智能识别，将缺陷图片及其位置信息通过车地无线网络及时发送至巡检系统云服务器，利用云计算技术分析和处理检测数据，以便于维修人员及时对缺陷进行评估及处理，从而保障列车安全运行。

关键词：轨道车载式巡检系统；轨道全断面成像；轨道缺陷智能识别

1　引言

随着城市规模快速扩大，轨道交通逐渐成为城市客运的一种主要交通工具。修建轨道交通设施的城市大多人口众多，对轨道交通依赖度较高，数分钟的故障延误，都将给人们的日常出行带来极大的不便；同时轨道是关乎城市轨道交通运行安全的重要设备之一，一旦发生轨道故障，将会引发较为严重的行车事故，造成无可挽回的经济损失和社会影响。因此，为保证运营安全，提高城市轨道交通的高可用性与安全性，必须加强对轨道状态的及时检查。

日本于20世纪90年代中期试验性地开发了轨道综合巡检设备，实现了对钢轨裂纹、锈蚀和扣件状态的检查以及道床形状尺寸的检查等功能。美国ENSCO公司也在20世纪90年代末研究开发了轨道视觉检查系统（TVIS），可检查轨道有无影响行车安全的异常以及路基是否有影响行车安全的较大沉陷等。德国Atlas Electronic公司研制的Rail Check系统可对钢轨、扣件、轨枕和道床进行伤损检测和分类处理。澳大利亚开发了轨道扫描系统（RAILSCAN系统）用于轨道巡检，采用高清数字成像和图像处理技术，实现了轨道结构可见异常的自动检测。法国、意大利等国家也研制开发了巡检设备，实现了钢轨表面缺陷、扣件状态、轨枕破损的自动检查。

目前国内对轨道状态的巡检主要以人工步行巡检为主，需要消耗大量的人力资源，而且通过肉眼观察来进行缺陷识别，受人员素质和工作积极性的影响，具有一定的不确定性。个别线路配备了安装在工程车上的自动巡检装置，利用夜间检修时间，在工程车辆的快速行走过程中，对轨道状态进行快速自动检查，但由于工程车辆上线运行，占用线路检修时间，需要提前申请行车点，一般只能每隔一个月或者半个月对线路检查一次，而轨道线路需要每天都进行巡视检查，该方式只能作为当前人工巡检方式的一个补充，不能达到代替人工巡检的目的。

本文提出的城轨轨道状态车载式自动化巡检装置，通过先进的检测手段及数据分析技术，及时发现轨道故障隐患并上报，提出对行车干扰小的方案对轨道设施进行经济、高效的运营维护和检修。

2 系统组成与性能指标

本文研制了一套轨道状态车载式自动化巡检装置，系统结构框图如图1所示。该系统主要由安装在列车底部的检测梁、安装在车轮轴头上的速度传感器、安装在车内客室座位下的检测机柜、部署在云服务器上的检测数据处理服务器程序和安装在终端监控计算机上的客户端程序等组成。其中，检测梁上安装有高清成像组件、同步装置以及电子标签读卡器；车内检测机柜内包括检测主机、3G/4G无线模块、移动硬盘盒以及电源装置等。

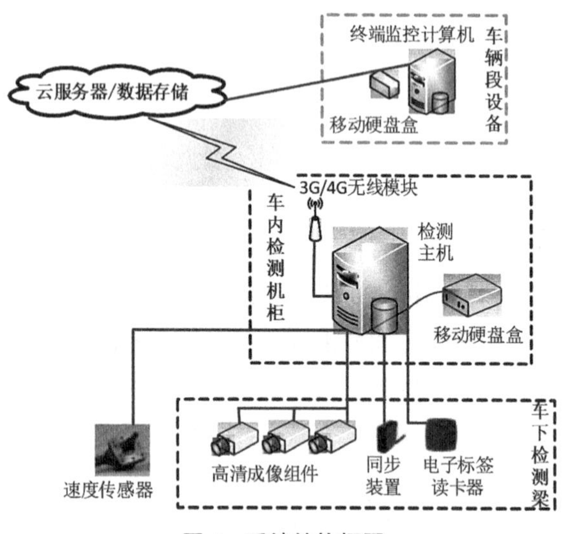

图1 系统结构框图

2.1 系统功能

城轨轨道状态车载式自动化巡检装置确保能在列车最高时速160km/h的运行情况下，实时采集轨道道床空间全断面高清晰图像、精确检测列车运行位置，并能实时对轨道缺陷进行智能识别，将检测出的缺陷信息和位置信息通过无线网络实时发送至巡检系统云服务器进行分析处理。

系统主要功能包括：

（1）在列车行走过程中实时对轨道及道床进行高清图像采集。

（2）对轨道状态图像进行智能缺陷识别，自动识别缺陷包括钢轨裂纹及断轨，钢轨扣件断裂、移位及缺失，轨枕裂纹及掉块，道床空间异物入侵等。

（3）巡检位置检测，测量列车当前走行的位置（公里标），作为系统所记录的钢轨缺陷在线路上的坐标信息。

（4）钢轨缺陷图片缺陷类型、缺陷位置信息通过无线网络发送至云服务器。

（5）轨道缺陷信息及图片保存至云服务器。

（6）安装在终端监控计算机上的客户端程序能查看缺陷信息，并进行汇总统计，对比分析，形成报表等。

2.2 系统技术指标

本系统主要技术指标如下：

（1）钢轨扣件移位及缺失检测

弹条及螺栓缺失识别率≥99%；弹条松动检出距离≥5mm。

（2）钢轨及轨枕裂纹检测

检出精度：裂纹宽度≥2mm，长度≥15mm。

（3）轨枕破损检测

检出精度：破损面积≥100mm^2。

（4）道床空间异物入侵检测

检出精度：投影面积≥100mm^2。

（5）钢轨焊缝检测

识别率≥99%。

（6）里程检测

测量精度：±1m。

（7）检测速度

0～120km/h。

3 系统硬件及软件设计

3.1 系统硬件设计

系统的硬件主要包括车下检测梁上的硬件装置以及车内检测机柜内的硬件装置。车下检测梁内布置有对轨道进行成像的高清成像组件，以及触发高清成像组件进行同步拍照的同步装置，还有读取线路上电子标签的电子标签阅读器。列车底部的检测梁俯视图如图 2 所示。

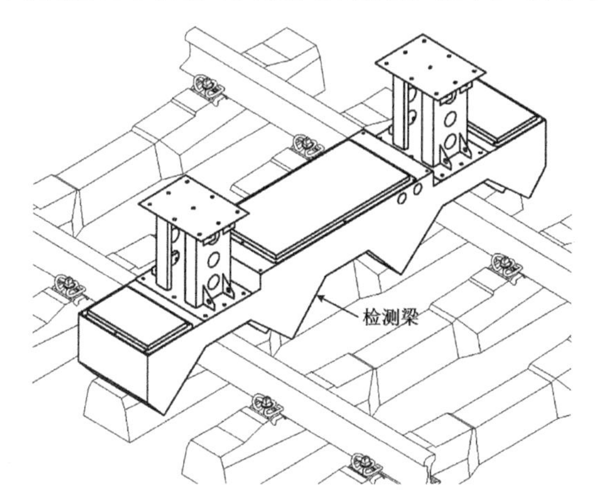

图 2　列车底部的检测梁俯视图

车内检测机柜内主要布置有检测主机、4G 无线数据传送装置、电源装置等，车内检测机柜安装图如图 3 所示。

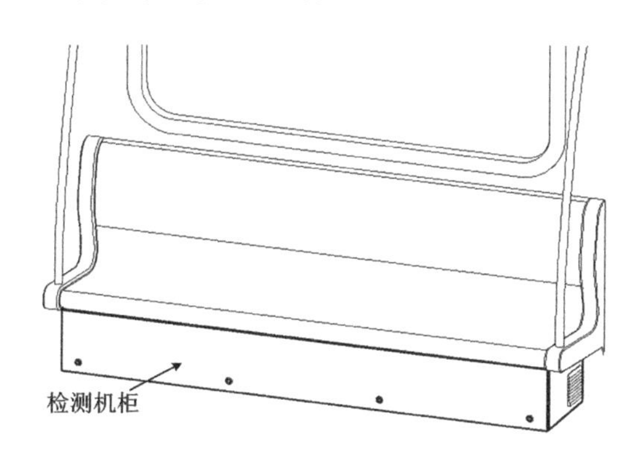

图 3　车内检测机柜安装图

系统硬件的详细描述如下：

（1）高清成像组件

高清成像组件用于对轨道区域进行高清成像，在列车高速运行情况下获取轨道清晰图像，安装示意图如图 4 所示。

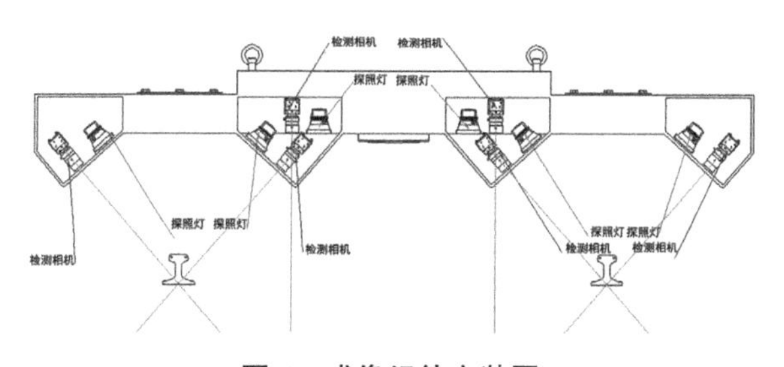

图 4　成像组件安装图

高清成像组件共由 6 组相机及照明光源组成。其中 4 组相机分别从两个侧面拍摄钢轨区域，2 组相机分别从正上方拍摄钢轨中间的道床区域，实现对道床断面的全覆盖。

相机参数配置如下，分辨率：2048 × 2048；曝光时间：0.02 ～ 1000ms；最高帧率：223fps；接口：双千兆网。

照明光源采用机器视觉专用频闪 LED 光源，额定功率为 432W；脉冲宽度为 1 ～ 1023μs；响应时间≤ 15μs。

（2）同步装置

同步装置安装在检测梁底部，由高速激光测距传感器、速度传感器、嵌入式同步触发系统，以及相机触发电路组成。

嵌入式同步触发系统采用小型单片机系统，参数配置如下：微控制器，ATmega328；时钟，16MHz；SRAM，2KB；数字 IO 口，14 个；模拟量输入口，6 个；计数器，1 个。

高速激光测距传感器对着钢轨外侧道床区域测量，参数配置如下：测量范围，60 ～ 2000mm；响应时间，1ms；测量分辨率，1mm；激光类型，1 类激光；模拟量输出，4 ～ 20mA。

（3）电子标签阅读器

电子标签阅读器布置在检测梁中部下方，用于在列车运行过程中感应线路上电子标签位置，对运行里程进行校准。

电子标签阅读器采用工业级阅读器（HD Reader），是一种能远距离识别 ID 标签卡的射频识别设备（RFID），机械和电子部分具有非常好的坚固耐用性，适用于恶劣环境，具有防喷射水、防尘及抵御其他恶劣环境条件的结构保护。可在 400km/h 速度下准确识别线路上的电子标签信息。

（4）检测主机

检测主机用于图像的智能识别，以及检测结果的保存及发送。检测主机采用车载准用紧凑式工业服务器，配置如下：CPU，E2400 32核；内存，32G；独立显卡，MSI1080ti；256G固态硬盘，2T可拔插式硬盘盒；千兆网口，15个。

（5）无线数据传输装置

检测结果通过布置在车内检测机柜内的工业4G路由器传输至云服务器，也可通过车内多网融合系统进行传输。

（6）电源装置

检测装置电源由车辆系统提供DC110V和AC220V两路电源供给。在线路正常运行过程中由AC220V供电，在车辆停止运行降弓后由DC110V电源逆变为AC220V电源用于系统关机。当车辆通过TCMS接口向检测主机发送车辆故障信息时，系统切断自身电源，以避免影响车辆故障运行。

3.2 系统软件组成

系统软件的工作流程图如图5所示，主要包括检测位置信息获取、信息采集（包括同步触发装置和高清成像）、轨道缺陷识别以及数据无线传输保存等，详细分析如下：

（1）检测位置信息获取

列车上电后，巡检系统获电可启动。车辆运行后，通过速度传感器输出的距离脉冲，计算出列车行走里程。通过获取线路上的电子标签信息和列车TCMS信息对检测位置进行校准。

（2）同步装置触发高清成像

车辆启动行走后，同步触发系统通过计数器端口读取距离脉冲，并开始通过模拟量输入端口测量检测梁安装位置距道床区域高度，当走行到轨枕位置时，由于轨枕具有一定的高度，而且上面安装有扣件等部件，测量高度会出现阶跃性变化，同步触发系统根据高度变化判断当前位置是否为轨枕位置。为避免道床上其他随机出现的凸起设施对测量造成干扰，系统还结合由速度脉冲计算出的走行距离进行综合判断。

同步触发系统确认为轨枕位置后，通过系统IO口驱动触发电路，触发高清成像组件各相机同步进行拍摄。

（3）高清成像

高清成像组件由同步触发装置输出的同步信号驱动，同步拍摄轨道区域图像，照明光源在拍摄时同步发光，为相机提供照明。

各相机采集的高清图片通过千兆以太网发送至车内检测机柜内的检测主机进行分析处理。

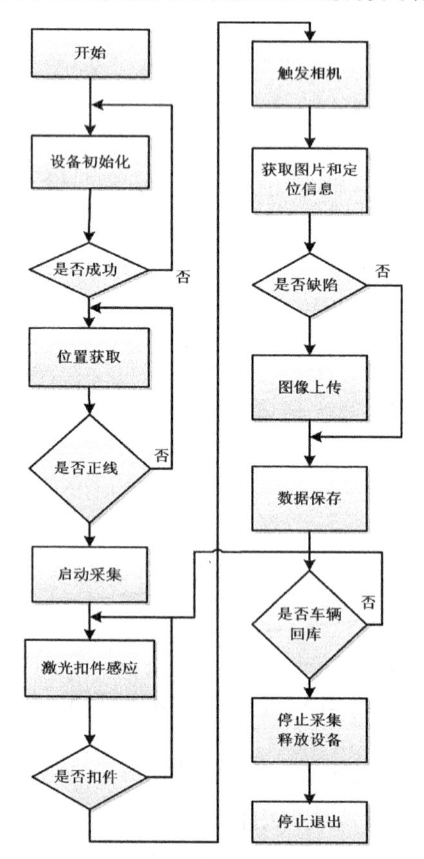

图5 系统软件工作流程图

（1）轨道缺陷智能识别

车内检测主机通过高清成像组件传输的轨道图像进行图像智能分析，实时识别出扣件缺陷、轨道异物、轨枕缺陷、钢轨缺陷、感应板移位等缺陷信息。

（2）轨道缺陷数据无线发送

检测装置在运行过程中智能识别到的轨道缺陷，包括缺陷图片、运行位置、时间、车次等信息，实时通过车载无线网络发送至云服务器保存，并实时推送至车辆段终端监控计算机，通过客户端软件界面实时显示和查看缺陷信息。

4 系统验证

为了更好地验证所提出的轨道状态车载式自动化巡检装置性能，在国内某地铁列车上投入使用该轨道状态车载式自动化巡检装置，每天随 169170 车辆巡视检查轨道，截至 2019 年 3 月系统共查出 1615 处缺陷（含重复），其中扣件缺陷 1310 处，轨枕破损 290 处，道床异物 15 处，轨道缺陷样例如图 6 所示。经验证检出率 100%。

（a）扣件缺陷

（b）轨枕破损

图 6 轨道缺陷

（c）查出道床异物样例

图 6 轨道缺陷（续）

检测出的缺陷信息和位置信息通过无线网络实时发送至巡检系统云服务器，利用云计算技术分析和处理检测数据如图 7 所示，工作人员可以实时了解轨道缺陷位置和缺陷种类。

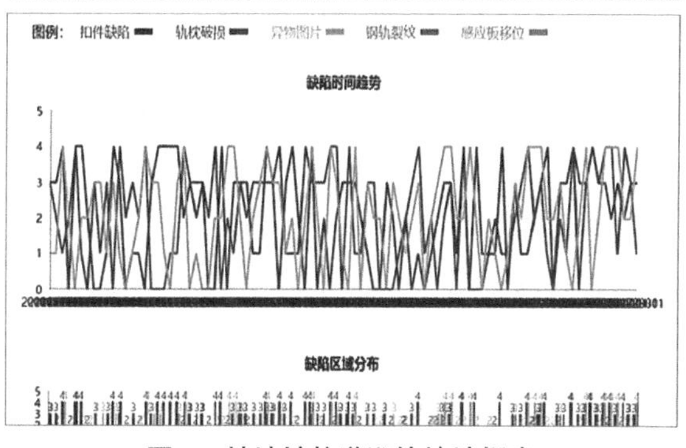

广州地铁轨道巡检统计报表

线路号	8号线				
日期	2018-08-01--2018-11-01				
区间段	扣件缺陷	轨枕破损	异物图片	钢轨裂纹	感应板移位
万胜围站台	0	2	3	1	2
万胜围-琶洲	3	2	0	2	4

图 7 某地铁轨道巡检统计报表

5 结论

本文设计了一种轨道状态车载式自动化巡检装置，系统主要由检测梁、速度传感器、检测机柜、检测数据处理服务器程序和客户端程序等组成。系统利用机器视觉技术在车辆运行过程中实时采集轨道道床空间全断面高清晰图像、精确检测列车运行位置以及智能识别轨道缺陷，并通过无线网络实时发送检测出的缺陷信息和位置信息至巡检系统云服务器。以某地铁实际安装装置为例，验证了本文所提出的轨道状态车载式自动化巡检装置具有定位精准、轨道缺陷检测率精确以及实时传输和分析的优点，验证了方案的可行性，适用于我国轨道缺陷巡检，有力保障了列车安全、可靠运行。

参考文献

[1] 韩强，任盛伟，戴鹏，等.轨道状态巡检系统 [J]. 铁路技术创新，2012(01)：48-50.

[2] 胡春雄，布春明，李海峰.智能巡检系统在线路运行中的应用 [J]. 山西电力，2006(135)：29-30，34.

[3] 赵泽霖.高速轨道电力巡检系统设计与实现 [D]. 成都：电子科技大学，2015.

[4] 李业进.日本东海道铁路公司研制开发新干线多功能轨道检测车 [J]. 中国铁路，2000(2)：45-45.

[5] Sholl H，Ammar R，Greenshields I，et al. Application of Computing Analysis to Real-Time Railroad Track Inspection[C]//World Automation Congress，Budapest，2006.

[6] 张未.德国 RAILCHECK 光电式自动化钢轨检测系统在轨道检查车中的应用 [J]. 哈尔滨铁道科技，2001(4)：3-4.

[7] 柴雪松，朱锦堂，马辉.青藏铁路高原巡检车的研究 [M]//青藏铁路运营管理及相关技术研讨会论文集，格尔木，2005.

[8] 刘杰.轨道扫描检测技术 [J]. 中国铁路，2001(12)：56-57.

[9] 张未.澳大利亚 RAILSCAN 非接触式轨道测量系统 [J]. 上海铁道科技，2001(3)：46-49.

[10] Al-Douri Y K，Tretten P，Karim R. Improvement of Railway Performance：a Study of Swedish Railway Infrastructure[J]. Journal of Modern Transportation，2016，24(1)：22-37.

[11] 黄海军，张飞龙.浅谈轨道巡检系统在城市轨道交通的应用 [J]. 山东工业技术，2017(22)：112-112.

[12] 韩强，戴鹏，谭松，等.车载轨道巡检系统研制 [J]. 铁道建筑，2014(11)：144-147.

[13] 马晓明.轨检车车载轨道状态巡检技术及应用 [J]. 现代商贸工业，2018，39(18)：181-183.

[14] 韩强，戴鹏，谭松，等.车载轨道巡检系统研制 [J]. 铁道建筑，2014(11)：144-147.

[15] Singh M，Singh S，Jaiswal J，et al.Autonomous Rail Track Inspection Using Vision Based System[M]//International Conference on Computational Intelligence for Homeland Security and Personal Safety，Virginia，2006.

绿色理念在城市轨道交通场段设计中的应用

杜霄蒙*

（中国铁路设计集团有限公司，天津 300142）

摘　要：绿色低碳发展是城轨交通行业面临的历史性任务，是城轨交通发展的重大战略。城轨车辆基地占地面积广、使用资源多，研究如何设计建造绿色场段对于发展绿色城轨至关重要。本文以天津市多个地铁车辆段和停车场的设计成果为例，分析绿色理念在城市轨道交通场段设计过程中的具体应用，总结绿色场段设计的一些可行性措施。期望为创建绿色场段、打造绿色城轨体系提供设计参考。

关键词：绿色理念；绿色场段；资源共享；上盖开发；海绵城市

1　引言

城市轨道交通是大容量公共交通基础设施，是城市引导绿色低碳出行的骨干交通方式。绿色低碳发展是城轨交通行业面临的历史性任务，更是城市交通领域实现“双碳”目标的重要举措。2022 年 8 月，中国城市轨道交通协会结合行业特点和发展态势，发布了《中国城市轨道交通绿色城轨发展行动方案》，确立了构建绿色化城市轨道交通的目标。

城市轨道交通车辆基地包含车辆段和停车场，是用于轨道交通车辆停放、运用、清洗以及维修的综合基地，特点是占地面积广、使用资源多。将绿色理念融入场段设计中，是创建绿色场段、打造绿色城轨体系的重要举措。本文通过研究分析天津市多个地铁场段的设计成果，提出绿色理念可以通过绿色布局、绿色设计、绿色产品等多方面应用于城轨场段设计之中。

2　绿色布局

2.1　场段共址、资源共享

车辆基地作为车辆停放、运用、清洗以及维修的基地，占地广、密度低、资源利用率较低。为了节约利用有限的土地资源，“两段共址”甚至“三段共址”成为在规划布局场段位置时实现绿色理念的一个重要方式。而随着城市轨道交通线网的不断建设和发展，研究线网车辆基地资源共享可以有效合理利用土地、人力、维修资源，降低前期投资以及后期运营维护成本。

天津地铁 5、10 号线梨园头车辆段是天津地铁线网中第一个两段共址的车辆基地。结合线路方案和地块周边地形，10 号线布置于地块北侧，出入线由北向南拐向西后进入场段，5 号线布置于南侧，出入线由东向西进入段内。在规划设计总平面布局时，结合工艺需求充分考虑车辆检修资源共享，共享情况总结如下（图 1）。

2.1.1　大、架修资源共享

5 号线梨园头车辆段大架修库位于 10 号线定临修库和 5 号线定临修库之间，共设置 3 条解体组装线、2 条修车线以及 11 条库内线，通过移车台形式连接。10 号线车辆可以通过共址段内 2 条联络线驶入 5 号线段内，共用 5

* 杜霄蒙（1991—），女，工学硕士，工程师，规划师，中国铁路设计集团有限公司，主要从事轨道交通方面的规划和设计工作。E-mail：x.du93@qq.com

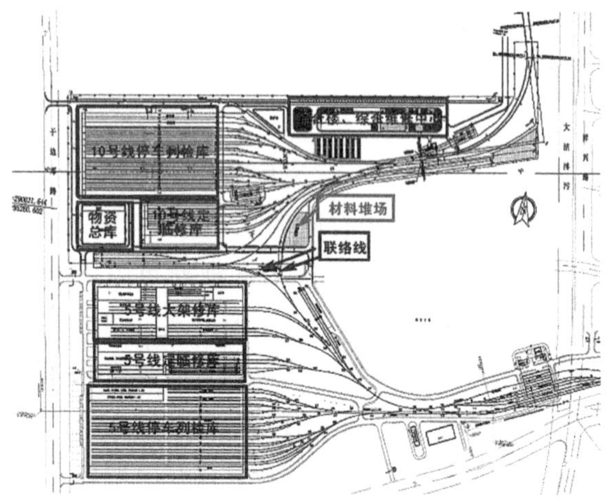

图1　5、10号线梨园头车辆段布局示意图

号线大架修库，实现检修资源共享。5号线梨园头车辆段还承担了线网中6号线以及静海线的大架修任务。

2.1.2　物资总库资源共享

5、10号线物资总库设置于10号线联合检修库库后，位于5、10号线两个段的联合检修库中间，方便物资存放、运输和统一管理。材料堆场也设置于10号线与5号线交界处，节约了土地资源。

2.1.3　综合办公楼、综合维修中心资源共享

5、10号线综合办公楼（乘务员公寓、食堂）、综合维修中心等主要办公生活区域进行集约化设计，设置于10号线出入线北侧，在5号线建设时一次性建成，两线共用，减少了功能用房的占地面积，节约了投资。

两段共址并考虑资源共享进行平面布局后，两个车辆段中间形成规整的大块土地可以供开发使用，提高了土地利用率，降低了轨道交通的建设成本。

2.2　上盖开发

城市轨道交通车辆基地由于占地广，会对城市景观和交通产生一定的影响。在对车辆段布局进行规划和设计时，充分利用地面空间和上部空间，将生产生活用房进行科学整合，与周边物业开发相结合，对车辆段进行落地和上盖物业开发，能够提升车辆基地与周边环境的适应性，提升土地利用价值，是绿色理念在场段设计中的合理应用。

天津地铁7号线大寺车辆段是天津城市轨道交通线网中首个A型车大架修车辆基地。在原大寺车辆段总图布局中，按照地铁功能划分为大库区、咽喉区、场前区和出入段轨行区等四个主要区域。场前区设综合楼（含食堂）、综合维修中心、乘务员公寓、物资总库、易燃品库、工务料棚等生产办公房屋（图2、图3）。

根据上盖和落地开发需求，在保证地铁功

图2　大寺车辆段上盖开发前后方案效果对比图

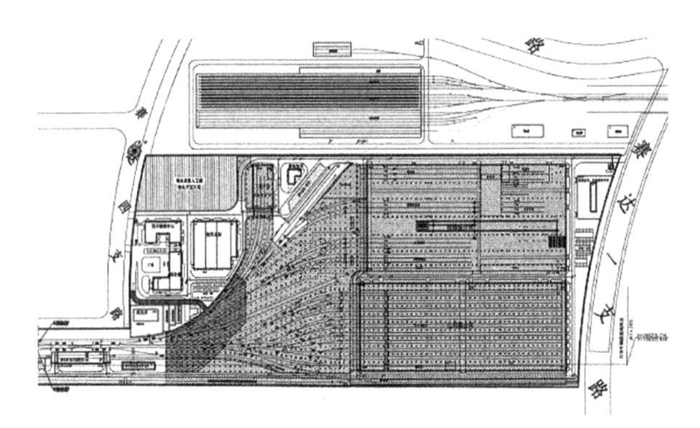

图3　大寺车辆段落地上盖开发范围示意图

能齐全、合理分区的原则下，对地铁生产办公房屋进行了整合设计。在场前区集中布置综合楼、综合维修中心和物资总库3栋单体建筑。综合楼整合办公与宿舍、食堂等功能，按8层设计。综合维修中心整合机电车间、工务、通信、信号、AFC、综合监控、供电车间等用房，按4层设计。

场前区原占地面积约4.4万m^2，对地铁功能性用房进行整合设计后，可用于落地开发的区域达到1.3万m^2，可建设多栋高层住宅，规划住宅建筑面积约2.4万m^2。

大库区的运用联合库、检修联合库和工程车库计3座上盖车库，咽喉区范围也设计上盖。工程车库东侧三角地块区域为透空，此处布置地铁卸车场地，保证地铁新车入段运输和起吊卸车要求。出入段轨行区范围无上盖。总上盖开发面积约18万m^2。

落地和上盖开发方案与周边环境规划相结合，提升了车辆基地的环境适应性，提升了土地价值，助力打造绿色场段。

3　绿色设计

3.1　咽喉区简约结构设计

经过对城市轨道交通场段咽喉区的多年研究观察，发现有几个特点：①进出库的列车速度不超过15km/h；②库内的每条股道进出列车的速度和频度基本相同；③每条股道列车出入频率不高；④对库外轨道长度没有有效长要求。

根据以上特点，在布置咽喉区平面时就可以采取以下原则：①不必刻意设置贯通线路，偏向轴线外侧的股道提前转向。②道岔尽量集中且靠近库门布置。③在外侧控制股道没有浪费的情况下，内部的咽喉区越空越好。

根据以上原则布置的咽喉区平面结构很像无主干的树杈，称为“树杈结构”。与传统设计相比，以常规的20股道平面布局为例，占地长度缩短36.66m，铺轨长度节省571m，车辆走行总长度缩短730m，节约用地6599m^2。天津地铁多个车辆段和停车场平面均应用该简约结构技术进行咽喉区设计，整个平面美观紧凑，节约出大量空地，更有利于其他相关专业布设电缆沟、排水沟等设施，也有助于绿色施工（图4）。

图4　李明庄车辆段咽喉区简约结构

3.2　海绵城市

海绵城市是指像海绵一样可以吸水的城市，在下雨时能将雨水“吸收、蓄存、渗透、净化”，在旱季能将蓄存的雨水排放出来并加以利用。在场段设计中运用海绵城市设计理念，可以有规律地实现地表雨水的汇流，对雨水进行集中收集和有效利用，降低地表的径流系数，实现绿色场段设计。

天津地铁4号线民航学院车辆段是天津首个实现海绵城市绿色理念的车辆基地。和传统场段设计相比，海绵城市绿色设计理念表现如下。

（1）细化绿地内的竖向设计。将传统的平面化车辆段，采用卵石截水沟、下沉式绿地等进行微地形设计，增加滞水、蓄水能力。

（2）地面做法改变。将办公楼周边的硬化地面设计为透水铺装，停车位硬化铺装设计为透水植草砖等，增加地下水下渗、滞留能力。透水砖具有的孔隙可以实现雨水的吸收和渗透，缓解了雨水一次性汇入排水系统造成的排水压力，透水砖的材料和垫层较好的吸水性可控制水流，在大雨情况下也不会形成降雨量过大造成地面出现大径流的局面。同时透水砖还具有对空气降低温度增加湿度的效果，从而优化空气质量，营造高质量的自然生活环境。

（3）设置蓄水池。根据场区下凹绿地的布置，增加下凹绿地内的雨水口，收集雨水汇入场区雨水管网中。在场段大库北侧设置大型蓄水池，汇集场区内雨水管网的雨水，缓解瞬间排水压力。蓄水池与市政管网连接，可以在适当时间将雨水排出。蓄水池也作调节池和景观湖之用，池中储存一定量的雨水，可以供地面绿化浇水、除尘等使用（图 5）。

图 5　民航学院车辆段蓄水池

4　绿色产品

4.1　开口型钢装配式栅栏

为了解决场段里的围墙和轨行区栅栏寿命短、易腐蚀的问题，从锈蚀的机理研究入手，借鉴铁塔和钢桥的设计思路，研发出一种耐腐蚀栅栏产品——开口型钢装配式栅栏（图 6、图 7）。该栅栏具有以下几个特点。

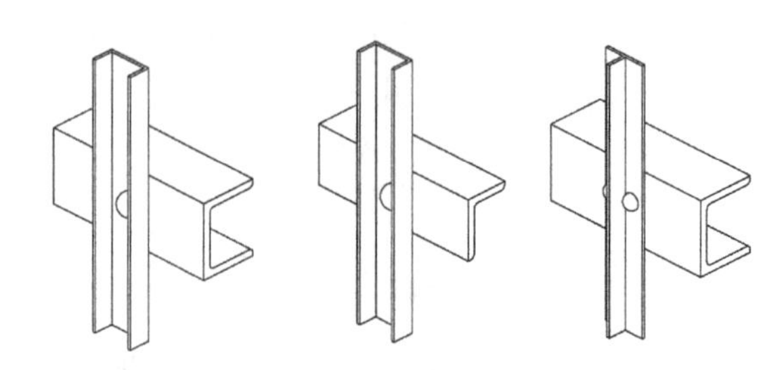

图 6　开口型钢装配式栅栏结构图

图 7　场段内的开口型钢装配式栅栏

（1）开口型钢。所有钢配件没有封闭的空腔，采用开口型钢制造，内部不易积水锈蚀。

（2）装配式连接。部件之间采用 304 不锈钢铆钉或 304 不锈钢螺栓（斜坡时用）连接形成栏片。连接件不易生锈，经久耐用。而装配式连接方式便于后期部件的维修和更换。

开口型钢装配式栅栏造型美观，可以根据实际情况涂装不同颜色，不易损坏，使用寿命长，产品绿色环保，多年广泛应用于天津地铁多条线的场段中，效果较好。

4.2　光伏发电、太阳能供电

城轨交通行业是用能大户，主要能源消耗是电能，据不完全统计，城市轨道交通系统每年的用电量为 150 亿度，约占全国总能量的 3%。为了发展绿色清洁能源，控制轨道交通能耗，降低运营成本，光伏发电设备已逐渐应用于天津既有的场段中。城轨车辆段和停车场占地面积广阔，具有设置光伏发电设备的充足条件。场段内可用于大面积布置光伏设备的地方主要有大库屋顶、上盖、绿化草地以及大片预留空地。本着“自发自用、余电上网”的发电原则，光伏设备产生的电能可以就近给车辆基地的动力照明提供能量，也可以并入城市电网，抵消光伏设备的建设成本，其后产生经济效益。

为了随时观察地面线周边的安全情况，轨道沿线需布设监控设施，这种监控设施有距离远、布局分散、功率低的特点。针对这样的供电特点，如采用敷设电缆的方式供电，需要从车站或场段引出大量的电力电缆，成本较高。而采用太阳能供电设备，无须敷设电缆，无须拆改，施工工艺简单。太阳能能源是可再生绿色能源，是零资源消耗、零污染排放的绿色供电方式。太阳能供电设备由太阳能光伏组件、充放电控制器、蓄电池组等部分组成。目前太阳能监控设备性能稳定，绿色环保，节约成本，在天津场段和沿线中被广泛应用（图 8）。

图 8　5 号线太阳能供电监控设施

5　结语

建设绿色城轨是一项系统工程，需要通过绿色规划、绿色设计、绿色建造、绿色运营等全生命周期持续实施，需要通过绿色装备研发制造、绿色建筑建造、绿色技术创新等全产业链全面推进。在场段设计过程中，需全方位、多角度贯彻落实绿色理念，推动绿色场段的建设，促进全行业绿色发展，最终实现绿色城轨的目标。

参考文献

[1] 郭琳 . 城市轨道交通车辆段绿色设计思路研究：以天津大毕庄车辆段为例 [C]// 中国城市科学研究会数字城市专业委员会 . 2016 年全国智慧城市与轨道交通学术会议论文集，2016.

[2] 张萌 . 地铁车辆段两线共址的集约化 [C]// 中国土木工程学会 . 2014 年中国（青岛）城市轨道交通管理和技术创新研讨会论文集，2014.

[3] 孙继忠 . 轨道客运系统停车场库前咽喉区的简约结构 [P]. 中国 ZL 2012 2 0202710.9. 2012-12-05.

[4] 赵超 . 海绵城市理念在城市轨道交通工程建设中的应用 [J]. 黑龙江交通科技，2020，43（6）：188-189.

[5] 蔡超，刘小霞 . 浅析高速公路低功率监控设施太阳能供电设计方案 [J]. 交通节能与环保，2018，14（6）：46-49.

超大直径泥水平衡盾构机常压刀盘现场组装焊接技术及监理控制研究

董睿文*

（广州轨道交通建设监理有限公司，广州 510010）

摘　要：针对珠海隧道工程盾构机刀盘在掘进过程中由于刀盘组装焊接时可能存在焊接不合格现象，导致刀盘遭到不可逆损坏的问题，本文介绍了刀盘在施工工地现场进行组装焊接的实际情况，分析了刀盘在施工工地上进行组装焊接时存在的技术难点，提出了有针对性的组装焊接技术要点，肯定了监理人员在刀盘组装焊接时监督控制的重要作用。结果表明，在监理人员的监督控制下按照技术要求进行刀盘组装焊接可保证刀盘整体以及其刀具安装与焊接的质量，为后续超大直径盾构机刀盘在施工工地现场进行组装焊接提供了参考依据。

关键词：超大直径刀盘；组装焊接技术；监理控制

1　引言

近些年来，随着我国基础设施中大型城市地铁和隧道工程的不断发展与建设，加大了超大直径泥水平衡盾构机的需求，促进了国内盾构机的设计、制造、组装以及焊接等技术的发展，与此同时，对盾构机性能提出了更高的要求。盾构机主要依靠刀盘切削掌子面来达到挖掘隧道的目的，刀盘的损坏会导致盾构停止掘进从而造成较大影响。国内自行研制的超大直径刀盘应用案例与现场成功组装刀盘案例都相对较少，现场有限的条件会增加超大直径刀盘的组装难度，在增加时间成本的同时，出现安全与质量问题的概率也会大大增加。由此可见，刀盘质量会影响盾构机性能，刀盘的现场吊装、组装调平、刀具定位、焊接以及检测等技术对刀盘质量起着至关重要的作用。

2　工程概况

珠海隧道工程中的磨刀门水道区域采用超大直径泥水平衡盾构机进行施工，盾构始发井与接收井分别位于磨刀门水道的西、东两岸，隧道线位于珠海大桥南侧且平行于现存珠海大桥，采用双管单层盾构施工方式进行施工，北段长 2928m，南段长 2930m，本工程地质条件极其复杂，主要存在四个方面的问题，包括上软下硬、孤石地层等掘进问题；长距离穿越淤泥质粉质黏土等软弱地层；盾构穿越诸多风险源、浅覆土施工等问题；水土压力较大的问题。为应对地质条件复杂的情况，有针对性地使用两台由中铁工程装备集团有限公司制造的 15.01m 泥水平衡盾构机（分别为“开拓号”与“奋进号”）进行掘进，两台盾构机较为相似，刀盘开挖直径均为 15.01m。类似的工程还包括武汉地铁 8 号线越江隧道工程，京沈铁路望京隧道工程，大连地铁 5 号线区间隧道工程，汕头海湾隧道工程，深圳春风隧道工程，扬州市瘦西湖隧道工程等。以上工程中的盾构机均为大或超大泥水平衡盾构机并配备常压刀盘。

* 董睿文（1997—），男，硕士，监理员，广州轨道交通监理有限公司，主要从事大盾构方面的工作。E-mail：516538316@qq.com

刀盘是盾构机中较为核心的部分，对隧洞掘进效率、安全以及质量具有重大影响，盾构工程中因刀盘故障导致停机次数占总停机次数的一半以上。

本工程中的常压刀盘为6中空主梁与6副梁的结构形式，开挖直径最大可达15.01m，采用常压更换滚刀刮刀与常规刮刀相结合的刀具配置，开口率为28%。本工程中盾构机掘进时所面临的地质条件极其复杂，因此刀盘需进行针对性设计，包括以下四个方面：采用较小的刀间距设计，保证正面主要刀具的间距为85～90mm；采用较大的刀具轴承设计，通过17寸中心滚刀与19寸双轴双刃滚刀配合的方式来提高刀具承载能力；为增加掘进距离且减少换刀频率，提出在刀盘最外侧掘进轨迹上装备两把滚刀的设计；提出滚刀与撕裂刀可互换的设计，以此提高地质的适应性。在盾构机掘进时掌子面会对刀盘造成较大的磨损导致刀盘损坏，因此需要在刀盘上设置耐磨部件并对刀盘的磨损情况进行检测。刀盘上装备耐磨部件的部位包括耐磨符合钢板的前面板，耐磨符合钢板的后面板以及合金耐磨块的大圆环。为对刀盘的磨损情况进行检测，刀盘上装备磨损检测部件包括液压式面板磨损检测带，滚刀刀筒上的液压磨损检测装置，外圈梁上的点式磨损检测装置。

3 组装焊接工艺及监理控制

3.1 组装工艺及监理控制

考虑到刀盘存在整体质量较大且尺寸较宽的情况，为减小实际运输风险与运输难度，通常会在工厂制造阶段将刀盘拆分为多个部分进行运输。本工程中刀盘的总重量为570t，为方便运输被拆分为7个部分，包括1个中心块部分与6个边块部分，中心块部分重达222t，6个边块部分重量为47～66t。刀盘各部分在工厂制造完成后运输到施工工地，再通过对7个部分的组装与焊接使刀盘成为一个整体。刀盘运输到施工工地后，首先对中心块部分调整后进行边块部分的组装，组装过程中应保证刀具尺寸参数的准确性，然后对刀盘进行焊接并运用探伤设备对焊缝进行检测，最后核对刀具尺寸参数。刀盘现场组装焊接工艺流程与监理控制为：①刀盘运输进场时，检查出厂合格证与吊耳探伤合格证明；②承重地面加固时，审批加固方案并旁验收吊索吊具合格后签发吊装作业令并进行旁站监督；③审批加固方案并旁站监督时，检查支撑工装安装是否牢固；④刀盘吊装时，验收吊索吊具合格后签发吊装作业令；⑤防风防雨棚搭建时，审批搭建方案并在日常巡视中检查是否按方案执行；⑥刀盘组装时，进行日常巡视并核查地面沉降情况；⑦刀盘定位时，同步复测平面度与圆度；⑧焊接工装时，核对焊接工装布置情况；⑨焊前打磨时，进行日常巡视并检查打磨情况；⑩刀盘焊接时，按照焊接规范对焊接工序与方式进行监督；⑪刀盘质量检测时，按照检测规范对检测工序与方式进行监督。

在施工工地进行组装时通常会遇到以下问题：①刀盘的吊运问题。刀盘各部分不规则导致重心位置难以确定，且本工程临近海边经常有较大海风，偶尔会遭遇台风、暴雨、雷电等自然灾害，加大了刀盘吊运的难度。②刀盘的焊接问题。焊接时对环境要求较高，在室外进行焊接难以控制焊接时的温度，会导致不可预测的焊接变形情况发生。③刀盘的定位问题。施工工地现场环境因素主要包括地面不平整与地面沉降，同时调平装置受到限制，加大了刀盘定位的难度，若定位出现问题会使刀盘组装出现较大误差。④刀盘的刀具定位问题。在刀盘运输到施工工地后，中心块部分的刀具无法再架设刀具定位工装进行调整，难以保证其定位精度，甚至会影响其他刀具的定位精度。针对刀盘组装过程中通常会遇到的问题，需通过相应准备工作来制定办法并进行监理控制，以此降低或消除对其带来的影响。为防止刀盘在组装时由于地面不平整与沉降导致组装质量较差，施工工地现场需通过管桩对承重地面进行合理的加固，再考虑架设工装对刀盘进行组装后焊接。吊运前监理人员需对吊装方案进行审核并给出修改意见，施工单位修改并审批通过后实施；对吊装作业人员相关资料进行审查；对吊索吊具进行验收与吊装作业令审批。

3.2　焊前准备及监理控制

由于在室外焊接难以做到对环境条件的控制，为保证刀盘焊接时处于较好的环境条件，在焊接前，需要进行防雨防风棚搭建的准备工作。在组装过程中需将刀盘支撑到足够的高度来保证焊工进行仰焊的可操作性，将刀盘中心块放置在 0.5m 的支撑上。在焊接前需要进行刀盘调平工作，以刀盘的加工法兰面作为测量的水平基准面后，将中心块的平面度调整到小于或等于 1mm，刀盘整体平面度应保持在小于或等于 12mm。监理人员需在刀盘调平过程中与调平后进行同步复测。在焊接前需要进行刀盘圆度校正的准备工作，测量人员需通过多次拉线的方法进行测量来获得刀盘中心的所在位置。刀盘各部分组装时，测量人员需参照设计尺寸运用角尺对大圆环对接处坡口的距离进行测量，同时通过多次从圆心向外拉线的方法来保证组装后刀盘整体的圆度。首次进行刀盘调平与校圆 24 小时后再次尝试校正，过程中千斤顶需始终保持受力状态。监理人员需在刀盘圆度校正过程中全程监督把控，并在校正后进行复测。为减小边块与中心块焊缝收缩变形，在焊接前需将边块与中心块之间的连接螺栓打紧，并在待焊缝处两侧加焊马板支撑，具体操作为边块与中心块对接处的四面各加 2 块马板，每个边块 8 块，共 48 块。监理人员需认真核对连接螺栓打紧情况与马板焊接情况，保证焊接准备工作的质量与完整性。施工人员还需通过将边块部分外侧略微向下倾斜几毫米的方式来保留焊接余量，以此来抵消焊接时焊缝收缩导致边块部分外侧上翘的问题。另外，在焊接前需要进行焊缝附近刀具拆除并安装圆形固定板的准备工作，避免焊接时边块与中心块因为温度过高导致密封圈损坏与安装孔变形的情况发生，有利于后期刀具的安装与更换。在焊接前需要进行边块与中心块焊接处坡口打磨的准备工作，打磨区域需达到见到金属色泽的程度要求与超过待焊区域 100mm 的范围要求，可保证边块与中心块平焊、立焊以及仰焊的焊接顺利进行，提高焊接的焊缝质量。为解决刀盘的刀具定位问题，刀盘焊接前一般需要进行组合型焊接平台与各类测量与防变形工装的准备工作。本工程中刀具分为常压滚刀、常压刮刀以及常规刮刀三种，焊接时需按照滚刀与刮刀尺寸要求安装对应的测量工装与防变形工装来保证刀具定位的准确性。

3.3　焊接技术及监理控制

在完成焊接准备工作后进入正式焊接阶段，在焊接过程中，刀盘焊接具有较高的焊接要求，需要保证盾构机在掘进过程中刀盘具有较高的强度不被损坏，于是在焊接过程中较好的焊接技术与监理控制显得尤为重要。焊接技术中焊接温度与焊接方式是影响刀盘变形的重要因素，从而影响刀盘的整体质量。本工程中对刀盘焊接温度有明确的要求：在焊接前需将焊缝预热到 120℃，在焊接时焊接温度不得低于 80℃；焊接停止后，必须在焊缝处加盖石棉布缓慢降低温度避免母材内部出现裂纹。施工工地使用伊萨 OK AristoRod12.50 ϕ1.2 的母材并采用 CO_2 气体保护焊的方法对刀盘进行焊接，对切割或焊接残留区域可用碳弧气刨和磨轮机进行打磨。本工程中待焊接的焊缝包括边块与中心块之间的连接焊缝，副梁与主梁之间的连接焊缝，副梁大圆环与边块大圆环之间的连接焊缝，副梁大圆环处未焊接的大圆环保护刀焊缝，耐磨块焊缝，吊耳焊缝，磨损检测带焊缝，格栅焊缝等。明确待焊接的焊缝后，需确定相应的焊接方式，整体的焊接方式为先焊接边块与中心块之间的连接焊缝，再焊接副梁与主梁之间的连接焊缝，最后是副梁大圆环与边块大圆环之间的连接焊缝及其他焊缝。

刀盘焊接重点为边块与中心块之间的焊接，对其焊接方式按焊接工序为：①侧面板对接焊缝焊接方式：先将刀盘内部立焊缝焊接一半深度，再将刀盘外部立焊缝清根后完成焊接，最后将刀盘内部立焊缝焊接完成。侧面板对接焊缝焊接时需由两名焊工在左右两侧立焊缝处同时向上焊接且焊接速度保持一致，每一道立焊缝都需从最下端焊至最上端后，才可进行下一道立焊缝的焊接。每道焊缝高度 5mm，立焊缝宽度应小于 15mm，预热与层间温度应为 80～120℃。②前面板对接焊缝焊接方式：先将刀盘内部仰焊缝焊接一半深度，再将刀盘外部平焊缝清根后完成焊接，最后将刀盘内部仰焊缝焊接完成。③后面板对接焊缝焊接方式：先将刀盘内部平焊缝焊接一半深度，再将刀盘外部仰焊缝清根后完成焊接，最后将刀盘内部平焊缝焊接完成。在前面板与后面板对接焊缝焊接方式中，每一道平焊缝都需从一端分 300～400mm 长的小段退焊至另一端后，才可进行下一道平焊缝的焊接。每道焊缝高度 5mm，仰焊缝宽度应小于 15mm，平焊缝宽度应小于 10mm 且不得摆动，预热与层间温度应为 50～80℃。上述前面板、侧面板以及后面板均采用堆焊焊接方法，堆焊焊接方式为每层焊缝的各道焊缝应从坡口两端向中间推进，不得从坡口一端向坡口另一端推进。而后继续采用堆焊焊接方法焊接其余焊缝，完成刀盘整体焊接。

在焊接过程中，监理人员对焊接进行控制能更好地保证焊接的质量，监理控制要点如下：①组对间隙技术控制要点：组对前需在焊接平台上放地样线，根据施工工地条件将大圆环半径放量 4～8mm。在边块与中心块对接焊缝情况下，大圆环对接焊缝处的组对间隙必须小于或等于 3mm，超过 3mm 时必须进行坡口补焊以此减小组对间隙；在其他对接焊缝情况下，组对间隙必须小于或等于 4mm，超过 4mm 时必须进行坡口补焊以此减小组对间隙；进行坡口补焊时需按照焊接要求温度进行预热处理，且在补焊过程中不得将正式坡口进行连接。②焊缝焊接技术控制要点：焊缝均采用多层多道焊且每道焊缝高度大于或等于 5mm；焊接过程中必须进行清理且每道焊缝焊接前必须采用红外测温仪进行温度检测；在焊接过程中焊接接地线不得位于装配面上且不应离刀盘焊接区域较远，以此避免对刀盘其他部件造成损坏；施工工地焊工需严格执行焊接作业指导书，在焊接过程中不得随意改变焊接工序。

3.4 质量检测及监理控制

焊接完成后，需要对焊缝进行检测来保证焊接质量，避免盾构机掘进过程中刀盘开裂甚至损坏。监理人员应采用焊缝目视检测法对焊接质量进行初步判断，监理控制要点包括：①全部待检测的焊缝及其周边区域应无焊渣与其他阻碍检测的附着物残留；②焊缝应保证外形规则均匀，与刀盘部分连接区域不得有缺损和泄露的情况出现；焊缝应光滑且可平稳过渡；焊缝高度与宽窄在其形状与尺寸突变区域应保持均匀；③保证焊缝无焊接结构缺陷。重点检测焊缝的收弧部位、接头部位以及几何形状与尺寸突变区域，焊缝中气孔与咬边的情况应符合规范。由于刀盘对焊接质量要求较高，仅靠监理人员采用焊缝目视检测法对焊接质量进行判断是远远不够的。在本工程中，刀盘在焊接过程中和焊接完成后通过磁粉探伤法和超声波探伤法对焊缝表面与内部结构进行了探伤。磁粉探伤法的原理与检测方式为当磁力线穿过磁性材料时，在磁性不连续处将会产生漏磁场的情况从而在此处形成磁极，若此时在此处喷涂磁悬液，当磁粉探伤检测设备进行检测时磁极会吸附磁悬液，焊缝表面会产生能用肉眼直接观测到的明显磁痕。超声波探伤法的原理与检测方式为将高频率具有高能量的声束射入焊缝内部使其不断传播，当碰到内部结构表面或缺陷时会产生不同的反射效应，声束返回并通过信号处理系统后，回波可在示波器上加以显示包括其幅度与传播时间。在进行超声波探伤检测时示波器图像出现突变情况，需对该焊缝区域进行反复检测，若示波器图像仍处于突变情况，说明该焊缝区域存在内部结构缺陷。如果已知焊缝中的声速，那么通过对示波器上显示的数据计算后可得到缺陷的深度。

在焊缝探伤检测完成后，需对刀盘整体的尺寸参数进行检测，包括刀盘面板平面度、刀具高度以及刀具轨迹半径。刀盘面板平面度不仅要求刀盘面板平面整体保持绝对平整度，而且需考虑刀盘面板平面是否平行于法兰平面，检测时会出现平面度误差用以表征实际刀盘面板平面的不平整度。滚刀的刀具高度以及刀具轨迹半径需作为检测重点，若其存在偏差会给刀盘与刀具造成较大的不利影响。在盾构机巨大的推力作用下，刀盘会产生倾覆力矩与径向载荷，这对刀具的寿命与工作效率会产生不利影响。该影响会随着刀盘直径的增加而增大，为保证刀盘整体质量需在焊接焊缝检测完成后进行刀盘整体尺寸参数的检测验收。刀盘面板平面度与刀具高度的检测方法为首先使用水准仪测量底部法兰面标高，再将水准仪架设在略高于刀盘面板平面的测量平台面上，之后测量刀盘整体面板的高程来测定刀盘面板的平面度，然后测量各个刀具的高度，最后根据测量数据与设计标准对比是否达到要求。刀具轨迹半径的检测方法为首先使用特定的测量工具测定法兰圆心，然后在刀盘面板平面约中心位置悬吊垂球，使垂球中心与法兰圆心重合从而找到刀盘面板平面的圆心，最后运用钢尺或测量工具测量出各个刀具的轨迹半径。在探伤检测与刀盘整体尺寸参数检测的过程中，监理人员需全程旁站，对检测工序、检测质量以及检测数据进行监督，保证检测工序的正确性、检测质量的有效性、检测数据的真实性。

4 结论与展望

本工程中刀盘在施工工地的组装焊接会遭受到各种环境因素的干扰，需在监理控制下基于组装焊接技术进行刀盘现场施工，最终确保盾构机刀盘在复杂多样的地质条件下能正常使用。本文的结论如下：

（1）组装焊接时采用合理合规方式与正确有效技术支撑条件下，可有效地控制边块与中心块焊接变形问题，保证边块与中心块顺利组装。通过精确的工装调整、充分的准备工作、良好的焊接控制以及多种的检测方式与监理人员监督控制的相互结合的作用下，刀盘整体以及其刀具的质量可得到充分的保障。

（2）在刀盘组装焊接过程中，监理控制重点及措施主要包括在吊装过程中对起重机械、吊索具的检查以保证吊装安全；组装过程中对刀盘平面度、圆度、大圆环半径的复测以保证焊接前组装的精度；在焊接过程中对焊接作业指导书执行情况进行监督以保证焊接质量；在焊缝检测过程中核查检测范围、方式、工序的正确性以保证检测的真实有效。

（3）参考其他相关工程中常压刀盘的组装焊接技术，通过对本工程中 ϕ15.01m 超大直径常压刀盘现场组装焊接全过程的实践并对其进行了研究与验证，解决了部分超大直径常压刀盘组装焊接技术的难点，为后续超大直径常压刀盘的组装焊接提供了参考依据。

参考文献

[1] 盛正杨 . 大直径泥水平衡盾构机常压刀盘焊接工艺及检测探究 [J]. 智能城市，2020，6（7）：197-198.

[2] 谭显曦，张鹏豪，武胜圈，等 . 大直径泥水刀盘现场定位拼装与焊接工艺浅析 [J]. 河南科技，2017（13）：54-55.

[3] 王旭，赵慧芳，谷建军，等 . 超大直径盾构常压刀盘制造工艺研究 [J]. 建筑机械化，2020，41（7）：29-31.

[4] 陈桥，孙振川，张兵，等 . 超大直径盾构在海域软土地层掘进推进系统参数控制方法研究：以汕头海湾隧道工程为例 [J]. 隧道建设（中英文），2020，40（1）：126-133.

[5] 王国安，王超峰，陈桥，等 . 海底隧道极软极硬复合地层超大直径盾构掘进方法研究：以汕头海湾隧道工程为例 [J]. 隧道建设（中英文），2022，42（5）：892-899.

[6] 谭顺辉，孙恒 . 超大直径泥水盾构常压换刀设计关键技术：以汕头海湾隧道及深圳春风隧道为例 [J]. 隧道建设（中英文），2019，39（7）：1073-1082.

[7] 白小波，武胜圈，苗中杰 . 超大直径泥水盾构盾体加工工艺研究 [J]. 建筑机械化，2019，40（3）：54-55，68.

[8] 赵慧芳，王旭，谷建军，等 . 大直径盾构机复合式刀盘加工工艺研究 [J]. 现代制造技术与装备，2020，56（11）：108-110.

[9] 张红耀 . 大直径泥水盾构常压换刀刀盘制造监理质量控制要点 [J]. 设备监理，2017（4）：11-15.

[10] 陈文明 . 大直径盾构机刀盘尺寸参数检测 [J]. 自动化应用，2021（10）：154-157.

[11] 蒲晓波，陈良武，赵齐兼，等 . 超大直径盾构机工地组装流程及关键技术 [J]. 建筑机械，2019（5）：65-69.

[12] 吴奇隆 . 预热温度对盾构刀盘堆焊组织和性能的影响 [J]. 隧道建设（中英文），2020，40（8）：1154-1159.

基于一张图的地铁安全保护区综合管理平台研究

于 淼[1*] 王 罡[2] 杨运节[2] 荆虹波[1]
（1. 北京城建勘测设计研究院有限责任公司，北京 100101；2. 北京市地铁运营有限公司，北京 100032）

摘 要：随着各大城市地铁建设运行规模的不断扩大，运营环境更加复杂，安全风险不断增多，引起国家、社会的重点关注。本文系统地分析了城市轨道交通安全保护区管理模式和管理需求，以业务数据流转为主线，以移动互联、物联网、大数据等先进技术为支撑，建设一套集成地铁安全保护区基础地理信息、巡查、外部工程、自动化预警的城市轨道交通安全保护区一体化综合管理系统，实践证明，可大大提升工作效率和安全质量管理，提高监控预警水平。

关键词：运营安全；时空信息；业务中台；北京地铁

1 引言

城市轨道交通已成为人们日常出行的重要方式，并在引领和支撑城市发展、满足人民群众出行、缓解交通拥堵中发挥重要的作用。截至 2022 年底，中国大陆地区（不含港澳台）共有 55 个城市开通城市轨道交通运营线路 308 条，运营线路总长度 10287.45km。随着各大城市地铁建设运行规模的不断扩大，投入运营里程的逐年增加，安全运行压力日趋加大，地铁周边施工建设引发的地铁结构破坏、地铁停运等事件层出不穷，引起国家、社会的重点关注。城市轨道交通运营安全不仅取决于自身的运行安全，还与其邻近的建筑物、构筑物、地下管线和树木等有着直接关系，保护区内安全管理成为地铁正常运行的关键。

通过对当前轨道交通安全保护区管理方式进行分析，存在管理制度不完善，管理体系杂、协调难度大，巡查监管难度大、层级上报慢，划分标准简、实地界定难，协同渠道窄、数据整合难，工作内容散、考核评价难等管理特点与难点问题。国内外相关学者通过采用信息化、数字化、智能化手段不同程度地解决上述问题。如许碧华开发了基于 GIS 的地铁保护区信息管理系统应用研究；韩结等结合移动互联网、GIS 与 GNSS 定位技术，研发了轨道交通保护区信息化巡查执法智能管理系统及配套手持终端；高墅等提出了地铁保护区管理与地保系统的功能和应用；陆航等研发了地铁保护区外部施工项目全生命周期信息化工程管理系统；李凯等通过高精度的位置服务和高精度地图成果为智能化城市管理赋能，研发了地铁保护区施工项目信息化管理系统。国内的地铁保护区信息化管理、巡查、自动化监测等系统大多分离运行，未形成统一的保护区一体化管理平台，同时地铁保护区管理缺乏有效的可视化工具，无法及时掌握保护区及其周边的环境和风险并进行闭环处置。

综上所述，本文以业务数据流转为主线，以移动互联、物联网、大数据等先进技术为支撑，建设一套集成地保区基础地理信息、巡

* 于淼（1984—），女，博士，高级工程师，主要围绕城市轨道交通行业精细化建设和运营管理，开展信息化数字化产品研发工作。E-mail：yumiao4503210@126.com

查、外部工程、自动化预警的城市轨道交通安全保护区一体化综合管理系统，实践证明，可大大提升工作效率和安全质量管理，提高监控预警水平。

2 系统建设目标和任务

本文系统分析了城市轨道交通安全保护区管理模式和管理需求，明确了系统建设目标，规划了研发任务和内容。

2.1 保护区管理内容

城市轨道交通保护区安全管理工作包括全线保护区界线测设及维护、安全隐患评估与动态更新、外部作业安全管理、保护区巡检、保护区监测、保护区应急管理等内容。保护区管理内容包括保护区管理组织机构与职责、建设项目管理、违规处理、保护区应急管理、保护区日常巡检、保护区日常监测及保护区信息管理系统等相关内容。

其中，城市轨道交通保护区外部作业项目管理流程为项目申报、项目备案、方案申报、方案评审、方案审批、项目实施及过程监督、施工作业全过程安全评估等。城市轨道交通建设，运营单位及其委托的保护区安全风险评估、巡查，第三方监测单位对城市轨道交通保护区内的施工作业活动进行动态监测及隐患上报以及采取补救措施。

另外，城市轨道交通保护区管理工作开始前，需收集沿线地质、水文、地下管线及建（构）筑物、地形地貌、设计与施工、轨道交通结构现状以及沿线城市规划等相关资料，随着环境条件的变化对保护区内及保护区周边的安全隐患进行动态评估。

通过对城市轨道交通行业管理体系进行全面分析（图1），管理信息系统的用户分成四个层次，即决策层、管理层、执行层和基础层，分别对应集团管理者、业务管理部门、二级公司和分中心。四个层次之间从高到低呈金字塔

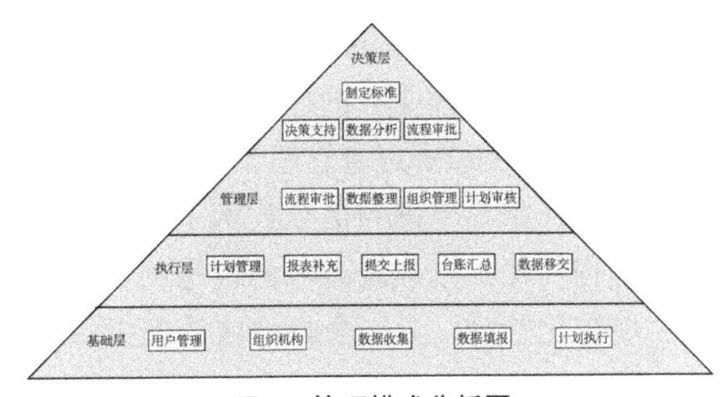

图1 管理模式分析图

结构，各自工作内容又相对孤立，但每个层次之间紧密相连。

2.2 系统建设目标

本文所研发的系统设计并实现了地铁安全保护区“一张图”平台、巡查以及外部工程管理业务综合管理系统，并开发了与之配套的移动客户端，实现地铁安全保护区地铁沿线周边环境多维信息可视化、管理流程线上信息化、安全风险预警智能化。该系统的建立将更进一步提升轨道交通安全管理水平，支撑地铁安全运营。具体建设内容如下：

（1）针对城市轨道交通保护区管理对基础地理信息数据地图的应用需求，基于地理信息系统技术搭建地铁安全保护区“一张图”，明确基础地理信息数据的范围、内容、精度等要求，全面收集线路、地质勘查、地下水、防汛、管线、建（构）筑物、遥感影像、实时定位、监测、视频监控等数据，开展基础地理信息数据标准化治理工作，实现数据坐标基准统一与空间数据高精度融合，搭建地图服务平台，支持与北斗定位系统的对接，为地铁保护区管理系统提供所需的基础数据及查询、量测等功能。打通基础数据与外部工程管理、巡查管理以及智能感知等业务的联动，支持图层管理、空间分析、查询、筛选、通知公告等功能，以及测量、定位、标绘等常用地图场景操作。

（2）按照“统一规划、统一标准、统一实施”的原则，构建可以覆盖地铁保护区巡查以

及外部工程管理业务的应用系统；结合城市轨道交通安全保护区业务的应用需求，搭建外部施工管理子系统和巡查管理子系统。利用大数据、云计算等先进的信息技术手段，实现外部工程与保护区巡查业务的信息化、标准化、规范化管理，为安全保护区管理提供有效的技术手段，对保护区安全状态进行全面把控，提升地铁安全保护区管理水平，保障地铁安全运行。

3 系统架构设计

3.1 总体架构

安全保护区综合管理平台将选用基于WEB的B/S架构，满足和市场上浏览器同步升级的要求。系统提供桌面端、移动端终端形式，充分满足用户需求及业务需要。系统的业务架构如图2所示。

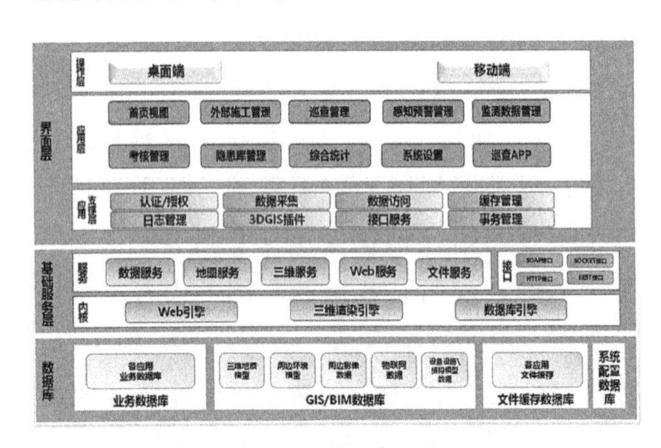

图2 总体架构图

系统架构将采用五层结构，将硬件设备、数据库、基础服务层、应用层、操作展现层分开进行设计，并将用户、权限等安全管理、系统管理、日志管理与消息通信过程等贯穿始终。

3.2 技术架构

技术架构采用多层架构，优点在于数据呈现、业务逻辑、数据存储分离，代码清晰，便于开发运维人员分工，且在业务发生变更时能够迅速准确地定位工作重点。这一模式可以很好地完成各业务之间的协作任务，重视而且强化数据的统一性和规范性，对于功能的扩展有着很高的灵活性（图3）。

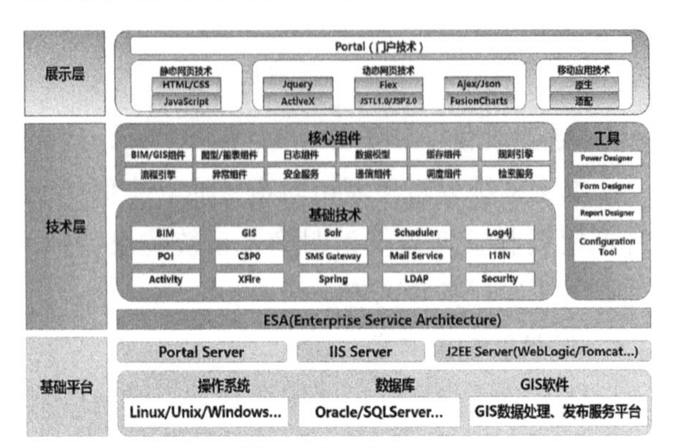

图3 技术架构图

3.3 功能架构

根据地铁安全保护区管理安全影响因素，构建包括底图、地铁线路、保护区、地下设施（市政管线）、安全隐患、外部在施工程、地质（地质勘察、水文监测）等时空信息平台（图4）。

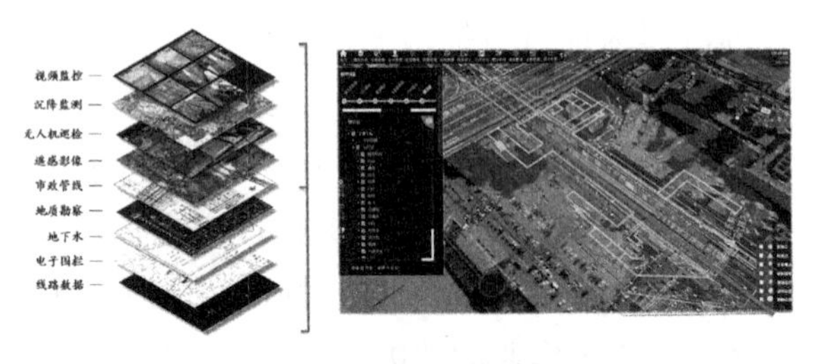

图4 一张图示意图

依据现有的巡查管理规范以及需求调研的结果进行分析，抽象出巡查管理业务的流程图，建立巡查管理系统，该业务系统包含PC端以及APP开发，具体功能模块设计如图5所示。

依据外部工程管理流程，将其分为工程受理、专项方案确认、实施筹备、工程实施、工程后评估及备案5大阶段，系统实现外部工程项目新建、联系单派发、流程跟踪、资料上传、项目查看与分类统计等功能，具体功能模块设计如图6所示。

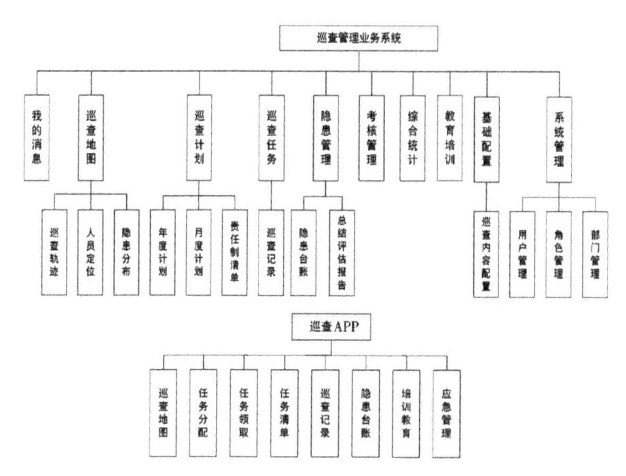

图 5　巡查管理及移动端功能模块

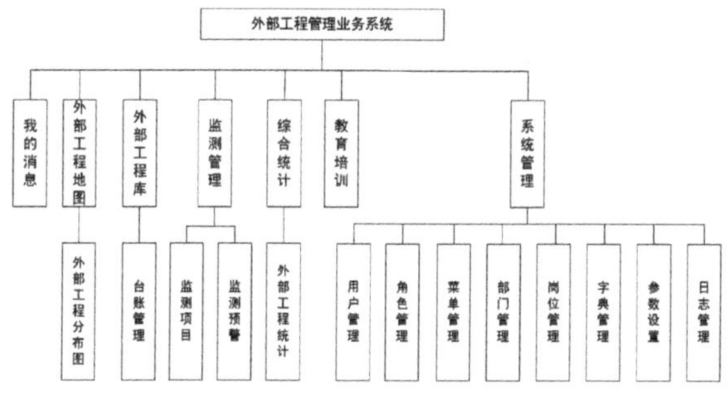

图 6　外部工程管理功能模块

由于巡查管理系统与外部工程管理系统存在业务关联，故采用子系统间的业务串联和数据流转优化设计，实现了不同管理部门间的业务耦合和高效协同。

4　应用案例

本文结合北京地铁运营公司安全保护区管理制度，安全保护区隐患巡查管理和外部工程管理核心业务关联并基于 3S 技术研发综合管理平台，实现了地铁安全保护区信息化、数字化和智能化管理。为北京地铁运营安全保护区实现了精细化管理，提升了轨道交通安全运营保障能力。

系统实现外部工程受理工作，包括项目新建、查询等功能；专项方案确认阶段的管理工作，支持方案上传、查看、下载等功能；专项方案备案、签订相关协议、办理施工手续、落实防护措施和资产处置等流程管理，支持资料上传、联系单派发、流程跟踪等功能；支持对外部工程进行巡查、巡检作业；支持上报施工、监理、监测等施工资料；支持管理单位、作业单位相关人员工程后评估资料管理功能。

基于“一张图”平台自动集成移动巡查 APP 上报的隐患信息，可快速定位、查询和分级分类统计展示隐患信息，将巡查管理全过程由线下转移到线上，实现隐患巡查的闭环管理。

巡查管理子系统中，用户通过我的消息模块及时接收信息，便于快速定位问题并处理；通过巡查视图可以查询巡查人员所在具体位置以及对其历史轨迹进行复现；用户可以通过 PC 端查询、导出、搜索巡查计划、隐患台账、巡查记录、考核文档、培训文件等；利用综合统计模块从不同维度对隐患信息进行分类统计。

安全保护区巡查人员利用巡查 APP 对地铁保护区进行巡查，实时记录巡检数据，实现隐患跟踪等功能，及时发现隐患并上报，使得巡检工作更加井然有序，提高工作效率。平台自动集成移动巡查 APP 上报的隐患信息，可快速定位、查询和分级分类统计展示隐患信息，将巡查管理全过程由线下转移到线上，实现隐患巡查的闭环管理。

5　结论与讨论

保护区管理平台的开发使得其管理成本与内部资源耗费下降、提高管理水平与人员工作效率、增强组织应变能力、改善运营模式、节约系统本身运行维护费用、改进产品质量、提升客户满意度等，这些因素都间接使其经济效益增加。另外，行业管理信息化水平以及信息资源的共享度提高；知识得到了积累，生产技术取得一定的进步；优化其管理体系，提高行业总体经营、决策、管理水平，相关工作人员素质整体提高；降低了保护区管理过程中的不确定性等，因此具有良好的社会效益。

参考文献

[1] 包叙定 . 同绘智慧城轨图共筑交通强国梦《中国城市轨道交通智慧城轨发展纲要》解读 [J]. 城市轨道交通，2020，4（6）：24-29.

[2] 许碧华 . 基于 GIS 的地铁保护区信息管理系统应用研究 [J]. 中国安全生产科学技术，2016，12（6）：175-179.

[3] 韩结，陆航，毛婷 . 城市轨道交通保护区外部作业信息化技术应用 [J]. 科技创新与应用，2019，（31）：177-178.

[4] 高墅 . 地铁保护区事件案例与管理分析及地保系统应用 [J]. 铁道运营技术，2020，26（3）：8-10.

[5] 陆航，赵德洪，韩结 . 地铁保护区外部施工项目全生命周期信息化工程管理 [J]. 项目管理，2021（16）：163-165.

[6] 城市轨道交通运营保护区安全管理技术规范：T/CSPSTC 44—2019[S]. 2019.

高烈度区地铁车站与市政桥梁合建技术研究

杜坤鹏 *

（中国铁路设计集团有限公司，天津 300308）

摘　要：本文以太原地铁 2 号线北大街站为工程依托，建立大型三维有限元模型，对站桥合建结构受力进行分析，研究了静力工况及地震工况下桥梁荷载对地铁车站结构构件内力的影响。经分析，高烈度区（八度）市政桥梁与地铁车站合建时，可将车站结构与桥梁基础脱离设置，一定程度上解决了地上结构与地下结构设计标准及规范不统一的问题；桥梁荷载通常较大，一定范围内会引起车站结构构件内力增加，设计时需要对桥墩影响范围内的车站顶底板和侧墙的厚度及配筋进行增强；地震工况下，对站桥分离合建式结构来说，桥梁荷载作用对地铁车站结构位移变形影响较小，分离合建式结构的抗震性能可满足抗震设防要求。

关键词：高烈度区；站桥合建；数值模拟；抗震

1　引言

近些年我国城市轨道交通建设飞速发展，地铁在城市公共交通中的作用越来越明显。地铁车站作为重要的客流聚集区，与商业、大型市政基础设施合建、共建的项目越来越多，并逐渐成为地铁建设和城市地下空间开发的新趋势[1]。在城市建成区新建地铁时，受城市规划、周边地块开发和既有建（构）筑物等外部条件的制约，地铁大部分线路于市政道路下方敷设，导致其与市政桥梁合建的情形不可避免。

我国已有不少明挖地铁车站与市政桥梁合建的工程案例，相关学者也进行了大量研究。赵金侠以广州地铁 4、5 号线换乘站车陂南站为工程依托，首次提出“T”字换乘站上方桥梁设置转换梁的设计方案，并研究了配套的施工方案[2]；胡显鹏以合肥轨道交通 1 号线南一环站为例，对高架桥与地铁车站同位合建方案进行了受力分析[3]；赵月通过对厦门 1、2 号线换乘站吕厝站进行研究，阐述了城市桥梁下设置地铁车站的设计思路，并采用数值模拟的方法对站桥合建结构体系进行分析，解决了站桥合建结构在受力、沉降控制、抗震措施等多方面的问题。

以往工程中，站桥合建结构均采取了不同的受力转换形式和构件加强措施，较好地实现了结构合建运营。但现有研究多局限于静力工况，对站桥合建结构的动力学响应研究较少。本文以太原地铁 2 号线北大街站为工程依托，采用数值模拟的手段，建立车站与桥梁的整体模型，对静力条件下合建结构的受力规律及地震工况下合建结构的动力响应进行重点研究，以期为今后类似工程提供新的设计思路和经验参考。

2　工程概况

北大街站位于太原市解放路与北大街交

项目课题：本文依托集团公司内部课题《地铁车站与市政桥梁合建关键技术研究》。

*　杜坤鹏（1990—），男，硕士，中国铁路设计集团有限公司设计师，长期从事轨道交通方面的设计研究工作。E-mail：450631591@qq.com

岔口处，沿解放路南北方向敷设，车站总长320.0m，采用15m岛式站台，与远期5号线“T形”换乘。近期2号线车站为地下二层，底板埋深约18.7m，坐落在2-3-2砂质粉土层中。车站周边为建成区，根据太原市解放路快速化改造规划要求，解放路以高架桥形式跨越北大街路口。

为了减少周边拆迁，同时降低对道路地下空间的占用，利于地下管线的敷设，经综合比选，考虑采用“站桥分离”的同位组合的方案。

3 受力分析

3.1 计算模型

采用Midas GTS有限元软件建立车站结构、桥梁与土体的三维足尺模型（600m×250m×80m）。车站结构采用板单元和梁单元模拟，土体和上部桥梁结构均采用实体单元模拟（图1、图2），对应的物理力学参数如表1与表2所示。

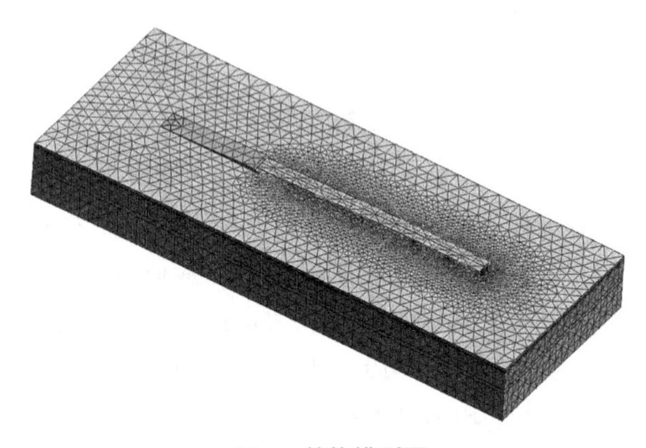

图1 整体模型图

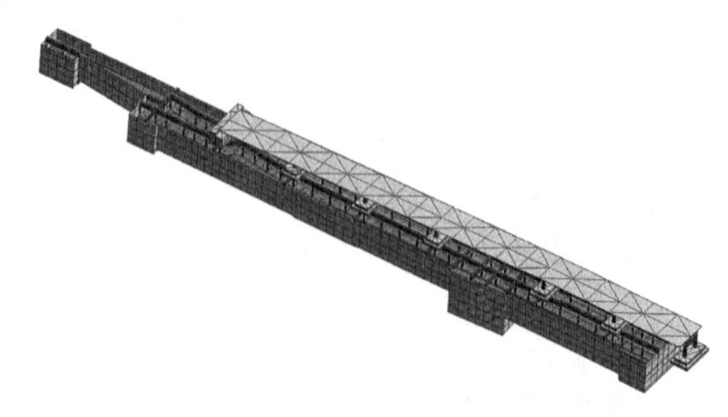

图2 主体结构模型图

表1 模型计算土体参数

名称	容重 γ/（kN/m³）	弹性模量 E/MPa	泊松比 μ	黏聚力 C/kPa	摩擦角 φ/°
杂填土	18.0	25	0.3	5	10
粉质黏土	19.7	22.5	0.3	25	10
黏质粉土	20.1	75	0.3	21.5	27
砂质粉土	2.05	0.017	0.3	20	22
中砂	2.14	8.9	0.3	6.4	27.9

表2 结构参数

名称	单元类型	弹性模量 /GPa	泊松比
顶底板、侧墙	板	34.5	0.2
中板	板	31.5	0.2
柱子	梁	34.5	0.2
桩基础	梁	32.5	0.2

静力计算时，模型底部采取固定边界，模型四周对水平位移进行约束。地震工况计算时，采用时程分析法，在模型四周施加黏弹性边界，土体阻尼比按公式（1）、公式（2）计算：

$$C_p = W \cdot A \cdot \sqrt{\frac{\lambda + 2G}{W \cdot 9.81}} = c_p \cdot A \quad (1)$$

$$C_s = W \cdot A \cdot \sqrt{\frac{G}{W \cdot 9.81}} = c_s \cdot A \quad (2)$$

其中 $\lambda = \frac{v \cdot E}{(1+v)(1-2v)}$，$G = \frac{E}{2(1+v)}$。cp，cs取值如表3所示。

表3 各土层阻尼比取值

土层	1-1 杂填土	2-2-1 粉质黏土	2-4 粉细砂	2-3-2 砂质粉土	2-5 中砂	3-6 中砂
cp（kN·sec/m³）	250.3	246.5	460.0	452.4	531.7	582.9
cs（kN·sec/m³）	171.0	168.4	313.7	309.1	362.0	396.9

地震波由山西省地震局提供，地面加速度时程曲线如图3所示。

3.2 静力计算结果分析

提取车站结构各构件的内力计算结果如表4、表5所示，经分析可得如下结论：

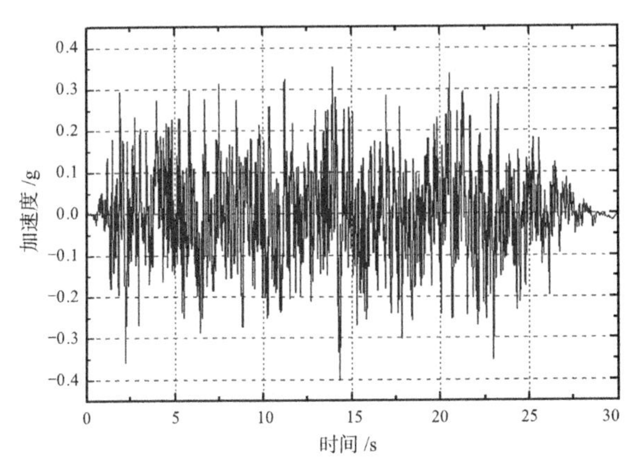

图 3　地表加速度时程曲线

（1）在桥墩位置处，地铁车站顶板跨中及支座处弯矩、剪力均出现较大幅度增长，最大增幅为顶板中跨支座处弯矩值，相比标准段增大约 2.2 倍；地铁车站底板跨中及支座处弯矩、剪力同样出现较大幅度增长，但变化幅度小于顶板。

（2）车站顶纵梁及底纵梁的跨中弯矩、支座负弯矩及剪力在桥墩位置处均出现较大幅度增长，其中桥墩位置相邻跨的跨中弯矩相比标准段增大约 3.5 倍。

表 4　各层板结构受力

位置 \ 内力值		板边跨支座		板边跨跨中	板中跨支座		板中跨跨中	纵梁支座		纵梁跨中
		弯矩 /kN·m	剪力 /kN	弯矩 /kN·m	弯矩 /kN·m	剪力 /kN	弯矩 /kN·m	弯矩 /kN·m	剪力 /kN	弯矩 /kN·m
顶板	标准段	1277	806	526	500	722	948	8975	6329	2335
	桥墩处	1710	971	868	1097	1417	1741	12313	9969	8364
中板	标准段	197	108	42	104	98	94	630	378	309
	桥墩处	249	118	37	83	97	111	627	416	346
底板	标准段	1534	958	502	868	781	716	9950	7190	4528
	桥墩处	1438	996	592	1332	1007	856	12733	8150	6524
侧墙	标准段	1277	586	72	1534	1125	650	—	—	—
	桥墩处	1710	689	26.4	1439	1114	702	—	—	—

注：（1）纵梁跨中弯矩值为桥墩位置前后相邻跨的跨中弯矩最大值。

（2）侧墙对应“板边跨支座”“板边跨跨中”分别为负一层支座、负一层跨中的最大内力值，“板中跨支座”“板中跨跨中”分别为负二层支座、负二层跨中的最大内力值。

表 5　柱结构受力

	框架柱柱顶轴力 /kN	框架柱柱底轴力 /kN
标准段	11997	13932
桥墩处	24347	26423

（3）车站地下一层侧墙顶板支座处负弯矩有一定幅度增加，而车站中板、地下二层侧墙弯矩及剪力变化较小。

（4）静力工况下，地铁车站结构柱主要为轴心受压，受桥梁荷载影响，桥墩位置处的框架柱柱顶轴力增加 103%，柱底轴力增加 89.6%。

3.3　地震工况结果分析

提取地震工况下计算结果进行分析，由于桥梁承台与地铁结构是脱开的，地震工况下，地铁车站结构板及纵梁的内力增大规律与静力条件相似，本节重点分析地铁车站结构柱的动力响应规律。

提取车站进站端非桥墩处某地铁柱柱顶剪力时程曲线及弯矩时程曲线如图 4、图 5 所示。

在地震荷载作用下，车站柱顶剪力及弯矩数值呈现出一定的正负值交替变化，在桥墩处柱子内力值较大，提取各桥墩处相应的框架柱内力值如表 6 所示。

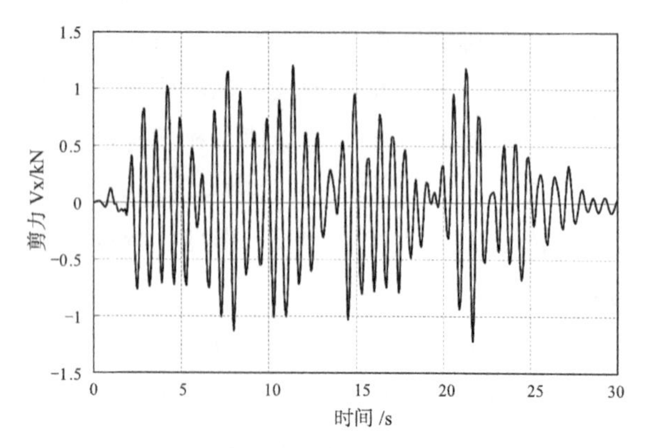

图 4 非桥墩处某柱顶剪力时程

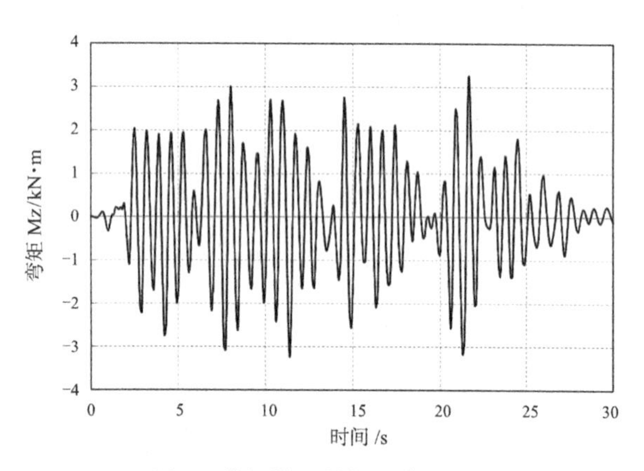

图 5 非桥墩处某柱顶弯矩时程

表 6 柱截面内力值

项目		弯矩 /kN·m	剪力 /kN	轴力 /kN
1 号柱	柱顶	69.2	35.6	7177
	柱底	52.3	19.9	8750
2 号柱	柱顶	13.4	19.9	9218
	柱底	2.3	4.5	11077
3 号柱	柱顶	14.1	20.7	9108
	柱底	5.6	4.5	10764
4 号柱	柱顶	167.8	85.7	8486
	柱底	138.3	52.0	10260
5 号柱	柱顶	439.8	217.7	7487
	柱底	340.0	126.7	9026

在地震工况下，桥墩处地铁车站框架柱柱顶及柱底均出现一定的弯矩及剪力，由于 4 号桥墩及 5 号桥墩跨度较大，4 号桥墩及 5 号桥墩处对应的框架柱剪力及弯矩相较其他立柱数值偏大。经验算，车站桥墩处立柱采用直径 1200mm、壁厚 22mm 钢管柱，受力均满足要求。

在 50 年超越概率为 2% 地震波作用下，结构自身最大横向相对位移位于车站大里程位置，相对位移值为 50mm，此处结构高度为 13490mm，位移角为 1/270，换乘节点处相对位移为 70mm，此处车站高度为 21950mm，位移角为 1/313，均小于 1/250。

4 设计细节优化

（1）优化柱网布置。本工程高架桥与地铁车站采用上下分离式结构，高架桥扩大基础与车站顶板间不传递弯矩，以传递竖向压力为主。在设计时，通过多次与桥梁设计单位对接，使桥梁扩大承台基础中线与地铁车站柱网重合，确保桥梁荷载不会由于偏心对地铁车站立柱产生弯矩。

（2）增强梁柱设计。经计算，高架桥基础下方车站顶板所承受的局部压力较大，因此考虑对车站结构采取加强措施，保证桥梁荷载在竖向有效的传递：①加大车站顶板厚度，采用 1200mm 厚顶板；②纵梁与顶板相交处设置腋角；③高架桥桥墩下方采用直径 1200mm、壁厚 22mm 钢管柱；④高架桥承台下方顶中底板设置横梁，侧墙设置暗柱，形成闭合的框架结构；⑤高架桥承台对应的车站底板位置处设置直径 1800mm、长度 30m 的钻孔灌注桩基础，减小沿车站纵向的不均匀沉降。

5 总结

本文通过依托太原地铁 2 号线北大街站，建立大型三维有限元模型，对静力工况及地震工况下站桥合建结构构件强度、抗震性能等进行计算，并指导设计对关键节点进行优化，弥补了以往研究的不足，得出如下结论：

（1）高烈度区（八度）市政桥梁与地铁车站合建时，可将车站结构与桥梁基础脱离设置，一定程度上解决了地上结构与地下结构设计标准及规范不统一的问题。

（2）上部桥梁荷载通常较大，在桥墩作用位置处，地铁车站结构构件内力值偏大，需要对应增强顶底板、侧墙、框架柱等结构构件尺寸和配筋。

（3）地震工况下，框架柱柱顶、柱底均有一定的弯矩及剪力，尤其在桥墩位置处数值不可忽略，设计时应对梁柱节点予以增强。

（4）地震工况下，对站桥分离合建式结构来说，桥梁荷载作用对地铁车站结构位移变形影响较小，合建结构的抗震性能可满足抗震设防要求。

参考文献

[1] 赵金侠，城市桥梁与地铁工程空间交叉设计分析与研究[R]. 广州地铁设计研究院股份有限公司，2019.

[2] 胡显鹏 . 地铁站与高架桥同期同位分离式合建方案设计研究 [J]. 城市轨道交通研究，2018，21（12）：92-96.

[3] 赵月 . 与市政桥梁合建的地铁车站结构设计：以厦门地铁吕厝站为例 [J]. 隧道建设，2015，35（5）：439-442.

市域快线工程轨道超高设置方式对动力响应的研究

宗　璐[1*]　戴春阳[2]

（1. 中国铁路设计集团有限公司，天津 300308；2. 北京市市政工程设计研究总院有限公司，北京 100044）

摘　要：城市快线是城市轨道交通线网放射延伸功能的重要组成部分，其运营速度和组织模式等方面与地铁和国铁皆存在异同，其中轨道超高设置方式在相关规范中尚未得到明确规定，不同设计单位设计的方案也存在较大差异，除对土建工程投资影响外，主要集中在对半超高、全超高对轮轨耦合关系的影响。本文以北京轨道交通 22 号线（下文简称平谷线）实际工程为例，通过多体动力学数值分析方法，建立了精细化的车辆—轨道—超高仿真动力学模型，并研究了不同超高设置方式对轮轨动力学的影响，为给出合理的超高设置建议提供理论依据。

关键词：轨道超高；数值分析；轮轨动力学

1　引言

近年来，城市快线轨道交通工程得到了快速发展，成为城市轨道交通线网放射延伸功能的重要组成部分。快线轨道工程的运营速度已经超出了常规地铁设计规范的范畴，与国铁部分等级铁路速度范畴相重合。然而，它在运营组织模式、维修特点以及对轨道和车辆的要求方面，与地铁存在较大程度的相似性。因此，在进行设计研究时，需要同时参考国铁和城市轨道交通两种轮轨交通模式的设计特点。然而，目前一些细节设计标准还不够明确。在没有规范统一标准和业内认可的情况下，轮轨制式交通工程的超高设置方式对车辆运营、乘坐舒适度和轮轨动力等方面的研究具有重要意义。

轨道超高设置方式主要分为“半超高”和“全超高”两种，如图 1 所示。“半超高”采用与内股钢轨和外股钢轨连线的中点为基准点，内侧钢轨降低设计超高值的一半，外侧钢轨抬升设计超高值的一半的形式；“全超高”则采用以内侧钢轨轨头中心为基准点，内侧钢轨高程相对线路纵坡高程始终保持不变，而外侧钢轨抬升整个超高设计值的形式。

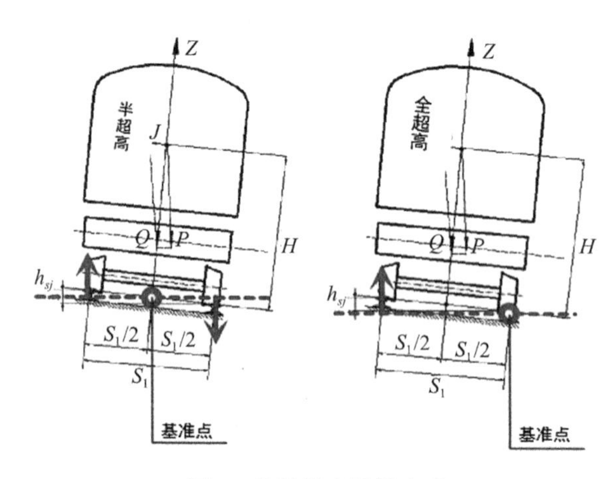

图 1　轨道超高设置方式

孔凡兵在设计速度 120km/h 条件下，对现行《地铁设计规范》线路缓和曲线长度和超高取值进行讨论研究；孟凡铁以上海地铁为研究对象，对钢轨进行了磨耗试验，试验结果表明曲线地段内外轨采用不同超高可以减少钢轨磨耗；赵国堂仿真计算发现一定程度的欠超高对减缓侧磨是有利的；黄红东通过对我国规范

*　宗璐（1996—），女，硕士，助理工程师，中国铁路设计集团有限公司线路与站场枢纽研究院，主要从事线路设计研究工作。E-mail：lzongcap@163.com

超高值的规定的研究，同时与日本相关规范做了一定的比较分析，认为在地铁中小曲线段，最大超高值应设置欠超高有利于减小磨耗；朱锦煌根据长期现场记录与研究，表明小半径曲线上超高越大，外轨侧磨越轻微，并且提出了超高设置的建议值。

通过对《地铁快线设计标准》《市域快速轨道交通设计规范》《高速铁路设计规范》等国内现行轨道交通技术规范梳理研究，对于超高设置方式目前未有统一的设置规定或者设计方法，仅在《地铁设计规范》对隧道内的超高方式按照“半超高”进行规定，出发点是降低限界净空、降低投资。城市快线的性质和运营速度介于国铁和地铁之间，目前城市快线工程中地下线路占比相对城际或者国铁较多，对于其超高设置方式有必要开展多角度的研究分析，给后续相关标准规范更新提供技术支持，也为新线建设工程提供必要的理论依据，结合现行技术规范规定，更好地指导工程建设。有必要从轨道、车辆等多个专业角度开展超高设置方式对列车过线平稳性、安全性以及轮轨耦合力学关系影响的研究进行分析。这将为实际工程设计提供必要的理论支持，并为下一阶段针对不同工况确定超高设置方法及设计取值制定标准提出合理化建议。

本文以平谷线为例展开研究，该工程高架及路基段设计速度160km/h，地下段设计速度120km/h。

2 多体动力学模型建立

本文基于车辆—轨道耦合动力学理论，使用UM多体动力学软件，建立了车辆—轨道耦合动力学分析模型。市域D型车车辆多体动力学模型如图2所示。

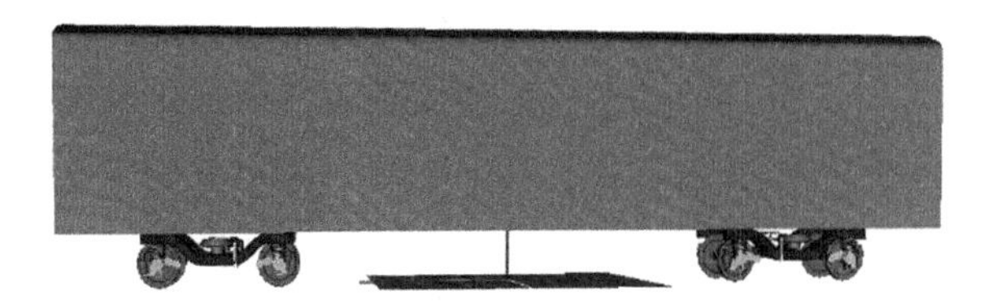

图2 市域D型车车辆多体动力学模型

为验证轨道结构模型的有效性，将76km/h的仿真计算结果与北京地铁16号线现场测试结果进行比较，采用北京地铁16号线实测钢轨不平顺测试数据作为模型验证不平顺激励。钢轨变形仿真结果与实测数据对比如表1所示，误差在可接受范围内，模型有效。

表1 仿真计算结果与实测数据结果对比（单位：mm）

类型	仿真计算结果	实测数据结果
轨枕垂向位移	0.50	0.69
钢轨垂向位移	1.20	1.25
钢轨横向位移	0.56	0.65

选取实际线路中的曲线地段，以研究在不同的运营条件下，不同的曲线超高设置方式有何影响。具体工况设置如表2所示。考虑模拟工况的车辆设计速度，分别选取“美国五级谱”“美国六级谱”作为不平顺激励。

3 轮轨动力学评价指标选取

考察车辆和轨道结构的动力响应，需要选取合理的评价指标。本文从车辆的行车安全性和平稳性两个方面来评价车辆的动力学响应，

表2 线路工况

工况	半径/m	圆曲线长度/m	前缓和曲线长度/m	后缓和曲线长度/m	列车速度/（km/h）	设计超高/mm
工况1	800	883.82	180	180	120	150
工况2	1400	434.61	240	240	160	150
工况3	2000	324.92	180	180	160	150

从轨道结构的受力来评价轨道结构的动力学响应。

3.1 运行安全性指标

车辆的动力性能包括行车安全性和平稳性两个方面。车辆运行安全性是铁路运输最基本的要求，主要涉及脱轨和倾覆问题，分别用脱轨系数和轮重减载率来衡量。脱轨系数为某一时刻作用在车轮上的横向力 Q 与纵向力 P 的比值 Q/P，该比值最初由法国科学家 Nadal 提出，其后为世界各国铁路部门所采用；而轮重减载率作为脱轨系数的补充，用于衡量轮重减少的程度，其值为轮重减载量 ΔP 与轮重 P 的比值。

根据《铁道车辆动力学性能评定和试验鉴定规范》GBT 5599—1985 规定，脱轨系数规定如下：

第一限度：$\dfrac{Q}{P} \leqslant 1.2$

第二限度：$\dfrac{Q}{P} \leqslant 1.0$

根据《铁道车辆动力学性能评定和试验鉴定规范》GBT 5599—1985 规定，轮重减载率规定如下：

第一限度：$\dfrac{\Delta P}{P} \leqslant 0.65$

第二限度：$\dfrac{\Delta P}{P} \leqslant 0.60$

根据《城市轨道交通工程动态验收技术规范》DB11/T 1714—2020 规定，脱轨系数及轮重减载率规定如下：

脱轨系数：$\dfrac{Q}{P} \leqslant 0.8$

轮重减载率：$\dfrac{\Delta P}{P} \leqslant 0.60$

3.2 运行平稳性指标

评价车轮运行平稳性最直接的指标是车体振动加速度，本文主要考察车体振动的垂向加速度和车体振动的横向加速度。根据《城市轨道交通工程动态验收技术规范》DB11/T 1714—2020 规定，曲线地段未被平衡及速度规定如下：

（1）正常情况下，未被平衡横向加速度不大于 0.4m/s^2。

（2）瞬间情况下，允许短时出现未被平衡横向加速度为 0.5m/s^2。

（3）在车站正线上，未被平衡横向加速度不大于 0.3m/s^2。

根据《铁道车辆动力学性能评定和试验鉴定规范》GBT 5599—1985 规定，可采用平稳性指标计算方法，也可采用以车体最大平均振动加速度作为评价指标。

$$W = 7.08\sqrt[10]{\frac{A^3}{f}F(f)}$$

优：＜2.5；良 好：2.5～2.75；合 格：2.75～3.0。

3.3 轨道动力响应指标

评价轨道结构的动力响应，主要从轨道结构的受力情况入手，因此本文需要提取轮轨力（包括法向力和切向力）与扣件提供的扣压力。

4 不同超高设置方式对轮轨动力学的影响

4.1 不同超高设计方式行车安全性指标

行车安全性的评价指标包括脱轨系数和轮重减载率。

由图 3 可知，两种超高方式的脱轨系数和轮重减载率几乎完全一致，脱轨系数不超过

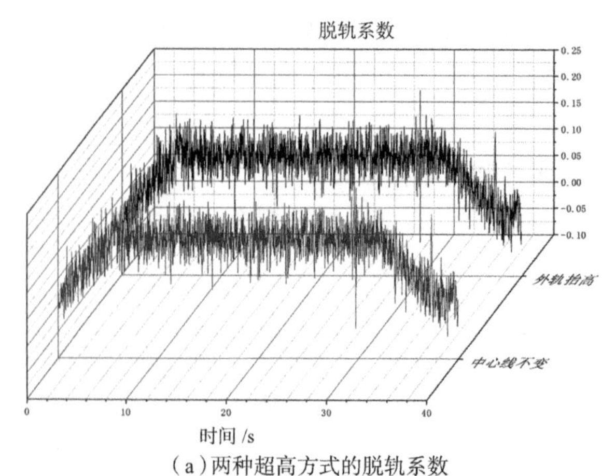

（a）两种超高方式的脱轨系数

图3 两种超高方式的脱轨系数和轮重减载率（工况1）

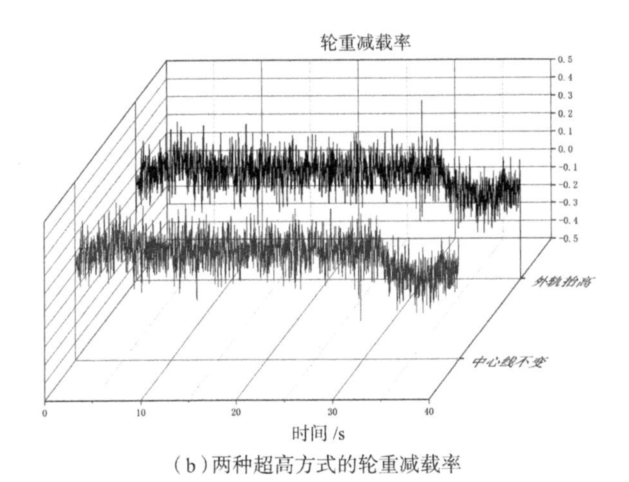

（b）两种超高方式的轮重减载率

图3　两种超高方式的脱轨系数和轮重减载率（工况1）（续）

0.2，轮重减载率不超过0.4，根据相关标准规范（脱轨系数≤0.8，轮重减载率≤0.6），均满足限值要求，可以保证列车行驶的安全性。

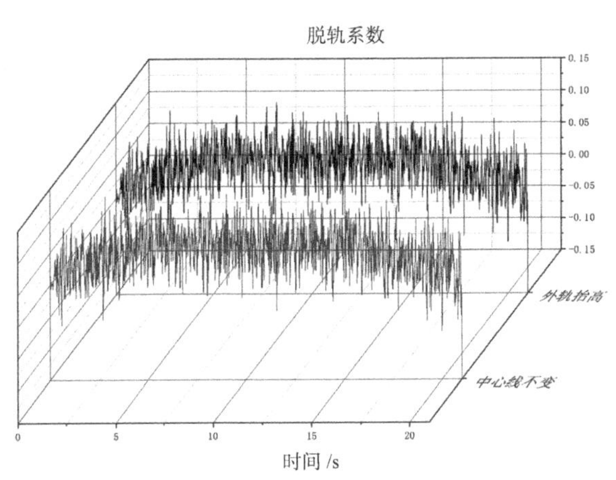

（a）两种超高方式的脱轨系数

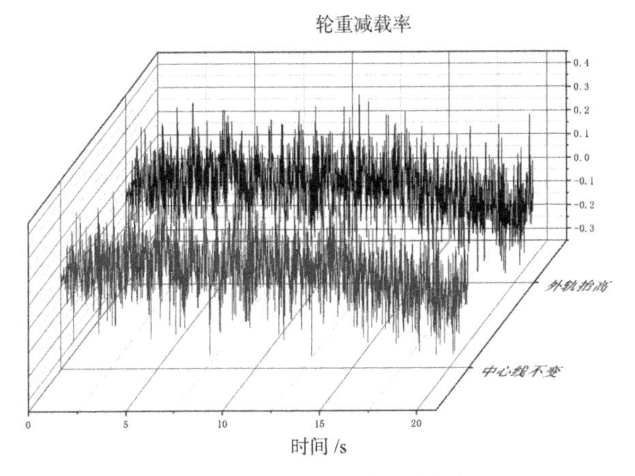

（b）两种超高方式的轮重减载率

图4　两种超高方式的脱轨系数和轮重减载率（工况2）

由图4可知，两种超高方式的脱轨系数和轮重减载率几乎完全一致，脱轨系数不超过0.2，轮重减载率不超过0.3，根据相关标准规范（脱轨系数≤0.8，轮重减载率≤0.6），均满足限值要求，可以保证列车行驶的安全性。

由图5可知，两种超高方式的脱轨系数和轮重减载率几乎完全一致，脱轨系数不超过0.2，轮重减载率不超过0.4，根据相关标准规范（脱轨系数≤0.8，轮重减载率≤0.6），均满足限值要求，可以保证列车行驶的安全性。

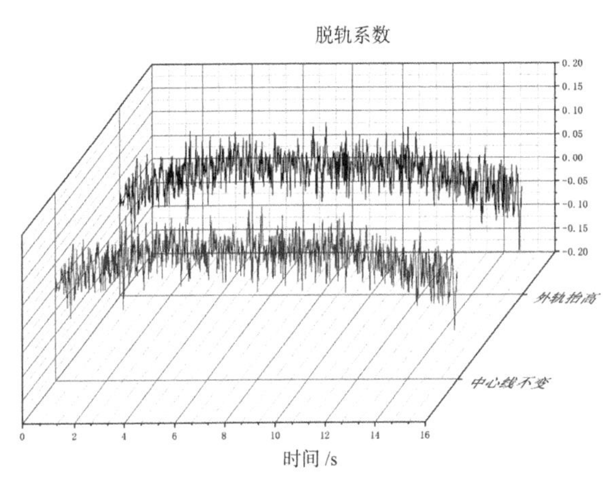

（a）两种超高方式的脱轨系数

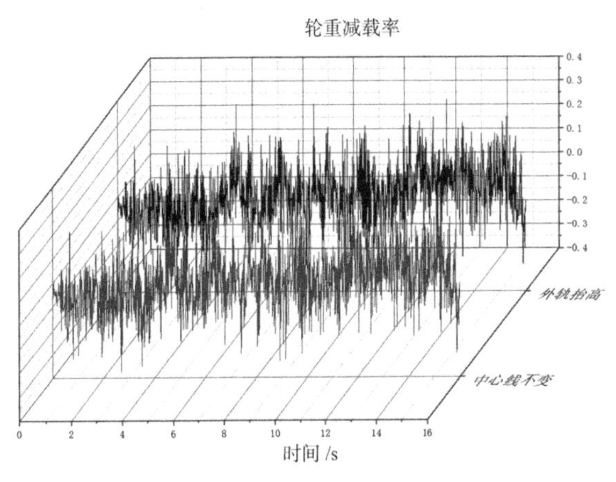

（b）两种超高方式的轮重减载率

图5　两种超高方式的脱轨系数和轮重减载率（工况3）

在不同曲线半径、不同行车速度的工况下，采用外轨抬高和中心线不变两种超高方式，车辆行驶时的脱轨系数和轮重减载率均无显著差异，并且均满足限值要求。可见不同超高方式不会影响行车安全性。

4.2 不同超高设计方式行车平稳性指标

行车平稳性的评价指标为车体振动加速度，包括垂向和横向加速度。

由图 6 可知，外轨抬高导致的车体垂向和横向振动加速度略微大于中心线不变的超高方式。振动加速度的有效值能比较客观地反映在一段时间内振动的能量大小。根据振动加速度均方根值（有效值）的统计方法，计算车体垂向和横向振动加速度的均方根值如表 3 所示。

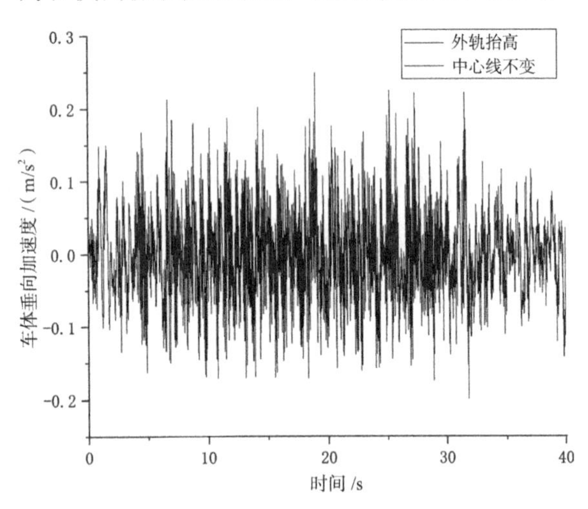

（a）两种超高方式的车体垂向振动加速度

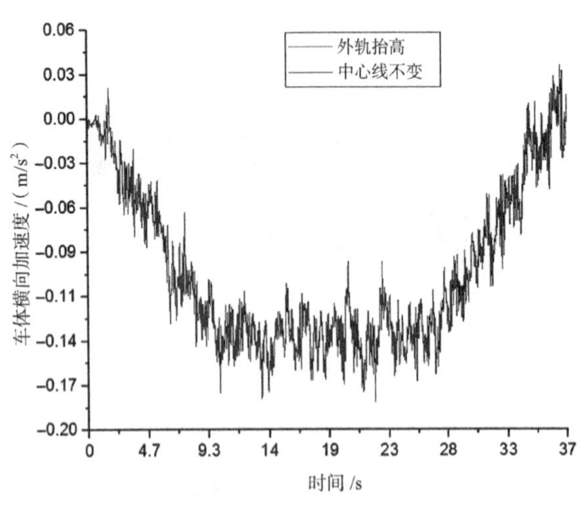

（b）两种超高方式的车体横向振动加速度

图 6 两种超高方式的车体振动加速度（工况 1）

由图 6 可知，不同超高设置方式对车体横向加速度几乎没有影响，而对车体垂向加速度有一定影响，外轨抬高导致的垂向加速度（有效值 0.0595m/s^2）略大于中心线不变导致的垂向加速度（有效值 0.0535m/s^2）。

表 3 不同超高方式车体振动加速度的有效值（单位：m/s^2）

类型	外轨抬高	中心线不变
车体垂向加速度	0.0595	0.0535
车体横向加速度	0.0527	0.0526
平稳性指标 W	2.3	2.3

由图 7 可知，两种超高方式导致的车体垂向和横向振动加速度没有明显差异。不同超高方式车体垂向和横向振动加速度的均方根值如表 4 所示。

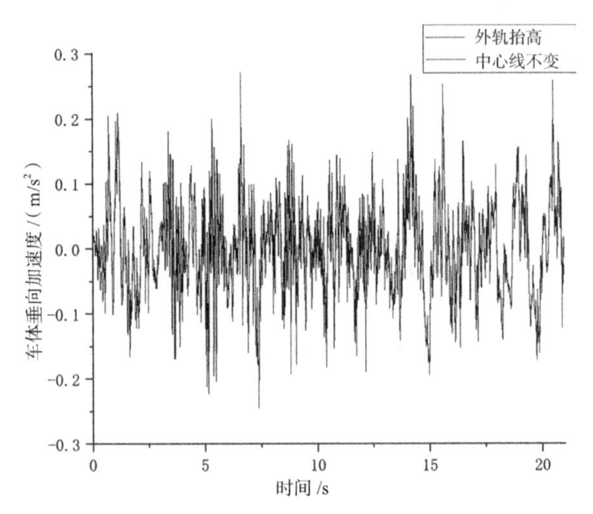

（a）两种超高方式的车体垂向振动加速度

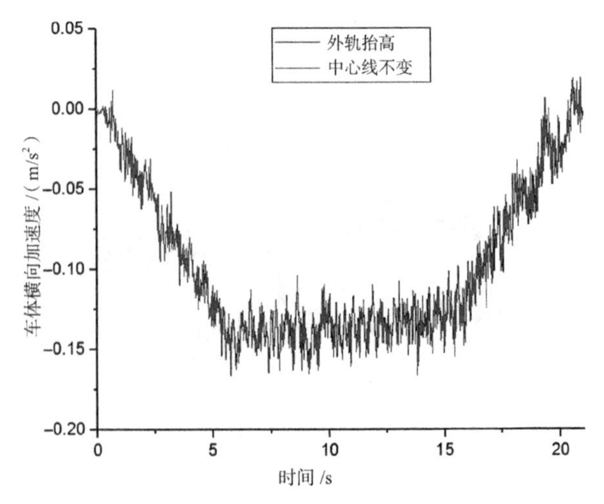

（b）两种超高方式的车体横向振动加速度

图 7 两种超高方式的车体振动加速度（工况 2）

表 4　不同超高方式车体振动加速度的有效值（单位：m/s²）

类型	外轨抬高	中心线不变
车体垂向加速度	0.0686	0.0686
车体横向加速度	0.4088	0.4089
平稳性指标 W	2.1	2.1

由表 4 可知，不同超高设置方式对车体垂向和横向加速度几乎没有影响。

由图 8 可知，两种超高方式导致的车体垂向和横向振动加速度没有明显差异。不同超高方式车体垂向和横向振动加速度的均方根值如表 5 所示。

由表 5 可知，不同超高设置方式对车体垂向和横向加速度几乎没有影响。

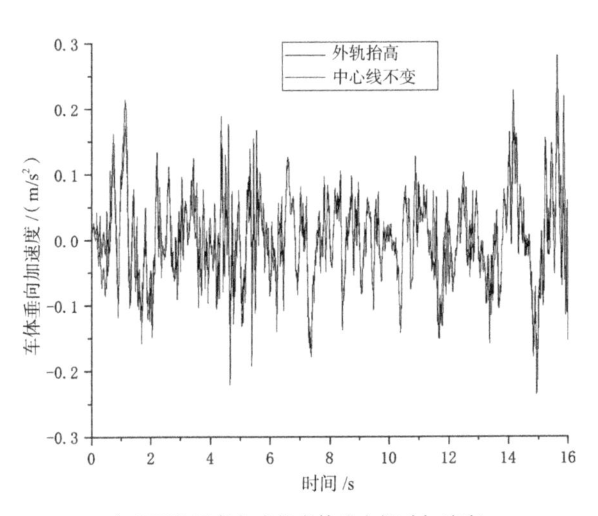

（a）两种超高方式的车体垂向振动加速度

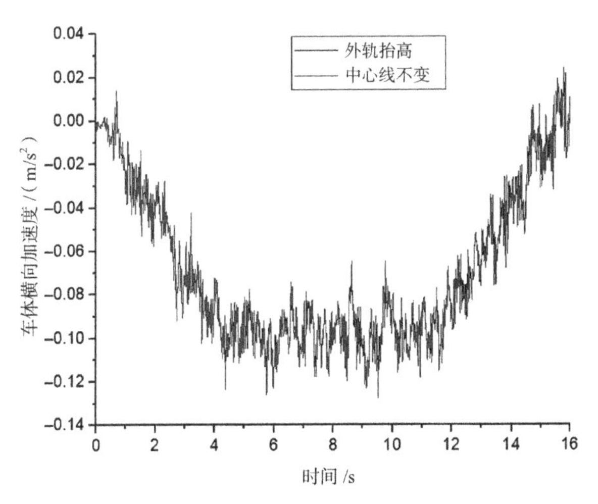

（b）两种超高方式的车体横向振动加速度

图 8　两种超高方式的车体振动加速度（工况 3）

表 5　不同超高方式车体振动加速度的有效值（单位：m/s²）

类型	外轨抬高	中心线不变
车体垂向加速度	0.0649	0.0656
车体横向加速度	0.0378	0.0378
平稳性指标 W	2.0	2.0

在不同曲线半径、不同行车速度的工况下，采用外轨抬高和中心线不变两种超高方式，车体垂向和横向的振动加速度均无显著差异，可见不同超高方式对行车平稳性的影响不大。

4.3　不同超高设计方式轨道动力学指标

轨道结构动力学的考察指标包括轮轨力和扣件扣压力。

由图 9 可知，两种超高方式的轮轨法向

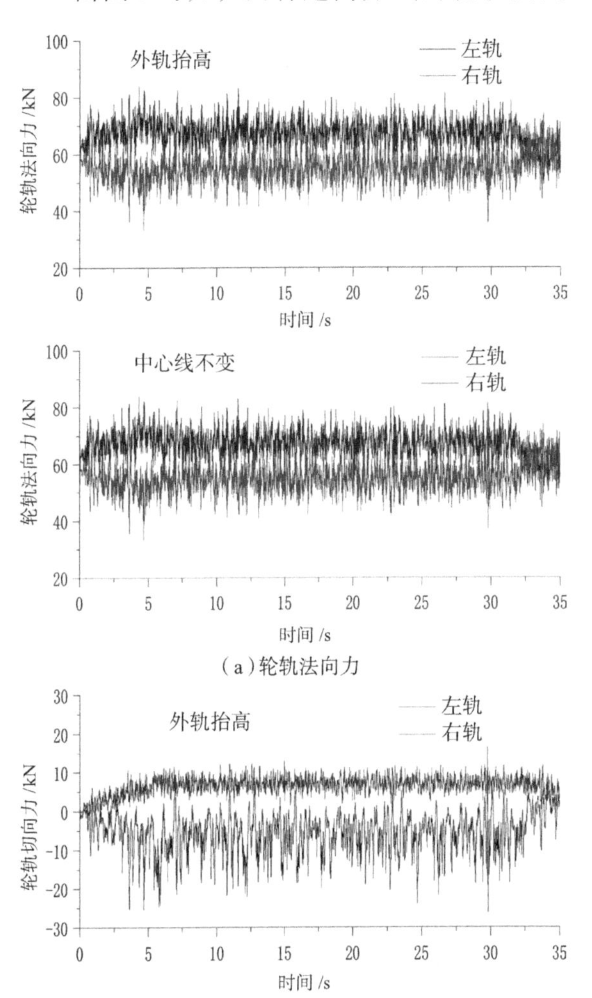

图 9　不同超高方式轨道动力学响应（工况 1）

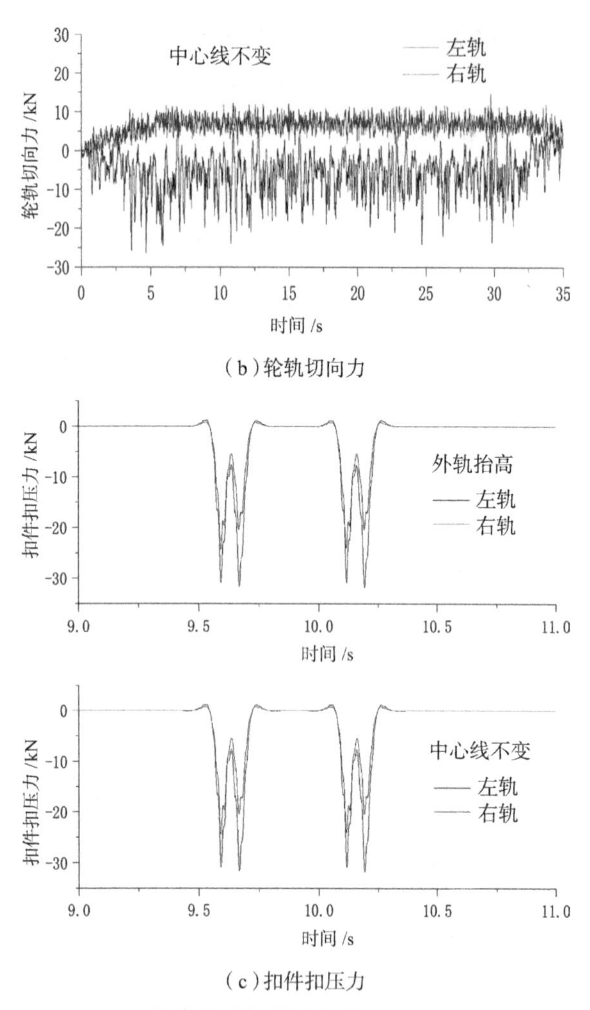

（b）轮轨切向力

（c）扣件扣压力

图 9　不同超高方式轨道动力学响应（工况 1）（续）

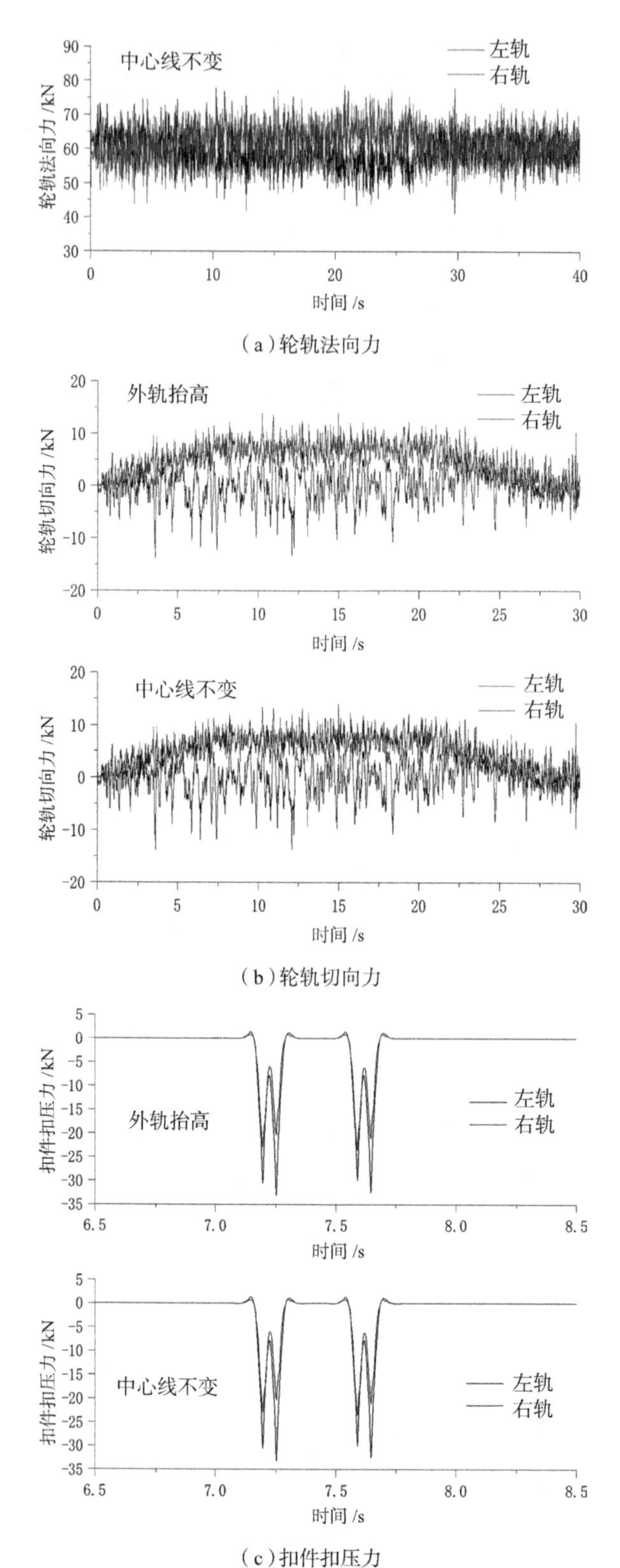

（a）轮轨法向力

（b）轮轨切向力

（c）扣件扣压力

图 10　不同超高方式轨道动力学响应（工况 2）（续）

力、轮轨切向力和扣件扣压力均无明显差异。

由图 10 可知，两种超高方式的轮轨法向力、轮轨切向力和扣件扣压力均无明显差异。

由图 11 可知，两种超高方式的轮轨法向力、轮轨切向力和扣件扣压力均无明显差异。

在不同曲线半径、不同行车速度的工况

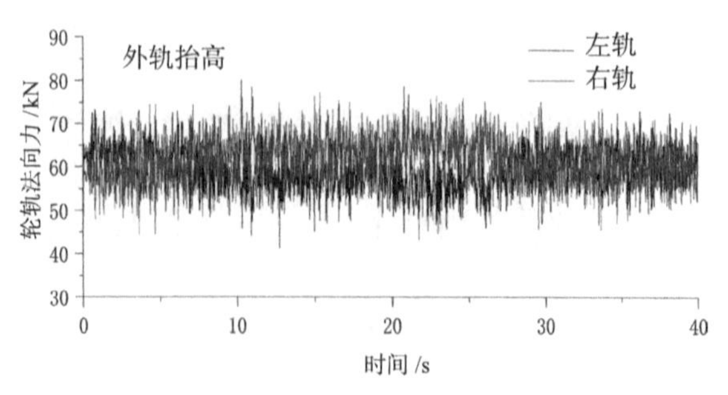

图 10　不同超高方式轨道动力学响应（工况 2）

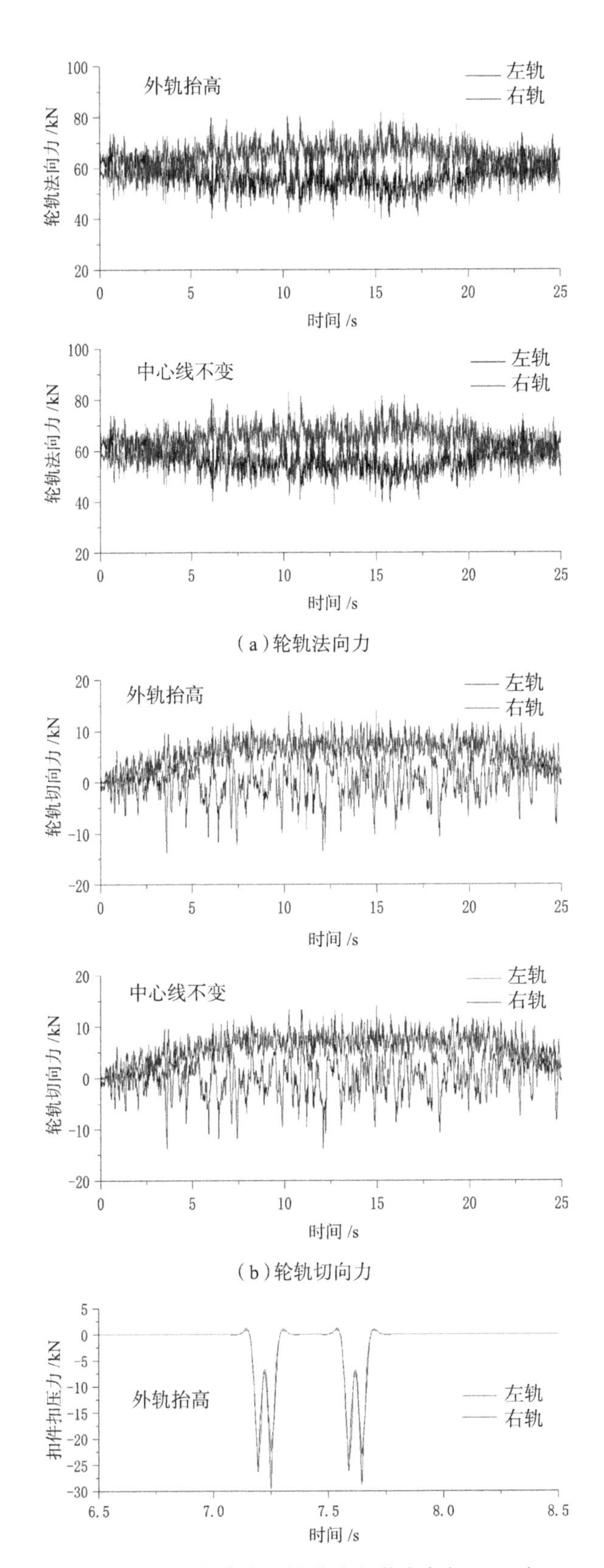

图 11　不同超高方式轨道动力学响应（工况 3）

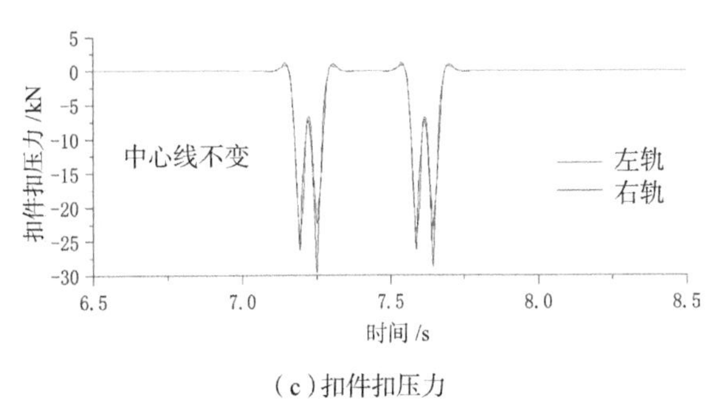

图 11　不同超高方式轨道动力学响应（工况 3）（续）

下，采用外轨抬高和中心线不变两种超高方式，轮轨法向力、轮轨切向力和扣件扣压力均无显著差异，可见不同超高方式对轨道结构动力响应的影响不大。

5　结论

本文基于平谷线工程实际线路及行车情况，采用多体动力学数值分析方法，研究了不同超高设计方式下车辆和轨道结构的动力学响应。具体考察指标包括脱轨系数、轮重减载率、车体垂向和横向的振动加速度，以及轮轨法向力、轮轨切向力和扣件扣压力。研究结论如下：

（1）采用外轨抬高和中心线不变两种超高方式，车辆行驶时的脱轨系数和轮重减载率均无显著差异，并且均满足限值要求。

（2）采用外轨抬高和中心线不变两种超高方式，车体垂向和横向的振动加速度均无显著差异。

（3）采用外轨抬高和中心线不变两种超高方式，轮轨法向力、轮轨切向力和扣件扣压力均无显著差异。

（4）实际工程中可根据隧道断面形式、限界条件、轨道结构种类、轨道施工及各地运营部门的养护维修习惯等因素，综合考虑采取不同的超高设置方式。

参考文献

[1] 孔凡兵 . 地铁轨道减振细分级和隔振理论研究 [J]. 铁道学报，2019，41（12）：132-137.

[2] 孟凡铁 . 地铁线路设计研究 [J]. 铁道工程学报，2007（2）：84-87.

[3] 赵国堂，陈帅，王衡禹，等 . 钢轨波磨对无砟道床动态响应的影响 [J]. 铁道建筑，2022，62（6）：1-6.

[4] 黄红东 . 城市轨道交通线路曲线最大超高值设置浅析 [J]. 铁道标准设计，2007（7）：13-16.

[5] 朱锦煌 . 城市轨道交通线路曲线最大超高值设置浅析 [J]. 铁道标准设计，2007（7）：13-16.

[6] 市域快速轨道交通设计规范：T/CCES2—2017[S].

[7] 地铁快线设计标准：CJJ/T 298—2019[S].

[8] 地铁设计规范：GB 50157—2003[S].

[9] 高速铁路设计规范：TB 10621—2009[S].

[10] 戴春阳 . 地铁运营条件与线路参数对曲线钢轨磨耗的影响 [J]. 都市快轨交通，2011，24（5）：6-10.

[11] 陈士军，凌贤长，朱占元，等 . 轨道高低不平顺谱分析 [J]. 地震工程与工程振动，2012，32（5）：33-38.

邻近既有车站新建地铁施工影响分析及控制措施研究

李广军

（天津市地下铁道集团有限公司，天津 300011）

摘　要：随着城市轨道交通线路的不断建成及投入运营，既有地铁线路互联成网，新建线与既有线之间的复杂联锁关系不可避免，施工难度及施工风险持续加大。尤其新建盾构隧道下穿既有车站主体结构影响风险度高，微小的土体扰动将会对既有运营车站产生较大影响，因此要精心组织，严格控制既有车站变形。本文根据新建车站紧邻既有车站及毗邻盾构区间下穿既有车站施工的实际工况，分析总结了数值模拟计算、设计方案优化、施工控制措施等关键问题，以确保施工质量和安全，对类似工程具有参考价值。

关键词：邻近地铁；施工影响；数值分析；变形控制

1　工程概况

天津地铁 7 号线鼓楼站位于南门外大街与南马路交叉口南侧，沿南门外大街呈南北向布置，车站北侧紧邻既有 2 号线鼓楼站，与既有车站组成T字形，2 号线站台层位于地下二层，7 号线站台层位于地下三层。

7 号线鼓楼站—广东会馆站站区间下穿既有车站，于鼓楼站北端盾构井接收，区间管片顶距既有车站底板约 2m。

因轨道交通线网规划调整，既有 2 号线鼓楼站施工时未预留新建区间下穿条件，需将区间下穿范围内两侧既有地连墙进行凿除，其中南侧地连墙结合本站主体结构施工时进行凿除，北侧地连墙单独施作工作井进行凿除。

2　计算分析

2.1　理论分析

7 号线鼓楼站主体及工作井基坑施工，造成既有车站靠近基坑侧的土体发生水平侧向卸载和竖向卸载，导致既有车站朝基坑内发生一定程度的水平侧向位移和竖向变形，但由于既有车站结构整体刚度较大，结构变形安全可控。

鼓楼站—广东会馆站站区间下穿既有 2 号线鼓楼站，区间管顶距既有车站底板仅 2m，区间推进过程中不可避免引起土体扰动，对既有车站结构产生附加内力和变形，但通过工程类比，采取合理控制措施，可较好地控制既有线变形。

2.2　数值计算模型

7 号线鼓楼站邻近既有 2 号线鼓楼站及区间下穿既有站数值模拟计算采用 MIDAS-GTS 有限元软件。模型按照实际尺寸建模，分别建立双线盾构隧道及车站结构模型。

有限单元法地层结构材料的本构关系及单元选取：

（1）各岩土层均采用弹塑性模型，三维实体单元，屈服准则采用 Mohr-Coulomb 准则。

（2）车站结构及盾构隧道管片采用弹性模型。

（3）模型尺寸：178m（沿地铁 7 号线方向）× 180m（沿地铁 2 号线方向）× 70m（高）。

（4）边界条件：模型侧面和底面为位移边界，侧面限制水平位移，底面限制竖直位移，上面为自由边界。

（5）施工工序：首先在初期自重应力场下，逐步开挖7号线基坑并施作车站结构，再逐步开挖工作井，随后进行盾构掘进。

（6）其他计算假定：

①计算中忽略构造应力，将初始应力场假定为自重应力场，将土体视为弹塑性连续体，施工中产生的变形连续。

②施工掌子面顶推力除用以平衡前方土水压力和壳体外壁水平摩阻力外，还将维持盾构机的不断前行，计算中忽略该摩阻力并保持顶推力恒定。

2.3 计算结果及分析

（1）7号线车站施工对既有车站变形影响

7号线车站施工期间，既有车站在靠近基坑一侧结构产生沉降，最大沉降值约1.7mm，背离基坑一侧及跨中位置结构产生隆起，最大隆起值约5.0mm（位于底板跨中位置），既有车站整体向基坑一侧移动，最大水平位移约3.3mm。

既有车站在7号线车站主体施工期间，由于土体卸荷，结构隆起较为明显。

（2）工作井施工对既有车站变形影响

工作井施工期间，既有车站在靠近7号线车站基坑一侧及跨中位置结构产生隆起，最大隆起值约5.1mm（位于底板跨中位置），靠近工作井基坑一侧产生沉降，最大沉降值约3.7mm，既有车站整体向基坑一侧移动，最大水平位移较前一阶段变化不大。

通过数值分析，既有车站在两侧土体卸载工况较前一阶段的单侧卸载工况，最大隆起量变化较小，且两步施工对车站两侧的沉降、隆起变形有一定的抵消作用。因此，建议在施工期间根据7号线主体施工进度，适时进行工作井基坑开挖，对既有车站两侧对称卸荷，可更好地控制结构竖向及水平位移。

（3）区间掘进完成对既有车站变形影响

盾构掘进完成，既有车站在靠近7号线车站基坑一侧及跨中位置结构产生隆起，最大隆起值约5mm，背离基坑一侧产生沉降，最大沉降值约3.2mm，既有车站整体向基坑一侧移动，最大水平位移约3.2mm。

在盾构推进过程中，既有车站变形变化较小，但对既有站底板下土体产生扰动，在施工期需对既有站下方土体进行冻结加固，控制变形影响。

3 工程控制措施

3.1 优化围护结构设计

车站主体及工作井基坑采用1m地连墙，十字钢板接头，邻近2号线地连墙接缝处增设直径2.2m的大直径RJP桩，摆喷140°，与地连墙同深。

对车站主体地连墙与既有2号线地连墙之间打设ϕ2200@1200RJP桩，摆喷180°，加固深度为既有墙底至盾构井地连墙底。

3.2 优化盾构下穿及接收设计

盾构区间下穿既有车站，采用冻结加固，加固范围：加固壳厚3m（盾构外径起算），纵向加固长度（线路方向）共21.5m，其中全断面冻结加固长度5m，外围壳体冻结加固长度16.5m。通过对盾构周边土体进行加固，进一步减小盾构机顶推过程中对土体扰动，以达到控制车站变形的目的。另外，为减小冻融对既有车站的影响，考虑在冻结前对加固范围内土体进行注浆加固。

车站北端头井采用明洞接收形式，进一步控制盾构接收风险，确保万无一失。

3.3 加强施工过程控制

基坑施工过程中，应严格控制基坑开挖过程中基坑变形（包括支护结构变形、坑底隆起和周边地层变形）。

盾构穿越车站前应做好准备工作，通过先期试验段确定合理的掘进参数，检查盾构机刀具等，避免在穿越期间更换刀盘；严格控制推进速度，采用中低速均衡匀速施工，确保土体将推进所产生的应力充分释放（避免由于推进应力过大或过于集中而对车站底板造成破坏）；严格控制盾构姿态，尽量减小对土体的扰动（以避免盾构前方土体的坍落或挤密现象，降低地基土横向变形施加于车站底板上的横向力）。

3.4 自动化监测，信息化施工

对既有2号线车站变形情况实施24小时自动化监测，做到信息化施工，严格控制既有站结构竖向及水平位移。

监测范围在主要影响区（0.7H范围内）内，监测断面间距为5m；次要影响区（0.7～2H）内，监测断面间距为10m。

自动化监测项目频率：施工关键期：1次/30分钟，一般施工状态：1次/2小时。

监测时限：从开工前一周至数据稳定为止。

为确保监测系统的协调一致，除监测设备外，还须配备系统维护、数据分析人员，保证监测精度。可根据既有结构受影响程度增加或减少测量频率，根据需要随时增加测量点，并及时分析整理测量资料。

4 主要结论及建议

通过理论分析并结合数值模拟计算结果可以得出：7号线车站、工作井开挖及盾构区间掘进期间，2号线车站位移量和地表土体沉降量均在允许范围内，既有车站结构内力均满足设计要求。

数值模拟计算结果表明，新建车站主体及工作井施工对既有车站两侧的沉降、隆起变形有一定的抵消作用，建议可根据7号线主体施工进度，适时进行工作井基坑开挖，对既有车站两侧对称卸荷，以便更好地控制结构竖向及水平位移。

值得注意的是，由于土体卸荷影响，既有车站跨中位置累计隆起变形仍较为明显，设计考虑在对7号线车站主体、工作井地连墙施工前，在与既有2号线地连墙之间打设一排ϕ2200@1200RJP桩，摆喷180°，加固深度为既有墙底至盾构井地连墙底，以减小地连墙施工及基坑开挖期间对既有车站下部土体扰动，控制隆起变形。为保证地连墙成墙质量且控制换乘通道施工期间地下水渗漏，邻近既有车站一侧地连墙需紧贴既有地连墙，并采用双轮铣成槽。为控制施工风险必须确保地连墙连续封闭，设计考虑在大里程盾构井及工作井地连墙接缝增设直径2.2mRJP桩，摆喷140°，与地连墙同深。

盾构区间下穿既有车站，采用冻结加固和明洞接收的形式。施工单位应做好穿越前的准备工作，通过先期试验段确定合理的掘进参数，做好穿越施工条件验收，避免在穿越期间更换盾构刀具，并严格控制盾构姿态及推进速度，采用中低速均衡匀速施工，确保土体将推进所产生的应力充分释放，避免盾构前方土体的坍落或挤密现象，降低地基土横向变形施加于车站底板上的横向力及变形影响。

同时，考虑对既有2号线车站进行自动化监测，做到信息化施工，建立应急、预警机制，严格控制既有站结构竖向及水平位移监控量测措施，确保工程安全。

参考文献

[1] 朱正国，陈信宇，陈自飞，等.盾构隧道下穿既有车站变形控制研究[J].高速铁路技术，2019，10（4）：6-11.
[2] 郑凯，马福东，石伟强.复杂条件下盾构穿越既有线设计与施工技术[J].现代城市轨道交通，2008（3）：35-38.
[3] 邓统辉.盾构斜穿既有地铁线路施工技术[J].铁道建筑，2013（9）：54-56.
[4] 方勇，杨斌，杨志浩，等.地铁盾构隧道施工对地层扰动的影响因素分析[J].重庆交通大学学报（自然科学版），2014（1）：36-41.
[5] 王君，刘庆晨，李广军，等.组合工法在天津地铁盾构进洞施工中的应用[J].建筑科学，2012（S1）：257-261.

中国科协科学技术传播中心科研项目的BIM管理与应用

李真海*

（北京城建勘测设计研究院有限责任公司，北京 100020）

摘　要：国家科技传播中心项目是我国国家级科学文化公共服务平台的重要组成部分，建成后将成为国内外最新科学发现和科技成果的展示中心、科技成果发布交易中心、国际高端学术交流中心和国际科技组织总部基地，目前已经进入建造施工阶段。众所周知，国家科技传播中心这类大型公共建筑对建造过程的标准和要求非常高，工程项目的参与方众多，专业复杂、存在海量数据，且各参与方之间的协调工作量和协调难度都比较大，采用传统的工程项目管理模式难以实现对国家科技传播中心建造过程的高效、精细化管理。因此，十分有必要将BIM技术及基于BIM模型的数字化协同管理技术应用于国家科技传播中心项目的工程建设中。

关键词：进度质量管控；可视化模拟；4D、5D模拟；隐蔽工程管理

1　引言

BIM平台实际上是基于BIM的协同管理平台。该平台系统搭建工作是项目全过程实施的初始阶段工作，该阶段需要实现两个目标：一个是项目全部参与方利用BIM协同管理平台系统进行项目全过程管理的体系确立；另一个是根据业主方需求将BIM协同管理平台系统的数据初始化工作完成，再开始设计、施工、运维各阶段的具体应用。

2　管理平台的管理

设计阶段应用，主要是以BIM模型轻量化浏览发挥BIM模型可视化价值的优势为主，帮助工程项目的参建各方明确其设计方案，提高设计质量，提高变更、优化、指标数据分析的工作效率，同时参建各方基于轻量化系统提高BIM技术的落地性，所有参建人员均可共享BIM技术的价值。

施工阶段BIM模型和数据不断深化，充分利用模型数据结合现场管理需要，对成本控制、质量控制、安全控制、进度控制进行全方位的技术支撑，所有参建人员通过便捷的系统操作从模型上提取所需数据信息，同时又在模型上反馈数据信息，大大提高传统现场施工管理工作的沟通效率、加快简化审批和复核工作流程，降低一线员工工作日志、整理进度汇报、月报等工作量，各阶段竣工资料通过系统分类存放，确保人员调整变更后资料的保存，从而全方位提高各方的工作效率。

2.1　BIM离线模型技术

BIM模型原型文件通常文件体积巨大，即使利用轻量化转化技术，也难免无法彻底瘦身，导致在线浏览模型时间过长，影响操作体验。BIM平台有配套离线程序，第一加载模型的同时会自动将轻量化模型下载到本地电脑，模型的读取直接从本地电脑进行，交互数

* 李真海，技术员，暖通中级工程师。E-mail：281139918@qq.com

据在线进行，大大提高了模型浏览速度和流畅性，几秒就可加载好一个 10 万 m^2 的巨型 BIM 模型。当模型有更新，离线程序自动更新模型，无感操作。

2.2 BIM 模型轻量化浏览操作

平台支持 BIM 模型浏览、漫游、属性查看、剖切、测量、过滤、查询等各种操作，经过轻量化处理的模型，只需普通的网页浏览器即可轻松浏览 BIM 模型，电脑无须高端配置，大大提高了 BIM 模型应用的普及性和便捷性（图 1）。

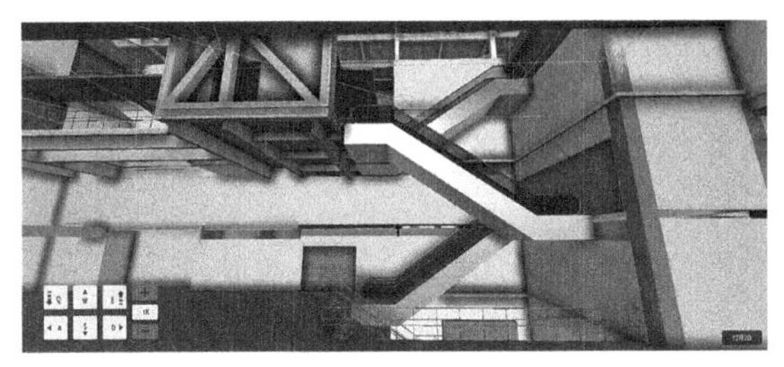

图 1 BIM 模型的轻量化浏览

2.3 进度管理

支持传统 Project 任务导入 BIM 协同管理平台，形成在线版甘特图，方便现场管理人员进行进度管理。同时支持施工进度任务与 BIM 模型关联，通过 4D 动态 BIM 模型展现施工进度，业主无须到现场即可了解项目进展。

2.4 隐蔽工程管理

施工现场各个阶段竣工验收后，经常容易出现人员变动导致验收过程资料的遗失。BIM 协同管理平台系统支持通过文档、BIM 模型挂接等技术手段来确保资料的保存性。尤其对于隐蔽工程的完成情况，各种重要的音像资料存底对项目竣工交付后的结算工作，以及施工单位自己内部班组的结算工作提供重要的依据，通过 BIM 协同管理平台系统完好地进行保存和查看。

2.5 工程量统计

在设计阶段完成的 BIM 模型支持工程量计算，利用 BIM 协同管理平台系统根据使用权限的设定可以对模型进行工程量的统计、反查及报表的输出，项目参与各方均以模型的工程量为标准，确保后续成本管理数据的统一性、精确性，减少反复的审核工作。BIM 协同管理平台系统与行业某 BIM 算量软件进行了全面打通，实现了根据全国各地清单定额计价规则进行工程量计算。

3 施工 BIM 模型的管理

3.1 BIM 模型功能权限控制

平台支持对参建单位各个人员进行模型功能权限控制，避免因为误操作造成 BIM 模型的信息丢失和发布无效信息等问题，确保平台信息准确完整有效。

3.2 二维 / 三维漫游联动

模型浏览模块支持三维模型和二维平面同时显示。点击二维图纸的任意部位，三维模型可快速定位，方便快速切换到需要查看的模型空间；并支持通过构件列表隐藏构件、查看某构件具体属性等功能。

剖面图及大样图均可联动查询、定位。在各类平、立、剖面图纸上拖动定位点即可在三维图纸上到达所对应的三维模型区域。

3.3 施工 BIM 模型管理

施工 BIM 模型的管理首先要在平台内创建一个施工 BIM 项目——项目看板。对项目的结构信息、各专业信息、施工总承包单位、参与人员、施工组织方案等进行集中展示，对于常用项目指标数据可以快速获取（图 2）。

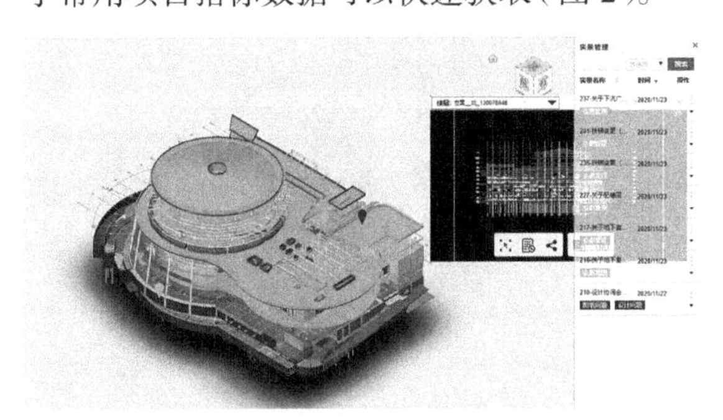

图 2 BIM 平台上的 BIM 模型实景管理

3.4 机电 BIM 模型

国家科技传播中心工程项目机电管线非常复杂，建立管综有利于减少碰撞、优化管线排布以及与结构之间的空间位置关系（图 3、图 4）。

图 3　整体机电模型

图 4　机电模型局部

3.5 施工现场的数据采集

3.5.1 施工现场实景资料

支持将照片、音频、视频、文本、360 全景照片等资料集成进行 BIM 模型关联上传，并支持各种标签标记。施工各阶段节点、隐蔽工程全程记录，方便对历史问题进行查看，PC 端和移动端可同时查看（图 5）。

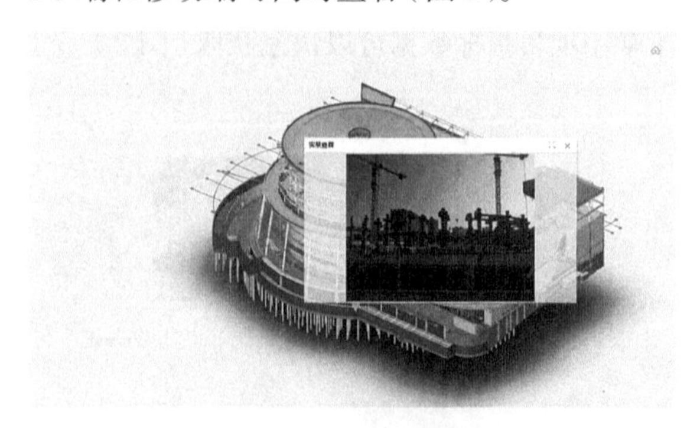

图 5　施工现场实景

3.5.2 进度质量管控

BIM 平台具有流程管理、模型关联、二维码扫描、数据录入、检验信息录入等功能。

3.5.3 4D、5D 进度可视化模拟

能够支持将 P6 或者 excel 表格、project 编制的进度计划导入系统中，通过选择集与构件管理，进行施工工艺、安装工艺等进度模拟。现场每日进度、质量和工料管理，录入后平台通过 4D、5DBIM 进度模拟实时反馈，进度计划与实际现场进度对比，直观反映进度偏差情况（图 6）。

图 6　模型 4D、5D 模拟

3.5.4 二维码构件分享

可以以构件、单专业、整体模型的形式生成唯一的二维码，支持二维码数据的精确管理及展示，能够支持二维码的钉钉共享或打印，不同项目参与方通过钉钉读取或扫描粘贴的二维码，可以浏览 BIM 模型和构件、现场更新构件或者设备的状态信息等。

根据业主的要求，补充了国家科技传播中心地下一层的餐厨区域设备设施分布的 BIM 模型，如图 7 所示。该模型已经过业主确认。

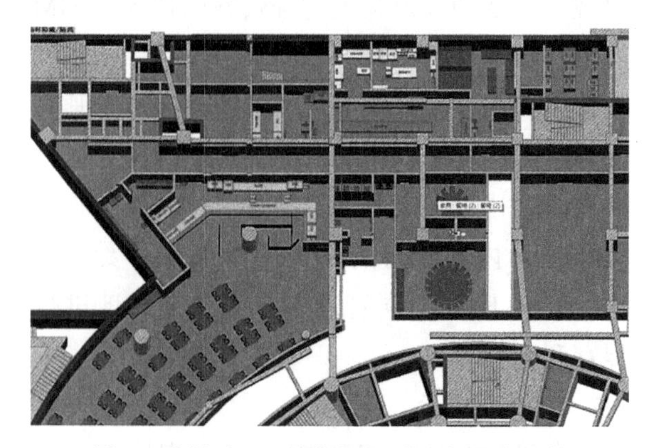

图 7　建筑地下一层餐厨区域设备设施分布

3.6 玻璃幕墙复杂曲面三维建模

国家科技传播中心的玻璃幕墙具有复杂的三维曲面，采用 Revit 软件难以精确建模。因此，采用 Rhino（犀牛）软件进行建模。

建模步骤如下：

（1）先将项目的 CAD 文件导入 Rhino，并将图纸对位，以便复核图纸是否吻合（图 8）。

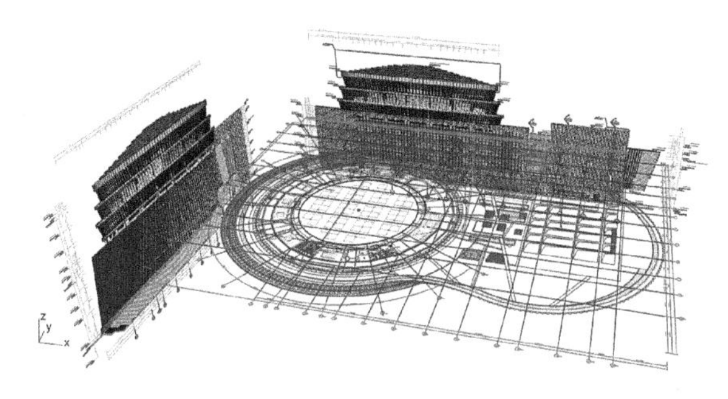

图 8　图形导入

（2）根据平面幕墙立柱和大样立柱角度，利用 Grasshopper 将立柱挤出（图 9）。

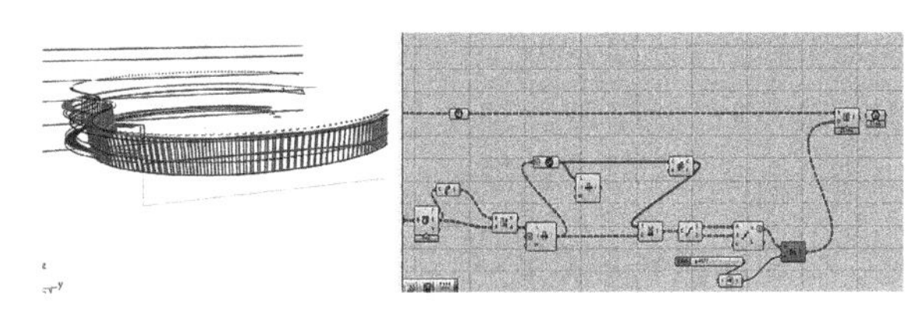

图 9　立柱生成

（3）根据第二步的原理，利用 Grasshopper 生成其他立柱（图 10）。

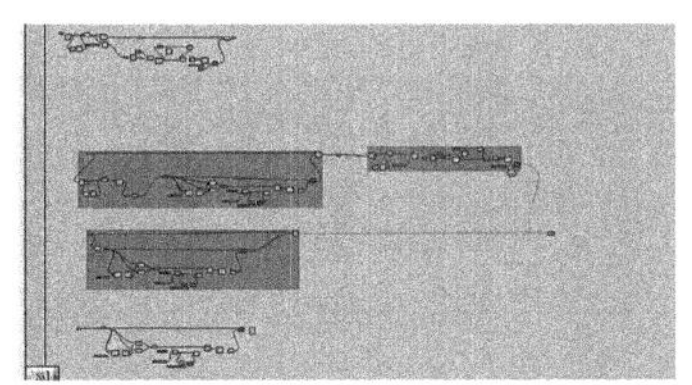

图 10　生成全部立柱

（4）利用竖挺和水平面的交线，生成横挺。

（5）建立玻璃结构模型之后，根据建筑模型复核图纸，建筑模型倾斜角是 8.099°，大样图纸是 8.0°，复核是否满足要求。

（6）生成国家科技传播中心玻璃幕墙完成后的效果。

3.7 地下管线管网三维建模

建立了国家科技传播中心地下管线的 BIM 模型，包括给水、排水、雨水、消防、供热、燃气、电气外线、弱电外线等的模型，如图 11 所示。该模型便于施工和今后的运维管理。

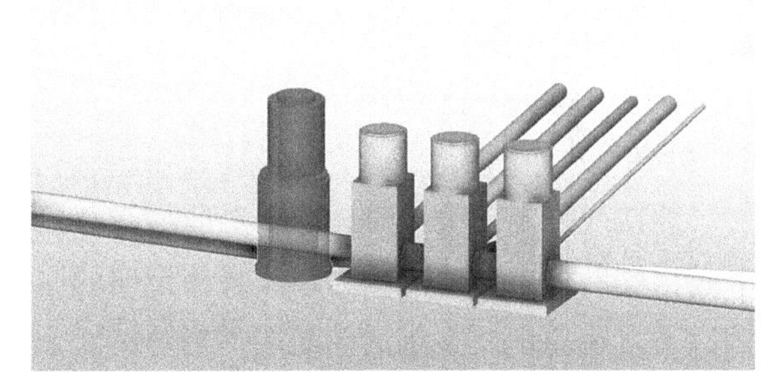

图 11　地下管线的 BIM 模型

参考文献

[1] 李长城 .BIM 技术在大型公共建筑机电安装工程中的应用研究 [J]. 智能城市，2019，5（6）：179-180.

[2] 汪俊 .BIM 技术在机电安装工程造价控制中的有效应用 [J]. 建材与装饰，2018（51）：121-122.

[3] 赵新颖，郭红 .BIM 技术在机电安装工程造价控制中的有效应用 [J]. 建筑与装饰，2018（23）：196-197.

盾构区间隧道穿越活动断裂带设计及错动影响分析

富　涛*

（绍兴市轨道交通集团有限公司，绍兴 312000）

摘　要：本文以乌鲁木齐轨道交通工程马料地站—平川路站盾构区间穿越活动断裂带工程为研究对象，针对活动断裂带特点，提出了预留修复净空、防混凝土局部破损钢垫片及接头钢板、优化密封垫等构造措施，通过三维有限元分析及抗震分析，由于盾构隧道结构整体柔性较好，当活动断裂带发生 100 年 10% 超越概率的错动量时，管片结构及环间柔性连接螺栓能够抵抗或顺应此量级的地层变形，因此盾构隧道具有更强的地层变形适应性，具备为今后类似地下工程提供借鉴和参考价值。

关键词：盾构区间；断裂带；抗断措施；错动影响

1　引言

地铁线路走向设计时，原则上应尽量避免穿越活动断层，但有时因为线路整体走向的原因，不可避免地要穿越活动断层。当活动断裂发生错动时，通过断裂带的隧道会受损严重，轻则出现裂缝，严重时甚至会垮塌，危害生命，因此十分有必要对跨活动断裂轨道交通工程进行专门研究。

如图 1 所示，乌鲁木齐市轨道交通 2 号线工程沿线穿越了 4 条活动断层，其中马料地站—平川路站区间大角度穿越西山活动断裂带北支。

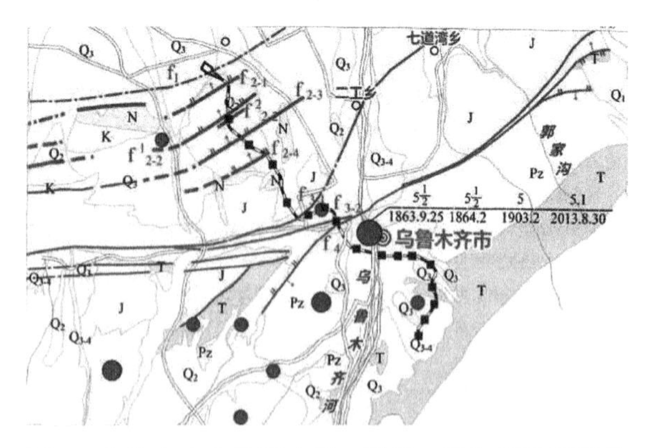

图 1　乌鲁木齐市轨道交通 2 号线工程与活动断层位置关系图

在以往的研究中，地铁区间跨越断裂带时基本上均采用暗挖法施工，但当暗挖法施工存在很大风险隐患时，安全性更好的盾构法施工就显得尤为必要，但国内对于地铁盾构隧道穿越活动断裂带研究尚处于起步阶段。

2　场地周边环境条件与工程地质概况

2.1　场地周边环境

马料地站—平川路站区间拟建场地属山前洪积倾斜平原区，地形较为平坦，地势南高北低，区间上方既有建筑物较少，如图 2 所示。

图 2　地铁区间总平面图

* 富涛（1984—），男，硕士，高级工程师，主要从事地铁工程技术研究与管理方面的工作或研究。E-mail: 46277179@qq.com.

2.2 工程地质与水文地质

根据本区段岩土勘查报告，西山活动断裂带北支以南，区间主要穿越粉土层；西山活动断裂带北支以北，区间主要穿越圆砾层、强风化泥岩及粉土层。

为深入了解地下水文情况，对该区段进行了专门的水文地质勘查与研究，经详细勘察，此区域地下水为潜水及承压水，潜水主要埋藏于粉土中，水位埋深 2～8.5m，高承压区含水层位于第四系圆砾层中，下层承压水自流水头地面以上 3～6m，区间隧道底距离高承压水含水层最近处仅为 8.62m，若采用暗挖法施工，风险隐患极大，如图 3 所示。

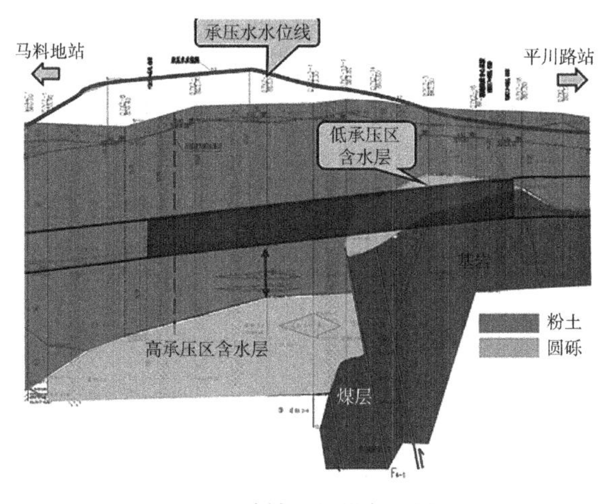

图 3　地铁区间纵断面图

3　活动断裂带特征

马料地站—平川路站区间所穿越活动断层为逆断层性质，如图 4 所示，晚更新世中—晚期仍有较强活动，其断层潜在最大震级为 6.9 级。为进一步揭示断层错动规律，对其断层错动风险进行了专门研究，将西山断裂带北支错动量引入超越概率概念，其 100 年 10% 的超越概率下的错动量为 0.165m。

4　穿越断裂带设计的新思路与抗断措施

鉴于马料地站—平川路站区间特殊的地质与水文条件，地面市政管网容量不具备地层降

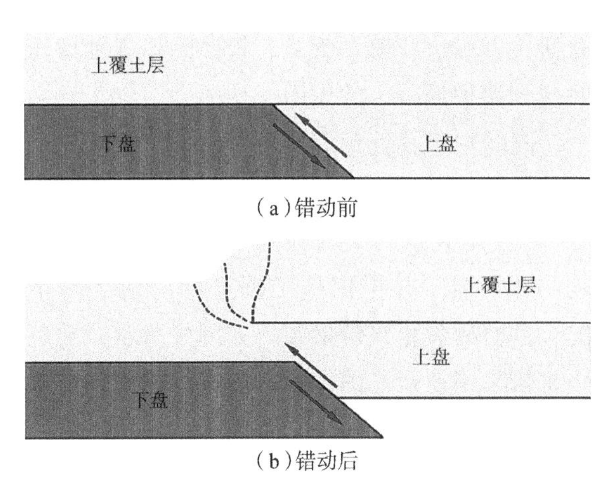

（a）错动前

（b）错动后

图 4　断层错动示意图

水的条件，若采用堵水又耗时耗力耗资，且不能保证止水效果，因此采用暗挖法施工难度大、风险高，经济性差。

由于盾构管片间采用相对柔性的螺栓进行连接，这种柔性体系区别于传统的抗震刚性体系，其在小数量级别的断层错动下，将能够更好地发挥结构自身优越性。为满足断层错动作用下区间结构的正常使用，设计上采取了以下措施：

（1）加大管片内径，由普通内径 5.5m 扩大为 6.0m，在轨顶标高与扩大内径后管片管内底标高距离不变的前提下，发生错动后，处于下盘隧道的上部富余空间满足调线调坡的需求。

（2）在环、纵缝接触面预埋接头钢板，如图 5 所示，以此来加强管片边缘刚度，通过一刚一柔（柔指的是螺栓连接）错动作用下，首先让螺栓发生破坏，起到保护混凝土管片的作用，保证环内管片不发生连续性坍塌破坏；同

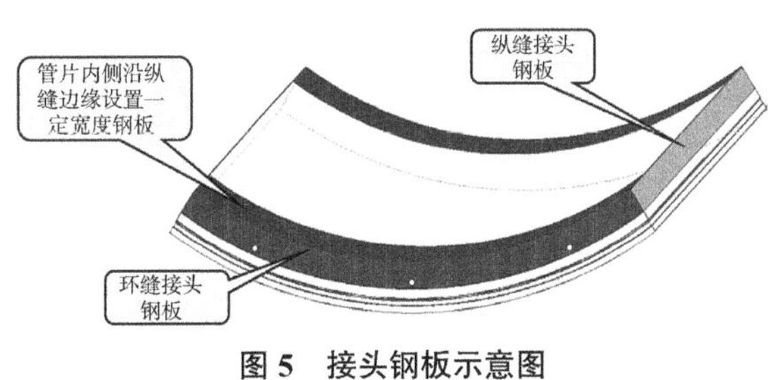

图 5　接头钢板示意图

时接头钢板也能够在管片、管块间不规则挤压时起到保护混凝土的作用。

同时在手孔处预埋钢垫片，也能够减少手孔在螺栓拉、压、剪情况下的混凝土局部破坏。

（3）增大密封垫的构件尺寸，增强环间错动防水性能；并根据施工掘进期间地下水情况，预留后装止水带措施，如图6所示，后装止水带采用三元乙丙橡胶，通过焊接到预埋接头钢板上的M16螺栓进行固定。

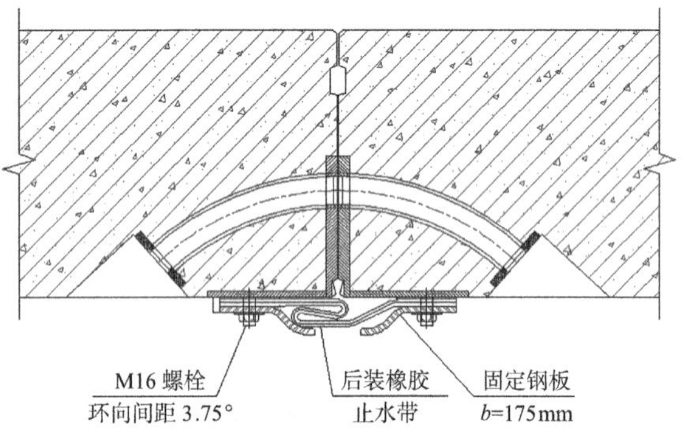

图6 后装环缝止水带

5 抗错动影响分析

5.1 数值分析模型

计算采用Midas GTS软件进行岩土工程数值模拟分析，选择8节点六面体单元来模拟土体，面单元模拟管片，建立地层—结构三维模型，如图7所示，模型尺寸为500m×56m×60m。

为匹配100年10%的超越概率下的错动量，在模型上盘底部施加了0.165m的强制位移量。

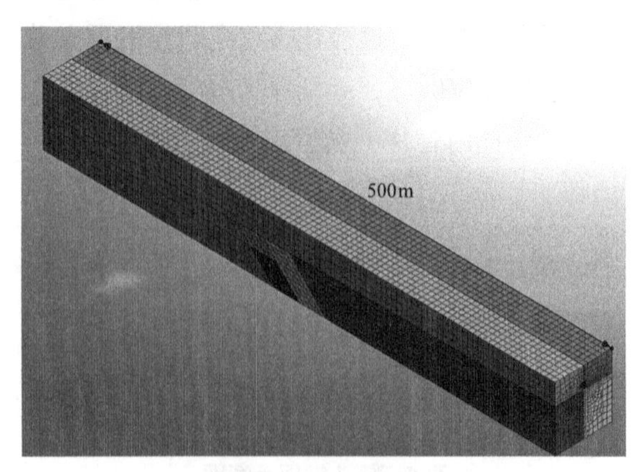

图7 地层模型

5.2 地层变形与结构位移

相对于土层，地下隧道结构的整体刚度较小，断层错动作用下区间结构能够与地层协调变形，断层上盘呈现为整体抬升。土层水平位移为负，上盘地层随断层运动有向左侧下盘移动的趋势，下盘土体受上盘土体移动受到挤密和压缩；得益于逆冲断层的滑动规律，在土体滑动的影响下，区间隧道纵向相对受压，其对纵向连接螺栓受力和密封垫密封性能都是有利的。

因为环间靠纵向连接螺栓拼接而成，具备一定的纵向变形能力，为得出相邻两环之间的最大位错量，本模型计算中环间暂不激活螺栓连接，同时为简化模型计算，每隔三环设置一道环缝。

处于下盘的隧道抬升量在20mm以内，且变化平稳，处于上盘的隧道最大上抬167mm，其中在断裂带中线至其右侧55m范围以内变化剧烈。

相邻两环相对错动最大量发生在断裂带右侧20m附近，为16.46mm，即在纵向螺栓失效的前提下，相邻两环的最大错动量为16.46mm。

环间错动量超过6mm的集中在断裂带右侧10.5m（约1.5D，D为盾构外径，下同）至25.5m（约4.0D）范围，即可以认为断裂错动的强影响区位于断裂带右侧1.5～4.0D范围，该范围为错动后防水薄弱点，有必要进行止水带安装。

相邻两环管片实际由16个10.9级M30螺栓连接，具备抵抗一定相对变形的能力，下面根据已知最大错位量16.46mm反算最大顶升力，以判断纵向连接螺栓的受力情况。

提取相对位移差最大两环单独进行分析，重新建立模型后，先施加土、水压力，达到初始平衡状态后，保持一环受力不变，对另一环施加竖向反力 2376kN 时，两环相对位移接近 16.46mm。经过计算，纵向 16 个 10.9 级 M30 螺栓未发生破坏；由于此时管片连接螺栓未达到剪切破坏的条件，那么环间错动量实际将远小于 16.46mm。

5.3 结构受力

管片环向受力，在激活环间螺栓工况下，断裂带中心线右侧 25m 环向最大压力为 5322.7kN，对应环向弯矩 23.1kN · m。

处于上盘的管片呈现出拱顶（远离断裂带一侧）和其对角线一侧拱底出现环向拉力，但环向拉力较小，其中断裂带中心线右侧 18.5m 环向最大拉力为 423.3kN，对应环向弯矩 10.7kN · m，W=0.023mm。

断裂带中心线右侧约 20.5m 处管片环向最大弯矩为 70.67kN · m（拱底外侧），对应环向压力为 1778.8kN。

如图 8、图 9 所示为管片纵向受力，同样激活纵向连接螺栓，断裂带中心线右侧约 26m 处管片拱底出现最大纵向轴力，为 4026.44kN（压力），对应纵向弯矩 29.24kN·m；最小轴压力为 1540kN（拱顶），对应纵向弯矩 6.3kN·m。处于下盘（距断裂带中线 50m 范围以内）的管片拱顶整体受压较大（3700～4000kN）。处于上、下盘的管片在地层错动下未产生纵向拉力。

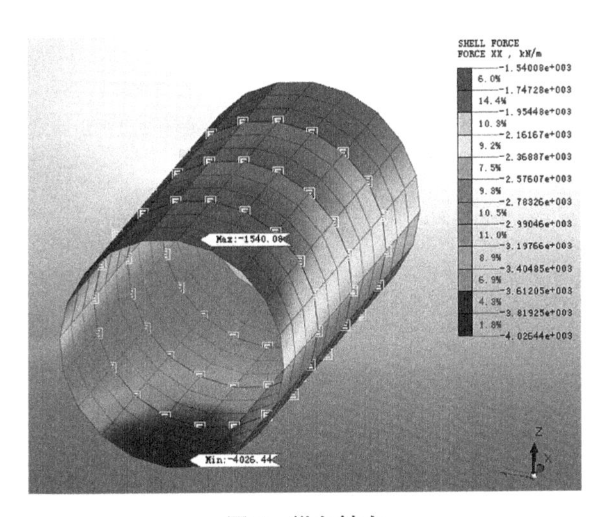

图 8　纵向轴力

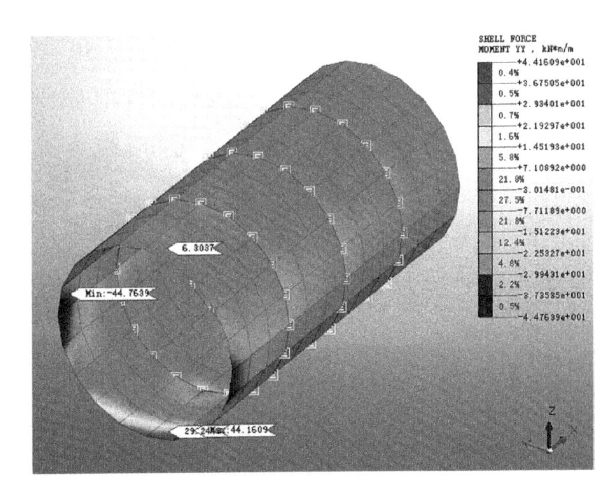

图 9　纵向弯矩

断裂带中心线右侧约 14m 处管片拱腰纵向弯矩最大，为 223.3kN · m，对应纵向轴力为 1433.39kN。

通过对管片环向和纵向的受力分析，断裂错动面右侧的管片结构受力要明显大于左侧结构受力，但在百年错动量 0.165m 的工况下，无论是环向受力还是纵向受力均较小，管片结构安全可靠。

5.4 抗震分析

计算采用地层—结构模型进行时程分析，采用 Midas/GTS 软件进行时程法计算分析。在模型中，土体的本构模型采用岩土常用模型 Mohr-Coulomb 模型。动力有限元数值仿真分析中，所关心振波的高频（短波）成分决定网格单元长度，低频（长波）成分决定模型边界范围的大小。考虑水平和竖向地震波的影响，计算模型的侧面人工边界距地下结构为 3 倍地下结构水平有效宽度，底面人工边界距地下结构为 3 倍地下结构竖向有效高度，上表面取至实际地表。

采用波动法进行地震动输入，模型边界采用自由场边界。

根据《城市轨道交通结构抗震设计规范》，竖向设计地震动峰值加速度可取相应的水平向峰值加速度的 65%，E2 地震相当于 50 年超越概率 10%，计算中取地表竖向峰值加速度为

255 × 0.65=165.75gal，E3 地震相当于 50 年超越概率为 2%，计算中取地表竖向峰值加速度为 460 × 0.65=299gal。采用《安评》报告提供的天然地震波时程。

E2 地震下，断裂带中线右侧 1m 处，环缝最大错动量为 0.85mm；环缝错动量普遍在 0.4mm 以内。

E3 地震下，断裂带中心线右侧 1m 处，环缝最大错动量 1mm；环缝错动量普遍在 0.6mm 以内。

经过计算，E2 地震作用下的管片环间错动量及管片内力与百年竖向 0.165m 错动工况及静力计算工况下的分析结果相比较小，地震工况对结构配筋不起控制作用。

6 结语

目前，马料地站—平川路站盾构区间已双线贯通，其盾构法穿越活动断裂带丰富了国内地铁区间乃至城市、山岭隧道穿越活动断裂带的形式。

针对活动断裂带特点，提出了预留修复净空、防混凝土局部破损钢垫片及接头钢板、优化密封垫等构造措施。

（1）由于盾构管片环间纵向连接螺栓采用 M30 螺栓，手孔内径仅为 36mm，允许相邻管片间产生微小的转动、错动和压缩，属于柔性连接；在不考虑纵向螺栓连接的模型计算中，环间错动量也仅有 16.46mm，但由于此时管片连接螺栓未达到剪切破坏的条件，那么环间错动量位于可控范围以内。

（2）通过对穿越断层段隧道结构三维有限元分析，断裂错动面右侧的管片结构受力要明显大于左侧结构受力，但归因于环间柔性连接方式，在百年错动量 0.165m 的工况下，管片结构能比较好地顺应该量级的地层变形，无论是环向受力还是纵向受力均较小，管片结构安全可靠，不发生环内破坏坍塌。

在错动工况下，管片边缘出现环向拉力，且管片边缘的压力也相较于静力计算偏大，对管片翼缘受力不利，因此采用接头钢板对管片边缘加强保护是有必要的。

（3）通过对穿越断层段区间隧道结构时程分析，E2 及 E3 地震下环缝最大错动量仅为 0.85mm、1mm，不起控制性作用。

综上所述，通过三维有限元分析、抗震分析，对于马料地站—平川路站区间穿越逆冲断层工程，设置构造措施后的盾构隧道结构整体柔性较好，当活动断裂发生 100 年 10% 超越概率的错动量时，具有更强的地层变形适应性。

因此，盾构这种柔性连接的结构形式可以作为一种穿越断层的手段，对于降低工程造价、缩短工期、提高施工安全都有重要意义。

参考文献

[1] 李晓博，张亮 . 乌鲁木齐地铁 1 号线穿越断裂带的设计与施工 [J]. 都市快轨交通，2020（1）：70-76.

[2] 张伟喜 . 乌鲁木齐地铁 1 号线穿越活动地质断层的技术措施 [J]. 都市快轨交通，2017（2）：58-62.

[3] 孙飞，张志强，秦昌 . 正断层错动下乌鲁木齐地铁 1 号线隧道结构受迫影响研究 [J]. 中国铁道科学，2019（2）：54-63.

[4] 新疆地质工程勘察院 . 乌鲁木齐市城市轨道交通 2 号线一期工程承压水专项勘察与研究（农业大学站至平川路站（含）区段）[R].2015.

[5] 新疆防御自然灾害研究所 . 乌鲁木齐市轨道交通 2 号线一期工程场地地震安全性评价报告 [R].2015.

[6] 重庆科技学院，新疆防御自然灾害研究所，福建地震灾害预防中心 . 乌鲁木齐地铁 2 号线马—平区间断层错动风险评估 [R].2017.

城市轨道交通工程车施工作业安全管控平台研究及应用

朱清凯[1]　蒋元俊[2]　胡梦超[3]　赵正阳[4]　乔勇杰[1]　杨　琪[1]　徐明利[1]

（1. 北京市轨道交通运营管理有限公司，北京 100068；2. 铁科院（北京）工程咨询有限公司南京分公司，南京：210001；3. 天津智能轨道交通研究院有限公司，天津 301700；4. 中国铁道科学研究院集团有限公司城市轨道交通中心，北京 100081）

摘　要： 地铁工程车主要用于正线施工作业、运输物料设施以及救援故障列车等，在城市轨道交通运营中发挥着重要的作用。在组织工程车施工作业时，易受到多种因素的影响，给地铁运营带来一定的安全隐患。为进一步提升城市轨道交通工程车施工作业安全，保障地铁的安全运营，本文以工程车安全施工作业为目标，针对城轨交通行车作业的安全管控问题，从基础数据管理、施工信息综合展示、行程模拟三个方面设计并开发城市轨道交通工程车施工作业安全管控平台。工程车施工作业安全管控平台可直观显示整个施工作业流程，实现对施工作业的全过程控制，保证作业安全。

关键词： 城市轨道交通；轨道工程车；安全管控平台；信息化

1　引言

随着城市规模的不断扩大，人口数量的急剧增长，交通拥堵是各大城市面临的严峻问题，大力发展公共交通是缓解城市轨道交通拥堵的重要措施之一，其中地铁具有运量大、速度快、节能、安全准时、高效等优势，受到各大城市的青睐而得以迅速发展。据中国城市轨道交通协会统计，截至 2021 年 12 月，我国内地共有 50 个城市开通运营轨道交通线路 283 条，运营总里程高达 9206.8km。在线网规模不断增加的同时，公众对城市轨道交通的关注度和线路运行安全性、舒适性要求也日益提高，这也为当前的运营工作提出了更高的要求。

为提升城市轨道交通安全管理水平，更好满足人民对城市轨道交通安全运营的需要，2018 年 3 月 7 日，国务院办公厅发布了《关于保障城市轨道交通安全运行的意见》，要求各地政府和相关机构从多个方面提升城市轨道交通安全管理水平，以切实保障城市轨道交通的安全运行。为了响应这一要求，交通运输部于 2018 年 5 月 14 日发布了《城市轨道交通运营管理规定》。2020 年，交通运输部印发《城市轨道交通行车组织管理办法》（交运规〔2019〕14 号），明确了城市轨道交通施工作业的行车组织规则和安全防护要求，城市轨道交通运营单位应合理并严格执行施工作业计划，对于设备设施调试、升级、更新改造等重大施工，应制定并组织落实行车保障措施，做好工程车施工作业、人员与工程车同时作业的防护措施，保障施工安全。在城市轨道交通中，安全运营一直是重中之重，工程车施工作业是安全运营中的重要组成部分，因此要加强对工程车施工作业管控，确保城市轨道交通安全运营。为助推城市轨道交通运营单位更好地执行适应管理办法，深入提高运营管理水平，有效保障运营安全，提升运营作业效率，本文从城轨安全运

课题项目：铁科院集团公司基金项目“智慧城轨解决方案及其关键技术研究与示范工程应用”（2020YJ192）。

营角度出发，精确定位工程车施工作业中易出现安全隐患的环节，加强对其安全管理，开发施工作业安全管控平台，以人员、车辆、设备、线路、作业内容等信息为基础，通过信息化展示整个作业流程，为工程车施工作业日常工作提供技术支持，可为城轨行业车辆安全生产作业工作提供参考与借鉴。

2 工程车施工作业现状与问题分析

工程车的管控主要在车辆的运用方面，轨道工程车主要包含了内燃机车、隧道清洗车、接触网作业车、接触网放线车、钢轨打磨车、网轨检测车、平板车、平板吊车等，这些工程车具有不同的功能和特点，可以用于紧急救援、调车作业、线路维修、物料运输、线路和接触网检测、钢轨打磨修复以及隧道清洗等工作。例如，内燃机车可以用于列车调车作业的牵引、设备物资运输车辆和其他无动力轨道车辆的牵引作业，以及为其他无动力轨道车辆提供作业电源等。针对工程车车辆类型多、作业体量大、危险系数高等特点，应利用信息化手段对轨道工程车施工作业开展安全管理，采用数字化技术提升对工程车施工作业进行安全管控效能，从而实现对工程车辆施工作业的安全监管，从源头上消除安全隐患，预防和减少工程车辆安全事故的发生。

为加强轨道工程车的安全运营，有效消除工程车作业中的安全隐患，针对轨道工程车施工作业安全管控平台的研发，对轨道工程车施工作业的现有运维管理模式和施工作业的现状痛点进行总结，明确平台的建设方向与业务需求。经过详细的调研梳理，工程车施工作业现状存在以下问题。

（1）工程车施工作业中存在的管理漏洞。管理人员未能严格执行轨道车人员资质信息和上车资质验证管理，车辆编组时未能及时了解车辆维护保养执行情况与安全检查整改是否全部完成，以及车辆跟班添乘作业人员管理力度不够。这些漏洞会对车辆运行作业带来安全隐患，影响正线车辆行驶安全及施工作业效率，并且会造成作业质量参差不齐，质量难以得到保障。

（2）标准化作业未严格落实。包括工程车司机和乘作业人员未能严格执行规章制度，未按要求确认信号和岔路、严控速度等，简化作业导致行车出现安全隐患；同时，施工作业人员未能严格执行标准化作业流程，造成维护水平低下，存在潜在病害，给运营带来安全隐患。

（3）培训管理不到位。作业前培训管理是深入贯彻质量标准化的要求，也是安全作业管理的重要体系。在传统作业前的培训管理往往以口头宣贯，无法确保司机及添乘作业人员是否熟悉掌握作业任务特点、规范要求、质量标准、安全应急措施，以及充分理解培训意图等。这种流于形式没有针对性的培训管理，造成施工作业难以科学开展，易产生技术质量事故以及安全事故，为轨道运营单位带来严重的经济损失。

3 平台架构与功能

3.1 平台整体架构

为解决上述问题，城市轨道交通工程车施工作业安全管控平台应运而生。城市轨道交通工程车施工作业安全管控平台是一个基于信息化技术的平台，旨在解决工程车施工作业安全管控问题。该平台通过录入线路基础信息、人员信息、车辆信息等，实现作业计划的生成排布，并避免由于制度上的管理造成安全漏洞。此外，该平台还可以通过作业培训管理，从而提高作业人员的熟悉掌握作业任务特点、规范要求、质量标准、安全应急措施，以及充分理解培训意图的能力。通过信息化手段，该平台提高了城市轨道交通工程车施工作业的科学性和安全性，减少了技术质量事故和安全事故的发生。

数据源层、基础支撑层、技术服务层、功能应用层是城市轨道交通工程车施工作业安全管控平台的四个层级。同时，该平台具备安全保障体系和数据标准体系，能够保证数据的安全性和规范化，提供可靠的技术支持和服务。

数据源层是城市轨道交通工程车施工作业安全管控平台的基础层，主要分为线路基础数据、资源台账数据和施工作业数据三个部分。线路基础数据包含线路状态、道岔、信号机、坡度、平曲线、竖曲线等信息，为平台提供基础数据支撑；施工作业数据包含作业编号、作业内容、通行报告和安全卡控等作业数据信息，用于作业管理和监控；资源台账数据包含作业的人员、车辆、资料、规程规章等相关材料，能为上层应用提供数据支撑，这些数据也为平台的信息化综合展示提供基础。

基础支撑层是城市轨道交通工程车施工作业安全管控平台的重要组成部分，包含了计算资源、数据存储、安全保密和任务调度等模块。其中，计算资源模块提供计算能力支持，包括处理器、存储器、网络等资源，保证平台的高效稳定运行；数据存储模块提供数据的持久化存储，包括数据库、文件系统等，保证数据的可靠性和安全性；安全保密模块提供安全保护措施，包括身份认证、数据加密、访问控制等，保证平台的信息安全；任务调度模块提供任务管理和调度服务，包括任务分发、执行监控、错误处理等，保证平台的任务顺利完成。这些模块为城市轨道交通工程车施工作业安全管控平台提供了必要的基础环境和安全保障。

技术服务层是城市轨道交通工程车施工作业安全管控平台的核心部分，采用 MVC 架构和 Java 开发语言，通过 SpringBoot 开发框架、Mysql 和 Redis 数据库提供功能开发与数据存储。此外，平台还研发了多种专业插件以支持施工作业内容在平台的集成，使平台能够更好地满足用户需求。为了方便数据展示和分析，平台还采用了 Echarts、D3.js 等可视化组件来实现报表的可视化。这些技术和组件的应用使得平台的功能更加丰富和实用。

在城市轨道交通工程车施工作业安全管控平台的功能应用层中，业务应用和管理应用的区分，是为了更好地实现工作的专业化和管理的全局性。在业务应用方面，平台根据作业工作的具体内容，提供了多项专业化服务。在管理应用方面，平台通过基础管理、作业管理和领导驾驶舱等方面，实现了业务工作的全局统一管理。功能应用层通过业务应用和管理应用的区分，提供了更加专业化和全局化的服务，使得工作更加专业化和高效化。这也为城市轨道交通工程车施工作业的安全管理提供了更加可靠的技术支持。

3.2　平台功能架构

基础管理模块其主要功能是实现作业人员、车辆、线路文档资料等信息的规范化管理，为平台提供稳定的数据基础。这个模块可以确保项目人员的基本信息、资质证件、角色权限等得到全面的管理，对车辆设备的基础台账信息、维修履历记录等进行规范化管理，对项目作业中涉及的技术文档资料进行电子化管理，从而提高数据的完整性和可靠性。基础管理模块还可以支持数据的分类存储和查询，帮助用户快速获取所需信息，提高工作效率。同时，该模块的信息管理和更新都是实时的，可以及时响应业务变化和需求，为后续的业务管理和数字化应用提供数据支撑。

业务管理模块功能主要用于管理作业项目，实现信息化综合展示和数据汇总统计分析，以便用户能够更好地了解和把握作业项目的整体情况，还可以为用户提供详细作业内容、质量标准、安全管控等信息，以及作业过程中出现的问题和异常情况的处理方案。此外，业务管理模块还可以对作业数据进行汇总、统计和分析，以支持用户对作业项目的有效管理。

培训管理模块的主要功能是管理和记录平台相关人员的培训情况，以确保其具备必要的技能和知识来执行工作任务。该模块包括培训计划、培训课程、培训材料、培训考核等功能，可以帮助管理人员制定和执行培训计划、记录培训情况、分析培训效果、评估培训质量等。培训管理模块可以为公司提供更加科学和有效的培训管理方式，提高公司员工的技能水平和工作效率。

数字化应用主要通过数字化工具和技术来实现 GIS 和行程模拟的功能。GIS 功能主要用于对车辆、作业区域等地理空间信息进行管理和展示，以便于作业人员对空间信息全面掌握和理解；行程模拟是通过计算机模拟和仿真技术，对轨道工程车的运行路线进行数字化行程模拟，可在电子地图上展示工程车的位置和行驶轨迹，便于作业人员掌握车辆行进路线和注意项点，平台功能架构如图 1 所示。

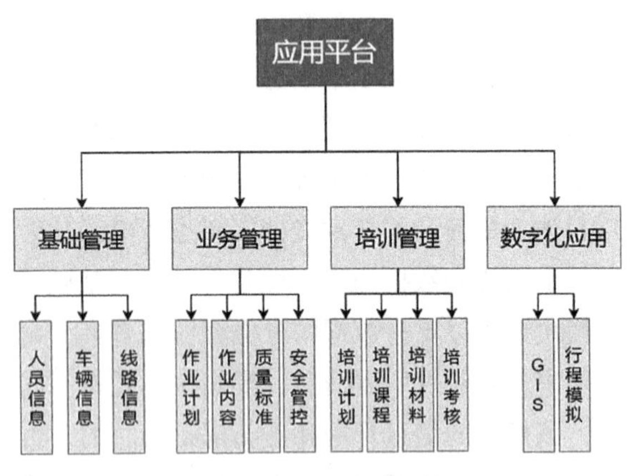

图 1　平台功能架构

4　平台应用效果

4.1　基础信息管理标准化

平台的基础信息管理模块通过电子化管理，实现对作业人员、车辆、线路等基础数据的标准化、分类化、规范化管理。其中，对参与项目人员的基本信息、资质证件、角色权限等进行统筹管理，对车辆设备基础台账信息、维修履历记录等进行规范化管理，对项目作业中涉及的技术文档资料进行电子化管理，有效地提高了基础信息管理的效率和准确性。

此外，基础信息管理标准化也可提高数据的可持续性和可维护性，通过制定数据更新和维护的标准流程，确保数据的实时更新和准确性，避免了数据丢失和错误，从而保证了业务管理的可持续性和可靠性。

4.2　业务管理信息化

业务流程信息化使平台可实现对业务流程的全流程管理，从立项、编制计划、调度作业、验收统计等方面进行规范化管理，确保流程的标准化、透明化和规范化。

4.3　数据分析自动化

在平台中数据分析自动化的功能主要体现在对作业项目和数据的汇总统计分析上。通过对各项数据进行采集、存储、处理和分析，可以自动化生成各种类型的报表和图表，以便用户全面了解和把握项目的情况和变化。通过数据分析自动化的功能，平台可以为用户提供更加及时、准确、全面的数据支持和决策参考，进而提高作业效率和管理水平。

4.4　作业报告生成便捷化

作业报告是对施工作业和培训管理进行总结的重要文档，通常需要耗费大量时间和精力进行撰写和整理。平台的作业报告便捷生成功能可以根据作业内容进行自动采集，自动生成作业报告的内容和格式，减少人工输入和调整的时间和工作量。同时，平台还可以根据作业报告的类型和目的，提供不同的模板和样式，以便用户可以选择合适的模板，更快速地生成高质量的作业报告。

4.5　考培管理一体化

考培管理一体化是在平台中将培训和考核管理进行有机结合，实现对作业人员的全面管理。平台的培训管理模块可以对作业人员进行培训计划的制定、课程的安排和考试的管理等；而考核管理模块则可以对作业人员进行考核的制定、考核计划的安排和考核结果的统计等。通过将培训和考核管理有机结合，平台可以实现对作业人员的全面管理，提高作业人员的素质水平。此外，平台还可以通过考核培训，对取得资质证书人员的信息进行关联同步，确保作业人员持证上岗，从而保障作业人员的安全和工作质量。

4.6 行程模拟数字化

行程模拟数字化是平台数字化应用模块中重要的一个功能，它可以通过地理信息系统技术，将线路、车辆、作业人员等信息与地理位置结合，以数字化形式呈现行程路线图。用户可以在平台上选择线路、起止点、途经地点等信息，快速规划作业路线，为作业任务的准备工作提供便利，并在平台上模拟不同的作业场景，包括路况、天气、工作环境等，通过分析场景，找出潜在的作业风险和问题，并制定相应的应对措施。行程模拟数字化功能是一项重要的数字化应用技术，它可以帮助平台用户更加高效地进行作业规划和管理，提高作业效率和质量，降低作业风险和成本。

5 结语

城市轨道交通工程车施工作业安全管控平台的开发与应用，以信息化的方式展示了整个施工作业流程，确保了施工作业的安全可控。通过对基础数据管理标准化，平台建立了起点明确、清晰规范的基础数据管理体系，为后续的平台信息展示打下了坚实的基础。平台通过对人员资质管理的全面管控，提高了员工的安全意识和职业素养，杜绝了无证上岗的隐患，从根源上保障了施工作业安全。对车辆状态信息进行科学管理，保证车辆状态稳定，消除了车辆“带病”作业现象，从而保障了车辆安全运行。信息化的综合展示提高了施工作业安全交底的效率，解决了传统安全交底的痛点，提升了作业人员对作业项目的认知水平，加深了对安全项点的理解，强化安全作业意识，这对于轨道交通的安全运营具有十分重要的意义。通过数据分析自动化、作业报告生成便捷化、考培管理一体化、行程模拟数字化等一系列功能的支持，平台提升了施工作业的安全管理水平，降低了施工作业风险，这对于保障轨道交通的安全运营具有十分重要的意义。

参考文献

[1] 中国城市轨道交通协会 . 城市轨道交通 2021 年度统计和分析报告 [J]. 城市轨道交通，2022（7）：10-15.

[2] 中国城市轨道交通协会 . 中国城市轨道交通智慧城轨发展纲要 [Z]. 2020.

[3] 交通运输部关于印发《城市轨道交通行车组织管理办法》的通知 [EB/OL].（2019-10-12）[2022-05-17].

[4] 李铮，徐照新，翟凤宇 . 城轨工程车产品模块化设计应用 [J]. 铁道运营技术，2023，29（1）：37-39.

[5] 玉钰，张成国，崔海刚 . 城市轨道交通工程车信号防护探讨 [J]. 铁道通信信号，2022，58（10）：86-90.

[6] 马学霞，田文礼，谢志明，等 . 城市轨道交通工程车 ATP 防护系统关键技术研究 [J]. 铁道通信信号，2022，58（8）：89-91，93.

[7] 吕鑫 . 轨道交通工程车管理浅析 [M]// 中国城市科学研究会数字城市专业委员会轨道交通学组 . 智慧城市与轨道交通 2018，北京：中央民族大学出版社，2018.

[8] 李新艳 . 西安地铁 2 号线工程车管理分析 [J]. 科技与企业，2015（20）：36.

城市轨道交通中门式起重机的安全技术管理要点

赵大川*

（长春市建设工程安全监督站，长春 130000）

摘　要：近年来，城市轨道交通建设项目蓬勃发展，门式起重机作为城市轨道交通建设项目施工中必不可少的起重设备之一，其应用日益广泛。但因门式起重机在使用过程中受多种因素影响，为保证其正常使用，必须严格控制各环节的安全技术管理工作。本文通过分析门式起重机在城市轨道交通施工项目中应用的特点及安全管理中存在的问题，结合工程实践经验提出了门式起重机安全技术管理的重点内容；通过对施工人员进行门机操作技术培训，强化对门机操作人员安全技术交底的力度；加强门机设备管理，并严格控制门机设备维护保养和检测工作；对门机作业现场进行严格管控，确保门机使用过程中安全、可靠。

关键词：门式起重机；安全施工；安全管理

1　引言

随着我国城市化进程不断推进，在城市建设过程中对建筑起重机械设备有了更高的要求。因此相关单位应加强对门式起重机应用技术及管理要点进行分析和研究，积极采取有效措施解决门式起重机应用过程中存在的问题，从而为地铁工程建设提供有力保障。

随着社会经济的不断发展，地铁工程建设已成为城市交通基础设施建设的重要内容之一，而门式起重机作为一种常用的建筑起重机械设备，在地铁工程中发挥着重要的作用。因此，本文以门式起重机在地铁工程中的应用情况为研究对象，并以此为基础探讨门式起重机在地铁工程中的安全施工技术及管理要点。

2　门式起重机在项目施工中的应用特点

城市轨道交通项目中，门式起重机属于一种比较常见的起重机械设备，其在城市轨道交通项目中应用十分广泛，主要用于大型材料和设备的吊装，且在城市轨道交通项目中应用的门机有两种：一种是大吨位门机，另一种是小吨位门机。大吨位门机的起重能力较高，且具备较高的灵活性和可移动性；小吨位门机的起重能力较低，且具有一定的封闭性和固定性。

为保证门式起重机在城市轨道交通项目中安全、可靠地运行，应针对其特点进行相应的安全技术管理。

（1）在门机使用前，应对施工人员进行门机操作技术培训，强化对门机操作人员安全技术交底的力度。

（2）加强对门机设备使用前的检查维护工作，并严格控制门机设备维护保养和检测工作。

（3）针对门机使用过程中存在的风险因素，应制定相应的风险管控措施，以确保门机设备使用安全。

3　施工中存在的问题及采取的措施

门式起重机在城市轨道交通项目中应用较

* 赵大川（1987—），男，学士学位，科长，长春市建设工程安全监督站，主要从事建筑行业安全监督管理工作。E-mail：530330372@qq.com

多，但因其涉及机械、电气、起重、运输等多个方面，且因其作业环境复杂、人员流动性大、交叉作业较多等原因，导致门式起重机在使用过程中存在较大安全隐患。

3.1 主要存在的问题

（1）对门机使用人员的安全技术培训力度不够。从当前城市轨道交通项目中应用的门机设备来看，其使用人员主要为工程技术人员和吊装作业人员。其中工程技术人员在进行门式起重机安装、拆卸时具有一定的经验，对门式起重机使用过程中存在的风险因素较为了解。但是由于工程技术人员和吊装作业人员都缺乏门机使用安全技术培训知识，且不熟悉门机设备使用安全规程和相关操作规程，导致门机设备使用过程中存在较大安全隐患。

（2）未定期进行检查维护。门式起重机在城市轨道交通项目中的应用容易受到天气、环境等因素影响，而这些因素都会对门机设备的使用安全产生影响：

①未能及时检查门式起重机的电气系统线路老化、电缆磨损严重、开关老化等。②未能及时检查门式起重机的机械结构、金属结构、螺栓和焊缝等部位。③未能及时检查门式起重机的吊装设备、吊具、吊索、滑轮等部位。④未能及时检查门式起重机各部位检测和保养工作。

（3）未设置专门的管理和维修部门。在实际工作中，由于施工单位对门式起重机管理和维修不重视，导致门机出现安全事故后无法及时得到解决。

（4）未配备专职的安全人员进行监管。城市轨道交通项目中，门式起重机的作业环境较为复杂，且存在较大的交叉作业和不安全因素。因此，在门机使用过程中，必须要有专业技术人员对其进行技术监管，以确保门式起重机的安全使用。

（5）门式起重机安装完毕后未及时组织验收并办理使用手续。从门式起重机在城市轨道交通项目中的应用现状来看，相关单位未及时组织验收并办理使用手续的现象比较普遍。因门式起重机的吊装作业具有一定的复杂性和危险性，在门机安装完毕后应及时组织相关单位进行验收工作，并按规定办理使用手续，以确保安全使用。

3.2 采取的措施

（1）应加强对门机使用人员的培训力度，以保证其具备较高的技术水平和安全意识。

（2）应严格控制门机设备维护保养和检测工作，以保证设备运行处于良好的状态。

（3）应加强对门机使用过程中存在安全隐患问题的排查工作，及时发现并解决设备安全隐患问题。

（4）应加强对门式起重机使用过程中存在安全隐患问题的整改力度。

通过上述措施的落实，可有效解决门式起重机在城市轨道交通项目中使用过程中存在的安全隐患问题。对于门式起重机在城市轨道交通项目中使用过程中存在的安全隐患问题，相关施工单位应制定相应的风险管控措施以确保设备能够正常使用。

4 门机安全技术管理要点

（1）在门机管理方面，加强对操作人员的培训，使操作人员能够熟悉门机的工作原理、性能、使用方法及常见故障处理。施工单位应与设备生产厂家或供应商签订产品质量保证合同，明确双方权利义务。

（2）在门机运行维护保养方面，严格按照设备使用说明书及操作规程进行门机的维护保养。为保证门机安全运行，施工单位应根据不同工况制定相应的维护保养方案，对门机进行定期检查，及时发现问题并排除隐患。

（3）在门机检测方面，根据《起重机械安全监察规定》要求，施工单位具备相应资质的检测机构对设备进行定期检测或专项检测，并出具合格报告。施工单位应结合现场情况制定起重机械专项检测方案，并组织相关人员进行安全技术交底和培训。

（4）在门机使用过程中，施工单位应加强门机运行监测和故障诊断系统的使用。通过安装在门机上的传感器、编码器、监测控制单元等设备对门机运行状况进行实时监测并存储数据，一旦发现异常或故障及时发出报警信号。当发生故障时，可通过故障诊断系统快速查找故障原因并予以排除。

（5）在门机日常使用过程中，应加强对门机运行的巡视检查工作。施工单位应指派专人对门机进行巡视检查，并在作业前对设备的关键部位进行检查确认。一旦发现安全隐患或其他问题时，应立即采取相应措施予以解决。

（6）在门机作业现场管控方面，施工单位应加强对作业现场的管控力度。一是对于起重设备进场时应进行验收确认，并对设备的技术文件、说明书、操作人员的资质证书等进行核查；二是对于施工现场出现的与门式起重机作业相关的违法、违规行为应及时制止并上报施工总承包单位；三是对于门机使用过程中出现的各类事故隐患问题应及时上报总承包单位；四是对于门机使用过程中存在的违章作业行为应及时制止并上报总承包单位；五是对门机进行定期检查时要做好检查记录工作，并将检查情况与记录一并存档备查；六是对于已发现的问题应及时整改落实到位，无法立即整改到位的应书面报施工总承包单位研究确认后限期整改；七是施工单位对门式起重机的使用情况进行安全技术交底时应由相关负责人、专职安全员等共同参加；八是施工单位应建立门式起重机使用安全管理制度和门机操作规程，并严格执行。

（7）在门机维修方面，施工单位应建立完善的门式起重机维护保养管理体系。一是加强对门机维护保养人员的专业培训，确保其掌握相应的维护保养知识并具备一定的实操能力；二是制定相应的门机设备管理制度和操作规程并严格执行；三是建立门式起重机维修保养记录档案。

（8）在门式起重机检验方面，施工单位应对门式起重机进行定期检验并做好记录。检验中发现门式起重机存在安全隐患或性能指标不符合国家相关标准要求时，应及时通知总承包单位委托有资质的检验机构对其进行复检并提出处理意见。

5 工程实例

某项目为新建城市轨道交通工程，轨道交通线路全长约 32.1km，车站数量为 33 座，其中高架车站 26 座，地下车站 2 座。建设规模为 1 条轨道交通线和 3 条轨道附属设施（信号、通信、供电、信号综合）。门机选型采用标准配置（包括 1 台 80t 门式起重机和 1 台 60t 门式起重机）。门机主要负责轨道交通线路范围内的物料搬运，并参与轨道交通施工的全过程，同时也是门机司机和司索工的操作平台。门式起重机在轨道交通工程中的应用日益广泛，但因门机使用过程中受多种因素影响，门式起重机安全技术管理工作中也存在诸多问题，因此应加强门式起重机安全技术管理工作，确保其在轨道交通工程施工中安全、可靠地运行。

5.1 技术交底

施工单位应按照国家和行业标准、规范，组织技术人员与施工管理人员共同对门机操作人员进行安全技术交底，明确门机的使用环境、门机操作的技术要求和注意事项。对门机司机进行安全技术交底时，应重点强调以下几点：

（1）严禁超载、超重作业，禁止使用门机进行吊装作业。

（2）严禁在门机运行状态下进行检修、保养。

（3）严禁擅自增加或减少门机设备的零部件。

（4）严禁在门机运行状态下进行非工作人员的操作和保养，包括维修、清理、检查、加油等工作。

（5）严禁在门式起重机运行状态下进行对轨道的维修和清理工作，包括更换轨道部件和清理轨道上的杂物等工作。

（6）严禁在门机运行状态下对轨道及附属设施进行移动或拆除工作，包括拆除轨道上的固定扣件、固定螺栓等部件。

（7）严禁将门机从起升机构上卸下后不作任何处理而直接下放到地面或在地面上行走，以及将起升机构上的物料放到地面或者将起升机构上的物料卸下后直接扔出。

（8）严禁在门式起重机运行状态下对轨道进行挖掘、凿洞、爆破等作业，包括但不限于：清除轨道及附属设施上的障碍物；在轨道及附属设施上焊接、切割、打磨等；拆卸门式起重机的安全装置和电气设备；拆除门式起重机的电气线路等。

5.2 施工过程管理

（1）门机使用单位应对其进行定期维护保养，制定专门的维护保养制度，并严格按照制度规定执行。在每次作业前，应对门机进行检查，重点检查安全装置、电气设备、钢丝绳和吊具等，确保其处于良好的运行状态。

（2）门机使用单位应根据现场环境、设备状况及施工要求，制定专项安全技术措施并组织实施，门机操作人员必须经过专门培训考核合格后方可上岗。对门机操作人员必须进行专门的安全技术交底。施工中，作业人员应严格按照专项安全技术措施作业。

（3）门机操作人员应严格按照安全操作规程进行作业，在进行吊装、装卸等工作时应按要求佩戴安全带，避免发生坠落事故。门机操作人员应按规定进行交接班，并做好交接工作记录。

（4）门机操作人员在作业过程中应注意观察起重机运行情况，发现异常及时采取措施并报告相关技术负责人和操作人员。门机操作人员在作业过程中不得离开现场。

（5）门机操作人员应严格按照安全技术措施进行作业，并做好各项安全保护措施。

5.3 门式起重机检验检测

门式起重机使用单位应按照有关规定，每年委托有资质的检验检测机构进行检验检测，并向特种设备监督管理部门报送《起重机械定期检验检测报告》。该项目共完成3台门式起重机的检验检测工作，并按照《起重机械定期检验检测报告》中要求，对其进行定期检查。

3台门式起重机均为自行设计、制造、安装的老旧设备，经检查发现，其结构存在安全隐患，需要进行修理或更换。该项目中对1台80t门式起重机进行了全面的安全性能检查，对其起重机结构、电气系统、制动器、吊钩等进行了全面检测，并进行了综合评定。经检查发现：1台80t门式起重机存在吊钩裂纹、吊钩变形等问题，应进行更换；1台60t门式起重机存在吊钩变形、钢丝绳磨损严重等问题，应进行更换；3台门式起重机均存在电气系统问题，需进行整改。经整改后，3台门式起重机均满足使用要求。

6 结语

随着我国城市化进程的加快，城市轨道交通建设项目日益增多，同时门式起重机作为城市轨道交通建设项目中的重要起重设备，其应用在提高工程建设效率、保证施工质量等方面发挥着重要作用。但门式起重机在使用过程中存在安全管理难度大、风险高等问题，为确保门式起重机正常使用，应加强对门机操作人员的培训、加强对门机设备的维护保养和检测工作、对门机作业现场进行严格管控。同时，根据本项目实际情况，建议应加强对门机操作人员的安全技术培训及日常管理工作，并按照国家相关标准规范要求建立完善门式起重机使用管理制度和操作规程。另外，应加强门式起重机使用现场管理工作，严格按照相关标准规范要求进行门机作业。

门式起重机在城市轨道交通施工项目中的安全技术管理工作是一项系统性、复杂性工程，工程各参与方需树立安全红线意识、提升安全管理水平。本文结合城市轨道交通工程项目实际情况，对门式起重机在城市轨道交通施工项目中应用的特点及安全技术管理中存在的问题进行了分析，并提出了门机安全技术管理要点。希望本文的研究可以为提升工程施工中门式起重机的使用质量、减少门机安全事故的发生提供一定参考。

参考文献

[1] 刘宇航 . 门式起重机主要安全防护装置的检查要点探析 [J]. 建设监理，2021，262(4)：75-77.

[2] 周爱民，曹晶珍，苏博文 . 城市轨道交通工程起重吊装安全标准化研究 [J]. 工业技术创新，2022，9(1)：17-22.

[3] 刘新晖 . 建筑行业起重类特种设备安全管理分析 [J]. 工程建设与设计，2020，446(24)：215-216.

[4] 宋园园，李勇 . 门式起重机安全隐患问题及防范措施的研究 [J]. 甘肃科技，2022，38(7)：22-24，28.

[5] 华新安 . 抓斗式桥式起重机在地铁施工中的应用 [J]. 现代制造技术与装备，2018，257(4)：88-89.

[6] 田旭颖 . 探讨施工现场建筑起重机械设备的安全管理现状和对策 [J]. 建材与装饰，2019，585(24)：222-223.

[7] 宗妍 . 探析建筑用起重机械安全管理与检测技术 [J]. 甘肃科技纵横，2019，48(12)：42-44.

[8] 刘宗宝 . 浅谈建筑行业起重类特种设备安全管理方法 [J]. 中国设备工程，2020，439(3)：88-90.

[9] Ding，L.，Jie Xu. A review of metro construction in China：Organization，market，cost，safety and schedule[J]. Frontiers of Engineering Management，2017.

[10] Jiang，Xi，et al. Study on Risks and Countermeasures of Shallow Biogas during Construction of Metro Tunnels by Shield Boring Machine[J]. Transportation Research Record，2021.

第三部分 轨道交通智慧运维

基于数字孪生的轨道交通智能化运营研究

张　良

（天津市政工程设计研究总院有限公司 全自动运行技术研究中心，天津 300040）

摘　要：推动实施数字化转型战略，加快完善数字基础设施，已成为我国实现创新发展的重要动能。数字孪生充分利用物理模型、大数据等，集成多尺度的仿真过程，在虚拟空间中完成对现实的映射，为数字中国提供全新的应用场景。本文介绍数字孪生的轨道交通智能化运营，分析其在轨道交通系统中的应用优势，提出数字孪生模型的构建方法和实现流程，设计了智能化运营的框架和功能模块，包括数据采集、分析预测、运营监控、故障诊断等。旨在提高轨道交通运营精细化能力，为轨道交通智慧化发展注入新动力。证明数字孪生在轨道交通智能化运营中的重要作用。

关键词：数字孪生；轨道交通；智能化运营

1　引言

随着城市化进程的加速和人口数量的不断增长，轨道交通作为一种高效、安全、环保的交通方式，已经成为城市中不可或缺的组成部分。然而，随着轨道交通线路的不断扩建和运营量的不断增加，传统的轨道交通运营模式已经无法满足日益增长的需求。为了提高轨道交通的安全性、运营效率和服务质量，数字孪生技术被引入轨道交通领域，成为轨道交通智能化运营的核心技术之一。

2　数字孪生技术及其在轨道交通领域的应用

2.1　数字孪生技术概述

数字孪生技术是指将现实世界中的实体物体或系统建模为数字化的虚拟模型，并通过对这些模型的仿真、分析和优化，实现对实体物体或系统的全生命周期管理。数字孪生技术可以帮助企业或组织在设计、制造、运营和维护等各个阶段，提高效率、降低成本、提升质量和安全性。

数字孪生技术的核心是建模和仿真。建模是指将实体物体或系统的各个方面（如外形、结构、功能、性能、行为、状态等）用数学模型或计算模型描述出来。仿真是指通过计算机模拟和运算，对数字孪生模型进行测试、验证和优化，以实现对实体物体或系统的控制和改进。

数字孪生技术的应用范围非常广泛，包括制造业、能源、交通、城市规划、医疗、农业等各个领域。在交通领域，数字孪生技术可以应用于道路交通、铁路交通、航空交通等各个方面，帮助交通系统实现更加高效、安全、环保和智能化的运营管理。

2.2　数字孪生在轨道交通智能化运营中的作用和优势

数字孪生技术在轨道交通智能化运营中的作用和优势主要包括以下方面：

（1）数字孪生技术可以提高轨道交通企业的运行效率和客运服务水平。通过数字孪生技术，轨道交通企业可以实现对车站、车辆、设备等运营要素的全面监测和控制，实现智能化调度和控制。例如，数字孪生技术可以实现对列车运行状态的实时监测和分析，优化列车运行方案，提高列车的运行速度和准点率，从而提高客运服务水平。

（2）数字孪生技术可以降低轨道设施的维护成本和停机时间，提高设施的使用寿命和可靠性。通过数字孪生技术，轨道交通企业可以实现对设施的全生命周期管理，对设施进行预测性维护和故障诊断，及时发现设施的故障，提高设施的可靠性和使用寿命，降低设施的维护成本和停机时间。

（3）数字孪生技术可以提升列车的运行质量和安全性。通过数字孪生技术，轨道交通企业可以实现对列车运行状态的全面监测和控制，及时发现列车故障和异常，实现安全隐患的预测和防范。例如，数字孪生技术可以实现对列车制动系统、信号系统等关键设备的实时监测和分析，及时发现设备故障和异常，从而提高列车的运行质量和安全性。

除此之外，数字孪生技术还可以实现智能化运营管理，帮助轨道交通企业实现整个运营过程的数字化和智能化管理，提高运营效率和管理水平。

3 轨道交通智能化运营的设计与实现

3.1 系统架构设计

轨道交通智能化运营的架构设计主要包括以下模块：

（1）数据采集模块。该模块的主要任务是采集轨道交通系统中各种数据，包括列车运行数据、轨道设施数据、车站设施数据、客流量数据等。数据采集模块需要获取的数据包括列车的运行速度、位置、到站时间等，轨道设施的状态、维护情况等，车站设施的使用情况、维护情况等，客流量的分布、峰值等信息。数据采集模块需要使用传感器、监控设备等技术手段来获取数据，并将数据存储在数据库中。

（2）数据处理模块。该模块的主要任务是对采集到的数据进行处理和分析，包括数据清洗、数据挖掘、数据建模等。数据处理模块需要对采集到的数据进行清洗，去除无效数据和错误数据。然后，数据处理模块需要使用数据挖掘技术来分析采集到的数据，提取有价值的信息。最后，数据处理模块需要使用数据建模技术来建立数据模型，以支持智能决策模块的工作。

（3）智能决策模块。该模块的主要任务是根据处理后的数据，进行智能化决策和控制，包括列车运行方案优化、客运服务方案优化、设施维护预测等。智能决策模块需要使用人工智能技术来分析数据，预测未来趋势，并提供决策支持。例如，智能决策模块可以根据客流预测结果，调整列车运行方案，优化客运服务方案，提高运营效率和服务质量。

（4）系统应用模块。该模块的主要任务是将智能化决策和控制结果应用于轨道交通系统中，包括列车运行调度、客运服务管理、设施维护管理等。系统应用模块需要将智能决策模块的结果与轨道交通系统的实际运营情况进行对接，实现实时调度和管理。例如，系统应用模块可以根据智能决策模块的结果，调整列车运行计划，优化运行效率和服务质量。同时，系统应用模块还需要对轨道交通系统进行监控和管理，确保系统的安全和稳定运行。

3.2 数据采集与处理

数据采集与处理是轨道交通智能化运营的核心部分。数据采集模块需要采集轨道交通系统中的各种数据。需要使用各种技术和工具，包括传感器、物联网、大数据、人工智能等。传感器可以用于采集列车运行数据、轨道设施数据、车站设施数据等，物联网可以用于实现数据的实时传输和处理，大数据和人工智能可被用于对数据进行挖掘和建模，提取有价值的信息和知识。

3.3 智能决策与控制

智能决策与控制是轨道交通智能化运营的关键部分。智能决策模块需要根据处理后的数据，进行智能化决策和控制，包括列车运行方案优化、客运服务方案优化、设施维护预测等。

智能决策和控制需要使用各种技术和工具，包括机器学习、数据挖掘、优化算法、决策支持系统等。机器学习可以用于对数据进行分类、预测和优化，数据挖掘可以用于发现数据中的规律和关联，优化算法可以用于对列车运行方案和客运服务方案进行优化，决策支持系统可以用于辅助管理人员进行决策和控制。

3.4 系统实现与应用

轨道交通智能化运营的实现与应用需要考虑各种因素，包括技术、管理、安全、成本等。系统实现需要使用各种技术和工具，包括软件开发、数据库管理、网络通信、安全防护等。系统应用需要考虑各种管理和安全措施，包括权限管理、数据保护、风险控制等。

系统实现与应用需要采用先进的技术和方法，积极推动数字孪生技术在轨道交通领域的应用。同时，需要注重管理和安全措施，保障系统的可靠性和安全性。

4 案例分析与评估

上海地铁是中国最大的城市轨道交通系统之一。为了提高运营效率和服务质量，上海地铁引入了数字孪生技术，建立了智能化运营。

数字孪生技术是将实体世界中的物体或系统建模为数字化的虚拟模型，通过与实体世界的数据交互，实现对实体世界的仿真、监测和优化。在上海地铁的数字孪生运营中，该技术被应用于车站、列车、信号系统、供电系统等方面，实现了以下功能：

（1）数字孪生技术实现了对车站和列车运行状态的实时监测。在车站方面，数字孪生技术通过监测人流量、列车到站时间和列车出发时间等数据，实时掌握车站的运行状况，及时调整运行计划和维护计划。在列车方面，数字孪生技术通过监测列车速度、位置和延误情况等数据，实时掌握列车的运行状态，提前预测可能出现的延误情况，采取措施避免事故和减少延误。

（2）数字孪生技术实现了对车站和列车运行情况的预测。通过对历史数据和当前数据的分析，数字孪生技术可以预测车站拥堵情况、列车延误情况等，提前采取措施避免事故和减少延误。例如，在上下班的高峰期，数字孪生技术可以预测上海各线路车站人流量的增加，调整列车运行计划，增加列车数量，缓解车站拥堵情况。

（3）数字孪生技术实现了对列车进出站和换乘的时间以及路线的优化。通过对列车运行数据的分析，数字孪生技术可以优化列车进出站和换乘的时间和路线，提高运营效率和减少拥堵。例如，在换乘站点，数字孪生技术可以根据乘客的换乘需求，优化列车运行计划和路线，减少换乘时间和拥堵情况。

（4）数字孪生技术实现了对信号系统和供电系统的运行状态的监测。通过对信号系统和供电系统的数据监测，数字孪生技术可以及时发现故障并进行维修，保证系统的正常运行。例如，在信号故障或供电故障时，数字孪生技术可以及时发现问题，通知维修人员进行处理，避免出现事故或延误情况。

（5）数字孪生技术为乘客提供了实时的列车信息和车站信息，以便乘客更好地规划自己的行程。通过在车站和列车上安装显示屏，乘客可以实时了解列车到站时间、列车位置、列车延误情况和车站人流量等信息，方便他们更好地规划自己的出行。

通过数字孪生技术，上海地铁的智能化运营实现了运营过程的全面监测和优化，提高了运营效率和服务质量，为城市轨道交通的发展提供了强有力的支持。

5　现存的问题和应对的方向

数字孪生技术在轨道交通智能化运营中的应用，可以提高系统的运营效率、降低运营成本，同时也可以提高安全性和可靠性。但是，数字孪生技术在应用过程中也存在一些问题和挑战，主要包括数据质量不稳定、安全性问题、成本高昂、人才短缺等方面。

（1）数字孪生的质量和准确性取决于原始数据的质量和准确性。如果原始数据质量不稳定，数字孪生的准确性也会受到影响。因此，需要对原始数据进行严格的质量控制和管理，确保数据的准确性和稳定性。首先，需要确保原始数据的来源可靠，避免数据来源不明确或不可信的情况。其次，需要对数据进行清洗和过滤，排除无效数据和异常数据。此外，还需要对数据进行标准化和归一化处理，以确保数据的一致性和可比性。此外，数字孪生的建模过程也需要进行质量控制和管理。建模过程中需要确保模型的可靠性和有效性，避免出现误差或偏差。同时，需要对模型进行验证和测试，以确保模型的准确性和稳定性。

（2）数字孪生中包含大量敏感信息，如轨道交通系统的结构、运营数据等。如果未能保障数字孪生的安全性，将面临数据泄露、网络攻击等风险。因此，需要采取有效的安全措施，确保数字孪生的安全性。首先，需要制定完善的安全策略和规范，明确安全责任和权限，确保数字孪生的安全管理和运营。其次，需要对数字孪生进行全面的风险评估和安全测试，发现和解决潜在的安全漏洞和风险。此外，需要采用多层次、多方面的安全措施，包括网络安全、数据安全、身份认证和访问控制等，以确保数字孪生的安全性。在实际操作中，可以采用加密技术、防火墙、入侵检测和防御系统等技术和设备，对数字孪生的数据和系统进行保护。同时，需要加强员工的安全意识和培训，提高其对数字孪生安全的认识和警惕性。最后，需要建立完善的安全监控和响应机制，及时发现和应对安全事件，确保数字孪生的安全稳定运行。

（3）由于数字孪生需要大量的数据采集、存储、处理和分析等技术支持，因此其建设成本较高，而且需要长期维护。因此，需要合理规划数字孪生的建设和维护成本，并采取有效的措施降低成本。

（4）数字孪生技术需要专业的技术人才进行开发和维护，而目前人才市场上的供需矛盾较为严重，这也是推广数字孪生技术的一个瓶颈。因此，需要加强人才培养和引进，确保数字孪生技术的顺利推广和应用。

6　结语

数字孪生技术在轨道交通智能化运营中的应用，可以帮助轨道交通企业实现整个运营过程的数字化和智能化管理，提高运营效率和管理水平。轨道交通智能化运营的设计和实现，需要采用先进的技术和方法，注重管理和安全措施，保障系统的可靠性和安全性。通过对系统的案例分析和评估，可以发现系统的优缺点，为后续的系统改进和优化提供参考。

参考文献

[1] 刘继强，张育雨，王雪健．基于数字孪生的城市轨道交通建造智慧管理研究 [J]. 现代城市轨道交通，2021（13）：120-125.

[2] 李巍，袁媛，陈冬，等．基于数字孪生的智慧船闸建设方案研究 [J]. 交通科技与管理，2022（2）.

[3] 李峰，王洪琳．数字孪生技术在轨道交通自动运行系统的应用探究 [J]. 江苏科技信息，2021，38（28）：3.

[4] 吴宝存．基于数字孪生的城轨车辆段智能运维系统研究 [J]. 交通世界，2022（28）：5-8.

[5] 樊孟杰，江海凡，丁国富，等．基于数字孪生的地铁列车性能评估系统 [J]. 计算机集成制造系统，2022，28（8）：2318-2328.

铁路站房网格化监理管理方法研究

刘德国　王　强

（天津新亚太工程建设监理有限公司，天津 300143）

摘　要：随着铁路项目建设标准的不断提高，新技术、新工艺层出不穷，特别是铁路站房工程的独一性，给建设过程中的监理管理提出了更高的挑战。只有适应形势发展，根据建设项目择优选用适合的管理方法，圆满实现各项监理管理目标，才能实现监理企业的长远生存和发展。本文基于所参建湖杭铁路杭州西站项目监理网格化管理经验，以铁路站房工程项目监理管理过程为主要研究对象，归纳出了可以应用在铁路站房工程项目且具备可操作性的监理过程控制方法，以期能够使铁路站房项目建设监理工作更加高效。

关键词：铁路站房；网格化；监理

1　引言

国内已建、在建铁路项目站房结构、形式多样，且规划、设计均结合所在地人文、地理特色，造成每个铁路车站站房均具有独一性，无法像铁路线路工程一样可以在诸多已建工程的基础上形成一套成熟的监理管理方式方法。

在铁路工程建设的诸多专业中，站房是新技术运用最多的专业，如地基处理使用布袋桩、结构工程使用跳仓法，预应力工程使用新材料缓黏结预应力以及在施工过程中使用化学锚栓进行螺栓植入等，均是在一般线路工程中难得一见的。

我国铁路建设仍然在大力推进的过程中，将会有大量铁路项目有站房建设需求，而站房建设的地理集中、分层施工、技术复杂都为监理工作带来了难度。

现有的铁路建设监理经验侧重于线性管理，与房建工程的复杂多样格格不入，无法有效发挥监理作用，因此亟须研究一套基于房屋建筑工程网格化管理的监理管理模式。根据不同站房建筑工程结构特点，划分出不同层级、不同大小的网格区进行监理管理工作。

本文以湖杭高铁杭州西站监理项目部采取的网格化管理为例，浅谈铁路站房工程网格化管理的先进性，以期探索出一套更加有效的铁路站房监理管理方式方法。

2　传统铁路站房监理管理模式

在传统的铁路建设过程中，站房监理的管理模式主要有以下两种：段落化管理和大专业管理。

2.1　段落化管理

铁路项目建设施工的线性分布造就了铁路建设管理模式总体呈现出分段管理、工点布局，在国内现有的铁路监理项目大多为站前线路先行开工、铁路站房后期开工，站前站后同时投入运营。

为减少招标工作量，减少专业接口之间监理工作交接等原因，大多项目建设单位在招标时采取分段招标，将段落内线路、房建交由同一中标监理单位承担监理工作，而中标进场的监理单位为便于集中管理往往通过设置站房监理组进行站房监理管理工作。

2.2 大专业管理

部分铁路建设项目建设单位通过对全线站房统一进行集中招标，将全部站房监理工作委托一家或数家监理单位，以期实现铁路站房监理工作的专业化管理。

在此类站房监理单位现场实际操作过程中，多按站房所处地理位置就近原则，按照每组负责一个或几个站房监理工作划分出监理组进行管理。

2.3 传统管理方式的优点

（1）站房监理集中管理，管理区域划分简单，方便实现集中办公。

（2）一个监理组负责一个或多个单位工程监理工作，方便档案管理工作。

2.4 传统管理方式的不足

2.4.1 分工的专业性不强

无论是段落化管理还是大专业管理，都无法按照房屋建筑工程细分专业进行人员配置，配置的专业监理工程师多为土建结构工程师，对装修、给水排水、暖通空调、供配电等专业无法实现有力监管。

2.4.2 工作难以全面覆盖

由于一个监理组（项目部）管理多个铁路站房，而站房之间距离动辄几十公里，监理机构中职能人员、专业人员往返于不同站房时间较长，加之站房工程工期短、工序繁杂且专业繁多，难以实现监理工作的全覆盖。

2.4.3 难以适应大型、复杂站房

随着国内新建铁路客站的规模越来越大、设计越来越复杂，对监理管理的精细化、专业化要求越来越高，无论是段落化管理还是大专业管理的方式都无法有效发挥监理管理作用。

3 网格化管理实践

3.1 工程概况

湖杭高铁位于浙江省中北部的湖州市和杭州市境内，北起湖州市，途经湖州市吴兴区、德清县，杭州市余杭区、西湖区、富阳区，南至杭州市桐庐县。线路总长度135.788km，设计行车速度350km/h。全线设车站6座，其中新建车站3座，为杭州西站、富阳西站、桐庐东站；改建车站1座，为既有德清站；利用既有车站2座，为湖州站、桐庐站。新建杭州西动车运用所1处。

杭州西站是充分考虑杭州城市国际化发展需要，选址于杭州城西科创走廊产业集聚区腹地，并引入商合杭、杭温、杭临绩、沪乍杭、杭黄5条高铁的大型综合交通枢纽，也是杭州第三大综合门户枢纽，是新一轮《杭州铁路枢纽规划（2016—2030年）》的核心项目，是“轨道上的长三角”节点工程。杭州西站枢纽对于提升杭州铁路枢纽的地位与能力、进一步优化浙江省快速客运通道、贯彻实施长三角一体化发展国家战略具有重要意义。

杭州西站站场总规模为11台20线，分为湖杭场和杭临绩场；站房高架设置，共有9层，地下有4层、地上5层，是我国首座采用站场拉开、中部进站模式的铁路站房，形成杭州西站的“云谷”，纵向上串联起杭州西站的地铁层、广场层、站台层和候车层，在“云谷”“云路”的辅助下，极大缩短了旅客的步行距离；站房区域总建筑面积51万m^2，其中有31万m^2为城市综合配套设施，包括城市通廊，公交、出租车、网约车等停车场及地下空间开发等。

杭州西站在国内首次采用基于正线桥建合一的承轨层预应力结构体系、首次设计基于站城融合的连体复杂结构、屋顶采用双向大跨十字采光顶钢屋盖结构并整体提升吊装，在铁路站房工程中是前所未见的，这些都为监理管理工作带来了新挑战，为了顺利完成监理任务，站房监理管理模式的创新就显得极为重要。

3.2 建立网格管理组织

3.2.1 网格管理组织

成立网格管理组织，由总监任网格管理组

长，设置一名副总监任副组长，监理组长任网格长，各专业监理工程师、监理员编入各自所在网格作为网格员。网格化管理组织旨在搭建一个监理施工控制管理平台，使得每位监理人员与施工网格相对应，形成层层履职、全面覆盖、网格到人的管理机制，便于及时发现和处置施工过程中存在的问题，达到对施工项目监理管理精细化、程序化、规范化管理效果。

3.2.2 明确人员职责

（1）网格管理组长：组织制定网格管理制度、管理目标和考核内容；根据网格施工内容、专业特点、协调工作量等合理安排网格管理监理人员；组织网格管理人员按考核内容对所有施工网格进行检查，并对检查发现的问题进行汇总、讲评，分析问题产生的原因，制定解决措施和预防对策；每月对网格管理人员按管理制度和奖惩办法进行考核，奖优罚劣；对网格管理过程中突出或通病问题，及时组织相关人员召开专题会议解决；组织网格管理人员编制网格管理总结。

（2）网格管理副组长：参加由网格管理组长组织的网格安全、质量等的检查和讲评；日常对网格内安全、质量、进度情况进行监督检查，对发现的问题及时通报网格管理员，并追踪问题整改情况；参加网格关键工序、重要部位的质量、安全验收工作；解决网格内部和网格间需要协调的问题；对月度网格人员的奖惩提出建议。

（3）网格长：每天巡视检查所管辖的网格，发现问题及时通报网格管理人员，督促施工单位专人负责、限期整改，并追踪问题整改情况；对自己不能解决的问题及时报告给网格管理副组长、组长；参加网格范围内关键工序、重要部位的质量、安全验收工作；解决网格内部和网格间需要协调的问题；汇总每月网格存在的问题报网格管理组长，并对月度网格人员的奖惩提出建议。

（4）网格员：每天巡视检查所管辖的网格，对发现的问题汇总报告网格长，并督促施工单位及时整改，并复验整改结果；验收施工工序和隐蔽工程质量，验收不合格不得同意进入下道工序施工；解决网格内不同专业间需要协调的问题；对自己不能解决的问题及时报告给网格长。

3.3 管理网格划分原则

结合施工单位管理网格的大小、专业工程内容、监理人力资源配置等情况划分。杭州西站为多层结构工程，每个施工阶段和每层的工程量和专业内容不同，因此网格区域范围的划分和监理人员配置在不同施工阶段有所调整，以便符合实际网格管理要求。划分遵循以下原则：重要施工部位、同类关键工程节点尽量划分在同一网格内；网格划分要立足于减少网格间的协调工作和交叉施工；不同专业监理管理网格范围不尽相同，要根据专业管理工作量和项目专业监理人员情况划分；网格划分要符合验收单位划分要求，便于开展验收工作；监理网格员对负责的网格要一管到底，监理过程中尽量不调换监理网格管理人员，以免造成监管脱节产生质量、安全问题遗留。

3.4 明确网格管理工作内容及目标

3.4.1 网格管理主要工作内容

核查施工单位施工方案、作业指导书、混凝土配合比审批，核查施工单位岗前培训、技术交底、安全交底，现场核查人员、设备准备情况及特种作业人员操作证等。

巡视检查现场安全质量管理情况，对关键工序、重要部位按规定进行旁站监理，见证现场混凝土试块的制作等，发现问题督促施工单位及时整改，需要发出监理指令的及时发出监理指令要求施工单位专人负责、限时整改到位，整改完成后网格监理人员复核验收。

组织施工单位相关人员验收隐蔽工程和检验批工程质量，验收合格签字确认，验收不合格的严禁进入下道工序施工。

定期统计施工进度，并与计划进度对比，施工进度滞后于计划进度时督促施工单位采取加快进度的措施，确保施工进度符合计划进度要求。

3.4.2 网格管理工作目标

（1）质量目标：主体结构工程质量零缺陷。按设计和验收标准，检验批、分项、分部工程一次验收合格率100%。

（2）安全目标：杜绝生产安全特别重大事故和重大事故；遏制较大生产安全事故；减少一般生产安全事故。

（3）进度目标：网格施工时间满足网格节点工期要求。

（4）文明施工目标：施工现场材料堆放、标识符合相关文件要求，做到工完场清。

3.5 网格化管理的实施

3.5.1 监理巡视

各网格区域工程质量、安全的日常巡视检查由所在区域专业监理工程师和监理员负责实施；所有人员均需接受网格长的监督、指导。

提前明确巡视的内容，巡视时携带常用的测量工具、拍摄器材和必要的安保用品以及工具书、图纸，对于现场发现的质量、安全问题或隐患及时拍照摄影，保存原始记录。

3.5.2 旁站监理

旁站监理由具体负责网格区域的监理员执行，遇工作量多时由本网格区域对应专监进行，必要时由监理项目部统一调派人员执行旁站监理任务。总监、网格长不定时到现场检查旁站监理人员的工作，并随时在现场或办公室检查旁站监理记录。

3.5.3 检验、检测与验收

各网格区域进场原材料、构配件由中心试验室根据验收标准规定的频率和手段，进行见证取样或平行检验。见证取样过程中由所在网格对应监理工程师全力配合。

工序或隐蔽工程验收，施工单位施工负责人、质检员、技术员组织自检，自检合格后填写施工记录或隐蔽工程验收报审表，报网格监理工程师验收，监理工程师组织施工单位网格负责人、专职质量检查员、技术员等验收。

各网格区域已经形成检验批的验收，施工单位自检合格后报相应网格监理工程师，监理工程师组织施工单位网格长、专职质检员等进行验收。监理工程师对全部主控项目进行检查，对一般项目进行抽检。

分项工程的验收由网格长组织监理工程师、施工单位技术负责人、现场质量负责人等共同进行。

总监理工程师组织各网格长、施工单位项目负责人和技术、质量负责人等进行分部工程的验收，地基与基础分部工程验收时勘察设计单位项目负责人参加。

3.5.4 监理协调工作

网格内各专业间、网格间衔接部位协调工作由网格长负责，网格长协调无法解决的上报网格管理副组长、组长进行协调。

监理部设置信息管理员，每天记录各管理网格上传的问题信息，并将这些问题信息按单位、类别、工种、部位等进行统计，并将汇总的问题及时提交给问题单位网格领导小组成员，问题整改单位整改完成后及时将整改信息上传至微信群，以便相应监理人员及时复核验收销号，形成问题闭合管理。

4 网格化管理成效与展望

4.1 网格化管理的成效

通过网格化管理，明确了各级网格管理人员的职责、工作标准、工作程序、工作目标等，做到了施工现场管理规范化、标准化、程序化，对施工现场发现的问题能够做到及时、迅速地解决，不仅使工程建设管理效率得到提高，也有效地保证了现场施工安全和质量管理体系的高效运行，同时有力地促进了施工建设进度，特别是主体结构完工时间比施工计划进度提前一个月，为后续装饰装修工程留足了充分时间。

通过管理网格单元的划分，形成横纵向的安全、质量管理网络，无论是网格负责人还是网格员，大家各负其责，层层落实责任和义务，做到安全质量监管横向到边、纵向到底全覆盖无死角，大大提升了施工现场监理对安全隐患排查和对质量的监控力度。

4.2 网格化管理展望

笔者通过在杭州西站监理工作过程中网格化管理的实施体会，认为网格化监理管理模式在铁路站房监理工作中的应用还需要从以下方面进行改进。

4.2.1 网格衔接部位工作责任划分不明晰会造成管理盲区

杭州西站主体工程为钢筋预应力混凝土结构，网格间衔接部位质量控制工作包括混凝土面平整衔接、垂直面混凝土凿毛、钢丝网的清除、钢筋或预应力管道的修整、模板的衔接等工作，是施工管控的薄弱环节，此部位容易出现相互扯皮、推诿等，会造成较多安全质量问题，因此必须把网格间上述工作内容和责任划分清楚，哪些工作由哪个网格负责，以便质量安全管控，同时网格管理副组长、组长要增加对该部位的巡视检查频率，按设计和验标的最高标准验收该部位。

4.2.2 信息反馈有待加强

现场问题处理得是否及时与有效信息反馈的是否及时、是否准确和真实性密切相关，现场问题发现不及时、反馈不及时，或发现问题不反馈，甚至隐瞒问题，致使集中验收时积累问题较多，整改起来难度增大。施工、监理乃至建设单位必须建立有机的现场问题反馈、决策、整改、验收信息反馈机制，参建单位之间信息沟通机制也要畅通，从而确保现场问题及时发现、及时解决，把问题消灭在施工过程中，确保验收一次合格，保证项目的正常推进。

通过网格化的管理，站房监理工作可以实现对施工全过程质量、安全、进度的高效管理与控制，更好地实现监理工作目标。网格化监理管理方法在大型、复杂的铁路站房项目上能够取得很好的应用效果。

在更多的站房监理管理实践中，通过更清晰地划分网格衔接部位工作责任以及加强信息反馈的及时性和有效性，相信网格化监理管理方法将会在更多的大型铁路站房项目中得到充分应用，发挥更加积极的作用。

轨道交通轨道检测与巡检智能管理平台研究及实践

吕德山[1] 陈显阳[2] 杨 梅[3] 刘宏波[3] 赵正阳[4] 杨志勇[4]

（1. 天津三号线轨道交通运营有限公司，天津 300392；2. 铁科院（北京）工程咨询有限公司沈阳分公司，沈阳 110041；3. 天津智能轨道交通研究院有限公司，天津 301700；4. 中国铁道科学研究院集团有限公司城轨中心，北京 100081）

摘 要：本文通过深入分析轨道动态几何、钢轨磨耗廓形、线路巡检三大业务的痛难点，结合运维用户实际需求，从任务创建、数据分析、问题管理、知识库管理四个方面设计并开发了轨道检测与巡检智能管理平台，平台实现检测任务从创建到病害确认并下发、报告生成的全流程管理，同时通过对检测数据及设备基础数据的整合管理和挖掘分析，监控线路设备状态变化、评估线路质量状态、推送维修建议，为养护维修提供决策支持，提升维护管理水平。

关键字：轨道交通；轨道检测与巡检；平台

1 引言

近年来，城市轨道交通运维向智能化、数字化方向发展。2019 年 9 月，国务院颁布了《交通强国建设纲要》，明确提出要推广应用交通装备的智能检测监测和运维技术，强化前沿关键科技研发，加强基础设施运行监测、检测。2020 年，中国城市轨道交通协会出台的《城市轨道交通云计算应用指南》中指出，以“推进城轨信息化，发展智能系统，建设智慧城轨”为主线引领城轨行业发展，不断推进城轨信息化、数字化、智能化变革。

城市轨道交通是一系列先进技术集合而成的复杂系统工程，要实现列车高密度、平稳安全的运行，必须保证系统中的各部件保持良好的工作状态。工务基础设施健康服役是列车平稳安全运行的重要保障，城市轨道交通运营企业对于线路设备几何尺寸、磨耗廓形、线路巡检具有持续性的需求，迫切期望开发和运用相关数据管理平台对检测数据进行科学管理与深度分析，为线路维修养护工作的开展以及修程修制的优化提供数据支撑。

通过对文献分析发现，当前对于城轨运营阶段轨巡检检测的研究主要集中在轨道巡检小车和车载轨巡检设备及配套独立软件研究两个方面，而对于轨巡检平台的搭建尚无相关研究。本文针对城市轨道交通轨道动态几何、钢轨廓形、轨道巡检业务，探索基于电客车搭载式系统以及基于大数据算法分析技术，借鉴大数据管理思想进行数据管理，开展设施设备基础信息管理、检测数据分析及可视化展示等平台功能设计，从检测业务现状及问题、平台总体架构与功能、平台预计运用效果等方面进行阐述，为智慧城轨开展相关研究工作提供借鉴和参考。

2 检测业务现状与问题

随着轨道交通规模的不断扩大，有限的技术和经验成熟的人员需要相继补充到新开通的线路上，既有管理和技术力量被不断摊薄，运

基金项目：铁科院集团公司基金项目“雅万高铁工程建设成套关键技术研究”（K2022G061）和“智慧城轨解决方案及其关键技术研究与示范工程应用”（2020YJ192）。

营和维护的矛盾日趋加剧。针对轨道巡检、轨道几何尺寸检查、钢轨磨耗廓形传统检测主要存在以下问题。

（1）人工作业量大，检查、维护、资源管理严重依赖人工经验与现场作业，作业效率质量保障难、经验知识积累难。大量工作需要进行人工检查，如传统人工线路巡道、几何尺寸检查等工作频率高，效率低，耗费人力多；一线检查人员素质普遍偏低，人工巡检依赖个人经验，检测结果因人而异，数据可靠程度较低，问题病害存在误检、漏检现象；大规模的网络化运营，对管理型、技术型、复合型等多方面人才提出了更高的需求。

（2）信息化程度低，“检查—分析—决策—执行—评价”流程闭环管理难。原始数据采用传统表单人工记录，不能详细记录，数据可追溯性差；现场记录的数据在需要进行分析时需要再次人工输入电脑，现场检查数据、图片等分散保存，整合困难，给数字化转型带来非常大的困难；检查结果需人工判断，因个人经验水平不同，易出现判断标准不统一问题。

（3）故障病害、风险隐患不易识别，预防难、处置及时性差。受地铁环境与人工因素的限制，很多死角和细节容易被忽略，易发生漏检情况；设备设施的实际情况可见度差，状态变化趋势未及时反映，不利于问题的提前预警和监测；手工记录易出现误差，影响故障诊断的精确性和处置效率。

鉴于以上问题，使得当前开展轨道基础设施检测工作时面临着业务壁垒重重、数据孤岛耸立等诸多屏障，无法帮助运维人员及时、精准地发现并处理轨道基础设施病害，更无法有效地支撑领导进行分析决策，严重阻碍了轨道基础设施检测向智能化发展。

3　平台架构与功能

为解决上述问题，轨道交通轨道检测与巡检智能管理平台应运而生。轨巡检系统平台主要依托搭载式轨巡检设备采集数据进行开发建设，轨道检测、巡检设备通过安装在城市轨道交通电客车上，在车辆运行过程中，可对轨道进行轨道动态几何、钢轨磨耗廓形，以及全断面高速高清晰图像采集，包含钢轨扣件缺失、钢轨表面裂纹、断轨、轨枕、轨道板裂纹及掉块、道床空间（含两侧水沟）异物入侵等。

针对轨道几何尺寸检查、钢轨磨耗廓形、线路巡检三大业务，轨巡检平台系统建设要满足现场作业人员、中级管理人员、高级管理人员用户管理的需求，具体如下。

（1）现场作业人员：减少检查作业工作量及检测数据录入工作量，准确检测轨道设备缺陷，数据自动分析。

（2）中级管理人员：实现数据集中管理、数据易追溯、检测项点齐全、不漏检；病害快速定位，实时掌握病害总体情况以便根据轻重缓急安排维修；对检出的病害能提供有价值的维保建议。

（3）高级管理人员：能够实现病害告警及趋势分析，风险可控；多业务协同作业，资源共享共用；对检修作业效果合理评价，提升考核评价作用，发挥决策与执行效率；利用检测数据、维修数据、台账数据等开展多源数据综合分析、深度挖掘分析应用。

3.1　整体架构

轨道检测与巡检智能管理平台通过车辆综合控制模块一端实现各检测系统数据的实时收集和管控，另一端通过该模块实现与地面中心的数据同步，将收集到的检测数据传输至地面中心进行深度分析，地面中心平台可以向设备发送指令，实现对设备的操控。平台整体架构如图1所示。

数据层：包括检测结果及基础数据。检测结果基于车辆控制模块获取到的检测数据，包括轨道动态几何、轨道廓形和轨道巡检；基础

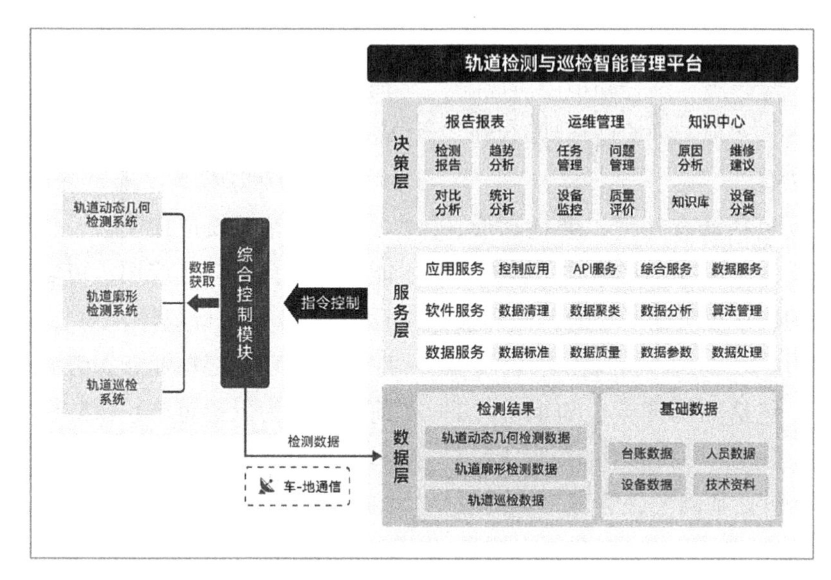

图 1　平台整体架构图

数据主要包括基础设施台账数据，人员、设备及相关资料，规章制度等数据。通过数据层对不同来源、分散异构的数据进行聚合，实现结构化数据资源的管理。

服务层：针对多源感知手段获取的状态数据及不同来源的数据进行汇集，不同专业的数据经过解析、处理后存储到数据仓库中，形成原始数据集，平台计算引擎根据领域模型、维度、算子算法等信息自动对流入的原始数据展开处理，形成小型的数据集市，服务于综合分析、数据服务、可视化应用等。

决策层：主要实现轨巡检检测运维业务流程化、数据结构化管理，通过多维度分析方式对检测数据进行分析，结合运维管理功能，实现业务闭环，依据数据驱动智能化业务决策与执行。

3.2　功能架构

轨道检测与巡检智能管理平台功能分为六个部分，包括监控中心、任务中心、问题中心、专业看板、知识中心、工作平台。功能架构如图 2 所示。

（1）监控中心包括 GIS 模型、检测设备监控、病害告警。通过对检测结果的可视化呈现，实现线路问题的精准定位和病害的实时报警。

（2）任务中心包括任务创建、病害确认、报告生成。实现检测任务从创建到病害确认并下发、报告生成的全流程管理。

（3）问题中心具备问题统计、病害诊断、维修建议、问题管理能力，利用算法模型实现对数据的解析，同时依据检测标准，实现按评

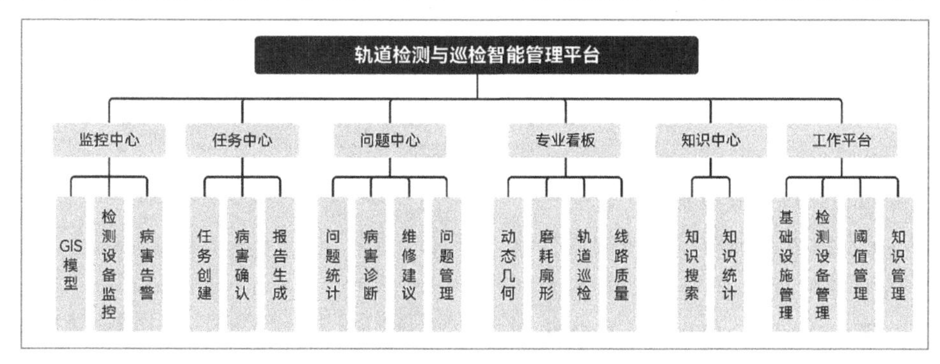

图 2　功能架构图

判标准自动评判超限数据，实现病害诊断，依据检测标准判断风险等级，结合知识库对风险问题出具处理预案，实现运维检修从计划修向状态修及预防修转变。

（4）专业看板包括动态几何、磨耗廓形、轨道巡检、线路质量。通过对基础数据的统计分析，为管理者的决策提供辅助功能，提升线路、线网运营能力。

（5）知识中心包括知识搜索、知识统计。通过对知识的统一管理，形成可用的知识资产。

（6）工作平台包括基础设施管理、检测设备管理、阈值设置、知识管理。工作平台为轨巡检系统前台功能的实现提供后台支持。

4 平台预计应用效果

4.1 快速丰富智能化检测手段

搭载式轨道动态检测系统和轨巡检平台的落地应用有效支撑了轨道动态几何、磨耗廓形、巡检检测应用与数据分析，可帮助运营单位快速丰富智能化的轨道基础设施检测手段，建立“设备＋平台”体系，提升企业核心竞争力，为企业在智慧城轨的道路上发展保驾护航。

4.2 数据集中管理、共享、资产化

通过纸质台账转变为电子台账并在平台可视化展示，保证基础数据的准确性与完整性，方便信息的快速查询与调用，为后续数据分析提供有力支撑。检测数据通过接口传输至平台后，平台通过数据自动处理算法实现数据分析的自动化、多维化、可视化，实现线路基础数据、检测分析数据、检测报告的统一归集、存储、管理，驱动决策分析，实现数据的资产属性。

4.3 检测设备阈值修改远程控制

操作人员在平台可实现对设备域的远程修改，解决以往服务工程师必须亲临现场才能解决的问题。平台与设备之间通过消息队列（RabbitMQ）完成信息交换，平台将指令发送到消息队列，轨巡检设备通过通信网络连接到消息队列获取指令，进行阈值更新，随后向平台反馈更新操作结果。

4.4 推动运维模式改进

通过车载轨巡检设备、轨道检测与巡检智能管理平台的融合应用，可实现以平台为智能运维管理手段与载体，对检测数据深度分析应用，实现轨巡检业务态势研判、运行风险提前预判，为以检定修、预防性状态修、精准维修提供充分决策支持，进而改进和推动运维模式，提高基础设施运维管理水平。

5 结语

通过深入分析轨道交通轨道动态几何、钢轨磨耗廓形、轨道巡检业务的痛难点，结合运维用户实际需求，提出轨道检测与巡检智能管理平台建设的总体架构、功能架构，并成功对轨巡检智能管理平台完成开发，改变了传统工务巡检、轨道几何、钢轨廓形作业模式。平台实现检测任务从创建到病害确认并下发、报告生成的全流程管理，同时通过检测数据及设备基础数据的整合管理和挖掘分析，监控线路设备状态变化、评估线路质量状态、推送维修建议，实现了轨道基础设施检测数据的治理与深度应用，提升了检测作业的精度和效率，解决了轨道基础设施检测手段单一、作业效率低、设备管理难、数据分析弱等问题，为企业业务运维提供了辅助决策依据。

参考文献

[1] 中国城市轨道交通学会．城市轨道交通云计算应用指南[G]. 北京：中国城市轨道交通学会，2020.

[2] 韩强，等．车载轨道巡检系统研制 [J]. 铁道建筑，2014（11）：144-147.

[3] 聂海丽．车载智能轨道巡检系统的研究与应用 [J]. 上海铁道科 技，2013（1）：33-35.

[4] 马臣希，张二永，方玥，等．车载轨道状态巡检技术发展及应用 [J]. 中国铁路，2017（10）：91-95.

轨道交通行业知识管理体系及应用研究

麻全周　吴　晴　王　硕　殷润达

（天津智能轨道交通研究院有限公司，天津 301700）

摘　要： 在知识经济时代下，知识成为最主要的生产要素。轨道交通行业作为一个综合性应用性强的行业，具备知识层面繁多、知识密集、技术关联性强等特点，行业快速发展的同时带动数字化的知识资源数量呈指数级增长，亟须知识管理这一新型管理工具。本文阐述了知识管理内涵，结合轨道交通行业现有知识，探讨研究了轨道交通行业知识体系，构建了涵盖知识采集、知识存储、知识应用、知识共享和知识创新的轨道交通行业知识管理结构模型，形成轨道交通行业知识管理方法论和应用实践，助力轨道交通行业知识资源的有效管理，积累智力资本。

关键词： 轨道交通行业；知识体系；知识管理

1　引言

知识经济时代下，知识成为最主要的生产要素，被视为一种战略性的企业核心竞争力资源。此外，信息化、数字化、智能化手段推动传统知识载体转化为数字化载体，传统知识结构已成为信息仪器可操作的新结构，其传播方式也发生了巨大的变化。轨道交通行业作为一个综合性应用性强的行业，具备知识层面繁多、知识密集、技术关联性强等特点，轨道交通行业快速发展的同时，数字化的知识资源不断丰富扩展，数量呈指数级增长，然而存在的轨道交通知识杂乱、信息孤岛、知识共享度低、知识资源流失等问题，导致知识资源未得到利用或者利用率偏低，知识资源浪费现象较为严重，而知识管理就是一种有效手段。

知识管理是信息管理的延伸与发展，知识目录是知识管理中最重要的一环，它是组织知识资源的一种方式，按照一定的分类原则和分类方式对知识资源进行有序排列，实现知识资源结构化、集中化管理。通过知识目录能够快速、准确地了解和掌握知识资源的基本概况，实现对知识资源的导航、检索、定位和交换服务。

当前轨道交通行业在知识管理方面仍存在不足，如知识存储与管理方式缺乏系统性规划；在知识共享方面主要以邮件、硬盘等方式传播，信息共享程度低；知识资源是非实体存在的，由于管理的无序和不合理，不能提供有效的知识应用服务。此外，轨道交通行业对知识资源有待进一步挖掘和整合，以便为辅助决策提供支撑。为了解决上述问题，本文建立了轨道交通知识目录，构建了轨道交通行业知识管理结构模型，形成轨道交通行业知识管理方法论和应用实践，以有效促进知识的共享应用，从而最终实现知识为个人精准化赋能、团队开放化赋能、组织服务化赋能和业务智能化赋能。

2　知识管理内涵

2.1　数据

数据是一堆或一群散乱无章的文字、数字

基金项目：铁科院集团公司基金项目“城市轨道交通产业大数据分析技术研究”（2022YJ345）。

或其他有代表性的符号，只是一个描述，是没有特定背景和意义的数字、图像或声音。数据是对事实审慎、客观的记录，数据只能展现事件中的一小部分，无法作为任何判断、解析与行动的依据，但对于绝大部分的组织而言，数据是非常重要的，因为这是制造信息的重要原料。数据通过与其他数据的联系、组织，可以形成信息。

2.2 信息

信息是经过加工组织的、对决策者有意义的数据，它可以是表述性的，也可以是程序性的。信息是有意义的数据，信息的目的在于调整接收者对事情的看法，并影响其判断。信息可以通过与其他信息的联系、组织、比较，形成知识。

2.3 知识

知识是对既有信息进行解释和评价的结果，以某种有目的、有意义的方式处理信息，可表述或预测出信息之间的规律、原理性联系，并包含确定信息真伪的评价。所以，数据是构成知识的基本元素，它本身没有任何意义；信息是经过整理以后的数据，它具有目的性；知识是信息经过整理、分析与整合等增值过程的结果，能够运用于实践中，具有使用价值。

2.4 智慧

智慧是指人们有效运用信息和知识的能力。它通常指富有洞察力的知识，或者说在了解多方面的知识后，能够预见一些事情的发生并采取相应的行动。总之，数据、信息、知识、智慧是相互联系的，它们的关系形成了一条“信息管理链”，即数据→信息→知识→智慧。数据经过处理、分析后，可以变成有用的信息；信息经过审核、分类后，可以变成有价值的知识；而知识经过行动、验证后，便可以协助企业变成智慧型企业，创造利润、降低成本、提高竞争力，产生有形与无形的价值。

2.5 知识管理

知识管理是在组织中构建一个人文与技术相互协调的系统，让组织中存在的信息和知识通过采集、存储、应用、共享等活动方式，达到知识不断创新的最终目的，并为组织产生实际价值，提升市场竞争力。

3 轨道交通知识体系

3.1 轨道交通知识分类原则

轨道交通知识体系是指通过对行业内知识进行盘点，查找这些知识之间的内部联系，以及这些知识和企业产品、业务、组织等方面的联系，从而将零散、堆积在行业内的知识进行结构化整理。

在构建轨道交通行业知识目录时，基于现行的相关标准，使其满足标准中规定的资源分类方法以及共享机制等，同时考虑到需遵循一些基本原则，掌握好分类方法，进而设计合理的知识体系目录。知识分类原则：①实用性原则。知识分类应结合用户使用需求，层级分类恰当，易于使用，便于管理，有效支撑组织知识的鉴别、创造、获取、存储、共享和应用等活动。②业务相关性原则。应根据轨道交通领域或轨道交通业务知识的特点以及需求进行分类。③全面性原则。知识分类涵盖的内容应全面，能够挖掘组织现阶段技术和业务需求，并考虑满足技术和业务发展变化的要求。④可扩展性原则。知识体系应该充分地保证可扩展性，满足事物不断发展和变化的需要。宜设置收容项，以保证新增类别时分类体系的结构稳定，还应为不同层级组织在本分类体系的基础上进行延拓细化创造条件。

3.2 轨道交通行业知识目录

3.2.1 知识资源

知识管理对象为轨道交通行业所有知识，涵盖期刊论文、学位论文、会议论文、科技报告、标准、成果、专利、内刊、新闻资讯、相关视频及音频等。

3.2.2　轨道交通行业知识分类方法

轨道交通知识分类的方法一般采用混合分类法。轨道交通行业业务复杂、资源繁多，可以从知识来源、知识应用场景、业务角度、知识本身属性等多维度分类。在实际应用中，可选用知识类别作为基础分类标准，知识来源等其他维度作为补充的方式来保证轨道交通行业知识体系目录的科学性和系统性。混合分类法有利于知识资源按不同维度进行组织，从而提升资源的可用性，满足不同用户获得资源及其应用场景的需求。

3.2.3　轨道交通行业知识体系目录

考虑知识类别、专业维度、知识来源、知识应用场景等多种因素，本文构建了“1-4-12-45-N”轨道交通行业知识体系目录，即“1”个轨道交通行业知识体系目录，“4”个轨道交通行业知识板块，“12”个轨道交通行业知识一级模块，“45”个轨道交通行业知识细分子模块，“N”个轨道交通行业知识可延伸模块。

轨道交通行业知识体系有4个一级目录，包含政策标准、动态资讯、市场营销、专业技术，基于知识类别、知识属性开展分类；有12个二级目录，包含政策法令、标准规范、行业资讯信息、企业资讯信息、投融资信息、招标/中标信息、市场/行业数据、学术论文、技术方案、先进产品服务、技术标准规范类、专业基础知识/理论，基于知识属性、知识来源、知识类别开展分类；有45个三级目录，政策法规和标准规范按照制定主体开展三级目录划分，政策法令分为国务院、发展改革委、工业和信息化部、住房和城乡建设部、交通运输部和省市级部门等，标准规范分为国际标准、国家标准、行业标准、地方标准、团体标准、企业标准。行业资讯信息按照知识来源、知识类别及知识属性，分为国际资讯、铁路资讯、城轨资讯、项目信息、焦点时空、人物故事，企业资讯信息按照知识类别分为企业战略规划、企业项目动态、新产品及新技术、企业新闻大事记。招标/中标信息结合轨道交通产业全生命周期和信息来源，划分为规划、设计、咨询、工程监造、装备建造、装备采购、检测评估、智能化产品/服务各阶段，市场/行业数据基于数据来源，划分为规划/建设/运营线路产生的数据、招标/中标项目数据、分析/统计数据。学术论文按照论文类型和论文形式分为会议论文、期刊论文、硕博论文等；技术方案按照展现形式分为论坛PPT、论坛视频、研究报告，专业基础知识/基础理论结合轨道交通产业全生命周期和建设流程，划分为规划设计、工程建设、装备制造、运营阶段、安全评估5大阶段，每一个阶段按照知识属性、知识类别和知识应用场景进一步细分，规划设计阶段包含线网规划、建设规划、工可研、总体设计、初步设计和施工图设计，工程建设包含施工前准备、地下车站工程、区间工程、桥涵工程、隧道工程、路基工程等21个子项，装备制造包含车辆系统、供电系统、通信系统、信号系统、轨道系统、车站机电设备，运营阶段包含安全管理、应急管理、隐患排查治理、运营险性事件、风险分级管控、设施设备运行维护、客运组织与服务管理，安全评估包含初期运营前、正式运营前、运营期间安全评估，基本实现了轨道交通行业知识的全覆盖。

4　轨道交通行业知识管理模型构建

知识管理围绕轨道交通行业知识资源展开，本文根据轨道交通行业的特点，基于科学决策、成果应用及人才管理、共享与协同的知识管理需求，建立知识管理模型，包含知识采集、知识存储、知识应用、知识共享、知识创新五个阶段。轨道交通行业知识管理是一个不断吐故纳新的动态系统。系统通过轨道交通行业知识存储模块收集大量的信息，加工整理为显性知识，这是知识存储的前提，也是知识管理的起点；轨道交通行业知识存储为高速有效地访问、更新知识提供基础；轨道交通行业知识共享模块促进了知识的传递和利用，增进了行业从业人员的合作，促进了轨道交通行业知识创新；而轨道交通行业知识的应用与创新是实施知识管理的原动力和最终落脚点，有效增加了轨道交通组织的知识储备，使知识库不断完善。知识管理五个阶段相辅相成，最终实现轨道交通行业知识全生命周期管理。

5 轨道交通知识管理方法论及实践

5.1 轨道交通行业知识采集

5.1.1 轨道交通行业知识采集活动

知识采集是组织从知识源中总结和抽取有价值的知识的活动，主要强调对存在于组织内部已有知识的整理积累及外部现有知识的获取。轨道交通行业知识的采集，需要先明确知识采集对象为轨道交通行业知识，结合知识需求，对现有知识或已采集的知识进行梳理、分类、汇总，得到内部知识；从国务院、交通运输部、政府、行业协会、行业媒体、乘客、设备商、合作伙伴、图书馆、互联网等外部知识源获得外部知识，使沉淀下来的知识具有可用价值(图 1)。

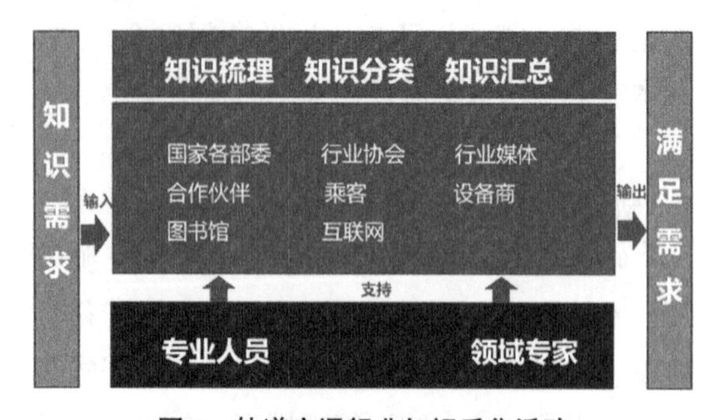

图 1 轨道交通行业知识采集活动

5.1.2 轨道交通行业知识采集主要方法和工具

轨道交通行业知识采集根据知识类型分为行业显性知识采集、行业隐性知识采集。轨道交通行业显性知识资源采集，主要通过建立知识库，对已有知识进行系统梳理和分类，搭建知识体系。其次，建立包含轨道交通行业知识的知识网络，涵盖供应商网络、客户网络、咨询服务网络、公共关系网络和相关政府部门的网络等。此外，对于轨道交通行业公众号知识，可利用采集软件 spiderProcess 采集；对于轨道交通行业网页知识，可利用网站采集软件 Cyotek 与 HTTrack 实现网站信息的采集；或通过数据挖掘技术获取这些知识 / 数据，从而实现知识库知识的积累；还可通过机器学习将数据变成可理解的知识，例如通过文本分类、主题模型等机器学习模型，可以获取文本的特征，而这些特征就可以理解为知识。

轨道交通行业隐性知识通过会谈、行动学习、经验学习、交互学习等方式开展采集工作：①轨道交通行业会谈是通过会议的形式把个人隐性知识转化为明显格式的内容；②轨道交通行业知识行动学习是在一个专门以学习为目标的背景环境中，以行业面临的重要问题作载体，学习者通过对实际工作中的问题、任务、项目等进行处理，从而达到开发人力资源发展组织的目的；③轨道交通行业知识经验学习是指通过尝试新构思及实验新产品与新流程来达到学习目的的方式，它也是一种通过经验转化创造知识的过程；④轨道交通行业知识交互学习是指两个或两个以上组织或不同组织的员工通过面对面的相互接触、切磋而进行的互动学习。

5.2 轨道交通行业知识存储

5.2.1 轨道交通行业知识存储活动

知识存储是指将有价值的知识经过选择、过滤、加工和提炼后，在组织中建立知识库，通过某种技术手段存储于组织内部，并随时更新和维护其内容和结构，以便用户访问、获取知识的活动。轨道交通行业知识存储主要包括四个部分：①从创造和获取的轨道交通行业知识中，保留有价值的知识；②对轨道交通行业知识进行筛选、标识、索引、排序、关联、形式化、整合、分类和注释等；③将加工后的轨道交通行业知识以适当的结构存储在合适的媒介中，并设计多元的索引和分类目录，以方便用户检索；④按照不同知识的特性，定期或不定期地对知识进行更新、重新分类等，以维持轨道交通行业知识库的时效性。

轨道交通知识管理第一阶段是轨道交通知识资产化阶段，通过搭建轨道交通知识管理平台，构建轨道交通行业知识库，将获取的轨道交通知识分级分类，由知识治理组对采集的原始知识过滤，搭建轨道交通行业知识体系目录，建立知识索引。通过构建轨道交通行业知识管理制度体系，实现行业知识更新和知识维护的知识活动(图 2)。

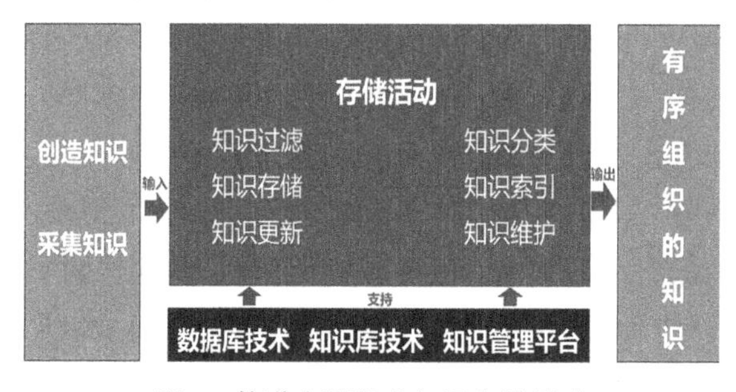

图 2　轨道交通行业知识存储活动

5.2.2　轨道交通行业知识存储主要方法和工具

在开展轨道交通行业知识存储活动时，构建轨道交通行业知识体系目录是其中一个重要工作，知识分类有多种维度，可按照知识效用、研究对象、知识属性、知识形态、事物运动形式、思维特征、自然现象和社会现象、知识研究方法、知识内在联系、学科发展趋势等进行分类。轨道交通行业知识考虑了知识类别、专业维度、知识应用场景等多维度，构建了“1-4-12-45-N”轨道交通行业知识体系目录。

设计好轨道交通行业知识体系目录后，还需进行轨道交通行业知识资源的梳理或盘点、轨道交通行业知识文档类型梳理、相关模板及元数据设计、权限的设计、文档审批流程设计等工作。

梳理已获得的轨道交通行业知识，非结构化知识约占知识的 80% 以上，而其中绝大部分的知识都将纳入轨道交通行业知识平台处理，面对如此巨大的知识量，如何设计知识存储层，实现海量知识的有效存储、快速响应则成了知识管理平台优先考虑的关键问题。根据轨道交通行业知识管理需求，结合先进技术，选择了知识仓库技术。知识仓库存储作为一种新的技术方法可以更好地解决知识储存问题。知识仓库是组织知识的统一存储与管理的载体，围绕知识仓库还需要有一系列管理与应用工具，包括知识的定义与获取、知识的应用与服务等，从而实现完整的轨道交通行业知识管理平台。

5.3　轨道交通行业知识应用

5.3.1　轨道交通行业知识应用活动

知识应用是在组织中体现知识价值的环节，它一方面表现为利用已有知识，在工作中形成新的知识产品；另一方面促进个人和团队知识储备的拓展。知识应用可借助数据挖掘技术为组织决策提供有效的支持，实现组织既定目标。

轨道交通行业知识应用需首先确定应用目标，制定应用计划和应用路径，并准备好应用的相关知识，同时需结合具体知识场景来解决实际问题，最终实现轨道交通行业知识为个人和组织赋能增效。轨道交通行业知识应用过程是一个不断反馈的过程，通过应用效果好坏来不断改进方法、制度和人员组成。

轨道交通行业知识管理第二、三阶段目标为业务场景化和应用智能化。在轨道交通业务场景化阶段，实现研发、营销、制造、交付、服务等场景融合，通过数字化技术手段实现业务系统和知识系统的有效集成，实现隐性知识的有效挖掘；在轨道交通行业知识应用智能化阶段，利用行为数据分析等方法深入了解研究机构用户、企业用户、个人用户的知识服务需求和偏好，构建知识和员工智能画像，通过指数技术、画像技术，对轨道交通行业知识收集和使用情况、员工特征进行量化分析，为轨道交通行业组织辅助决策提供智能数据支撑。结合原子知识，把知识碎片化，通过智能机器人，释放人力成本，实现人机交互，自助问答；基于知识图谱的新型知识组织方式及知识大数据的积累和分析，量化轨道交通行业知识收集和使用，形成智能知识库、科技资源图谱、产品知识图谱、解决方案图谱、设备维修图谱等，从而探究行业知识更为丰富的场景应用空间；形成的项目图谱、供应商图谱、经营业绩图谱等，为公司经营决策提供支撑（图 3）。

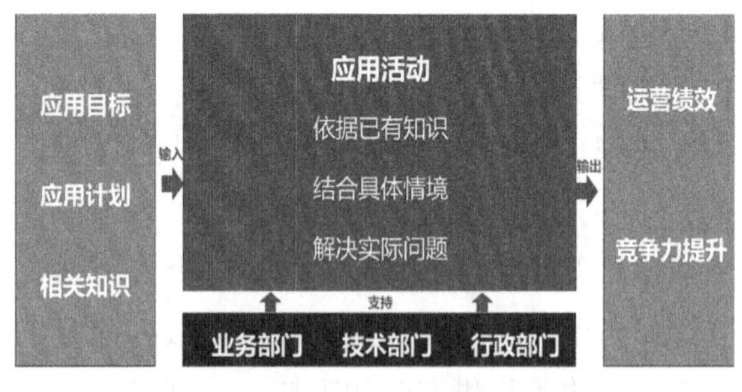

图 3　轨道交通行业知识应用活动

5.3.2　轨道交通行业知识应用主要方法和工具

轨道交通行业知识应用分为三个主要方面。

（1）面向轨道交通业务场景的知识推送服务。通过搭建知识化的轨道交通业务应用场景，为轨道交通行业内的科研主体、决策主体、业务主体推送业务场景中所需的知识内容，同时通过数据挖掘技术、决策树、人工神经网络算法、遗传算法等手段对轨道交通行业显性化知识进行挖掘，经过筛选后纳入业务处理场景中，帮助业务人员优质高效处理业务。轨道交通业务场景系统功能主要通过以下四种方式实现：①建设角色门户，将特定角色的知识树、报表树、会议树、案例树等信息与待办列表，集中展现在门户中，便于特定角色基于知识支撑完成工作；②在知识仓库的基础上，围绕某一主题将离散的知识内容归类聚焦，构建知识地图；③在轨道交通行业知识业务系统的每一个处理界面上，提供知识接入功能，通过知识关联机制提供检索到该业务情景下需要的知识内容；④基于知识内容浏览、点评、推荐等操作，系统自动挖掘热点知识，以标签云方式推送给登录用户查阅使用

（2）为轨道交通行业从业人员提供主动交互并应用知识的功能。对于尚未系统化的业务场景，或未进行知识整合的系统应用环境，需轨道交通行业从业人员岗基于自身工作需要，经过审题、联想、解析、聚焦等一系列知识需求分析，提出精确的知识需求，主动获取知识并灵活运用。在知识库系统功能建设上，"人机交互方式"面向轨道交通显性知识的应用，主要是通过查询搜索的方式获取相应的知识；"人机交互方式"面向轨道交通隐性知识的应用，主要是基于 Web2.0 知识交互应用建设，通过专家网络、知识问答等多种手段捕捉到可以协助解决问题的人，再进一步获取知识，经过内化后将知识应用于工作中。

（3）统计分析与趋势预测。基于轨道交通行业知识库系统中的知识应用操作，系统总结各类知识内容的应用频度、应用效果，捕捉知识应用中的异常数据，模拟知识需求的变化趋势，为知识治理提供决策依据，使得组织对知识需求变化做出快速反应。在系统建设上可以通过使用基于知识规划、知识跟踪、知识评测的 CKO 工具箱，或使用基于知识积分、知识财富等的排名、勋章以及报表功能实现。

5.4　轨道交通行业知识共享

5.4.1　轨道交通行业知识共享活动

知识共享是知识在个体、部门、组织、区域、国家等不同的知识拥有者之间通过各种渠道和方式进行已有知识的转移、传递和分享，

实现知识的有效流动的过程。Arthur Andersen管理咨询公司曾提出了一个非常著名的知识管理框架：KM=（P+K）^{S}。其中“KM”指知识管理，“P”代表人即知识载体，“K”是知识，包括数据、信息、知识与智慧，“+”是信息技术，“S”是共享。S与KM是幂指数的关系，由此可见知识共享在知识管理中的重要性。

轨道交通行业知识共享的知识来源是组织创造和获取的知识，主要通过行业从业人员与团队之间面对面的交流、利用网络技术完成的交流、利用知识库等知识共享方式完成的交流等活动，在基于知识的组织文化、数据库技术、网络技术的支持下，将零散的知识在组织中交流、传递和转移，使得轨道交通行业知识被有效地共享，为开展知识应用打下基础，同时也为知识识别和知识采集提供经验（图4）。

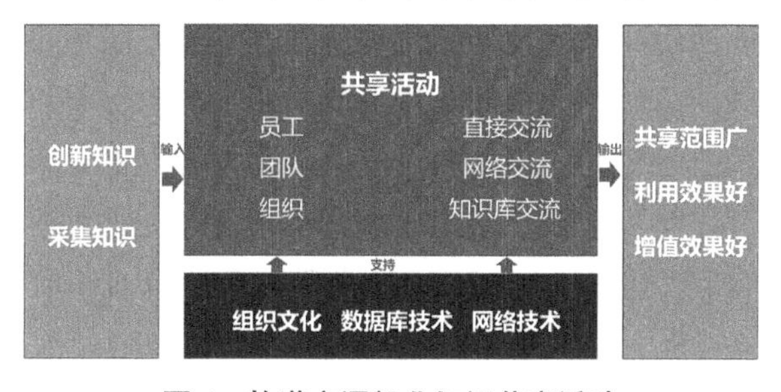

图4 轨道交通行业知识共享活动

5.4.2 轨道交通行业知识共享主要方法和工具

轨道交通行业显性知识共享主要通过人与人面对面的直接交流、网络交流、建立知识库进行学习、知识共享的过程学习等方式实现：①人与人面对面的直接交流方式。例如，召开研讨会、参与培训和学习。其中，导师制和教练制是比较有效的知识共享方式，传统的知识共享一般采用这种方式。②网络交流。如通过讨论组、电子公告牌（BBS）、聊天室、电子会议、电子邮件、专家在线感知、知识问答、维基（Wiki）网络等。③建立知识库进行学习。如传统的有利用图书馆学习以及现代的E-learning等。④知识共享的过程学习也是组织不断学习的过程。员工知识既包括显性知识，也包括隐性知识。对员工知识的显性知识共享可以通过文档、图表、多媒体或对其进行编码存入知识库或数据库供相关人员检索、学习和使用，员工知识隐性知识可通过知识共享的方式将其转化为显性知识，再供员工学习。

轨道交通行业隐性知识的共享，首先是隐性知识到隐性知识的转化，通过组织从业人员之间大量的接触，实现个体间隐性知识的有效交流。其次是从隐性知识到显性知识，即知识外部化的过程，通过建立全新的交流机制、激励机制及良好的组织文化氛围，不定期地组织从业人员交流，充分调动从业人员的积极性、创造性，让从业人员愿意将其隐性知识提供出来共享。然后是从显性知识到显性知识，即知识的综合化，不断优化完善企业知识库，使其变得适用，以利于组织成员共享和学习。对隐性知识建立知识地图，记录何人拥有该项隐性知识，使其他人在需要时可检索到拥有隐性知识的人，从而实现共享。最后是从显性知识到隐性知识，即知识的内在化。从业人员通过体验、学习、培训或练习，将显性知识内在化。

5.5 轨道交通行业知识创新

5.5.1 轨道交通行业知识创新活动

知识创新是指通过不同的方法，增进、强化已有知识和探索新知识的活动，发生在组织运营的整个过程，其目标是帮助组织实现整体知识规模的拓展及知识质量的提升，更好地为提高组织效益服务。知识创新通常建立在知识的采集、共享和应用的基础上。

轨道交通行业知识创造需以用户知识需求为导向，围绕轨道交通行业机构、个人的科研和业务决策需求展开，从而为知识创造指明方向。轨道交通行业知识创新活动首先输入的是组织内部和外部的信息和知识，然后依据萃思理论、创意管理、SECI模型等理论和方法，建立讨论小组，调动参与人员充分沟通和交流，或聘请专家前来指导，最后形成新理论、新模式、新方法、新产品、新服务、新流程的输出。组织还要充分利用科研人员等专家所掌握的互补性知识来加快知识创新活动。此外组织需制定合理的知识战略导向、建立知识激励与考核制度，并且积极推动组织文化建设，以期形成促进创新的文化氛围。在个人层面，需要员工具备一定的吸收、共享和应用信息的能力，同时组织应定期开展员工培训(图5)。

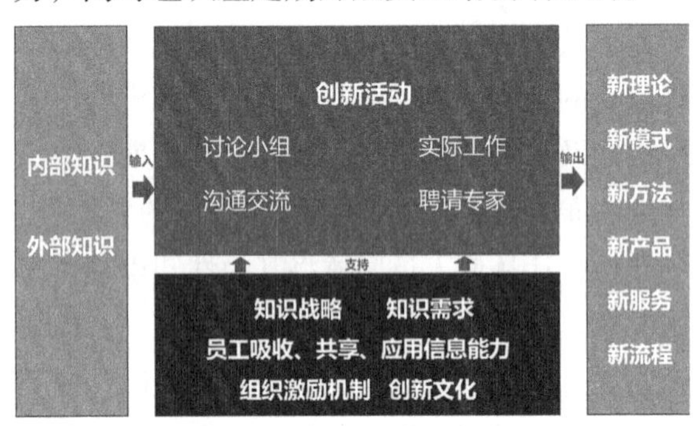

图5　轨道交通行业知识创新

5.5.2　轨道交通行业知识创新主要方法和工具

轨道交通行业知识创新有多种方法。从创新对象层面来讲，行业从业人员可以通过从实践中学习、联合解决问题或头脑风暴法实现知识创新；轨道交通行业从业团队及组织机构可以通过促进个人之间的交互，营造有利于知识交流和分享的氛围和场所，以及创造新的轨道交通产品知识和服务来实现。其他轨道交通行业知识创新方法包括：①萃思理论。是一套用于知识创造的方法和理论，其最终目标是完全解决矛盾，获得最终的理想解，避免了传统知识创造方法中缺乏目标的弊端，提升了知识创造的效率。②创意管理。是通过激发员工产生创意，并系统化地收集、整理、评估，筛选出好的创意，通过促进创意实施，将其落实到管理提升、流程优化等实际工作中，以此提升组织的创新能力。③SECI模型。在组织知识创新活动的过程中，隐性知识和显性知识二者通过“社会化、外部化、组合化、内部化”四种模式互相作用、互相转化，构成知识创造的过程。

轨道交通行业知识创新增加了从业人员与行业机构的知识储备，再通过知识采集和知识存储促使企业知识库储备增加，从业人员可利用的知识增加，同时也促进了各个方面的知识共享与应用，而采集和存储、共享与应用又进一步促进了知识的创新，从而使组织的知识数量不断扩张，知识质量不断完善。智能代理、专家系统、数据挖掘等为知识的创新提供了现代信息与通信技术的支持，从而使轨道交通行业知识管理具备了更多的智能化工具，促进了轨道交通行业知识管理理念的实施。

6　结语

通过引入知识管理这个新型管理工具，形成轨道交通行业知识管理普适性经验方法与实践，以此开拓新的业务场景应用，助力行业知识管理体系的发展；实现企业智力资本积累和有序管理，提升企业核心竞争力，促进企业逐步向“智能+”“知识+”的模式转型。

参考文献

[1] 城市轨道交通工程基本术语标准：GB/T 50833—2012[S]. 2012.
[2] 城市轨道交通设施设备分类与代码：GB/T 37486—2019[S]. 2019.
[3] 交通运输信息资源目录体系 第4部分：公路水路信息资源分类：JT/T 747.4—2020[S]. 2020.
[4] 交通运输信息资源目录体系　第5部分：标识符编码规则：JT/T 747.5—2020[S].2020.
[5] 城市客运术语 第3部分：城市轨道交通：20192337-T-348[S].2019.
[6] 张芬，熊研究．轨道交通制造企业知识多维分类体系建设方法探讨[J]. 机电信息，2020(8)：115-116.
[7] 张泰峰．信息资源目录体系在轨道交通行业的应用[J]. 信息与电脑(理论版)，2020，32(16)：42-44.
[8] 何霖，李杨，姚世峰，等．城市轨道交通企业知识管理的思考与实践[J]. 都市快轨交通，2019，32(1)：15-20.

铁路车站与区间信号设备智能巡检系统的研究与实现

秦 武*

（天津铁道职业技术学院，天津 300241）

摘 要：结合目前我国铁路基层站段电务工区作业标准和维护流程，应用计算机网络技术、数据采集和智能分析技术，设计智能运维系统，实现对车站和区间常用信号设备进行智能化管理和维护，实现信号设备从故障修到状态修的转变，提升铁路信号设备的应用效率和保障作业安全。

关键词：铁路信号；智能巡检；安全

1 引言

铁路信号设备直接关系到铁路行车安全，因此信号设备的运行状态密切关联铁路运输安全和效率。近年来，随着我国铁路事业特别是高速铁路的快速发展，对铁路信号日常维护质量提出了更高的要求。信号维修体制也从以前的“故障修+计划修”向“状态修”进行转变[1]，设备实时数据的采集直接关系到设备隐患的发现和排查，单纯地依靠信号工人工利用仪表进行测试，效率较低且存在误测、误读的问题，因此应用数据采集和智能分析技术，可以提高信号设备维护质量，减少设备故障发生概率。

2 常见信号设备故障数据调研

车站与区间信号设备是铁路基层电务段、车间和工区日常维护量最多的设备，主要包含室外信号机、道岔、轨道电路以及室内计算机联锁电路，其中室内联锁机柜侧设备因为已经属于计算机控制系统，具备运行状态的在线监测功能，因此可以通过接口获取相应设备状态信息[2]；对于其他设备为了实现智能运维，获取实时在线数据，需要对未进行数据采集的节点（防雷分线柜、组合侧面等分界点）进行数据采集。

通过现场调研，对目前常见信号设备故障进行统计分析（表 1），并结合智能运维系统进行测试（表 2），根据测试结果可以对数据采集点进行增设。

表 1 现场常见信号设备故障类型表

序号	故障类别	故障名称
1	信号机故障	信号机灭灯故障
2		信号机错误显示故障
3	轨道电路故障	断线故障
4		混线故障
5	道岔故障	道岔控制电路故障
6		道岔表示电路故障
7		道岔机械故障
8	室内计算机联锁故障	驱动电路故障
9		采集电路故障

基金项目：天津市教育科学“十四五”规划课题《京津冀区域共享型智能轨道交通虚拟仿真实训基地的建设与运行》课题编号：CJE210214。

* 秦武（1975—），男，天津市人/河北昌黎人，天津铁道职业技术学院铁道信号自动控制专业教授，主要从事铁道信号自动控制专业的教学与研究工作。E-mail：88146218@qq.com

表 2　信号设备故障（ZPW2000 设备为例）分析

故障区域	数据采集点	智能运维系统判断结果
室内	移除模拟网络盘至分线配线	电缆模拟网络引出至分线盘配线断线
室内	移除移频柜至电缆网络盘功出配线	故障点在功出到电缆网终模拟盘间
室内	将移频柜引出线缆对地短接	短路点在移频柜到分线盘间
室内	移除低频编码传输配线	检查低频编码电路
室内	修改载频配线	检查载频配线
室外	将调谐区受端电缆短路	从室外调谐区查找故障（查受端 / 电缆、钢轨引接线、塞钉和调谐区设备）
室外	移除送端钢轨引接线	查看钢轨引接线及焊钉
室外	移除受端调谐匹配单元至扼流变压器线缆	受端电缆线路故障
室外	拆除受端调谐匹配单元短接线	调谐匹配单元故障
室外	移除送端终端盒处电缆	送端电缆线路故障

3　系统设计内容及原则

3.1　设计内容和思路

当铁路信号设备发生异常（如信号机点灯电压、电流，道岔转辙机动作及表示电压电流、电缆绝缘电阻出现数据波动时），监测终端会将设备的相关数据通过人工智能 AI 技术，在基于规则推理和案例推理相结合的算法下，监测数据云计算平台可以进行数据异常智能分析，得出异动原因，快速定位故障点，指导技术人员进行维修，从而实现设备从故障修、计划修到状态修和预测修的转变[3]。监测终端和内置软件能够实现网络平台实时监测功能，使监测终端具备隐患预警、异常报警等功能，同时在设备出现故障时能够利用内置软件的历史数据及标准处理流程进行智能分析，准确判断故障性质，指导信号技术人员维修处理，保障列车运行安全和运输效率；系统同时在技术人员上道作业时，可以进行定位防护，确保信号技术人员人身安全。

3.2　总体设计

基于现有铁路信号车站联锁与区间闭塞设备，充分利用现有微机监测或集中监测设备，在室内外接口、联锁机柜与组合柜接口等关键节点增设采集装置，从而实现对常用信号设备实现动态监测，数据涵盖模拟量（电压、电流、相位等）和开关量，数据存储采用服务器模式，实时数据可通过软件调用后与历史数据进行对比分析，实现智能推理，对信号设备隐患达到从“人防”到“技防”的转变，同时对突发故障可以判断故障范围（区分室内外、组合位置等），缩小故障范围，快速定位，缩短故障处理时间，提高运输效率。

4　数据智能分析诊断功能实现

系统中首先存储信号设备维护中的维修标准数据，并通过采集形成设备参数历史数据库（包含信号机点灯电流及道岔动作电压电流的日曲线、月曲线及年曲线等），不间断地将采集到的设备实时工作数据同历史数据、标准数据进行对比分析，筛选异常数据进行软件智能大数据分析判断，基于算法管理、模型验证发现设备隐患，第一时间提醒工区信号技术人员尽早处理，从而避免设备故障的发生。

4.1　设备数据库

在数据服务器上建立包含车站与区间常用信号设备的履历信息、设备工作历史数据、设备工作正常标准参数数据的大数据信息系统[4]，作为智能运维系统的数据支撑，其中访问集中监测数据库加装防火墙，保证数据安全，同时降低数据库服务器运算量；将设备工作流程、故障处理流程进行数字化处理，通过数据标注存入智能运维流程信息数据库表单；通过数据汇集形成设备大数据视图（图 1）。

4.2　数据对比分析

利用大数据分析技术实现动态管理，通过

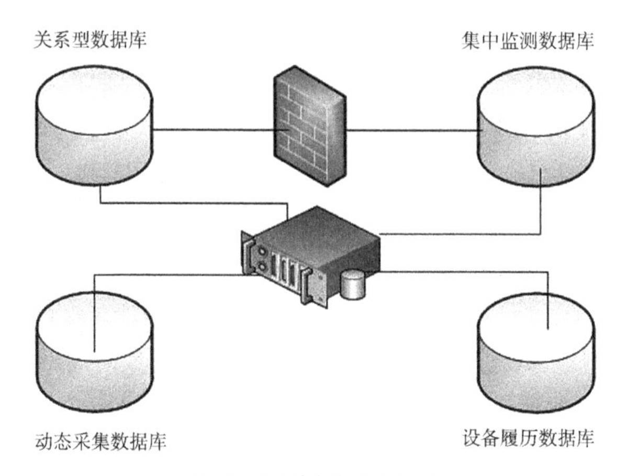

图1 系统数据库架构

对比分级进行设备状态预警；同时结合多维度的数据采集，也可同步采用数字孪生技术立体化呈现现场设备状态，为高效便捷的智能化运维提供高仿真数字平台。

5 巡检定位防护功能实现

智能巡检系统能够在保护维修人员安全的同时，更加规范高效地提高维修作业的效率。一方面定位芯片依托维护人员必需的作业工具进行位置监控，实现作业人员电子围栏防护；另一方面结合安全预警手环对上道作业的铁路维护人员完成作业危险预警。

5.1 电子围栏

为防止铁路维护人员违规上道作业的安全隐患，在铁路信号工等一线维护人员上道作业前，在作业人员必备工具上加装定位的模块，然后结合维护人员作业天窗点数据，在配套软件中设立电子围栏。在不能作业的时间段，一旦出现工具仪表越界，产品将会提供报警信息到调度室和车间，从而及时发现和制止违章作业；电子栅栏的软件可以和铁路现场作业调度系统结合，现场的调度指挥命令下达之后，系统数据库将自动更新，实现安全防护联动，只有在数据库对比该时段内确实有芯片所在工区的天窗点权限时，才可以解除电子围栏，允许维护人员上道作业。

5.2 危险预警

为作业维护人员及时提供安全预警，铁路维护人员上道时需要佩戴产品中的安全手环，当列车逐渐接近，通过手环实现语音报警提示，向上线作业的维护人员提供列车接近实时预警。同时，通过手环，可以在室内软件地图信息上实时汇总室外作业人员基本信息，包括维护人员姓名、年龄、所属工区、数量和实时位置信息等。安全卫士软件与监测系统结合，有效地从技术上规范了铁道维护人员的作业习惯，保障铁路维护工人的人身安全。

5.3 其他功能

系统还可以通过日志查询，汇总查找维护人员的活动轨迹。在设备出现故障以后可以快捷查询设备的维护记录，从而为快速解决问题提供线索。

由于系统包含电子围栏功能，在信号工常用工具上做电子标签，电子标签还能实现常用工具的管理，完成工具使用记录的查找和分析。同时电子手环可以监测作业人员的身体状况、心率。

6 系统硬件和软件设计

6.1 数据采集硬件设计

（1）采用485总线级联式控制方式，对未纳入微机监测和集中监测的设备状态信息进行采集（图2）。

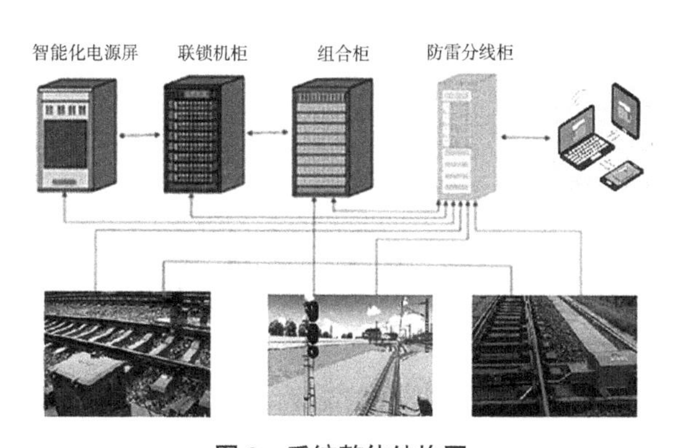

图2 系统整体结构图

（2）连接方式：数据信息采集方式包含直接连接单块控制板（图 3）和级联方式。

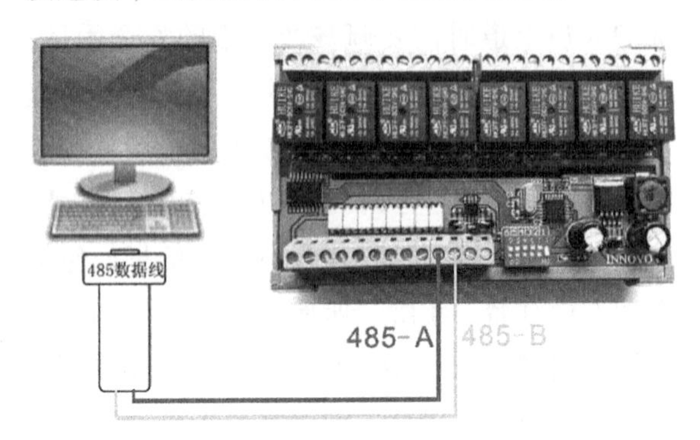

图 3　485 总线单板连接图

6.2　安全防护定位模块

安全防护定位芯片采用国产化定位芯片 AT6558，该芯片是一款真正意义上的六合一多模卫星导航定位芯片，包含 32 个跟踪通道，可以同时接收六个卫星导航系统的 GNSS 信号，并且实现联合定位、导航与授时。模块具有高灵敏度、低功耗、低成本等优势，适用于车载导航、手持定位、可穿戴设备，可以直接替换 Ublox MAX 系列模块。

6.3　数据分析软件设计

将检测到的动态数据实时传送到系统服务器，通过通信服务器访问数据库，对数据进行对比分析，经过两次对比流程后进行数据分析，给出提示信息，同时将数据按照设备编码存入历史数据库，完善设备电子履历信息（图 4）。

6.4　定位防护软件设计

安全防护软件模块解决了目前室外作业人员工作情况很难了解、作业记录不易保存等问题。在作业人员必备工具（比如信号工的万用表、对讲机等）上加装定位的模块或者佩戴手环，系统就可以通过工具或者手环传回的数据分析作业人员的位置和工作状态，通过日志查询，汇总查找维护人员的活动轨迹，在保障作业人员安全的同时，提高了作业人员的工作效率（图 5）。

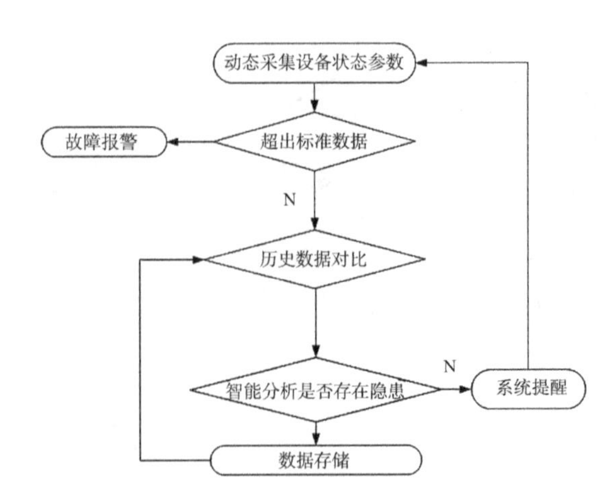

图 4　数据分析模块设计流程图

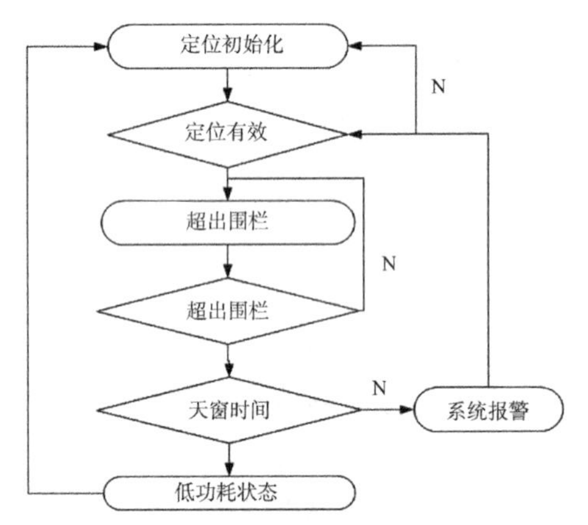

图 5　定位模块设计流程图

7　应用效果及研究展望

系统针对目前铁路信号设备日常维护现状和存在的问题，采用软硬件结合，基于数据采集和智能分析技术，实现了车站与区间常见信号设备智能运维系统，实用性较强，可以拓展到铁路信号列控系统整体信号系统进行应用。

参考文献

[1] 周欢，城轨信号系统智能运维信息采集方案 [J]. 铁路通信信号工程技术，2023（2）：73-77.

[2] 胡寿建，吴荣斌，王亚坤，等 . 城市轨道交通信号智能运维系统设计与研究 [J]. 军民两用技术与产品，2023（1）：48-51.

[3] 卢思杰 . 基于智能运维的通信、信号设备维修系统的探索与研究 [J]. 城市轨道交通研究，2021（11）：6-13.

[4] 段亚美，戴翌清，王历珣 . 基于智能运维的通信、信号设备维修系统的探索与研究 [J]. 铁道通信信号，2020（4）：88-91.

我国高速铁路基础设施智能运维发展历程及展望

王　谦* 张　松　麻全周　杨　梅

（天津智能轨道交通研究院有限公司，天津 301700）

摘　要：近年来，随着信息技术发展突飞猛进，智能化技术对高铁行业发展路径产生了深远影响，在政策与技术的双轮驱动下，中国高铁进入“智能高铁时代”。本文阐述了高铁基础设施、智能运维的概念，结合不同时期的发展简述了“三位一体”维修管理系统、基础设施信息系统、智能运维系统管理模式，基于发展路径及当前科技发展趋势，对高铁基础设施智能运维发展提出了整合关联、人—机—物耦合、一体化管理、自主化运维的未来发展趋势，以期为高速铁路基础设施智能运维的未来发展方向提供借鉴。

关键词：高速铁路；基础设施；智能运维

1　引言

高速铁路工程作为国家综合交通运输体系的重要组成部分，不仅是中国关键基础设施之一，还是重点民生工程和国民经济命脉。我国自 2008 年持续快速推进铁路建设以来，截至 2022 年底，全国铁路运营里程已达 15.5 万 km，其中高速铁路运营里程拥有 4.2 万 km，居世界第一位[1]。伴随着高速铁路网规模的持续扩大，我国高速铁路智能化、智慧化的发展也稳步提升。目前，高速铁路设备、基础设施、车辆等数量急速增加，新技术的发展和应用也逐渐替代传统的应用与技术，高速铁路基础设施智能维修已成必然趋势。

2　概述

2.1　高速铁路基础设施

高速铁路基础设施主要分为工务、供电、电务三大主体，包括轨道、路基、桥涵、隧道、接触网、变电所、通信、信号等基础设施本体及其附属物。我国高速铁路线桥隧涵、通信信号、牵引供电等基础设施，在各专业处指导下由工务、电务、供电段分专业养护维修或通过合并机构、统一计划、共用天窗、专业融合等手段，集中组织对高速铁路线桥隧、信号、供电基础设施进行养护和维修。各专业检测监测系统间的检测应用相互独立，存在检测天窗综合利用率较低、检测数据无法共享综合分析等问题[2]。目前，高速铁路基础设施管理正在逐步实施从分专业独立管理到多专业综合融合的改革。

2.2　智能运维

智能运维是指通过机器学习等人工智能算法，自动地从海量运维数据中学习并总结规则，作出决策的运维方式。高速铁路基础设施智能运维是以实现设施的全寿命周期管理及提升运维管理效率为目标，对现有管理方法及技术驱动能力进行的全面整合升级，是由信息化逐步升级转变为智能化的过程。其以物联网、

基金项目：雅万高铁工程建设成套关键技术研究（K2022G061）。

* 王谦（1988—），男，工学学士，天津智能轨道交通研究院有限公司，主要从事城市轨道交通方面的研究工作。E-mail：82810418@qq.com

传感器、影像识别等技术作为数据采集手段，以工业互联网、移动互联网、无线传输网络等技术作为网络基础，以数字孪生、物理引擎、大数据、建筑信息模型化（BIM）、地理信息系统（GIS）等技术建立数字—物理衔接模型，以智能化、自主化作为核心设计思想，从而实现智能感知、智能决策、智能执行等业务功能[3]。

3 高速铁路基础设施智能运维发展历程

高速铁路智能运维的发展重点围绕设备履历、检（监）测数据、维修生产及修理辅助决策方面。2010 年，上海铁路局在沪宁城际、沪杭高铁进行了“三位一体”综合维修管理模式的探索和实践，并建立了配套信息系统[4]。2017 年，中国铁路总公司明确以“高速铁路综合维修生产一体化”为目标的创新运维管理模式，沈阳、西安、兰州、郑州、乌鲁木齐、上海、南昌局集团公司等共计 9 个高铁基础设施维修段部署了基础设施信息管理系统。2019 年，京张高速铁路首先实现了智能监造、智能装备和智能运维，开启了高速铁路基础设施智能运维的先河。此后，京沪高铁、京广高铁、京哈高铁、徐兰高铁和成渝高铁开行基础设施智能运维系统。

3.1 “三位一体”综合维修管理模式

“三位一体”维修管理模式的特点是在段、车间、工区层面进行融合，使各独立专业的段、车间、工区成为一个综合的行政机构。该模式的组织机构实行“段—车间—工区”三级管理模式。在高铁维修段层面，工务、电务、供电专业共同组成综合维修段，负责计划审批、技术分析等工作；在车间层面，设立综合维修车间，负责生产执行、任务传达、协同配合等任务；在工区层面，设立综合工区，负责作业生产、执行任务[5]，如图 1 所示。

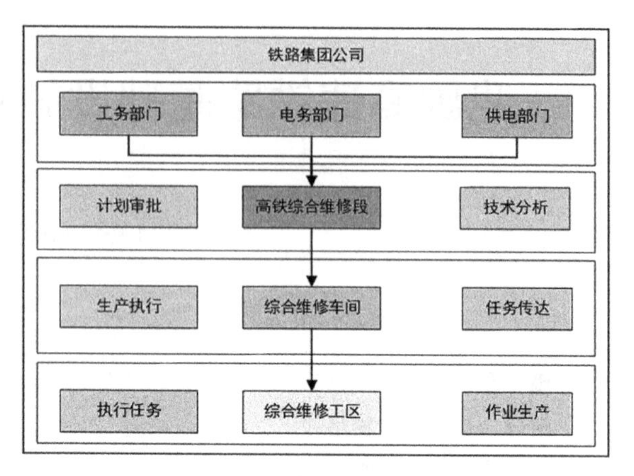

图 1 “三位一体”综合管理模式

3.2 基础设施信息系统

高速铁路基础设施信息系统是综合维修基地采用硬件资源共享技术建立的统一平台，分区管理工务、电务、供电和综合业务数据，部署基础设施综合维修基地管理信息系统，实现了高速铁路基础设施维修基地的工务设备、电务设备、供电设备、养路机械设备、综合检测作业、监测作业、检修作业、机械化作业、安全作业、物资、财务、办公、人力资源等的信息化管理[6]。

信息系统通过流程管理器支持基础设施维修业务流程的自定义。通过使各应用子系统在统一的应用结构上，实现了数据共享、软件、流程、信息复用，根据高速铁路基础设施维修管理的实际需求，应用功能模块分为工务管理、电务管理、供电管理、综合生产管理、综合业务管理 5 部分。系统功能结构如图 2 所示。

3.3 基础设施智能运维系统

基础设施运维由信息化向智能化升级，实现了养护维修管理由经验支撑向数据支撑转变，维修模式由“故障修”“计划修”向“状态修”“预测修”的转变。我国高速铁路基础设施智能运维系统是基于大数据、BIM、GIS、北斗和人工智能多种先进技术的融合所完成，实现了工务、电务、供电和机务等多个业务领域综合维修一体化，规范了工务、电务和供电专业数据采集与处理方式，提高了移动检测、固定监测、静态检查数据接入与处理能力；建

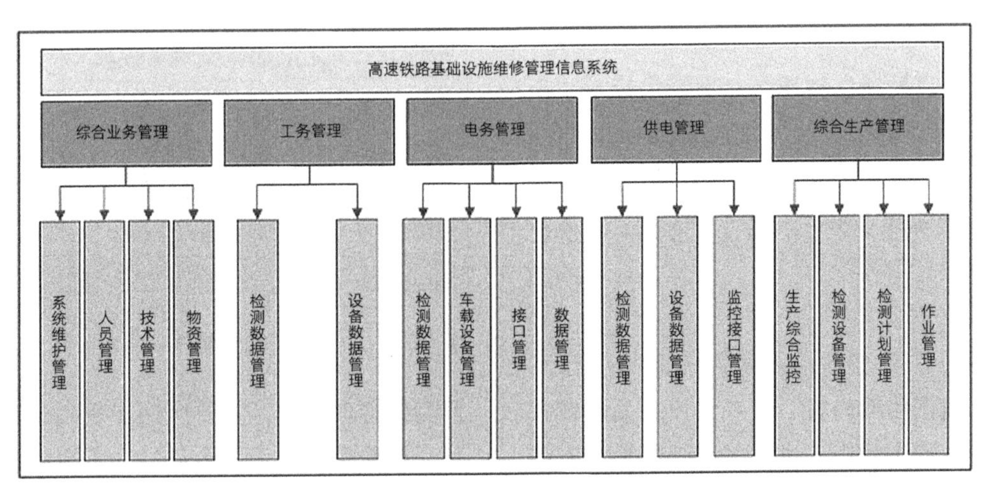

图 2　高速铁路基础设施维修信息管理系统

立了工务、电务和供电多专业融合的检测检查—状态分析—生产计划系统，支撑了多专业一体化综合运维。基础设施智能运维系统具备决策、学习、创新和交互能力的服务系统，其核心是通过借助新一代的思想、理念和技术，在充分获取信息的数据驱动下，重塑系统中人、列车、设施设备和管理系统之间的相互关系，将人从地铁系统中解放出来，主要功能包括智能感知、智能分析、健康管理和维修生产作业。高速铁路基础设施智能运维管理系统如图 3 所示。

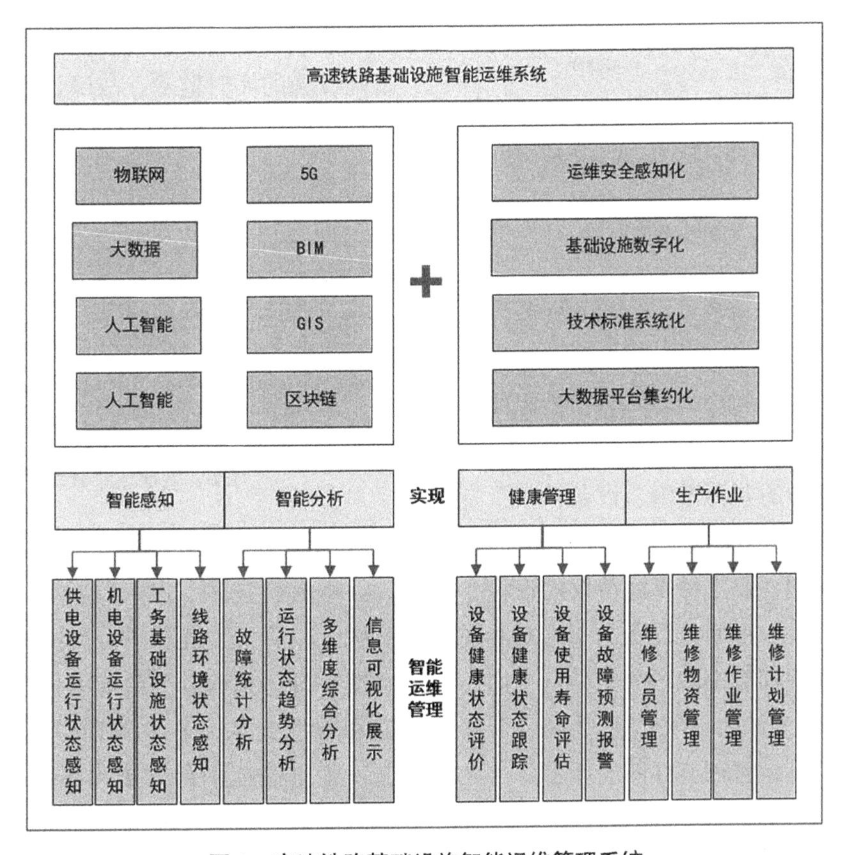

图 3　高速铁路基础设施智能运维管理系统

4 展望

基于高速铁路发展速度、现代化技术逐步成熟时间，将基础设施智能化发展阶段归纳为：①各系统整合关联发展阶段；②人—机—物耦合发展阶段；③一体化管理阶段；④自主化运维阶段。

4.1 整合关联阶段

将高速铁路基础设施多样化监测运维工具，不同数据传输内容、格式、形式关联在大数据存储管理平台中，进行多系统、多业务的整合。通过数据端接口融合工务、供电、电务等多专业、多维度的数据关联，模糊业务系统与运维平台之间的边界。基础设施整合关联阶段如图4所示。

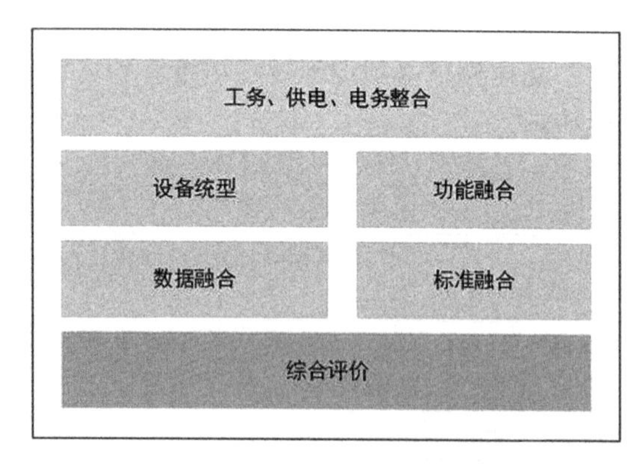

图4 基础设施整合关联阶段

4.2 人—机—物耦合阶段

人—机—物耦合阶段中“机”是由计算以及软件构成的信息系统，其中包括了各种计算、存储等资源，以及相关的软件服务；“物”指的是高速铁路中的各种设施、设备；“人”是指高速铁路中所有管理人员。该阶段一方面是设备的接入和管理，要支持不同协议的设备和传感器的接入，进一步通过设备的孪生来实现软件化设备的管理和能力的抽象，另一方面还要根据高铁基础设施的现实情况形成一个分级、分区的局部自治管理，如图5所示。

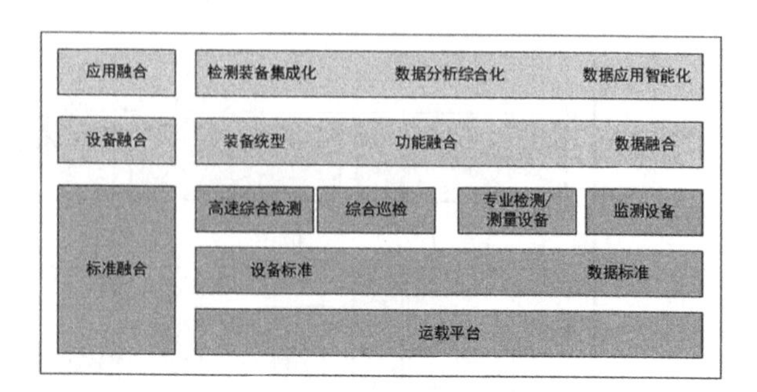

图5 人—机—物耦合阶段

4.3 一体化管理阶段

一体化管理阶段是一个集成了多种系统的智能化管理平台，主要应用于基础设施运行控制和故障排除。该平台通过人工智能技术对监控、巡检、自动作业和服务管理等系统进行控制，实现对基础设施运行状态的分析和故障预警。在运行过程中，一体化管理平台能够将监控系统、巡检系统、运维服务系统以及半自动化作业系统等信息收集起来，对这些信息进行集中存储和分析。通过大数据技术来分析、处理数据，并对系统运行情况进行预判。同时，基于分析结果对各个系统的运行进行调整或者发出警报。通过一体化管理平台，可以实现对基础设施的实时监测、故障诊断及保养计划的制定，如图6所示。

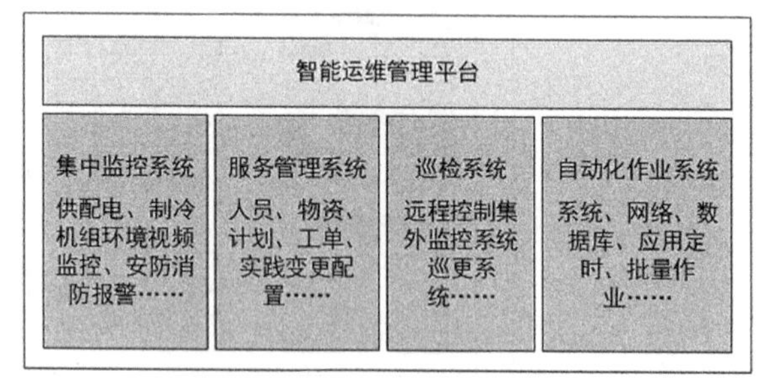

图6 智能运维管理平台

4.4 自主化运维阶段

将信息技术、PHM技术、管理技术等深度融合，所有系统和平台提供统一的配置基准数据，自动化运维平台自动采集并发现价值数据和数据关联，各项资源建立自动化关联关系，集中监控平台对接所有监控系统和平台，实时收集所有事件和告警，以丰富的通知手段和详尽真实的告警详情告知相关负责人；根据智能运维给出的建议，进行实时展示，让数据和图联动，更为直观地展示业务系统整体运行状况。形成基础设施状态智能感知、诊断、报警预警、预测、维修智能决策、应急智能处置、资产智能管控等一体化自主运维体系，如图 7 所示。

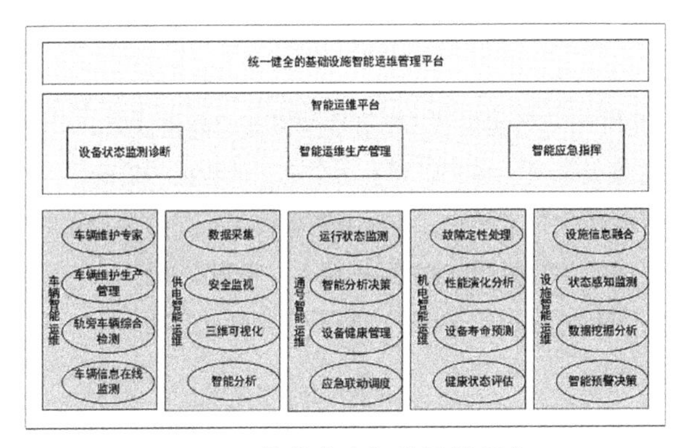

图 7　一体化自主智能运维平台

5　结语

本文在深入调研的基础上阐明了高速铁路基础设施、智能运维的概念，结合不同时期的发展简述了“三位一体”维修管理系统、基础设施信息系统、智能运维系统管理模式。基于发展路径及当前科技发展趋势，对高铁基础设施智能运维发展提出了整合关联、人—机—物耦合、一体化管理、自主化运维的未来发展趋势，期待能为高铁智能化运维发展提供帮助。

参考文献

[1] 丁浩江，张广泽，岳志勤 . 有害气体区高速铁路减灾选线技术研究 [J]. 铁道标准，2023，67（4）：6-11.

[2] 张雍华，王富章，蒋丽丽，等 . 高速铁路智能基础设施发展关键技术研究 [J]. 铁道建筑，2021，61（3）：87-91.

[3] 牛道安，柯在田，刘维桢，等 . 高速铁路基础设施检测监测体系框架研究 [J]. 中国铁路，2020（10）：9-17.

[4] 江广坤，王凯 . 高速铁路综合维修生产一体化管理模式比较 [J]. 中国铁路，2020（7）：78-83.

[5] 陈勋 . 上海铁路局高铁基础设施综合维修管理新模式研究 [J]. 铁道建筑，2015（5）：132-135.

[6] 张雷 . 高速铁路综合维修基地管理信息系统设计 [J]. 铁路计算机应用，2013，22（2）：37-39.

京张高铁车载信息 5G 传输技术研究

吕　赫[1*]　杨晓明[2]　杨阔[2]　叶鹏迪[2]

（1. 中国铁道科学研究院集团有限公司，北京 100081；

2. 北京纵横机电科技有限公司，北京 100094）

摘　要：京张高铁集成了我国目前最先进的各项技术，是唯一一条实现了 5G 信号全覆盖的高速铁路。如何应用 5G 技术为动车组运行监控和检修运用服务具有重大意义。本文研究了动车组车地数据传输的应用架构，提出了车载信息分类方案和基于 5G 技术的无线传输技术架构，与原系统架构相比充分考虑了信息安全和数据集成运用的需求。针对该架构设计了适用于 5G 数据传输的数据接入方案和测试方法，并在测试过程中不断优化和调整，为今后推广应用奠定了基础。通过实车运用考核，京张高铁智能动车组可通过公网 5G 实现非实时数据的传输且具有较好的灵活性。

关键词：PHM；京张高铁；5G

1　引言

承载了几代人梦想的京张高铁于 2019 年 12 月 30 日正式开通，并在 2022 年的冬奥会上带给全世界耳目一新的感受。这条铁路集成了我国目前最先进的各项技术，高铁工程、自动驾驶、大数据等多项技术都在这条世纪铁路中大放异彩。在京张高铁应用的各项技术中，5G 数据传输作为引领下一个时代的尖端技术得到了集中展现。京张高铁是目前世界上唯一一条实现了 5G 信号全覆盖的高速铁路，5G 技术的应用也为高铁技术创新提供了广阔的舞台。目前我国动车组保有量已达 4000 余组标准组，动车组运维压力不断加大。随着动车组装备智能化和健康管理技术的不断进步，动车组运营过程中需要传输大量数据，这些数据采用车载无线传输设备发送至国铁集团主数据中心。国铁集团主数据中心通过这些数据结合专家编制的健康管理算法模型提供动车组状态预警信息，向随车机械师及地面专家及时报告，有效地保障了动车组安全稳定的运行，降低了检修运维成本[1]。

国外许多国家在动车组车载信息地面监控及处理方面取得了大量的研究和应用成果。法国 TGV、德国 ICE、美国 AC6000CW、英国 IC125 型高速列车都实现全列车自动诊断，各种监测信息可以无线方式实时地发送到调度中心和维修中心，可在地面下载机车的诊断数据，实现远程监控[2]。

国内既有车的客车运行安全监控系统 TCDS（Train Coach Running Diagnosis System）是由铁科院研发的覆盖客列检、客整所（整备所）、车辆段、各路局集团、国铁集团的综合安全监控信息系统。该系统制定发布了统一规范的车地传输协议标准以及相关设备技术标准，以及配套的设备维护管理办法，可兼容不同厂家生产的多种不同的车载监控设备，以及

基金项目：中国铁道科学研究院集团有限公司基金课题（2021YJ239）。

* 吕赫（1982—），男，硕士，高级工程师，北京纵横机电科技有限公司，主要从事列车网络安全方面的研究工作。E-mail：lvhe@zemt.cn

25K、25G、25T 等多个车型。该系统实现地面对提速客车的全程监控，切实保障客车运行安全，重点检测客车轴温、制动、转向架、客车供电、电器及空调等多个子系统运行安全状况。经过 15 年的运用和发展，TCDS 已成为保障我国铁路客车运行安全的有力手段[3]。

现有动车组数据传输主要采用 4G 通信技术，受到带宽限制，无法将更多高精度数据实时向地面进行传输，阻碍了故障预测和健康管理（PHM）技术的进一步发展。本文依托 5G 信号全覆盖的京张高铁，设计了全新的无线传输架构和流程，在确保信息安全的基础上有效提高车地数据传输能力，同时通过实车验证分析了数据流量在不同数据类型上的分布，为进一步优化车地无线传输协议、提高车地信息传输效率、创新健康管理技术应用提供了最佳平台。

2 京张高铁车载信息 5G 无线传输架构设计

动车组车载信息无线传输及地面监控系统（WTDS）是采集动车组故障及运行状态信息的技术平台，是提高动车组检修效率的重要手段。在动车组运行过程中，车载无线传输设备采集动车组列车网络控制系统（TCMS）的重要参数、故障数据及位置数据。通过互联网实时传输关键数据，经过 WTDS 地面数据中心处理后，可实时监测动车组运行状态，统计动车组参数变化规律，对重要故障进行综合诊断，深入分析列车故障发生原因，对保证动车组安全高效运营具有重要意义。

车载无线传输设备所传输的数据分为实时数据和非实时数据，其中实时数据包括运行过程中的故障信息和定时采样的各子系统状态参数，非实时数据包括列车控制网络上所采集到的故障信息、位置信息和全部高频数据，两者之间数据规模差异较大。在原有系统中实时数据由车载无线传输设备通过公网 4G 采用管道技术发送至铁科院机辆所受控域内，穿过受控域外网防火墙，由分布式解析服务对数据进行解码并存入数据库服务器中，再由 WEB 服务器向公网用户提供信息服务并向各主机企业互联网应用进行转发（图 1）。

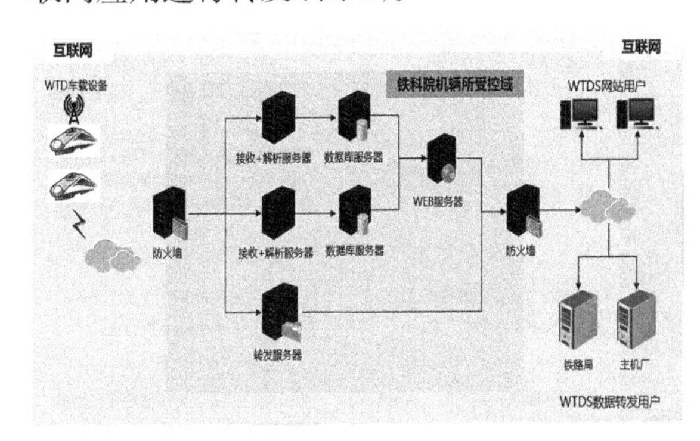

图 1　WTDS 系统原架构图

在京张高铁项目中出于信息安全和数据集中管理的考虑，充分利用国铁集团主数据中心的资源，重新架构了数据传输通道。首先由车载无线传输设备向国铁集团主数据中心 MTUP 网关发送数据，由 MTUP 网关转发至铁路内网数据解析应用，内网数据解析应用解码后存入数据库中，并分别向铁路内外网用户分发数据，面向铁路内网用户提供丰富的数据应用，有力地支撑了动车组 PHM 技术的应用[4, 5]（图 2）。

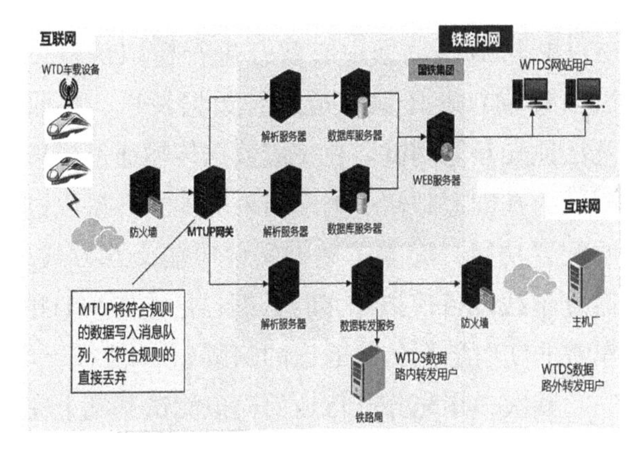

图 2　京张高铁 WTDS 系统架构图

与原车地传输系统相比，京张车地传输系统充分考虑到了信息安全管理要求和数据集成应用的运用需求，通过高效利用国铁集团主数据中心资源，在传输通道、应用系统部署与访问模式、运维方式、转发处理机制等方面做了较大幅度的优化（图 3）。

	原车地传输系统	京张车地传输系统
传输	WTD向WTDS系统接收程序发送数据，接收验证后应答，并转发给解析程序	WTD向MTUP网关发送数据，MTUP网关验证合格后，转发给解析程序
部署与访问	WTDS地面系统部署在互联网，用户接口网站通过互联网可直接访问	WTDS地面系统部署在国铁集团主数据中心，用户接口网站部署在铁路内网，不再提供互联网访问方式
运维	WTDS地面系统由各主机企业负责建设与运维	国铁集团主数据中心负责数据中心服务器资源管理及运维
转发	地面服务器收到数据后，直接经互联网向主机厂转发	数据经解析后，由主数据中心负责经互联网向主机厂转发

图 3　京张高铁车地传输系统与原系统对比图

3　京张高铁 5G 数据传输测试流程及方法

通过改造京张高铁上运营的两列智能型动车组，试验将车载无线传输设备的非实时数据通过公网 5G 方式，经由 MTUP 传输平台落地到国铁集团主数据中心内部服务网，实现车载非实时数据的 5G 传输，并在内部服务网实现数据的接收、解析和查看，进行为期一个月的运用考核。

首先，根据 5G 数据传输特点开启专门的 MTUP 传输通道，动车组车载设备 WTD、MTUP 与地面数据中心联合进行模拟传输调试，对 MTUP 传输通道进行数据发送、接收及认证交互等测试。在完成数据传输通道模拟测试的基础上，基于测试结果增加文件接收过滤配置功能，完善了数据文件传输交互方式。通过车载设备模拟非实时数据，完成与 MTUP 车载非实时数据传输通道的测试（图 4）[6]。

其次，在充分进行地面模拟测试基础上完成两列京张智能动车组的车载 5G 板卡改造，并完成车载软件升级。在京张高铁智能动车组实车上进行 5G 数据传输试验，优化地面数据中心接收程序，详细记录传输相关日志，包括数据接收状态、时间、数据量大小等内容。依据调试日志，车载无线传输设备、地面数据中心共同优化数据发送、接收程序，程序稳定后，地面数据中心开始持续稳定接收非实时数据。

在京张高铁两列动车组上车载无线传输设备开始持续稳定发送数据，地面系统根据接收到的数据研究 PHM 应用，供相关检修运用单位使用。

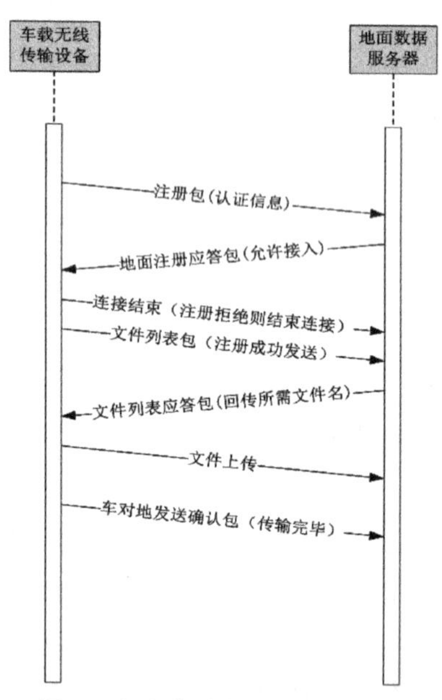

图 4　京张高铁车地传输流程图

4　测试结果及验证

从地面数据中心接收端流量情况统计，运用考核的一个月中，两组动车组累计上下行数据流量为 122.21GB。从流量消耗分类上统计，上行数据流量消耗较大，主要消耗在文件内容传输以及文件列表传输中。下行数据流量消耗相对较小，数据流量消耗为地面数据中心向车载无线传输设备发送的注册应答包和文件列表应答包。在运用考核的一个月内，因存在动车组运用计划的差异，两列动车组发送数据量分别为 42.5GB、34.54GB，平均每天发送的非实时数据量分别为 1.33GB、1.08GB。通过最终采集的试验数据进行统计计算，动车组采用 5G 传输数据的速率约为 10.32Mbps。

根据上述试验结果统计以及分析，京张高铁智能动车组可通过公网5G实现非实时数据的传输，在15分钟内实现智能动车组全天非实时数据的传输且免受地域限制，满足动车组非实时数据传输需求，具有较好的灵活性。

由于本次实验仅升级两列动车组采用5G传输非实时数据，当大量动车组同时发送非实时数据时，MTUP通道会承受较大的带宽压力，预计地面数据接收端将成为车地数据传输中通信压力最大的环节。

5 展望

下一步，应该继续优化完善车载无线传输设备与地面数据中心的通信交互流程，提高车载无线传输设备5G传输的效率，进一步缩短动车组非实时数据传输时间，降低地面数据中心负载。紧密结合新版车载无线传输设备技术标准，针对具备5G网络传输条件的动车组，组织研究扩大车地数据传输试验范围，并通过对动车组车载非实时数据的深度分析，进一步研究基于数据驱动的PHM应用技术[7]。

参考文献

[1] 郭智男 . 关于5G移动通信技术分析及发展趋势探讨[J]. 数字通信世界，2018(2)：64.

[2] 吕赫 . 动车组车载信息实时传输方案研究[J]，铁路计算机应用，2013，1(5)：44-48.

[3] 黄志平，陈朝发，刘峰，等 . 客车运行安全监控系统（TCDS）的应用和发展[J] . 铁道机车车辆，2008，28(5)：25-27.

[4] 陈玲，李毓才，邢智明 . 铁路移动信息传输安全平台的设计与实现[J]. 中国铁道科学，2007，28(3)：5.

[5] 张晓彤，任宸莹，王京屹 . 铁路移动数据传输统一平台关键技术研究[J]. 铁道通信信号，2019，55(4)：4.

[6] 李爱华，徐立臻 . 基于ICE技术的身份认证交互模型[J]. 计算机应用，2005，25(3)：3.

[7] Wang P，Long Z，Dai C. A PHM Architecture of Maglev Train based on the Distributed Hierarchical Structure[C]//2019 IEEE 28th International Symposium on Industrial Electronics(ISIE). IEEE，2019.

轨道交通检测实验室质量管理体系建设与管理探讨

张桂月* 周 琦 张洪顺 李建鹏

（奥测世纪（天津）技术有限公司，天津 301700）

摘 要：轨道交通检测实验室必须建立并有效实施质量管理体系，最终实现自身的发展愿景，才能实现经营战略和发展目标，切实履行对行业的承诺和义务。本文结合轨道交通行业特点，对轨道交通检测实验室质量管理体系建设与管理工作展开探讨，针对实验室存在的共性问题做了分析，并提出了保障实验室质量管理体系正常有效运行的改进措施和完善建议。

关键字：轨道交通；检测实验室；质量管理；体系建设

1 引言

随着制造业的不断发展和技术进步，轨道交通行业对产品质量提升和品质的重视程度在不断提高。新技术、新材料以及智能科技对轨道交通相关产品质量的要求在不断革新，轨道交通制造企业在设计验证和产品验证阶段的研发需求也在大幅度增加，轨道交通检测实验室在不断涌现并随之逐步发展。轨道交通专业检测机构所出具的检测报告和检测数据，以其独立性、公正性在买卖双方交易过程中越来越重要。

为适应社会各行业对检验检测高质量发展的要求，推进轨道交通实验室的技术进步，轨道交通检测实验室必须建立与自身实际情况相适应的、行之有效的实验室质量管理体系，并在检测工作中全面推行、优化高效地实施。实验室质量管理水平不断提高，才能确保检测数据的准确、真实、公正。

因此，轨道交通检测实验室质量监督管理部门必须有效开展各种质量管理活动。监督实验室在检测报告和检测数据形成过程中，必须制定有效可行的质量管理规划、风险控制措施、质量保证方案和质量提升及改进计划等，才能保证实验室出具的检测报告和检测数据质量安全。

2 轨道交通检测实验室质量管理体系文件的主要内容

实验室建立完善的质量管理体系，首要的工作就是编制完整的实验室质量管理体系文件。

实验室质量管理体系文件包括组织架构、程序、流程、资源等。明确轨道交通检测实验室必须建立合理的组织机构，明确各岗位的职责和权限，制定各部门、各岗位之间的协调关系，以文件或记录的形式呈现出来，如 1-4 级程序文件、SOP 作业指导书，以及与检测项目、检测标准相对应的各类原始记录等，这些文件是实验室质量管理体系文件的基本构成。除此之外，实验室最高管理者还需要提供人员、经费、设施、设备、材料、能源、技术、方法等在内的必要的、充分的、适当的资源，以保证实验室检测活动和质量监督工作的正确

* 张桂月（1973—），男，硕士，高级工程师，电子科技大学信息与软件工程学院，主要从事材料力学性能、失效分析和环境可靠性能、疲劳耐久性能以及第三方实验室质量管理体系的管理和相关技术研究。E-mail：dean_zhang@atest.org.cn

高效实施。

3 轨道交通检测实验室质量管理体系建设需遵循的原则

实验室质量管理体系建设原则是引导实验室通过长期关注客户的需求和期望，达到提高整体绩效的目的。

3.1 以客户为关注重点，满足客户对质量的需求和期望

依据标准和方法，向客户提供真实有效的检测报告及检测数据。

3.2 领导能力

实验室的最高管理者必须目标统一、方向明确，提供适合检测活动开展的内部环境，让检测人员全身心投入实现实验室发展目标的活动中去，将制定的质量方针和发展目标落实到实验室中每一个人和岗位，切实满足客户的需求和期望。同时需要保证相关实验室流程的实施，让客户满意。加强对检测人员的技术培训和奖惩力度，储备高端优质的人才团队资源，持续改进和完善实验室的质量管理工作等。

3.3 全员参加

各岗位人员都是实验室的发展基础，充分发挥和调动实验室所有人员参与实验室质量管理体系建设和日常监督管理工作。始终坚持以人为本，提倡技术革新和技术创新精神，充分调动实验室检测人员工作积极性，鼓励他们参与实验室的决策和各项工作流程的完善工作，树立员工对实验室的自豪感和荣誉感，为其个人的职业生涯成长设定规划等。

3.4 过程方法

建立检测实验室质量管理体系，制定实验室质量方针和发展目标，首先要认真识别和确定所需过程，以及能够达到所希望结果的过程，识别过程与实验室职能之间的接口。其次要识别和测量过程的输入和输出，明确规定内、外部客户对过程进行管理的职责、权限和义务等。

3.5 管理的制度方法

对于实验室设定的发展目标，要能够使实验室各岗位人员都能充分理解、认知，并在日常的检测活动中加以贯彻执行，使实验室质量管理体系工作贯穿于检测活动中的每一处，使运行效率能够得到提高。

3.6 持续改进

实验室要结合制定的质量目标和质量方针，提高自身的实验室管理水平和运行效率，加强对检测标准方法的技术培训力度，提高检测人员的技术能力，及时发现自身的不足，制定可持续的技术提升保障措施，不断持续改进，才能适应未来市场的竞争需要。

3.7 坚持以事实为依据，提高管理者的决策能力

实验室的最高管理者的有效决策必须经过事实与信息的逻辑分析，以及合乎逻辑的分析判断后，才能够做出科学准确的决策，才能制定出适合自身发展特色的质量方针和质量目标。

3.8 与客户建立互惠互利、合作共赢的关系

建立与客户之间的互惠双赢的关系，可以有效增强双方创造更多价值的能力。实验室的最高管理者要将产业链客户、分包协作机构以及战略合作方作为自身发展壮大的重要合作伙伴，本着互惠互利、合作共赢的原则，形成利益共同体，才能在激烈的市场竞争中占据优势。

4 轨道交通检测实验室质量管理体系建设中存在的共性问题

在实验室质量管理各项制度的制定和实施过程中，检测报告和监测数据如何持续保证准确无误，如何持续为客户提供优质检测服务，如何让客户在被服务的过程中得到良好的服务体验等，需要实验室结合自身发展的特点和需要，及时将实验室运行过程中存在的问题进行必要的梳理、分析并提出建议应对措施，使实

验室质量管理体系能够持续、有效、良性运行。

4.1 质量控制意识低

产品的检测数据全部由实验室检测人员根据标准或方法出具实测值，但也有个别实验室由于质量管理不到位，对质量控制和数据审核过程不严谨，质量控制意识过低，省略简化检测流程，从而导致检测数据不准确，甚至出现质量安全事故。因此必须加强实验室质量管理和风险控制，尽可能地避免质量问题的发生。

4.2 质量监督有缺失

实验室是一个为社会和行业客户提供公正检测服务的机构，以保证检测数据真实有效和可追溯为宗旨。然而仍有部分实验室对质量监督工作重视不够，质量管理人员执行监督工作不到位，对检测过程和原始记录溯源缺乏监督，或仅仅依靠检测人员提交的原始记录进行复核，从而导致被检测产品的检测结果存在重大的安全隐患，不能保证真实有效准确的检测数据。必须在实验室日常质量监督活动中加强力度和频次，对监督过程中发现的问题及时提出整改建议，并监督整改过程和周期，确保落实整改到位。

4.3 对检测标准理解把握不准、不透

实验室检测人员在开展检测工作过程中，必须严格依据委托方提供的检测标准或方法来开展检测工作。如果对检测标准或方法理解不透，或前期合同评审工作不到位，都特别容易导致检测过程不合规，检测数据不可信，这样也会影响到委托方产品品质的质量控制工作。因此必须建立检测标准或方法 SOP，提高检测人员的技术能力，才能确保检测活动有效开展。

4.4 原始记录内容不完善或缺失

检测过程中的原始记录是实验室开展检测活动所做的原始数字或文字，通过实验室受控的原始记录模板格式记录下来，可以真实客观、可溯源再现实验室的检测活动开展过程。

在检测活动中，仍然存在原始记录中内容不完整的现象，甚至出现没有原始记录就出具检测报告的严重违规现象，这严重影响到轨道交通检测实验室的公正和诚信，必须加强对原始记录的质量监督和修订。原始记录中体现的内容要充分体现检测过程，能够溯源和再现检测过程，因此原始记录中需要记录的内容要远远多于检测报告中的内容，比如检测设备的计量校准有效期、检测环境的温湿度值、检测数据的平均值计算过程，试验曲线或谱图、试验前、试验中、试验后的样品照片，甚至试验过程中的视频等，都需要在原始记录中进行体现、记录和存档，充分做到能够溯源和再现检测过程。

5 轨道交通检测实验室质量管理体系建设的有效实施办法

质量管理体系是实验室能够持续发展的有效措施，加强对检测过程的监督，是保障实验室质量管理体系有效运行的重要手段。

5.1 严格实施岗位责任制，提高人员技术能力和职业素养

实验室应根据自身检测人员的实际技术能力情况和需求，制定年度技术能力培训计划，分步实施，使检测人员的技术水平和技术能力得到循序渐进的提高，让检测人员和质量监督人员充分意识到质量管理体系建设的重要性，对自己的岗位职责和所担负的职责有深入的了解。同时还要对检测人员和质量监督人员进行定期的考核，提高人员的职业素质和责任感，确保检测活动的公平、公正，确保检测过程的专业性，确保最终出具的检测数据和检测报告真实有效。

5.2 加强实验室内审和管理评审，确保质量监督工作的开展效果

实验室的内审和管理评审活动需要制定相关的工作要求和审核计划，并在工作中加以贯彻落实，同时增强内部审核人员的自身约束

力，切实提高他们的工作积极性和专业性。在审核进行过程中，审核工作人员必须严格按照审核计划规定内容，仔细地寻找审核的依据，充分表现出公平、公正以及客观的工作态度，多观察，多提问题，使实验室质量管理体系更加完善。

质量管理部门日常也必须加强监督和审核工作，要建立分级问责制，要不定期到实验室进行实地监督抽查。对于发现的问题，责令责任人限期整改并监督整改的过程，对于检测结果和原始记录建立三级审核流程，确保实验室各项检测过程合规，确保各检测数据的准确、可溯源。

5.3 通过能力验证、测量审核、期间核查等质量活动，确保实验室设备能力和人员技术能力持续有效

开展能力验证和测量审核活动是轨道交通检测实验室保持较高检测水平的一种有效验证方法，是监督和确认实验室能力状态评估的一个重要手段，也是有效保证实验室检测仪器设备的技术状态和检测人员的技术能力能够持续符合 ISO/IEC 17025:2017 实验室认可规则要求。

5.4 加强实验室内部和外部质量控制，多措并举保障质量管理体系运行

实验室的内部和外部质量控制工作通常可以采用标准的物质控制、实验室内部的平行样本对比、实验室人员与设备之间的对比以及平行样本与外部实验室的对比等多种形式进行。通过多种质量控制措施的有效实施，能够对标准物质和平行样品是否符合有关标准或方法的要求进行有效分析，从而对检测过程和结果的准确性进行有效判定，采用与同行轨道交通实验室开展不同项目的比对测试等形式，才能够多维度、全方位地使自身实验室质量管理体系得以持续有效的运行。

6 结语

实验室最高管理者必须高度重视质量管理体系工作，必须结合自身发展特点和特色，指导制定完善的、符合自身发展需要的管理机制，从人、机、料、法、环等方面采取多种措施加以保障。在开展检测工作和质量监督工作中，要充分调动质量监督人员和检测人员的主观能动性，不断增强质量活动中各个角色人员的职业素养和责任感，加强日常质量监督的频次和质量，不断加以完善，逐渐提高实验室质量管理体系的运行水平和运行能力，才能使轨道交通检测实验室能够做到高质量发展和可持续进步。

参考文献

[1] 李杰 . 实验室质量管理体系运行出现的问题的探讨 [J]. 计量与测试技术，2015(4)：81-83.

[2] 陈杨叶 . 探讨实验室质量保证的环节 [J]. 中国科技投资，2019(5).

[3] 温华伟 . 浅谈基层实验室质量管理体系运行中存在的问题及对策 [J]. 中国新技术新产品，2015,(3)：161-161.

[4] 何大喜 . 检验检测机构如何建立和保持先进的管理体系研究 [J]. 绿色环保建材，2021,(5).43-44.

[5] 胡巅，马笑菲，张柯，等 . 检验检测相关记录和表格存在的问题及建议 [J]. 河南预防医学杂志，2021，32(3)：256-258.

天津轨道交通车辆智慧运维系统研究与应用

张亚东*

（天津轨道交通运营集团有限公司，天津市 300382）

摘　要：车辆智慧运维系统是城市轨道交通智能化、智慧化发展的重要内容之一，从城市轨道交通车辆运维需求出发，提出车辆智慧运维系统建设目标和建设方案，系统阐述车辆智慧运维系统架构、组成、功能方向，并结合实际应用案例来展示系统应用成果，为城市轨道交通智慧运维建设提供参考。

关键词：车辆智慧运维系统；城市轨道交通；建设方案；应用成果

伴随着大数据、物联网及人工智能技术在国内的高速发展，城市轨道交通行业也迎来了新技术、新设备带来的新变革。近年来，我国城市轨道交通高速发展，信息化、智能化、智慧化的系统应用正处于不断探索、实践过程中，无线传输、图像识别、大数据分析等技术的应用为城市轨道交通运维管理提供了新思路，为实现“提质”“降本”“增效”的目标打下了坚实的基础。

地铁车辆是轨道交通运营管理和对外服务的核心之一。地铁车辆运维管理水平的高低决定了城市轨道交通的管理水平、服务质量。天津轨道交通历史悠久，自 1970 年至今已有 50 多年运营管理经验，形成了一套成熟的车辆运维管理模式。但随着新兴技术的不断出现，传统的运维管理模式与智慧化城市需求矛盾日益突出，亟须寻求突破。因此，智慧运维应运而生，通过人工智能技术与自动化、信息化系统深度结合，突破传统运维模式的束缚，实现运维管理模式的变革，打造智慧运维新模式，从而提升地铁车辆运维管理水平，是轨道交通地铁车辆运维技术发展的必然趋势。天津轨道交通积极推动“智慧运维”的建设与应用，其中地铁车辆智慧运维系统作为最早开展研究与试点应用的领域，具有先导优势，积累了丰富经验。本文将对天津轨道交通车辆智慧运维研究与应用情况进行总结，为城市轨道交通智慧运维建设提供参考。

1　研究背景

1.1　背景

党的十九大报告提出我国的交通发展要从“交通大国向交通强国迈进”。为全面建设“交通强国”“智慧城市”，落实高质量发展的战略，天津轨道交通积极开展智慧运维的研究、建设与应用工作。地铁车辆是轨道交通运营的基本载体，车辆的运营维护是轨道交通安全运营的保障，也是天津地铁创新能力与应用成果的示范窗口。车辆智慧运维平台建设的核心目标是保障运营安全、提升服务水平、提高生产效率和节省维修成本。

1.2　天津轨道交通车辆运维现状

截至 2022 年底，天津轨道交通全网络运营线路 9 条，总里程数 286km，全线路配属车辆

* 张亚东（1990—），男，学士，工程师，天津轨道交通运营集团有限公司，主要从事车辆技术管理、智慧运维方面的工作。E-mail：13672130100@126.com

1556 辆。随着线网规模的不断扩大，客运服务要求的不断提高，地铁车辆运维工作面临着多方面的挑战，主要体现在以下几方面：①传统的“计划修 + 故障修”模式存在着过渡修，不能基于设备本身的状态开展维修；②段场生产组织、安全联锁、视频监控等系统相对独立，无法形成合力，自动化程度低；③应急处置依靠人工处理，欠缺智能化辅助手段；④车辆设备运行与客运服务需求矛盾日益突出。

2 车辆智慧运维系统建设目标

为适应新时代智慧城市发展要求，践行轨道交通高质量发展路线，天津轨道交通车辆运维从自身需求出发，以“车辆在线”为核心，融合信息化与自动化技术，构建智慧感知、智能联动的能力，以数据为基础构建车辆智慧运维系统，从“安全、服务、效率、效益”四个维度目标出发，解决传统运维模式的瓶颈，实现运维模式的变革。

一是实现车辆在线列检，延长人工检修周期。应用车辆运行时各系统的数据与轨旁智能综合检测系统，实现车辆的自动列检，延长人工检修周期，减少人员配属。

二是落实车辆设备系统状态修，构建“RTV-PHM”系统（城轨车辆故障预测及健康管理系统）。采用“大数据”和“需求应用”相结合的技术路线，研究基于车辆运维实际需求的数据模型，将数据真正应用到检修业务，实现检修模式的变革。

三是开发应急“一步排故”，提升应急处置效率。基于车辆故障所涉及的各种影响因素，梳理形成车辆故障逻辑树，建立故障定位模型。系统通过检索故障逻辑树中的车辆运行实时数据，当发生故障时，精准定位故障原因，指示司机快速排故，提升应急处置效率，降低行车影响。

四是构建自动化段场，打破数据壁垒，实现数据的互联互通。通过搭建车辆智慧运维系统，将段场生产数据、车辆运行数据、轨旁监测数据以及物资、人员等管理数据进行整合，实现数据共享，充分发挥数据价值。

3 车辆智慧运维系统建设方案

天津轨道交通车辆智慧运维系统从“智慧列车、智慧生产、智慧轨旁、智慧应急”四个维度进行车辆智慧运维建设，并以地铁 10 号线为示范线，开展车辆智慧运维系统建设与应用。

3.1 智慧列车

通过在列车上部署数据采集网络，收集地铁车辆关键系统运行数据，应用无线通信手段将数据回传至段场地面服务器分析处理，实现车辆健康状态在线评估，车辆周期性检修向状态修的过渡。

智慧列车重点开展了车门、制动、空调、走行部、牵引 / 辅助、受电弓等系统的智慧运维研究，并已实现列车实时监控，辅助车辆运维管理。

3.1.1 车门智慧运维

车门检修任务主要集中在车门机械结构调整方面，以尺寸测量、结构调整为主，涉及对中尺寸、车门 V 形、缓冲头位置、下挡销尺寸、门扇压轮等，维护工作量大；电气部分的维护主要为外观检查与功能性测试。

经过调节车辆车门机械尺寸，记录车门输出的运行数据，分析数据变化规律，得出与车门状态相关的特征数据为车门驱动电机电流与转速、车门位移量等模拟数据。因此车门智慧运维以车门驱动电机电流与转速、车门位移量等模拟数据为核心，辅以车门系统涉及的各类数字开关量，模拟单体车门运行状态的各类异常情况，监测上述关键数据变化趋势，形成模拟数据监测阈值曲线，在参数超限时进行预警，实现对单体车门状态评价模型。

车门智慧运维已完成对中尺寸异常、V 形

尺寸异常、缓冲头磨损、下挡销横向干涉、下挡销纵向干涉、压轮过压等检测模型的部署、验证工作。选取既有线路电客车进行试验，在A、B型车辆共计调整60个车门（A型车辆车门30个与B型车辆车门30个）的机械结构，设置不同层级非正常值尺寸或状态，执行开关门动作100次，查看预警推送情况，验证模型报出率。测试验证总体报出预警59次、漏报1次，报出率为98.3%，证明车门智慧运维模型可用。各模型故障设置与报出率如表1所示。

以车门缓冲头异常诊断模型为例，通过开门时驱动电机的转速、电流与车门位移曲线综合诊断车门到位行程超出阈值范围，表明车门开度过长，判断为缓冲头异常预警。

3.1.2　走行部智慧运维

走行部运行性能直接关系到列车架大修周期及服役的安全性。其中，轴箱、齿轮箱、电机轴承等关键部件的状态是日常检修的重点项目。

走行部智慧运维通过在走行部的轴箱、齿轮箱、电机轴承等关键部件部署复合传感器，如图1所示，实时监控部件的温度、振动和冲击等运行状态数据。结合运营经验，分析数据变化规律，采用回归算法，建立初期的系统预警阈值标准，通过运营观察验证，不断优化系统阈值，以此评估走行部健康状态。

系统预警特征数据分为冲击振动与温度两

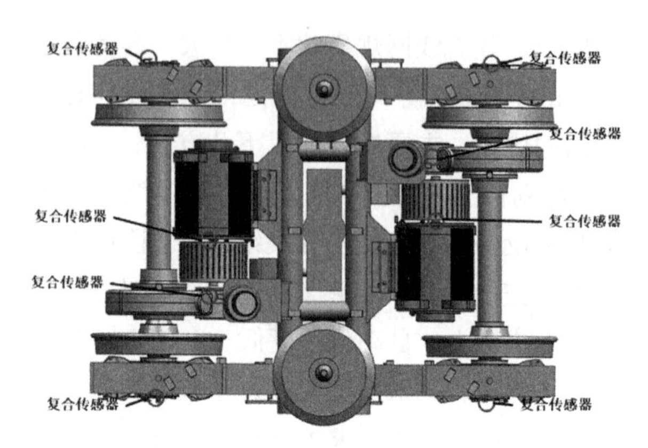

图1　走行部复合传感器安装位置图

种，系统通过分析车轮转一圈所产生的冲击振动频谱图，当出现规律性、周期性冲击波簇时，模型自动对应频谱图中的异常特征，报出与之对应的转向架异常预警；温度是检测轴承状态的另一个特征数据，通过检测部位的温度值和温升值（测点温度与环境参考温度的差值）是否超出标准来判断轴承的好坏。冲击振动类预警等级分为三级，即故障预警（最低）、Ⅰ级故障报警、Ⅱ级故障报警（最高）；温度类分为两级，即预警和报警。具体阈值标准如表2所示。

以走行部踏面异常评估为例，在天津地铁某线路运营过程中，走行部PHM诊断模型显示的冲击/振动频谱图出现规律性、周期性冲击波簇，模型自动对应频谱图中的异常特征，系统报出转向架某车轮存在踏面失圆。车辆回段后，常规检查手段并未发现异常，应用特殊

表1　车门机械尺寸异常状态模型报出率表

预警模型	标准尺寸	异常尺寸	告警结果	报出率	漏报率
对中尺寸异常	0～2mm	6/7/8/9/10mm	5类尺寸全部准确预警	100%	0
V形尺寸异常	2～5mm	6/7/8/9/10mm	5类尺寸全部准确预警	100%	0
缓冲头磨损	B型1300+5/0mm	1311/1315mm	2类尺寸全部准确预警	100%	0
	A型1400+5/0mm				
下挡销横向干涉	2～3mm	—	选取4个门，报警3次、漏报1次	75%	25%
下挡销纵向干涉	2～3mm	—	尺寸调整2次，报出2次	100%	0
压轮过压	≤0.5mm	—	尺寸调整2次全部准确预警	100%	0

表 2　走行部 PHM 模型特征数据阈值标准表

类别	冲击振动标准				温度标准	
	故障部位测点	故障预警标准	Ⅰ级故障报警标准	Ⅱ级故障报警标准	预警	报警
轴承	保持架对外环故障	44.0dB	50.0dB	56.0dB	80℃或温升 40K	90℃或温升 48K
	保持架对内环故障	44.0dB	50.0dB	56.0dB		
	外环外滚道故障	49.0dB	55.0dB	61.0dB		
	内环内滚道故障	44.0dB	50.0dB	56.0dB		
	滚单故障	44.0dB	50.0dB	56.0dB		
	滚双故障	44.0dB	50.0dB	56.0dB		
齿轮、轮对踏面	本轴齿轮、踏面故障	54.0dB	60.0dB	66.0dB	—	—
	邻轴齿轮故障	51.0dB	57.0dB	63.0dB		

诊断设备测出车轮的径向跳动超标 46%，经过对问题车轮进行镟修处理后，走形部冲击振动频谱图恢复正常。

3.1.3　空调智慧运维

空调系统自身具有制冷温度异常、制热温度异常、制冷剂泄漏、温度传感器异常、电子膨胀阀异常、压缩机运作异常等预警模型，具备对空调内部主要部件的状态监控。但空调系统的优劣直接影响着客运服务质量，为了更好地检测空调系统工作状态，预测设备使用寿命，参照家用空调使用情况，即空调制冷效果会随空调运行时长而产生显著劣化，空调智慧运维以单体空调耗电量为主要特征参数，辅以新风 / 回风温度、运行时间等，检测相同温度降值条件下（28℃降至 24℃），通风机、冷凝风机、压缩机耗电量数据积累，根据能耗值来判断空调状态。

除了进行空调状态模型开发以外，为了更好地满足客运服务需求，空调智慧运维通过将非系统设备数据引入控制程序，实现更适合乘客体感的温度控制输出。系统将列车载荷数据引入空调温度控制程序中，使得系统实现空调目标温度随载客量而自动调节，相比于城轨车辆空调系统使用的 UIC553 模拟温度曲线，自动调节的曲线目标温度更适宜车厢内环境，如图 2 所示，并且相对能耗也比传统控制曲线低，为提升客运服务满意度提供帮助。

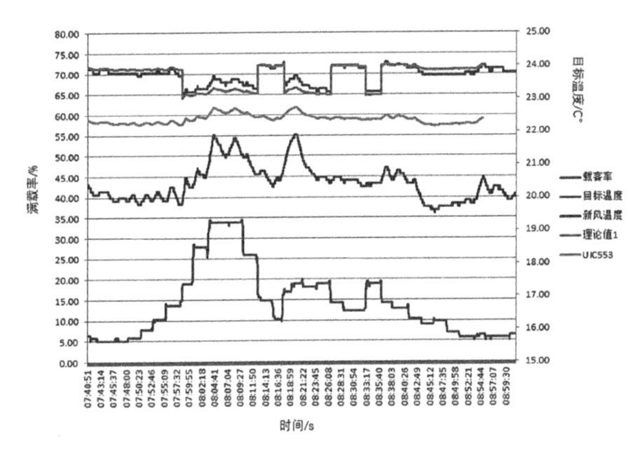

图 2　空调目标温度随载客量自动调节数据图

3.1.4　制动智慧运维

制动系统自身具有压力传感器漂移、空重阀 / 中继阀漂移、BCU 电源诊断等模型，具备对制动系统部分传感器、阀体等状态的检测。为了更加全面、系统地判断制动系统整体工作状态，制动系统应用空压机打风时长、总风压力、制动缸压力标准值 / 实际值、制动施加时长等数据，建立空压机工作效率、管路气密性、制动系统状态等预警模型，形成制动智慧运维。

管路气密性模型是在零速与制动级位不变，空压机不打风且总风压力大于 750kPa 的状态下，检测 5 分钟内车辆所有空气弹簧压力变化是否超过 20kPa，当超出标准阈值时，证明车辆气密性出现异常状态，需要人工排除。

制动系统状态模型是在非紧急制动工况、保持制动未施加且非滑行状态下，对比制动缸自身实际值与标准值的差异，以及 6 辆车的 BC 压力值之间的差异，设定标准阈值，通过绘制数据曲线来判断制动系统整体工作状态。

3.1.5　列车实时监控

车辆智慧运维系统通过对地铁车辆回传数据的清洗、整理，在地面平台进行综合信息展示，采用轻量化设计，直观、快捷地体现车辆运行时的状态。

3.1.6　口罩智慧识别

在疫情期间，客室内口罩佩戴情况是地铁运营重点关注的重点，每天需要安排大量人员进行检查与提醒，消耗大量人力，效果较低，乘客的认可度不高，易产生矛盾。

为了解决此问题，天津轨道交通通过在地铁车辆既有设备上部署图像识别算法，提取客室内实时监控视频，识别车厢内人员戴口罩情况。当系统发现有未戴口罩的人员时，系统向司机发出报警提示，司机通过提示信息，采用语音播报形式进行提示，即节省每日大量的人力，又很好地达到了管控要求，乘客接受程度也很高。系统检测结果如图 3 所示。

图 3　系统检测客室内未戴口罩图

3.2　智慧生产

通过信息化手段，将检修作业、生产流程、安全防控系统化。依靠图像识别、人员轨迹监测、电气联动等智能辅助装备，实现段场管控模式的数字化、智能化转变，最终构建一套段场信息化管理系统，实现段场生产计划和设备故障的自动编派，做到生产物料自动关联配发，同时对生产作业和行车安全进行联控，在实现段场自动化运转、提高生产效率的同时，实现维修资源的合理化配置。

智慧生产是以段场生产组织类管理系统为核心，通过与段场既有的信息化、智能化管控设备，如安全联锁系统、股道识别系统、工具及备件管理系统及视频监控系统等打通数据接口，整合各系统业务功能，最大化发挥各系统功能特点，使得系统功能价值达到“1+1 ＞ 2”的效果。

通过系统的有机整合，给段场的生产组织带来了极大的便利，简化了组织流程，进而驱动生产管理模式变革。智慧生产相关功能落地，使得原来的检修调度、运转值班员、信号楼值班员整合为综合调度，在一个地点实现对整个段场的监控、管理，提升了工作效率、节省了人力成本。

3.3　智慧轨旁

应用机器视觉、激光测量、红外测温等智能检测设备，取代人工检修，实现自动化检修，提升生产作业效率，提高车辆常规检修质量。

智慧轨旁主要包括车辆 360° 图像检测系统、轮对在线监测系统、受电弓在线监测系统。

3.3.1　受电弓状态检测

采用动态非接触式高分辨率摄像头，实现对受电弓状态的自动检测，包括受电弓、避雷器及绝缘子外观检查，弓头、弓角角度检查，碳滑板厚度、磨耗数据测量。相关检测结果通过通信光路实时传输至数据存储设备，与段场信息化管理系统实现数据互通。系统基于深度学习的目标识别技术、图像特征分析方法，实现自动提示与报警。

3.3.2 轮对在线检测

轮对在线检测系统是对轮对关键尺寸、踏面状态等进行非接触式测量，自动检测车轮直径、轮缘厚度、轮缘高度、QR值等，通过积累运行数据，自动输出轮对磨耗趋势，设定异常磨耗阈值，实现对异常磨耗的自动预警，简化人工作业，提升车辆检修效率与检修质量。

3.4 智慧应急

通过梳理行车管理故障关联关系，形成车辆故障逻辑树，实时提取车辆各系统中相关的运行数据，当出现异常情况时，系统可以实时显示具体的故障点位，指导司机快速处置，提升应急处置效率。

3.4.1 故障逻辑树

（1）技术思路

结合车辆故障排故手册，将排故流程与车辆监测数据进行融合，构建车辆故障逻辑树，当车辆发生故障时，系统通过检索地铁车辆各设备系统回传的运行数据进行逻辑分析，自动、精准定位故障点，给出故障处置方案。根据车辆运营故障影响严重程度，优先开发、部署了影响行车的四种故障逻辑树，即牵引封锁（硬线牵引未建立）、牵引封锁（网络牵引未建立）、紧急制动未缓解、网络故障。

（2）功能验证

完成故障逻辑树部署后，通过场景模拟、软件调整、硬线断路等方式，对故障报警的准确性进行了验证。以总风压力低引起紧急制动未缓解为例，通过现场排风将总风压力降至6.0bar以下，故障逻辑树第一时间显示总风压力低于6.0bar的支路红色，另外还针对硬线环路中为总风压力继电器供电的线路进行断电操作，如图4所示，模拟继电器失电导致总风压力低故障，故障逻辑树同样第一时间显示继电器失电的支路报红。

（3）运营案例

2022年10月31日，地铁10号线司机驾驶061次1007车（1端主控）运行至下行金贸产业园至龙涵道区间，列车TCMS报10075车制动不缓解，地面智能运维系统同步显示。DCC人员通过查看故障树，远程指导司机按压强迫缓解按钮后，故障恢复，以CBTC-CM模式行车。

图4 总风压力继电器供电线路断路图

3.4.2 设备初始状态检测

地铁车辆通过预设各设备按钮、开关运行正常位置的检测模型，当发生设备按钮、开关处于非正常位时，系统自动报出预警，提示司机或者地面运维人员，避免因为人员误操作导致故障发生。

3.4.3 按钮按压时长检测

结合以往故障分析，司机在驾驶过程中会出现因按钮按压时长不足导致的行车事件。通过梳理不同按钮、开关需要操作的时长，形成时长预警阈值。应用无线通信技术，将特征值数据回传至地面服务器，当模型检测到司机操作异常时进行报警，由地面人员辅助司机应急处置。

3.5 天津地铁10号线车辆智慧运维系统应用效果

天津轨道交通10号线车辆依据“智慧列车、智慧生产、智慧轨旁、智慧应急”的要求，开展车辆智慧运维系统建设与应用，具体应用效果主要体现在以下几方面。

3.5.1 “一屏可控”

通过梳理各系统应用平台数据，将车辆、段场、乘务的数据进行整合，采用轻量化信息展示设计思路，形成线路级综合展示信息。

3.5.2 段场无纸化管理

地铁10号线段场以段场检修信息化管理系统为核心，与段场内安全联锁系统、股道识别系统、段场工艺设备、智慧轨旁相关系统实现数据互联互通，并完成流程接口的无缝连接，检修作业、人员执行、施工管理全部采用线上操作，生产组织已实现无纸化管理。

4 结语

天津轨道交通坚持“以需求为导向”，充分总结车辆运维的难点、挑战，推动建设符合自身的车辆智慧运维系统建设，深入开展智慧运维与生产场景融合，优化维修策略，打造专业精细化管理，构建车辆智慧运维生产管理体系，助力智慧运维发展，为实现“提质增效、降本增效”的高质量发展目标作出贡献。

参考文献

[1] 刘纯洁 . 上海智慧地铁的研究与实践 [J]. 城市轨道交通研究，2019(6)：1-6.

[2] 刘纯洁，蔡佳妮 . 智慧地铁建设路径及实施方式 [J]. 城市轨道交通研究，2020(6)：1-4，9.

[3] 刘桂平，阳连兴 . 深圳地铁车辆智慧运维建设与实践 [J]. 现代城市轨道交通，2020(8)：120-124.

[4] 刘纯洁，上海轨道交通自动扶梯智慧管控的创新与实践 [J]. 中国市政工程，2019(6)：1-3.

[5] 刘纯洁，王大庆 . 超大规模城市轨道交通线网全寿命周期健康管理系统研究 [J]. 城市轨道交通研究，2019(5)：7-11，38.

智能轨道交通创新型工匠培育实践

唐振刚[*]　韩　旭

（天津铁道职业技术学院，天津 300240）

摘　要：基于智能轨道交通产业新的变化需求，依据建构主义学习理论及其教学方法，结合智能轨道交通机辆专业群建设项目，学院在铁道机车和动车组检修技术专业创新性开展专创课程体系融合机制、“项目情境，学生主体”教学模式、双创实践服务平台运行模式探索与实践，在人才培养质量、专业内涵建设、社会影响力等方面取得明显成效。

关键词：智能轨道交通；创新；工匠；产教融合

1　研究背景

根据全国教育工作会议精神，依据国家《中长期铁路网规划（2016—2030年）》及《京津冀交通一体化发展白皮书（2014—2020年）》要求，轨道交通智能化是大势所趋。智能轨道交通产业转型升级引发“工、电、供一体化”“勘察、设计一体化”等多专业与生产单元合并的大趋势，需要大量具备“匠人精神、精湛技艺、创新本领”特质的创新型工匠来从事智能运维、无人驾驶、“刷脸”进站设备运用等智能轨道交通高技术技能新岗位工作。

基于智能轨道交通业新的变化需求，自2018年以来，学院大力推进智能轨道交通创新型工匠培养体系的探索与实践，以突破原有人才培养局限。

（1）人才培育滞后于智能轨道交通行业技术迭代升级需求，学生专业岗位迁移适应能力差。

（2）教学模式制约学生创新意识和创新思维的养成发展，学生能动性不高。

（3）协同创新实践平台缺失，学生欠缺工作过程中的创新能力。

2　研究思路

结合智能轨道交通机辆专业群建设项目，学院基于人才培育滞后于智能轨道交通发展、教学模式制约学生创新发展、协同创新实践平台影响学生创新能力提升三个教学相关问题，依据建构主义学习理论及其教学方法，依托充足的高质量发展潜力，优良的产教融合生态等基础性条件，将专创融合课程体系重构、教学模式改革、实践促创平台优化作为突破口，把“创新思维培养、创新能力提升”全方位、立体化融入人才培养全过程，构建智能轨道交通创新型工匠培育体系并持续供给高质量技术技能人才。

3　理论依据

本文主要以建构主义理论为依据，依循实践—理论—实践的运行逻辑，指导智能轨道交通创新型工匠培育实践活动。

建构主义理论教学设计原则强调：以学生为中心，情境对意义建构的重要作用，协作学习对意义建构的关键作用，对学习环境设计，

* 唐振刚（1968—），男，工程硕士学位，副教授，天津铁道职业技术学院，主要从事计算机应用技术、创新创业教育方面的教学和研究工作。E-mail：870862878@qq.com

利用各种信息资源来支持学而非教，学习过程最终目的是完成意义建构而非教学目标。

4 解决方案

4.1 课程体系重构融合，将创新思维、创新能力融入人才培养全过程

紧跟轨道交通产业转型升级引发“工、电、供一体化”“勘察、设计一体化”等多专业与生产单元合并趋势，重构信息技术与铁路文化两贯通、多层递进课程体系，共建教学资源；以职场建构螺旋式教学方法和任务驱动教学模式；能工巧匠参与技能标准制定、“1+X”与现代学徒制试点，共建协同创新中心，参与国铁等龙头企业重大攻关项目；共建对标岗位三级标准实训模块，形成理、实、岗三环节岗位设置与实操匹配实习实训体系；融入“智能京张”无人驾驶、地铁全自动驾驶等产业新技术，智能化升级“高铁4S店＋高铁车站”虚实融合实训基地；参与国家专业教学标准制订、开发高铁与城轨国际化专业教学标准，重建培训标准体系；聚焦工匠24个核心素养点，与国铁实施特色学徒制实现“入职即定岗”模式。

立德铸魂，“思专创”“三育”融合，构建以岗位能力为核心的“平台＋模块＋方向”课程体系。以“思维培养、能力提升”为主线，多方向兼顾、跨专业构建“125”专创融合课程群体系，面向所有学生开设1门普及“创新初识”课程，不同专业学生增设2门选修课，5门专业核心课进行独具特色的“专创融合”。

4.2 教学模式深化改革，提升学生主动发现问题、创新解决问题的能力

以对标行业标准推进培养模式改革、整合行业资源夯实学生成长成才必要基础、跟进行业技术创新为学生提供可持续发展动能。

基于机辆装备运用、检修技术领域的典型工作过程，将机辆岗位群工作场景和真实项目引入教学，按封闭型、开放型、设计型分别占比60%、20%、20%进行核心专业课程任务设计。有效发挥第二课堂功能，借助线上与线下、虚拟与实际的教学模式全过程融入创新思维培养理念。课程考核推行全过程学业评价，培养学生主动探究能力。

4.3 实践促创平台优化，全面提升学生创新创业能力

畅通与中国中车、中铁、中土及轨道集团等龙头企业实体化合作通道，重建157家企业加盟的校企合作理事会，创建“3个联盟+2个产业学院”产教融合新形态，共建大师工作室、双创活动、协同创新中心、技术研发等融通性任务。

深化校企协同，与企业共建虚拟仿真实训基地、智能轨道交通数字协同创新中心等创新载体。以专业社团激发学生创新活力，组建由学院师生、技术人员、双创导师构成的协同创新团队，搭建“实训基地＋协同创新中心＋睿道众创空间”三位一体的双创实践平台，打造“三业三师三能（专业＋企业＋创业，教师＋工程师＋双创导师，教学能力＋实践能力＋创新能力）”型教师队伍，充分发挥实践创新协同效应。

学院把创新创业大赛打造成有高度、有广度、有深度、有温度的以赛育人平台，大力培养学生的工匠精神和企业家精神，提升学生就业创业能力。

5 特色创新

5.1 专创课程体系融合机制创新

对接行业职业标准，确立智能轨道交通技术人才应具备的知识、能力、素质结构，优化专业课程结构和内容，构建以岗位能力为核心，基于典型工作过程的“平台＋模块＋方向”课程体系。完善“岗课赛证”综合育人机制，构建以思政教育为引领的双创教育与专业教育“三育”有机融合的课程群体系。实现了创新

创业教育的全过程育人，学生创新思维增强，培养质量提升。

营建产与教深层融合的真实生态环境，基本实现了专业布局对接行业需求、课程体系紧跟技术迭代、学生素质培育衔接工匠标准，面对企业用人新需求，校企深度合作，共同开展以就业准入证书为切入点推进“入职即定岗”的研究与实践。

5.2 “项目情境，学生主体”教学模式创新

秉持“教学过程与生产过程相对接”的理念，将专业岗位群工作场景和真实项目引入教学，按“封闭开放设计622”进行课程任务的设计，使学生在实践中观察问题、发现问题，最后运用知识与技术技能解决工程实践问题。以提升学生实战能力和创新意识为中心，强化社团活动、培训讲座等第二课堂作用，将创新思维培养理念融入线上与线下、虚拟与实际等教学模式，实施过程化考核，培养学生主动探究能力。

让学生足不出校就能体验真实的设备、技术和工作场景，学院联合国铁集团、中国中车等龙头企业，提炼智能化技术应用场景和训练技能点，对原有的“六基地两场一线”实训基地升级改造，共建与动车组、高铁站、检修段设施场景一致的国内唯一的“高铁4S店”和“高铁车站”，实现智能售票、安检、人脸识别、自动扶梯、机器人查验身份、智能检修等全流程智能设备使用与故障处理，培养具有智能设备维护保养综合能力和职业素养的高铁工匠。《职业技术教育》、天津日报以及北方网、搜狐网就此报道，推介闻名的“津铁院”名片。

5.3 双创实践服务平台运行模式创新

通过开展校企合作，共建实验室、共建实践创新基地、开展基于项目合作、建立战略联盟等形式，建立基于产、学、研结合的双创实践平台，把课堂教学与课外活动、校内教学与校外实践有机结合起来，将实践创新贯穿于培养过程中，提高学生实践能力。

立足多方协同创新资源优势，搭建“实训基地 + 协同创新中心 + 睿道众创空间”双创实践平台，组建由学院师生和科研院所、优秀企业家等校外双创导师构成的协同创新团队，打造“三业三师三能”型教师队伍。

6 个案实践

坚持立德树人的根本任务，依托学院机辆专业群雄厚的资源优势，从2020—2021学年开始，选取2018级“复兴号”班和“火车头”班开展智能轨道交通创新型工匠培育实践探索。

6.1 优化专创融合课程体系

应对智慧轨道交通快速发展，围绕“高速铁路智能检测技术”和“高速铁道智能运营技术”，优化课程内容，规范教学过程，及时将新技术、新工艺、新规范纳入课程标准和教学内容。

一年级实施“专业大类通识课程 + 专业基础课程 + 专业基本技能实训课程”教学；二年级分模块强化专业方向，实施“专业模块课程 + 特色拓展选修课程”教学；三年级分专业实施“综合实训项目（证书考证课程）+ 顶岗实习”教学，发挥专业群师资、实践条件共享的优势，切实提升学生就业及可持续就业能力以及全面发展的共性要求。

6.2 践行工程实践创新（EPIP）教学模式

6.2.1 实际工程背景

用视频和图片展示真实的动车组转向架检修场景，从实际“工程”入手，让学生了解转向架是什么，它的前世今生、结构及分类、核心技术以及在什么地方修、主要修理什么、谁去修理、怎样修理等一系列实际问题。

6.2.2 工程实践导向

用大赛设备（转向架及制动系统检测与维护大赛设备）以及实训设备（高铁综合实训基地设备）营造真实训练环境，从着装、行为规

范、工具及其使用训练开始，按照企业真实的作业流程、工艺要求由简单的单项修、日检到大赛设备的机械系统检测、电子控制及其气动单元的检测，最后能通过分析、判断、排除常见的机电故障。在真实的工程项目实践过程中提炼出专业核心知识和技术，培养“精检细修保安全”职业素养和安全意识，以及“创新实干、精益卓越”的铁路精神。

6.2.3　能力培养目标

以项目为导向的教学模式，在项目的实施过程中，学生在掌握转向架相关知识与检修转向架基本技能的基础上，通过学生的自主探究学习、动手实践、设计制作，培养学生独立思考、逻辑推理、信息处理的认知能力；自我管理、团结协作的合作能力；爱岗敬业、精益求精、安全第一的职业能力；自行设计、安装调试、应急处理能力；勇于探索、大胆尝试、更新变革的创新能力；终身学习能力。

6.2.4　工程项目统领

以“转向架检修”实际工程项目为统领，按照认知规律，分解为认知工程项目、工程实践项目、自主创新项目，三大项目按照从简单到复杂、从单项到综合的技能训练方式细化为若干任务、子任务，体现工程的“完整性”。学生在完成一个个任务技术活动中，赋予其一个完整的专业认知和职业启蒙，促进学生知（知识）、技（技术技能）、素（素养）的提升。

6.3　深化多方协同实践创新

6.3.1　产学研用协同创新平台建设

学院依托京津冀智慧教育创新产教联盟、鲁班工坊产教融合发展联盟和天津市智能轨道交通人才创新创业联盟，与中铁第六勘察设计院集团有限公司签订校企产学研合作协议，并与天津骥腾科技有限公司等企业共建大学生校外创新创业实训基地，构建出产学研用协同创新生态链，推动信息数据融通，整合学生“双创”实践与企业运营资源，孵化创业项目，通过平台力促学生创新创业成果与企业项目研发、市场推广需求精准对接，推动学生科研成果和文案设计作品市场化，推动创新创业项目孵化，提升服务企业能力。

6.3.2　动车组检修协同创新中心建设

依托学院现有高铁综合实训基地，完善了CRH380B型动车组01车设备、备品配件、接触网及系统软件，实现环境、设备、流程与国铁集团动车段检修的对接，建设了虚拟仿真、安全体验等设施，同时融入思政教育理念，展示高铁产业发展，增加学生爱国情怀。针对机器人智能化方向定向开发，新增1台智能机器人，增强智能轨道交通运维虚拟仿真实训基地科技感，实现智能机器人迎宾、检票验票、智能服务、测温等功能。

6.3.3　大学生创新创业中心建设

以睿道众创空间为基础，以创新创业活动、创新创业项目、创新创业竞赛为抓手，通过氛围营造、培训辅导、平台搭建、服务保障等方面，对大学生创客和项目给予全方位的支持，持续推进思政教育、专业教育和创新创业教育有机融合，大力培养学生的工匠精神和企业家精神，提升学生就业创业能力。

铁道动力学院与天津骥腾科技有限公司共同研发的“高铁制动系统实训装备”获得实用新型专利，并荣获2021年“全国职业高等院校校长联席会议技术研发与应用成果优秀案例”。“智教·启乘”项目获2021年“互联网+”大赛全国铜奖。

7　实践效果

7.1　人才培养质量凸显

用人单位对毕业生整体素质与专业水平评价满意率为99%，北京局每年招收毕业生数位居同类院校前列。就业于500强企业的2020届毕业生数居全国第9名；起薪值位列全国第20名，居天津市首位。2021届毕业生就业去向落实率位居天津市高校第1名，就业创业案例入选教育部百强。多名优秀毕业生毕业三年内获得局级以上荣誉，提升了学院行业影响力。

三年来，荣获“互联网+”“挑战杯”“黄炎培”等创新创业大赛全国铜奖8项，天津市金奖13项。“钢轨医生”项目团队获2022年“互联网+”大赛全国铜奖、“黄炎培”大赛天津市一等奖。

7.2 专业内涵持续提升

对接轨道交通业发展的培养模式改革、课程体系构建、实训基地建设等持续发力，获批天津市高水平学校和专业群立项单位、市级以上重点专业16个，国家级生产性实训基地2个、协同创新中心1个、双师型教师培训基地1个。立项国家级虚拟仿真实训基地培育项目、国家教学资源库项目，获全国“黄炎培杰出校长和杰出教师”奖项，获评“十三五”规划教材5本，首届全国教材建设二等奖1项。

7.3 社会影响大幅增强

学院牵头组建京津冀轨道交通联盟、鲁班工坊产教联盟等3个联盟，聚集105家高端企业，联合开发实训装置成为泰国国赛指定设备并进入全国职业院校校长联席会优秀案例20强。

学院获批多项国家级培训资质，是国家高技能人才培训基地、国家职业技能大赛集训基地、中国铁总高速铁路技术培训基地等。获批全部28个轨道交通关键岗位职业技能等级认定资质，年均培训量10000余人次，成为国铁集团发展离不开的“职工成长摇篮”。

学院领导及教师在大型国内会议作主旨发言13次，新华社、天津日报等14家主流媒体以及搜狐、人民铁道网等15家网站报道人才培养、校企合作等200余次。

8 结语

学院坚持产教融合、校企合作的人才培养核心地位，在“产”与“教”之间精准架构多层次对接通道，实践教学标准与行业标准变化同行、课程改革与技术迭代升级同频、教学方法与实践应用流程同步、实习实训与生产过程变革同体，构建“产学研用创”协同创新实践平台，有效解决了智能轨道交通转型升级的人才供求矛盾，形成了人才培养高质量可持续发展新局面。

参考文献

[1] 何云霞．校企合作背景下高职创新型工匠人才培养模式探析 [J]. 山西青年，2022（22）.

[2] 张莹．基于1+X证书制度的复合型技术技能人才培养标准开发：以轨道交通产业为例 [J]. 机械职业教育，2022（4）.

[3] 陈明忠．轨道交通产业升级背景下高职院校人才培养模式研究 [J]. 江苏科技信息，2021（8）.

[4] 刘彤．智能制造背景下高职机电类专业创客型工匠培养实践 [J]. 创新创业理论研究与实践，2021（8）.

[5] 吕景泉．工程实践创新项目（EPIP）教学模式应用研究 [J]. 天津职业院校联合学报，2020（10）.

地铁车辆空压机吊座局部断裂问题分析及优化

袁　帅[1]　宋　芮[1]　尹崇宏[2]
（1. 天津轨道交通运营集团有限公司，天津 300382；2. 中车青岛四方车辆研究所有限公司，青岛 266031）

摘　要：针对某地铁车辆车体空压机吊座在运营过程中发生局部断裂的问题，通过试验测试及仿真分析手段对结构进行了优化研究。研究发现，出现断裂破坏的主要原因是原结构设计不合理，吊座 L 型板悬臂较长导致其焊缝部位的应力偏大，在长时间线路运营过程中容易出现振动疲劳破坏。基于上述情况，对结构进行了优化，使得 L 型板抗冲击以及疲劳性能得到较大的改善，能够满足振动疲劳强度要求。

关键词：空压机吊座；静强度；振动疲劳

轨道车辆车下设备的安装可靠性对车辆安全运行至关重要。目前，车下设备的安装方式基本上通过吊座或安装梁结构与车体之间建立连接关系，因此，吊座及安装梁的结构强度对于设备的安装可靠性起到至关重要的作用。本文以某地铁车辆空压机与车体相连接的吊座 L 型板出现贯穿性裂纹问题为例，对该型空压机吊座结构开展试验测试与仿真分析研究，发现其局部断裂发生的原因，同时对该结构进行优化改进。

1　基本理论

1.1　静强度分析基本理论

静强度分析是工程中最基本也是最常用的分析方法之一，通过静强度分析可以得到结构在静态载荷作用下应力、应变及位移等。

静力学分析需要求解的基本平衡方程组如下：

$$Ka=P$$

式中，K 为结构整体刚度矩阵，a 为结构结点位移，P 为结构结点载荷列阵。

1.2　振动疲劳分析基本理论

振动疲劳分析是考虑结构在振动载荷作用下的一种重要疲劳分析方法。振动疲劳分析的一般过程：首先，对模型进行频响分析得到结构的应力传递函数，然后将应力传递函数乘以载荷功率谱密度，得到应力功率谱密度 $G(f)$，然后通过应力功率谱密度计算应力概率密度函数 $p(S)$，最后利用 Miner 线性疲劳累积损伤准则获取结构的疲劳寿命。

计算概率密度函数的方法主要采用 Dirlik 法，该方法在实际工程应用较为理想。Dirlik 概率密度方程为：

$$p(S)=\frac{D_1}{2\sqrt{M_0}Q}e^{\frac{-Z}{Q}}+\frac{D_2\cdot Z}{2\sqrt{M_0}R^2}e^{\frac{-Z^2}{2R^2}}+\frac{D_3\cdot Z}{2\sqrt{M_0}}e^{\frac{-Z^2}{2}}$$

式中，$D_1=\dfrac{2(x_{\mathrm{m}}-\gamma^2)}{1+\gamma^2}$，

$$D_2=\frac{1-\gamma-D_1+D_1^2}{1-R},$$

$D_3=1-D_1-D_2$，$Z=\dfrac{S}{2\sqrt{M_0}}$，

$$Q=\frac{1.25(\gamma-D_3-D_2\cdot R)}{D_1},$$

$$R=\frac{\gamma-x_{\rm m}-D_1^2}{1-\gamma-D_1+D_1^2},$$

$$\gamma=\frac{M_2}{\sqrt{M_0M_4}},\quad x_{\rm m}=\frac{M_1}{M_0}\sqrt{\frac{M_2}{M_4}}$$

其中，$p(S)$为概率密度函数，S为应力，γ为不规则因子，M_0、M_1、M_2、M_4分别为功率谱密度的第0、1、2、4阶惯性矩。

$$M_i=\int_0^{+\infty} f^iG(f)\ df$$

式中，$G(f)$为应力功率谱密度函数，$f=\omega/2\pi$。

线性疲劳累积损伤准则：

$$D=\sum_{i=1}^{n}\frac{n_{\sigma_i}}{N_{\sigma_i}}=\sum_{i=1}^{n}\frac{Np(\sigma_i)\Delta\sigma}{N_{\sigma_i}}$$

式中：D为损伤，n_{σ_i}为应力变程σ_i下的循环次数，N_{σ_i}为应力变程σ_i下的平均循环次数，N为应力变程的平均循环次数，$p(\sigma_i)$为应力变程σ_i的概率密度函数，$\Delta\sigma$为应力区间。

$$D=\int_0^{+\infty}\frac{Np(\sigma_i)\Delta\sigma}{N_{\sigma_i}}d\sigma=\frac{N_0T}{C}\int_0^{+\infty}\sigma^m p(\sigma)d\sigma$$

式中：C、m为疲劳特性常数，N_0为单位时间内应力以正斜率通过零值的数目，$N_0=\sqrt{m_2/m_0}$，T为疲劳寿命。

2 空压机吊座断裂问题分析

2.1 空压机吊座作用

空压机为制动系统及其他用风设备提供所需的压缩空气，是全列车的风源设备，是车辆设备的重要组成部分，单个空压机重量约300kg。空压机与车体通过焊接于底架横梁的吊座连接，吊座为板材焊接结构，其原结构由L型板、C型板以及筋板组焊而成，L型板底部为悬臂结构，材料均为SUS304。详细结构如图1所示。

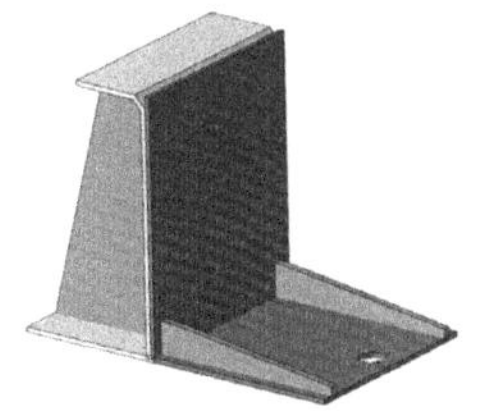
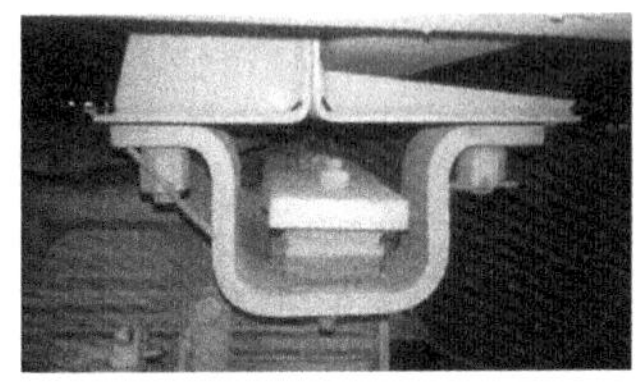

图1 空压机吊座结构图

2.2 断裂问题分析

该空压机吊座所属某地铁车辆在经过近十年运营后，其检修期时发现空压机吊座（L型连接板）批量出现贯穿性裂纹，如图2所示。初步判断为空压机运营的振动载荷导致结构的疲劳破坏。

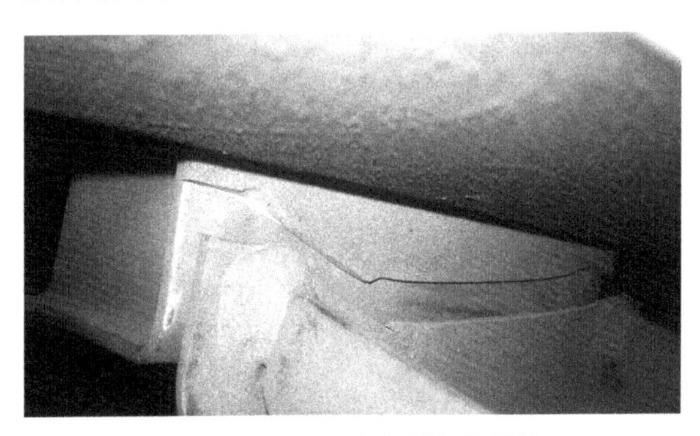

图2 空压机吊座断裂部位照片

2.3 响应谱分析

针对上述问题，在空压机安装座及车体吊座布置加速度传感器，车辆按实际线路运营，采集空压机在单个往返运营区间的线路响应谱。空压机转速1450r/min，基频约为24Hz。对空压机响应谱进行谱分析如下。

2.3.1 纵向谱

纵向响应谱如图3、图4所示。由图3可知，在车辆单个往返运营区间内空压机纵向冲击加速度最大值为5.69g；由图4可知，空压机峰值响应频率均位于空压机基频的倍频处，其ASD响应谱的能量主要集中在高频区间200～800Hz之内。

2.3.2 横向谱

横向响应谱如图5、图6所示。由图5可知，在车辆单个往返运营区间内空压机横向

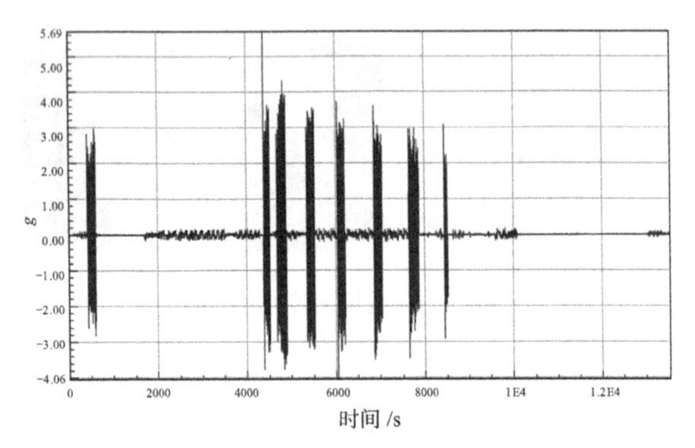

图 3 空压机纵向响应时域谱（g 为重力加速度，取 $9.81m/s^2$）

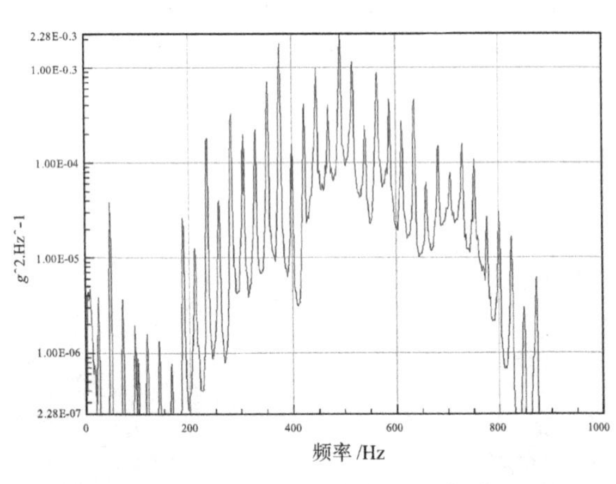

图 4 空压机纵向响应 ASD 频谱

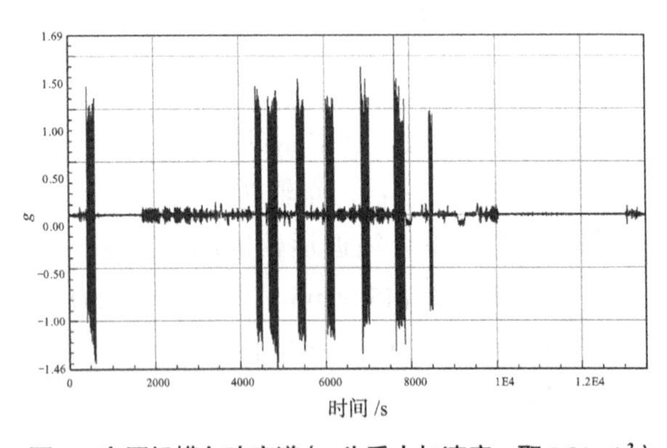

图 5 空压机横向响应谱（g 为重力加速度，取 $9.81m/s^2$）

冲击加速度最大值为 1.69g。由图 6 可知，空压机峰值响应频率均位于空压机基频的倍频处，其 ASD 响应谱的能量主要集中在高频区间 200～600Hz 之内。

2.3.3 垂向谱

垂向响应谱如图 7、图 8 所示。由图 7 可知，在车辆单个往返运营区间内空压机垂向

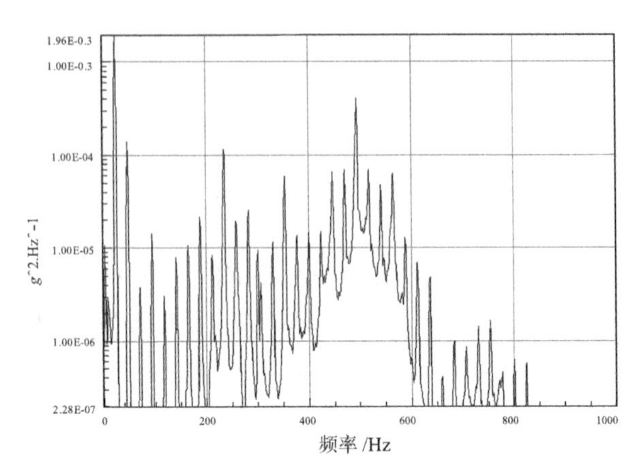

图 6 空压机横向响应 ASD 频谱

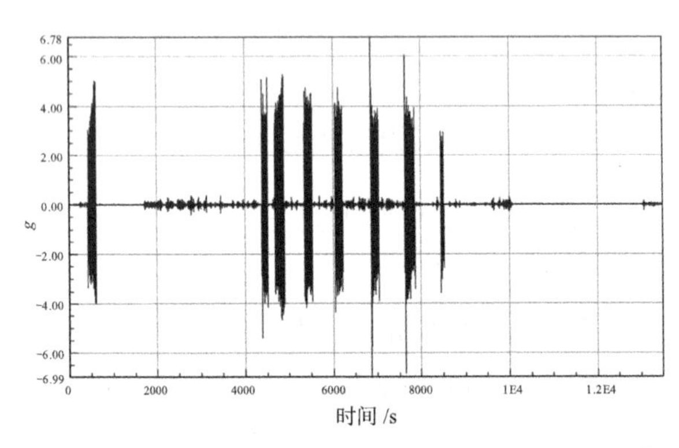

图 7 空压机垂向响应谱（g 为重力加速度，取 $9.81m/s^2$）

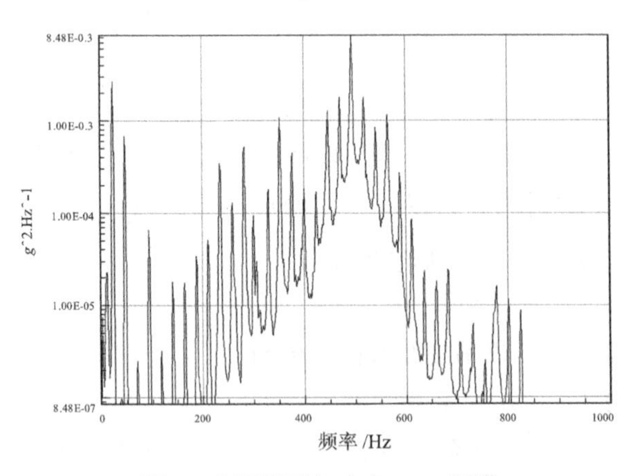

图 8 空压机垂向响应 ASD 频谱

冲击加速度最大值为 6.99g。由图 8 可知，空压机峰值响应频率均位于空压机基频的倍频处，其 ASD 响应谱的能量主要集中在高频区间 200～700Hz 之内。

综上所述，在车辆运营过程中空压机纵向、横向、垂向三个方向上获得的冲击加速度最大值分别为 5.69g、1.69g、6.99g；根据

ASD 响应频谱可知峰值响应频率均位于空压机基频的倍频处，空压机作为有源设备，推断该测试信号为空压机产生的强迫激励信号，强迫激励的能量主要集中在高频区间 200～800Hz 之内。

2.4 有限元分析

为了进一步研究空压机吊座出现裂纹的原因，本文基于线路实测载荷谱对其进行了静强度分析和振动疲劳分析。

2.4.1 载荷工况

（1）静强度计算工况

根据车辆线路运营中空压机吊座处的实测最大加速度响应，制定静强度计算工况，见表 1。

（2）振动疲劳强度计算工况

由于车辆的设计寿命为 30 年，其年运营里程为 14 万 km，根据车辆单个往返运营区间内空压机吊座处的实测响应谱，制定疲劳计算过程中的加速振动疲劳 ASD 谱工况，单轴加速时间为 5 小时。加速振动 ASD 频谱如图 9 所示。

表 1 静强度计算工况

工况	纵向加速度 a_x	横向加速度 a_y	垂向加速度 a_z
1	$6g$	/	/
2	/	$2g$	/
3	/	/	$7g$

注：g 为重力加速度，取值为 9.81m/s^2。

2.4.2 有限元模型

在有限元建模时，考虑空压机线路响应谱频带范围较宽且较高，同时其峰值频率主要出现在空压机基频及其倍频处，假设响应信号完全由空压机发出的强迫激励导致，同时，为了提高计算效率，截取了车体底架的部分结构对空压机吊座问题进行计算。根据车体和空压机吊座的结构特点，主要采用壳单元模拟，车体部分的结构单元大小约为 20mm，空压机吊座的单元大小约为 10mm，厚度取设计值。空压

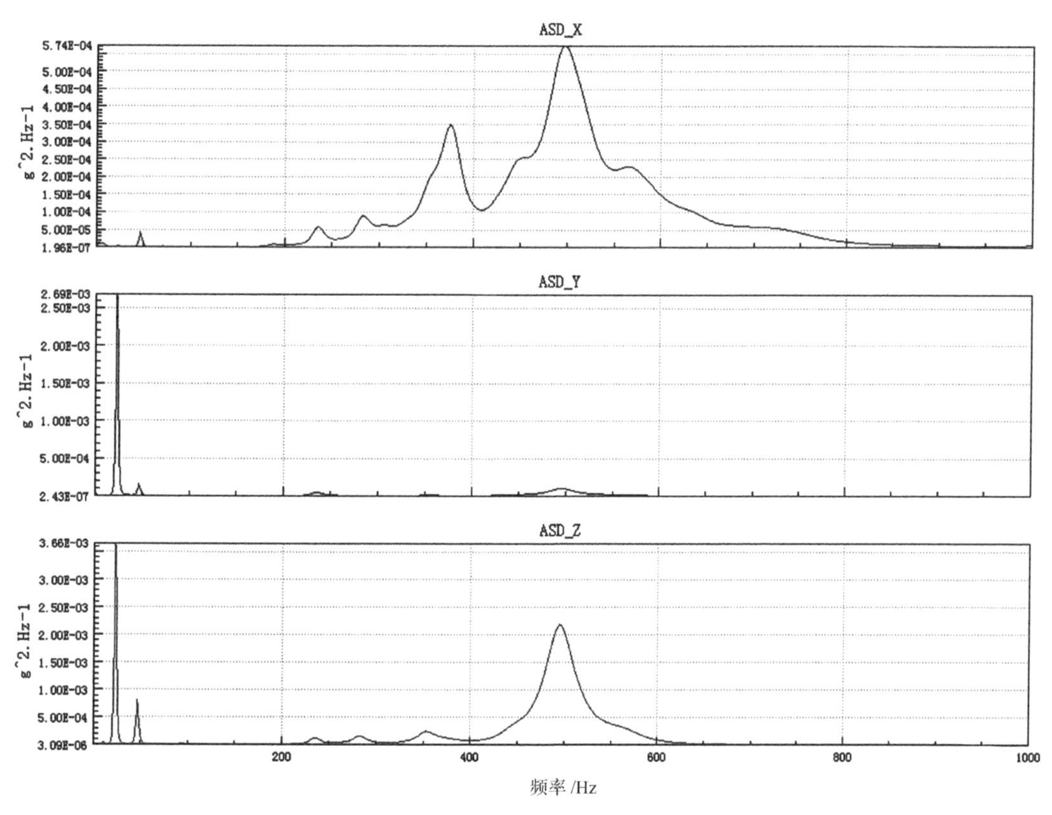

图 9 加速振动疲劳 ASD 频谱图

机的质量采用质量单元模拟，螺栓采用梁单元进行模拟，空压机吊耳与吊座之间的弹性器件采用弹簧单元模拟，其余连接处均采用耦合约束进行简化。

坐标系选取以车辆前进方向为 X 轴正方向，竖直向上为 Z 轴正方向，Y 轴（与车辆的横轴一致）以右手法则确定。有限元模型如图10所示。

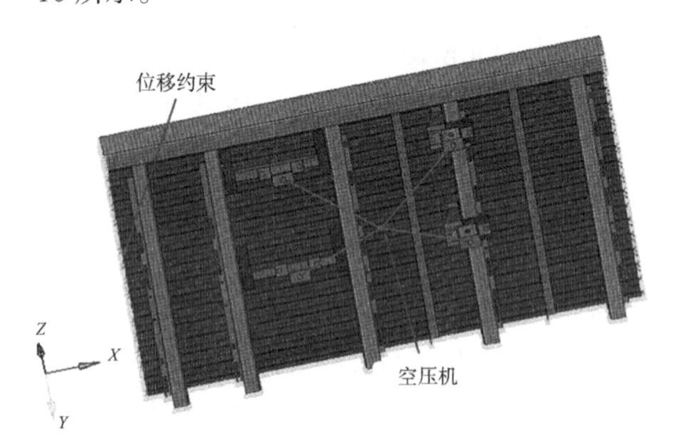

图 10　空压机吊挂处局部有限元模型

2.4.3　加载及约束方式

静强度计算各工况以恒幅加速度形式对整个模型施加惯性载荷，约束底架局部边缘处 X、Y、Z 三个方向平动及转动自由度。

振动疲劳强度计算在求解结构单位激励下的频率响应时，各工况以扫频单位加速度形式对吊耳处施加强迫激励载荷，约束底架局部边缘处 X、Y、Z 三个方向平动及转动自由度。

2.4.4　评估准则

（1）静强度评估准则

静强度计算工况下的应力值不得超过相应材料的许用应力。即，利用系数 U_f 需满足：

$$U_f=\frac{\text{计算应力}}{\text{许用应力}}\leqslant 1$$

母材的许用应力取材料的屈服强度，焊接接头的许用应力取材料的屈服强度除以1.1，见表2。

表 2　材料许用应力

材料	母材许用应力 /MPa	焊接接头许用应力 /MPa
SUS304	205	186

（2）振动疲劳强度评估准则

疲劳强度评估采用Miner法则，计算各部位的疲劳损伤 D。当损伤 D 不大于1，则相应部位的疲劳性能满足要求，即：

$$D=\sum\frac{n_i}{N_i}\leqslant 1$$

式中，n_i 为 σ_i 应力水平下的实际循环次数，N_i 为 σ_i 应力水平下的许用循环次数。SUS304材料的疲劳强度性能参考IIW-2259-15。

2.4.5　静强度计算结果

空压机吊座在静强度工况下的应力云图如图11所示。由图11可知，空压机吊座L型板在各工况下的计算应力均小于材料的许用应力，最大应力值为134.2MPa，出现在纵向冲击工况，静强度满足要求，即在实际线路运营中的冲击载荷不会导致吊座的破坏。

2.4.6　振动疲劳计算结果

空压机吊座在振动疲劳强度工况下的损伤云图如图12所示。由图12可见，空压机吊座L型板与筋板焊接处（现场出现裂纹的部位）的损伤值为1.41大于1，不满足疲劳强度要求，在长时间运营过程中该部位存在疲劳破坏的风险。

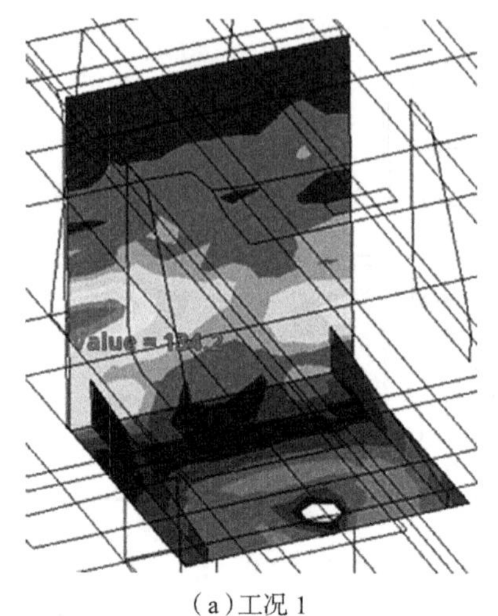

（a）工况 1

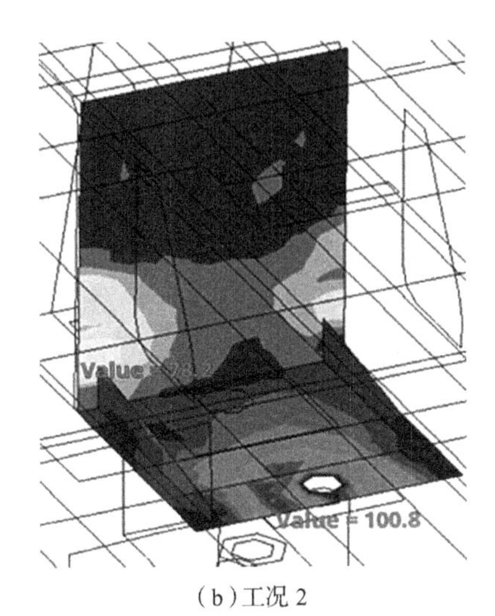

（b）工况 2

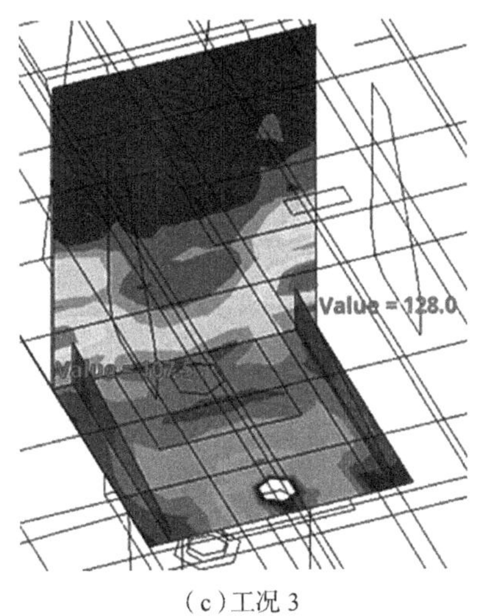

（c）工况 3

图 11　静强度计算工况下应力云图（原结构）

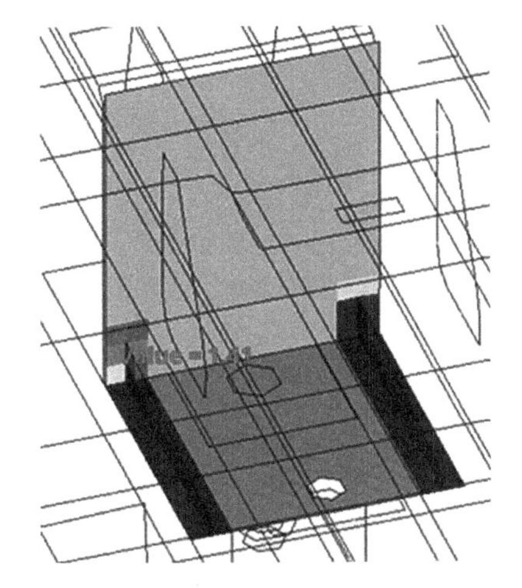

图 12　振动疲劳强度损伤云图（原结构）

综上所述，该吊座出现断裂破坏的主要原因是由结构振动疲劳导致，从结构受力分析，空压机吊座 L 型板悬臂较长是导致 L 型板与筋板焊接附近应力较大的主要原因，结构设计不合理。

3　结构优化

3.1　优化方案

根据前述结构断裂影响因素分析结果，本文从改善空压机吊座 L 型板悬臂较长问题着手对其结构优化。优化方案为：将 L 型板板厚由 3mm 改为 4mm 且内部筋板间距减小使其焊缝位置远离 L 型板边缘，同时在 L 型板底部焊接 2 个 Z 字形补强板并与车体横梁焊接，如图 13 所示。

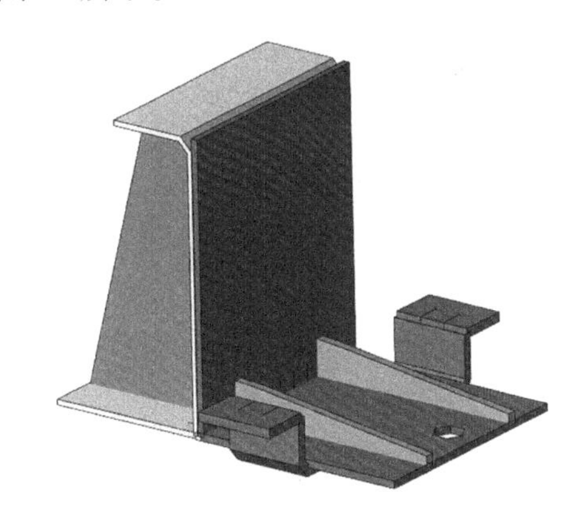

图 13　吊座优化后结构示意图

3.2　优化方案计算结果

3.2.1　静强度计算结果

空压机吊座优化结构在静强度工况下的应力云图如图 14 所示。由图 14 可知，空压机吊座 L 型板在各工况下的应力值均小于材料的许用应力，静强度满足要求。在原裂纹部位，优化结构的计算应力明显小于原结构，优化方案优于原结构。

3.2.2　振动疲劳计算结果

空压机吊座在振动疲劳强度工况下的损伤云图如图 15 所示。由图 15 可知，空压机吊座 L 型板与筋板焊接处的损伤值为 0.28 小于 1，满足疲劳强度要求。

综上所述，优化结构的静强度和疲劳强度

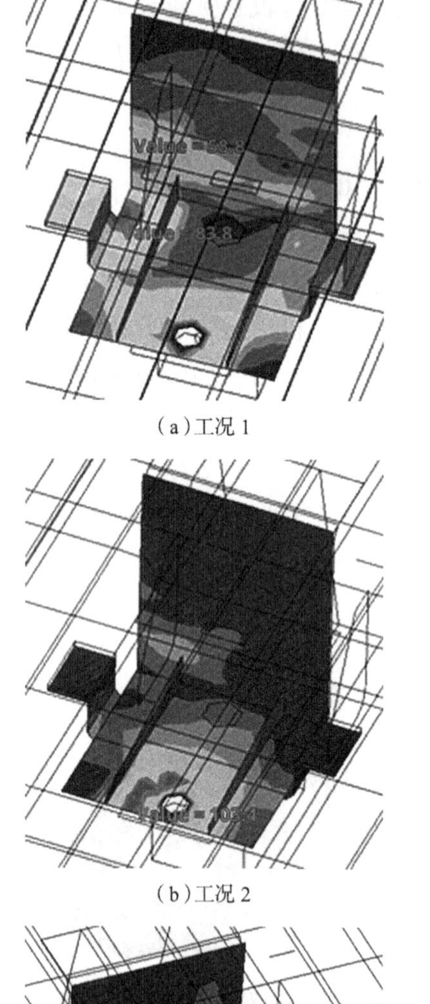

（a）工况 1

（b）工况 2

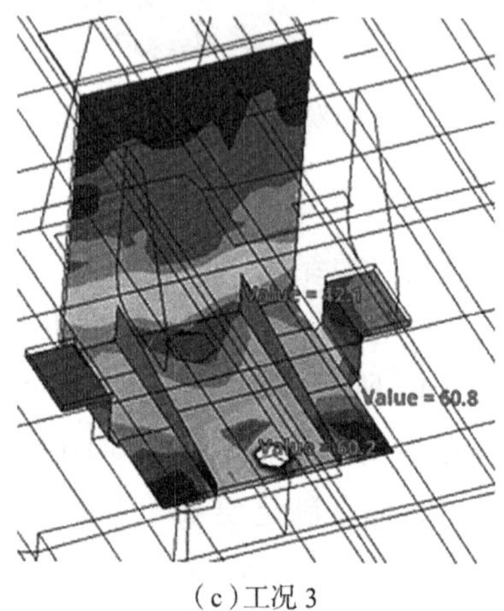

（c）工况 3

图 14　静强度计算工况下应力云图（优化结构）

性能明显优于原结构，优化方案满足实测线路载荷谱下冲击强度和振动疲劳强度要求。

4　结论

本文通过试验测试及仿真分析得出以下

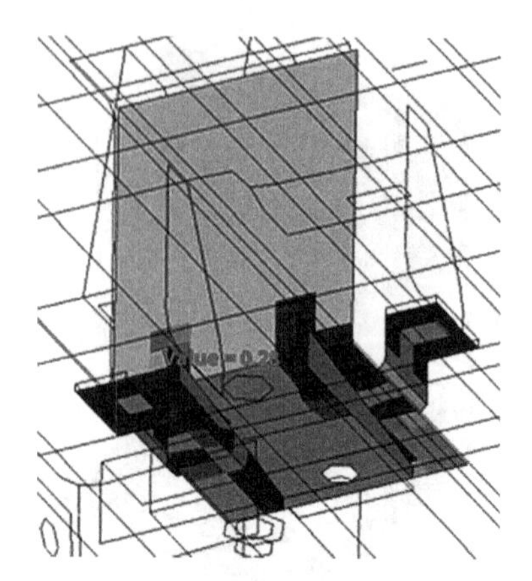

图 15　振动疲劳强度损伤云图（优化结构）

结论：

（1）某地铁车辆车体空压机吊座在线路运营过程中出现的局部断裂问题是由结构振动疲劳引起的破坏。原空压机吊座的 L 型板悬臂较长导致破坏部位的应力偏大，其结构设计不合理。

（2）本文提出的优化方案使吊座结构在整体上基本形成了封闭结构，降低了悬臂效应，使得 L 型板抗冲击以及疲劳性能得到较大的改善，能够满足振动疲劳强度要求。

（3）针对实测载荷谱可知，空压机吊座的峰值响应频率均分布在空压机的基频及其倍频处，且能量主要集中在 200 ～ 800Hz 之内，建议对空压机吊座进行整体更换，并对其振动情况进行重点监测。

参考文献

[1] 王勖成 . 有限单元法 [M]. 北京：清华大学出版社，2003.

[2] 花新华，肖守讷 . 机车车辆车下悬挂箱体设备安装座疲劳寿命仿真优化分析 [J]. 铁道机车车辆，2018，38（6）：24-27.

[3] 李超 . 基于功率谱密度的疲劳寿命估算 [J]. 机械设计与研究，2005，21（2）：6-8.

[4] 王明珠 . 结构振动疲劳寿命分析方法研究 [D]. 南京：南京航空航天大学，2009.

[5] 伍义生 . 随机载荷下的疲劳损伤计算公式 [J]. 海洋工程，1994，12（1）：94-103.

[6] 孟彩茹，卢博友 . 基于 PSD 的随机载荷下振动疲劳寿命估算 [J]. 机械设计，2009，26（5）：73-75.

城市轨道交通信号高技能人才培训基地建设研究

史　坤*

（天津轨道交通运营集团有限公司，天津 300000）

摘　要：城市轨道交通信号系统是技术高度密集的机电一体化系统，系统发展迅速，更新换代周期短，广泛应用各类新技术、新设备。这就对运营维护人员的知识技能水平提出了很高的要求。本文对天津轨道交通信号高技能人才培训基地建设进行了研究，从培训课程体系开发建设、实训平台建设、仿真实训软件开发三个方面进行了探索，以期为同行业高技能人才培训基地建设提供参考。

关键词：城市轨道交通；高技能人才；培训基地；课程体系

1　引言

城市轨道交通信号系统是技术高度密集的机电一体化系统，系统发展迅速，更新换代周期短，广泛应用各类新技术、新设备。这就对运营维护人员的知识技能水平提出了很高的要求。本文对天津轨道交通信号高技能人才培训基地建设进行了研究，从培训课程体系开发建设、实训平台建设、仿真实训软件开发三个方面进行了探索，以期为同行业高技能人才培训基地建设提供参考。

2　课程体系开发建设

2020 年 3 月，为规范从业者的从业行为，引导职业教育培训的方向，为职业技能鉴定提供依据，依据《中华人民共和国劳动法》，为适应经济社会发展和科技进步的客观需要，立足培育工匠精神和精益求精的敬业风气，人力资源和社会保障部联合交通运输部组织有关专家，制定了《城市轨道交通信号工国家职业技能标准》。本标准以《中华人民共和国职业分类大典（2015 年版）》为依据，严格按照《国家职业技能标准编制技术规程（2018 年版）》有关要求，以“职业活动为导向、职业技能为核心”为指导思想，对城市轨道交通信号工从业人员的职业活动内容进行了细致描述，对各等级从业者的技能水平和理论知识水平进行了明确规定。

虽然国家已经建立了《城市轨道交通信号工国家职业技能标准》，但是目前并没有实行国家统一的职业资格证书考试政策，仍由各运营单位自行组织考试鉴定。

天津轨道交通按照《城市轨道交通信号工国家职业技能标准》要求，同时参考同行业运营单位的培训要求，对天津轨道交通信号培训课程体系进行了开发。建成了涵盖培训课程体系大纲（清单）、培训讲义、培训教材、培训理论教学及实操教学视频、口袋书及考试题库在内的一整套课程体系。

2.1　课程体系大纲

课程体系大纲按照专业模块分为安全基础、信号专业知识、应急处置三大模块。安全基础模块全部为理论知识，主要对《安全生产法》等国家法律法规、安全规章制度进行学习。信号专业知识、应急处置模块分为理论知

* 史坤（1992—），男，学士学位，工程师，天津轨道交通运营集团有限公司，主要从事轨道交通信号建设维护和研究工作。

识和技能操作两部分。理论知识是对信号各子系统设备结构原理、应急处置预案进行理论学习。技能操作是对信号工岗位实际检修、操作、安装、施工中需要的知识、技能进行学习及实操练习。三大板块课程体系建立了41个科目，共100.5课时，培训方式分为线上理论、线下理论、线上实操、线下实操四种方式。线上理论及线上实操利用网络学习平台进行教学，培训师将教学视频上传至网络平台，学员可登录学习平台进行在线学习。线下理论和线下实操利用实训基地或现场实际设备由培训师进行现场理论及实操讲解，学员进行现场学习及实际操作练习。

2.2 课程等级设置

《城市轨道交通信号工国家职业技能标准》将信号工分为五级/初级工、四级/中级工、三级/高级工、二级/技师、一级/高级技师五个等级，包括职业概况、基本要求、工作要求和权重表四个方面的内容。根据《城市轨道交通信号工国家职业技能标准》及天津轨道交通实际工作开展情况，同样将设置5个等级，每个等级课程的掌握要求在培训课程体系大纲中进行了明确。

2.3 课程培训资料

培训资料由讲义、视频、教材、口袋书组成。讲义根据课程体系三大板块41个科目内容及简要要求，按照统一格式编制每一节课程讲义。

培训视频中理论视频以PPT演示讲解方式进行录制，学员可以通过PPT方式学习，也可利用线上平台观看培训师录制的讲义视频。实操视频由培训师在正线车站设备间、车辆段、培训基地等现场实地结合设备巡视、检修、安装进行拍摄，学员可在线上平台对实操视频进行学习。

培训教材在课程培训大纲基础上编制，全面讲解了信号维修工的安全规章制度、通用基础知识、信号各系统原理、维护检修、应急处置全方位的内容，对信号工岗位有良好的指导价值。教材结构合理、讲解细致，由浅入深，针对不同职业技能等级进行了细致的讲解，有利于员工自主学习，容易入门。教材第一章节为安全规章制度基础，简要介绍国家及地方安全生产法律法规、部门规章制度；第二章为通用基础知识，主要介绍了通用的计算机及电工电子技术；第三章为信号安全操作规程，主要介绍了信号专业特殊注意的安全操作事项；第四章至第十七章为信号系统及各子系统，主要介绍了当今使用的信号系统及各子系统、重要设备原理及故障应急处置工作。

口袋书对天津轨道交通使用的信号子系统常见故障进行了分类，共分为21大类。每一类故障均采用图文并茂的方式写明了故障现象及故障处理办法，便于员工随身携带学习，应急处置参考。

3 实训平台建设

实训平台利用既有线路信号配套培训基地建设，在既有室内系统机柜基础上增设一套ZDJ9转辙机转换模拟系统。利用培训中心原有电路实现对该道岔驱动，实现信号室内设备与室外设备在实训平台统一搭建。

3.1 ZDJ9转辙机转换模拟系统

ZDJ9转辙机转换模拟系统由轨道道岔系统、安装装置、外锁闭装置、ZDJ9转辙机、液压式负载模拟器组成，如图1～图3所示。

道岔为模拟9号单开道岔部分，为60kg/m，转辙机为两台ZDJ9交流电动转辙机。采用角钢安装，使用液压负载模拟器模拟道岔动作时带动尖轨受到的阻力。

道岔接入既有培训中心控制电路，可在控制台通过定/反位单操道岔、办理进路等方式搬动道岔。同时配备转辙机抬杠、转辙机手摇把、道岔密贴检查尺、转辙机表示缺口检查

图 1　ZDJ9 转辙机转换模拟系统

图 2　液压式负载模拟器

图 3　信号机点亮

尺、专用钥匙、紫铜锤、数字万用表、转辙机拉力测试仪等专用检修工具。可实现转辙机检修、安装、故障查找等多项实操培训。

3.2　其他室外设备

在轨道系统上安装应答器、室外计轴传感器、信号机等室外设备，可实现应答器、计轴、信号机检修、安装、故障查找多项实操培训。如图 2 所示，信号机开放引导信号、红灯黄灯同时亮。

4　仿真实训软件开发

仿真实训软件开发遵循以现场应用为背景、具有可实现和易操作性原则，主要建设一套 PC 版实训平台、一套 VR 版实训平台。PC 版实训平台由一套 PC 设备组成。VR 版实训平台由 VR 头戴式设备、VR 操控手柄、定位器、传感器组成。

该系统参考轨道交通 6 号线、10 号线信号设备配置情况进行开发，首期开发 ZDJ9 转辙机实训系统、计轴实训系统，后期建成覆盖信号专业各子系统信号实训系统。系统软件可完成原理展示、检修指引两大功能。

原理展示部分对 ZDJ9 转辙机、计轴等系统零部件、电路原理进行讲解，实现零部件拆分复原、电路原理的动画展示。

检修指引部分将既有检修规程进行可视化编辑，利用仿真软件及 VR 软件形成可视化学习场景，实现工作视角定位、视角调整、工器具选取、操作步骤点击提示等功能，实现对转辙机、计轴等设备检修的仿真操作。

5　结语

本文从课程体系开发建设、实训平台建设、仿真实训软件开发三个方面较为全面地对城市轨道交通信号高技能人才培训基地的建设进行了研究。培训基地适用于城市轨道交通信号工、高职大专院校在校生的培养，操作性强，应用性广。同样也可为城市轨道交通其他专业培训基地的建设提供参考。

参考文献

[1] 黄冬生．城市轨道交通高技能人才培训思路与对策 [J]. 城市轨道交通研究，2022，25（4）：12-13.

[2] 丁小学．城市轨道交通高技能人才培养研究 [J]. 城市轨道交通，2021（11）：18-21.

[3] 郭尚辉．上海城市轨道交通供电仿真实训系统开发 [J]. 科技创新导报，2015，12（25）：24-25.

[4] 裴瑞江．建立健全轨道交通高技能人才培训体系的探究 [J]. 中国培训，2015（1）：24-25.

[5] 高健波．关于城市轨道交通专业技能鉴定体系开发的实践与思考 [J]. 科技展望，2016，26（29）：328.

[6] 高健波．基于工作任务的高职铁道通信信号专业课程体系开发 [J]. 浙江交通职业技术学院学报，2012，13（3）：64-68.

[7] 李晓鹏．基于虚拟仿真技术的轨道交通专业实验教学资源建设研究 [J]. 科技风，2022（18）：144-146，153.

[8] 王保生．城市轨道交通运营管理专业“三教改革”的实践研究 [J]. 科技风，2022（5）：35-37.

北京地铁双井站暂缓开通原因与客流分析研究

杨鑫宇

（北京地铁运营一分公司，北京 102200）

摘　要： 北京地铁作为北京市人民出行的首选交通方式之一，每日各个所辖线路车站内的客流压力都是巨大的，尤其在一些双线和三线换乘站，此类现象更是严重，原有的一些老式车站需要根据客流需求进行相应改造，双井站就是其中之一。本文将以该站为研究对象，进一步探讨其建设初期暂缓开通的原因和后期建设完成可能存在的客流疏散问题，并提出相应的改善措施。

关键词： 北京地铁；双井站；客流；换乘

1　引言

城市地铁因其便捷性、准时性、高效性等特点，早已被诸多出行者所认可，与日俱增的客流压力，最终会引起一系列安全事故问题。北京地铁亦是如此，如2020年底实现的双井站北通道换乘项目，由于该站为换乘10号线的必经车站，如何在每日巨大的客流压力下进行安全有效的疏散将会是该站运营后所面临的一项非常棘手的问题，而本文也将以此为重点，通过深入分析和探讨，给出该站运营后站内客流的一些疏散措施和建议，进而有效避免客流拥挤等现象的发生。

本文首先对双井站的地理位置和所辖线路的基本情况进行了简要介绍，其次通过实地考察和相关资料的收集，分析并总结了7号线双井站5年暂缓开通的大致原因。最后通过分析7号线双井站在2019年底开通以及10号线开通后的运行情况，借助双井站现阶段的客运组织方案，以此来为2020年底双井站北换乘通道开通后的客流流向情况提出一些建议和措施。

双井站位于东三环与广渠路的交叉处，为7号线与10号线换乘车站，是朝阳区南部地区换乘地铁10号线的必经之路，理应在7号线一期开通时随线路开通，但是由于各种原因导致在一期工程结束时依然没有将双井站开通，这个问题值得去深入思考与研究。随着2019年底7号线双井站的试运营，目前由南换乘通道承担7号线与10号线间的全部换乘客流，其中了解现阶段双井换乘的运行情况，对2020年底北换乘通道开通后换乘路线设计以及换乘方式及权责划分提出一些意见建议也是很有意义的。

2　双井站基本情况

2.1　双井站地理位置情况

双井站位于北京市朝阳区，东三环与广渠路交叉的双井桥下方，地处广渠路和东三环中路交叉口，其中10号线双井站目前已建成并开通，而7号线双井站于2020年底开通运营，周围写字楼、商圈、居住区十分密集，例如乐成中心B座写字楼、佳龙大厦、北京歌剧舞剧院、中国邮政等标志性建筑，是地铁7号线、10号线以及多条公交线路的换乘枢纽。双井站的位置情况具体如图1所示。

2.2　双井站所辖线路情况

双井站为地铁7号线与地铁10号线的换乘车站，7号线呈东西方向布置，10号线呈南北方向布置。其中7号线是连接北京西站枢纽

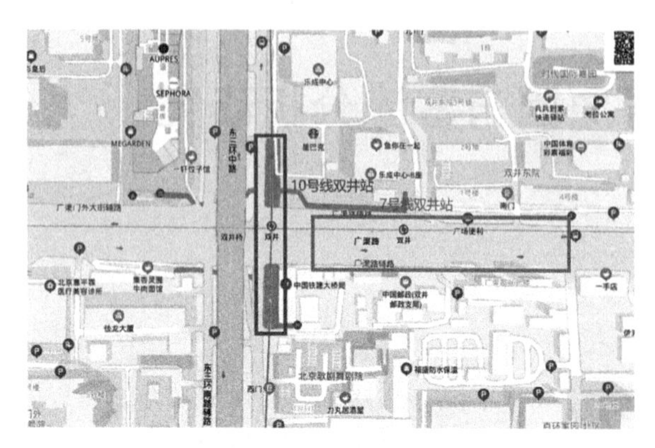

图 1　双井站地理位置情况

以及环球度假区景区的东西向干线；10 号线为北京市第二条环线，连接了中关村、国贸、公主坟等多个重点商业区、功能区。为迎接奥运会的召开，10 号线双井站于 2008 年 7 月 19 日开通试运营。7 号线一期于 2014 年 12 月 28 日开通，但是由于 10 号线双井站的建设空间较小，且在设计过程中并没有考虑到与 7 号线换乘的预留问题。经过综合评估后，认为 10 号线双井站并不能承受接驳 7 号线后新增客流所带来的换乘压力，因此在 7 号线一期开通时，双井站并没有同时投入使用。经过一系列改造以及评估，7 号线双井站和南换乘通道于 2019 年 12 月 28 日开通并与 10 号线实现换乘。受与乐成中心地下空间一体化建设的需要，双井站北换乘通道预计于 2020 年底开通，届时，双井站将有两条换乘通道实现 7 号线与 10 号线之间的换乘。

3　双井站情况分析

3.1　7 号线双井站暂缓开通原因

10 号线双井站开通于 2008 年，在 10 号线建设过程中，7 号线的规划是通过劲松站与 10 号线实现换乘，因此修建 10 号线双井站时并没有预留和 7 号线的换乘方式。10 号线此站为端头厅岛式站台，站台中部仅有一列柱子，比标准有两列柱子的车站要窄许多，如图 2 所示。

图 2　10 号线双井站

7 号线开通之前，10 号线双井站外环方向的高峰满载率超过 100%，运输能力已达极限。7 号线开通时，10 号线平行相邻的 14 号线等线路并没有开通协助分流，若将 7 号线双井站开通并实现与 10 号线的换乘，10 号线的运力以及站台容量不足以承受 7 号线所带来的换乘客流，有引发客流拥挤、踩踏等安全事故的风险，因此在 7 号线一期双井站开通时，双井站并没有同步开通，而是采取进一步优化的进程。

3.2　双井站现阶段运行情况分析

2019 年末，随着改造工程的完善，7 号线双井站以及南换乘厅投入使用并与 10 号线实现换乘。本节对双井站现阶段运行情况，主要是对客流情况进行分析，并对客运组织方案进行相应的梳理。

其中数据选取的是 2020 年 10 月 16 日早晚高峰期间的客流量，其中剔除了该站当日的进出站客流，然后对 7 号线和 10 号线双方向的换乘客流进行了分析。具体如表 1 和表 2 所示。

从表 1 和表 2 中可以看出早高峰期间双井站 7 号线换乘 10 号线的客流量为 10303 人次，多于 10 号线换乘 7 号线的客流量 6037 人次，晚高峰则呈现相反的状态，这就说明双井站的客流换乘具有明显的潮汐式特征。又由于该

表 1　双井站早高峰换乘数据

单位：人次

客运类型	07:00–07:30	07:30–08:00	08:00–08:30	08:30–09:00	合计
7 号线→ 10 号线	1797	2895	3368	2843	10303
10 号线→ 7 号线	650	1259	1997	2131	6037
换乘小计	2447	4154	5365	4974	16940

表 2　双井站晚高峰换乘数据

单位：人次

客运类型	17:00–17:30	17:30–18:00	18:00–18:30	18:30–19:00	合计
7 号线→ 10 号线	951	1507	1724	1678	5860
10 号线→ 7 号线	1665	2670	3242	3004	10581
换乘小计	2616	4177	4966	4682	16441

站早晚高峰的换乘客流量相差不大，且均维持在一个较高水平，故有必要将北换乘通道投入运营，以此分流来减少南换乘通道的主客流压力。

7 号线与 10 号线目前通过南换乘厅实现相互换乘，换乘流线如图 3 所示。

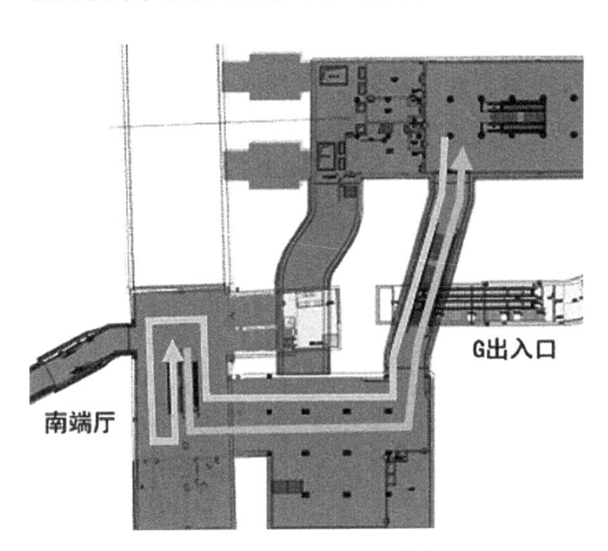

图 3　双井站换乘流线

现阶段两线路通过换乘大厅相互换乘，在早高峰期间，7 号线换乘 10 号线的客流量大，一旦当 10 号线站台承受不住大客流所带来的压力时，便可通过南换乘大厅进行客流控制，如减少通行能力、增设人工分隔栏、关闭部分通道直至暂时停止 7 号线与 10 号线的换乘。虽然南换乘大厅的宽度可以实现现时换乘需要，但是随着客流的增长趋势不断扩大，还是需要更为完善且稳妥的换乘方式，以便于两线路实现更好的换乘。而 2020 年底，北换乘将投入使用，在此期间有必要对北换乘的流线设计提出一些想法与建议。

4　北换乘的基本情况以及换乘建议

北换乘通道以及乐成换乘大厅开通之后，新开通 E 出入口与乐成换乘大厅相连，且将现有 B 口接入换乘大厅，具体如图 4 所示。

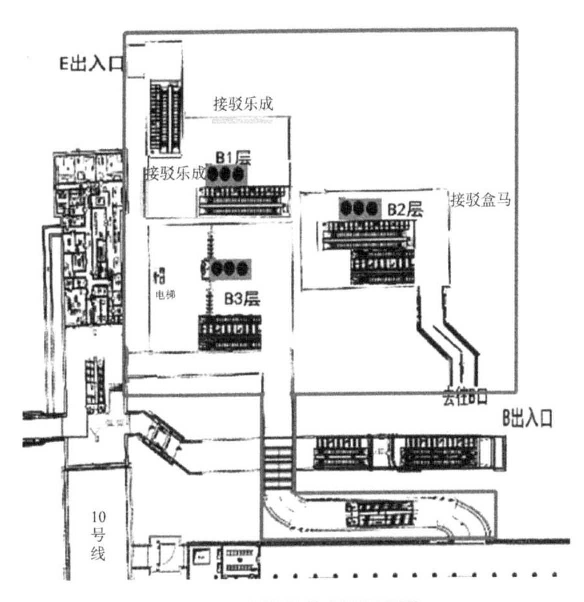

图 4　双井北换乘平面图

双井站北换乘大厅开通以后，换乘客流势必会与进出站客流形成客流交叉，与此会伴随多个拥挤点的出现，例如B出入口附近的楼扶梯、B3层的电动扶梯等，又由于双井站东北象限的客流量很大，因此新设计的换乘流线应当尽量减少客流交叉问题的出现，同时要充分利用换乘大厅的地下三层空间。在经过上述考虑后给出的换乘客流流线示意图如图5所示。

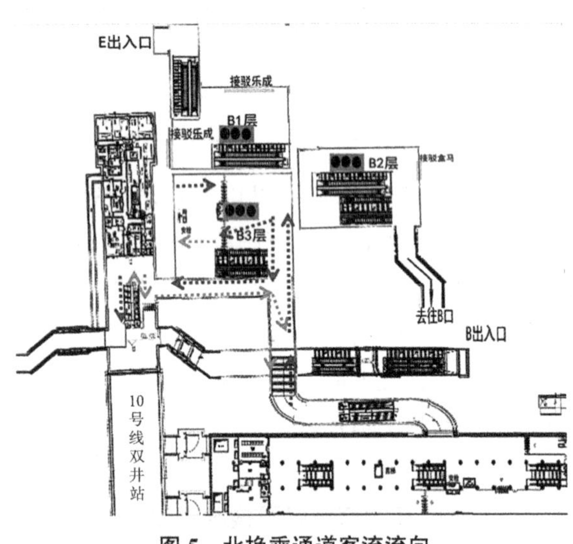

图5　北换乘通道客流流向

建议换乘通道内乘客整体靠右行走，其中7号线换乘10号线的客流在进入通道到达换乘厅交叉口后，继续前行至大厅北侧掉头，回到交叉口后继续沿通道右侧行走进入10号线站台，7号线出站客流与10号线进站客流可完美融合，且可对7号线换乘10号线的客流起到限流作用。10号线换乘7号线的客流全程沿通道右侧行走，10号线出站客流在沿换乘客流继续行走一段时间后可掉头沿7号线出站客流出站。此换乘方式没有任何方向的客流交叉，且充分利用了乐成地下三层换乘厅对换乘客流进行了限流。

5　结语

本文首先介绍了此次研究的背景等，其次描述了北京地铁双井站的基本情况，包括地理位置情况和所辖线路情况。然后根据公司每日收到的客流数据汇总，筛选出一天数据进行研究，并通过Excel表格进行数据整理，去除当天进站以及出站客流量，保留换乘客流量，以线路和时间为两个区分点进行绘制，根据整理的各项客流数据进行分析，得出该站在2020年底北通道运营后部分位置会面临客流拥挤问题，最后针对此项问题并结合现场情况，给出了相应的客流流向设计图，以此为相关工作者对后续的站内客流规划提供一定的帮助。

北京地铁 16 号线南延段开通后达官营站客流流向研究

杨鑫宇

（北京地铁运营一分公司，北京 102200）

摘　要：随着北京城市轨道交通的快速发展，人民的出行需求也在不断扩大，加之轨道交通的便捷性、准时性、高效性等特点，使其成为现阶段城市内部交通出行的首选方式之一，而这势必会给部分老式车站带来大客流的压力。因此为了解决此类问题，将会在部分车站实行普通站到换乘站的角色转换，而 16 号线的达官营站就是其中之一，本文将以此为例，通过对该站的客流特征分析找到站内运营后可能存在的一些问题，进而预见性地提出相关改善措施。

关键词：城市轨道交通；出行需求；大客流；达官营

1　引言

城市轨道交通已经成为大多数一线城市居民的首选交通出行方式之一，其可以大大缓解地面交通的压力，间接地提高城市整体的出行效率。而在北京这样的一线城市中，地铁的使用率早已比其他二三线城市的公交车使用率高出两到三倍，这会导致该城市地下交通的客流压力超过地面交通，甚至在一些特定时间段内的换乘车站极易产生客流拥挤和客流交叉，严重的可能会引起踩踏、客伤等事件的发生，进而给出行的乘客造成人身及财产损失。

而随着北京地铁 16 号线南延段的开通，达官营站将由普通站的角色转变成换乘站，届时该站的客流压力也将会与其他换乘站一样，随之会带来一系列安全隐患，为了更好地把控通车后的站内客流，有必要提前对其站内的客流走向情况进行细致分析，以此来为之后的规划打下基石。

达官营站作为 7 号线首个换乘 16 号线的车站，其虽然在一定程度上建立起了 16 号线乘客去往北京西站的通道，但今后该站的客流压力也将会受此影响，又由于其周边住宅区较多且地处国家话剧院和北京市第十四中学附近，故在早晚高峰期间，需要进行合理的限流措施，最大限度地减少站内客流的拥挤度，提高站内乘客的换乘效率与出行效率，以此来保障站内每一位乘客出行的舒适度和满意度。在 2022 年底此项工程完工之前，根据站内结构对该站的客流流向进行判断，并对该站 7 号线上的客流流量进行整理和预测，进而提出相应的客流疏导措施将会非常有意义。

2　达官营站基本情况

2.1　达官营站地理位置情况

达官营站是北京地铁 7 号线与正在开工建设的北京地铁 16 号线的一座换乘站，该站位于北京市西城区广安门外大街与规划三里河路南延（南北向）交汇处，为典型的“L”形换乘车站，7 号线部分于 2014 年 12 月 28 日随 7 号线开通投入使用，16 号线部分预计 2022 年底开通运营。如图 1 所示，目前 7 号线上共设有 B、C、D 等 3 个出入口，其中 B 出入口临近中国国家话剧院与北京市工业设计研究院，C 出入口临近新纪元中心大厦和中设大厦，D 出入口跨莲花河临近三义东里社区和马连道东街社区。

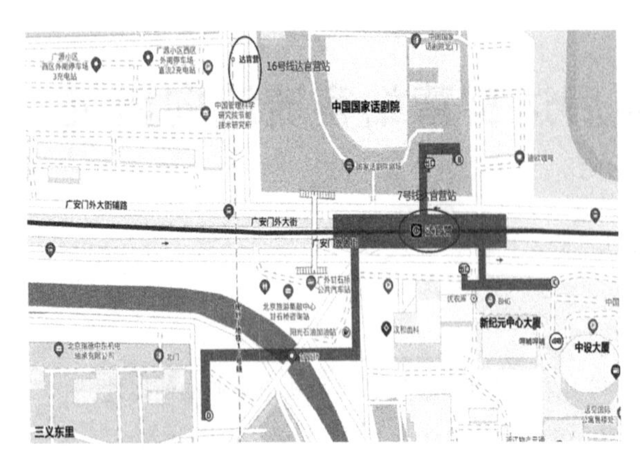

图 1　达官营站地理位置

2.2　达官营站客流情况

2.2.1　早晚高峰客流情况

7 号线达官营站地处广安门大街与三里河路南延段交汇处，周边被中国国家话剧院和众多住宅小区所围绕，故此站每日的日均客流量也是较大的，通过整理公司每日下发的客流量数据表，以 2022 年 11 月 11 日客流数据为例，筛选出该站每日早晚高峰的日客流数据，具体如表 1 和表 2 所示。

表 1　达官营站早高峰客流数据

单位：人次

车站	类型	07:00-07:30	07:30-08:00	08:00-08:30	08:30-09:00	合计
达官营站	进站	1358	2237	2523	1329	7447
	出站	404	590	978	1133	3105
	滞留	1318	1647	1545	196	4706
	进出站	1762	2827	3501	2462	10552

表 2　达官营站晚高峰客流数据

单位：人次

车站	类型	17:30-18:00	18:00-18:30	18:30-19:00	19:00-19:30	合计
达官营站	进站	797	792	534	428	2551
	出站	1206	1658	1608	1083	5555
	滞留	409	866	1074	1041	3390
	进出站	2003	2450	2142	1511	8106

从表 1 和表 2 中可以看出该站的早晚高峰客流特征有一定差别，首先表 1 中，该站早高峰的进站客流均大于出站客流，站内滞留人数相对较多，其次在表 2 中，该站晚高峰的进站客流均小于出站客流，滞留人数与早高峰相比相对减少，高峰时段的日均滞留人数能达到 8096 人次，考虑到该站为新建换乘站，站内的一些设备设施还不够完善，一旦通车，客流量势必剧增，届时如何在大客流的情况下实现短时高效换乘将会是一大难关。

2.2.2　客流特征分析

为了更好地分析达官营站的客流变化特征，本文以 2022 年 11 月 7—11 日的数据为基础，通过 Excel 办公软件分别绘制出该站早高峰和晚高峰进出站客流趋势，具体如图 2 和 3 所示。

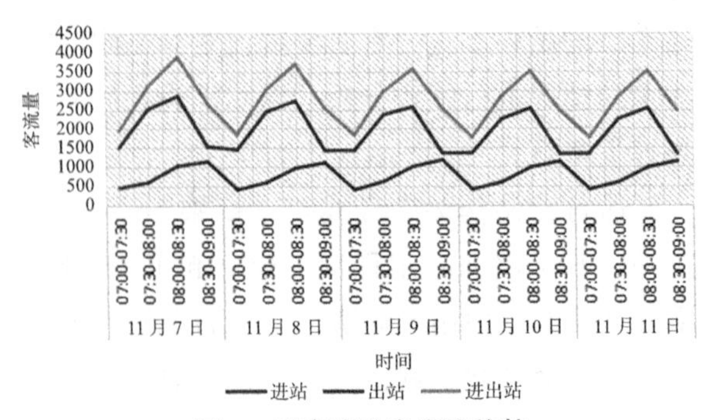

图 2　早高峰进出客流趋势

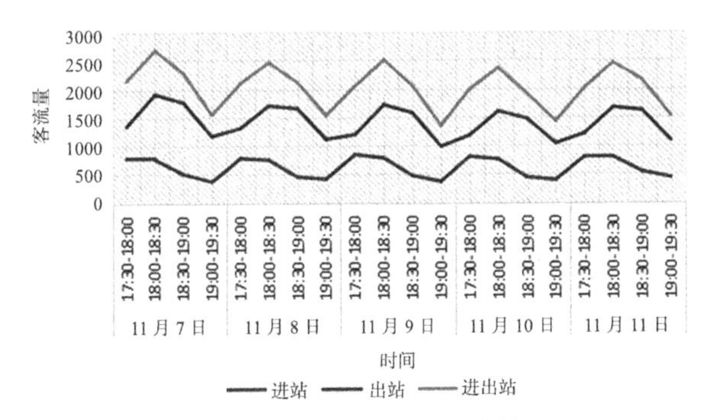

图 3　晚高峰进出客流趋势

从图 2、图 3 可以看出，达官营站的客流整体变化呈现波动性趋势，如果将每个图的时间间隔分成五个区间，则每一个小区间客流变化为明显的单峰形状，且早高峰峰值集中在 08:30-09:00 这个区间内，晚高峰峰值则集中在 18:00-18:30 这个区间内，再将两幅图对比后可以得出该站客流具有潮汐式特征，而这与该站的地理位置情况紧密联系，通过相关站内调查，发现该站的乘车人群平均年龄为 20～35 岁，乘车目的多为上班、上学等。

2.2.3　客流预测

前文已经对该站的客流特征进行了细致分析，为了更好地把控通车时的客流实时变化，本节以 11 月 7—11 日的早晚高峰历史滞留客流数据为基础，将其拆分成两个训练集，每一个训练集分为 12 个时间片段，并结合相应客流特征，采用传统的 LSTM 模型进行预测，实现过程采用 Python 编程软件，部分核心流程代码如图 4 所示。

```
1  def create_dataset(dataset, look_back):
2  #这里的look_back与timestep相同
3      dataX, dataY = [], []
4      for i in range(len(dataset)-look_back-1):
5          a = dataset[i:(i+look_back)]
6          dataX.append(a)
7          dataY.append(dataset[i + look_back])
8      return numpy.array(dataX),numpy.array(dataY)
9  #训练数据太少 look_back并不能过大
10 look_back = 1
11 trainX,trainY  = create_dataset(trainlist,look_back)
12 testX,testY = create_dataset(testlist,look_back)
```

图 4　部分核心代码

在将数据输出后，得出的预测结果绘制成表 3 和表 4。

从表 3、表 4 中的预测结果可以看出，该站通车之后的早高峰累计换乘量为 9811 人次，晚高峰累计换乘量为 8860 人次，不难想象，该站在转变为换乘站后，站内的客流压力是非常巨大的。早高峰峰值集中在 07:30-08:00 区间内，晚高峰峰值集中在 18:30-19:00 区间内，考虑到该站建成初期总共有两个换乘通道，故可以在客流峰值时间段内采取相应的限流措施，以此来减缓客流拥堵现象。

表 3　达官营站预测早高峰换乘客流

单位：人次

客运类型	07:00-07:30	07:30-08:00	08:00-08:30	08:30-09:00	合计
7 号线→16 号线	762	853	812	715	3142
16 号线→7 号线	1639	1758	1732	1540	6669
换乘小计	2401	2611	2544	2255	9811

表 4　达官营站预测晚高峰换乘客流

单位：人次

客运类型	17:30-18:00	18:00-18:30	18:30-19:00	19:00-19:30	合计
7 号线→16 号线	1324	1476	1670	1538	6008
16 号线→7 号线	640	697	785	730	2852
换乘小计	1964	2173	2455	2268	8860

3　客流流向优化措施及建议

3.1　客流流向情况

达官营站建成后初步仅开放主辅两个双向通道，具体如图5所示。

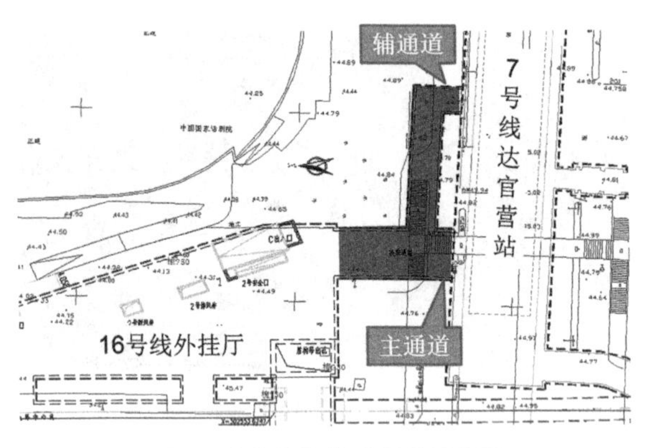

图5　达官营站换乘通道示意图

由于该站通车后高峰时间段内的换乘客流量很大，且初步规划的客流走向虽已将主辅两通道和大部分设备设施都利用在内，但在一些地方还是容易出现客流拥挤和客流交叉现象，实地考察如图6所示。

图6　主辅通道衔接处

从图7可以看出，此处目前并没有采取相应的分隔措施，加上主通道内中间分隔结构为柱形设计，不能很好地避免大客流时产生的客流交叉。

3.2　优化措施及建议

（1）首先针对主通道内的客流交叉问题，建议采取的措施是在衔接处和主通道承重柱之间增设人工分隔栏。结合上一节的预测结果可以看出该站早高峰的换乘客流普遍大于晚高峰，且早高峰时7号线换乘16号线的客流均低于16号线换乘7号线的客流，晚高峰则相反，故在早高峰07:00-09:00之间，可以将主通道作为16号线换乘7号线的通道，辅通道作为7号线换乘16号线的通道，晚高峰17:30-19:30期间则将主通道作为7号线换乘16号线的通道，辅通道作为16号线换乘7号线的通道。其次在平峰期间，可以考虑将主通道内的人工分隔栏去掉，通过相应标识，来更好地引导乘客换乘，提高出行效率。

（2）针对客流拥挤问题，建议在客流高峰时将扶梯运行速度相对调整，在不超过国家下发的关于地铁换乘站内的扶梯运行速度标准时，早高峰期间上行扶梯运行速度可以略大于下行扶梯运行速度，晚高峰期间下行扶梯运行速度可以略大于上行扶梯运行速度，以此来最大限度地避免客流拥挤现象的发生。

4　结语

本文首先对现有的城市轨道交通发展现状和情况进行了简要整理，其次以北京地铁16号线南延段达官营站客流为主要研究对象，通过对其现有客流的特征进行分析，发现该站在开通后存在的不足，并采用Python编程软件对部分时间段的客流进行处理和预测，进而得到未来时间段内的客流数据，最后根据预测结果提出相应的改善措施和建议，为后续的站内客流规划提供相应的帮助。

城市轨道交通换乘站客流集散服务评价指标体系探析

杨鑫宇

（北京地铁运营一分公司，北京 102200）

摘　要： 为了解决现阶段城市轨道交通换乘站客流集散服务评价指标体系单一性和片面性的问题，本文采用主客观相结合的方法进行指标选取，首先通过主观经验法初筛相关指标，其次利用层次分析法计算指标相关性系数并进行复筛，最后通过对石家庄地铁北国商城站的实例分析与考察，建立了一组较为新颖的换乘站客流集散服务评价指标体系。

关键词： 城市轨道交通；客流集散；换乘站；评价指标

1　引言

客流集散一词的服务范围很广，除城市轨道交通外，还应用在了公路、水运、铁路等多个领域，故其成了国内外交通学者在进行交通评价中所首要考虑的对象，例如 Delgado[1] 等人针对公交串车问题建立了以延迟时间最短为目标的最优化模型，并结合模型计算结果提出了一项基于停站等待和限制上车相结合的措施，最后将该措施成功应用到了巴西圣保罗地铁站的站台客流集散服务评价中；陈翘楚 [2] 在 2020 年针对如今城市地铁中普遍存在的车站客流集散服务能力与实际客流需求不匹配等问题，提出了基于车站乘客集散过程的多级混合排队网络模型，并将该模型运用到北京地铁客流集散服务评价中，最后根据评价结果给出了相应的改善措施。但传统的客流集散服务评价体系因指标选取过于陈旧而无法对现有的情况进行准确评价，故在原有体系的基础将日客流量拆分成工作日均客流量和自然日均客流量两个指标，实例计算后，结果表明上述指标能够较好地满足评价体系构建原则。

2　客流集散服务影响因素

2.1　客流组织

客流组织是影响客流集散效率的另一种重要因素，合理的运营组织可以在最大限度上减少站内客流拥堵、滞留的现象，进而给乘客营造出一种良好舒适的出行氛围，以此来提高站内整体的服务满意度。该因素所囊括的指标大多属于定性指标，通常采用专家打分或者问卷调查的方式来获取对应的数值，在精确度方面没有定量指标的准确性高，但也能给相关的管理部门提供一定帮助 [3]。

2.2　设施服务水平

设施服务水平是指交通枢纽内的公共设施给乘客提供服务的效率。该类设施主要有自助售票机、进出站闸机、自动扶梯、垂直电梯、楼梯、导向标志等。每一个设施的功能其核心都是为了给乘客提供高质量的服务，以此来减少乘客在站内的滞留时间，间接地提高枢纽内整体的集散服务能力。

2.3　换乘步行距离

对于换乘枢纽而言，合理的换乘步行距离也会给站内整体的集散服务效率带来影响。众所周知，换乘站的每日客流压力相比于其他普通站点而言会更大，其服务对象更多的是以购物或商务为主的出行者，站内工作人员很难协调每日客流出行需求与集散服务之间的矛盾，为了解决此类问题，一些专家学者决定以换乘步行距离作为换乘枢纽内特有的一个衡量客流集散效率的指标，该指标的大小将会给相关工作人员提供一些思路和指导建议。

2.4 站内客流量

站内客流量的变化是检测当前换乘枢纽集散效率最为直观的指标，该指标与其他指标之间有相当紧密的联系，一旦客流量发生变化，其他指标也会随着其变化特点而出现连锁反应，故当站内出现大规模乘客聚集时，相关工作人员会采取一定措施在第一时间内组织乘客进行合理有效的疏散，并保持站内整体的集散服务水平处于良好的状态。

3 客流集散服务评价指标体系构建

3.1 指标初选

城市轨道交通换乘站客流集散服务评价指标体系建立需要对该站的站内设施结构和客流变化进行综合考虑，通过对北国商城站实地调查，得到了相关指标的数量值，之后结合影响因素构建出初步的评价指标体系，该体系共由 4 个二级指标和 17 个三级指标组成，其中二级指标主要是站内设施服务程度、站内客流量、站内行走以及站内客流组织，三级指标主要是站内环境、乘客占比、使用效率、时间、客流量均值、步行速度、步行距离、冲突点数目、绕行系数、拥挤度以及服务程度等[4]，如图 1 所示。

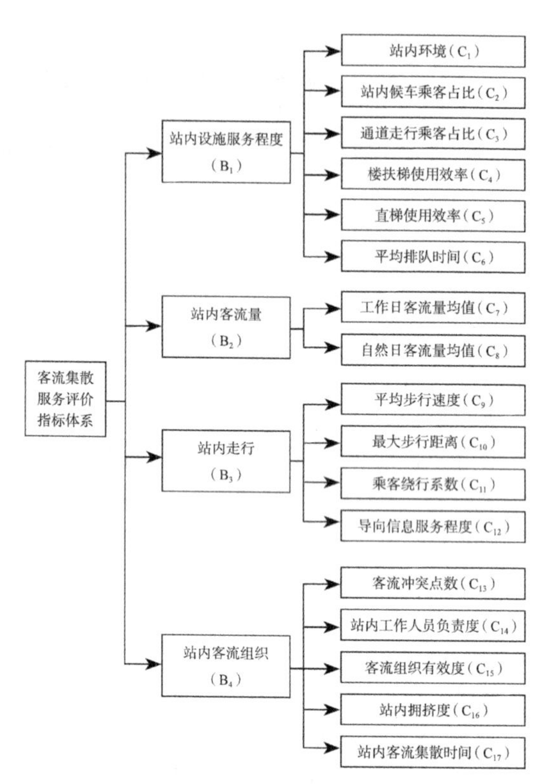

图 1 客流集散服务评价初选指标体系

3.2 指标复选

在复选过程中，需要将初始指标体系中的 17 个三级指标设计成调查问卷的形式，并发放给站内乘客进行填写和打分，本次打分方式采用较为成熟的李克特五点尺度法，将分值 1～5 进行升序排列，并依次代表很不同意、不同意、一般、同意、很同意。通过与站内乘客的实时互动，此次共发放问卷 310 份，回收的有效问卷为 282 份，有效率达到了 91%，之后将调查结果输入 SPSS 软件中来计算各指标的整体相关性系数[5]，具体数值如表 1 所示。

表 1 各指标的整体相关性系数

序号	指标	第一次计算	第二次计算	第三次计算
C_1	站内环境	0.354	—	—
C_2	站内候车乘客占比	0.673	0.674	0.678
C_3	通道走行乘客占比	0.667	0.664	0.671
C_4	楼扶梯使用效率	0.686	0.685	0.687
C_5	直梯使用效率	0.672	0.671	0.672
C_6	平均排队时间	0.694	0.697	0.672
C_7	工作日客流量均值	0.722	0.723	0.726
C_8	自然日客流量均值	0.718	0.723	0.724
C_9	平均步行速度	0.516	0.523	0.518
C_{10}	最大步行距离	0.557	0.559	0.553
C_{11}	乘客绕行系数	0.765	0.764	0.763

续表

序号	指标	第一次计算	第二次计算	第三次计算
C_{12}	导向信息服务程度	0.614	0.616	0.618
C_{13}	客流冲突点数	0.688	0.692	0.695
C_{14}	站内工作人员负责度	0.523	0.526	0.529
C_{15}	客流组织有效度	0.398	—	—
C_{16}	站内拥挤度	0.672	0.672	0.675
C_{17}	站内客流集散时间	0.417	0.397	—

从表 1 中可以看出，第一次计算时，站内环境（C_1）和客流组织有效度（C_{15}）这两个指标的整体相关性系数均低于 0.4，故将上述两个指标删除；第二次计算中，站内客流集散时间（C_{17}）指标的整体相关性系数低于 0.4，故再将此指标剔除；第三次计算中，剩余指标的整体相关性系数均大于 0.4，此时置信度为 92%，满足大多数学者的观点。

剩余各项二级评价指标分别是站内候车乘客占比、通道走行乘客占比、楼扶梯使用效率、直梯使用效率、平均排队时间、工作日客流量均值、自然日客流量均值、平均步行速度、最大步行距离、乘客绕行系数、导向信息服务程度、客流冲突点数、站内工作人员负责度、客流组织有效度、站内拥挤度，之后在一级指标不变的情况下将筛选后的各项二级指标重新进行排序编号，前五项二级指标对应的一级指标为站内设施服务程度，其次的两项二级指标对应的一级指标为站内客流量，之后的四项二级指标对应的一级指标为站内走行，最后三项二级指标的对应的一级指标是站内客流组织，将其整理后绘制成新的指标体系，如图 2 所示。

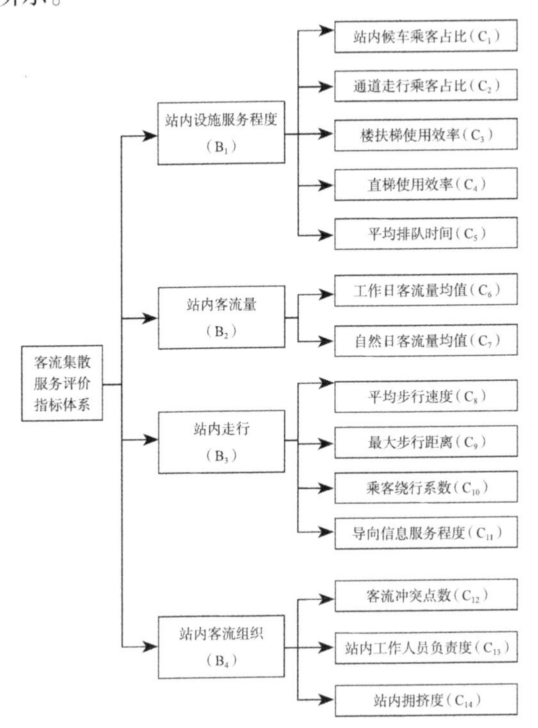

图 2 客流集散服务评价复选指标体系

3.3 指标分级

指标分级是以统计大量相关历史数据为前提的，由于当前我国还没有准确的换乘站客流集散指标分级标准，故本文根据以往研究成果将指标等级分为 5 类，并采用降序方式进行排列，最优为 A 级，最差为 E 级，具体分类标准如表 2 所示。

表 2 各项评级指标分级表

等级标准	A	B	C	D	E
站内候车乘客占比	（0,0.2）	（0.2,0.3）	（0.3,0.4）	（0.4,0.5）	（0.5,1）
通道走行乘客占比	（0,0.01）	（0.01,0.08）	（0.08,0.16）	（0.16,0.24）	（0.24,1）
楼扶梯使用效率	（0,0.2）	（0.2,0.4）	（0.4,0.6）	（0.6,0.8）	（0.8,1）
直梯使用效率	（0,0.1）	（0.1,0.3）	（0.3,0.5）	（0.5,0.7）	（0.7,1）
平均排队时间	＜2	（2,5）	（5,8）	（8,10）	＞10
工作日客流量均值	＜4000	（4000,7500）	（7500,9000）	（9000,15000）	＞15000

续表

等级标准	A	B	C	D	E
自然日客流量均值	< 3000	(3000,6000)	(6000,8500)	(8500,14000)	> 14000
平均步行速度	(1.1,1.5)	(0.9,1.1)	(0.8,0.9)	(0.7,0.8)	< 0.7
最大步行距离	(0,200)	(200,275)	(275,350)	(350,425)	≥ 425
乘客绕行系数	(1.0,1.1)	(1.1,1.2)	(1.2,1.3)	(1.3,1.5)	≥ 1.5
导向信息服务程度	(9,10)	(7,9)	(5,7)	(3,5)	≤ 3
客流冲突点数	0	(0,2)	(2,4)	(4,8)	> 8
站内工作人员负责度	(9,10)	(7,9)	(5,7)	(3,5)	≤ 3
站内拥挤度	(0,0.8)	(0.8,1.6)	(1.6,3.2)	(3.2,4.8)	> 4.8

4 结语

在客流集散服务评价的应用背景下，提出了一种较为新颖的评价指标体系，并通过对北国商城站的实例分析，得出其与传统评价体系相比，各项指标的筛选流程和整体构建思路均符合相关原则及标准，有效地解决了客流评价指标创新性问题，具有一定的实际参考价值。

参考文献

[1] Delgado F, Munoz J C, Giesen R.How much can Holding and Limiting Boarding Improve Transit Performance[J]. Transportation Research Part B, 2012, 46(9):1202-1217.

[2] 陈翘楚．地铁车站服务能力及适应性研究 [D]. 北京：北京交通大学，2020.

[3] 杨陶源．城市轨道交通车站客流集散仿真研究 [D]. 北京：北京建筑大学，2016.

[4] 高鹏．三线换乘站客流集散服务水平评价研究 [D]. 成都：西南交通大学，2020.

[5] 杨鑫宇．石家庄地铁北国商城站客流预测与集散服务评价 [D]. 石家庄：石家庄铁道大学，2022.

浅谈昌平线智能化检修工作管理平台的应用

杜颖琦* 詹延军**

（北京地铁运营有限公司运营四分公司，北京 10010）

摘　要：本文结合昌平线车辆基地生产实际业务需求开展分析，建立以调度为基础的智能化检修作业管理平台，打破原有的单纯、封闭的检修管理模式，设计系统动态调整的基础，通过列车里程的智能化管理，实现周期性检修作业的推算，并结合车辆基地运营场景完成检修计划及收发车计划的智能化管理，实现场段股道、列车、人力等资源合理利用率，以提高地铁车辆基地运营效率、运营质量和运营安全。

关键词：地铁；车辆检修；智能化

1　引言

地铁车辆基地是车辆的停放、检修、整备等作业任务的场所。检修计划、收发车计划、调度计划等的生产调度安排是场段高效运作的重要基础，其合理、可靠、可执行性在提升场段作业效率、降低地铁生产成本、保障运营安全等方面有着重要的现实意义。

近年来，随着城市轨道交通线网规模的持续扩大，地铁车辆基地任务日趋繁杂，协调多线任务要求大幅提升，传统调度人员手工作业的方式对车辆检修计划和收发车计划等编制安排，不利于提高车辆基地资源的利用率。由于考虑不周、安排错漏还会影响车辆的健康状态，交叉作业带来作业安全隐患，致使车辆基地管理压力日益增加。以信息化、数字化手段建立的智能化检修工作管理平台，通过智能化生产作业管理，达到高效地管理车辆基地检修作业的目的，对提高车辆基地工作效率，加强行车安全及人员安全具有重要意义。

2　设计概况

车辆基地主要业务包括车辆检修业务、收发车业务、段内行车组织、基础设施的维护等，各项业务相辅相成，尤以检修作业为主。智能化检修工作管理平台通过范式编程技术，实现智能化检修作业管理。检修作业与收发车、调车在空间、时间、制度等方面直接关联，因此在智能化车辆检修管理中，要打通检修、收发车、调车等业务。根据运营图安排以列车实际行驶里程原则进行的检修计划安排，以检修计划和收发车的需求发起调车作业计划，检修中心预先设定修车计划进行表格导入，列车位置作为计算收发车、检修、调车计划的前置条件，根据调度计划实现列车位置动态调整，达到车辆基地调度运作循环的效果，如图1所示。

3　业务需求分析

3.1　检修计划需求

车辆检修工作计划是围绕地铁电动车辆维修工作开展的车辆维修保养计划。车辆检修计划分为年度车辆检修计划、月度车辆检修计划和临时车辆检修计划。

年度车辆检修计划的内容包括全年的车辆运营计划、车辆检修计划（含空调风道清理）、

* 杜颖琦（1982—），女，学士学位，北京地铁运营有限公司运营四分公司。E-mail：ericadu@sina.com

** 詹延军（1983—），男，本科，北京地铁运营有限公司运营四分公司。E-mail：bybbjb@163.com

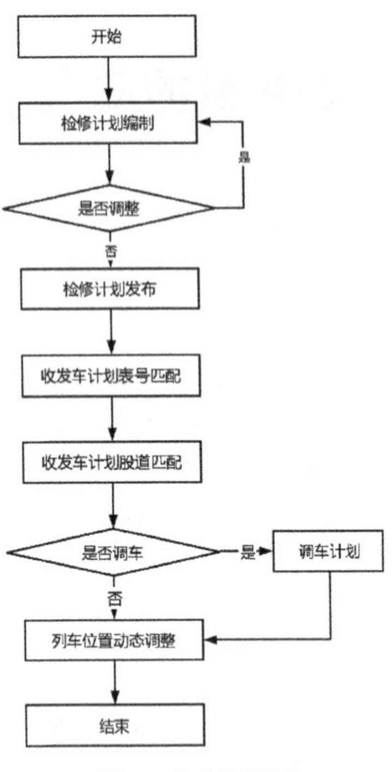

图 1　作业流程图

设备维修保养计划、轨道车维修保养计划的任务数量。

月度车辆检修计划的内容是对年度车辆检修计划的分解和细化，对当月各运营线路车辆运营计划、车辆检修计划（含空调风道清理）、设备维修保养计划、轨道车维修保养计划及其他检修任务的具体安排。

临时车辆检修计划的内容包括临时性的各类生产任务安排。

3.2　日常检修作业需求

昌平线检修中心日常车辆检修计划包括车辆日检、列检、车辆清洗、车辆空调滤网清理，以及当日的计划性检修工作等。

日检是对当天参与运营回库的电动列车所进行的检修维护，是最初级的检查，每日车辆入库后在停车股道上进行。其主要目的是对主电路中的受流器、牵引电动机的安装及状态，走行部分的转向架、轮对、齿轮箱及联轴节等进行检查，以目测检查为主，以保证电动列车走行部分的安全和电气控制性能的良好。

列检对主要部件做外观检查，除日检内容外，主要检查转向架、牵引系统、制动系统、门系统等部件的使用状态。列检里程间隔为3600～4400km，检修等级高于日检，低于月修，维修地点为有地坑并具备750V电源的检修股道上。

月修对列车进行全面、细致检查，并且要对接近到限的易损、易耗件进行更换，对主要部件进行检查、测试和保养。月修里程间隔为18000～22000km，检修等级高于列检，低于架修，维修地点为有地坑并具备750V车间电源的专用检修股道上。

3.3　调度计划需求

传统收发车计划编制时，需调控室检修调度根据发布的运行图中运营列车数量、时间、位置等因素，结合列车收车位置、股道先后顺序，依据制度要求及人工经验编制计划。人工编制计划存在效率低、易出错、工作量大且繁杂等特点，如若遇到特殊情况，如故障打乱运行图顺序，需要人工重新编制计划，调整难度与调度自身能力直接相关，对场段作业效率和运营安全有着不确定影响。

在检修作业的同时，为保证列车洗车、调试等，需要对库内列车进行调车作业，包括申请、审批、编制、执行等过程，目前依靠纸质填写、口头传达等方式实现调车作业过程管理，可采用信息化手段实现调车的管理。

4　智能化检修管理平台的研究

智能化检修管理平台主要研究计划自动编制与生产数据、规则之间的匹配关系，实现方式是将输入的车辆检修计划管理、收发车计划管理、调车计划编辑、调车计划执行、现车管理及运行图模块的数据传输到进路管理模块，作为进路排列的约束条件，实现场段检修计划、调度计划管理的信息化管理，作为检修调度、检修班组人员、信号楼值班员、作业司机的作业支撑，确保段场内车辆安全、高效运行。

4.1 模型建立

4.1.1 检修计划模型

车辆检修计划编制主要是结合修程修制，生成周期性、阶段性计划，同时根据修程，结合运营窗口期、检修地点、时间和检修人员执行检修作业，预测运营列车回库场段。制定科学合理的车辆检修计划，以实现运营列车数量最少、均衡里程、列车利用率最大为目标，需充分考虑股道占用约束、运行图全覆盖约束、列车检修约束三个条件，如图 2 所示。

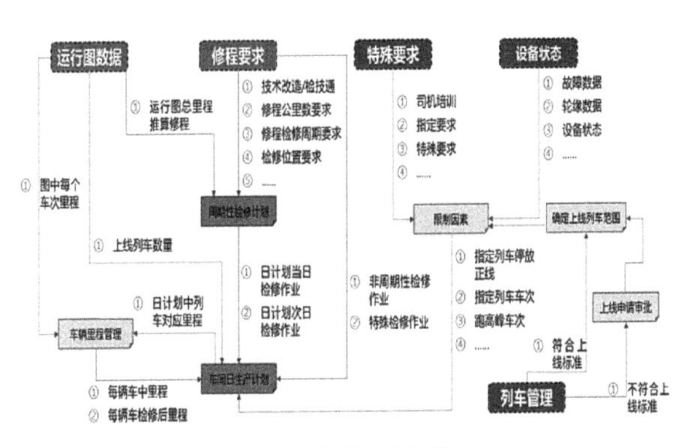

图 2　系统运行流程图

列车运营计划是一个同时需要满足修程要求、运行图数据、特殊要求、设备状态等约束的复杂问题。因此，信息充分共享与逻辑梳理是制定合理的、可执行的车辆检修计划的关键。校验信息主要包括运行图、列车里程、检修位置要求、周期要求、指定车次、列车状态等，如图 3 所示。

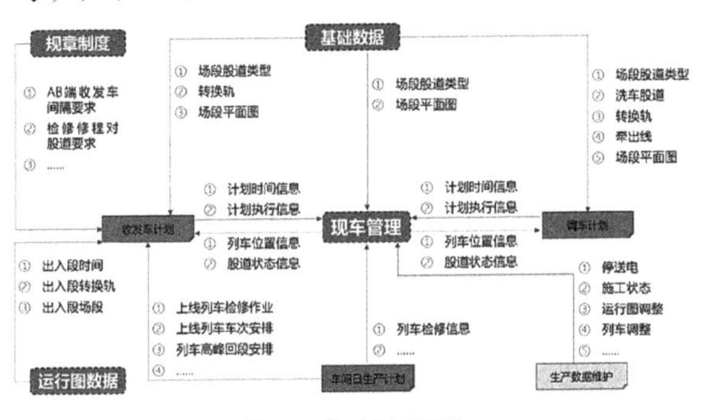

图 3　管理流程图

4.1.2 调度计划模型

制定收发车计划动态调整规则，通过范式编程技术，使用计算机实现自动编制计划。收发车计划根据限制条件动态调整，实现系统自动决策。关键限制条件如下：

▶ A 端列车优先 B 端列车上线运行，或安排 A 端列车调车。

▶指定场段、高峰、车次需要无条件满足。

▶根据日均里程为明日计划安排预备段。

▶ AB 端股道发车间隔满足规章制度要求，保障前车在故障情况下能留有一定的处置时间。

▶列车收车满足检修作业的特殊股道，如清空调作业所在股道。

▶结合现车位置安排列车出入库具体位置。

▶根据检修计划、调车计划获取列车回库场段及位置变更信息。

▶保证 A 股道计划时间在 B 股道的计划时间之前。

4.2 主要数据设计

4.2.1 智能化里程统计

根据昌平线的现有规章制度，各级修程都是严格按照列车走行公里计算。因此，列车实际走行公里数为检修计划智能排表的核心数据。

具备车辆段收发车计划表录入功能，作为计算列车运营公里数的依据，可考虑表号、公里数、早间段发时间、中午到段时间、下午段发时间、收车到段时间参数。

里程统计功能，能够统计每列车的公里数，统计方式分为两种：一是据车辆段接发表中表号对应公里数通过系统累加已有公里数，统计得到列车公里数；二是人工录入公里数功能，能够修改已有列车运行公里数，当人工修改后，后续公里数在修改的基础上累加。里程信息可以通过 Excel 文件按照系统模板导入。

4.2.2 智能化修程管理

具备列车修程维护功能，车辆检修计划管

理包含车辆设备管理、检修修程设定。该板块主要提供各类车辆修程规则的设置，方便检修计划编制时调用。此外还可以新增检修规程、修改已有修程、删除已有修程，进行人工维护。

修程基本属性如表1所示。

表1　修程公里数控制标准

修程	里程要求	场段需求	每日上限	节假日	班组
月修	2 ± 0.2 万 km	十三陵车辆段	1	不安排	月修班
40万公里修	40 ± 2 万 km	十三陵车辆段	—	—	修程班
75万公里修	75 ± 2 万 km	十三陵车辆段	—	—	修程班
115万公里修	115 ± 2 万 km	十三陵车辆段	—	—	修程班
150万公里修	155 ± 5 万 km	车辆维修基地	—	—	修程班

月修分为A、B1、B2、B3、B4，除此之外还包括车辆的清空调、洗车、周检的管理。

4.2.3　节假日动态调整设计

节假日管理包括法定节假日和特殊工作日。可通过定期、自动联网获取或由人工录入。

法定节假日如周末、中秋、元旦等。特殊工作日为针对法定节假日做出的调整工作日，例如因中秋节放假导致相邻周末为工作日。

4.2.4　运行图管理

运行图数据为调度计划关键基础数据之一，有效的管理运行图是系统自动化执行的重要环节，其中包括周期性计划推算修程，日生产计划对运营列车数量、表号匹配等重要信息。可导入Excel样式的运行图概要，包括表号、时间、对应公里数。

4.3　主要功能设计

4.3.1　计划性检修

实现检修计划的自动生成，生成内容包括修程、月修等作业计算。包括人工编制检修计划功能及调整检修计划的功能。

检修计划按照表格形式展现检修类型、车号、日期之间关系。

（1）年度生产计划推算

根据运行图里程信息计算出每月的运营里程，从而推算出每月理论上的月修数量及推算出列车每月月末的里程信息；系统根据列车总里程信息，并累加车均月修公里推断列车进入修程日期（修程具备一定波动范围），进一步推断每月月修数量。根据里程、运行图可实现未来几年的修程推算。

具备人工按照固定模板导入检修计划的功能，可按照年或月的维度导入检修计划。可新增检修计划，导入后对计划进行编辑，实现计划人工调整相应的检修信息；支持检修台数汇总统计，可以查询检修台数统计；选定起止月份，可以将选中时间段内计划清空处理；具备年计划的删除/发布/撤回功能。

（2）年检修计划

年检修计划中能确定每列车的修程时间，根据修程年计划而来，另外能够确定修程车的月修时间。

先确定修程车进入修程作业时间，该部分通过年生产计划获取；根据修程车的修程时间计算该车的月修计划，均衡分布该车的月修，此处涉及月修计算的两种关系：第一种是“凑整”，根据月修里程和日均里程计算下一次月修时间；第二种是根据修程类型、日均里程等信息计算单次月修所需间隔时间，从而推算后续月修时间。

年计划中开始计算时间须晚于实际执行的最后一次月修时间；在年计划计算时，会根据上一次月修时间、月修类型、月修时里程、当前里程信息共同判断下一次检修时间。

（3）月检修计划

月检修计划需要确定修程车的修程时间和月修时间，同时选取合适非修程车安排月修。

优先安排年检修计划中的修程和修程车的

月修，并确定占用月修数量。然后确定非修程车的月修时间，当月无检修计划的非修程车按照月修公里数由高到低排序，组合成“顺序1”，当月有检修计划且未执行检修的非修程车按照检修时间先后顺序排序，组合成“顺序2”，列车按照“顺序1+顺序2”的方式排序。最后根据当月月修预测数及修程车月修占用数选取对应列车，选择合适的列车开展月修作业。

4.3.2　日常性检修

（1）排表规则

排表类型根据日均里程（N）将列车分为控制大表、优先大表、随机排表、建议小表、控制小表五类，标准值可配置。

将列车分为两类：一类是当月还有月修计划未执行的列车和修程计划的列车；另一类是无月修安排的列车或当月月修已完成的列车。

针对第一类，包括修程列车、修程车已确定月修、当月已计划月修的列车，需要根据计划检修时间里程，推算出日均公里，得出列车排表建议，如表2所示。

表2　控制结果表

车号	日均公里	排表建议	车号	日均公里	排表建议
CP001	319	优先大表	CP006	-110	强制小表
CP002	15	强制小表	CP007	299	随机排表
CP003	156	建议小表	CP008	200	建议小表
CP004	591	控制大表	CP009	18	强制小表
CP005	-20	强制小表	CP010	400	优先大表

（2）表号匹配

日计划核心是将修程、月修、清空调、洗车、周检等作业整合，按照一定优先级安排列车合适的表号，同时必须考虑列车里程的要求，保证满足月计划、年计划等周期性计划的安排。

先确定故障车、修程、月修的表号及后两日作业需求。根据排表建议，按照强制小表、强制大表、优先小表、优先大表、正常排表的顺序赋予列车表号。

再确定周检车。若周检车不能满足回库的要求，可从优先小表、优先大表、正常排表列车中替换；若仍不能满足要求，则确定清空调、洗车列车，并可从优先小表、优先大表、正常排表列车中替换。

（3）限制因素

排日计划后，需要考虑列车安排表号后的公里数要满足：表号公里＋出月修公里数≤2.2万km（检修间隔＋最大波动幅度）。此外，还要考虑后两日列车检修需要回库位置，例如安排列车当晚回朱辛庄，但是列车里程已接近2.2万km，并在第二日有月修作业，需要判断是否有一个表号能实现从朱辛庄回十三陵且不超2.2万km，若不能实现，则该车次日应该保证在十三陵车辆段或者运营回库后在十三陵车辆段。

4.3.3　调度计划管理

（1）收发车计划

根据正线运行图中列车收发车要求及场段列车位置信息，依据里程和检修安排自动编制收发车计划，生成的收发车计划具备人工调整功能，实现车辆段接发车计划表内表号与列车的自动匹配，具备创建、调整、导入、导出收发车计划的功能。

重点考虑因素：根据车辆段列车出入库具体时间安排列车回库股道；检查是否和次日发车顺序冲突；根据列车表号先后顺序发车，同一股道A、B端列车需要间隔至少1个小时，相邻股道无时间间隔要求；针对列车回库位置以“晚回早发”为原则，若存在两列车次日及高峰回库检修，两列车不可安排至同一股道。月修车及修程车当日回库股道需要通过系统匹配列检库股道，需要通过调车作业并在当日夜间调至检修库；当月修车及修程车回库后，系统需要生成调车计划；不能直接收车作业排到检修库，也不能从检修库直接发车作业。

（2）调车计划管理

调车计划根据作业车辆、调车起止股道、调车类型、作业起止时间、作业内容、备注等信息通过系统编制。

调车计划审核具备调车计划详情查看、调车计划审批、调车作业单编制功能。调车作业单编制内容需要包括调车司机信息、勾选计划信息、备注信息、注意事项，由调车计划审核人员收到确认无误后发布。

调车计划具备筛选查询功能。系统支持通过车号、调车日期条件进行查询；已完成计划支持查看计划的执行记录和详细信息，详细信息包括勾选计划的结束时间。

系统根据调车计划安排确定执行开始时间，经信号楼确认后方可执行，对计划执行情况报点；信号楼在调车计划执行过程中可随时干预执行进程或修改计划。

4.4 应用效果分析

系统研发后具备人员架构优化条件。通过梳理功能需求，完成系统功能开发，设计作业过程数字化管理机制与功能，可实现数字化指挥模式，实现场段生产管理由人工向智能转变。系统具备优势如下：

（1）系统自动编制发车计划、收车计划，编制时间均为秒级，极大地提高了计划编制的效率，减少调度工作量和工作时间。

（2）基于以上系统替代人工的部分工作，具备调研分析场段人员架构优化的可行性。具备调度人员与信号楼岗位职责优化的条件。但考虑到各种非正常情况的人工干预，需根据业主需求和实际情况对人员配备优化。

（3）动态调整方式生成收发车计划，实现车辆基地收发车计划自动编制，省去人工传统方式编制计划所需的时间和可能存在错误的环节，节约大量的时间成本和人力成本，提升可靠性。

（4）实现调车作业在线生成、审批、编制，实现调车作业过程的无纸化管理，节约大量时间和资源成本，有着绿色环保的作用。

5 结论

综上所述，本文结合生产实际需求，基于提高地铁车辆基地的自动化、信息化、智能化程度，提高车辆基地的作业效率和安全性，根据车辆基地的实际情况及信息化的需求，开发了智能化检修管理平台，应用到了地铁车辆基地实际管理工作中，提高了地铁车辆基地运营效率、提升了运营质量和运营安全，提高了设备智能化水平，符合未来地铁管理的发展趋势。

参考文献

[1] 蒋一凡．地铁车辆段检修工艺设备管理分析探讨 [J]. 中国设备工程，2021（24）：90-91.

[2] 宋懿，安小米．国际标准中的智慧城市概念及其概念体系：基于 ISO，ITU-T 和 IEC 术语定义的分析 [J]. 标准科学，2018（1）：127-132.

[3] 何晓宇．地铁车辆段控制中心综合调度系统的研究 [J]. 铁路通信信号工程技术，2019，16（11）：81-86.

[4] 徐安雄，王鑫，曲正钢．地铁车辆基地综合自动化管理系统收发车计划编制及动态调整方案 [J]. 城市轨道交通研究，2020，23（12）：193-197.

市域（郊）铁路枢纽车站运营服务策略的几点思考

秦竞卓*

（中国铁路设计集团有限公司，天津 300251）

摘　要：国家有关文件提出“出行即服务”的理念，要求推进市域（郊）铁路与其他交通方式以及多层次轨道交通之间的时间接续、票制互通、安检互信、标识统一、应急联动，提升一体化运营服务水平和出行体验。通过研究市域（郊）铁路重庆中心城区至永川线工程重庆西站服务体系设计原则，分析其客流特征与服务水平，提出枢纽车站的运营服务策略，总结了提升枢纽车站运营服务水平的相关策略，期望为市域（郊）铁路枢纽车站服务体系设计、运营服务策略等方面提供帮助。

关键词：市域（郊）铁路；枢纽车站；运营服务；策略

1　引言

2021 年 5 月，国务院办公厅转发国家发展改革委等单位《关于推动都市圈市域（郊）铁路加快发展意见的通知》有关要求，强调市域（郊）铁路要实行公交化运输组织，应根据客流需求等灵活运输组织模式。提升服务水平，关键是要提高市域（郊）铁路“门到门”全程的运行效率。要充分利用 5G、物联网、大数据等现代信息技术手段，推进市域（郊）铁路与其他交通方式以及多层次轨道交通之间时间接续、票制互通、安检互信、标识统一、应急联动，提升一体化运营服务水平和出行体验。2021 年 10 月，中共中央、国务院印发《成渝地区双城经济圈建设规划纲要》，提出推进一体化综合枢纽建设，提升枢纽运营智能化水平。

因此，按照“出行即服务”的理念要求，提升市域（郊）铁路运营服务水平势在必行。市域（郊）铁路效率高不高，乘客会根据出行体验做出实际选择，关键取决于运营服务水平高不高，是否提供与都市圈通勤需求相适应的高质量服务。

2　市域（郊）铁路枢纽车站服务水平的前期探索

在线网规划、建设规划层面，市域（郊）铁路的功能定位、建设意义等不尽相同，但市域（郊）铁路通常串联主城区及周边区域的重要枢纽，如机场、火车站、地铁站、汽车客运站、公交站等。因此，枢纽的服务水平至关重要。周成尧等[1]提出智能列车乘客服务系统计划实现的各种功能以及基本原理；李哲[2]以乘客对服务满意度的 8 项基本因素作为评价指标，建立以乘客为中心的服务体系和评价模型，提出乘客服务补救的相关建议与措施；赵文龙等[3]结合城市轨道交通安检、测温、乘车等多应用场景的业务需求分析，提出建设多系统融合的城市轨道交通线网智慧乘客服务平

科研项目：中国铁路设计集团有限公司城交事业部课题“轨道交通车站公共空间通行服务质量评价标准研究”（编号：2022CJ0203）。

* 秦竞卓（1988—），男，硕士，工程师，中国铁路设计集团有限公司，国家注册城乡规划师，主要从事轨道交通建筑规划与设计研究工作。E-mail：qinjingzhuo@vip.qq.com

台的系统架构、功能以及系统融合设计的方式；付保明等[4]通过构建智慧客服场景下的乘客服务体系，从而使乘客服务管理体系与现场智慧化业务场景相匹配；白国岩[5]通过对乘客信息系统进行设计，提出一套新的信息系统建设方案，从而提高运营服务水平，提高轨道交通的运输效率。由于大部分市域（郊）铁路处于前期研究或在建阶段，运营服务分析研究较少，故针对市域（郊）铁路枢纽车站运营服务策略方面进行分析。

3 永川线重庆西站概况

3.1 工程概况

永川线工程西起永川西站，东至重庆西站，经由永川区、璧山区、高新区、沙坪坝区、九龙坡区等，主要串联永川城区、科技生态城、重庆新机场、重庆西站等交通枢纽。

重庆西站是集国铁、地铁、公交、长途汽车、市郊铁路等多种交通方式于一体的综合交通枢纽，永川线重庆西站与已运营的轨道5号线、环线及远期12号线换乘，如图1所示。设计层面应尽量优化综合枢纽内部功能布局，有条件可采用同站台、立体换乘，促进功能布局紧凑、“零距离”换乘。

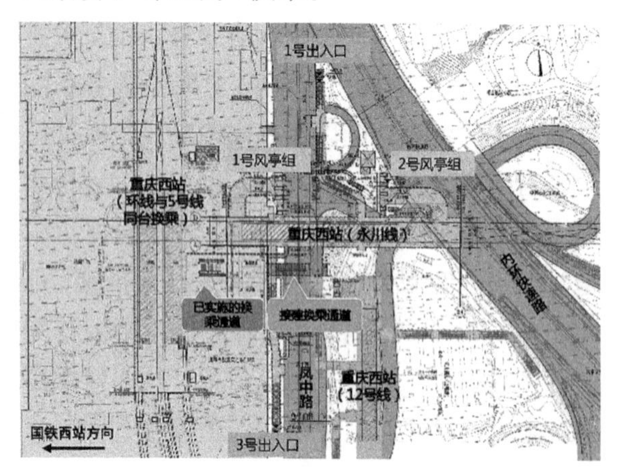

图1 永川线重庆西站总平面图

3.2 客流概况

重庆西站是《成渝地区双城经济圈多层次轨道交通规划》中5个Ⅰ型客运枢纽（全国型枢纽）之一，根据重庆西站在规划中的定位及规划运量目标，若永川线引入重庆西站，则更有利于重庆西站铁路客流的集散，从而提高轨道交通分担率。

通过对重庆市现状轨道节假日以及特殊日的运营数据分析，如重庆轨道1号线小什字站，在特殊日中，小什字站的乘降量约4.28万人，比较正常工作日的3.87万人，增幅为10.59%；重庆北站，在特殊日中，站点积聚会有较大增幅，如春节节后火车客运高峰，重庆北站的乘降量约8.65万人，比较正常工作日的6.21万人，增幅为39.29%。可预测，重庆西站在某些特殊日会出现较为明显的客流突发现象，假日客流对比工作日客流会增长5%～15%。故在运营服务策略方面应着重考虑客流特征。

4 运营服务策略分析

4.1 服务体系设计原则

按照“出行即服务”的理念要求，为了提高服务水平，市域（郊）铁路枢纽车站设计原则如下。

4.1.1 契合规划，服务先行

市域（郊）铁路枢纽是根据城市枢纽的功能定位而设置的，两者必须相契合，服务水平才能达到最大化。因此，在进行枢纽站设计时，应先从国家或都市圈等宏观层面考虑，再从城市规划或线网规划等中观层面考虑，最后从枢纽换乘、工程预留接口等微观层面考虑。

4.1.2 枢纽服务体系合理化

根据枢纽站各种交通客流特点及客流需求，若要提升枢纽服务的整体水平，首先要达到换乘的快捷便利，避免换乘流线的交叉拥堵；同时，还要考虑地形周边条件，避免大量拆迁，综合整体方案的优缺点，采用最为合适的换乘方式。

4.1.3 乘客服务体系智能化

智能化的乘客服务体系需要重点关注以下六个方面：第一，利用个人信用体系、生物识别系统等提升票务服务的智能化水平；第二，按照乘客出行需求定制化，提供智慧出行咨询；第三，研发智慧客流管控系统，应对日常峰谷、节假日等客流预测及动态监测；第四，采用人工智能等新技术，建立智能安检安防系统；第五，建立智慧车站系统，实时提供车站全场景动态信息服务；第六，提升列车智能服务水平。如图 2 所示。

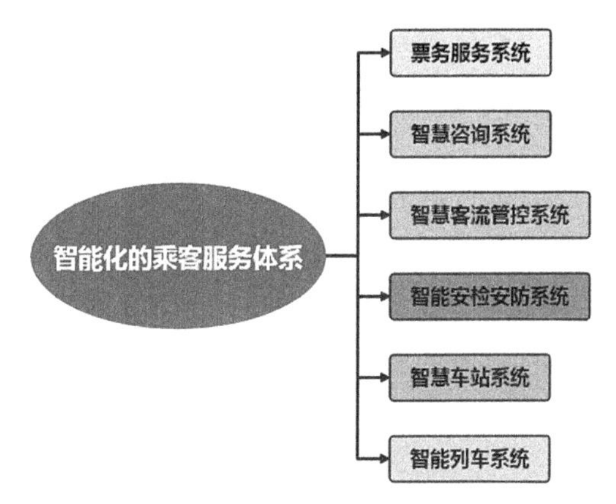

图 2 智能化的乘客服务体系

4.2 运营服务设计分析

4.2.1 服务时间分析

按照《城市轨道交通运营管理规范》要求，市域（郊）铁路全天运营时间不少于 15 小时。同时重庆西站作为多种轨道交通制式的枢纽换乘站，换乘线路应统筹考虑，相同制式换乘线路按不低于城轨运营单位服务时间标准进行设置，不同制式换乘线路依据客流需求综合考虑确定。

枢纽车站换乘线路的首末班车时间设置应匹配乘客出行特征，尽量满足乘客乘坐不同换乘线路的出行需求。首班车尽量满足市域（郊）乘客往市区方向的出行需求，末班车尽量满足市区乘客往郊区方向的出行需求，同时考虑与线网其他线路的协调匹配。

4.2.2 运能与客流的匹配性分析

（1）线路运能设计原则

根据换乘线路的功能定位和客流特征，结合枢纽换乘客流分析各线的系统制式。考虑换乘线路建设时序、系统选型、服务水平、换乘站点、换乘通道与设备能力确定换乘线路的系统制式。相同制式换乘线路的列车选型和车辆编组要尽量一致，避免换乘线路换乘时出现运力不匹配现象。

根据换乘线路的功能定位、客流特征、出行需求确定坐席比例与站立密度标准。考虑换乘线路建设时序不同，以提高系统服务水平与运营经济性。对于跨市等乘客乘坐距离较长的线路，在车辆选型设计时可考虑提高列车站立标准，适度提升乘客出行舒适度。

（2）运力配置原则

换乘线路的系统能力应满足站点换乘的客流需求。换乘线路运力配置原则上要与客流特征相匹配，同时兼顾换乘线路间的换乘匹配：一是在高峰时段按“以需定运”原则安排运力，当运能不能满足乘客需求时，按照设备能力安排运力；二是非高峰时段在满足客流需求的同时兼顾运输成本安排运力。

换乘站关联线路的列车编组与高峰小时行车对数选择应考虑与换乘线路系统能力及服务水平匹配，各线服务水平宜相近。

在设计大型枢纽换乘站（如重庆西站）换乘线路发车间隔时，除考虑本线功能定位、客流需求、系统选型和服务水平的需求之外，需要考虑换乘线路发车间隔的匹配性与适应性，对线路发车间隔进行统筹考虑。

4.2.3 枢纽车站换乘接续分析

在列车运行计划编制时应考虑换乘线路的换乘匹配，协调换乘站列车到、发时刻，缩短乘客的换乘等待时间，提高乘客的出行便捷性和乘客服务水平。

换乘线路列车时刻表的配合，应与换乘客

流特征相符，宜与换乘客流主方向一致，缩短大多数乘客的换乘时间，提高车站换乘服务水平。

4.3 应对措施

4.3.1 运能设计层面应对措施

在运能设计层面，由于枢纽车站涉及不同制式列车换乘，各种制式列车运能如表1所示。

表 1 不同制式列车运能关系表

车型	编组/辆	列车定员/（人/列）	远期高峰小时行车对数/对	运能/（人次/h）	最小发车间隔/min
城轨快线车	6	1554	24	37296	2.5
跨坐式单轨	8	1292	28	36176	2.15
山地城市 As 车	6	1532	30	45960	2
地铁 B 型车	6	1460	30	43800	2

远期永川线采用的山地市域 D 型车运能在 3.7 万人/小时，与各换乘线路远期预测客流基本相当。在与既有线进行换乘时，应注意新线客流对既有运营线路的冲击，建议采用通道换乘的形式，通过换乘通道缓冲客流，避免节点换乘，造成客流拥堵和积压。对规划及在建线路，在换乘时可结合换乘车站的客流及出行方向，合理选择换乘形式。

4.3.2 枢纽车站换乘设计应对措施

换乘是影响轨道交通运营效率的主要因素之一。通过换乘，轨道与轨道之间发挥网络效益；轨道与地面公交以及其他交通工具之间实现客运系统的一体化。因此，换乘站的规划也是近期建设规划研究中的重点之一。

永川线重庆西站与已运营的轨道 5 号线、环线及远期 12 号线换乘，故在设计阶段考虑不同线路的建设时序，结合周边地形等情况，建议采用通道换乘的形式，减小对既有线运营的影响，同时预留远期 12 号线换乘通道接口。

5 结论

通过对永川线重庆西站运营服务策略的研究、分析，得出以下结论：

（1）应按照“出行即服务”的理念要求，提升市域（郊）铁路服务水平，提供与都市圈通勤需求相适应的高质量服务。

（2）运营服务应以枢纽客流为基础，此外还要考虑枢纽的突发客流等因素，并做好应对策略。

（3）运营服务策略应从运能设计层面、换乘设计层面考虑应对措施。

（4）本研究成果可在市域（郊）铁路枢纽车站的服务体系设计、运营服务策略等方面提供帮助。

参考文献

[1] 周成尧，刘畅，邓瑾，等．城市轨道交通智能列车乘客服务系统研究 [J]. 现代城市轨道交通，2020（8）：20-26.
[2] 李哲．地铁车站乘客服务体系的模糊评价 [J]. 城市公共交通，2015，208（10）：31-33.
[3] 赵文龙，熊振兴，严军．基于系统融合的轨道交通智慧乘客服务平台设计及实践 [J]. 城市轨道交通，2022，75（5）：46-49.
[4] 付保明，梁君，张宁，等．基于智慧客服的城市轨道交通乘客服务体系 [J]. 铁路通信信号工程技术，2022，19（11）：76-81.
[5] 白国岩．市域铁路智慧乘客信息系统设计 [J]. 铁道建筑技术，2022，352（7）：135-138.

基于精益化管理理念的城市轨道交通车辆智慧运维系统

曹国仪*

（太原中铁轨道交通建设运营有限公司，太原 030006）

摘　要：轨道交通车辆运维系统是智慧交通中的重要环节，对防止列车运行延误、提高车辆维修质量、消除危及轨道交通安全的车辆故障具有重要意义。现阶段存在运维平台功能不全、生产要素覆盖不全、维修全过程不能有效衔接、未能实现全要素数据共享等问题，为解决好上述问题，需要对影响车辆运维质量的全要素链条进行分析，并建立全新的车辆智慧运维系统，实现"人、机、料、法、环、测"全要素数据涵盖下的城市轨道交通车辆智慧运维系统。

关键词：精益化管理；轨道交通车辆；智慧运维

1　现状分析

目前的城市轨道交通车辆运维系统，大多只是从设备管理方面构建，如引入了车辆健康管理、轨旁检测管理、车辆检修管理等内容，没有从精益化管理入手，从人员素质、设备质量、技术管理、物料管理、现场管理、应急处置等全方位、多要素进行综合顶层设计。

城市轨道车辆运维安全是一项亟待加强的工作，轨道交通列车运行延误的影响因素多种多样，主要有客流因素、设施设备因素、环境气候因素等。以上海市轨道交通事故统计数据为基础，经分析后发现，71% 的初始延误是由于车辆和通信信号故障造成的 [1]。据不完全统计，2020 年由于故障原因共发生 5 分钟及以上延误事件 1023 次；2021 年由于故障原因共发生 5 分钟及以上延误事件 1540 次，同比增长 8.9%，主要原因是轨道车辆延误率较高 [2]。

目前，有的轨道公司已搭建了车辆运维系统，但缺少从全生产要素进行数据采集的维保系统，影响车辆运维质量的要素采集不全面，整合和完善现有运维系统还有待深入研究。

1.1　运维要素覆盖不全

运维要素包括人的要素、物的要素及其结合因素。大致分为设备、作业、素质、环境、管理等方面，目前的轨道交通车辆运维系统，仅从物的角度进行搭建，不能满足和真实反映现场作业的需求。

1.2　缺少应急处置决策功能

轨道车辆出现故障时，未建立操作仿真、车组部件快速检索等功能。智慧系统应具备模拟车内、车下各部件外观状态和具体位置，标注各部件、接线情况，即时调阅技术图册和技术参数资料等应急处置决策功能。

1.3　数据得不到充分运用

各要素的数据之间搭接和关联得不够，如不能实现检修计划下达、任务派工、作业过程卡控、人员数量及位置、物料情况，以及作业线路定位等作业流程全过程管理，不能共享车

基金项目：国家自然科学基金资助项目（72162015）。

* 曹国仪（1996—），男，工程师，主要从事城市轨道信息化建设方面研究。E-mail:429249593@qq.com

辆检修、故障、履历、人员、物料和技术文档等基础信息，有些数据成为“死数据”，得不到深度共享和运用。

2 城市轨道交通车辆智慧运维系统的意义

国家《“十四五”现代综合交通运输体系发展规划》提出，到2025年，综合交通运输要基本实现一体化融合发展，智能化、绿色化取得实质性突破，以及交通基础设施数字化率显著提高，数据开放共享和平台整合优化取得实质性突破的要求。这对车辆运维的安全性、智能化、标准化提出更高的要求。

精益管理最早用于制造业，随着对精益管理研究的深化，精益管理不再限于生产管理，而是拓展到人员、技术、设备、研发等各个层面的管理。精益管理的理念是精益求精，是“更快、更简单、更持续的精益求精”的措施。

3 总体设计

3.1 系统概述

融入精益化管理理念的智慧运维系统是通过人工智能、大数据、云计算、物联+移动等手段，围绕国家现代综合交通运输体系发展规划、聚焦轨道交通行业特点，提升轨道交通运维和服务的全息感知、实时分析、科学决策和精准执行能力，通过全要素的数据整合，打造人员管理、设备管理、技术管理、物料管理等全要素于一体的智能联控、智慧分析的车辆运维系统，推动现代信息技术与车辆运维管理全面融合，提升交通运输管理水平，对实现精益化管理、提升运维智能化水平具有重要意义。该系统的总体设计如图1所示。

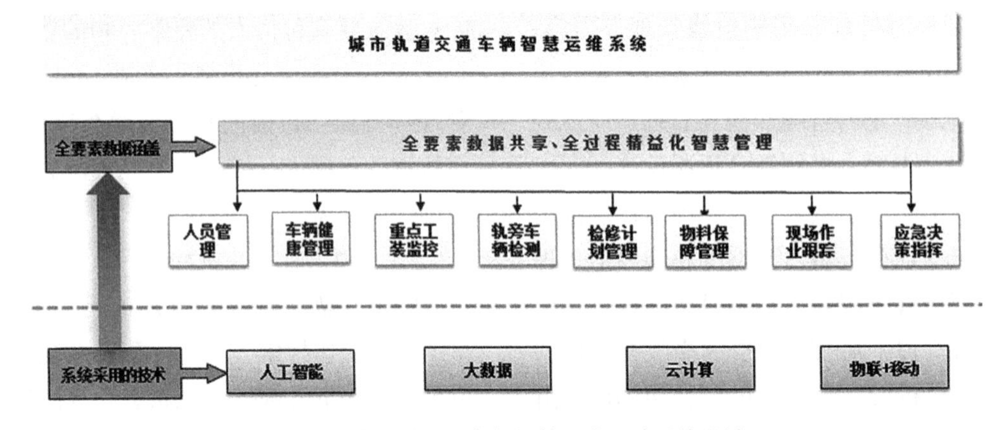

图1 城市轨道交通车辆智慧运维系统总体设计

3.2 功能实现

通过融入精益化管理理念，综合推进人防、物防、技防“三位一体”安全保障体系建设，实现车辆维保人员管理、车辆健康管理、重点工装监控、轨旁车辆检测、检修计划管理、物料保障管理、现场作业跟踪、应急决策指挥等应用功能，达到全要素数据自动采集、故障关联分析、数据综合展示、数据统计及数据共享的目的。进而解决运维管理水平不高的瓶颈，防范故障引起的风险，降低维保费用，提高安全防控和应急保障能力。

4 系统构架与功能的实现

4.1 人员管理

人员管理主要从构建维保人员的人员画像入手，聚焦维保人员背后的关键信息，主要包括近一年来发生安全问题人员、发生问题的职工学历、发生问题员工工龄分布、培训情况分布图、员工性格分布展示、问题人员岗位经历及分布等。

人员画像分析设“查询”操作，可通过系统对各车间班组以及员工身份证进行精准查询，搜索后页面转跳至人才画像页面。人员画像设“分析”操作，能够对人员工作情况进行综合评分，通过对人员发生问题情况、参加培训情况、受到奖惩情况等进行全面分析，能够从人员素质达标上进行定量分析，优化岗位与人员的匹配。

4.2 车辆健康管理

车辆 PHM 系统是车辆故障检测和健康管理的简称，系统由预测预警模块、状态维修模块构成。根据不同车辆的结构、维保手册，以及运行区段特点，按车辆部件的重要程度、易损程度分别纳入预测预警模块、状态维修模块，两模块之间根据需要科学研判后调整。

预测预警模块设“观察”“误报”“回库处理”操作，状态维修模块设“重视”“处置”操作。加强和创新 PHM 系统运用管理，能解决车辆设备综合评价、行车故障应急指挥、检修计划编制智能化和故障情况信息共享的问题。

4.3 重点工装监控管理

随着车辆设备的更新和检修手段的提高，对工装设备的依赖越来越强。车辆运维离不开良好的工装设备，应根据各作业场所，明确重点工装设备，提取关键信息监控管理，主要包括工装的实时监控、生产年限、上次维修时间及维修内容和维修人员、下次维修时间、设备巡检情况、上次使用人员、使用情况等数据。

4.4 轨旁车辆检测管理

轨旁车辆检测主要是通过视频拍照、声学采集等列车探测传感装置，构建车辆运行状态感知系统，应对重要通道和枢纽线路进行数字化感知监测覆盖，通过设置轨旁设备，确保关键路径和重要区段全天候、全周期实施状态监测，发挥主动预警能力。实现对车辆顶部检查以及受电弓等的检测、车辆下部配件检查以及轮对磨耗检测、走行部及齿轮箱的温度检测、车辆侧面外观故障的图像检测等，并同步实时通过车辆轨旁设备传输各项数据，自动进行正常数据比对，实现故障自动提醒功能[3]。

4.5 检修计划管理

车辆检修计划管理的重点是结合运行情况、车辆健康管理、轨旁车辆检测情况等进行综合分析，并与车辆全生命周期数据匹配，找出故障部位和故障原因，快速制定维修措施，并下达维修计划。当车辆发生故障并确定维修工艺标准后，下达车间和班组维修计划单，计划单包括使用的工装设备、维修的人员要求、物料使用要求、维修工艺要求等内容，确保维修质量的前提下，压缩修时，提高效率，降低运维成本。

4.6 物料保障管理

根据检修计划的安排，及时掌握材料配件的储备情况，保障车辆维修保养需要，实时监控物料的入库、取出、使用、维修、报废环节。设置只能配送接口，实现物料仓储合理，提前安排智能小车将物料配送到检修现场，提高车辆运维管理水平。

4.7 现场作业跟踪管理

车辆维保离不开规范、文明、优良的生产环境，提升作业人员职业素养，建立良好的作业环境，是提高车辆运维工作质量的有效载体。根据现场标准化管理手册，在各个作业点设置视频和语音提示装置，采集该区域的现场作业情况，进行人工或自动的监控比对，发现问题并语音提醒。可采取小型无人机的形式，卡控运维现场的各种安全风险。

4.8 应急决策指挥管理

车辆出现故障时可以迅速提供车辆的全景仿真视图、车辆部件快速检索等功能。通过车辆上和应急指挥部门设置的显示屏，快速模拟车内外、车上下各部件外观状态和具体位置，并且标注出各部件、接线的功能作用。帮助维保人员以及应急指挥人员迅速找到故障位置，能发挥远程指挥作用。并根据故障部位，实时显示相应技术图册、应知应会手册、气路原理图、电路原理图、检修工艺等内容，点击后可查看技术参数资料。

5 系统整体架构

智慧车辆运维系统的建设应该以需求目标为导向，实时采集影响运维质量的全要素数据，智慧运维离不开对大数据的综合分析和研判，故智慧运维系统的整体架构中“大数据分析”是重点，挖掘大数据之间的关联信息，实现各项数据的深度融合判断，实现全要素运维数据之间互联互通，并以此不断优化和整合现有传统作业各自独立的现状，提升车辆智慧运维的信息化水平[4]。

车辆智慧运维系统总体技术架构主要由5层组成，如图2所示。

5.1 感知层

主要功能是对各要素中各种数据的感知和采集，通过使用声光电传感器，以及高速摄像、无人机、机器人等智能感知技术，提升系统对人员、工装设备、车辆设备、物料使用、作业环境等的感知能力，更加快速、准确地感知所需要素，实现对车辆运维全生命周期内的作业人员、工装设备、车辆状况、环境状况、应急处置等对象的主动发现与感知。

5.2 网络层

主要功能是通过组建4G、5G、物联网、OTN等网络传输设备，高速稳定地传输感知层识别出来的各种数据，保证从车辆段、车辆本身、各站和中心、各区段轨旁等信息传到指挥调度中心。

5.3 数据层

主要功能是汇聚影响车辆运维全要素的各类静态、动态和业务执行等数据，对各项数据进行存储、分析、对比和计算，通过大数据与人工智能综合算法分析，基于大数据，实现车辆运维管理的全数字化。

5.4 应用层

主要功能是提供车辆运维各要素的独立分析和关联分析，通过分析、研判、统计，完善各要素的管理，实现新型的车辆运维智慧化应用。通过大数据分析后的结论，实现车辆运维的精准、高效、低耗和自动化规范化水平。

5.5 展示层

主要功能是展示处理结果数据，通过指挥

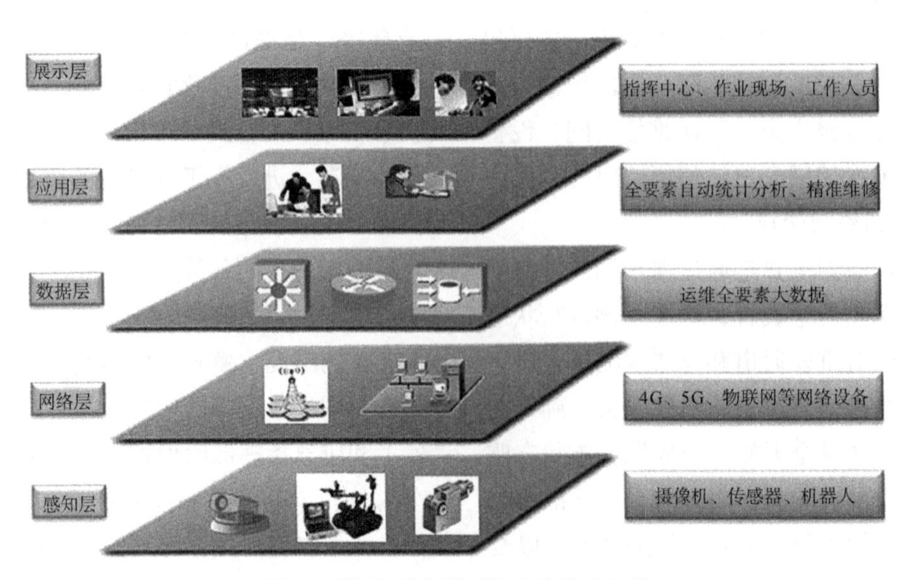

图2 车辆智慧运维系统总体技术架构

中心信息平台、工作人员的各种终端（智能手机）、面向作业场地的信息显示系统等终端，展示各种数据可视化和交互对话，提供各环节直观的信息数据、运行状态监控、安全预警提醒、故障处理决策等信息，实现车辆维修后的闭环管理，最终实现车辆运维的高度智慧化。

6 结语

本文以车辆运维为研究对象，融入精益化管理理念，积极探索影响车辆运维质量的全因素数据，提出实现城市轨道交通车辆运维智慧化管理的新理念系统框架。该系统集人员感知、工装感知、车辆健康感知、轨旁设备感知、现场感知、物料感知、应急处置决策等于一体，可极大地提高车辆实时安全预防和主动维修能力，对降低车辆检修运维管理成本、提高车辆运维效率、消除安全隐患具有重要意义[5]。

参考文献

[1] 乔珂，赵鹏 . 城市轨道交通列车运行延误及其调整方法 [J]. 都市快轨交通，2013，26（1）：41-45.

[2] 中国城市轨道交通协会 . 中国城市轨道交通 2021 年度统计和分析报告 [R]. 北京：中国城市轨道交通协会，2022.

[3] 郭建伟，司军民，赵梦露，等 . 基于全要素、全过程数据融合的城市轨道交通车辆智能运维系统 [J]. 城市轨道交通研究，2022，25（1）：210-215.

[4] 李庆刚 . 智慧地铁技术框架及发展方向研究 [J]. 铁道建筑技术，2022（11）：52-56.

[5] 吴华丽，江亚男，陈俊栋 . 基于 PHM 技术的城市轨道交通钢轨智慧化运维系统框架设计 [J]. 智能建筑与智慧城市，2021（12）：152-154.

城轨司机业务技能评价模型研究

赵　鹏[*]

（天津轨道交通运营集团有限公司，天津　300392）

摘　要： 随着城市轨道交通运营的不断发展，关键岗位技能的好坏直接关系到乘客的出行安全及效率，因此为了提升客运服务质量，对城轨司机业务技能水平提出了更高要求。本文针对城轨司机业务技能的评定标准进行研究与探索。

关键字： 技能测评；仿真平台；标准建立

1　乘务岗位技能评测仿真平台的设立

乘务岗位技能评测仿真平台是为城轨司机提供培训及评测的工具和平台，对正线运营场景下的安全操作、安全防护标准性要求的掌握情况和操作要点进行综合评测。经过模拟评测，可以了解在系统出现设备故障及突发事件时，城轨司机的应急处理能力，并评估其处置过程和方法的安全和效率情况。

乘务岗位技能评测仿真平台以正线运营过程中涉及安全的运营场景为核心，从城轨列车安全运行、驾驶程序、轨道监控、乘客乘降监控、确保紧急情况的检测和管理方面，对复杂场景下城轨司机操作规范、多岗位交互流程的正确性制定评测标准，涉及以行车为核心的城轨司机岗位的评测标准。

2　乘务岗位技能评测标准

2.1　乘务岗位技能评测仿真平台的探索

乘务岗位技能评测仿真平台，开展调度、乘务等城轨司机评测工作。评价仿真平台分解各场景对应乘务人员的操作任务考核点，制订系统的操作评测案例库及其评测维度。

针对乘务专业综合性强、能力要求较高的场景进行评价分析，建立评估评价案例库；评价软件的案例库设计为运营安全操作场景库、运行环境库类别。

乘务岗位技能评测仿真平台根据功能可分为三个层级：第一层级为面向裁判与选手的应用层，技能评价裁判端可提供场景管理以及评价选手表现等功能；技能评价学员端可提供选手登录、场景描述、任务提示、信号实操等功能。第二层级为适配层，在此层级中开放信号系统接口，可以增加虚拟中心调度、虚拟场段调度、虚拟站务等岗位功能。第三层级为平台层，提供全部信号、车辆、综合监控、通信子系统的仿真软件等业务处理能力。

乘务岗位技能评测仿真平台具备评测案例的案例编制、场景注入、场景操作记录回放、在线故障注入、运行控制功能，满足乘务正常作业流程指导及异常场景下的技能评测。

2.2　技能评测案例库的分类遵循交通运输部等权威单位对乘务技能等级规范的有关规定

分解技能等级要求中的各个技能点，设定技能评价案例的基础考核点。考核点在乘务人

* 赵鹏（1981—），男，本科，中级工程师，天津轨道交通运营集团，主要从事城轨司机培训管理工作。E-mail：914900767@qq.com

员的运营组织能力、故障处理、系统应急处置及安全操作规范多角度进行综合设计；考核乘务人员面对这些技能评测案例时是否按照规定的运营规则处理。

乘务岗位技能评测仿真平台的评分规则包含以下四个方面：①操作：操作步骤要点得分；②结果：操作任务完成结果得分；③时间：完成任务用时得分（操作用时和影响列车延误两个方面）；④主观：主观判定得分（根据复诵、口呼、手指、汇报的准确性确定分数）。

评测仿真平台可随机或根据考核需求从案例库中选取不同的案例进行自由组合。

评分时可以按照如上四个考核评测维度设定不同权重给出综合评价。

3 乘务岗位技能操作评测场景

正线运营场景下涉及的安全操作，包括以下正常场景、故障场景及异常场景时的系统状态变化及相应的操作安全考评场景：

- ▶列车进站时对标失败
- ▶车门故障
- ▶车辆牵引系统故障
- ▶车辆制动系统故障
- ▶车辆辅助系统故障
- ▶车载信号故障
- ▶列车受电弓故障
- ▶接触网异物
- ▶车辆紧急手柄触发
- ▶车门、屏蔽门联动故障
- ▶紧急呼叫
- ▶车辆、站台火灾
- ▶区间水患

4 轨道列车司机业务技能评价模型

4.1 国家技能标准概述

《国家职业技能标准职业编码：4-02-01-01 轨道列车司机（城市轨道交通列车司机）（2019年版）》标准中，岗位技能共设五个等级，分别为：五级/初级工、四级/中级工、三级/高级工、二级/技师、一级/高级技师。

4.2 业务技能评价模型

司机岗位技能模型的评级由综合得分决定，具体规则如下：总得分=岗位匹配系数×（技能等级得分+培训匹配得分+考核匹配得分+擅长业务匹配得分+相关工作任务完成指数加分）。

（1）岗位匹配系数是关键项，只有0和1，非故障相关岗位为0。

（2）K1、K2、K3、K4和K5为评级模型中维度的权重系数，该系数可根据各维度的重要性进行调整。若对单个维度进行评价时，权重系数均为100%，仅在进行总分计算时可进行调节。

（3）总得分到20%、50%、70%、90%时分别被评为二星、三星、四星、五星；得分百分比可根据实际情况调整。

（4）具体各个维度的评分模型如下：技能等级得分=（1−专业岗位技能等级人数/该岗位总人数）×技能等级加权系数K1。

▶培训匹配得分=（该员工参加本专业相关培训数量/本专业相关培训总数量）×培训加权系数K2。

▶考核匹配得分=（该员工参加相关考核得分/参加相关考核总分）×考核加权系数K3。

其中，专业技能考核可分为理论考核、实车考核和模拟器考核三部分。

（5）理论知识考核。理论知识竞赛选用在线考试系统，理论竞赛设备需满足90人，分三个以上考场同时机考。理论在线考试系统能够根据设置，自动生成标准的考试试卷，并能统一发到考试终端。选手比赛时通过考试终端进行答题，答题完成后选手可自主提交试卷，答题时间结束后系统自动收卷。

（6）实车操作模块考核。驾驶技能项目在长度不少于1000m的试车线上进行，采用一列状态良好的八节编组列车。列车竞赛端司机室安装视频摄像装置，用于全程监控竞赛过程。随车配置便携式电脑，用于实时读取列车相关数据。两个对标考核点安装地面对标牌，并配备电子测量仪器和数码影像记录设备。同时，配备一列同型号列车作为备用列车。

（7）模拟器操作考核。列车操纵、列车故障处理、应急处置模块在城市轨道交通列车驾驶模拟器上进行考评。

擅长业务匹配得分：擅长关联业务数 × 擅长业务加权系数K4。擅长业务根据技能等级标准要求如表1所示。

表1　技能等级标准要求

项目＼技能等级		初级/%	中级/%	高级/%	技师/%	高级技师/%
技能要求	列车操纵	40	30	20	20	—
	列车故障处理	30	30	40	40	40
	非正常行车及突发事件应急处置	20	30	40	20	20
	列车救援	10	10	—	—	—
	技术管理与培训	—	—	—	20	40
合计		100	100	100	100	100

工作任务完成指数加分：相关工单完成数 × 加权系数K5。

城轨司机情景模拟实操培训创新应用

赵　鹏[*]　张　阳[**]

（天津轨道交通运营集团有限公司，天津 300392）

摘　要：城轨司机业务培训是提升其业务技能的主要途径之一，而实作培训是提升司机应急处置能力的主要手段。传统实作培训方式为利用实车进行，存在培训难度大、培训效果差等诸多问题。研发情景模拟培训系统，主要是以创建情景为切入点，模拟列车典型故障，有针对性地对司机开展业务训练。培训方式灵活、培训效果优于传统培训方式，同时，弥补驾驶模拟器软件更新不及时的弊端，具备地铁线路城轨司机培训的使用及推广价值。

关键词：城轨司机；培训方式；情景模拟；安全驾驶

1　城轨司机培训工作现状

为了提升城轨司机业务技能，保证司机在驾驶过程中遇到突发车辆故障能够快速、准确地处理，日常的培训工作必不可少。传统的司机培训，以理论培训和实操练习为主。其中，实操练习以故障处理为主，均以实车进行。随着城轨车辆冗余系统的不断完善，故障模拟的实现难度不断增加，对于牵引、制动系统的典型故障无法模拟成功。同时，受车辆保有量限制，培训用车较为紧张，经常出现培训用车无法满足需求的情况。

2　现有形式培训的弊端

2.1　理论培训的缺点

（1）培训用车不够。比如国内某城市，培训用车主要依靠城轨司机在车辆非运营时间进行全员范围培训，如果采用轮流培训，不仅培训时间较短，而且培训师对培训内容的讲解会出现些许不同。

（2）实作培训对运营列车容易造成设备损伤。在培训前，需要对车辆设置故障，而且处理步骤中可能需要对列车进行重复关车、启车，这样多次培训容易对列车电路元器件造成电流冲击损伤。

（3）培训周期过长。忽略培训的等待时间，以及对故障的恢复和设置时间，每人每做一次故障处理训练，从灯、屏、表、开关的现象判断和检查，对故障的原因分析，以及最后的点评，需要 10～15 分钟。

（4）培训周期导致记忆效果差。由于当前国内大多数城轨司机培训依然采取传统的集中授课方式，无法让司机能够达到长久记忆的效果。

（5）培训质量差。城轨司机人数较多的情况下，每次只能根据小组形式进行培训，由于司机室的空间狭小，无法同一时间对所有受训人员进行统一讲解。

针对以上问题，城市轨道交通乘务专业都

---

*　赵鹏（1981—），男，本科，中级工程师，天津轨道交通运营集团，主要从事城轨司机培训管理工作。

** 张阳（1990—），男，本科，助理工程师，天津轨道交通运营集团，主要从事城轨司机培训工作。E-mail：914900767@qq.com

需要急须解决此类问题。

2.2 利用真实车辆进行实作培训的缺点

（1）操作步骤逻辑性强，不易理解。作为城轨司机，根据下线标准应对故障时，操作步骤逻辑性较强，而平时培训过程中，无法展现实际现象，步骤就会显得格外抽象，容易形成只知其一不知其二的情况。

（2）操作步骤烦琐不便记忆、知识点易混淆。面对故障处理，需检查、操作的设备部位较多，而平时培训过程中，机械性地对操作步骤进行记忆，容易对操作内容混淆。尤其司机在紧张的应急处理过程中，易造成头脑空白、无从下手的情况发生。

（3）人员基数大，班次不统一，培训组织难度大。城轨司机队伍人员较为庞大，班制以及培训用车紧张的情况下，对于培训组织较为困难，如想全覆盖地对司机进行实操培训，需要较长的培训周期，培训效率较低。

（4）培训质量差。城轨司机人数较多的情况下，每次只能根据小组形式进行培训，但由于司机室的空间狭小，无法同一时间对所有受训人员进行统一讲解，培训效果参差不齐。

3 情景实操培训的思路

针对城轨司机的培训具有专业性、实作性以及及时性的特点，在某城市公司引入情景模拟技术来辅助城轨司机培训。相比传统培训方式，情景模拟培训更注重司机实际操作，通过图像和声音增加司机记忆力，与驾驶模拟器相比，情景模拟培训投入更低，更便于维护。

司机可随时随地利用自身携带设备或出乘点位培训设备进行自主练习；有效利用碎片化时间进行学习，不再受到培训组织以及统一培训时间的限制；司机可以反复进行实作训练，凭借多媒体教学手段，让司机身临其境，反复揣摩操作要领、锻炼操作技能，根据情景模拟操作技术指导，对司机的肢体技术动作做到有效纠正，提升操作准确度，同时避免训练过程中由于对用电设备反复停送电而对实体车辆电气设备造成损伤。另外，司机在使用情景模拟培训系统时，可以身临其境感受各类突发故障的现场紧张气氛，以熟生巧、巧而进精。

4 情景实训的应用方法

制作情景模拟培训系统，需要有切合实际的操作流程作为理论支撑，在理论层需要：

（1）分解：对下线标准的操作步骤进行分解，以天津地铁 5 号线为例，对 60 余项故障处理标准进行操作步骤逐一分解，最多的故障处理步骤达 31 步。

（2）融合：下线标准的故障操作步骤的角度，是以故障明确为起点进行的后续处理。而对于司机在驾驶过程中突发异常情况，故障判断是故障处理整体过程的重中之重，同时司机需要面对紧张的氛围、行车组织的意识、与行车调度的沟通等复杂环境，因此下线标准的单层面训练，是无法满足实际故障处理要求的。因此，将行规和下线标准进行有机结合，编制出司机看得懂、记得牢、可操作的作业流程。

（3）设计：将融合后的作业流程重新编排设计，有效提升故障处理效率。

通过上述技术分解过程，固化现有故障处理、应急处置流程，将城轨司机通信用语内容进行模板化，平均缩短故障汇报、联系时间 15 ～ 30 秒。从而达到缩短司机故障处置时间、控制突发事件等级的目的。

对正线典型故障利用触屏一体机，借助计算机软件系统虚拟界面，通过 PPT 关联性链接，实现情景模拟培训可视化、可操作、可对话训练目的，情景复原程度达到 95% 以上。以天津地铁 5 号线城轨司机培训为例，情景模拟培训系统共包含 62 个故障场景，5400 余个界面，7000 余个链接，精确到司机的每一个操作步骤。通过 3 个月的编制、验证，最终实现了将操作流程进行逻辑上的关联，合理地把操作步骤、故障模拟的情景以及反馈结果进行有序结合，利用PPT工具实现对虚拟化操作步骤的可视化展示；同时课题小组共同验证了62项故障场景，在5400余个界面中发现并修改场景链接200余个，确保逻辑关联的准确性。

5 情景实训的应用效果

5.1 提高培训效率

全国各个城市的地铁司机是一个人数较多的群体，不管是采用上车实训的方式，还是利用“模拟驾驶器”实训，培训效率普遍较低、培训成本相对较高（占用列车使用计划、电费投入）、培训效果不理想。培训时，受培训场地空间限制，往往是一个人操作一群人围观，严重浪费人力成本及培训资源。

相比传统培训方式，情景模拟培训更注重司机实际操作，通过图像和声音增加司机记忆力，与驾驶模拟器相比，不受场地和外在条件限制，司机随到随学，操作简单方便，学习方式和时间均灵活多样。

5.2 提高培训效果

（1）加深城轨司机理解：通过对情景模拟的应用，使城轨司机在培训过程中身临其境，加强对故障处理流程的理解。

（2）加深城轨司机记忆：通过情景触摸屏实现人机对话，完成城轨司机用脑背、用手触、用心记，达到深层次记忆的目的。

（3）通过对同批次的10名城轨司机故障处理用时取样分析，平均节约1分24秒，提高故障处理效率29.8%（表1）。

表1 应急处理用时统计对比表

司机姓名	李祥	王瑞	王鑫	钟鑫	陈叙	邢诚	王松	葛优	宋超	王正	平均
研发前	4' 25"	4' 41"	4' 36"	4' 18"	4' 27"	4' 45"	4' 52"	4' 45"	4' 50"	4' 44"	4' 38"
研发后	3' 19"	3' 21"	3' 05"	2' 47"	3' 15"	3' 08"	3' 18"	2' 55"	3' 16"	3' 35"	3' 14"

（4）年度实训次数有了明显提升：由原方式12项/年，提高至48项/年，而且培训过程不受用车及外界条件限制。

（5）正线故障处理成功率由2018年的79.07%提升至2020年的92.59%，降低了正线运营影响（图1）。

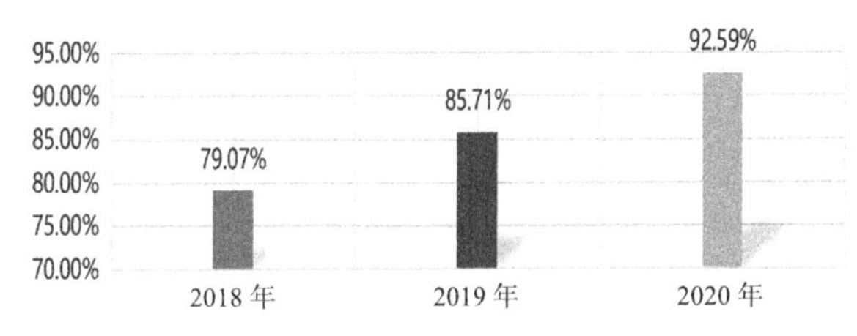

图1 处置成功率统计

6 情景实训模式带来的经济价值

6.1 设备资金投入较少

情景模拟培训系统需要的设备：触屏一体电视机1台；U盘1个。根据市场价格显示，共计1.02万元。无须特殊的维护及保养，正常使用寿命在10年以上。情景模拟系统的研制，仅需要一台可触摸式PC液晶电视机的设备费用，市场价在1万元左右。

6.2 减少电能消耗

司机利用实车训练电能消耗较大。如果以每列培训用车空调静态功耗每小时120kW计算，160名司机进行实训，每人每月训练共8小时，120kW×160人×8小时×12次计算，仅一条线全年耗电1843200kW，1843200kW×1.33元（平均值）=245.1456万元。

6.3 减少人力成本投入

人力成本：按培训期间餐费计算，160人×14元×12=26880元。

车辆设备损耗费用不计：对于应急故障处

理的操作，对电气部件会造成损伤，其消耗不计算其中。

7 结语

在现代化城市轨道交通行业，运营列车的安全、快捷、舒适已经成为行业的一致标准，对城轨司机的培训更是有效保障列车安全运营的重要手段。在过去很多必须通过现场实际操作才能够看到的特定故障现象、动手操作的设备器材，通过使用情景模拟培训同样可以实现，同时在节省了大量物力和缩短了培训周期后，培训质量也有所提高。在城轨司机通过使用情景模拟培训时，相应的列车部件以及各种行车设备的操作次数也相应降低，设备的稳定性和损耗程度都有所降低，大大减少了设备的不安全因素对人身可能造成的伤害。提高了培训的效率，降低了培训的工作量，减少了因培训所产生的资源成本。使用情景模拟培训，解决了用车难、用车时间短的重大难题。通过这一培训方式有效提升了广大轨道交通城轨司机的培训效果，推动了我国城市轨道交通行业的建设发展。

智能控制的升降车门设计

田家槐　饶志强　任　帅　殷纬川　刘荞凯　牛沭清
（北京联合大学城市轨道交通与物流学院，北京 100101）

摘　要：本设计方案能够帮助解决特殊人群乘坐列车时的乘降问题。目前我国铁路系统对普速方案有迫切的需要，然而对该领域的研究却仍不完善。在各大列车站点对工作人员进行采访调研后，最终研发出了一种安装在车门处的乘降系统，这种系统能够在不改变列车基本结构的基础上帮助特殊人群实现无障碍乘降，增加安全性和便利性，减少人力消耗。

关键词：普速列车；特殊人群；乘降

1　引言

随着公共交通的发展，特殊人群的出行需求日益增高，而我国目前部分车站所使用的低站台和中站台与列车门之间高度差较大，导致乘坐轮椅的特殊乘客乘降极为困难。目前的解决方案首先依靠乘务员与乘客家属一同把乘客抬上车，最后把轮椅折叠后送上。这个过程操作繁杂，需要人力，还极大地延长了停车时间，并且存在一定的危险。

针对这类问题，本文提出一种全新的车门机械设计，设计为安装在车门处的辅助特殊乘客乘降系统。设计目标为：实现特殊人群零高度乘降，结构稳固，符合相关的国家标准、铁路标准、技术要求，使乘降简单化、结构简省化、改装便利化，方便广大旅客出行。

2　普速列车乘降系统现状分析

2.1　普速列车站台现状

2.1.1　站台与车门

按照国家标准，目前我国列车站台依当地建造条件不同分三种高度，分别为低站台（距轨道面高度为300mm）、普通站台（距轨道面高度为500mm）与高站台（距轨道面高度为1250mm）。列车车厢高度与高站台相同。如图1所示，燕山站的站台为低站台，离车门950mm的高度设计为三节楼梯接驳，无任何无障碍升降设备，对于特殊人群乘车造成了很大的困难，而普速列车在这部分仍有很大的进步空间。基于当下现状以及问题，一款全新的升降车门机械设计十分重要。

图1　站台高度差

2.1.2　低站台与普通站台的旅客列车型号

19型旅客列车：19T型。

22型旅客列车：22型、22B型。

25型旅客列车：25B型、25G型、25K型、25T型、25Z型。

动车组：CRH5A型、CRH5G型、25ZA

基金项目：北京联合大学2022年"启明星"大学生科技创新创业项目《基于智能控制的升降列车门》（20221012）。

型（CR200J 型集中动力动车组拖车）。

其中 22 型、22B 型、25B 型、25G 型运行于普通旅客列车（5001-7999）、普快旅客列车（1001-4999）、快速旅客列车（K0001-K9999）。25K 型、25Z 型运行于特快旅客列车（T0001-T9999）。25T 型运行于直达特快旅客列车（Z0001-Z9999）。动车组为 D 字头列车。

2.2 实地调研

为了研究项目的实用性与严谨性，特前往燕山站进行调查，以实际情况做参考。

燕山站位于京原线，由中国铁路北京局集团有限公司北京西车务段管理。为一座四等中间站，规模一台三线，每日开行一对普速列车，站台采用距轨道面高度为 300mm 的低站台。

在采访了三名站务员与一名售票员后，根据他们的反馈，进行了相应的方案调整。燕山站每月会有约十名特殊乘客乘降，基本上采用家属及站务员协助抬升的方法帮助旅客上车。根据现况，应在不妨碍正常使用的情况下针对特殊乘客进行帮助。

关于对本项目前景的看法，四名工作人员中有三位持乐观态度，并表示如果成品能达到现有设计要求，希望相关单位能够采购并使用。

2.3 设计基准、适用性与成本

项目决定以 25 型列车相关技术资料为基准进行设计。25 型列车是当今中国铁路使用最广的系列，还有大部分快速、特快列车都是由 25 型列车为蓝本改装而成。所以，以其为基准进行设计无论是从现今列车的适配性角度还是从今后的发展角度来看都具有广阔前景。

车门完全按照 25 型列车的尺寸与标准来设计，保证不破坏车体基本结构，只卸下原本的车门与楼梯就能进行安装。再加上每辆列车的特殊乘客数量有规定上限，一般来说只需要改装一辆车的一个车门就足够使用，可以说是把成本降到了最低，便于在各地推广。

3 设计与优势

3.1 总体设计方案

我国目前部分车站所使用的低站台和中站台与列车门之间高度差较大，在特殊人群使用列车自带登车梯时存在较大的不便捷性。本方案主要以列车门下半段为支撑，通过自动化控制实现列车门的升降与开关，同时具有自动检测和自动归位、开关的功能。

3.1.1 升降模块实现

升降模块主要由丝杠、步进电机和电机驱动组成。车门下方的地板被切下，固定在丝杠上，作为升降平台。升降平台两侧的下方安装两台直角电机，并通过这两台直角电机与车门下半部分相连。两根丝杠对称安装在升降平台的下方。两台步进电机分别安装在两根丝杠下方，旋转丝杠。两台电机驱动则分别为两台电机提供合适的电压，并受控制模块控制。丝杠本身具有很高的动承载载荷与静承载载荷，其结构也较稳定，不易磨损。增加机械效率，减少运行噪声与摩擦，在模型中，我们使用的是 12V 驱动电机，并由 arduino 输出的 5V 脉冲信号控制。

3.1.2 开关模块实现

旋转模块，在车体与车门的连接处安装了直角电机，控制车门的向外开启和关闭。直角电机具有无电自锁特性，能够同时起到限位和固定作用。上方的直角电机固定在车体上，下方的直角电机则固定在升降平台上，与升降模块共同升降。直角电机由控制模块通过电信号控制其旋转时间和角度。

3.1.3 反馈模块

反馈模块主要由两个开关、一个超声波传感器和两个碰撞传感器组成。一个开关安装在下车门内侧护栏上较靠近下车门的位置，以方便乘坐轮椅的特殊乘客控制开关。另一个开关安装在列车内部稍靠上的位置，以方便站立的乘务员控制开关。两个开关均能通过控制系统控制升降模块的升降，效果相同。超声波传感器安装在车体侧面，面向下方，检测超声波传感器到站台黄线内侧区域的距离，以确保没有人会干扰到检测结果。控制模块根据该数据计算得出该车站的站台高度，进而控制升降模块的升降高度。两个碰撞传感器安装在上下车门与车体的连接处，用于检测车门是否正确关闭。

3.1.4　自动控制实现

该程序可以在列车到站时自动将上下车门向外打开，按照使用者的指令进行升降，并能够在升降平台回到原高度且列车即将出站时自动关闭车门。如果在车门打开的状态下两个开关中的任意一个被按下，程序即会控制升降系统进行升降。如果有特殊乘客需要下车，可由乘务员按下开关，使升降平台下降，根据超声波传感器返回的数据，控制模块可以自动判断站台高度，防止升降平台过度升降发生碰撞甚至损伤。我们在智能化设计上采用了较为合理的开关逻辑，保证只有在升降平台的高度恢复正常时，上下车门才能关闭。之后将会在上下车门与车体连接处安装两个碰撞传感器，使车门的开关能够自动校正，并且在出现意外后（如车门在开启或关闭过程中由于被阻挡或停电等原因被迫中止）自动复位。未来可以增加智能化控制单元提供语音提示和语音控制功能，进一步提高智能化、自动化、简便化程度。

3.2　机械部分设计方案

3.2.1　升降模块机械设计

升降部分采用了丝杠设计，丝杠具有较高的动承载载荷与静承载载荷，机械结构与效率高于铰链齿轮等设计，并较好地起到了支撑作用。通过步进电机驱动丝杠将平台沿既定轨道进行升降，并在紧急情况可对升降进行锁定，以防出现事故。并考虑特殊人群的使用习惯，对升降平台外建伸缩性防护栏。

3.2.2　开关模块机械设计

开关部分采用了直角电机的设计，直角电机由内部的齿轮组实现垂直方向的传动，齿轮组与电机同时具有无电自锁的功能，有效地防止了过度转动和意外移动，减少了在转角处设计传统装置的困难和成本（图 2）。

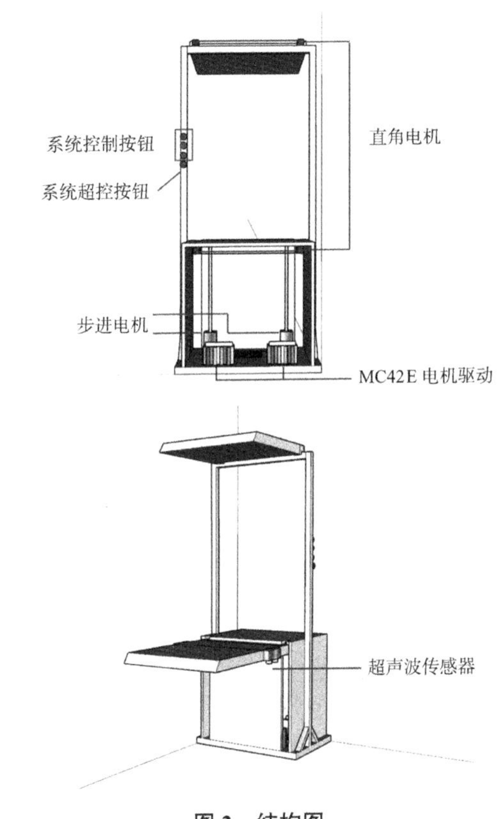

图 2　结构图

3.3　电路部分设计方案

电路部分设计方案如图 3 所示。

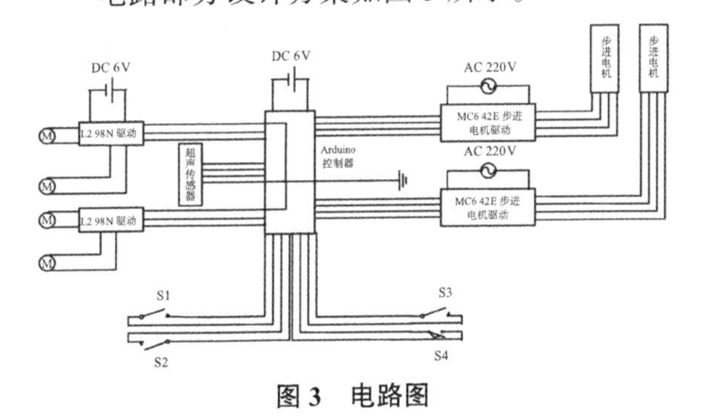

图 3　电路图

3.3.1　垂直升降电路设计

在下部分车门垂直升降时，该部分由两台 MC642E 电机驱动提供 24V 电压由步进电机带动丝杠使下部分车门垂直升降作动。

3.3.2　车门开关电路设计

上下部分的旋转（开关）由四台直角电机驱动，上方的两台直角电机由控制板板载电源提供6V的电压利用L298N型电机驱动带动两台电动机作动，使上部分车门开关，下方的两台直角电机由L298N型电机驱动外加6V电压带动下方的两台电动机作动，使下半部分车门开关，从而实现车门的开关功能。

3.3.3　电源部分设计思路

丝杠由两台24V电机驱动进行驱动，带有冗余设计，电机驱动实现高低电位的隔离与相对独立的模块保护。较高的电压也可以胜任一定的载重任务。直角电机共有四台，对于上方和下方的职能与设计不同采用了不同的供电思路，由于轮椅乘降的乘客采用坐姿，对上方高度要求不高，而下方车门为了其结构的刚性，其重量也较沉重，所以下方利用了外加供电模块的设计使下方车门的开关更加轻松，而在上方车门相对于下方车门比较轻，对于上方的开关仅采用了板载供电的方法。

3.3.4　控制板

控制板采用了ARDUINO MAGE 2560的型号，在控制板中加入了MAGE2560 Sensor Shield V2.0的拓展坞，以获得足够的接口。而本方案在设计时较多地采用了数字接口，所以对模拟接口的应用数量较少，该控制板也为功能拓展留出了空间，便于增设其他项目。拓展坞也更利于检查控制板与电路的链接错误，便于更换主控。

3.3.5　传感器

对车门下降时的障碍检测采用了超声波探测器的方式，同时对车门预计下降的阶梯等级有一个判断的程序，从而实现探测，并及时输入电机停止信号从而终止车门下降。

3.4　程序部分设计方案

程序设计意图：在面对特殊人群的乘车需要时，智能控制调节列车门的开启和关闭，以达到安全高效地运载乘客；在车门关闭时自动检查列车门关闭与开启情况，保证运行安全。列车乘降解决方案需要通过电机驱动门板移动，可通过智能模块完成运行，也可通过手动来应对特殊情况。

3.4.1　直角电机驱动

设置与电机相连的引脚为输出模式，两个引脚控制表示正转和反转，设置引脚为高电平代表正转或反转的启动。

3.4.2　步进电机驱动

设置连接dir+/-的引脚为高或者低，代表正转或者反转。使用循环模拟脉冲信号，给pul引脚一个固定频率变化的值，通过延迟函数延迟1毫秒达到固定频率的目的，也就是固定了转速。

3.4.3　超声探测

使用pulseIn函数读取指定引脚位置的脉冲信号，返回一个持续时间的信号，如果返回的信号大于500毫秒，也就是连续0.5秒检测到了障碍，则导致步进电机不再工作。此模块嵌入在步进电机驱动模块内。

3.4.4　车门检测

在列车门上、下限位添加力敏原件，用于检测列车门的开关状态。当车门关闭时，传感器受到车门的外力作用或与预设数值偏差过大时，就会传输信号，以有效防止列车门发生安全隐患。

程序实现的主要功能：当通电启动后，如果收到了开门信号，则直角电机开始工作，之后等待一个门板下降信号，如果收到信号则执行步进电机驱动相关程序，同时判断一个变量的值，用来表示超声功能是否开启。如果开启，则执行的是带超声功能的步进电机程序。当门板打开之后，可以通过同样的按钮使电机反转，达到收起门板的效果。

3.5　设计优势

本项目的方案可以实现以下部分车门自动

化的旋转和升降，相当于在车门部分有了可供特殊乘客乘降的升降梯。

通过按钮就能简单控制平台升降，使特殊乘客可以自行乘降。这样不仅减少了乘降及乘车的时间，提高了效率，节约了人力物力，还减轻了乘务员及乘客家属的负担。

车门设计成上下双开门的结构，将下车门直接作为承载轮椅的平台，减少了额外结构，很大程度上减少了车门使用的材料和占用的空间，且上下双开门十分美观，具有较强的现代感和设计感。

同时，这种升降车门也比台阶安全了很多，可以很大程度上减少乘降事故的发生。该设计增加了车门的智能性，具有优秀的人机功效，且智能车门设计寿命较长，智能化、自动化程度较高。

总体来看，车门符合现代的产品设计原理，更符合当今铁路发展特点和趋势（图4）。

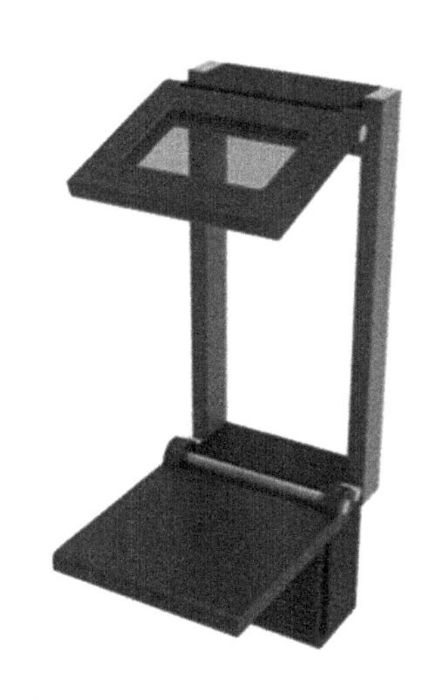

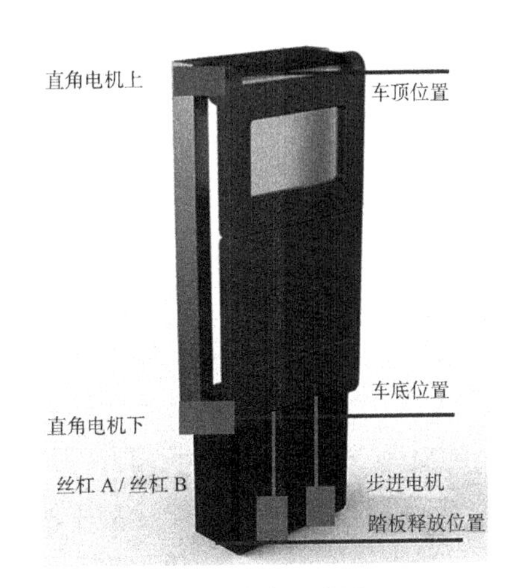

图4　渲染设计图

4　结语

针对特殊乘客乘降列车困难，设计一种辅助特殊人群乘降系统，更好地帮助特殊人群的正常生活。

利用列车门下半段为支撑，通过自动化控制实现列车门的升降与开关，同时具有自动检测和自动归位、开关的功能。在尽量不影响列车运行的前提下，以最小的成本完成相应设施的改造。直角电机的无电自锁功能，有效地防止了过度转动和意外移动，减少了在转角处设计传统装置的困难和成本。

以ARDUINO控制板为基础，研究相应的智能程序，针对特殊情况设定应对方案，以保证车门的安全性。并设置检测模块，最大限度保护特殊人群的安全，减少受伤的可能性。智能化设计同时也减少了工作人员的工作压力。

智能升降车门的设计，改善了我国现有对特殊乘客乘降列车时不便的困扰，方便特殊人群的出行，提高了其幸福指数。未来将针对车门的智能程度进行进一步的优化。提高特殊环境下的安全性，增大可用范围，争取在全国范围内改善特殊人群的出行状况，将无障碍出行变得更为完善。

参考文献

[1] 铁路车站及枢纽设计规范：TB 10099-2017[S].

[2] 孙帮成 .25 型客车的模块化设计 [J]. 铁道车辆，2006（4）：10-14.

[3] 王卫 .25 型客车的模块化研制 [J]. 铁道车辆，2006（9）：22-24.

[4] 薛宏佺 .25G 型 AC_380V 供电客车原理及 DC_48V 绝缘监测装置应用 [J]. 铁道车辆，2016，54(6)：38-41.

数字孪生技术在牵引供电系统的应用

李 达

（天津一号线轨道交通运营有限公司，天津 300350）

摘 要：随着牵引供电系统装备的集成化和智能化程度不断提高，其在数据服务、运行监控、安全防护等全生命周期管理中的成本越来越高；同时，牵引供电系统发生故障、运行效率降低以及功能失效的概率则会随其规模的发展逐渐增加。数字孪生技术是融合云计算、大数据分析、5G通信和人工智能等技术的先进仿真分析技术，有助于解决当前发展面临的问题。本文介绍了数字孪生的基本概念，给出了牵引供电系统数字孪生的框架设计及技术路线，分析了典型应用在具体实施过程中需突破的关键问题及技术，并进行了总结与展望。

关键词：数字孪生；牵引供电；框架设计；应用

1 引言

智能牵引供电系统是融合云计算、大数据分析、5G通信、人工智能、BIM等现代高新技术，实现铁路电力装备、变电所场坪基础设施及周围环境的全面感知、泛在互联、自主学习和科学决策，实现全生命周期管理，构建更加安全可靠、智能高效的新型铁路牵引供电系统。

牵引变电所的日常巡检内容包含设备的外观（声音、局放）、环境（温湿度、异物进入、烟火、漏水漏油）、一次设备运行方式、微机保护装置运行情况、异常及故障信息等，其对铁路的供电安全意义重大。目前，变电所的巡视模式仍是固定的人工巡视，工作量大且琐碎，容易出现遗漏或错误，日常巡视设备的庞大规模与供电车间运维班组人员的数量及能力严重不足的矛盾日益突出。因此有必要结合新型数字孪生等技术（Digital Twin，DT），研究牵引变电所巡检的数字化、智能化、远程化、可视化相关技术，实现变电所的智能运维，提升变电所巡检的质量与效率，减少运维班组人员工作量。当前国铁集团正面临转型的关键时刻，以数字化为手段、智能化为目的，全面开展数智化转型，是一项迫切任务。对于牵引变电所而言，传统的“数字化”只是实现自动化、智能化的手段或方式，与一次、二次设备的智能化程度无关，设备的“智能化”关注的是设备的功能、技术性能及其参与决策的能力。建设“数字孪生牵引变电所”是牵引供电系统进行数智化转型的重要技术支撑，能够深入挖掘数据资产价值，实现精准作业，真正实现“数”与“智”的融合，为未来牵引变电所建设及运维模式转变树立新标杆，更好地推动企业全面提质增效。

数字孪生作为智能牵引供电系统发展的一种新途径，充分利用各类数据和物理模型在信息空间全面反映实体的全生命周期过程，从而具备对过去问题诊断、当前状态评估以及未来趋势预测的能力，已经成为企业信息化数字化转型的研究热点。

2 数字孪生的概述

数字孪生是一种将物理实体与其数字仿真模型相结合的技术。通过将物理实体的数据采集、处理、传输和存储，以及数字仿真模型的建立、验证和更新相结合，实现物理实体和数字仿真模型的实时同步和互动，从而实现对物理实体的全生命周期管理。数字孪生的概念于2003年由美国学者Michael Grieves提出。起初数字孪生被应用于航天领域，在经过几年发展之后，被应用于发达国家的航天局以及空军实验室中。通过对数字孪生技术的应用，并基于数字空间，从而构建出虚拟模型，借助于传感器或流媒体技术的作用，以便达到状态同步的目的，在飞行器进行作业的过程中，能第一时间对有关情况进行评估，比如运行情况，而且能确保评估的准确性。

近些年，数字孪生已连续多次（2017年、2018年和2019年）被Gartner公司列入“十大战略技术趋势”，同时Market Research Future预测数字孪生市场规模将会在2025年达到350亿美元。有关数字孪生的学术文章至今已有百篇之多，其中绝大部分文章发表于2016年之后，涉及领域也由最初的航天领域逐步向制造业、航海、铁路、石油等领域扩展。上海交通大学研究团队通过潮流方程（有导纳信息）和数据驱动（无导纳信息）两种驱动模式进行对比，分析验证了数字孪生电网的可行性，证明了当机理模型存在不足时，数据驱动模式仍能得到满足实际运行需求的结果，对数字孪生电网的可行性开展了有益探索。相应数字孪生电网的框架设计如图1所示。

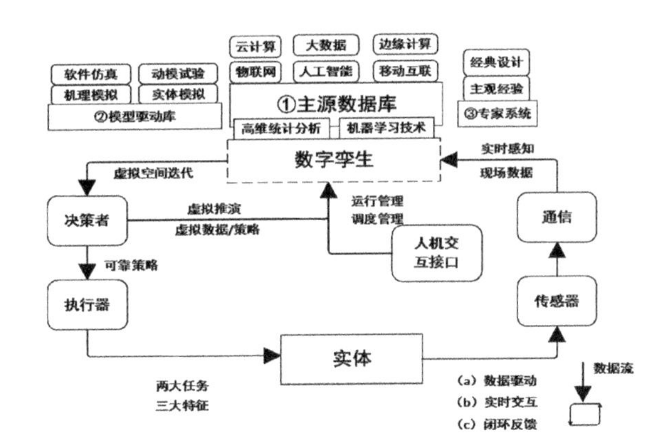

图1 数字孪生电网架构设计图

3 数字孪生的框架设计

结合数字孪生电网的通用架构，本文给出了数字孪生在牵引供电系统中的架构，针对牵引供电系统的特点，该架构分为五部分（图2）：物理层、数据层、机理层、表现层和交互层。数据层首先从物理层中采集大量数据，然后进行预处理并传输；机理层从数据层接收多尺度数据（包括历史数据和实时数据），通过“数据链”输入仿真模型后进行数据整合和模拟运算；表现层获得机理层仿真的结果，以“沉浸式”方式展现给用户；交互层可以实现精准的人机交互，交互指令可以反馈至物理层对物理设备进行控制，也可以作用于机理层实现仿真模型的更新和迭代生长。相应层次的特点具体阐述如下。

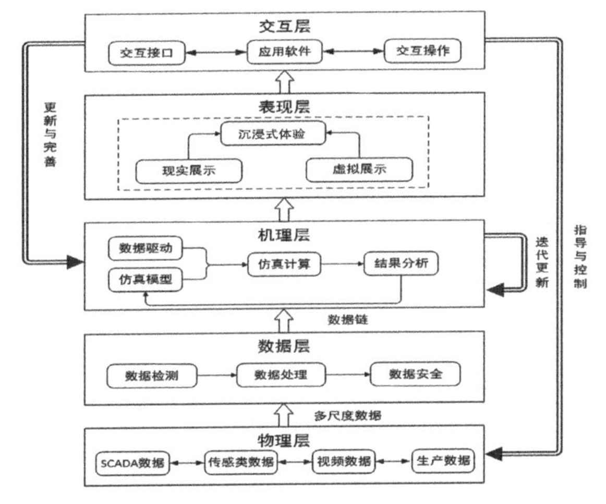

图2 面向牵引供电系统的数字孪生架构

3.1 数据采集

牵引供电系统状态监测，首先在主设备上安装各类在线监测传感器，然后由各类通信管理机采集汇总，但分散的数据采集系统交互困难。物理层基于电力物联网平台，在各智能设备中应用先进传感器或流媒体技术收集系统运行的多模异构数据，集成了物理感知数据、模型生成数据、虚实融合数据等海量数据；支持跨平台、跨系统、跨协议的数据交互，可实现SCADA电力监控系统、视频辅助监控系统、生产管理系统等各子系统的互联互通。

3.2 模型建立

牵引供电系统状态监测只关注单个离散传感器或设备图像数据，而数字孪生更关注贯穿智能设备全生命周期的多维度相关数据。数据层在各智能设备边缘端对数据进行实时清洗和标记，采用高速率、大容量、低延迟的通信线路进行数据传输；同时依托云计算和数据中心，动态地满足各种计算、存储与运行需求。

3.3 机理层

数字孪生所构建的智能牵引供电系统仿真模型使用了"模型驱动+数据驱动"的混合建模技术，采用基于模型的系统工程建模方法学，以"数据链"为主线，结合人工智能技术对系统模型进行迭代更新和优化，以实现真实的虚拟映射。这一模型对智能设备的选型、设计和生产制造都有指导价值，而不仅限于根据数据变化来决定能源设备是否需要检修或更换。

3.4 表现层

数字孪生技术应用虚拟现实（VR）、增强现实（AR）以及混合现实（MR）的3R技术，建立可视化程度极高的智能牵引供电系统虚拟模型，提升了可视化展示效果。利用计算机生成视、听、触等感官信号，将现实与虚拟的信息融为一体，增强用户在虚拟世界中的体验感、参与感，辅助技术人员更为直观、高效地洞悉智能设备蕴含的信息和联系。

3.5 交互层

基于数字孪生的智能牵引供电系统虚拟模型不仅是传统的平面式展示或简单三维展示，而是实现用户与模型之间的实时深度交互。利用语音、姿态、视觉追踪等技术，建立用户与智能设备之间的通道，实现多通道交互体系来进行精准交互，以支持对SCADA数据、传感器类数据、视频数据、生产数据等多类数据耦合的智能牵引供电系统的高效精准控制和交互。

整体来看，数字孪生既不是对物理系统进行单纯的数值模拟仿真，也不是进行常规的状态感知，更不是仅仅进行简单的人工智能、机器学习等数据分析，而是将这三方面的技术都有机整合于其中。数字孪生对牵引供电系统进行数字化建模，并在数字空间与物理空间实现信息交互。首先应用完整信息和明确机理预测未来，再发展到基于不完全信息和不确定性机理推测未来，最终实现能源系统的数字孪生体之间共享智慧、共同进化的孪生共智状态。

4 潜在应用方向

对于数字孪生技术在牵引供电系统的潜在应用，本节主要从健康状态评估、电力设备模型、VR展示、故障诊断、智能巡检等方面进行探究，以供参考。

4.1 健康状态评估

牵引电力设备涉及的距离范围广，运行特征存在较大差异，在对设备健康状态进行评估时，若采用传统的检修方式，将难以确保检修的准确性、及时性。目前对于电力设备健康状态的评估，主要采用两种检修方式：故障检修和计划例行检修。随着电力设备的不断发展，目前两种方式都难以满足电力设备运维的要求。因为不必要的检修不仅会浪费人力、财力，更有可能影响电力设备的健康乃至整个系统的可靠性。目前电力设备健康状态评估工作的难点，在于不能找到有效的健康度评估指标。依据随机矩阵理论，并有效应用深度学习技术，基于电力设备的运行数据，可将设备状态的表征量提取出来，兼顾了敏感性和可靠性，同时将其从变压器状态检修领域推广至电网的其他设备异常检测中，部署的技术路线如图3所示。

4.2 电力设备模型

牵引供电系统采用数字孪生的"数据链"技

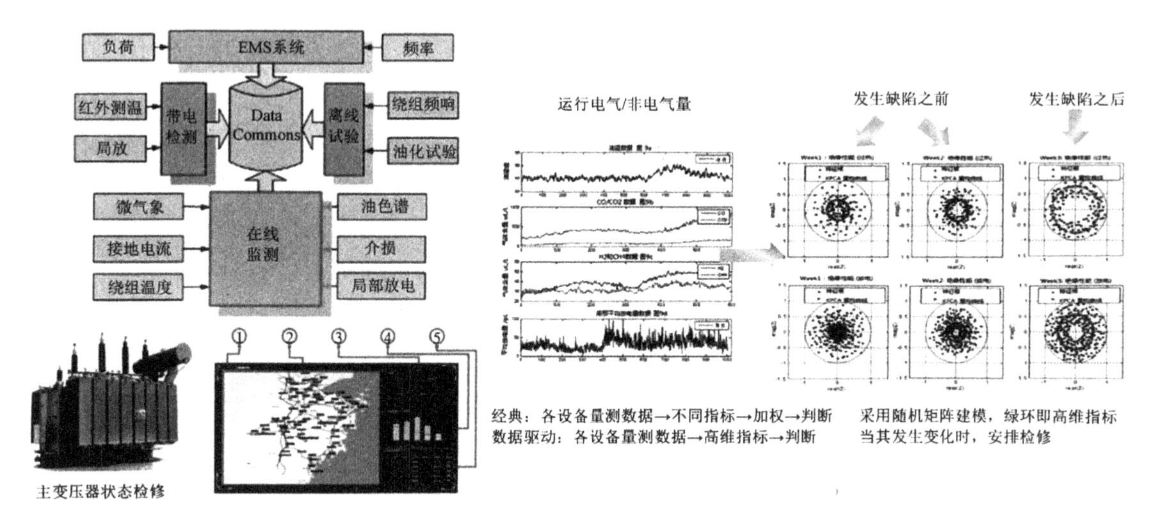

图 3　基于数字孪生技术的健康状态评估

术，建立多种部件耦合的多物理场、多尺度电力设备仿真模型。通过油色谱、光栅测温等传感器，全面感知电力变压器状态数据；基于机理和数据融合方式构建变压器数字孪生体；利用深度学习实现变压器状态评估、故障诊断，并给出检修等决策建议，反馈给物理变压器实体。通过电、磁、热耦合的多物理场和考虑多时间尺度的电力设备数字孪生仿真模型（图 4），实现虚拟环境中的仿真与现实的运维无缝衔接，提高企业管理与运维的透明化程度。

4.3　VR 展示

VR 技术将物理世界与虚拟模型进行协同，基于模型和数据，在 VR 虚拟场景中实现模型搭建。VR 技术可以将系统的制造、运行、维修状态以超现实的形式给出，对复杂系统的各个关联子系统进行多领域、多尺度的状态监测和评估，将智能监测和分析结果附加到系统的各个子系统部件，在完美复现实体系统的同时将数字分析结果以虚拟映射的方式叠加到所创造的孪生系统中，从视觉、姿势、声觉等各个方面提供沉浸式的虚拟现实体验，实现实时连续的人机互动。VR 技术能够使使用者通过孪生系统迅速地了解和学习目标系统的原理、构造、特性、变化趋势、健康状态等各种信息，

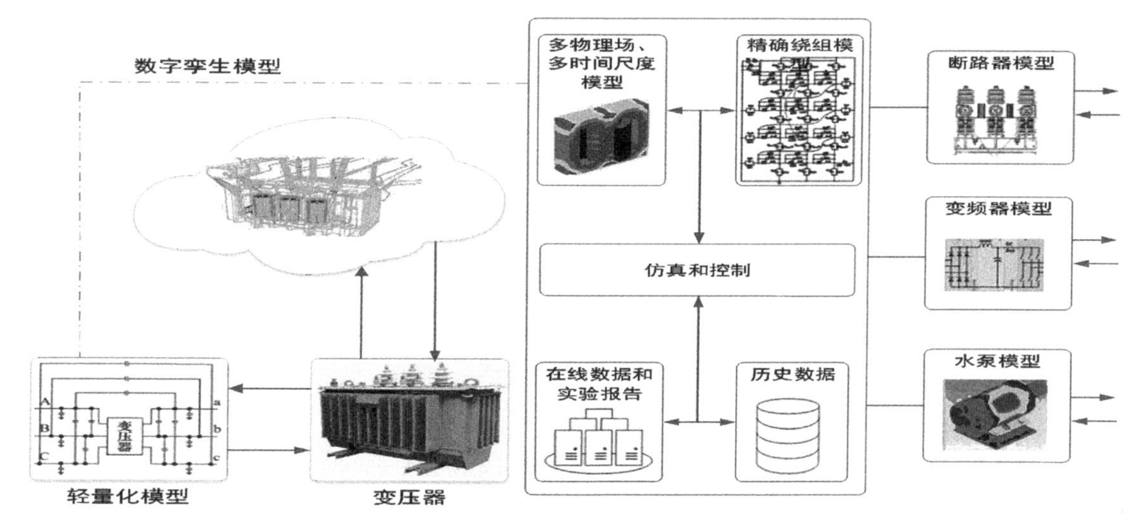

图 4　基于数字孪生技术的变电设备模型

并能启发其改进目标系统的设计和制造，为优化和创新提供灵感。通过简单的点击和触摸，不同层级的系统结构和状态会呈现在使用者面前，对于监控和指导复杂装备的生产制造、安全运行以及视情维修具有十分重要的意义，提供了比实物系统更加丰富的信息和选择。同时，随着牵引供电系统日趋复杂的数据分析任务以及高纬度、高实时数据建模和分析需求，借助互联网的 VR 技术，增强展示数据分析可视化的性能和效果，也是构建数字孪生体系的重要支撑点。

4.4 故障诊断

配电网中小电流接地系统中接地故障特点并不是很明显，在对接地故障进行诊断的过程中，难以设计出有效的指标，进而难以确保诊断的精准性。智能故障诊断方案，就是为了实现这一系列的功能，如故障检测、故障辨识、故障定位等，设计流程如图 5 所示。通过随机矩阵理论进行观察之后，可以提取配电网故障的高维统计指标，分析、归纳引起配电网故障的因素，进而可达到检测故障的目的；同时可以进一步将实数据集、常规电气特征、高维统计指标等作为网络输入，从而针对需要进行分析的对象标签，可将其视为网络输出，通过端对端的学习，建立神经网络模型；基于实时数据集，通过网络模型的作用，可实现对深层特征的提取，进而在对配电网故障进行诊断的过程中能提供强有力的依据，最终达到智能诊断故障的目的。

4.5 智能巡检

应用智能巡检的过程中，基本上是依据计算机视觉技术，充分结合相关的神经网络，比如 CNN 网络、faster- RCNN 网络，来解决物体识别、物体定位等问题。在巡检长距离输电牵引线路的过程中，5C 运维班组人员沿线抓拍图像，人工识别图片是否存在异物悬挂、标

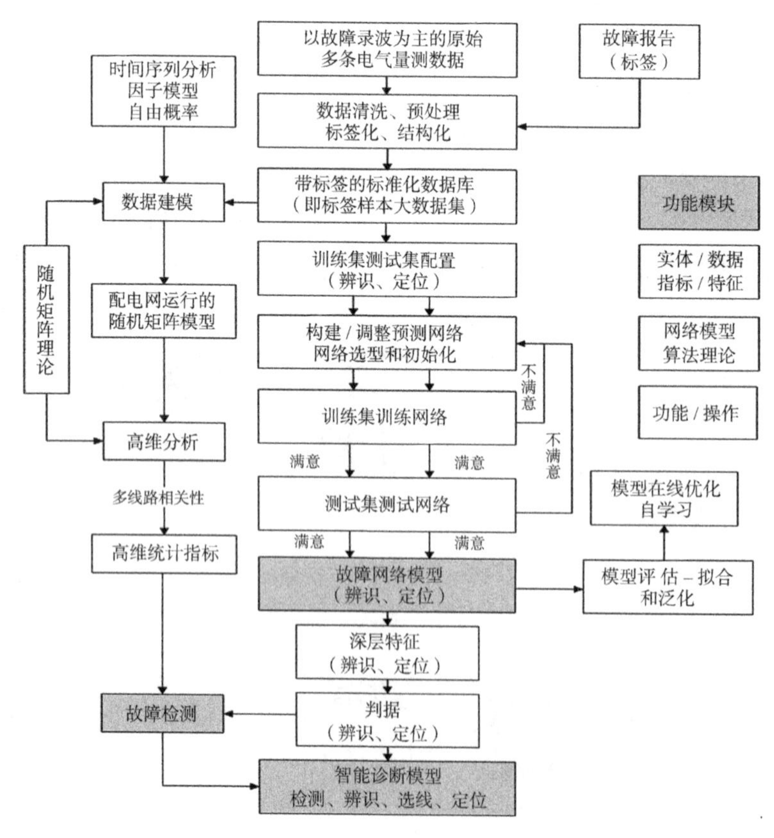

图 5 基于故障录波数据的故障诊断

识缺损、鸟巢、树线等问题，不仅成本高、花费时间长，还难以满足时代发展的要求。在对电力牵引线路进行巡检时，通过对无人机的使用，有助于更好完成巡检任务，在降低巡检费用的同时，也能缩短巡检所需的时间。有效应用无人机技术，能及时找出线路故障。可将上述技术方案应用在一系列的工程场景中，比如红外图像场景、异物介入场景等。

5 结论与展望

本文介绍了数字孪生概念，引出了牵引供电系统的概念和特征，研究了其体系架构、关键支撑技术，以及典型的应用。最后，建议在以下几个方面，推动数字孪生技术的应用落地：

（1）针对牵引变电所设备搭建边缘代理网关采集数据统一接入到局段级辅控系统，同时，搭建数字孪生评价系统平台，完成站端边缘代理网关、局段级辅控系统与数字孪生评价系统平台的融合，实现对电力设备进行全天候监测。

（2）融合站端 SCADA 数据、传感器类数据、视频数据、生产运行数据，打造贯通一次、二次设备数据的数字孪生评价系统，实现更全面、更及时、更准确的状态评估。

（3）“唤醒沉睡数据”，通过人工智能和大数据分析技术深度挖掘数据价值，构建以“数据驱动”为核心的在线设备状态评价体系，打造贯通一次、二次设备数据的数字孪生系统。

（4）探索供电车间运维检修新模式，通过应用数字孪生系统，实现“精确研判”“精确处置”“精确运维”等。

参考文献

[1] 王同军. 智能铁路总体架构与发展展望 [J]. 铁路计算机应用，2018，27（7）：1-8.

[2] 康学东. 我国铁路智能建设与运营管理初探 [J]. 铁道工程学报，2019，36（4）：84-89.

[3] 史天运. 中国高速铁路信息化现状及智能化发展 [J]. 科技导报，2019，37（6）：53-59.

[4] 何华武，朱亮，李平，等. 智能高铁体系框架研究 [J]. 中国铁路，2019（3）：1-8.

[5] 李寿兵. 智能环境下的铁路勘察设计 [J]. 铁道标准设计，2018（10）：1-5.

[6] 刘大同，郭凯，王本宽，等. 数字孪生技术综述与展望 [J]. 仪器仪表学报，2018，39（11）：1-10.

[7] Rosen R，Fischer J，Boschert S. Next Generation Digital Twin：an Ecosystem for Mechatronic Systems[J]. Elsevier Ltd，2019，52（15）：265-270.

[8] 陶飞，刘蔚然，刘检华，等. 数字孪生及其应用探索 [J]. 计算机集成制造系统，2018，24（1）：1-18.

[9] Boschert S，Rosen R. Digital Twin the Simulation Aspect[M]. Mechatronic Futures. Springer，Cham，2016：59-74.

[10] Grieves M. Digital twin：Manufacturing Excellence through Virtual Factory Replication [EB/OL]. [2019-12-04].

[11] Market Research Future. Digital Twin Market Size：Digital Twin Market Size Expected to Grow at a CAGR over 42.54% from 2018 to 2025[EB/OL].（2019-02）[2019-10-08].

[12] Enders M R，Hoβbach N. Dimensions of Digital Twin Applications a Literature Review[C]//Twenty-fifth Americas Conference on Information Systems，Cancun，2019.

[13] 安世亚太科技股份有限公司数字孪生体实验室. 数字孪生体技术白皮书（2019）[R]. 北京：安世亚太科技股份有限公司数字孪生体实验室，2019.

[14] Rebenitsch L，Owen C. Review on Cybersickness in Applications and Visual Displays [J]. Virtual Reality，2016，20（2）：101–125.

[15] 徐重酉，韩翊，贺兴，等 . 基于随机矩阵理论的配电网阵列薄弱性评估系统设计 [J]. 电器与能效管理技术，2018，546（9）：61-66.

[16] 徐舒玮，邱才明，张东霞，等 . 基于深度学习的输电线路故障类型辨识 [J]. 中国电机工程学报，2019，39（1）：65-74.

[17] 陈伟彪，陈亦平，姚伟，等 . 基于随机矩阵理论的故障时刻确定和故障区域定位方法 [J]. 中国电机工程学报，2018，38（6）：1655-1664.

[18] Ling Z，Qiu R C，Jin Z，et al. An Accurate and Real-time Self-blast Glass Insulator Location Method based on Faster R-CNN and U-net with Aerial Images [J]. arXiv preprint arXiv：1801.05143.

[19] 张宇航，邱才明，贺兴，等 . 深度学习在电网图像数据及时空数据中的应用综述 [J]. 电网技术，2019，43（6）：1865-1873.

市域铁路列车运行调整模式改进的需求分析

唐　韬*

（广东城际铁路运营有限公司，广州 510000）

摘　要：市域铁路作为都市圈公共交通的骨干，其列车运行调整模式直接影响到运营效率与行车安全。本文以广州地铁市域快轨为例，指出了当前列车运行调整工作模式难以实现全局优化、调整效率和安全保障程度均有待提高的问题，通过分析我国铁路列车运行调整有关研究和实践的现状，提出了采用智能CTC框架中的列车运行自动调整模式应用于市域铁路的可行性和必要性，并对其业务功能需求和逻辑需求进行了分析，明确了市域铁路列车运行调整模式改进的需求。

关键词：市域铁路；行车调度；列车运行调整；智能 CTC

1　引言

随着我国城镇化建设的快速推进和公共交通的快速发展，围绕着大城市中心城区，各功能组团、卫星城和中小城镇也呈现出快速发展的态势，带来了中心城区及其周边各类用地之间快速发展的公共交通需求。按照我国“建设轨道上的都市圈”的政策导向，具有速度快、运量大、成本低和服务质量高等技术经济优势的市域铁路，就成了服务轨道上的都市圈公共交通客流的重要载体[1]。

市域铁路主要承担都市圈内外部的通勤和休闲等短途客流，其客流具有明显的波动性和向心性，且 OD 分布十分复杂；大部分乘客具有较长的运距，列车运行组织需要采用混合交路和不同停站方案；乘客还十分注重服务质量，对出行体验的舒适性要求很高。可以看出，以上客流需求反映出市域铁路在发车间隔、正点率、列车拥挤度及换乘衔接方面，均面临着有比城市轨道交通和干线铁路更高的要求，特别是在列车运行调整方面，所面临的复杂性程度和实时性要求均更高。

而目前我国都市圈市域铁路的调度指挥系统，主要有城市轨道交通 ATS 系统构成的行车指挥自动化系统和国铁 CTC 调度集中系统两种。一般认为前者相对国铁 CTC 系统更加灵活，且更易于与城市轨道交通系统相衔接，因此在规划设计阶段被许多市域线路所采用。但随着轨道交通“多网融合”需求的快速增长，调度指挥所面临的高时效性和高复杂性也使得既有行车调度系统不能满足市域铁路的发展需要，特别是在反映行车调度效率和保障列车运行安全的列车运行计划实时调整方面，二者的矛盾愈加突出。

2　目前基于 CBTC 信号系统市域铁路列车运行调整方式存在的问题

在轨道交通行车组织过程中，列车运行计划调整效率的高低，直接影响着运输服务的质量和安全。当前存在的主要问题表现在：

（1）正常情况下难以实现全局优化。在正

* 唐韬，男，铁路行车组织工程师，广东城际铁路运营有限公司，主要从事轨道交通行车组织和调度指挥工作。E-mail：tangtao2@gzmtr.com

常行车条件下，在各类无线调度传输设备、车载无线调度通信设备、轨道电路以及地面应答器等行车装备的支持下，行车调度与列车驾驶员能够即时传递行车指令和交互信息，相互配合完成列车的运行控制和计划调整。但在这种模式下，主要依靠行车调度员的个人工作能力和专业水平，列车运行计划调整往往存在较高时滞，难以做到从全局来进行处理，不利于实现市域铁路全网整体的优化。

（2）非正常情况下人工操作压力过大。当出现各种突发故障或灾害时，行车调度除了需要恢复有关列车的运行秩序外，还要注意控制拥堵或晚点在整个路网中的传播，否则，大面积列车晚点将会进一步给行车调度带来大量的额外调整工作。此时，列车运行计划完全依靠人工调整，其效率和可靠性均较低，行车调度员的作业压力极大。

以广州地铁 18、22 号线为例，其目前的列车运行图系统不具备列车运行调整功能，主要通过行车调度在 ATS 系统中操作信号机对某一趟列车在某区段运行进路进行相应调整，且不具备对多趟列车在同一运行区段批量调整的功能。与传统地铁相比，广州地铁 18、22 号线行车组织工作除了需要考虑多种停站方案和交路方案以外，还需要处理同一个车站多方向列车的跨线运行，既有 ATS 系统对列车进行调整的模式已满足不了当前需求，为多方向车站的列车运行调整埋下安全隐患，极大可能出现列车错办的安全事件。

主要表现有：

（1）多方向车站调整列车运行存在错办风险。以广州地铁 18、22 号线共站的番禺广场站为例，该站有 4 个列车运行方向（万顷沙站、冼村站、市广路站、陇枕停车场），当行车调度在对某趟列车的运行进行调整时，直接操作 ATS 系统设备下达指令，在未与列车运行图有关联的情况下，缺少列车运行图的安全卡控，一旦误操作或下达错误指令，将可能发生列车错办的安全事件。而随着市域快轨后通段的陆续建成开通，线路里程越来越长，连接方向越来越多，多方向车站也越来越多，错办列车运行方向的风险也将越来越大。

（2）临时调整多趟列车运行存在遗漏风险。广州地铁 18、22 号线每日开行 600 多列载客列车。如此繁忙的线路，受设备状态和外部环境的影响，出现零星的设备故障应急处置难以避免，行车调度调整列车运行时必须在 ATS 系统上对经过该区段的每一趟列车运行属性进行逐一修改，这对行车调度工作技能的要求非常高。当某运行区段部分列车需设置或解除临时行车措施时，如行车调度无法精准掌握后续列车的运行进路，则可能出现遗漏某趟列车运行属性的设置。

（3）误触误碰按钮造成耽误列车运行风险。市域快轨 18、22 号线共有 194 处可在 ATS 系统上可操作的信号按钮以及其他系统功能按钮。每一次改变原有列车运行计划的操作都必须直接在 ATS 系统上操作信号按钮，面对如此繁多的操作按钮，错误操作按钮造成耽误列车运行或错办列车进路的概率倍增。

3 我国铁路列车运行调整研究与应用的现状

列车运行阶段计划是行车调度指挥工作的规则和依据，当市域铁路列车运行偏离运输计划时，需要由行车调度员及时调整列车运行阶段计划，使列车运行图恢复正常，并减少晚点列车数量与晚点传播范围。因此，列车运行计划的调整一直是铁路行车组织的研究重点。构建有效的列车运行实时调整模型与算法是列车运行调整研究中的关键问题，多年来，许多国内外学者对此进行了深入的理论研究[2-5]。

但在铁路行车调度的生产实际中，列车运行调整主要还是靠行车调度经验进行人工操作。在运量不大时，行车调度可以在运行图终端，调整其负责线路或区段内的列车运行阶段计划，即一旦列车偏离运行图，行车调度就可以通过人工操作的方式，在运行图终端上设定列车在各车站的到达时刻、出发时刻、股道运用及列车运行次序等，形成新的列车运行阶段计划下发执行。

然而随着我国都市圈公共交通“四网融合”需求的快速增加，列车运行复杂程度更高，外部干扰因素也更多，行车调度关于列车运行调整的工作量也在快速增加，通过人工调整得出的列车运行阶段计划无法在实时性和科学性等指标上达到最优的问题日渐突出，已难以适应市域铁路运量增长和安全保障的新形势。

4 市域铁路列车运行调整作业方式改进的可行性

针对前述两种调度指挥系统，各地的轨道交通运营者分别提出了相应的改进方案。

一是结合信号系统设备的特性，通过增强 ATS 系统功能来保证高效地自动实现列车运行图的调整，即建成行车综合自动化系统（TIAS）[6, 7]，将传统信号系统中的 ATS 系统和传统综合监控系统进行高度集成，对列车、客流和机电设备开展统一监控，为运营提供以行车指挥为核心的综合运营指挥平台。具体的做法是：通过自动售检票系统对客流数据进行采集，使 ATS 获取客流数据分析报告，在此基础上开展列车运行图自动调整；实时监测车站及列车内的视频信息，当发现列车上或车站出现突发或紧急情况时，ATS 可接收相应数据，对相应列车或车站实行列车自动运行调整。

二是顺应智能铁路这一铁路和信息化领域在世界范围内的技术发展大趋势，升级现有 CTC 系统[8]，完善行车调度终端的列车运行自动调整功能。具体的做法是：针对不同的调度场景预先设置各类列车的运行调整策略及优化调整目标，建立列车运行自动调整模型，在因各种内外部原因导致列车偏离运行计划时，根据预先设定的调整策略和目标，实时生成新的列车运行阶段计划，实现列车运行阶段计划的快速智能化调整。

前一种做法因对运营控制系统的要求较高，通常需要搭建在云平台上，且需从整体线网角度进行统一管理，综合监控系统与行车调度数据融合应用，因此将面临大量的软件重新开发工作，工程耗时较长且实施难度较大。这种全系统全业务的管理模式和软件工程开发量并不能很好地适应我国市域铁路当前所处的生产环境和急迫的调度调整需求。而后一种做法不仅符合我国智能铁路发展的规划，而且还能直接针对现行生产实际中的主要矛盾和具体问题，基于现有理论研究和智能调度集中系统技术条件，就能完成用于未来智能 CTC 系统列车运行调整工作[9]。

可以看出，从技术先进性的要求及工程实施的可操作性出发，市域铁路引入 CTC 列车运行图实时调整功能来实现列车运行实时调整更符合技术发展的总体趋势和工程应用的实际要求，可行性更好。

5 市域铁路列车运行调整作业方式改进的必要性

根据前述市域铁路的客流情况、运营环境、工程和技术装备条件，可以发现，沿用干线铁路的行车调度模式，更符合市域铁路的运营实际，该模式的主要运行逻辑是：以列车运行基本图作为基础，每日的列车运行以列车调度根据当天列车运行情况，在基本图的基础上进行适当调整，实现快速、实时、自动编制列车运行调整计划，通过 CTC 系统下达 3 ～ 4 小时阶段计划作为行车依据；遇非正常行车需调整列车运行时，行车调度员在 CTC 系统上人工干预实施列车运行实时调整，向车站及相关列车下达列车运行调整计划，车站及相关列车接收列车运行调整计划，按计划执行。

与ATS系统应用相比，其优越性体现在：

（1）运行调整卡控功能能够防止错办风险。行车调度通过CTC系统的列车运行图按需调整列车运行，在下达列车运行调整计划前由CTC系统负责与基本图进行一次校对。在校对过程中，CTC系统能校对出列车运行图上的所有列车是否存在列车运行时间冲突、列车是否进入无站台办理客运服务、列车属性不符、列车停站时间等。当CTC系统校对存在不合的计划时，将立即弹出相应对话窗提示列车调度再次进行人工校对。从安全角度来看，这种以技防为主、人防为辅的模式比ATS系统的列车运行调整功能在安全保障方面多了一道技防的堡垒。

（2）显示阶段性列车开行情况能够防止遗漏、误触（碰）风险。干线铁路的列车运行主要以日班计划列车运行调整图为主，地铁系统则以列车运行基本图为主，两者略有不同。当某区段需组织列车调整运行，行车调度通过CTC系统的列车运行图拖动列车运行线条下达计划从而达到调整列车运行效果。基于市域铁路列车开行密度大、列车运行线条多、逐一修改列车停站到达时刻来达到调整运行目的来看，如某趟列车出现遗漏，可能不仅是耽误本列运行，甚至对后续列车也会造成一定的影响，同理，出现误触（碰）功能按钮时，仅通过ATS系统核查也不利于行车调度及时发现。因此，利用列车运行图实时、自动调整列车运行，调整完毕通过列车运行图核查该区段后续列车开行情况，无疑更适合于市域铁路行车组织作业方式。

6　市域铁路列车运行自动调整的业务需求

我国轨道交通领域的专家学者针对智能CTC系统中的列车运行自动调整功能提出了许多规划设想[10, 11]。但结合市域铁路的运营实际来看，其列车运行自动调整应在业务功能上需满足以下要求：

（1）适应线路网络化发展的需要，列车运行自动调整应能够快速将线路间的数据或事件关联起来，共享全线网信息，建立乘客出行全程快速性和便捷性的调整目标体系。

（2）改变目前的调度系统与多个影响行车安全的专业存在信息交互缺失或滞后的情况，通过加强专业间的信息收集、协作和智能分析，对可能或即将发生影响行车安全的事件进行提前预判，提醒行车调度员采取相应的调整策略或主动干预列车运行。

（3）在处理突发事件时，能够根据线网内各种变量开展实时分析，推荐解决方案，提出基于突发事件发展态势预判的提前准备及处置策略，保障列车运行的安全性[10]。

市域铁路列车运行自动调整在业务逻辑上需满足以下要求：

（1）列车运行图自动调整终端能够向后台运行图服务器申请实时列车运行阶段计划、施工符号、限速符号、列车报点，并以运行图的方式进行显示。

（2）列车运行图自动调整终端收到上述各类信息的变化时，能够对所有冲突计划进行检查，并对存在冲突的计划能够按照事先建立的调整模型进行自动调整。

（3）在遇到线路突发情况需要对区间封锁、限速或某次列车发生故障时，行车调度可在列车运行图自动调整终端设置限制条件并输入调整目标，系统自动对所有后续列车运行阶段计划进行调整。

（4）自动调整后的阶段计划返回至后台运行图服务器，运行图服务器将最新调整的阶段计划发送至运行图终端，从而达到列车运行自动调整的目的。

7 结语

市域铁路与传统地铁在技术设备和行车组织上存在较大差异，新增了诸多安全风险，传统地铁线路的行车组织方式已无法很好地适应新时期市域铁路的行车组织工作。因此，必须转变思想，积极应用新技术，从运营实际出发，改进市域铁路现行行车组织的模式，降低行车组织和调度指挥的安全风险，提高工作效率，为建立行车安全筑起一道坚固的安全防线。

参考文献

[1] 何麟辉，龙红宇，曹世超 . 市域（郊）铁路发展现状分析与高质量发展对策 [J]. 现代城市轨道交通，2023（4）：1-5.

[2] 李智，端嘉盈，曾壹，等 . 基于智能化应用的列车运行调整模型 [J]. 中国铁道科学，2021，42（2）：173-182.

[3] 文超，冯永泰，胡瑞，等 . 高速铁路智能调度辅助决策系统功能分析 [J]. 中国铁路，2020（7）：9-14.

[4] 李智，张涛，许伟，等 . 高速铁路智能 CTC 系统列车运行自动调整研究 [J]. 交通信息与安全，2020，38（6）：122-128.

[5] 费振豪，贺永祥 . 高速铁路调度集中系统智能化研究及设计 [J]. 铁道通信信号，2020，56（8）：12-15.

[6] 刘皓玮，刘实秋，易志刚 . 重庆都市快轨运营控制系统构想 [J]. 铁道通信信号，2021，57（8）：76-80.

[7] 伍雨彬 . 新冠肺炎期间地铁增强 ATS 列车运行调整功能的分析 [J]. 智能建筑与智慧城市，2020,（11）：89-90.

[8] 曾壹 . 一种智能调度集中系统列车运行实时调整方法 [J]. 铁道通信信号，2022，58（7）：1-6.

[9] 乔宇 . 高速铁路智能调度集中系统构想及关键技术 [J]. 铁路计算机应用，2023，32（3）：29-33.

[10] 王健，张亦然，孙舒淼，等 . 南京都市圈轨道交通智能行车调度分析探讨 [J]. 铁道通信信号，2023，59（3）：67-73.

[11] 李宝旭，李建明 . 适应高速铁路自动驾驶系统的列车运行计划调整策略研究 [J]. 铁道运输与经济，2021，43（3）：43-49.

城轨基础设施智能运维平台设计与应用

赵正阳[1*]　王文斌[1]　陈万里[2]　张梓鸿[1]
（1. 中国铁道科学研究院集团有限公司城市轨道交通中心，北京 100081；
北京市轨道交通运营管理有限公司，北京 100068 ）

摘　要：随着我国城市轨道交通的快速发展，运维线路规模不断扩大，各运营单位的运维压力不断增加，亟须基于信息化技术构建基础设施智能运维平台以提高运维质量和效率。然而，基础设施智能运维技术相较于车辆、供电、通信、信号等专业发展速度相对缓慢，目前国内多数运营企业对于如何构建城轨基础设施智能运维平台尚在摸索阶段。本文以城轨基础设施运维智能平台构建为主线，进一步深化了对城轨基础设施智能运维内涵的理解，对智能运维平台的总体架构、技术架构和功能架构进行了合理设计；同时，基于大数据技术、BIM 技术和机器学习算法等先进的信息化技术实现了城轨基础设施的智能运维平台建设。文中对基础设施智能运维平台的数据处理与分析功能、可视化展示功能和综合运维管理功能进行了介绍与展示，对于城轨基础设施智能化发展具有十分重要的参考价值。

关键词：轨道交通；基础设施；智能运维平台

1　背景

近年来，我国城市轨道交通行业发展迅速，截至 2021 年 12 月 31 日，全国城市轨道交通运营里程已达 8710km[1]。随着城市轨道交通运营规模的不断扩大，越来越多的城市轨道运营公司需要开展线网级运营管理工作，这给运维工作带来了前所未有的压力[2, 3]。与此同时，公众对城市轨道交通的关注度和对线路运行安全性、舒适性的要求也日益提高，这也对运营和维护提出了更高的要求[4]。

调研发现，当前城轨基础设施运维工作存在许多普遍问题：①检测分析工作以人工为主，重复性作业多，工作效率低下[5]；②各专业运维业务单独开展，不同专业的检测数据存在明显的数据孤岛现象，数据共享与专业融合极为困难[6, 7]；③检测数据分析对人的经验依赖度高，难以对数据进行深入挖掘[8]。随着互联网相关学科的发展和测试传感技术的不断突破，城市轨道交通智能运维理念逐渐进入人们的视野。为了促进我国智慧城轨的建设与发展，中国城市轨道交通协会于 2020 年 3 月发布的《中国城市轨道交通智慧城轨发展纲要》中将“智能基础设施体系”列为我国城市轨道交通智慧城轨建设蓝图的八大支柱之一[9]。然而，基础设施智能运维技术相较于车辆、供电、通信、信号等专业发展速度相对缓慢[10]，目前国内多数运营企业对于如何构建城轨基础设施智能运维平台尚在摸索阶段，亟须基于信息化技术构建基础设施智能运维平台以提高运维质量和效率。

2　架构设计

2.1　基础设施智能运维内涵

城轨基础设施是支撑列车安全载客的基础

*　赵正阳（1993—），男，硕士，北京交通大学软件学院。主要从事城市轨道交通信息化系统建设研究工作。E-mail：411367137@qq.com

性设施设备，基础设施智能运维是实现智慧地铁的关键。智能基础设施运维的内涵是通过PHM、预测性维修和全生命周期修理决策优化等技术，实现城轨基础设施的自感知、自诊断、自决策，优化养修策略和资产管理，实现状态监测、故障诊断、风险预警、维修评价和资产管理的闭环链条，打造集约维护新模式。

2.2 总体架构

城市轨道交通基础设施智能运维平台采用多渠道接入、多层级管理、PDCA管理的三位一体结构方式。可通过监控中心、办公电脑和移动端等多种渠道进行操作和数据展示，实现无纸化办公。同时，系统按照运营公司、土建线路部、工区、运维人员的层级模式进行管理，运维人员可使用不同的检测设备对线路进行数据采集并上传至系统平台。采用PDCA的管理与改进模式实现整体平台功能架构的设计，实现计划、执行、检查、分析的整体业务流程信息化闭环管理。包括基础数据管理、智能运维管理、移动作业、数据资产管理中心和平台配置管理中心。

2.3 技术架构

系统的技术架构以B/S应用模式为主线，以三（N）层体系为基础，并丰富完善了系统基础架构线路。其中，检测设备获取业务数据，通过互联网技术搭建数据采集前置服务进行数据采集，并通过Kafka完成实时数据传输；数据存储方面采用Greenplum数据库、MySQL和Redis服务，实现平台基础数据的管理；数据治理采用基于大数据技术的治理软件，实现自动化数据质量校核、元数据和主数据管理，并进行数据变更的自动化影响度分析和血缘关系分析；数据建模方面选用建模工具，支持业务分析角度的主题域模型和概念模型建模；数据可视化则使用Vue3.0框架和Element UI等组件进行页面开发，采用echarts和d3.js等插件实现数据可视化展示，并集成地理坐标信息、GIS展示、BIM建模和Unity3D技术实现场景漫游。

2.4 功能架构

城市轨道交通基础设施智能运维平台的功能架构整体分为基础数据管理中心、检测分析管理中心、运维综合管理中心和综合业务大屏四个主要部分。基础数据管理中心提供数据资产目录、数据资产检索、数据资产维护、数据质量标准和系统管理等功能；检测分析管理中心提供检测分析管理、检测数据管理、数据自动化处理、指标管理、安全管控、决策辅助和专家系统等功能；运维综合管理中心提供计划管理、工单管理、问题库管理、人员管理、资源管理和应急管理等功能；综合业务大屏包括总览、线路主题、土建主题和供电主题等功能，用于提供全面的业务展示和数据可视化。

3 数据分析应用

3.1 数据全流程自动化处理

3.1.1 数据集成

为了提升数据信息共享利用的效率，维护数据一致性，通过文件上传、车地无线传输、在线填报等方式来实现数据的集成。

（1）文件上传：检测数据通过网络传输或本地存储的方式进行数据收集，经过系统处理并根据数据类型和数据量进行处理并输出标准化格式数据，通过平台实现数据的快速上传与解析应用。

（2）车地无线传输：通过车地网络的共享接口，将车载数据、车载软件界面回传至地面，或将地面远程控制指令下发至综合检测列车。

（3）在线填报：通过创建标准化模板配置，可在模板表单中快速录入检测数据，实现数据在线填报。

3.1.2 数据处理

数据处理包括消除里程偏差、统一数据颗粒度、剔除异常数据等。通过时空标记技术消除里程偏差，线性差分统一数据颗粒度，傅里叶变换和滤波处理剔除异常数据。这些步骤能够提高数据的可靠性和可分析程度，为轨道几何检测与设备台账或其他类型检测数据关联分析提供保障。

3.1.3 参数设置

可以对不同线路的速度等级进行适配，支持不同专业的参数设置，确认了检测数据的评价标准。

3.1.4 自动评价

按照各专业检测数据的评价标准，通过超限参数及扣分设定，进行自动化打分评价，以展示各项检测数据和超限情况，并为数据的多维度分析应用提供技术保障。

3.2 数据多维度分析

实现对检测数据的多维度分析，基于分析结果查找病害并及时消除安全隐患，提高城轨基础设施质量。

（1）对比分析：通过对目标数据与参考数据进行对比评价，从不同维度分析得出数据的分布差异和特点。城轨基础设施检测数据可以从时间域和空间域（里程）进行对比分析，设置多期数据叠加，辅助检测人员发现数据异常变化。

（2）统计分析：以平台中部分检测数据的统计工作为例，对于不同结构形式段轨道的超限扣分情况以及轨道 TQI 等，可以通过多个维度进行统计分析，从而深入挖掘病害形成的诱因与机制，辅助后期有针对性地对某种结构形式或者区段等进行重点关注。

（3）趋势分析：通过对数据进行时间序列和里程维度上的趋势分析，清晰地获知整体线路状态分布趋势和病害易发区段，并为运维资源的合理分配和结构预防修提供依据和参考。

（4）关联分析：应用关联分析技术，能够发现不同基础设施和指标间的关联关系，从而避免不必要的维修和减少安全风险。

3.3 数据综合应用

平台除了实现对数据的多维度分析外，还开展了数据综合应用研究，主要包括基础设施健康状态综合评价、病害诊断分析、健康状态预测和多专业信息管理协调等方面。其中，基础设施健康状态评价主要采用规范扣分法评估设施设备的服役状态。病害诊断分析是对基础设施检测数据进行全面的整理诊断与计算评估，从而制定更合适的维修策略，保证基础设施的可靠性和可用性。健康状态预测可以通过当前数据分布趋势对未来数据进行一定的预测，从而提前推断结构可能的劣化，为“预防修”提供一定的参考。多专业信息管理系统是通过实现不同专业检测数据的综合应用，以提升数据分析广度。

4 数据可视化展示

4.1 GIS 地图展示

采用高德地图开源组件，结合线路 CPIII 坐标点实现真实地理坐标与底图的精确关联，实现地铁线路在底图中的绘制及基础设施关键信息展示。

通过收集、处理各类基础设备设施空间数据、台账数据和相关图形、影像数据，实现线路基础设施、检测结果、问题病害等信息在 GIS 地图上快速定位、关联展示。

4.2 BIM 模型展示

利用线路、隧道、桥梁、保护区等专业基础设施的点位数据及实景照片，通过 BIM 建模技术实现场景构件与基础设施数据台账关联，从而实现全线自主漫游，实现各专业病害在模型场景中的位置定位与信息关联展示。

4.3 全线纵断面模型展示

全线纵断面模型结合沉降监测数据、水文监测数据直观展示全线沉降情况，并将轨道几何数据用于关联分析展示，以便及时发现土建结构沉降是否超限，水文数据变化是否造成隧道结构的隆起与下沉，从而掌握轨道状态变化情况以及沉降发展规律，有针对性地加强对基础设施的养护和维修。

5 运维综合管理

围绕从检测养护到维修的基础设施运维业务核心流程，开展对人员、财务、物资、技术、设施设备等数据的全量管理。

（1）检修作业流程闭环管理：建立一套以运营管理规范体系为准的检修作业流程，结合人员、资质、工时信息，实现作业计划的排布，根据计划自动生成人员排班及作业派工单，同时，工单与问题库、物资、检测数据关联，实现数据同步。通过计划发布、自动排班、工单派发、问题管理等业务功能，实现“计划实施—质量评定—问题处理”全流程业务及数据信息的闭环管理。

（2）可视化工单与智能化作业指导：利用平台构建的工单派发、领取、反馈、审核到完成流转流程实现了工单全过程的可视化管控追踪，并根据不同使用角色开展多维度的统计分析查看，方便不同用户从多角度清晰掌握工单任务的执行概况、进度以及趋势变化等。利用结构化标准库技术，为作业工单快速进行作业指导书的关键。

（3）资产管理：主要是对物资库存进行管理，实现物资的全生命周期管理，包括物资入库、出库、库存及物资领用等，确保物资使用效率和安全性。这些方面的综合应用，可以提高运维工作效率，降低成本，提高作业质量，满足用户单位业务需求。

6 总结与展望

城市轨道交通基础设施智能运维平台旨在为城市轨道交通基础设施提供智能化的运维解决方案。通过对数据进行分类、管理和分析，平台实现了基础设施数据的科学管理、数据自动处理和分析评估等功能，以及对基础设施健康状态的综合评估和风险预警，提高了城市轨道交通基础设施的运维质量和效率。

该平台在北京市轨道交通运营管理有限公司率先应用，逐步在其管理的三线网实现了日常运维管理工作，同时由土建线路基础设施延伸至供电、机电相关设备设施的信息化、智能化管理研究。随后在广州、重庆、南京等地开展了推广应用，并取得了较好的应用效果。

未来的工作重点是进一步发展智能化维修方案，集成多源感知数据，打通业务流程和数据孤岛，实现更全面的信息化和智能化管理。

参考文献

[1] 中国城市轨道交通协会 . 城市轨道交通 2021 年度统计与分析报告 [R]. 北京：中国城市轨道交通协会，2022.

[2] 衷兆程 . 上海地铁隧道设备智能运维管理平台设计与开发 [J]. 上海国土资源，2020，41（2）：97-100.

[3] 陈宝军，汤旻安 . 基于云计算的重庆轨道交通智能运维方案研究 [J]. 自动化应用，2021（12）：110-112，116.

[4] 李文英，鲁放 . 城市轨道交通标准体系建设研究 [J]. 都市快轨交通，2021，34（6）：155-159，166.

[5] 魏志恒，王文斌，李明航，等 . 面向绿色化的城轨基础设施检测模式分析 [J]. 现代城市轨道交通，2022（8）：75-79.

[6] 张义鑫，张炳森 . 轨道交通线网智能运维系统的设计方案思考 [J]. 铁路通信信号工程技术，2020，17（10）：58-62.

[7] 王瑞锋 . 基于智能检测监测与大数据技术的城市轨道交通智能运维管理 [J]. 现代城市轨道交通，2021（11）：85-89.

[8] 何鹏飞 . 轨道交通智能运维建设研究 [J]. 智慧城市与轨道交通，2022（8）：213-216.

[9] 廖云 . 基于大数据平台的城市轨道交通多专业智能运维系统构建探讨 [J]. 控制与信息技术，2021（5）：1-5.

[10] 王冰，李洋，王文斌，等 . 城市轨道交通智能运维技术发展及智能基础设施建设方法研究 [J]. 现代城市轨道交通，2020（8）：75-82.

超轻型智慧轨道交通系统技术综述

刘 剑[1*] 熊嘉阳[2*] 阳光武[3*]

（1. 四川省青云智创超轻型智慧轨道交通技术研发中心，成都 610031；
2. 西南交通大学机械工程学院，成都 610031；3. 西南交通大学牵引动力国家重点实验室，成都 610031）

摘 要： 超轻型智慧轨道交通系统是融合诸多新兴技术解决诸多问题，用科技创新和模式创新推动轨道交通向轻量化、智慧化、立体化和个性化方向发展的最新科技成果。本文对比分析了传统轨道交通和超轻型智慧轨道交通的组织模式、技术特点、运维要求和经济效能，阐述了超轻型智慧轨道交通系统更经济便捷、更安全高效、更节能环保、更智慧和更高运能适配度的技术特征，提出超轻型智慧轨道交通系统科技成果转化是推动可持续交通运输系统和基础设施向农村及偏远地区延伸，推动乡村振兴，实现交通强国和全体人民共同富裕的必由之路。

关键词： 超轻型智慧轨道交通；革命性创新；技术突破；技术成果；应用场景；未来发展

1 引言

2022 年 10 月，习近平总书记在党的二十大会议上作了题为《高举中国特色社会主义伟大旗帜为全面建设社会主义现代化国家而团结奋斗》的报告，指出实现全体人民共同富裕和人与自然和谐共生是中国式现代化的本质要求。强调全面推进乡村振兴，坚持农业农村优先发展；促进区域协调发展，优化重大生产力布局；构建优势互补、高质量发展的区域经济布局和国土空间体系等。这些战略目标的提出，对轨道交通技术和组织模式创新提出了新的挑战。

目前，我国的高铁技术已经成为亮丽的世界级名片。但是高铁高昂的基建投资和运维成本、较大的环保压力和较深远的生态影响、较长的规划审批流程和工程建设周期、较高的城市配套要求和财政资金压力等基本特征，对地方政府尤其是经济欠发达地区政府的轨道交通需求、建设热情、运能冗余和地方政府经济承载能力、投资能力与运量需求形成极大反差。

轨道交通科技工作者和运维工程师们用科技创新和模式创新引领轨道交通技术发展，持续融入大数据、互联网、人工智能、区块链和 5G 等信息技术手段，于 2019 年首创提出超轻型智慧轨道交通系统（Ultra-light Intelligent Rail Transit System，ULIR）概念，坚持轻量化、智慧化、立体化和个性化四项设计原则，革命性地创新研发了全新的轨道交通线路系统、车辆装备和配套运维系统，极大地提升了轨道交通的组织运营效率，降低了运能冗余度，利用信息技术手段提高了自动驾驶安全性和综合运能，极大地降低了工程建设成本和建

* 刘剑（1972—），男，工学学士，工程师，西南交通大学机械工程系铁道车辆专业，主要从事轨道交通车辆运维及应用。E-mail：liujian20@163.com

* 熊嘉阳（通信作者）（1969—），男，工学博士，副教授，西南交通大学机械工程学院，主要从事车辆轨道系统动力学与磁悬浮车辆系统动力学研究。E-mail：jyxiong@swjtu.edu.cn

* 阳光武（1977—），男，工学博士，研究员，西南交通大学牵引动力国家重点实验室。主要从事轨道车辆动力学、强度及疲劳可靠性研究。

设周期，提高了轨道交通系统的生态环境友好程度，提高了交通装备的节能降碳和运营效率。超轻型智慧轨道交通系统科技成果创新研发，有效地补充了传统高铁、城际快铁、城市轻轨和山地轨道交通运营模式，开启了轨道交通由平面走向立体、由二维迈向三维的发展新篇章。

2 超轻型智慧轨道交通系统概要

2.1 技术背景

超轻轨系统技术的前身源于超轻型山地轨道交通。2012 年初，为解决西南老少边穷山区交通落后问题，西南交通大学轨道交通相关专业的技术人员和运维工程师们打算研发设计一款安全可靠的超轻型山地轨道交通系统，经过近 7 年的研发设计和论证，历经两次较大的牵引电机（集成减速器，具备可自锁功能）、车辆结构和轨道构造设计改型，依然无法突破 30km/h 的速度，系统运营效率无法满足需求。

2019 年初，调整了超轻轨系统设计思路，首创性地提出了超轻型智慧轨道交通系统概念（图 1），拟定了轻量化、智慧化、立体化和个性化四项设计原则。由于技术积累深厚，超轻轨系统技术短期内即取得了重大创新性突破，超轻轨系统向着更经济便捷、更安全高效、更节能环保、更智慧和更具运能适配度的路线发展。

图 1 超轻轨系统效果图

2020 年初，超轻轨系统融入大数据、人工智能、互联网、5G 和区块链技术理念，完成概念设计，形成超轻轨专利族，申报了四项基础层发明专利申请:《一种超轻型轨道交通车辆及其运行系统》《一种超轻型轨道交通线路系统》《一种轨道交通组织管理系统及方法》和《一种用于超轻型轨道交通车辆的转向架》。超轻轨车辆设计时速突破了 160km/h。近两年，超轻轨技术研发依然不断取得进步，车辆半轴重从设计之初的 560kg 降低至目前的 360kg，车辆转向架由 160km 设计时速向高速转向架 300km 以上时速迈进，系统综合技术含量在不断提高。

目前，超轻轨系统按照其基础特征，可以概括定义为综合性超轻型纯电动无人驾驶智慧轨道交通系统。

2.2 技术突破

科技创新是高质量发展的前提，超轻轨系统在传统的以轮轨关系为核心的双轨制式轨道交通系统基础上取得了一系列技术创新成果。正如高铁技术的不断突破将成为支撑高铁发展的重点，掌握先进高铁技术的国家就能在未来的竞争中占据主导地位[1]一样，超轻型智慧轨道交通技术革命性的创新成果运用，将有效促进城乡一体化平衡发展，有效促进社会综合生产效率的进一步提升，有效促进全体人民共同富裕早日实现。

核心技术的突破实质是技术质的演化及根本性创新[2, 3]。超轻轨系统的研发涉及多项核心技术创新与突破，应专利申请公开前的技术保密要求，本文仅就已公开的四项基础层发明专利申请中的主要技术特征做重点论述。

2.2.1 轻量化设计

超轻轨系统的轻量化设计原则主要体现在车辆系统轻量化和线路系统轻量化两个方向。

在车辆系统轻量化方面，超轻轨系统设计思路与高铁设计思路存在差异的主要原因在于定员数量不同。高铁走得是高速大运能路线，超轻轨走得是高速小运能路线，依靠高频发车来提升综合运量，同时也提升了轨道线路的使用效率。以类似乘客舒适度的高铁复兴号CR400系列为例，8辆、16辆和17辆三种编组形式的载客量分别为556人、1193人和1283人，折算每辆平均定员约为74人；超轻轨系统采用独立驱动单元式车辆，标准型号的超轻轨车辆定员9人。复兴号车辆采用轻量化铝合金车体，轴重约16.5t；超轻轨车辆半轴重360kg，若折算成轴重，约为复兴号轴重的4.36%，而定员数量是复兴号平均定员数量的12.16%。这里可以引入一个衡量车辆轻量化水平的概念，即单位轴重定员数或者人均轴重，二者互为倒数关系。单位轴重定员数即每吨轴重承载的定员数量，换算成单位轴重定员数的话，复兴号是4.48人/t轴重，超轻轨车辆是12.5人/t轴重，超轻轨系统轻量化效果显著优于高铁。

在轨道系统轻量化方面，超轻轨线路系统与高铁线路系统的差异主要在钢轨空心化上。以高铁为例，常见的钢轨重量为75kg/m。由于车辆轴重的大幅降低，使得超轻轨系统的钢轨可以采用空心化结构，根据《一种超轻型轨道交通线路系统202110369346.9》[4]发明专利申请所述，超轻轨线路的空心钢轨重量约15kg/m，仅为高铁钢轨重量的20%；超轻轨线路采用抗扭矩箱型钢结构梁全架空设计，与高铁高架桥每米约30t的钢混箱梁结构相比，轨道线路的自重和载重量均大幅降低，同时易于实现模块化定制生产，由此带来的是工程建设成本的大幅降低和施工周期的大幅缩短。

2.2.2 智慧化设计

结合大数据、人工智能、互联网、5G和区块链技术，超轻轨系统可以实现全天候24小时全自动安全运营。

根据《一种超轻型轨道交通线路系统202110369346.9》[4]发明专利申请所述，空心钢轨中安装有振动传感器，通过振动信号的采集、分析和验证，可以实现不间断的轨道系统安全监控，通过振动信号识别轨道路况信息、车辆信息和辅助调度信息，为系统线路调度和安全运营提供信息化基础保障。根据《一种超轻型轨道交通车辆及其运行系统202110369360.9》[5]发明专利申请所述，车辆系统车载计算机提供单元式车辆主控制、中央控制系统通信和区块链控制单元节点通信。根据《一种轨道交通组织管理系统及方法202110368369.8》[6]发明专利申请所述，乘客采用移动客户端（如手机APP）提交预定乘车信息，中央控制系统将根据运营大数据（如车辆、线路实时状态数据以及客户移动端数据和行为模式分析）计算和调度车辆及运行线路，来满足轨道交通即时承运需求，并将信息通知乘客，订单履行完毕后移动客户端即完成支付。

同时，超轻轨车辆系统本身具备自动编组功能和应急救援功能。超轻轨车辆定员少，因此单体运能低，但是结合自动编组功能和高频发车特征，可以实现小运能大运量来满足四五线城市和县乡镇轨道交通运输需求。系统将利用交通大数据和人工智能技术，实时平衡各站点运能需求，在客流量大的站点设置蜂巢系统和自动编组节点，提高发车频率和乘客输送效率。当车辆运行在景区或边远线路突发故障时，系统将自动启动应急车辆救援装置，其他车辆可以对故障车辆实施自动救援作业，此时的故障车辆将由救援车辆实施转向架（走行部）控制，将乘客和故障车辆安全输送到目的地。

大数据和人工智能的应用还体现在车辆自动调度和运力平衡上。当城市采用超轻轨系统时，人工智能和神经网络分析技术将交通大数据和周期性乘客出行习惯、重要交通节点出行数据变化等相结合，提前做好运力调配，提高运输系统综合效率。此外，城市人口和交通大数据还可以用于超轻轨线路规划设计和施工组织设计等各方面。

2.2.3　立体化设计

由于系统性轻量化的实现，促使超轻轨系统立体化设计取得重大突破，包括轨道线路、站点、车库和检修厂（段）等均可以实现立体化建设与运维，极大降低了土地使用成本和生态环境影响，切实提高了城市土地的交通承载能力。

由于超轻轨的车辆系统和轨道系统均实现了大幅度的轻量化应用，因此轨道系统在载荷和自重均大幅减轻的基础上，能够实现较大跨度的全程桥梁式架空铺设，对生态环保要求高的景区、耕地保护要求高的乡村、历史文化保护要求高的县镇、土地资源稀缺和规划道路已经定型的大中小城市等而言，超轻轨的规划建设是真正意义上对“绿水青山就是金山银山”理念的贯彻和保护；更能对现有路面交通压力进行疏导与分流，将交通组织模式从平面向立体化发展，极大提高交通运行效率。

从轨道系统来看，立体化设计带来三个明显优势，一是线路整体规划时，容易平衡地表高差带来的影响，不受地形地貌限制；二是结构轻量化更容易实现桥梁设计和施工技术对长大跨度的应用；三是轨道系统架空设计降低了噪声、电磁、振动和光线等对自然生物环境和城市人文环境的影响。

从运维系统来看，立体化设计可以节约大量的土地资源。超轻轨系统车辆的储备甚至是维护检修都可以采用分布式设计，每个站点都可以结合车辆储备需要和环境特点，按照人口和出行大数据进行停车库和检修厂段设计，站点、车库和检修厂段进行立体化多层设计，能够与原址（或新建）建筑物友好深度融合。

2.2.4　个性化设计

由于采取超轻量化设计思路，定员数量的减少降低了超轻轨系统的运能冗余，而且即时性点对点直达的交通组织模式更容易满足乘客个性化的出行需求，改变了现有传统的集中式公共交通组织模式为分布式交通组织模式，极大地提高了乘客出行效率。

通过对乘客出行方式进行研究可以看出，传统的轨道交通组织运营模式（以高铁为例）是一种定时的点对点交通。乘客出行需要先到高铁站，乘坐高铁到达目标站，从目标站出行至旅途目的地。事实上，乘客在出行过程中，多数还需要乘坐其他交通工具解决出发地（或目的地）与高铁站之间的交通，甚至高铁也需要换乘。因此，传统轨道交通（如高铁）只有在长远距离运输时才能体现出较高的运输效率，对于近郊游或者边远地区未通高铁（包括高铁贯穿区域却未设置站点）来说，乘客出行效率一般与公路出行效率相当，轨道交通优势无法体现。

超轻轨的交通组织运营模式是一种即时的点对点交通，这种点对点交通在超轻轨站点呈现网格化分布的成熟阶段（即区域组网），可以最大限度地提高乘客出行效率。假设城市超轻轨规划站点间距（平均）为200m，乘客乘坐超轻轨的出行效率将会达到极高值。例如跨城通勤乘客，可以通过手机预定在居住小区门口乘坐超轻轨车辆直达公司驻地附近站点；周末游乘客，也可以通过超轻轨系统实现方便快捷的近郊旅游，提高出行效率，获得友好体验。

2.3　技术成果

超轻轨系统是一种综合性超轻型纯电动无人驾驶智慧轨道交通系统，是以轮轨关系为基础，经多种工程应用领域积淀，融合多个学科专业，在科技与模式上取得创造性突破的轨道交通领域创新科技成果。

超轻轨属于系统化的硬科技创新范畴，其技术成果涵盖了轨道、桥梁、站场、变轨装置、车辆等工程技术应用领域，深度融合了数据采集、大数据分析、人工智能、互联网、5G、区块链和控制技术，核心技术和发明、实用新型及外观专利众多，其中超轻型高速转向架是超轻轨系统的核心基础。

基于申请发明专利授权前的技术保密原则，绝大多数核心技术发明尚未公布，例如变轨装置、新型轨道梁结构、多用途站点设计、牵引缓冲装置、向心旁承、空气弹簧、牵引电机、减速结构自锁装置、高速转向架及其偏摆结构等，现仅就已公布的四项基础层发明专利申请，概要性介绍下述三项主要技术成果。

2.3.1 车辆系统的超低重心结构

根据《一种超轻型轨道交通车辆及其运行系统 202110369360.9》[5] 发明专利申请所述，超轻轨车辆运行结构与传统轨道交通（如高铁等）的明显区别在于，超轻轨系统车辆的重心降低至轨道水平面以下（须同步创新转向架结构和变轨技术），从而使传统轨道对车辆提供的支撑和导向功能进一步衍生出保护功能（出于对城市超轻轨架空运行时的绝对安全性角度考虑，完全杜绝车辆出轨和高空坠落风险）。由于超轻轨系统车辆结构重心的降低，提高了车辆高速行驶的稳定性；又由于钢轨位于车辆乘员舱两侧，为车辆提供了支撑、导向和保护功能，使超轻轨系统车辆运行安全性得到极大提高。

2.3.2 轨道系统的振动识别监控

根据《一种超轻型轨道交通线路系统 202110369346.9》[4] 发明专利申请所述，超轻轨的轨道采用空心钢轨，其中在一定距离或关键节点处安装有振动传感器，通过 24 小时振动信号监测，实时采集、分析和验证轨道安全性和空间定位，也可以通过对车辆轮对的特殊设计，采集振动信号分析识别超轻轨车辆运行状态。结合区块链技术、互联网和 5G 技术，振动信号数据分析可即时反馈轨道所受冲击、变形、断裂、腐蚀等工况变化，能够立即报警核查或组织检修，为超轻轨系统安全运营提供 24 小时保障。

2.3.3 转向架结构与技术创新

根据《一种用于超轻型轨道交通车辆的转向架 202110369339.9》[7] 发明专利申请所述，超轻轨转向架相较传统高铁和地铁转向架创新较多，主要介绍以下四点：

一是由于半轴重仅 360kg，使得转向架主要结构件如侧架、构架等，均由钢结构件改为高强铝合金材料，在保障结构安全的前提下进一步降低转向架自重。

二是出于降低转向架结构重心考虑，将原传统转向架的轮对结构创新设计为半轴结构，并对原传统转向架的减速器壳体进行功能化创新，赋予减速器壳体以侧架功能，通过牵引电机连接前后侧架，实现轮对结构集成。

三是由于车辆自重低，车辆运行振频和振幅均较传统高铁有所提高，因此空气阻尼为悬挂首选；其中，二系空气弹簧主悬挂创新性连接构架与牵引电机，使构架对牵引电机形成弹性支撑，可以通过车载计算机控制调节空气弹簧压力，实时调整车辆运行谐振，提高运行平稳性和舒适性。

四是车轮由传统的钢制整体车轮创新设计为铝合金 – 特种橡胶复合车轮，将原来的钢 – 钢轮轨关系变为钢 – 橡胶轮轨关系，轮轨黏着系数明显提高，相同车辆运行速度下，降低了车辆运行能耗。

3 超轻轨系统的比较优势

目前，国内的轨道交通呈现百花齐放的态势，基本上已经涵盖了全球轨道交通技术领域的各种制式，其中技术成熟度高的有高铁（和谐号和复兴号）、城际快铁和城市轻轨，如地铁和重庆轻轨等（跨坐式单轨）。其次是中车的空铁（悬挂式单轨）、比亚迪的云轨（跨坐式单轨），以及多种制式的磁悬浮技术（含在研），再次是基于公路交通演进的中车株洲所的智轨和有轨电车以及基于高爬坡性能的山地轨道交通（如齿轨）等。

限于篇幅，基于安全性、舒适度和技术先进性相近原则，本文仅就高铁（复兴号）与超轻轨系统做比较分析，从适用场景、工程造价、车辆造价、建设周期、节能减排、安全特性、环保特征、运维模式等八个方面做论述。

3.1 适用场景对比

以高铁复兴号系列动车组CR400为例，目前有CR400AF和CR400BF两个平台，均为4M4T形式（8辆编组），设计速度为400km/h，实际运营速度为350km/h，其主要应用场景为满足长大干线运输要求，截至2023年1月，中国高铁运营里程已经达到4.2万km，对百万以上人口城市的覆盖率超过了95%，稳居世界第一。基于高铁的运输特性，尤其适合人口集中度高、经济体量大、城市间距长的城市间轨道交通规划。

目前，超轻型智慧轨道交通系统概念的提出，就是利用时速在160～300km之间的低运量高运能的轨道交通，填补人口集中度低、经济体量小、城间（县镇）间距短的四五线城市与城郊的轨道交通空白，同时兼顾旅游景区专线和大中城市内部地面交通压力的分流（图2）。

图2 景区超轻轨专线效果图

3.2 工程造价对比

高铁的基建工程造价差异非常大，其原因主要取决于地形地貌和地质特征，以及线路规划要求（例如设计要求、桥隧比等）。目前已知较经济的高铁基建工程造价分别是牡佳高铁，设计时速250km，平均每公里造价1.03亿元；朝凌高铁（京沈盘营客专联络线），设计时速350km，平均每公里造价1.1亿元（2020年底完工）。造价较高的高铁是京雄城际铁路（北京至雄安新区），其中李大段设计时速250km，大雄段设计时速350km，平均每公里造价3.61亿元。统计数据显示，国内高铁平均每公里造价约为1.2亿～1.7亿元。

超轻轨（复线）的平均基建工程造价约为高铁平均造价的40%。主要原因在于：一是超轻轨系统全程架空，没有隧道，施工难度和工程费用较高铁低；二是在于轻量化技术的创新，使得超轻轨车辆系统（载荷部分）和轨道系统（自重部分）都远低于高铁，基建材料成本远低于高铁；三是超轻轨建设占地远少于高铁，土地成本极低。估算超轻轨（复线）平均每公里造价约为0.5亿～0.7亿元。

3.3 车辆造价对比

高铁和超轻轨车辆购置成本差异巨大，从运能经济性价比角度来看，超轻轨车辆购置成本优势明显。

根据网上招标投标信息查询，高铁复兴号（8辆编组）中标价格为1.72亿元/列，由于复兴号车型较多，按照复兴号每辆平均定员数74人计算，人均车辆造价成本为29万元。

超轻轨车辆预计售价45万元/辆（2019年估算价格），按照定员9人计算，超轻轨车辆的人均车辆造价成本为5万元。超轻轨车辆成本的经济效果显著。

3.4 建设周期对比

中国基建水平已经站在世界前沿，高铁建设更是一骑绝尘。国内高铁建设一般可分为立项决策阶段、勘察设计阶段、工程实施阶段和竣工验收阶段，建设周期一般为3～5年，考虑到地面沉降和地形地貌因素，山区修建周期一般要 4～6 年。

超轻轨建设周期相比高铁而言，由于轻量化设计和模块化设计加定制化生产，使超轻轨的建设周期缩短 1～2 年，仅为高铁建设周期的一半时间左右，主要原因在于超轻轨线路在勘察设计阶段就已经可以开始组织部分定制承重拱梁、抗扭矩全钢箱梁、钢制基桩和翼梁等标准化生产了；施工期间，模块化安装工程和后期线路调试均较高铁简便快捷。超轻轨系统建设周期一般在 2～3 年，在节省建设周期的同时，也能节约大量资金成本。

3.5 节能减排对比

从直接节能减排效果来看，由于运行环境、车型、载客量及运行时速不同，高铁耗电量也不同。例如高铁复兴号时速在 350km 运行时，每小时耗电 9600 度；以时速 250km 运行时，每小时耗电 4800 度；折算人均公里耗电量约为 0.021～0.038 度电之间。

对比超轻轨运行模式分析，研究数据表明其直接能耗折算人均公里耗电量约为 0.013～0.017 度。该数据逻辑合理性也可以通过人均轴重数据得到验证：高铁复兴号人均轴重 223kg，超轻轨车辆人均轴重仅 80kg（人均半轴重 40kg），超轻轨系统等效能耗远低于高铁。

从间接节能减排效果来看，城市内采用超轻轨分流地面交通压力时，可以有效降低地面车辆拥堵时间。假设地面交通拥堵排行 500m，排行车辆 62 辆（车长 6m，间距 2m），按照每分流一辆车，则平均车速可提升 0.508km/h，若超轻轨分流占比 30% 时，可使地面交通车辆排放减少 16.34%。从直接和间接节能减排效果来看，超轻轨系统建设对地方双碳经济拉升作用明显。

3.6 安全特性对比

从高铁和超轻轨系统的车辆结构特征分析可以看出，超轻轨高速运行稳定性和安全性均优于高铁。

3.6.1 车辆重心结构不同

由于高铁的轨道特征（道岔）决定了高铁的车体、转向架和车下悬挂物最低限界均高于轨道水平面以上，因此高铁车辆的重心也在轨道水平面以上。

根据《一种超轻型轨道交通车辆及其运行系统 202110369360.9》[5] 发明专利申请所述，由于创新轨道系统设计，超轻轨转向架采用半轴结构，减速器、牵引电机和构架等均采用下沉式设计，降低了转向架重心；车体也采用下沉设计，车体地板低于轨道水平面近 150mm；同时，车体底部安装动力电池组进一步降低了车体重心。超轻轨车辆的结构重心低于轨道水平面，从而使车辆高速运行稳定性得以提升。

3.6.2 侧表面截面积不同

高铁复兴号车辆长 25.65m，宽 3.36m，高 4.05m（取最大截面处尺寸），超轻轨车辆长 6.18m，宽 2.12m，高 1.66m（轨道水平面以上部分高度 1.298m）。高铁车辆的侧表面截面积远大于超轻轨车辆的侧表面截面积，超轻轨由于下沉式设计，车体约 21% 的侧面截面积隐于轨道水平面以下，因此超轻轨高速运行时抗侧风能力远优于高铁。在高速会车时，由于超轻轨车辆车身短，侧表面截面积小，高速运行时的稳定性和安全性都要高于高铁。

3.7 环保特征对比

高铁基建工程相对浩大，由于大量采用钢混结构，且大多数采用一体浇筑施工，现场混凝土用量大，对环境影响也大，而且高铁无法高架时也会对地表植被和动物迁徙造成影响。此外，高铁运行离不开电网供电，因此电磁辐射对生态环境也存在一定影响；高铁车辆迎风面截面积大，因为运行速度快，风压大，因此运行噪声也大（包括钢－钢轮轨关系产生的轮对冲击噪声和摩擦噪声）。

对比超轻轨而言，由于轻量化设计大幅降低了轨道线路基础的施工量，且常规超轻轨地基基础一般处于地表面1m以下，线路调整时，易于恢复地表植被；标准基桩（钢制或钢混预制）可以批量化集中生产，因此对施工现场的生态环境破坏小，易恢复。超轻轨采用动力电池驱动，除了铺设太阳能电池组件以外，几乎无电磁辐射污染源；超轻轨车小身轻，钢—橡胶轮轨关系使得运行噪声也远小于高铁。

3.8 运维模式对比

高铁的运维管理模式基本上与传统的铁路运营管理模式一脉相承，工务、车务、机务、电务以及客运段、车辆段、供电段等，按所属铁路局（中国铁路三级体制的重要组成部分）管辖。从运维角度来看，高铁升级带动了各段的技术装备升级，信息化和自动化使监测、检测和维护手段得到了加强，劳动生产率得到了提高，劳动力水平得到进一步释放。

超轻轨的运维管理模式和高铁有相同之处，也有不同之处。相同之处在于：超轻轨作为轨道交通技术的创新成果，技术含量高；其与高铁的运维管理模式基本相同，必须设置专业公司（对应综合段）解决技术依赖性强、专业化程度高的问题。各地方政府投资机构作为地方专用超轻轨线路的所有权人，必须采用与技术持有方合作的模式进行超轻轨系统的运营维护管理。不同之处在于：超轻轨系统信息化技术和控制手段更丰富，一是在轨道交通装备研制初期就融入大数据和人工智能技术，对车辆和轨道运行状态监控范围更广泛，数据采集更及时，安全防护更全面，检修维护更快捷，自动化程度更高；二是在超轻轨系统规划中融入自动检测单元（由于车辆轻量化使得车辆体积小重量轻，独立的检测单元较容易实现，类似车辆健康体检中心的概念）设计，使车辆维护更智能，数据链安全性更可靠。

4 结语

党的二十大报告提出，实现全体人民共同富裕和人与自然和谐共生是中国式现代化的本质要求。要想解决全体人民共同富裕，就必须先要解决经济欠发达地区生产资源要素流动性问题；要想实现人与自然和谐共生，就必须要解决人口向城市集中后边远地区土地荒芜、生态资源浪费的问题；城乡一体化协同发展，构建优势互补、高质量发展的区域经济布局和国土空间体系等战略目标的提出，对轨道交通技术发展提出了更高要求。

中国高铁是自主创新取得巨大成功的范例，是国家统筹集中力量办大事、创建轨道交通国家技术创新体系的成功实践[8]。中国高铁一枝独秀，引领了诸如城市轻轨、空轨、云轨、智轨、磁悬浮和山地轨道交通等轨道交通技术百花齐放、百家争鸣的格局。但是于经济欠发达地区而言，传统轨道交通（如高铁或轻轨）建设的最大障碍就是投资成本超过了地方政府的经济承载能力，传统制式轨道交通投资与运量需求和经济贡献程度不匹配，与共同富裕要求和轨道交通出行平等权益存在矛盾。

超轻型智慧轨道交通系统的技术创新成果落地，代表了轨道交通技术应用更经济快捷，更环保节能，更安全高效，更智慧和运能适配度更高的发展方向；是提高社会综合效率，促进城乡一体化协同发展的必要抓手；是践行“绿水青山就是金山银山”理念，提高国土资源和生态资源综合利用的必要工具；是促进生产要素流通，缩短区域经济发展差距，实现全体人民共同富裕的重要途径。

参考文献

[1] 赵建军，郝栋，吴保来，等. 中国高速铁路的创新机制及启示 [J]. 工程研究，2012，4（1）：57-69.

[2] BELLM, Pavittk. Technological Accumulation and Industrial Growth: Contrasts between Developed and Developing Countries[J]. Industrialand Corporate Change, 1993, 2(2): 157-210.

[3] LEE K,LIM C. Technological Regimes, Catching Gupand Leapfrogging: Findings from the Korean Industries[J]. Research Policy, 2001, 30(3): 459-483.

[4] 四川省青云智创超轻型智慧轨道交通技术研发中心. 一种超轻型轨道交通线路系统 [P]. 中国, 专利号: 202110369346.9. 2021.

[5] 四川省青云智创超轻型智慧轨道交通技术研发中心. 一种超轻型轨道交通车辆及其运行系统 [P]. 中国, 专利号: 202110369360.9. 2021.

[6] 四川省青云智创超轻型智慧轨道交通技术研发中心. 一种轨道交通组织管理系统及方法 [P]. 中国, 专利号: 202110368369.8. 2021.

[7] 四川省青云智创超轻型智慧轨道交通技术研发中心. 一种用于超轻型轨道交通车辆的转向架 [P]. 中国, 专利号: 202110369339.9. 2021.

[8] 熊嘉阳, 沈志云. 中国高速铁路的崛起和今后的发展 [J]. 交通运输工程学报, 2021, 21(5): 6-29.

研讨轮对受电弓在线检测装置标定方法

盛 全*

（天津轨道交通运营集团有限公司，天津 300392）

摘 要：介绍轮对受电弓在线检测的组成，研讨车轮、受电弓各监测模块的标定方法。通过调整 CCD 摄像机和激光源的位置布置，完成摄像机及系统采集数值标定，最终由工程软件分析标定数据是否达标。

关键词：轮对受电弓在线检测；标定方法；标定原理

1 引言

轮对受电弓在线检测设备一般位于地铁车辆段入段线位置，轮对动态检测系统用于对车轮擦伤、轮对外形尺寸进行检测；受电弓动态检测系统用于受电弓磨耗压力检测以及车顶监控。本文主要介绍如何对检测装置进行标定，保证测试数据和成像的准确度。

2 轮对受电弓在线检测设备介绍

2.1 设备组成

检测系统由基本检测单元、设备间、控制室等组成，包括车号识别模块、轮对外形尺寸检测模块、车轮擦伤检测模块、踏面图像检测模块、受电弓磨耗及中心线检测模块、受电弓工作位接触压力检测模块、车顶监控模块以及接近检测单元和车辆离去检测单元。

2.2 轮对外形尺寸检测模块

尺寸检测模块主要由几组激光 - 相机组合而成，负责采集车轮外形激光曲线，配套有尺寸线光源 LD 和尺寸图像传感器 CCD。

2.3 车轮擦伤检测模块

采用“接触测量法”，利用高精度位移传感技术测量车轮轮缘高度的变化，来定量测量轮轨接触区域的车轮擦伤和不圆度利用轮缘与踏面滚动圆为同心圆，采用平行四边形高灵敏位移检测技术，通过轮缘顶点的位置变化反映了车轮踏面受损的信息。当测得轮缘顶点的相对位移沿圆周的分布情况，就可得到当前车轮的踏面擦伤深度值。

2.4 踏面图像检测模块

由图像采集单元、触发单元、补光单元及配套电气主控箱、工控机等组成。

2.5 受电弓磨耗及中心线检测模块

采用“非接触式图像测量法”实现受电弓滑板磨耗及中心线偏移情况的非接触动态检测。主要由滑板磨耗和中心线偏移现场检测设备和位于设备间的控制、支持和处理设备组成。滑板磨耗和中心线偏移现场检测设备主要包括触发和控制、图像采集、补光等部分。

2.6 受电弓工作位接触压力检测模块

使用杠杆原理自动动态检测并记录受电弓工作位压力值，由现场检测设备和设备间设备组成。现场检测设备主要由压力检测装置、对射式光电传感器及其转接盒组成，实现压力数据采集的启停控制和压力数据的采集。

* 盛全(1993—)，男，学士学位，工程师，天津轨道交通运营集团有限公司。主要从事车辆段场设备维护和生产管理方面工作。E-mail：2447712876@qq.com

3 标定原理

3.1 原理介绍

轮对在线检测中使用的是基于线结构光的测量方法，其检测原理如图 1 所示。

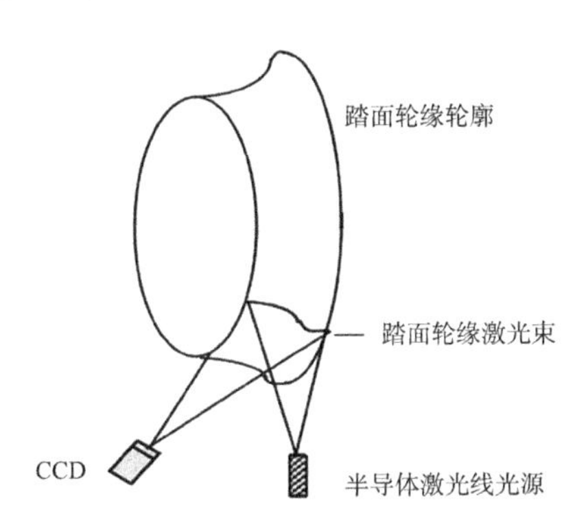

图 1 线结构光测量原理图

激光发射器向待测轮对中心发射线激光，此时在轮对表面会产生一条激光曲线，该曲线直接反映了轮对当前的轮型曲线。通过一旁的 CCD 摄像机获取该曲线图像，进行滤波、二值化、细化等图像处理，就能通过算法合成出激光曲线图，进而得到需要的被测参数和曲线，如图 2 所示。

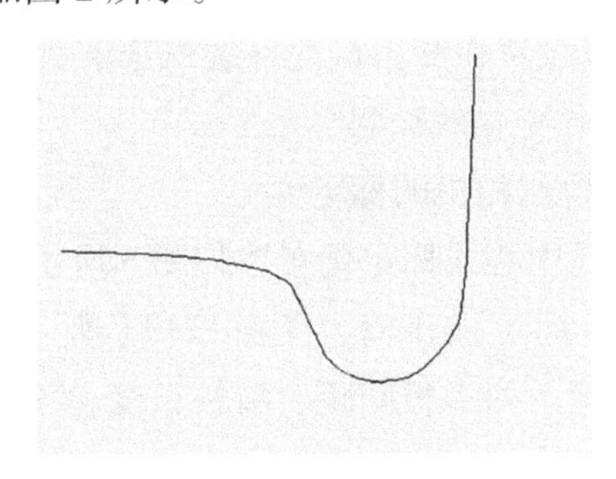

图 2 激光曲线图

3.2 标定器具准备

需要准备的工器具材料如表 1 所示。

表 1 工器具材料准备

序号	工具及材料名称	规格型号	单位	数量
1	标定装置		套	1
2	常用工具		套	1
3	钢板尺	300mm	把	1

续表

序号	工具及材料名称	规格型号	单位	数量
4	活动扳手	150mm	把	1
5	笔记本电脑		台	1
6	标定软件		套	1
7	剪刀		把	1
8	扎带	10 × 500	根	若干
9	标记油漆		升	适量
10	安全防护用具	安全帽、反光背心等	套	1

3.3 影响标定的关键因素

3.3.1 标定靶标的设计

根据 CCD 摄像机与标定靶标的相对位置关系，需要设计靶标的大小和图案，并且基于标定靶建立合适的坐标系，从而获得更清晰的标定点坐标。

3.3.2 图像处理算法的设计

由于光线角度等客观环境的影响，拍摄的标定板图案阴暗不同或者部分清晰部分模糊，使标定板图像质量降低。需要选取合适的图像处理算法，包括图像增强、阈值分割、细化，最终通过特征点提取算法提取出高精度的特征点计算机图像坐标。

4 现场标定方法

4.1 轮对尺寸标定

找到同侧 2 个 CCD 的中心位置，作为标定装置放置的中心位置。拆下需要标定的 LD 尺寸线光源、CCD 箱体外罩；放置标定支架中心位置刻度线与外侧的 CCD 箱体的中心位置重合；标定支架要垂直于左右钢轨，标定支架定位边紧贴钢轨内侧，支架中心位置刻度线和铭牌在钢轨外侧；标定装置固定牢固；标定过程中，标定装置放置好后，需完成同侧 4 个 LD 和 4 个 CCD 的标定，此过程中位置保持不变。为保证标定精度，整个标定流程中，标定装置保持固定，不能拆卸；完成调整相机和激光器后，要确认LD和CCD箱体对激光线和相机视场无遮挡后方可开始标定。

建立标定工程，选择标定类型，填写标定装置参数等信息。取掉相机滤光片，调节CCD的螺栓使得棋盘格原点在视场的物理坐标中心位置，如图3所示。

图3 标定靶棋盘格

4.2 踏面擦伤标定

4.2.1 配件组成

标定装置由支撑杆、连接杆、标定支座、标定杆、标定板、刻度板、绝缘垫、标定垫块、踏面块、连接锁紧螺钉、紧定螺钉和地铁标定尺组成。

4.2.2 装配要求

准备好各零部件、标准件以及安装工具，检查零部件相关装配孔位是否达到图纸要求，检查外观是否完好，有无磕碰划伤、掉漆等现象，对各零部件进行预装配，检测配合面的配合效果，判断是否需要修配，以上各步骤进行完后方可进行装配。

4.2.3 检测要求

装配好后各螺钉连接紧固、可靠，标定板与标定支座的中心线应垂直共线，如图4所示。

4.2.4 标定步骤

（1）装配好标定装置。

（2）根据被拍摄轮径大小，调节标定杆上

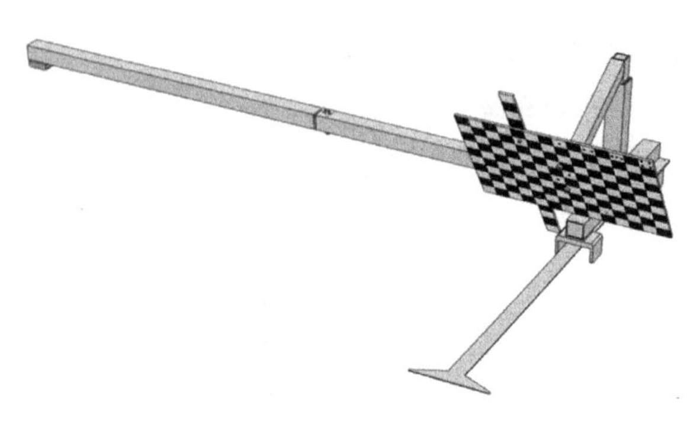

图4 标定靶及支座相对位置

的高度。

（3）将标定装置安装在需要标定的采集箱前端，使踏面块紧密贴合轨道，保持轨道两侧齐平、绝缘。

（4）标定尺的尖角与采集箱靠近轨道的顶角并对齐。以车轮直径为860mm为例，相机镜头距离标定板平面的距离为570 ± 10mm。

（5）移动采集箱对应传感器的位置，使得传感器边缘与踏面块边缘对齐。

（6）利用角度控制工装调整好数据采集箱的角度。

（7）在轨边给采集箱标定时，需要通过一台笔记本远程连接检测主机来进行标定。

（8）设置检测主机允许远程登录。

4.3 磨耗中心线检测单元

4.3.1 检测相机的标定

磨耗中心线标定靶布置如图5所示。

（1）标定操作前，了解该段（所）受电弓托架厚度、两滑板间距、滑板长度和羊角高度等参数。

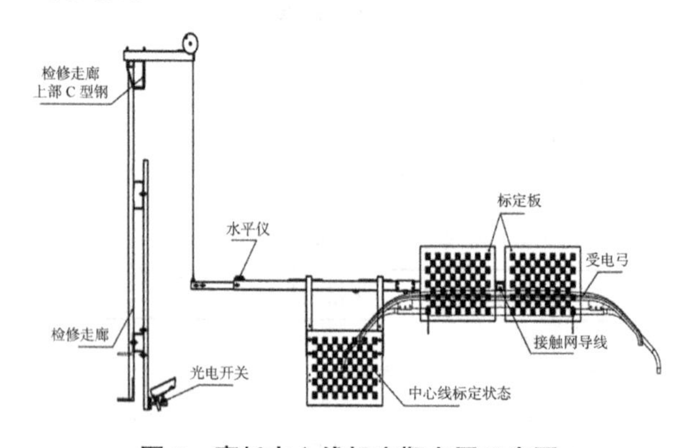

图5 磨耗中心线标定靶布置示意图

（2）磨耗标定放置标定装置的位置，在入库侧与入库磨耗触发光电开关位置重合，在出库侧与出库磨耗触发光电开关位置往入库端移动一个受电弓距离（该地主要弓形的距离）重合。

（3）中心线标定放置标定装置的位置，在出库侧与出库磨耗触发光电开关位置重合。

（4）标定装置，入库端标定板面朝入库相机，出库端标定板面朝出库相机。

（5）标定装置保持与轨道中心垂直，标定面保持竖直水平。

（6）磨耗标定时，拍摄图片有滑板与接触网的交点。

（7）在中心线标定时，根据羊角位置确定标定板面位置，羊角最低点应在标定板中心，滑板与接触网有交点。

（8）标定过程中，标定装置放置好之后，可以同时完成入库磨耗或出库磨耗标定，中心线相机一次只能标定一个。

4.3.2 标定视场确定

把标定杆摆放到接触网滑板拍摄位，观察水平仪，保证标定支架水平，标定支架与轨道中心垂直，标定棋盘格保持竖直水平，如图6所示（拍摄方式为内侧：入库就是触发位前滑板拍摄面，出库是主打弓型后滑板拍摄面）。

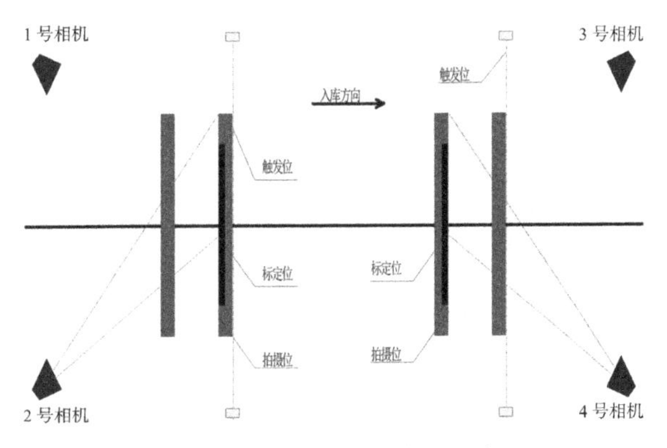

图6 磨耗中心触发位布置示意图

4.4 压力检测单元标定

（1）调紧传感器端丝杆，使传感器的预压力在1.5～2.5V之间，在调节时需要保证绝缘组件水平。如果一次性调节不到位，需要配合前后端一起调节。

紧固所有螺钉，保证绝缘组件与小车平台平行，且结构灵活。

（2）随压力装置的装置车间标定数据进行数据记录，利用坐标系进行分析，横坐标为机测值，纵坐标为拉力计输出值。

（3）过车后检测，在标定软件中查看检测压力值，并记录多次数据。等车辆入库检修时，复核该车辆过检测棚所升弓的压力值。

（4）对复核压力值和检测值进行对比分析，在数据修正界面压力修正，保存修正值。对多次过车进行复核反复修正，保证数据正确。

5 影响标定的问题

5.1 踏面清洁

因部分城市线路回转半径较大，为防止车轮长期磨耗，常采用轨道旁涂油润滑的方式，减少异常磨耗。此部分油脂在正线恶劣环境下易于在车轮踏面上形成油污，致使捕捉到CCD发射的线光源图线不能反映真实的轮缘踏面曲线，所以需要在检测前加装自动清洁踏面表面的装置，提升采集数据准确度。

5.2 摄像机清洁

轮对在线检测设备多数图像和图形数据均依靠摄像机采集图像，例如车号识别、受电弓碳带磨耗、轮型检测等。因轮对受电弓检测装置常布置在车辆段出入段线位置，给设备摄像机和传感器的日常检修和清洁带来不便，如何能够实现设备的自清洁是急需解决的难题。

参考文献

[1] 陈康．轮对在线检测中Tsai异面标定方法与技术研究[D]．杭州：杭州电子科技大学，2015.

[2] 陈强元．轮对磨耗在线检测标定系统研究[D]．杭州：杭州电子科技大学，2016.

刚性接触网过渡装置在天津地铁 5 号线的研究及应用

李天白　张新然　陆　军　金战军

（天津津铁供电有限公司，天津 300171）

摘　要：设计了一种刚性接触网过渡装置。装置安装时与既有大磨耗接触线并行，当受电弓滑过此段悬挂时不与原大磨耗接触线相接触，从而避免了原大磨耗接触线的磨耗继续增加，延长整锚段换线周期，节省维护成本。

关键词：刚性接触网；接触线；磨耗；消弧

1　引言

刚性接触网在出站区域易出现接触线大磨耗现象。由于造成大磨耗的因素持续存在，所以此段接触线会首先达到换线标准，造成其余未达到换线标准的接触线提前换线，缩短了换线周期，增加了维护成本，有必要采取措施进行控制。

2　设计理念

电客车受电弓碳滑板和接触线接触时产生的腐蚀以及磨耗的现象称为弓网磨耗。碳滑板与接触线组成的受流系统工况极其复杂，具有周期性随机变载荷、强电流、高电压、高速滑动、环境条件复杂多变等特点，从而构成了一对在复杂环境条件下的机械与电气磨损耦合的特殊摩擦幅。理想条件下，受电弓与接触网构成的弓网系统之间的磨耗为均匀磨耗。但在出站区域受电客车启动加速时速度低、电流大等多种因素叠加的影响，电气磨耗及机械磨耗较一般运行区段均有一定增加，在出站区域易出现接触线大磨耗现象，大磨耗一般持续 10 ～ 20m。

出站区域接触线大磨耗是客观存在的，接触线磨耗到限需要更换也是必然的。为了降低维护成本有“更换”及“替代”两种思路。“更换”即使用刚性接触网局部换线工艺更换掉大磨耗点位至最近锚段关节的一段接触线，此种方式由于耗用线材少，可以节省材料成本。但刚性接触网局部换线工艺存在一定技术难点，需严格把控新旧接触线接头质量，对施工工艺及作业人员的技能水平要求较高，因此使用该工艺的地铁线路不多。“替代”即使用另一种装置取代原有大磨耗接触线，使受电弓经过大磨耗区段时不与原有接触线接触，避免原有磨耗继续增加。从可行性、工艺与技能要求、风险控制等方面考虑，“替代”是更好的选择。

“替代”方案最直接有效的办法就是再架设一组刚性悬挂，类似于刚性接触网锚段关节处的结构形式。于是，参考锚段关节形式设计了一种刚性接触网过渡装置。

3　结构设计

刚性接触网过渡装置由 1 根汇流排、2 根汇流排终端、6 套悬挂装置、6 套电连接及接触线组成，总长度 24m，有效段长度 22m。刚性接触网过渡装置的悬挂点使用 A 型底座搭配 A 型槽钢的结构形式，并且需要将装置安装范围内既有悬挂点的 B 型槽钢全部替换成 A 型槽钢，以保证充足的绝缘距离及调整裕量。装置所用零部件型号均与既有刚性接触网相同，无须额外设计。

刚性接触网过渡装置还可根据需求将整根汇流排去除，只保留两根汇流排终端，去除汇流排后整个装置总长 12m，有效段长度 10m，以适应更短距离的安装，用更小的成本实现预期的效果。

过渡装置安装时与既有汇流排保持 2m 的中心间距，装置两端设计标准与刚性接触网锚段关节处保持一致，第一悬挂点距离汇流排终端末端 18m，第二悬挂点距离第一悬挂点 20m，接触线伸出终端长度 1.5～2m。装置中间的两个悬挂点原则上按等距离分布安装，如实际施工时受管片钢筋或接缝影响无法保证等距离时，也要保证跨距不大于 8m 且相邻两跨之比不大于 1.25:1。在装置两端各设置 3 套电连接，每套电连接包括两根 1.5m 软铜绞线。

4 装置安装与调整

安装 A 型底座时与既有悬挂点的底座保持在同一直线上，此处需注意在隧道管片上打孔时避开管片接缝及后浇管片。底座安装好后依次安装 T 型头螺栓、A 型槽钢、绝缘子、汇流排定位线夹。过渡装置安装时与既有拉出值反向，即如果既有拉出值为负则过渡装置安装在拉出值为正的一侧，且保持两汇流排中心间距为 200mm，如此便不会出现拉出值超出设计范围（±250mm）的情况。安装汇流排及终端时要保证两根汇流排等高且中间接头缝隙在 2mm 以内，如此才能顺利放入接触线。安装电连接线夹时要使线夹距离最近的悬挂点 50mm 以上。

刚性接触网过渡装置安装后需精细调整，严控质量。要求第一、第六悬挂点较相邻悬挂导高抬高 7mm，第二、三、四、五悬挂点即有效段悬挂点相较既有汇流排悬挂导高低 2mm，严禁新装悬挂有效段导高高于既有悬挂。调整完成后使用轨道车升弓冷滑，冷滑时人员通过摄像头观察弓网配合关系是否正常，受电弓是否有明显震动，并仔细听是否有异常声响。如发现异常及时停车再次检查调整。

5 应用效果及限制条件

已在天津地铁 5 号线正线试点安装了一套过渡装置，经两个月的观察，原有大磨耗接触线磨耗未继续增加，证明受电弓在经过此处时已不再与原有接触线相接触，且经视频观察受电弓通过此处时未发现有燃弧现象。

刚性接触网过渡装置安装时与原有汇流排有 200mm 的间距，锚段关节处的拉出值为 ±150mm，如在关节处安装过渡装置会导致拉出值达到 ±350mm，已超出标准范围，所以该装置无法应用在锚段关节处。

刚性接触网过渡装置相当于在原有汇流排旁另外架设一个小锚段，如大磨耗持续距离过长，应用过渡装置会导致安装成本超出换接触线成本。另外如原有汇流排是使用吊柱悬挂的，在此处安装过渡装置则需增加安装吊柱。这两种情况使用过渡装置在成本控制方面是不合适的。

6 结语

刚性接触网过渡装置首次安装后便可长期使用，后期更换接触线时只需更换过渡装置上安装的接触线。以天津地铁 5 号线为例，整标准锚段 360m 换线成本约 6.59 万元，安装一组过渡装置成本约 2.66 万元，综合考虑过渡装置安装后的小范围换线及整体磨耗到限后的整锚段换线，以 25 年为期限测算，在大磨耗区域安装过渡装置较整锚段换线共计节省成本约 17.5 万元。天津地铁 5 号线计划在线路安装 50 余套过渡装置，25 年可节省成本至少 875 万元。在局部大磨耗区域安装刚性接触网过渡装置是用较小的技术难度控制成本的一种有效方式。

基于智慧韧性的城市轨道交通数字化建设研究

王　谦[1]　苏　陈[2]　麻全周[1]　杨智文[3]　吕　焕[1]　袁正辉[1,2]
（1. 天津智能轨道交通研究院有限公司，天津 301700；2. 铁科院（北京）工程咨询有限公司，北京 100081；
3. 天津城市轨道咨询有限公司，天津 300392）

摘　要：随着城市轨道交通进入网络化运营时代，安全运营压力日趋增加，对数字化、智能化技术的应用提出了迫切需求；通过数字化、智能化技术加持，推进城轨行业数字化建设，提升城轨行业的安全管理水平。本文调研分析了北京、上海、广州、深圳、天津等地区数字化建设现状，并在此基础上从基础设施、设备系统、综合环境管控、运行管理、数据安全等方面提出了城轨行业数字化建设思路和保障措施，以期为城轨行业数字化建设贡献力量。

关键字：智慧韧性；城市轨道交通；数字化建设；智能化；数据安全

1　引言

当前，中国内地有 51 个城市投运城市轨道交通，运营里程达到 9573.65km，其中有 16 个城市运营线路超过 200km。随着城轨运营线网规模不断扩大，运营环境更加复杂，安全运行压力也日趋增加。为规范城市轨道交通运营管理，保障运营安全，提高服务质量，国务院及交通运输部先后颁布了一系列管理办法，保障城市轨道交通安全运行。在技术方面，当前 5G、云计算、物联网、大数据、人工智能等新一轮信息技术革命正在为轨道交通领域的数字化、智能化发展点燃新引擎。通过数字化、智能化技术可提升安全防御能力，保障城市轨道交通安全运营；而实现智能化、智慧化的前提是推动轨道交通企业数字化转型，本文从基础设施、设备系统、综合环境管控、运营管理、数据安全等方面提出了城市轨道交通数字化建设的构想。

2　城轨数字化建设技术内涵

2.1　信息化

信息化的本质是运用网络、计算机、数据库等信息技术，实现企业的业务流程管理和业务数据记录，即“业务数据化”，其典型的工具是信息化系统，如 OA、ERP 等。企业通过搭建信息化系统，推进线下申请、审批等流程线上流转，实现无纸化、便捷式、及时性等的线上业务流程服务。

2.2　数字化

数字化的本质是运用 5G、大数据、云计算、AI、物联网、区块链等数字技术，实现企业的业务和管理创新，其重点关注的是“数据驱动”业务，即“数据业务化”，典型的工具是数据化系统，如数据湖、智能分析平台、算法平台等。企业通过数据采集感知运营态势，并通过数据分析驱动运营决策和改进。

2.3　智能化

智能化的本质是利用云计算、大数据、物联网、5G、卫星通信等先进技术为设施设备

基金项目：铁科院集团公司基金项目“城市轨道交通产业大数据分析技术研究”（2022YJ345）。

赋能，以期实现自动化、无人化。智能具有自然科学特征。

2.4　智慧化

智慧化的实质是利用先进技术同时赋能于人和设施设备，以期实现自主采信、学习、决策达到更高效能。智慧具有社会科学和自然科学的双重特征。

3　我国城轨数字化建设发展动态

3.1　深圳地铁

深圳地铁集团秉持“打造全球智慧城轨标杆”的愿景，制定了数字化转型建设目标，即“集团一盘棋、安全一张网、建设一张图、运行一张表、服务一条线、管理一块屏”。以融合互通、能力开放、资源共享为集团数字化转型发展理念，基于数字化转型顶层蓝图规划，构建了数字化地铁总体架构。

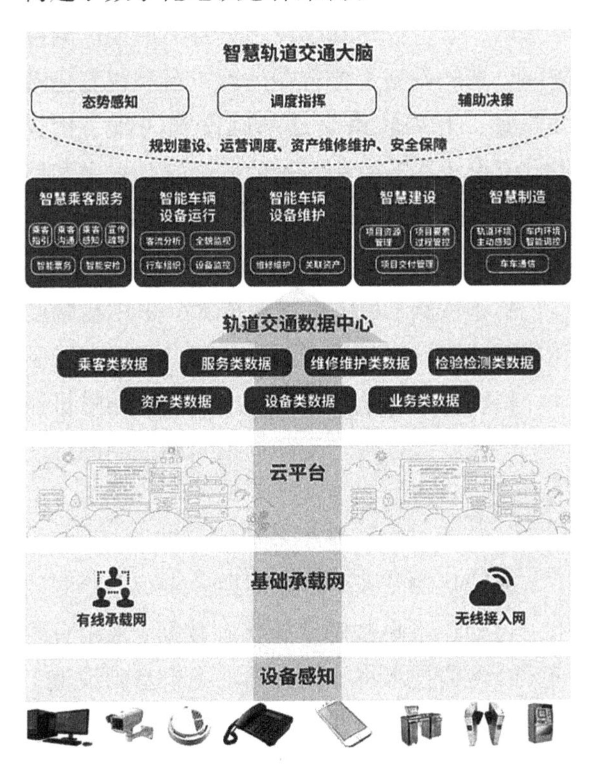

图 1　北京地铁数字化规划

3.2　北京地铁

北京地铁以轨道交通数据中心和云平台为数字底座，支撑北京轨道交通体系的全要素数字化，构建了轨道交通数字化生态圈，可实现资源集约、数据共享。依托路网指挥中心，汇聚全路网、全产业链数据，建立数据仓库和数据平台，重点打造智慧乘客服务、智能车辆设备运行、智能车辆设备维护、智慧建设、智慧制造等五类智慧地铁应用体系，实现态势自感知、智能调度指挥、智能辅助决策等智能化场景，支撑智慧轨道交通大脑如图 1 所示。

3.3　上海地铁

上海地铁的数字化转型重点瞄准三个方向：一是 5G；二是“云”“网”“数”；三是在智慧视觉和智慧音频技术方面有一定的搭建计划。上海地铁在应用层面重点瞄准三个方向：一是轨道交通运营服务，在自动驾驶、自动调度、智慧客流识别等方向重点发力；二是智慧运维和智慧维修朝着状态和质量在线监控和智慧维修技术方向发展；三是乘客服务方面在移动支付和互联网购票方面加大投入，如图 2 所示。

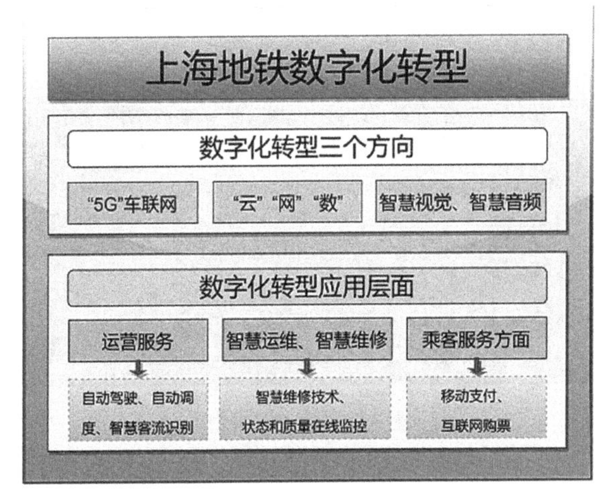

图 2　上海地铁数字化转型框架构

目前，上海城轨行业数字化转型将通过供应商、行业企业、用户共同努力形成产业联盟和统一的架构和标准，以龙头企业带动产业，加大数字化转型和智慧地铁业务的投入，推动上海轨道行业数字化变革。

3.4 广州地铁

广州地铁发布了《新时代城市轨道交通创新与发展》白皮书，以“服务型、引领型、融合型、持续型”为建设总体思路，以“数字化、智能化”为技术发展方向，以“安全、可靠、便捷、精准、融合、协同、绿色、持续”为新时代建设核心特征，全力推进轨道交通行业数字化、智能化转型升级，打造全智慧型的轨道交通产业生态链，支撑建设交通强国的国家战略。

此外，广州地铁联合腾讯打造了一体化的数字化技术平台“穗腾 OS”，其平台整体架构如图 3 所示。穗腾 OS 平台融合工业控制、互联网、物联网以及云计算等关键技术，打造了物联平台、策略引擎平台、大数据平台、算法平台和开放平台等，其向下可联结海量的工业设备和系统，向上可支撑智慧化应用的快速开发和升级迭代，实现了工业系统从单一定制向灵活、易扩展的转变，并具备智能安防、智能客流引导、智能站务管理、综合信息发布等一系列智慧功能。

图 3 穗腾 OS 平台

3.5 天津地铁

基于中城协发布的《中国城市轨道交通智慧城轨发展纲要》，天津地铁结合自身需求和特色，研究制定了《天津地铁智慧轨交顶层设计》，即“1-2-3-4-5”的总体发展蓝图，构建一朵产业云、两类智能数据、三大标准体系、四个智慧领域、五层技术架构。并进一步明确了智慧城轨建设路径，即 PEOS 模式，如图 4 所示。

▶以人为本，因地制宜，结合现状以科学定位，合理配置资源，开展统筹规划；

▶选取典型应用场景和车站进行试验、示范；

▶优化完善（Optimise）智慧化应用成果；

▶打造可复制、可推广的智慧城轨建设管理模式，实现推广应用。

4 城轨数字化网络建设研究

4.1 数字化网络建设的总思路

本文从基础设施、设备系统、综合环境管控、运行管理、数据安全的数字化建设等五个方面提出了数字化的构建思路。

4.2 基于智慧韧性的基础设施数字化建设

基础设施是城市轨道交通安全建设和运行的基础，通过搭建基础设施全寿命周期监测控制网、基础设施工务智能运维平台和智慧化网络管理，开展轨道交通基础设施的数字化建设，有助于提升基础设施的安全管理水平和信息化管理手段。

4.2.1 搭建基础设施全寿命周期监测控制网

基于铁路 CPIII 控制网技术，采用高精度和自动化程度高的电子测量仪器，通过电子驱动、目标自动搜索和操作系统功能的测量机器人，实现基础设施全寿命周期监测控制网数字化建设。

4.2.2 建设基础设施工务智能运维平台

通过基础设施全寿命周期健康状态检测技术，自动化采集基础设施状态数据；采用有线或无线传输技术将检测数据汇集于基础设施工务智能运维平台，并在基础设施工务智能运维平台上开展状态数据的分析、评价、可视化展示等。在平台上可实现运维作业的信息化闭环管理，检测的结果也可指导于维修作业，极大提升了维修作业的数字化程度。

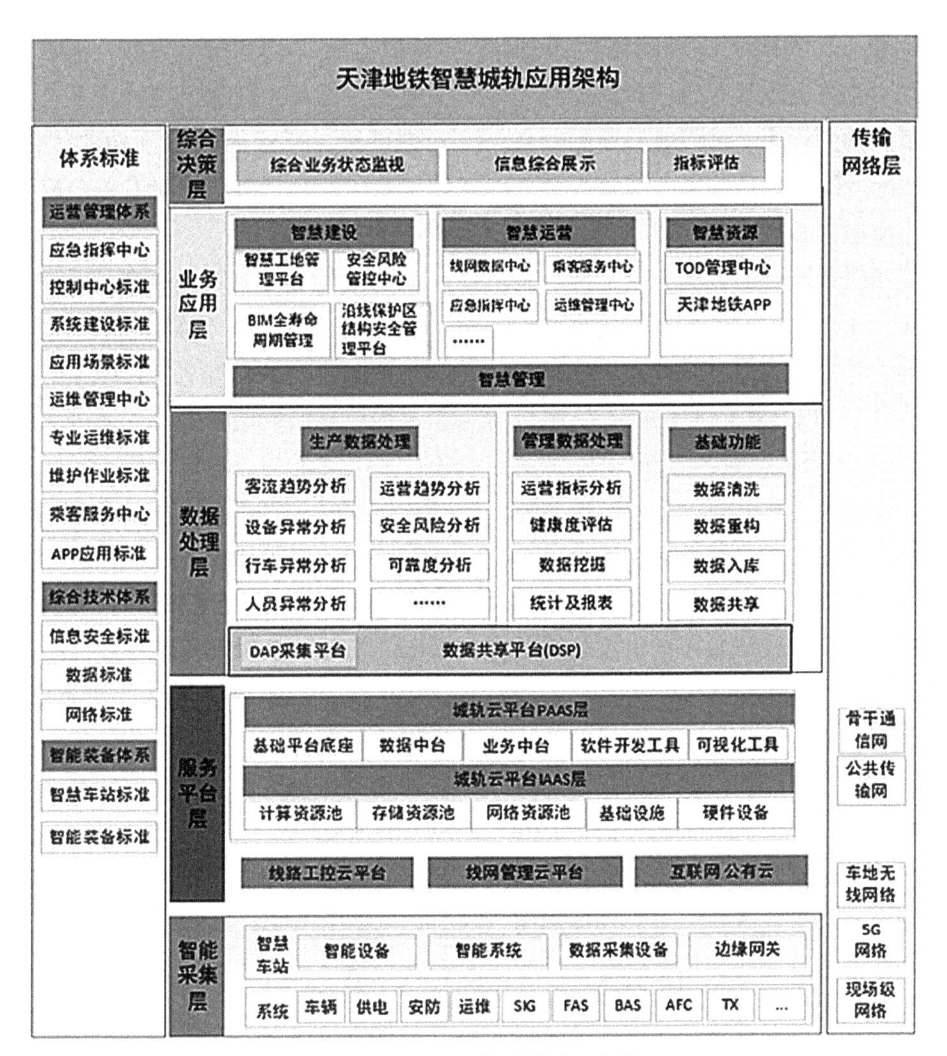

图 4　天津地铁智轨城轨应用架构

4.2.3　轨道交通智慧网络数字化建设

基于数字孪生的韧性轨道交通网络规划技术，优化线网规划布局、工程设计、建设、运营管理，促进轨道交通和城市良性发展；运用 BIM、GIS、大数据、智能化、物联网等信息技术，深度融合施工进程，实现建设全过程的动态监测、综合管控和可视化，提高在应急情况下的指挥能力；打造线网建设管理综合信息化平台，同时引入人工智能技术，结合海量项目建设数据及周边环境信息，提前感知项目风险点和制约因素，为决策提供有效参考依据，彻底消除信息孤岛，提高项目效率和效益。

4.3　基于智慧韧性的设备系统数字化建设

通过城轨设备系统升级改造，逐步实现设备系统核心部件的安全可控、自主创新，提升设备系统运行的韧性安全；提升轨道交通系统防灾能力，提升轨道交通防灾韧性。

4.3.1　轨道交通核心设备的智能感知

轨道交通核心设备的数字化建设首要任务是设备数据的全感知。通过设备系统自有监测技术和外接检测技术等手段，可实现轨道交通设备及关键子系统的状态数据采集，为设备状态分析评价提供基础。

4.3.2　轨道交通核心设备的 PHM

故障预测与健康管理系统（Prognostic and

Health Management，PHM）是指利用传感器采集和分析设备系统运行状态数据，以提供先进的故障诊断和预测行为，进而能够预测未来的健康状况、问题的出现及需要的维修行为。

针对轨道交通核心设备及关键子系统开展海量数据收集，建立统一的数据管理平台，研究大数据背景下的数据分析方法，实现对核心设备及关键子系统的数据有效处理、分析和综合应用；结合产品 PHM 技术，对产品运行全寿命周期中已出现的故障实现精确快速定位；对潜在的故障或异常提前告警，实现故障预测；提取表征系统状态的参数指标，建立系统健康状态评价指标体系，并对其健康状态分级，实现轨道交通核心设备及关键子系统的故障预测与健康管理。

4.3.3　轨道交通核心设备的智能运维管理平台

智能运维管理平台是在大数据中心支持下，实时监控关键设备的运行状态、执行故障预测与设备劣化趋势判断，实现关键设备在线实时故障诊断，自动生成维修工单，自动调用潜在故障维修作业指导手册和规范标准，进而触发关联的物料、备件、资产等管理系统。从而实现故障早期预警和分级报警，指导关键设备现场维修作业，进而实现物料、备件和设备资产的智能化管理。

以全面监测和检测数据为基础，建立轨道交通核心设备的智慧运维管理平台，协同生产管理系统，通过全寿命周期的闭环管理，实现智慧化的分析决策及跨专业全流程的综合应用。

4.4　基于智慧韧性的综合环境管控数字化建设

4.4.1　搭建建设期环境监测及环境管理平台

建立环境保护信息化管理系统和工程建设全过程环境保护档案平台，通过水环境、声环境、大气环境的环境监测技术，以及场界噪声辨识、移动声源辨识、噪声振动预测等技术，实时监测、自主评价、主动预警和报警，实现精准管理，提高管理效率和管理水平。

4.4.2　搭建振动噪声控制综合智能化管控平台

搭建振动噪声控制综合智能化管控平台，实现环境振动噪声的数字化管控。首先通过对地铁周边环境部署高敏感度的振动噪声传感器和自动化检测设备，实现数据的自动化采集，基于有线传输和无线传输技术，将数据传输至平台；采用不同区域实际优化的振动噪声模型分析敏感目标受影响程度，并有效预测线路周边环境振动噪声，促进地铁沿线周边环境设置声屏障和对敏感建筑物进行噪声防护等具体的措施方案及其降噪效果，进行振动噪声统一管控预测分析，如图 5 所示。

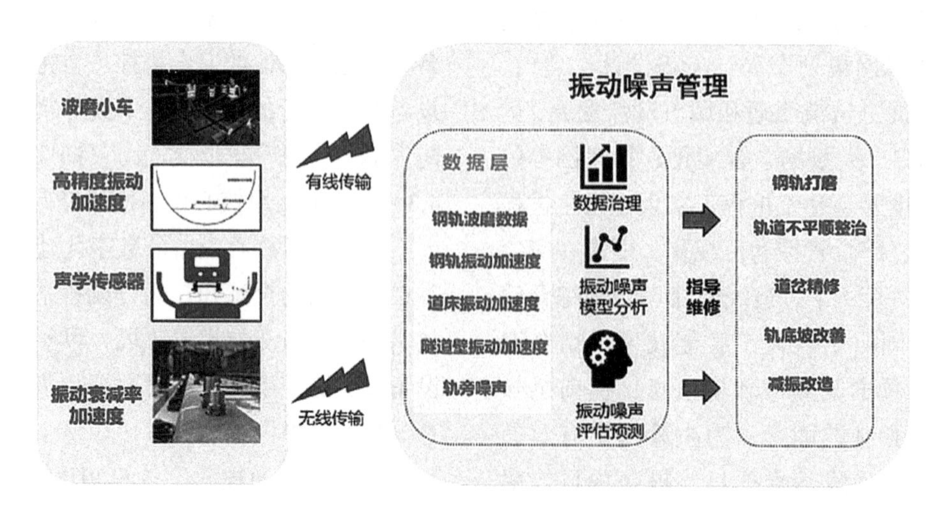

图 5　振动噪声管控平台

4.4.3 研发空天地一体化检测技术和搭建线路保护区环境管理平台

研发空天地一体化、多源巡查组合技术，集成地上地下轻量化实景模型、红线数据、业务数据以及遥感监测影像等，实现线路保护区环境的数据采集；基于数字化、智能化等技术手段，建立一套集成基础地理信息的线路周边环境影响一体化综合管理平台，实现线路周边环境基础设施、地质情况及地灾因素等空间地理信息的查询与可视化管理，以及保护区作业的网络申报及审批、作业项目信息 GIS 查询、项目进度及重要监测信息的定时采集及监控、信息数据的建档及分析、保护区巡查管理、线路结构变形及病害的数据统计及分析。提升线路周边环境监管水平，支撑线路周边环境信息化、科学化、精细化管理，提升轨道交通线路周边环境安全运营保障能力。

4.4.4 建设智慧防灾数字化管理系统

建立智能高效的防灾救援体系，提升综合防灾技术水平；通过新型环境监测技术，提升环境监测和初期火灾的发现能力；研发列车运行防灾技术，如车载蓄电池技术、车载细水雾技术，提升轨道交通防灾核心且最薄弱的列车上的灾害防控能力。研发集防灾报警、环控排烟、消防系统、建筑消防、消防应急管理于一体的综合防灾管控系统。依托 BIM+GIS 技术，结合 SES 和 CFD 软件，开展疏散救援、火灾防控等数据模拟，提升设计和系统防控能力。

4.4.5 搭建基于疫情防控背景下的轨道交通公共卫生管控系统

建立集轨道交通车站、车厢、车辆段场等风险场所中乘客、运营人员、检修人员于一体的轨道交通公共卫生安全管理系统。推进智慧安检与疫情防控需求的深度融合，研发智慧清洁型环境控制技术和多维度数据联动的综合防控平台，联动健康码数据库，助力公安背景审查和布控，以及全出行链的行程追踪，建立实名制安全管理档案。

4.5 基于智慧韧性的运行管理数字化建设

构建精准感知、耦合优化的网络化韧性运行新模式，实现运行管理数字化建设。网络化韧性运行新模式，其本质在于精准匹配线网的运力和运量、快速响应线网异常情况，最大限度地发挥线网运输整体效能，保持线网的运行能力。

4.5.1 客流智能感知及预警系统技术研究

在网络化运营阶段，客流动态性和不均衡特征明显。客流时空分布不规律，不同线路之间客流分布不均衡。利用 AFC、视频分析、WiFi、蓝牙、5G 等技术和数据可视化手段，构建客流实时监察及预测系统，直观显示路网进出站客流、换乘客流、断面客流、在网客流、车站客流等，实现客流实时感知、统计分析、自动预警、应急处理，为建立客流—车流耦合的线网级协同调度平台提供数据支撑。

4.5.2 互联互通、协同编组技术研究

列车固定编组，造成网络客流—车流协同管控、精准耦合难，导致资源利用不集约、运力浪费。开展线网网络化改造优化，打破车辆、车辆段、线路管理主体之间的固定配属关系，灵活设置车辆编组和发车间隔，加快实现不同线路之间列车的互联互通和跨线运行，提升网络韧性。

4.5.3 基于车车通信的列车控制技术研究

打破传统 CBTC 信号系统的缺陷，如各子系统间接口太多，增加系统的复杂性；轨旁设备较多，导致系统的维护成本比较高；列车无法直接获知运行前方列车信息，需要经过区域控制器中转，增加了系统运行的反应时间，降低了性能等；重点突破基于车车通信的列车控制关键技术，构建实时客流—车流耦合的动态调度及列车控制联动机制，实现客流—车流的耦合优化和线网列车群的协同优化，提升城轨网络运行效率和网络韧性。

4.5.4 客流—车流耦合的线网级协同调度平台

基于客流监测和动态管控的客流调度体系，以客流数据驱动行车调度和设备运行调度作业，打造客流—车流耦合的线网级协同调度平台，实现全线网客流动态信息实时监控、信息报送和客流引导，最终实现以客流驱动的动态调图、多线路集约化的网络化调度、灵活响应的高效列车控制。

4.6 基于智慧韧性的数据安全建设

4.6.1 数据中心基础平台安全

根据城轨系统应用、管理及安全防护等级的不同，按照外部服务网、内部管理网、安全生产网和运维管理网构建安全域；从通用安全防护、安全架构防护、边界安全防护等方面构建网络安全体系，即构建“网间分级隔离”“网内分类防护”的通用安全防护、外层到内层（即云的南北向）纵向防护机制的安全架构防护、基于边界防护设备及最小授权原则配置访问控制策略的边界安全防护。

4.6.2 数据全生命周期安全

从数据采集、传输、存储、使用、共享、销毁等阶段开展完整数据的安全检测、防护和审计，保障数据全生命周期安全。构建采集终端安全和数据识别的采集安全防护机制、权限控制及传输加密的数据传输安全机制、加密存储和密文访问控制以及数据备份服务的数据存储安全机制。通过认证授权、数据脱敏、监控预警、操作审计等技术，降低外部攻击、内部数据违规使用过程中数据的泄漏风险；通过认证授权、按需脱敏、数据水印、流转跟踪等数据安全可控技术，保障外部和内部数据的纵向流通和横向共享；采用全自动、半自动和手工擦除等方式，对数据内容进行安全销毁，附加操作审计，防止数据被恶意窃取和利用。

4.6.3 数据安全运营

基于部署的安全态势感知平台，采集数据访问的网络流量和行为日志，对数据安全事件或风险进行分析研判、搜索查询和溯源取证，提升数据安全运营能力。

通过部署探针，采集流量信息，并结合安全操作日志等数据做安全态势分析；通过安全数据采集，基于用户行为分析、数据挖掘算法等技术，对敏感数据访问行为进行分析和挖掘，发现数据泄露、数据滥用、数据篡改等异常行为并进行预警，对事件或风险进行集中的日志搜索、查询、分析和溯源。达到事前数据泄露风险分析加固，事中数据泄露事件检测、分析，事后数据泄露事件审计、溯源的预期目的。

4.6.4 数据灾备

通过搭建同城分布式双活灾备融合平台，为关键应用提供数据级及应用级双活容灾服务，为重要应用提供数据级及应用级热备容灾服务，为一般应用提供数据级容灾服务。确保发生灾难时，同城容灾中心能及时接管数据中心应用，各类应用的数据丢失量满足 RPO 设计指标，各类应用的恢复时间满足 RTO 设计指标，并具备流量分发、业务安全、故障切换、环境一致性等功能。

5 城轨数字化建设保障措施

5.1 战略先行、方向引领

数字化建设，需战略先行和方向引领。基于城轨企业发展战略，分析其面临的发展机遇和挑战，以及企业现状和存在的短板等，设计城轨企业数字化转型的发展战略、发展目标和发展举措，明确城轨企业数字化转型的战略方向与发展路径。

5.2 架构设计、治理护航

架构和体系设计是城轨企业数字化转型顶层规划的核心。按照“战略→业务→数据→应用→技术”的规划路径，以业务驱动为牵引，以场景塑造为核心，统筹设计支撑业务的总体业务架构和核心业务架构，支撑数字化转型的

“整体性”。建立以业务为驱动的数据治理体系，充分挖掘数据价值，为管理提供支持，为业务提供赋能，为城轨企业数字化转型保驾护航。

5.3 场景创新、迭代推广

推进 5G、云计算、AI、大数据和物联网等新兴技术与城轨企业核心业务的深化融合，打造城轨数字化、智慧化业务场景创新升级。从城轨规划、设计、建设、运营等全过程、全业务，从人、机、料、法、环等全要素，深入挖掘数字化转型业务需求，运用新技术，打造新场景，逐步更新迭代，深化数字化技术与城轨业务的融合发展。

5.4 数据驱动、底座赋能

通过整合城轨企业全业务流程数据，打通各专业数据壁垒，实现数据融合；基于物联网、云计算、大数据等数字技术，实现以业务数据驱动的智能维护、智能企管、智能运行、智慧服务等业务场景。搭建城轨云和大数据平台，突破数据共享壁垒，解决共享数据的采集、传输、加工、存储、安全、分析、管理和服务等难题，为城轨大数据应用奠定坚实底座。

5.5 组织优化、人才保障

基于数据驱动业务，推动城轨企业组织变革，打造敏捷型组织架构，建设敏捷化团队，提高组织反应能力，为全面数字化转型打好基础。在人才变革层面，引进和培养数字化专业人才，提高企业人员数字化能力。

6 结语

城轨行业数字化转型是一个庞大复杂的系统工程，不能一蹴而就，需长远布局，小步迭代。通过数字化技术加持，从基础设施、设备系统、综合环境、运行管理、数据安全等方面推进数字化建设，实现以数据感知运营态势，数据驱动运营决策和改进。城轨企业数字化建设应制定数字化转型战略，精心设计数字化体系架构，推进数据标准化和数据治理的落实，加快业务与数据的深化融合，打造数字化底座，加强组织优化和人才保障。

参考文献

[1] 丁树奎．智慧城轨行稳致远《中国城市轨道交通智慧城轨纲要》发布两周年有感 [J]. 城市轨道交通，2022（4）：27-28.

[2] 李晓波，汪可可，班勇，等．宁波轨道交通集团人力资源数字化转型的顶层设计和实践 [J]. 城市轨道交通，2022（3）：44-48.

[3] 中国城市轨道交通协会．城轨交通 智慧先行《中国城市轨道交通智慧城轨发展纲要》正式发布实施 [J]. 都市快轨交通，2020，33（2）：6-7.

[4] 李国勇．“十四五”城市轨道交通的发展与安全 [J]. 城市轨道交通，2021（7）：17-20.

[5] 张舵．智慧城轨前沿技术研究 [J]. 电子技术与软件工程，2021（10）：138-139.

[6] 梁丽娟，李锋．交通 AI 算法平台框架设计 [J]. 中国交通信息化，2021（S1）：25-28.

[7] 王轩伟．基于大数据的城市轨道交通运维信息化技术应用研究 [J]. 运输经理世界，2021（3）：1-2.

[8] 辛杰．厚德载运 深铁为民 谱写“十四五”轨道交通事业高质量发展新篇章 [J]. 城市轨道交通，2021（1）：6-9.

[9] 杜心言．智慧城轨系统构建和工程实施若干热点问题研究 [J]. 现代城市轨道交通，2020（8）：12-19.

[10] 王路萍．天津轨道交通智慧运营的探索 [J]. 城市轨道交通，2021（9）：31-34.

[11] 中国城市轨道交通协会．中国城市轨道交通智慧城轨发展纲要 [J]. 城市轨道交通，2020（4）：8-23.

[12] 吴昊．北京“智慧地铁”创新发展的探索与实践 [J]. 铁路通信信号工程技术，2020，17（3）：77-82.

[13] 刘元清，耿晓峰，祁成．城市轨道交通制动系统 PHM 技术研究与应用 [J]. 现代城市轨道交通，2019（9）：24-28.

[14] 杨关善．城市轨道交通运营管理新规 [J]. 城市轨道交通，2018（8）：28-29.

[15] 刘述芳．城市轨道交通关键设备智能运维系统初步建构 [J]. 设备管理与维修，2018（Z1）：22-23.

[16] 戴宗林．CP Ⅲ精测网及轨检小车在高速铁路轨道精调和养护中的应用 [J]. 上海铁道科技，2010（4）：87-91.

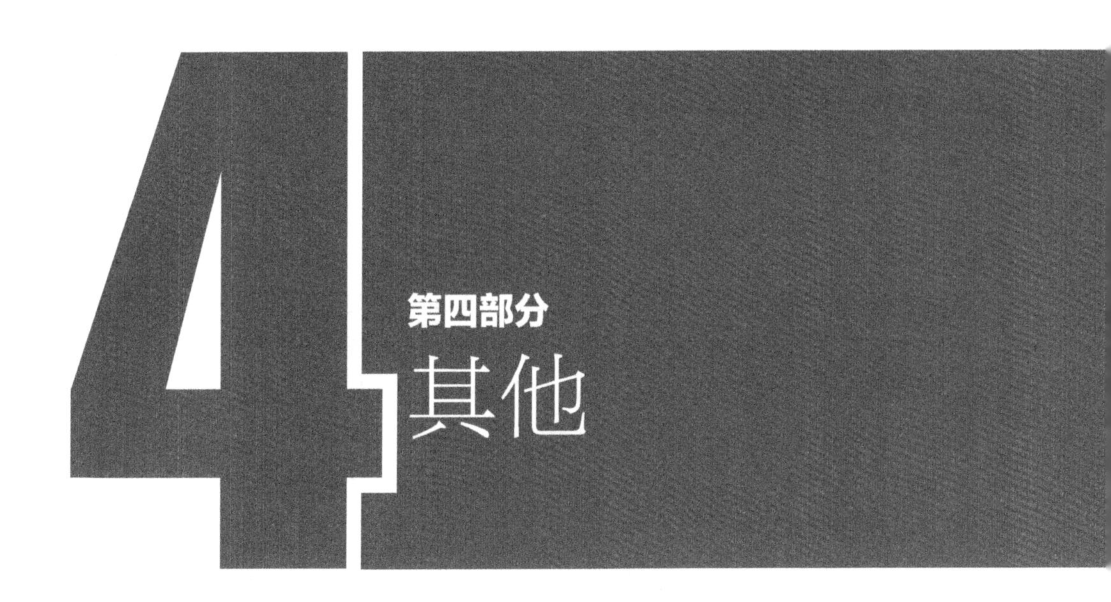

第四部分 其他

一种大隔声量的蒸汽管道降噪保温系统

韦　勇*

（北京天庆同创环保科技有限公司，北京 102611）

摘　要：电厂采用的蒸汽抽汽管道因为运行温度高，噪声源大，对厂区和厂界的影响较大。为了解决噪声的影响，本文研究一种大隔声量的蒸汽管道降噪保温系统，通过理论实验、实验测试和工程实践，获得良好的降噪效果，为后续同类项目的治理提供有意义的参考和借鉴。

关键词：蒸汽抽汽管道；大隔声量；降噪保温

1　引言

目前燃气电厂蒸汽管道正常运行时的温度超过 300℃，噪声源的噪声最大 120dB（A），噪声源主要集中在中高频。噪声对控制室工作人员和周边居民影响很大。一种大隔声量的蒸汽管道降噪保温系统首先应用在华能北京热电厂一期厂西界噪声治理实践，蒸汽抽气管道在供暖季运行中，暴露在室外的管道高度在 3～10m 的范围内，声音传播广，采用传统的保温做法，无法有效解决问题。如果不能够及时解决问题，厂西界的小郊亭美丽乡村项目的居民投诉会越来越多，压力会越来越大。

蒸汽抽气管道运行时发出的刺耳啸叫，对工作室的工作人员伤害较大，也影响周边居民的工作与学习，如不及时解决，将会产生较大的社会影响。

为了解决噪声的影响，本文研究一种大隔声量的蒸汽管道降噪保温系统，通过理论实验、实验测试和工程实践，获得了良好的降噪效果，为后续同类项目的治理提供比较有意义的参考和借鉴。

2　大隔声量的蒸汽管道降噪保温系统简介

本系统采用新型降噪保温材料，通过合理的声学设计，利用“保温 + 隔声 + 吸声 + 隔声 + 减振 + 隔声”的多层次构造，成功解决了电厂蒸汽管道的保温与降噪问题，获得了良好的降噪效果，为后续类似工程实践提供了可靠的参考范例。

本系统保温采用优质硅酸铝棉，最大耐温 1400℃，吸声材料采用超细玻璃棉，降噪系数 0.9，阻尼减振采用优质阻尼材料，耐温不低于 120℃。整个系统厚度 200mm，板材降噪量不低于 45dB（A），具有极佳的降噪效果。

3　大隔声量的蒸汽管道降噪保温系统降噪原理

本系统的主要原理是采用隔声、吸声与减振的降噪技术措施，结合保温的特殊要求，通过理论验证、实验室验证和工程验证，获得良好的实施效果。

本系统一共有 6 层结构，最内层为双层 50mm 的优质硅酸铝棉，70℃时的导热系数仅为 0.038W/（m·K），硅酸铝棉外侧是 0.8mm 厚的镀锌隔热层，保温效果好，措施实施后，

* 韦勇（1980—），男，学士学位，高级工程师，北京天庆同创环保科技有限公司，主要从事环保降噪产品的设计、研发与实施。E-mail：weiyong@tianqingtongchuang.com.cn

温度由逾300℃下降至80℃左右。第三层为降噪效果优异的超细离心玻璃棉，容重32k，降噪系数0.9，燃烧性能A级不燃。具有良好的吸声性能，以及化学惰性、不腐烂、不燃、无虫害、低吸湿性和防水性等优点。玻璃棉外侧是0.6mm的镀锌隔声层，隔声效果好。阻尼减振层的厚度为2mm的黑色化合物，位于隔声层外侧，成分为聚氯乙烯和铁粉，耐温120℃。最外侧为0.6mm的彩钢保护层（图1）。

本系统板材的结构合理，安全可靠，降噪性能优异，有效地解决了蒸汽管道目前面临的问题，具有较高的推广价值。

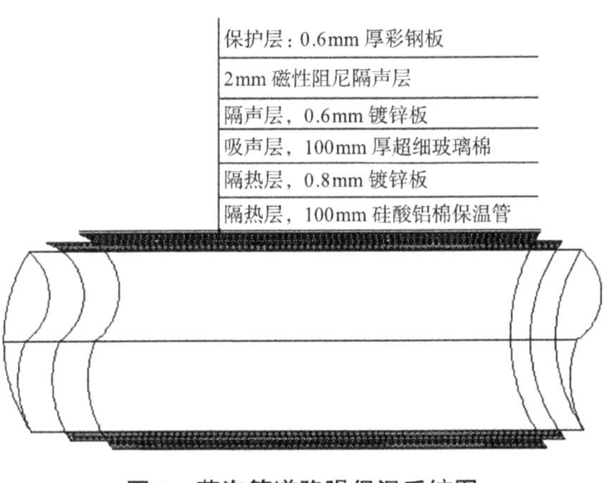

图1 蒸汽管道降噪保温系统图

4 大隔声量的蒸汽管道降噪保温系统创新点

（1）结构优异，采用6层构造，每层构造具有不同的功能，满足安全与功能需要。

（2）隔声量大，本系统构造层板材的综合降噪量大于45dB（A），远超市场同类产品的30dB（A）的一般水平。

（3）降噪手段丰富，同一个系统融合了隔声、吸声与减振三种措施，比分别实施单一做法有很大突破，性价比高。

（4）安全可靠，本系统的不同构造层采用专用设备制作与安装，性能优异，安全性高。

（5）适应性强，针对不同管径的蒸汽管道，均可实现良好匹配。

（6）拆卸方便，本系统拆装快捷方便，避免传统做法的破坏性拆装，满足运维要求的同时，大大节约后期维护成本。

5 大隔声量的蒸汽管道降噪保温系统实施效果

本系统成功应用在一期厂西界蒸汽管道的降噪保温项目，项目实施后，板材隔声量为46dB（A），整个系统的综合降噪量超过35dB（A），现场实测点均满足厂区不超过85dB（A）的降噪要求，同时蒸汽管道对厂西界和对应敏感点的贡献值不超过一类达标要求，降噪效果良好。厂西界大隔声量的管道降噪保温系统实施后，可以有效缓解蒸汽管道运行噪声对厂区及周边居民的工作与生活所造成的较大影响，满足安全运行要求和降噪要求，降低居民投诉和减少设备运行安全隐患，为员工创造一个良好的工作环境，提高企业的良好形象，体现社会担当与企业责任感，产生良好的社会效益。

保安系统在开机与试验操作过程中的故障及处理与防范措施

曹　旭

（华能北京热电有限责任公司，北京 100023）

摘　要：本文介绍了华能北京热电厂一期工程引进的俄罗斯乌拉尔汽轮机制造厂制造的 π T-140/165-130/15-2 和 T-185/220-130-2 的汽轮机各 2 台，共 4 台机组的相关参数和投产日期。随后讨论了投产后保安系统存在的问题，如开机前暖管时挂不上闸、运行期间做常规的压出不掉机试验过程中有掉机的故障发生，以及不能做常规试验的问题，这些问题严重影响了机组的正常安全运行。最终，经过认真分析和解体检查后处理，消除了原始设备带来的不安全隐患。

关键词：保安系统；故障处理；防范措施

1　引言

近年来，能源问题一直是国际社会关注的焦点。作为中国能源领域的一员，华能北京热电厂在保障国家能源安全和推动经济发展方面具有重要作用。作为该厂的重要设备之一，俄罗斯乌拉尔汽轮机制造厂生产的 π T-140/165-130/15-2 和 T-185/220-130-2 的汽轮机在该厂的应用也备受关注。然而，尽管这些设备在投产时经过了严格的测试和质量控制，但在运行过程中却出现了一些非正常问题，如开机前暖管时挂不上闸，压出不掉机试验过程中掉机故障等，这些故障的出现严重影响了机组的正常安全运行。为了消除这些安全隐患，厂方进行了有针对性的认真分析，并进行了解体检查和处理。本文旨在介绍华能北京热电厂一期工程中的这些汽轮机设备的相关参数和存在的安全问题，以及针对这些问题所采取的解决措施和取得的成效，为类似设备的使用和管理提供借鉴。

2　典型故障

保安系统故障一直是核电站运行过程中需要重点关注和处理的问题之一。在 4 号机组的运行中，保安系统故障出现的情况较为典型，具有一定的普遍性。下面将对 4 号机组保安系统故障的具体情况进行介绍和分析。

（1）开机前的暖管操作过程中，同步器刻度退到零位时，危急保安器滑阀无法挂上闸，而沿顺时针前行 15° 角时机组挂闸成功，最终一切恢复正常。这种情况虽然没有造成实质性的影响，但依然需要引起关注。

（2）在机组运行期间，进行机组危急保安器撞击子压出不掉机试验时，出现掉机故障。这种情况可能会对机组运行产生一定的影响，需要及时处理。

（3）机组运行半年后，在做危急保安器撞击子压出不掉机试验过程中，在有油压出的情况下发生掉机故障。这种故障情况可能与机组长时间运行有关，需要进一步探究原因。

（4）后期机组在运行期间，在做危急保安器撞击子压出不掉机试验过程中，在进行切换滑阀切换过来后发生了危急保安器动作掉机故障。这种情况可能与操作不当有关，需要引起关注和加强操作培训。

（5）第一次解体检修处理问题后，在做压

出试验时表现为试验时油压压出后危急保安器动作掉机。这种故障情况可能与解体检修过程中的操作有关，需要进行进一步分析和处理。

（6）每次停机后，在静态条件下仿动态条件做同样的试验未见有异常的现象发生。这种情况可能与机组的运行状态有关，需要进一步研究和探究原因。

以上六种情况是 4 号机组保安系统故障出现的主要情况，对于机组的安全运行具有重要的参考价值。以下将进一步对这些故障情况进行分析和解决方案的探讨。

3 故障分析

本部分将对所发生的故障进行详细的情况分析。

首先，在情况 1 中，由于同步器刻度归零后危急保安器不能挂闸而需要同步器按顺时针前行 15° 角才能挂闸成功，经过分析发现同步器滑阀油口位置与同步器刻度之间出现了偏差，此偏差使同步器滑阀油口进入危急保安器滑阀上部的保安油未被关闭。由于危急保安器滑阀下部截面积小于危急保安器上部的截面积，致使危急保安器下部油压的提升力克服不了危急保安器滑阀上部保安油的下压力而致使挂闸不成功，而同步器刻度沿顺时针方向前行 315° 角则正好把同步器滑阀去危急保安器滑阀上部的来油油口遮挡住，消除了滑阀的上部油压，从而使危急保安器滑阀下部油压大于滑阀上部油压而挂闸成功。

在情况 2 中，当做危急保安器压出不跳机试验时，在退回时，油压压出后切换滑阀切换后发生的跳机故障初始分析时有操作人员不熟悉这套系统的情况，切换滑阀没有到正确位置，切换滑阀通油油口角度与实验油口位置不一致。切换滑阀内部有内漏现象，经第一次检修时发现由于原设备加工工艺上存在一定问题，造成工艺孔洞封闭不严密，滑阀套筒之间有压力油互相串流的问题致使在切换过程中有压力油进入间隔部套的现象发生，经更改加工工艺消除。

然而，在情况 3 中，尽管内部漏流串流的问题已经解决，但在随后的正常运行试验过程中，切换滑阀切换过程后跳机的问题仍然出现了。进一步的分析表明，此故障与机组运行状态下的转速有关。经检修后发现，在做危急保安器压出不跳机试验时，由于危急保安器滑阀上部有大量保安油的喷出导致喷出的油进入了另一侧的危急保安器撞击子的进油通道内，致使另一侧撞击子在 3000 转的高速下，由于油进入了飞环的油囊，重力加速度而产生的离心力使另一侧的撞击子击出，从而引发危急保安器滑阀动作，保安油、脉动油泄掉产生跳机的故障发生。

另外还有一些在故障分析中未能明确的问题，需要进一步探究。例如，在第二种情况中，为什么切换滑阀内部会发生内漏现象？是因为加工工艺的问题，还是由于使用寿命过长导致的磨损？为什么在危急保安器做压出不跳机试验时，危急保安器滑阀上部会有大量保安油喷出，是由于滑阀本身存在设计问题，还是由于操作不当导致？这些问题需要深入研究和分析，以便更好地理解和解决故障。

总的来说，故障分析是解决机器和设备故障的关键步骤。通过对故障的彻底分析，可以找出问题的根源，了解故障的原因，采取合适的措施解决问题。本部分针对一些特定情况进行了详细的分析，但还有许多问题需要深入探究。因此，我们需要持续努力，加强对设备和机器故障的研究和分析，以提高设备的性能和可靠性，保障生产的顺利进行。

4 解决方案

根据以上分析，经过实际检查与试验，我们确定了问题所在，并采取了正确的具有针对性的措施。以下将详细介绍我们在解决机组误动作故障方面所采取的具体措施。

首先，仔细测量了解体危急保安器滑阀与同步器滑阀的位置，确定了滑阀与套筒油口的重叠过封的位置，并重新标定了同步器滑阀油口与同步器刻度的正确位置。在更改后，未发生开机暖管时挂不上闸的故障。

其次，规范了操作要领，更改了操作人员的一些操作动作。针对危急保安器内部各滑阀套筒之间存在的加工工艺遗留问题，我们进行了更改，重新加工配置了防止各部套之间互串压力油进行封堵的工艺措施。同时，采取了增加外置防护挡板的措施，以阻挡保安油从危急保安器滑阀上部喷出，进入危急保安器另一侧撞击子进油通道，从而防止危急保安器撞击子误动引起的危急保安器误动作跳机的故障发生。

综上所述，我们根据实际情况比较全面地了解了问题所在，采取了正确的有针对性的措施，使机组得以安全、稳定、正常地运行。本次解决机组误动作故障的经验也为今后类似问题的解决提供了有益借鉴。

5 结论和建议

通过对机组运行过程中出现的误动作故障进行分析和检修，确定了问题所在并采取了正确的具有针对性的措施，最终使问题得到解决。具体而言，我们针对问题进行了以下两个方面的改进措施：一方面是对危急保安器内部滑阀和同步器滑阀的测量和重新标定，以消除滑阀与套筒油口的重叠过封问题，避免了挂不上闸的故障；另一方面是对危急保安器滑阀的加工工艺进行更改和优化，增加了防止互串压力油进行封堵的工艺措施，并增加外置防护挡板以阻挡保安油进入撞击子进油通道，从而避免了危急保安器误动作跳机的故障。

建议在今后的机组运行和维护中，应当加强对危急保安器滑阀和同步器滑阀等关键部件的维护和检修，尤其要对加工工艺和防护措施进行重视和优化。同时，加强对操作人员的培训和管理，规范操作要领和操作流程，避免因操作不当导致的故障和事故的发生。最后，需要建立健全的机组运行安全管理体系，完善故障检修和处理流程，提高机组的安全性和可靠性，确保机组的安全、稳定和正常运行。

火电厂凝汽器提效改造分析及应用

曹 旭
（华能北京热电有限责任公司，北京 100023）

摘 要： 凝汽器是火电厂重要辅机设备之一，它能够对汽轮发电机的良好运行环境造成直接影响。凝汽器的结构主要由换热管件、管板及外壳组成，换热管件则是其最核心的部分，成本占总价的50%以上，因此换热管件的材料选择是选择凝汽器的关键。本文针对某电厂俄制机组凝汽器的运行现状进行深入分析，找出问题根本，分析不锈钢管代替铜管运行的可行性，并对该台机组进行了初步改造方案设计，初步形成改造技术路线。

关键字： 凝汽器；不锈钢管；铜管；管材替代

1 引言

对于传统火电厂来说，凝汽器是其重要的组成部分，它的运行状态良好与否直接影响汽轮机联合循环效率，而管材的稳定安全节能起决定性作用。国内首台不锈钢管凝汽器于1989年在上安电厂投运，而对于大部分火电厂来说普遍使用铜合金管凝汽器，维护及安装成本较高。因此本文在进行充分的分析论证之后建议推广使用不锈钢管，不仅在经济性上还是技术上均是合理可行的。

2 凝汽器现状分析

2.1 凝汽器铜管概况

某发电厂2号机组为俄制 ПТ-140/165-130-2 机组，形式为带凝汽装置、一段可调整工业抽汽、两端可调整采暖供热抽汽、两缸、单轴、单排汽，凝汽器型号为K—6000—Ⅱ型，其设计参数如表1所示。

表1 2号机组凝汽器设计参数

类型	参数
冷却面积	6010m^2
冷却水温	20℃
工作压力	汽侧— 0.0054MPa
铜管直径	$\phi 24 \times 1$
材质	镍黄铜（мнжмцзо-1-1）
铜管长	8190mm
铜管数量	9926根（主管束与内置管束总和）
循环水流量	5500-11000 t/h
最大凝汽量	375t/h
凝汽器的流程	主管束为2或4流程 内置管束为2流程
最大允许脏污系数	0.75

凝汽器是由与水室做成一体的外壳和两个主管束以及一个内置管束组成，管束由直管组成，直管的两端与管板连接在一起，中间有隔板支撑，其目的是防止运行中管子的振动。

2.2 凝汽器运行现状

机组投产时间为1998年1月21日，运行已达20年之久，部分凝汽器铜管开始出现穿漏现象，大部分堵漏区域位于凝汽器上部冲刷区及本扩进气口，已堵漏根数约100根。凝汽器铜管泄漏后入炉水质变差，对机组设备产生较大影响。而凝汽器查漏与堵漏时均需减负荷运行，堵塞铜管减少了冷却水的流通量，对机组经济性又会造成较大影响。

凝汽器上部受蒸汽冲刷且下部各疏水管经常产生汽水共振现象，尤其是机组启停期间，一般设计时铜管布置成中间高两边低的形式，所以铜管与支持管板两侧边缘接触，且接触面积较小，由于铜管硬度较差在与支持管板接触处易产生较严重的磨损。

在每年对凝汽器铜管进行高压水冲洗过程中发现，水侧含有大量泥沙、木块、胶球等，且从冲洗下来的管壁污垢情况来看，内部表面除软质泥沙外还有大量硬垢存在（厚度约0.30mm），通过对硬垢进行化学分析初步判断其主要成分为$CaCO_3$及金属腐蚀后的产物，这种污垢坚硬不易清除，需采取化学方法或换管才能去除。

2.3 凝汽器运行现状分析

硬质污垢的逐渐增多附着在管壁内侧，导致凝汽器冷却效率降低，真空下降，端差上涨、负荷降低且易产生垢下腐蚀，水垢的导热系数较低，大大地增加了传热热阻，造成冷却水吸热不良，减缓了排汽的凝结速度，致使排气压力与温度升高。排气温度的升高导致冷却水温升很快，又进一步恶化真空，形成恶性循环。水侧污垢不仅使凝汽器清洁系数降低和冷却面积减少，还改变了冷却水流量。所以凝汽器水侧污垢是导致真空恶化的最主要原因。

真空降低使蒸汽的有效焓降减小，会影响汽轮机组运行的安全性和经济性。一般来讲真空每下降1kPa，汽轮机汽耗会增加1.5%～2.5%；真空过低时会限制机组出力，严重时要停机清洗，影响汽轮机组的经济效益。而且，真空过低会使低压缸、排汽缸温度升高，引起汽轮机轴瓦中心偏移，严重时会增大汽轮机组的振动；当真空降低时，为保证机组出力不变，必须增加蒸汽流量，从而导致轴向推力增大，使推力轴承过负荷影响机组安全运行。

根据每年对凝汽器铜管内各种污垢的检查情况来看，清洗后效果明显但运行一段时间之后管束清洁系数下降，排气温度升高导致换热效率下降较为明显。从经验得知0.1mm厚污垢的热阻足以让1mm厚铜管的导热热阻被忽略不计。目前电厂一般采用缩短凝汽器清洗周期的方法来保证换热效率。

2018年11月25日对2号机组凝汽器相关系统进行数据测量，具体数据详见表2。

表2 2号机组凝汽器相关测量数据

名称	单位	设计数据	试验数据（未投内置管束）
冷却管数（不含内置管束）	根	8142	8142（含100根堵漏管）
冷却面积（不含内置管束）	m^2	4607	4426（考虑结垢及堵漏管）
冷却管外径	mm	24	24
冷却管内径	mm	22	21.4
冷却管壁厚	mm	1	1
管壁内侧污垢厚度	mm	0	0.30
1号循环水管入口温度	℃	20	12.8
1号循环水管出口温度	℃	33	23.3
2号循环水管入口温度	℃	20	12.9
2号循环水管出口温度	℃	33	22.8
1号循环水管入口压力	kPa	345	160.7
1号循环水管出口压力	kPa	345	118.9
2号循环水管入口压力	kPa	345	161.4
2号循环水管出口压力	kPa	345	110.3
1号循环水管流量	t/h	5500	3682
2号循环水管流量	t/h	5500	3940
真空	kPa	100	95
饱和温度	℃	10	36.8
端差	℃	5-7	1号13.5；2号14
水侧温升	℃	13	1号10.5；2号9.9
水阻	kPa	59	1号41.8；2号51.1
流速	m/s	2	2.2

根据美国传热学会标准中的总体传热系数公式计算。

$K=K_0\beta_c\beta_m\beta_t$

$K_0=C_1V^{1/2}$

K_0：凝汽器的基本传热系数；

C_1：结构系数（由凝汽器换热管的外径决定）；

β_c：清洁系数；

β_m：冷却水管材质和壁厚修正系数；

β_t：冷却水温度修正系数；

V：冷却管内平均流速 m/s。

通过计算可得试验数据中凝汽器铜管换热系数 $K=2706\times2.21/2\times0.75\times0.86\times0.922=2386$W/（m²·℃），同时设计数据中当循环水设计入口水温20℃时，总体换热系数：$K=2706\times21/2\times0.8\times0.9\times0.989=2725$W/（m²·℃）。

由牛顿第一热力定律可知吸热量 $Q=KA\Delta tm$，通过计算可知在设计条件下冷却水吸热量 $Q=2725\times4607\times26=326.4$MW；试验数据计算吸热量 $Q=2386\times4426\times18.4=194.3$MW，由此可见目前凝汽器铜管换热效率较安装之时下降明显。

从表2中还可以看出目前2号机组凝汽器端差均在10℃以上，超标严重，且水阻较大，极有可能是由于铜管结垢严重导致通流能力不足。换热效率的下降也导致2号机组真空不良，影响机组整体效率及经济性。

2.4 应采取的措施

（1）由于凝汽器铜管使用年限较长，管壁内部硬垢较厚导致换热效率较低，应对换热管进行升级更换，不仅要提升换热率还要保证其腐蚀速率不要太高。

（2）加强对循环水质的化学监督，必要时加硫酸降低循环水中碳酸氢盐碱度，降低循环水结垢趋势，同时也要注意对凝汽器管板腐蚀的监视。

（3）加强胶球投入率和回收率，保证投运正常。提高对入口滤网的检修质量，尤其在检修期内对一、二次滤网进行彻底清理，减少沉积物的数量。

（4）机组停运超过10天应及时放净凝汽器内的循环水，并用清水进行冲洗再通风干燥，减缓凝汽器铜管的腐蚀，保证机组安全经济运行。

（5）定期对凝汽器上部冲刷区及抽空气区铜管进行检验，及时掌握铜管腐蚀及结垢情况并相应做出应对措施。

3 铜管更换为不锈钢管的可行性分析

由于不锈钢管较铜管导热性差，影响凝汽器的换热效率，最终导致凝汽器压力升高或真空降低，使机组热耗增加运行经济性下降，这也是各个电厂是否进行不锈钢管改造极为关注的问题。

3.1 传热性能对比

当冷却水管材质改变后，传热管两侧放热形式及放热系数无变化，仅为传热管的材料和壁厚引起的管壁热阻变化。通常铜管的导热率是不锈钢管的8～9倍，若同等厚度不锈钢光管与铜管比较，铜管的传热性能无疑优于不锈钢管。

凝汽器传热包括以下互相串联的换热方式：蒸汽侧的凝结换热、管壁的热传导、水侧的对流换热。在蒸汽侧的凝结换热，以膜状凝结为主，由于换热管被一层液膜覆盖，蒸汽凝结放热出的潜热必须穿过液膜才能传到冷却壁面上，因此其膜状凝结的同时存在少量的珠状凝结，珠状凝结的水滴破坏液膜后使得换热性能得以提高，其凝结换热系数为铜管的1.25～1.35倍。

由传热系数公式 $K=K_0\beta_c\beta_m\beta_t$ 及 $K_0=C_1\sqrt{V}$ 可以看出，换管前后仍采用原来的隔板和管板，循环水系统不进行改造，结构系数 C_1 和

温度修正系数 β_t 不变，所以 K 值取决于 β_c、β_m 和 V（表 3）。

表 3　管径修正系数

d/mm	16～19	22～25	28～32	35～38	41～45	48～51
C_1	2747	2706	2665	2623	2582	2541

（1）使用不锈钢换热管后，β_m 和 V 会降低，但是采用 0.6mm 不锈钢管厚度比铜管薄，可以部分抵消不锈钢管材材质导热低的影响。管壁热阻只占总热阻的 2%～5%，因而材料的影响比较大。根据表 4～表 6，1mm 厚铜镍合金管的 β_m 为 0.9（参照壁厚 0.88～1.245），316 不锈钢管的 β_m 为 0.88（参照壁厚 0.508～0.711）。

表 4　管材与壁厚修正系数

管材	壁厚 /mm			
	0.508	0.711	0.88	1.245
海军黄铜	1.029	1.021	1.013	0.988
铜镍合金	0.976	0.946	0.922	0.876
304	0.910	0.862	0.823	0.754
316	0.904	0.854	0.815	0.744

表 5　循环水温度修正系数

温度 /℃	19.44	20	21.11	25	30	32.78
β_t	0.982	0.989	1.0	1.033	1.063	1.078

表 6　铜管和不锈钢管采用的修正系数

	铜管	不锈钢管
结构系数 C_1	2706	2706
材质和壁厚修正系数 β_m	0.9	0.88
清洁系数 β_c	0.8	0.9
循环水温度修正系数 β_t	0.989	0.989
管内流速	2m/s	1.9m/s

（2）与铜合金管相比，不锈钢管腐蚀产物较少，管壁光洁，不易沾污，因此具有较高的清洁系数和较低的流动阻力，清洁系数 β_c 为 0.9 左右。

（3）不锈钢管代替铜管后，壁厚由 1mm 减为 0.6mm（真空区为 0.7mm），不锈钢管内径增加，循环水流通面积增大，经计算，冷却面积可以增加 357m²，管道内流速会下降 5% 左右。

（4）传热系数的计算

根据以上分析和数据，铜管和不锈钢管的传热系数计算如下：

使用 ϕ 24 × 1 铜管时的传热系数：

$K=2706\times0.8\times0.9\times0.989\times\sqrt{2}=2725$

使用 ϕ 24 × 0.6 不锈钢的传热系数：

$K=2706\times0.9\times0.88\times0.989\times\sqrt{1.9}=2922$

由计算可知，使用不锈钢管时，传热系数比使用铜管还要高出 7%，同时考虑管壁减薄后换热面积增加，在同等设计温差条件下不锈钢管换热（含内置管束）量 $Q=2922\times26\times5820=442$MW；铜管换热量（含内置管束）$Q=2725\times26\times5616=397.9$MW。

由此可见，不锈钢光管的总体传热系数不差于铜管，如铜管再加上必须镀膜造成的热阻，不锈钢管内由于光洁度高长期使用不易结垢等因素，不锈钢光管在实际使用中的换热性能应优于铜管。从传热角度来说改造是可行的。

3.2　机械性能对比

（1）耐冲击腐蚀优于铜管

由于不锈钢的强度和表面度都高于铜管，不论是耐汽侧的高速、蒸汽及水滴，还是水侧的泥沙及入口湍流，表现均优于铜管；在对用于长江水的重庆电厂考察表明，同时更换的不锈钢管和铜管使用一年后，铜管管口已出现明显的冲刷腐蚀，而不锈钢管保持良好。

（2）耐氨腐蚀

铜管对空气冷却区的氨腐蚀较为敏感，这也是造成空冷区容易泄漏的主要原因；而不锈钢管对氨不敏感。

（3）振动和结垢

汽轮机末叶排出的高速蒸汽和水滴是产生凝汽器管子振动的主要原因，由于不锈钢管的刚度大于铜管，而不锈钢光管由于挤压波螺后其强度又大于光管，因此其相对抗振性优于铜管；而不锈钢管光洁的内外表面是防止结垢的最有效手段。

3.3 经济性对比

目前2号机组凝汽器铜管规格为Φ24×1，采用不锈钢管时由于强度高选用Φ24×0.6规格即可，凝汽器上部、疏水管及抽空气区由于冲刷严重可采用壁厚为0.7mm的管子。通常在凝汽器水量相同的条件下，不锈钢管的换热面积比铜管大5%～7%。由于不锈钢管壁薄，所以管材总重比铜管轻。按照目前市场价格计算，采用不锈钢管改造初步投资为200万元左右，如果采取铜管置换的方式达到零投资是可以实现的。

采用不锈钢螺纹管改造后，凝汽器真空比改造前全年平均提高3%，125MW机组真空每提高1%影响供电煤耗降低3.65g/kW·h，按年发电9亿度计算，可节约标煤9855t，按每吨标煤200元计算，每年可节约费用197万元。

3.4 安全性对比

从表7可以看出不锈钢管的强度比铜管高，因此使用寿命必然要比铜管长，热胀系数比铜管低，与管板更接近，因此不易因热胀冷缩损伤管子或影响胀口。

表7 不锈钢管与铜管材料特性对比

管材	铜管	镍铜管	不锈钢管TP316L
密度/(t/m³)	8.4	8.9	8
屈服强度/MPa	120	140	280～350
拉伸强度/MPa	330	390	550～659
延伸率/%	60	43	30～60
弹性模量/MPa	13.3	15.4	20
热胀系数/10^{-6}	16	16	17
导热系数/(W/m·k)	100	30	13

由表8可看出不锈钢管抗冲蚀性能好，能抗蒸汽带水滴在高速中的冲击腐蚀；抗氨腐蚀性能好；耐水侧冲击腐蚀，同时可提高pH值以减少腐蚀产生率，提高冷却水流速，这样既可提高总体传热系数又可减少管内杂质的沉积。

表8 抗腐蚀性对比(数值越大抗腐蚀性越好)

腐蚀种类	铜管	镍铜管	不锈钢管TP316L
一般腐蚀	2	4	5
冲击腐蚀	2	5	6
点蚀(运行状态)	4	5	4
点蚀(积滞状态)	2	4	2
高速冲击	3	5	6
进口冲击	2	4	6
蒸汽热点腐蚀	2	4	6
氨蚀	2	5	6

汽轮机末级叶片排出的高速蒸汽和水滴是产生凝结器管束振动的主要原因。由于不锈钢管的刚度大于铜管，而不锈钢螺纹管由于挤压螺纹后其强度又大于光管，因此其相抗震性优于铜管，而不锈钢管光洁的外表面是防止结垢的最有效手段。

综上所述，不锈钢管凝汽器在性能上具有明显的优势，冷却水管强度高，抗冲击、抗腐蚀能力强，胀管泄漏率低等特点，同时采用壁厚为0.6～0.7mm的不锈钢管比壁厚为1mm的铜管传热系数高2%左右，随着运行时间的增长，不锈钢管的总体换热系数下降得很缓慢，铜管的总体换热系数下降速度较不锈钢管要大得多。从经济性及安全性考虑，不锈钢管是优于铜管的。

4 初步改造方案

通过以上对比，选用TP316L不锈钢管替换原凝汽器的镍黄铜冷却水管，规格分别为Φ24×0.6×8190和Φ24×0.7×8190(用于迎汽区和抽空气区)，其数量应在9926根的基础上有2%～3%的裕量。

4.1　管材供货及验收要求

（1）厂家应按照行业标准对管材生产流程进行监督，并提供各项指标检验报告及产品合格证。

（2）所有预更换不锈钢管应进行 100% 在线涡流探伤检查并符合质量要求。

（3）责任部门对管材进行抽样验收，包括材质、管材尺寸、椭圆度、弯曲度及外观断面检查。必要时进入生产厂家对机械拉伸试验及水压试验进行验收。

4.2　安装要求

（1）更换不锈钢管应按照有关行业标准进行。

（2）工程技术人员必须熟悉和掌握设计图纸的技术要求、安装说明、电力行业颁布的工程施工质量检验评定标准。所有参加该工程的施工人员应认真学习掌握本技术措施的各项要求。

（3）在工程开工前，所有施工人员均应参加凝汽器管板、附件的拆除和安装及凝汽器换管的专业技术培训，培训合格后方可上岗。

（4）脚手架的搭设必须符合《电力安全生产规定》中的有关要求。

（5）拆除施工前准备，各活动管路、支座的固定，作业空间的整理，施工平台的搭设，施工区域的围栏警戒。

（6）将与凝汽器接配的外部所有连接管道、泵、阀等关闭或断开，水侧排水，汽侧断开，初步具备施工条件。

（7）根据现场实际情况，用 1 号槽钢对凝汽器支座加固。

4.3　安装技术措施

施工流程简图如图 1 所示。

（1）拆除凝汽器水室端盖

前水室打开盖板，后水室打开人孔。

（2）拆除凝汽器旧管束

①旧铜管采用拔管机或人工剔管的方法进行拆除。

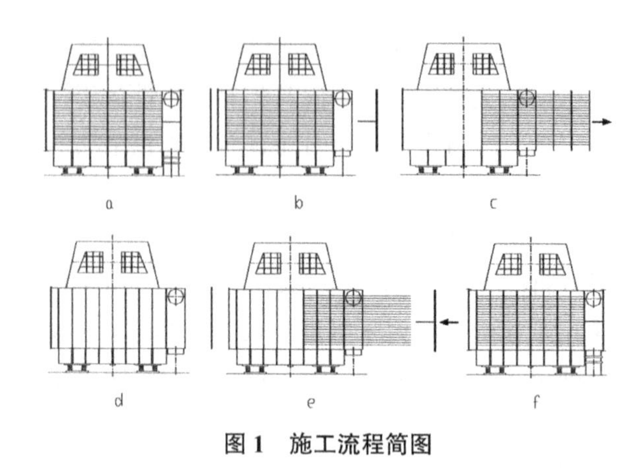

图 1　施工流程简图

②对需要去堵头的管去掉原堵管堵头，用剥管器的扁铲头将管口缩口。

③使用电锤轻轻敲击管头，取出所有的换热管。

④端管板、中间隔板气割拆除。

⑤壳体打磨，对汽侧进行彻底清扫，汽侧无杂物，检查前后管板管孔内无焊渣，所有管孔无毛刺、油污，为下一步不锈钢管的安装做好准备工作。管板用打磨机除锈直至露出金属色，管口外围光滑平整。

⑥安装新管隔板（适用于 30MW 以上的机组）。

⑦复查凝汽器汽侧的尺寸，需符合冷却管有效长度。管板安装时组合平台必须垫平，两端四角高低差一般不大于 10mm。

⑧根据设计图纸的要求在侧板和底板上划出管板位置线，找好其垂直度，管板与侧板通过支撑板点焊。依据设计图纸尺寸，以后管板为基准先找出隔板的位置线再划前管板的位置线。

⑨管板对底板保证垂直，其垂直度不得大于 1mm/m，两端管板标高一致，管板平面平行，板间距离分区多点检查，其偏差均不大于 30mm，以确保管子长度够用。

⑩管板找正结束后要采取固定措施对管板进行固定，防止焊接时发生变形。按上下部位

进行试穿冷却管，试穿要顺利。

⑪在管板及附件与壳体焊接前进行脱油脱脂处理，保证焊接质量。管板装妥后开始按照设计要求进行焊接，焊接时必须多翻身，防止底板、侧板变形。

⑫对所有隔板（管板）和壳体、抽气管和挡汽板之间的焊缝做煤油渗透试验，确认无渗漏。验收标准参照《电力建设施工验收技术规范》（火力发电厂焊接篇）DL 5007-92。

⑬为了防止前后管板的焊接变形，焊接时采用内外、对称、分段焊接，控制系统热量的输入量，减小焊接变形。

⑭焊接首先对管板进行焊接，用J507、φ4.0焊条进行打底，再用A302、φ4.0焊条进行封面焊接。密封板与管板之间必须满焊。焊缝厚度必须符合设计图纸的要求。所有焊接用的焊材不准使用φ5.0以上的焊条。

⑮凝汽器汽侧清理：所有焊接工作结束后，对汽侧进行彻底清扫，汽侧无杂物，检查前后管板管孔内无焊渣，所有管孔无毛刺、油污，为下一步不锈钢管的安装做好准备工作。

⑯对所有相关结构件进行焊缝及部件检查，无裂纹、变形、严重锈蚀等缺陷，焊缝饱满，强度满足要求。

（3）新不锈钢管的安装、胀接

①新不锈钢管的搬运必须每隔2m有一人抬，不锈钢管的传递也应遵循每隔2m有一人抬的规定，确保不锈钢管在搬运过程中不变形，不振动。

②经压扁、扩张及探伤等实验检验合格的不锈钢管方可使用。在穿管之前，凝汽器汽侧应彻底清扫，清除一切杂物和灰尘，并将顶部妥善封闭。

③穿管时应轻推轻拉，不得冲撞管孔，穿管受阻时，不得强力猛击，应使用导向器导入。

④穿管时检查管端，清理管口毛边，管头应光洁无油垢，无氧化层、尘土、蚀坑和纵向沟槽，露出金属光泽，对管子胀接部位，确保其无油、异物及毛刺。

⑤不锈钢管在正式胀接前，应先进行试胀工作，经甲方确认试胀合格后方可进行正式胀接。

⑥胀口应无欠胀或过胀现象，胀口处管壁胀薄约4%～6%，胀接推荐公式：

减薄率（%）$D_a = D_1 - 2t(1-\alpha)$ mm

式中：D_1——管板孔直径；

α——扩张系数；

t——不锈钢管壁厚。

⑦胀口的胀接深度为管板厚度的80%左右，不允许扩胀部分超过管板内壁，胀口处应平滑光洁，无裂纹和显著的切痕。

（4）凝汽器不锈钢管胀接应达到下列要求

①凝汽器壳体应垫平垫稳，无歪扭现象。

②管子胀接前应在管板四角及中央各胀一根标准管，以检查两端管板距离有无凸起，造成管子长度不足等现象，管子胀接程序应根据管束分组情况妥善安排，不得因胀接程序不合理而造成管板变形。

③正式胀管应先胀出水侧，同时在进水侧设专人监视，以防止不锈钢管滑动损伤。

④正式胀接工作按试胀工作要求进行。

⑤胀接的管子应露出管板0～0.5mm，管端光平、无毛刺。

⑥管子尺寸不够时，应更换有足够尺寸的管子，禁止用加热或其他强力方法伸长管子。胀管全部结束后，参照《电力建设施工验收技术规范》（汽轮机组篇）DL 5011—92进行检查验收。

⑦凝汽器不锈钢管在整个安装过程中，在凝汽器汽侧的顶部应安装防止杂物落入汽侧的设施，最后封闭凝汽器前应检查汽侧空间和冷却管束间不得有任何杂物，顶部管子应无外伤痕迹。

（5）汽侧灌水试验

换管及胀接工作结束后，凝汽器汽侧及水侧清理干净，凝汽器汽侧进行灌水查漏，灌水高度要充满整个凝汽器的汽侧，维持24小时管口及管口的焊缝部位无渗漏。

（6）端盖安装

端盖装好后，上水试压无泄漏。

（7）质量验收标准

①铜管拆除后管板及管孔部位应打磨干净。

②凝汽器安装结束后壳体按《凝汽器加工装配技术条件》ZBK 54015、《电力建设施工验收技术规范》（汽轮机组篇）DL 5011—92进行验收。

③不锈钢管各项指标均合格方可使用，两端头打磨光滑无污垢。

④凝汽器水室清理干净，无锈渣及杂物。

⑤凝汽器管板和中间隔板管孔光洁无毛刺和轴向划痕，填写验收单。

⑥不锈钢管进行胀管前将胀管机力矩调至合格后，对凝汽器不锈钢管进行试胀，试胀合格后，方可开始正式胀管，在胀管过程中应跟踪复查胀管尺寸，管口胀接不得过胀和欠胀，管口高于管板0～0.5mm。

⑦单侧不锈钢管口胀接后，方可进行不锈钢管切割，且不锈钢管切口光滑无毛刺，验收合格后方可进行胀管；验收按照《电力建设施工验收技术规范》（汽轮机组篇）DL 5011-92进行。

⑧对凝汽器汽侧进行灌水查漏，整个凝汽器应无渗漏，并由甲方组织验收，填写竣工验收单。

4.4 改造后需注意事项

（1）避免冷却水长期低流速运行或长期停留在凝汽器内，否则可能降低不锈钢管的耐腐蚀性，更重要的是降低凝汽器的换热性能。

（2）不锈钢管应同样防止结垢，胶球清洗装置确保正常投运且确保回收率。

（3）水处理的药剂应考虑其对不锈钢耐腐蚀性的影响，必要时做实验确定。

（4）不锈钢管对CL-比较敏感，为防止氯化物的污染应禁止使用含氯化物的化学添加剂。

5 结论

（1）通过对某电厂凝汽器运行情况的分析比较，确定不锈钢管替代铜管的方案是可行的。

（2）不锈钢换热管材具有耐冲刷、耐腐蚀、成本低以及抗气蚀的优良品质，可大大提升火电厂凝汽器的使用寿命，降低维护成本。

（3）通过不锈钢管在本台凝汽器上的方案设计，大大降低凝汽器的泄漏可能性，避免由于凝汽器原因带来的停机、降负荷风险。

（4）针对国内大多数20年以上的老厂进行凝汽器改造具有可参考性。

参考文献

[1] 任一峰．不锈钢管在凝汽器上的应用研究[J]. 动力工程，1999（1）.

[2] 何健康，孙晶辉，李维功．不锈钢管在我国凝汽器中应用展望[J]. 汽轮机技术，2002（5）：260-263.

[3] 陈义申，刘万利，刘新范，等．章丘电厂凝汽器铜管更换不锈钢管改造[J]. 山东电力技术，2004（3）：40-42，50.

[4] 兰田芳．不锈钢管替代凝汽器铜管的可行性分析[D]. 广东电力，2008（7）：59-61.

轴流式引风机轮毂积垢特性研究与长周期运行优化实际应用

果　一　曹　旭

（华能北京热电有限责任公司，北京 100023）

摘　要：北方某热电厂 2 号机组 1 号和 2 号引风机为成都电力机械厂生产的轴流风机，型号为 AN25eb，转速为 985r/min。由于存在轮毂设计缺陷，导致内部空间易积灰结垢，运行过程中部分区域灰垢脱落导致叶轮不平衡，诱发不稳定振动从而导致振动超标问题。本文运用计算流体力学（CFD）技术，对上述引风机轮毂积垢特性进行深入研究，提出引风机长周期运行优化改造方案。同时利用机组检修机会进行设备改造、在线动平衡，方案实施后可有效避免积灰结垢引起的不稳定振动超标问题，提高机组长周期运行可靠性。

关键字：引风机；轮毂积垢

1　引言

北方某热电厂 2 号机组 1 号和 2 号引风机为成都电力机械厂生产的轴流风机，型号为 AN25eb，转速为 985r/min。由于存在轮毂设计缺陷，导致内部空间易积灰结垢，运行过程中部分区域灰垢脱落导致叶轮不平衡，诱发不稳定振动从而导致振动超标问题。本文运用计算流体力学（CFD）技术，对上述引风机轮毂积垢特性进行深入研究，提出引风机长周期运行优化改造方案。同时利用机组检修机会进行设备改造、在线动平衡，方案实施后可有效避免积灰结垢引起的不稳定振动超标问题，提高机组长周期运行可靠性。

2　积灰原因分析与诊断

2021 年 12 月，北方某热电厂机组运行期间 2 号机组 1 号和 2 号引风机存在振动超标问题。故安排对两台引风机进行全面的状态监测和故障诊断。

2.1　设备运行基本信息

2 号机组和 2 号引风机在停机前振动平稳，开机后振动增大且存在较大波动。设备基本信息见表 1。

表 1　引风机基本信息表

驱动设备	被驱动设备
设备型号：YKK630-2-8	设备型号：AN25eb
额定功率：1000kW	—
额定转速：985r/min	额定转速：985r/min
轴承形式：滚动轴承	轴承形式：滚动轴承

2.2　现场测试及分析诊断

采用多通道频谱分析仪 Trio CX-10 对 2 号机组 1 号和 2 号引风机进行了现场振动测试，频谱分析仪技术参数见表 2，测点布置示意图如图 1 所示。

表 2　振动分析仪基本信息表

振动分析仪	CX-10 S/N：B1310
数据采集器	DP-2 机器号：20272
传感器	三轴向加速度传感器 629M33A S/N：P7929

2.2.1　2 号引风机

2 号引风机振动速度通频值见表 3，最大

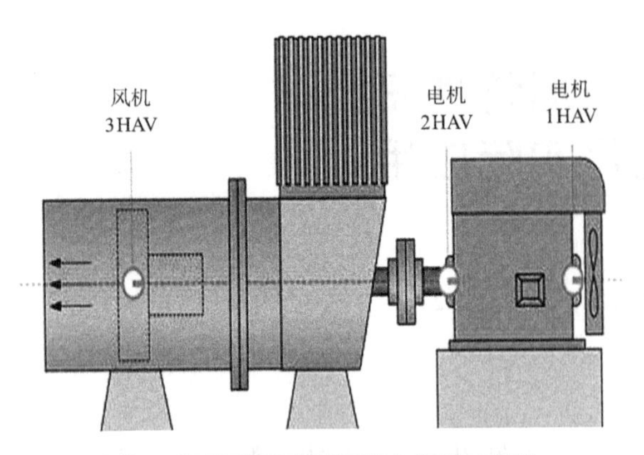

图 1　引风机振动测试测点布置示意图

表 3　2 号机组 2 号引风机振动速度通频值

（单位：mm/s）

测点位置	测量方向	测量值	警告值	危急值
电机自由端（1 点）	⊥	0.56	4.5	7.1
	---	0.94	4.5	7.1
	⊙	1.21	4.5	7.1
电机驱动端（2 点）	⊥	0.36	4.5	7.1
	---	0.74	4.5	7.1
	⊙	1.07	4.5	7.1
风机驱动端（3 点）	⊥	2.72	4.5	7.1
	---	4.25	4.5	7.1
	⊙	2.19	4.5	7.1

振动通频值位于风机驱动端（3 点）水平方向，振动速度为 4.25mm/s，接近警告值。

风机驱动端（3 点）振动位移测量值见表 4，其中水平方向振动位移为 114μm，超过危急值；垂直方向振动位移为 55μm，接近警告值；就地水平方向振动位移为 116μm，就地垂直方向振动位移为 58μm，均超过危急值。

表 4　2 号机组 2 号引风机振动位移通频值

（单位：μm）

测点位置	测量方向	测量值	警告值	危急值
风机驱动端（3 点）	--		57	90
	⊥		57	90
	⊙	10	57	90
	—（就地）		57	90
	⊥（就地）		57	90

风机驱动端（3 点）振动位移、速度频谱中存在 1X 频率及其谐波，1X 频率处水平方向的振动位移和振动速度分别为 104.5μm 和 3.85mm/s，且振动位移超过危急值。转子存在一定的不平衡特征，可能存在叶片磨损或轮毂积灰等问题。结合同类设备历史运行过程中频繁出现轮毂积灰的问题，推断本次故障为轮毂积灰导致。

需要关注：现场测试 2 号引风机期间，电机驱动端（2 点）频谱中存在 1X 频率及其谐波，且测试期间 1 号引风机出现振动波动现象，可能存在基础刚度不足的问题，对振动波动较敏感，对该问题做进一步测试、验证。

2.2.2　1 号引风机

1 号引风机振动速度通频值见表 5，最大振动通频值位于风机驱动端（3 点）轴向方向，振动速度为 3.5mm/s。

表 5　2 号机组 1 号引风机振动速度通频值

（单位：mm/s）

测点位置	测量方向	测量值	警告值	危急值
电机自由端（1 点）	⊥	0.5	4.5	7.1
	—	0.7	4.5	7.1
	⊙	1.7	4.5	7.1
电机驱动端（2 点）	⊥	0.6	4.5	7.1
	—	0.6	4.5	7.1
	⊙	1.4	4.5	7.1
风机驱动端（3 点）	⊥	2.9	4.5	7.1
	—	1.7	4.5	7.1
	⊙	3.5	4.5	7.1

风机驱动端（3 点）振动位移测量值见表 6，整体振动位移值低于 2 号引风机，其中水平方向振动位移为 48μm，接近警告值；就地水平方向振动位移为 55μm，接近警告值。

风机驱动端（3 点）振动位移、速度频谱中风机振动频谱中存在比较典型的 1X 频率，1X 频率处的水平方向振动位移和振动速度分别为 52μm 和 1.91mm/s，且振动位移接近警

表 6　2 号机组 1 号引风机振动位移通频值

（单位：μm）

测点位置	测点方向	测量值	警告值	危急值
风机驱动端（3 点）	—	48	57	90
	⊥	32	57	90
	⊙	21	57	90
	—（就地）	55	57	90
	⊥（就地）	29	57	90

告值。存在转子不平衡的问题，可以通过动平衡方式解决，但考虑到引风机曾经出现过积灰导致的不平衡，动平衡的长期效果会存在一定局限性。

2.3　诊断结论验证及积灰原因分析

2022 年 3 月，北方某热电厂利用机组检修机会，对 2 号机组 1 号和 2 号引风机进行了解体检查，发现叶轮轮毂背风面存在不同程度的积灰结垢现象，且部分区域灰垢存在脱落，如图 2 所示。从而验证了 2.2.1 和 2.2.2 中诊断结论的正确性。

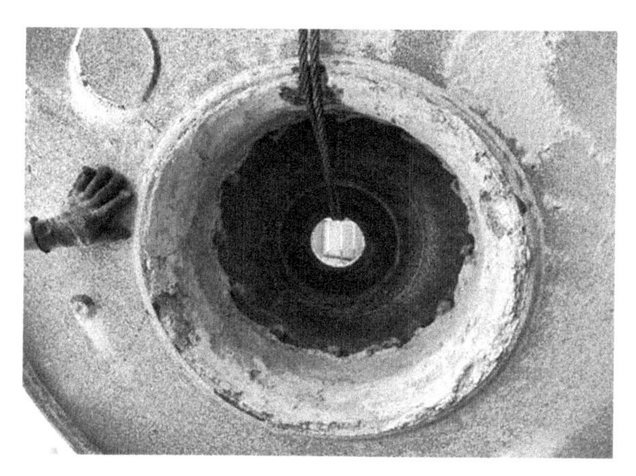

图 2　引风机叶轮轮毂积灰情况照片

引风机轮毂主要积灰区域及积灰原因示意图如图 3 所示。从图中可以看出，造成引风机轮毂内部腔室积灰主要是两方面因素共同作用的结果：①烟气中的飞灰从轮毂缝隙处沉降进入轮毂内部腔室；②轮毂叶片下游通道中的压力高于轮毂内部腔室中的压力，从而产生了压差 Δp，该压差作用下飞灰更易进入轮毂内部腔室。

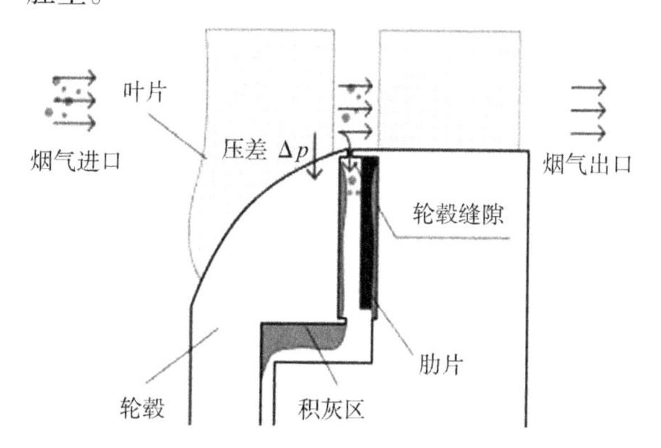

图 3　引风机叶轮轮毂主要积灰区域及积灰原因分析

3　改造方案 CFD 模拟评估及优化

轮毂是轴流式风机的一个主要承载部件，由于轮毂结构的封闭性，难以对轮毂内部腔室进行流动参数测量和状态分析。同时，传统的机械结构改造优化设计需要通过反复的设计和测试实验，并借助经验来确定最终的设计方案。这使得设计周期较长，费用较高。针对这一情况，我们使用计算流体力学软件搭建了轮毂内部腔室仿真模型。通过仿真结果，可以直观地看到在轮毂内部腔室添加叶片后，内部腔室负压问题得到了改善。本文针对不同叶片尺寸参数，对轮毂腔室压力的影响进行了模拟对比分析，选取最优设计方案，大大减少了费用、时间以及新设计带来的风险。

3.1　轮毂模型基本信息（表 7）

表 7　轮毂模型基本信息

设备名称	轮毂	转速 /（r/min）	985
转子叶片数量 / 片	13	烟气压力	-4030
烟气温度 /℃	119	轮毂间隙宽度 /mm	10
腔室肋片长度 /mm	400	腔室轴向宽度 /mm	110

3.2　轮毂内部腔室仿真模型

3.2.1　计算域选取

计算域是流体计算域计算所要考虑的区域。在模型的构建过程中，考虑图 4 轮毂内部结构中空气部分，即深色部分作为计算域。图

4 轮毂内部结构中的深色计算域部分是一个近似于环状立体。由于旋转对称，模型选择了旋转角度为 45° 的环状立体作为计算域进行后续计算，如图 5 所示。图 5 中切面①对应图 4 轮毂内部结构中深色部分截面。

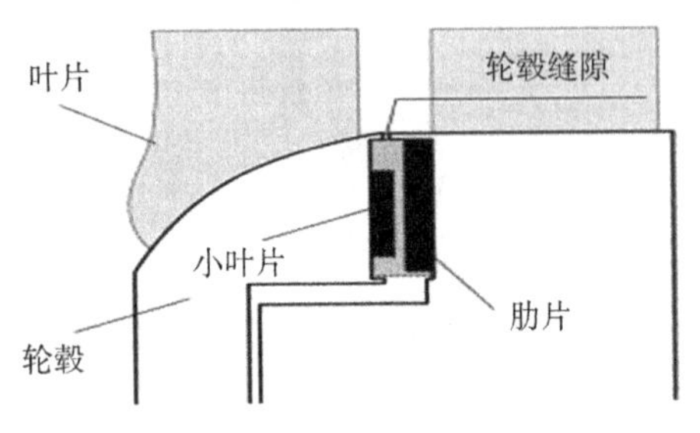

图 4 轮毂内部结构

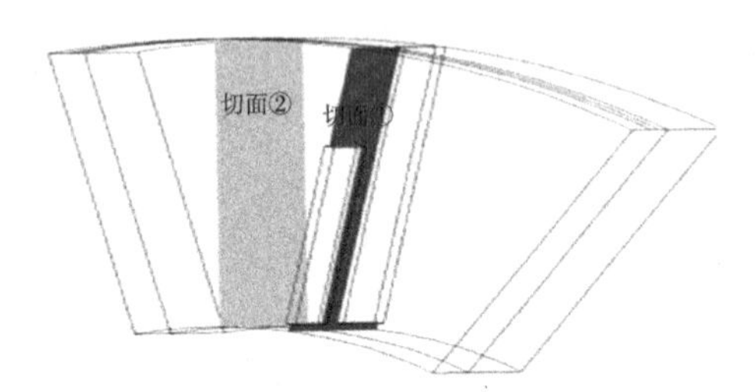

图 5 三维模型结构

3.2.2 计算网格

图 6 为改造前轮毂内部腔室的三维实体模型及计算网格。图 7 为改造后轮毂内部腔室的三维实体模型及计算网格。通过对比可以看出，改造后的轮毂内部腔室比改造前的轮毂内部腔室在动叶上增加了一个长度为 250mm、宽度为 40mm、厚度为 10mm 的叶片。叶片距离下端边界 10mm。改造前后的轮毂内部腔室的三维实体模型都采用了构网格，网格总数分别约为 31 万和 32 万。

图 6 改造前轮毂内部腔室的三维实体模型及计算网格

图 7 改造后轮毂内部腔室的三维实体模型及计算网格

3.2.3 数值计算方法

数值模拟使用三维黏性 Naiver-Stocks 方程求解器，计算中采用 k-epsilon 湍流模型，采用 coupled 的求解方法。平均残差水平下降至 0.0001 以下时认为计算收敛。

对轮毂内部腔室仿真模型中，计算域前半部分（轴向位置）是旋转坐标系，计算域后半部分（轴向位置）是静止坐标系。计算域前、后部分之间以及与之相连交界面会存在流动干涉。计算域内的流体均采用理想气体模型。由于结构的圆周对称性，求解时仅考虑一个静叶片和一个动叶片通道的流动问题。在旋转计算域上采用 frame motion 模型，在旋转计算域和静止计算域的通道两边设置为旋转周期性边界条件。假设上端面为入口位置，下端面为出口位置。在上端面和下端面都使用开放式压力边界条件。其他端面设置为恒温壁面。

3.3 数值仿真结果

3.3.1 网格无关性测试

网格划分得越细密，求解结果的精度越高。但在实际工程的设计和应用中，网格数量的急剧增加会导致计算的时间成本大幅增加，而且当网格单元达到一定数量后，计算精度的提高并不明显。网格无关性测试在相同工况下，对不同的网格尺度进行模拟，并对仿真结果中的同一核心特征参数进行比较。如表 8 所示，通过比较不同数量网格的模型计算出的平均入口径向速度来观察计算结果对网格数量的敏感

表 8　不同网格密度下计算模型的平均入口（轮毂缝隙处）径向速度

网格单元格 / 万	平均入口（轮毂间隙）径向转速 /（m/s）
5	13.31
3.1	11.3
4.4	10.9
8.5	11.1

性。如图 8 所示，随着网格数量增大，平均入口径向速度数值解越来越趋向于定值。在相同边界条件下，当网格数量为 31 万、44 万和 85 万时，平均入口径向速度数值结果相邻网格数的误差为 3.7% 和 1.7%，可以认为此时计算结果对网格数量不敏感了，且此时的数值仿真结果已经收敛，网格无关性验证完毕。网格数量为 31 万的仿真模型就可实现效率与准确性的最大化。

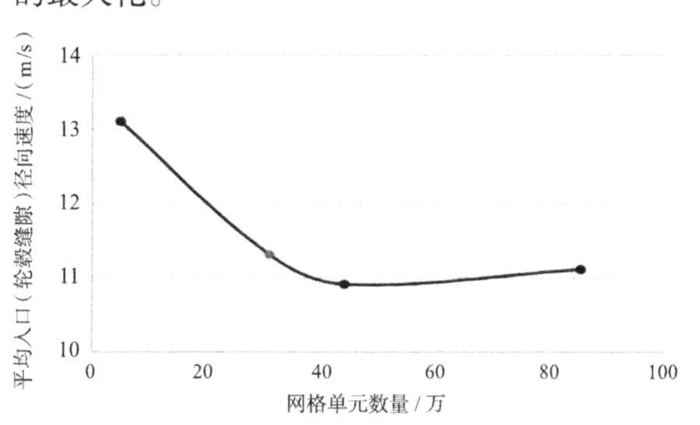

图 8　不同网格计算模型的平均入口（轮毂缝隙处）径向速度

3.3.2　轮毂内部腔室改造前后对比

轮毂内部腔室改造前后的压力分布云图和边界速度分布如图 9 和图 10 所示。可以看出改造后的轮毂内部腔室整体压力水平明显提高。在外部压力均为 -4030Pa 的情况下，上游边界压力由改造前的 -3975Pa 左右提高到了改造后的 -3300Pa，使得负压问题得到明显改善。从上端的速度分布图可见，改造前腔体内部压差较小。上游边界的速度矢量方向主要朝内，气流趋向于向腔室内部流动。改造后腔体内外部有较大压差。上游边界的速度矢量方向主要朝外，气流向外部流动。由此可见，在轮毂内部腔室增加叶片可以有效避免烟气中的飞灰进入轮毂内部形成积垢。

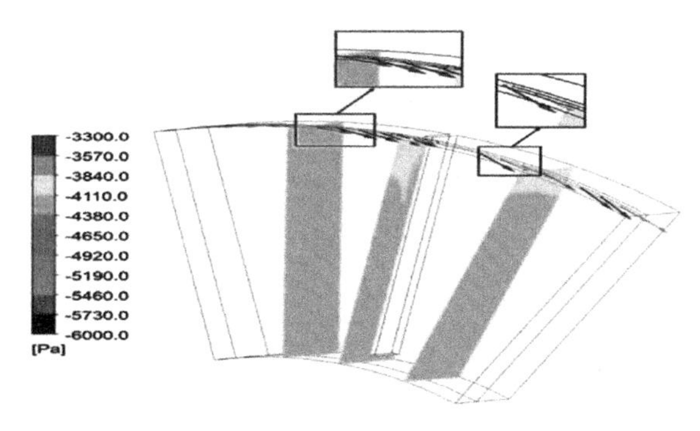

图 9　轮毂内部腔室改造前的压力分布云图和边界速度矢量分布

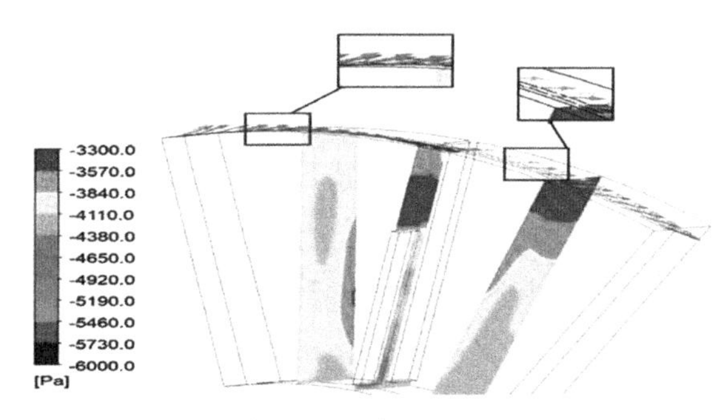

图 10　轮毂内部腔室改造后的压力分布云图和边界速度矢量分布

叶片厚度为 10mm 和 5mm 的轮毂内部腔室模型仿真结果的压力分布云图和边界速度矢量分布如图 11 和图 12 所示。可以看出当增加的叶片厚度为 5mm 时，其上端边界速度矢量方向一部分朝内，其余朝外。烟气气流向内部腔室流动，也有由内部向外部的流动。当增加

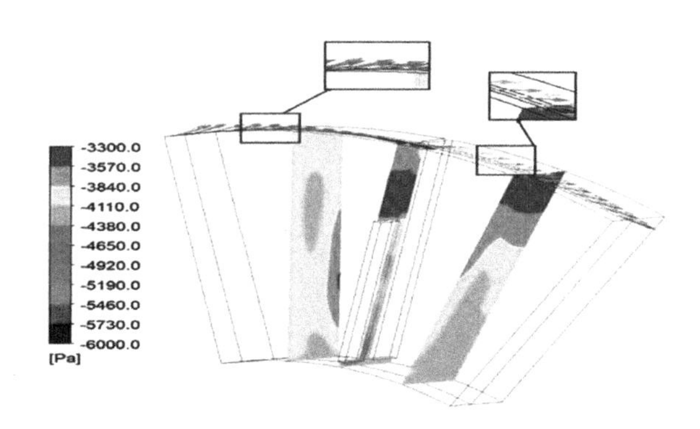

图 11　轮毂内部腔室改造后的压力分布云图和边界速度矢量分布（叶片厚度为 10mm）

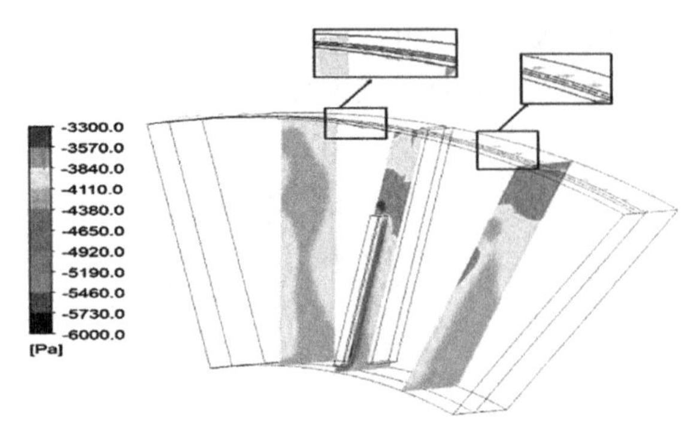

图 12　轮毂内部腔室改造后的压力分布云图和边界速度矢量分布（叶片厚度为 5mm）

的叶片厚度为 10mm 时，上端边界速度矢量方向主要朝外，气流主要向外部流动。这说明厚度为 5mm 的叶片对负压的改善效果比厚度为 10mm 的叶片改善效果差。

改造前、改造后叶片厚度为 10mm 和改造后叶片厚度为 5mm 的三个模型在图 5 中切面①和切面②的压力分布云图及速度矢量分布分别如图 13、图 14 和图 15 所示。平面内是压力分布的云图，箭头为速度矢量分布。速度

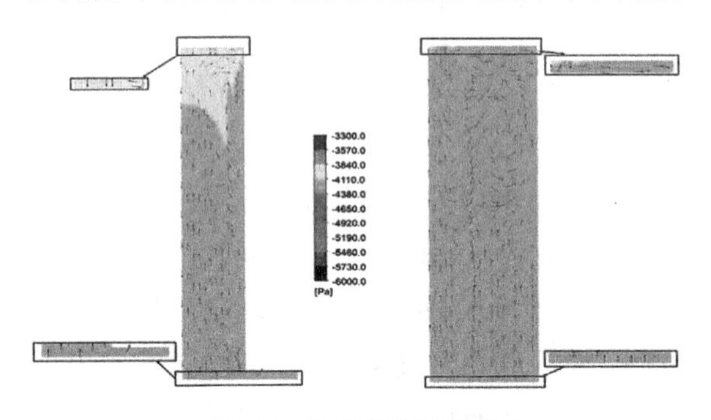

图 13　改造前模型切面

①（左侧）和切面②（右侧）压力分布云图及速度矢量图

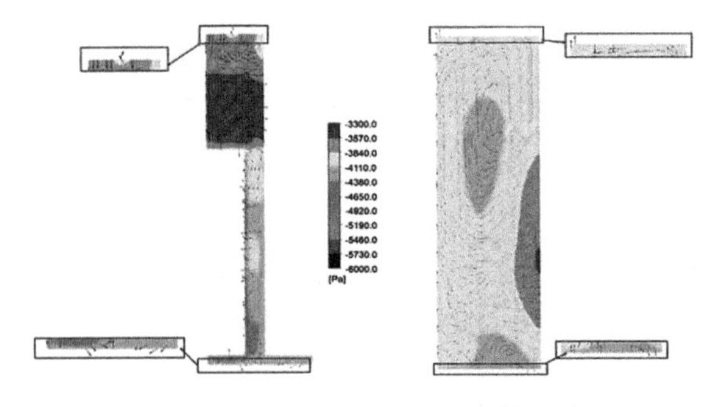

图 14　改造后叶片厚度为 10mm 模型的切面

①（左）和切面②（右侧）压力分布云图及速度矢量分布

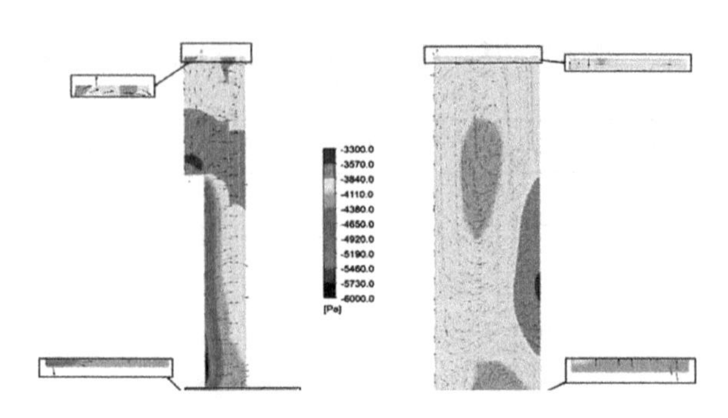

图 15　改造后叶片厚度为 5mm 模型的切面

①（左侧）和切面②（右侧）压力分布云图及速度矢量分布

朝上代表流体向腔室外部流动，速度朝下代表流体向腔室内部流动。图 13 显示改造前上端轮毂缝隙处速度几乎朝下，气流主要向腔体内部流动。图 14 显示当叶片厚度为 10mm 时，上端轮毂缝隙处速度主要朝上，气流主要向腔体外部流动，并在腔体内部存在回流区。图 15 显示当叶片厚度为 5mm 时，流动情况与叶片厚度为 10mm 的模型流动情况相似。但与叶片厚度为 10mm 的模型相比，叶片厚度为 5mm 的流动模型的总体速度更小，上端轮毂缝隙处速度朝上分布更少，代表流出腔体的流量更少。

如表 9 所示，增加厚度为 10mm 叶片后，流出速度有效率相比不加叶片增长了 31%。增加厚度为 5mm 叶片后，流出速度有效率相比不加叶片增长了 30%。增加厚度为 10mm 叶片和增加厚度为 5mm 叶片模型的流出速度有效率相差不大。

表 9　不同类别模型的流出速度有效率

类型	流出速度有效率
不加叶片	38%
加 10mm 叶片	69%
加 5mm 叶片	68%

注：流出速度有效率空气向腔体外部流动的点位 / 入口处所有位置。

改造前、改造后叶片厚度为 10mm 和改造后叶片厚度为 5mm 的三个模型在上端入口

处（轮毂缝隙处）径向速度沿周向分布如图 16 所示。速度为正代表气体向腔体外部流动，速度为负代表气体向腔体内部流动。由图可见黑色线条代表改造前模型在上端入口处（轮毂缝隙处）径向速度沿周向分布，改造前流体主要向腔体内部流动。向外流动的最大径向速度为 0.9m/s，向内流动的最大径向速度为 4.7m/s。改造后加薄叶片色线条代表改造后叶片厚度为 5mm 的模型在上端入口处（轮毂缝隙处）径向速度沿周向分布，改造后加叶片色线条代表改造后叶片厚度为 10mm 的模型在上端入口处（轮毂缝隙处）径向速度沿周向分布。由图可见，改造后的模型中流体主要向腔体外部流动。在改造后叶片厚度为 10mm 的模型中，向外流动的最大径向速度为 24.4m/s，向内流动的最大径向速度为 3.6m/s。在改造后叶片厚度为 5mm 的模型中，向外流动的最大径向速度为 14.8m/s，向内流动的最大径向速度为 1.9m/s。改造后叶片厚度为 10mm 的模型中的向外流动最大径向速度是改造后叶片厚度为 5mm 的模型向外流动最大径向速度的 1.65 倍。由此可见，使用叶片厚度为 10mm 的改造方案比使用叶片厚度为 5mm 的改造方案效果更好。

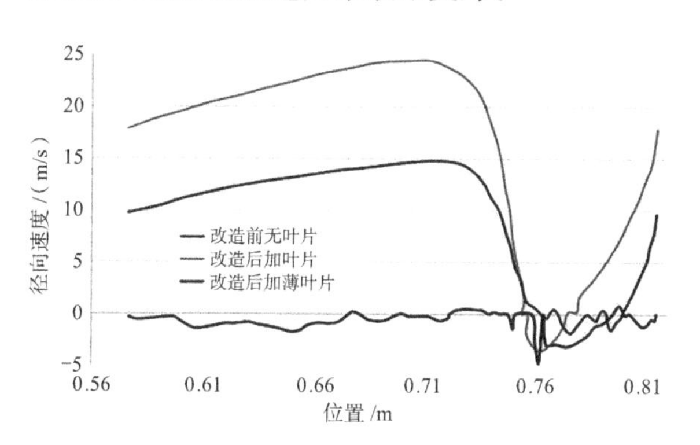

图 16　三种模型在上端入口处（轮毂缝隙处）最大径向速度沿周向分布

4　改造方案实施及现场动平衡

2022 年 6 月 8 日，决定根据加 10mm 叶片方案进行叶轮轮毂积灰现场改造，改造方案实施后的 2 号机组 2 号引风机叶轮轮毂如图 17 所示，2 号机组 1 号引风机与 2 号引风机改造方案一致。

图 17　2 号机组 2 号引风机叶轮轮毂

2022 年 6 月 20 日晚，经与厂方协商决定对改造后的 2 号机组 1 号和 2 号引风机进行现场动平衡。动平衡过程中的振动测试采用南京中大 32 通道振动分析仪 CUT-408。

4.1　2 号引风机动平衡

决定在叶轮 270° 方向试加重 350g，试加重前后 2 号引风机振动数据见表 10。

表 10　2 号机组 2 号引风机第一次试加重前后 1X 频率振动数据

分量	试加重前	试加重后
1X 频率振动（水平）	55μm ∠ 310°	65μm ∠ 300°
1X 频率振动（垂直）	29.6μm ∠ 121°	35.3μm ∠ 119°
振动通频值（水平）	56. 1μm	66.6μm
振动通频值（垂直）	30.9μm	36.2μm

从表 10 可以看出，第一次试加重后，2 号引风机 1X 频率水平和垂直分量幅值均有小幅抬升。根据试加重后 2 号引风机振动数据计算得到第二次加重 1575g，方向 131.4°。

讨论决定将第二次加重值定为 1234g，方向 140°。第二次加重前后 2 号引风机振动数据见表 11，可以看出第二次加重后，2 号引风机 1X 频率水平分量幅值降低 25μm，达到

40μm∠330°。根据第二次加重后2号引风机振动数据计算得到第三次加重1356g，方向203.4°。

表11 2号机组2号引风机第二次加重前后1X频率振动数据

分量	加重前	加重后
1X频率振动（水平）	65μm∠300°	40μm∠330°
1X频率振动（垂直）	35.3μm∠119°	21.9μm∠145°
振动通频值（水平）	66.6μm	43.4μm
振动通频值（垂直）	36.2μm	22.8μm

讨论决定将第三次加重值定为1329g，方向220°。第三次加重前后2号引风机振动数据见表12，可以看出第三次加重后，2号引风机1X频率水平振动降低至7.8μm，达到优秀水平。

表12 2号机组2号引风机第三次加重前后1X频率振动数据

1X频率振动（水平）	40μm∠330°	7.8μm∠298°
1X频率振动（垂直）	21.9μm∠145°	3.93μm∠0°
振动通频值（水平）	43.4μm	11.8μm
振动通频值（垂直）	22.8μm	6.8μm

4.2 1号引风机动平衡

根据2号引风机动平衡测试数据，讨论决定在叶轮210°方向加重1270g。加重前后2号引风机振动数据见表13，可以看出第一次加重后，1号引风机1X频率水平振动降低至20.8μm，达到较优秀水平。

表13 2号机组1号引风机第一次加重前后1X频率振动数据

分量	加重前	加重后
1X频率振动（水平）	35.2μm∠352°	20.8μm∠12°
1X频率振动（垂直）	15.6μm∠117°	9.8μm∠143°
振动通频值（水平）	35.4μm	24.6μm

浅谈汽轮机组推力瓦温高的问题分析及处理

范　锴　曹　旭

（华能北京热电有限责任公司，北京 100023）

摘　要： 推力瓦是汽轮机发电机组的重要部件，主要用来承载蒸汽作用在转子上的轴向推力，确保通流部分动静间隙符合要求。在电厂运行期间，推力瓦块温度过高是制约汽轮发电机组安全、稳定、高效运行的难题之一，本文以某电厂200MW机组出现的推力瓦块温度高这一实际问题为例，阐述了其推力瓦温高产生的原因和检查处理方法。检修后机组的运行情况表明，其分析处理方法是准确、有效的，从根本上解决了推力瓦温高的问题，可为日后同类型机组提供参考和借鉴。

关键词： 汽轮机；推力瓦；瓦温高；处理方法

1　引言

现如今在火力发电厂汽轮机组运行过程中，推力瓦用于承受转子叶片、叶轮、凸肩上受蒸汽作用的轴向推力，维持汽轮机动静部件的相对轴向位置。然而，推力瓦受机组运行工况变化、检修工艺质量等因素的影响，易出现瓦块超温的情况，长期超温运行会加快推力瓦块的磨损，严重时将会造成瓦块乌金烧损，从而导致机组动静部件碰磨的设备损坏事故出现。因此，确保推力瓦的正常工作成为汽轮机组安全、稳定、高效运行的重要前提条件。

2　概况

某电厂4号机组为俄罗斯乌拉尔汽轮机制造厂生产的T-185/220-130-2型超高压、单轴、三缸、轴流、冲动具有两段可调节采暖抽汽汽轮机组，于1999年6月26日投产运行。由于机组在冬季供暖季运行时，热负荷调节主要通过低压缸旋转隔板开度调整，在旋转隔板关小过程中，受蒸汽作用影响，推力瓦非工作面承受转子轴向推力将逐渐增大。但自机组投运以后，推力瓦非工作面部分瓦块在热负荷调节期间出现了明显的超温情况，导致低压缸旋转隔板开度调整受限，极大地制约了机组的供热能力，推力瓦块长期超温运行也对机组的安全造成了严重的影响。

3　推力瓦温高的原因分析及处理

3.1　推力瓦结构与工作原理

某电厂4号机组2号瓦为支承推力联合轴瓦，瓦体外表面为球形，放置在具有球面形洼窝的瓦枕内，具有自调中心的功能，其作用是支持轴承承重并限定转子的径向位置，确保汽轮机转子与汽缸同心；推力瓦限定转子的轴向位置，确保转子与隔板等部件的动静间隙。推力瓦块安装在推力瓦座上，瓦座安装在推力瓦体两侧立面上，相关结构如图1所示。

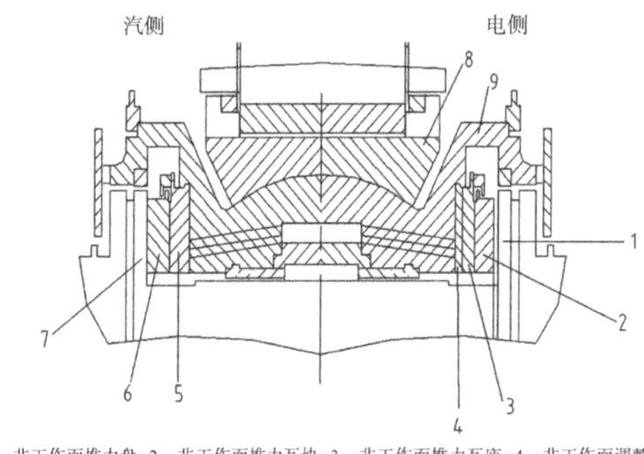

1—非工作面推力盘；2—非工作面推力瓦块；3—非工作面推力瓦座；4—非工作面调整垫片；5—工作面推力瓦座；6—工作面推力瓦块；7—工作面推力盘；8—推力瓦枕；9—推力瓦体

图1　某电厂4号机组2号瓦支撑推力联合轴瓦结构图

推力瓦进油方式是润滑油进入轴瓦内后一部分油进入支承轴瓦，另一部分则是通过环形槽道与空心堵板进入工作瓦与非工作瓦块的室内，它的回油口设在上瓦。在推力瓦内装有工作瓦及非工作瓦各 8 块，非工作面推力瓦块布置如图 2 所示。

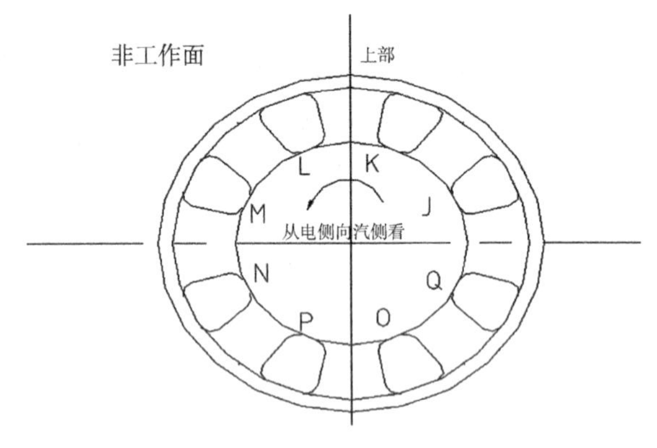

图 2　非工作面推力瓦块布置图

3.2　机组运行期间的检查情况

某电厂 4 号机组在不同工况下的非工作面推力瓦块的温度如表 1 所示。

从表 1 数据可以看出，非工作面 N、P、O 点瓦块温度随着旋转隔板开度变小而升高，而且 N、P、0 点瓦块温度明显高于其他非工作面瓦块，经与热工人员进行现场温度测量回路检查，确认推力瓦块温度为真实值。考虑到润滑油温已调整至下限，推力瓦块长期超温的问题对 4 号机的安全稳定运行造成了严重影响，必须采取有效措施进行处理。

3.3　推力瓦解体检查及原因分析

根据电厂实际生产和检修中遇到的现象分析，造成推力瓦块温度高的因素主要有初始设计缺陷、运行工况异常变化、推力瓦安装不佳等，结合机组运行期间的数据情况分析，考虑到某电厂 3 号机组与 4 号机组相关部件结构形式一样，并未出现同类超温情况，且在润滑油温、真空、机组负荷等运行工况变化不大的前提下，非工作面部分瓦块温度明显超过其他瓦块，经电厂检修人员商议，决定对推力瓦可能存在的安装问题进行系统性解体排查。

（1）推力瓦块摆动情况。若推力瓦块在运行期间存在卡涩无法自由摆动的情况，将导致部分瓦块与转子推力盘间油膜无法正常建立，从而出现瓦块超温的情况。本次检查非工作面推力瓦块内外弧表面及销孔未见磨损痕迹，推力瓦块摆动自如，未见异常。

（2）推力瓦块厚度偏差情况。若推力瓦块厚度不均或相邻瓦块厚度偏差大，将导致瓦块局部较厚的位置或整体较厚的瓦块承受转子推力更大，从而出现部分瓦块超温的情况。设计要求同一瓦块四点的厚度差值小于 0.02mm，相邻各瓦块间厚度差值小于 0.02mm，本次检查测量发现非工作面瓦块厚度差值存在超标情况，运行期间瓦温高的 N、P、O 点对应的瓦块厚度较上次修后测量数据有明显的减薄，其余瓦块磨损情况良好，相关数据如表 2 所示。

（3）瓦块温度测点位置乌金塌陷情况。若推力瓦块温度测点位置乌金存在异常塌陷，将导致埋在瓦体内的温度测点离乌金表面比其他瓦块距离短，从而造成瓦温显示偏高的情况。本次检查未见各瓦温度测点位置乌金塌陷的情况，相关数据如表 3 所示。

表 1　4 号机组不同工况下非工作面推力瓦块温度

负荷 /MW	主汽流量 /（kg/s）	真空 / kPa	润滑油温 /℃	旋转隔板开度 /%	N 温度 /℃	P 温度 /℃	O 温度 /℃	Q 温度 /℃	J 温度 /℃	K 温度 /℃	L 温度 /℃	M 温度 /℃
120	118	−94	39	72	84	82	79	64	64	67	68	65
170	182	−94	39	68	84	85	84	66	65	67	66	65
187	212	−94	39	24	87	88	86	67	66	68	68	66
185	210	−94	39	17	88	89	87	68	66	68	68	65

表 2　非工作面推力瓦块厚度测量数据

时间	N	P	O	Q	J	K	L	M
上次大修	40.94	40.94	40.95	40.95	40.93	40.94	40.93	40.95
本次解体	40.89	40.89	40.91	40.93	40.93	40.94	40.93	40.95

表 3　各瓦块测温元件孔至乌金面距离

非工作面	N	P	O	Q	J	K	L	M
距离	2.50	2.60	2.60	2.30	2.80	2.50	2.50	2.70
工作面	A	B	C	D	E	F	G	H
距离	2.50	2.20	3.00	2.50	2.60	2.60	2.50	2.50

（4）推力轴承与转子平行情况。若推力轴承与转子的扬度偏差大，将导致某一区域的瓦块承受推力较大，从而出现部分瓦块超温的情况。本次检查发现 2 号瓦处转子前扬 0.76mm，厂家标准为前扬 0.80mm，且推力轴承与转子平行度较好，未见异常。

（5）推力轴承球面接触情况。若推力轴承球面与瓦枕接触情况不佳，将导致轴承自位能力受限，从而出现部分瓦块超温的情况。本次对球面接触进行红丹粉检查，接触面积满足 75% 的要求且接触均匀，未见异常。

（6）推力轴承定位销工作情况。若推力轴承定位销的配合紧力不足，将导致推力瓦体上、下半存在错位，上、下半推力瓦块承受推力不一致从而出现部分瓦块超温的情况。本次检查发现推力轴承定位销紧力符合要求，未见异常。

（7）推力瓦块与推力盘接触情况。若推力瓦块与推力盘在运行时接触情况不佳，将出现以下两种情况：

如因为推力盘瓢偏值超标，转子旋转期间将影响油膜正常建立，从而出现整体瓦块温度较高的情况，本次检查推力盘瓢偏为 0.02mm，满足设计要求，未见异常。

如因为推力瓦块整体接触面不平行，转子旋转期间将导致各瓦块承受推力不一致，出现部分瓦块超温的情况，本次检查在转子推力盘上抹红丹，将推力瓦块回装后靠面旋转检查接触情况，发现非工作面 N、P、O 点对应瓦块内侧局部受力较重且接触不佳，同时在转子非工作面推力盘靠紧推力瓦块后，发现非工作面上半瓦块受力较轻，存在活动晃量，考虑到前期检查下半推力瓦块厚度已明显薄于上半瓦块，不应该出现上半瓦块接触不实的情况，因此初步分析判断非工作面上、下半推力瓦块乌金接触不在同一平面上，存在轴向错位的情况。

（8）非工作面推力瓦块的平面度检查。根据推力瓦的结构特点，决定对推力瓦的各个安装平面进行单独检查，情况如下：

检查推力瓦块的安装基准面，将推力瓦座放置于平板上，架表测量推力瓦块安装位置，检查厚度差值为 0.03mm，未见明显异常，如图 3 所示。

图 3　推力瓦座检查测量

检查推力瓦座的安装基准面，将非工作面推力瓦座 4 张调整垫片分别放置于平板上，架表测量垫片接触位置，检查厚度总差值为 0.02mm，未见明显异常。

检查推力瓦座调整垫片的安装基准面，将推力瓦体上、下半组装好，确认定位销无松动后上机床找平，架表测量推力瓦座调整垫片的接触立面，检查发现非工作面下半有局部弧段高出端面 0.11mm，且内侧高于外侧 0.03mm，另一侧工作面推力瓦体下半对应位置有局部弧段低于端面 0.10mm，如图 4 所示。

图 4　推力瓦体检查测量

综合上述检查情况，经对比发现非工作面推力瓦块 N、P、O 点对应安装位置恰好位于非工作面瓦体高于平面的弧段上，可以确认是因为 4 号机推力瓦瓦体局部变形，导致非工作面 N、P、O 点瓦块在整体安装后，乌金接触面高于非工作面其他瓦块，致使在机组运行过程中承受推力大于其他非工作面瓦块，从而造成 N、P、O 点瓦块超温的情况。

3.4　推力瓦的处理措施

为保障 4 号机组推力瓦修后的正常运行，对本次检查发现的异常情况均进行了针对性处理，相关情况如下：

（1）根据推力瓦体的检查情况，在确认轴瓦装配定位正常后，瓦枕非工作面以最高点为基准，通过机加工方式去除 0.14mm，瓦枕工作面以最低点为基准，通过机加工方式去除 0.13mm，消除瓦枕变形量，保障推力瓦座安装平面平整度要求。

（2）根据推力瓦座检查情况，以瓦座基准面为基准，通过磨削方式，对推力瓦座两端平面进行找平，消除推力瓦安装位置处的厚度差值，保证推力瓦块安装平整度要求。

（3）根据推力瓦座调整垫片检查情况，按照原垫片厚度之和，叠加瓦体变形处理的加工量，重新制作推力瓦座调整垫片，确保垫片自由状态下平面度偏差不超过 0.02mm，厚度均匀，且推力瓦座安装的轴向定位与修前保持一致。

（4）对非工作面推力瓦块进行厚度修刮，直至各瓦块的厚度差值小于 0.02mm，同一瓦块厚度差值小于 0.02mm。

（5）对 N、P、O 点对应瓦块进油坡口进行修刮，达到标准要求：深度 0.50～0.80mm，宽度 8～10mm。

（6）对推力瓦块进行乌金表面研磨修刮，并用平板抹红丹检查，直至接触面积在 75% 以上。

（7）瓦块修刮完成后回装，推力盘上抹红丹检查瓦块接触情况，并根据接触情况对瓦块乌金表面高点进行修刮，直至满足标准要求。

（8）推力瓦在正式回装时检查没有妨碍上、下半瓦块自由摆动的情况。

4　效果评价

某电厂 4 号机组在本次修后启动带负荷期间，不同工况下的非工作面推力瓦块的温度如表 4 所示。

表 4　不同工况下的非工作面推力瓦块的温度

旋转隔板开度/%	N 温度/℃	P 温度/℃	O 温度/℃	Q 温度/℃	J 温度/℃	K 温度/℃	L 温度/℃	M 温度/℃
12	78	76	71	68	61	72	66	66
40	78	74	70	68	62	72	66	66

从表 4 数据可以看出，非工作面推力瓦温度全部恢复至正常范围内，机组电、热负荷调节时均未再出现推力瓦块超温的情况，彻底释放了 4 号机组供热能力，经估算同比往年 4 号机组运行期间可提升供热能力 180GJ/h，同时

消除了推力瓦长期超温运行的安全隐患，有效保障了机组的安全、稳定、高效运行。

5 结论

在电厂运行期间，汽轮机组推力瓦温度高的故障时有发生，但造成推力瓦超温的原因很多也较为复杂，成为困扰机组安全生产的一个难题。本文结合某电厂4号机推力瓦超温的实际情况，从推力瓦工作原理、安装工艺控制等方面入手，总结出一套系统的故障分析思路和检查处理措施，并成功解决了某电厂4号机组推力瓦温高的问题，对保障同类型汽轮机组推力瓦的安全稳定运行具有重要参考意义。

参考文献

[1] 郭廷秋．大型火电机组检修实用技术丛书．汽轮机分册[M]. 北京：中国电力出版社，2007.
[2] 闫春泉，张伟．浅析推力瓦温度高的原因及处理[J]. 中国新技术新产品，2011(9):133.
[3] 陈超.汽轮机推力瓦超温问题的分析及处理[J].电力学报，2006，21(2)：193-195.
[4] 马骏，孙敏，安海阳．汽轮机推力轴承故障原因分析及处理[J]. 东方汽轮机，2016(3)：11-13.